천황가의 기원은 백제 부여씨

날조된 천황 37명과 일본고대사

천황가의 기원은
백제 부여씨

지은이 | 이원희

펴낸이 | 최병식

펴낸날 | 2020년 8월 10일(재판)

펴낸곳 | 주류성출판사

서울특별시 서초구 강남대로 435

TEL | 02-3481-1024 (대표전화) • FAX | 02-3482-0656

www.juluesung.co.kr | juluesung@daum.net

값 29,000원

잘못된 책은 교환해 드립니다.

ISBN 978-89-6246-401-6   03910

●일러두기

현대 일본어 ha(は), hi(ひ), hu(ふ), he(へ), ho(ほ)는 고대에 pa, pi, pu, pe, po였고, 현대의 ta(た),
tsi(ち), tsu(つ), te(て), to(と)는 고대에 ta, ti, tu, te, to였다. 이 책에서는 고대의 발음 그대로 표기하였다.
고대의 인명, 신명(神名), 지명은 한자의 한글 발음대로 적는 것을 원칙으로 하였다(ex. 천조대신(天照大神).
신무(神武)).
다만 널리 알려진 이름이거나, 혹은 원음 그대로 적는 것이 오히려 이해하기 쉬운 경우는 원음으로 표기
하였다(ex. 니니기(瓊瓊杵), 아스카(飛鳥)).
현대의 인명, 지명은 원음으로 표기하였다(ex. 도쿄(東京), 오사카(大阪)).

천황가의 기원은 백제 부여씨

날조된 천황 37명과 일본고대사

이원희 지음

주류성

머리말 17

서장 『일본서기』는
　왜 천황가의 기원을 은폐하였나?

　1. 일본의 천황은 어디 출신인가? 23
　　1) 천황가의 시조는 신무神武인가? 25
　　2) 신무 이후 9대까지 가공의 왜왕 26

　2. 천황가의 진실을 은폐한 이유 28
　　1) 역사의 창작과 연장 30
　　2) 『일본서기』에 보이지 않는 토착왜인 31
　　3) 토착왜인의 민족분규에 대한 대비 33

　3. 왜국 지배층 백제인들의 왜인화 정책 35
　　1) 소수 민족에 의한 다수 민족 지배의 사례 36
　　2) 돌아갈 곳이 없었던 재왜 백제인 37
　　3) 『일본서기』는 구백제계 귀족의 관점에서 서술한 역사서 39

1장 허구의 왜왕과 창조된 왜왕릉

　1. 왜 왜왕릉인가? 41
　　1) 방치되어 온 왜왕릉 42
　　2) 무수하게 많은 고분과 왜왕릉 44

　2. 『해동제국기』로 본 『일본서기』의 변작 45

　3. 허구의 왜왕과 창작된 왜왕릉 47
　　1) 시조 신무神武 47

(1) 고고학으로 본 신무의 시대 48 (2) 『해동제국기』의 옥의희玉依姬 49 (3) 시조릉 50 (4) 수릉修陵작업 51 (5) 신무릉은 총산塚山고분에서 신무전神武田고분으로 52 (6) 신무전고분의 타당성 53 (7) 『일본서기』의 신무릉 54

2) 2대 왜왕 수정綏靖 56

(1) 결사8대 왜왕과 무덤 56 (2) 수정의 실존 여부 57 (3) 수정의 무덤 59

3) 3대 왜왕 안녕安寧 59

4) 4대 왜왕 의덕懿德 61

5) 5대 왜왕 효소孝昭 61

6) 6대 왜왕 효안孝安 62

7) 7대 왜왕 효령孝靈 62

8) 8대 왜왕 효원孝元 64

(1) 무내숙내武內宿禰, ta-ke-u-ti-no-su-ku-ne 65 (2) 효원의 여러 아들과 오포피코大毘古 66

9) 9대 왜왕 개화開化 67

(1) 개화의 손녀 갈성지고액비매葛城之高額比賣 68 (2) 새로운 도읍지 카스카春日, ka-su-ka 68

10) 10대 왜왕 숭신崇神 69

(1) 임나의 조공 70 (2) 칼과 거울의 제작 71 (3) 근강주近江州의 호수와 서복徐福 72 (4) 숭신의 무덤 74 (5) 저묘箸墓 74

11) 11대 왜왕 수인垂仁 75

(1) 인간세상에 내려온 천조대신天照大神과 이세신궁伊勢神宮 76 (2) 수인과 왕후의 무덤 77

12) 12대 왜왕 경행景行 77

(1) 경행의 후비 가구루비매迦具漏比賣, ka-gu-ro-pi-me 78 (2) 83세에 즉위한 경

행의 여성편력 80 (3) 경행의 규슈九州 정벌 81 (4) 경행의 아들 일본무존日本武

尊과 경행릉 82

13) 13대 왜왕 성무成務 83

14) 14대 왜왕 중애仲哀 85

(1) 부친 일본무존과 모 양도입희兩道入姬 85 (2) 금은金銀의 나라 신라 87

(3) 신공왕후神功王后 89 (4) 한漢에 대한 사신 파견과 신공의 무덤 90

15) 15대 왜왕 응신應神 92

(1) 출산을 억제하기 위한 돌 '진회석鎭懷石' 92 (2) 응신의 왕후와 여성편력 94

(3) 백제인의 도왜1 95 (4) 백제인의 도왜2 98 (5) 목만치木萬致 101 (6) 백제

태자의 도왜 103 (7) 일본은 삼한三韓과 동종同種인가? 104 (8) 응신의 무덤 106

16) 16대 왜왕 인덕仁德 108

(1) 인덕의 모후 109 (2) 무내숙내武內宿禰의 죽음 110 (3) 인덕의 무덤 110

(4) 인덕은 무사武士였나? 111

17) 17대 왜왕 이중履中 114

(1) 이중의 수명 114 (2) 반란 전승에 관련된 인물들의 실존 여부 116 (3) 태자

책봉 118 (4) 이중의 무덤 118

18) 18대 왜왕 반정反正 119

19) 19대 왜왕 윤공允恭 120

20) 20대 왜왕 안강安康 122

(1) 안강의 실재 여부와 태자 목리경木梨輕의 반란 전승 122 (2) 안강 암살 설화

의 진위 여부 123 (3) 안강의 무덤 128

21) 21대 왜왕 웅략 128

(1) 웅략의 부모와 출생 128 (2) 웅략의 사망과 유조遺詔 129 (3) 웅략 이름의

유래 131 (4) 웅략 이름의 모순점 133 (5) 즉위 무렵 웅략이 소년이었나? 134

(6) 웅략의 후비 치원稚媛 135 (7) 개로왕과 미녀 136 (8) 임나국사任那國司 138

(9) 임나일본부任那日本府 139 (10) 웅략의 신라 정벌 141 (11) 웅략의 무덤 142

22) 22대 왜왕 청녕青寧 143

(1) 성천星川왕자의 반란 설화 144 (2) 반풍飯豊천황 146

23) 23대 왜왕 현종顯宗 146

(1) 시변압반市邊押磐, i-ti-no-be-no-o-si-i-pa왕자 147 (2) 이원茲媛, pa-ye-pi-me 148 (3) 현종 형제가 소년이었을까? 148 (4) 현종의 왕후 난파소야 149

24) 24대 왜왕 인현仁賢 150

(1) 동생보다 나이가 적은 형 인현 151 (2) 인현의 왕비 춘일대랑 151

25) 25대 왜왕 무열武烈 152

26) 26대 왜왕 계체繼體 154

(1) 계체는 응신의 5세손인가? 154 (2) 계체의 부모 155 (3) 계체의 왕후 수백향手白香과 후비 이원茲媛 156 (4) 계체의 즉위식 156 (5) 임나 4현의 백제 할양 157 (6) 반정磐井의 반란 162 (7) 반정의 행적 1 165 (8) 반정의 행적 2 167 (9) 계체의 죽음에 관한 백제본기百濟本記의 기록 171 (10) 계체의 연호 173 (11) 계체의 무덤 174

27) 27대 왜왕 안한安閑 175

28) 28대 왜왕 선화宣和 176

29) 29대 왜왕 흠명欽明 177

(1) 소아도목蘇我稻目과 그의 딸 178 (2) 중복되는 왕비 강자糠子 178 (3)『일본서기』의 변명 179 (4) 임나부흥회의 181 (5) 임나부흥회의 관련 왜인들의 실존 여부 184 (6) 신라정벌 186 (7) 고구려 정벌 187 (8) 성왕의 불교 전파 189 (9) 왜국 불교전래의 진실 194 (10) 흠명의 연호 199 (11) 흠명의 수명 200 (12) 흠명의 무덤 201

30) 30대 왜왕 민달敏達 202

(1) 민달의 왕후 202 (2) 민달의 역어전譯語田, wo-sa-ta 궁전 203 (3) 연호 204 (4) 태자 언인대형彦人大兄의 죽음 204 (5) 신라의 왜국 침공1 205 (6) 신라의 왜국 침공2 206 (7) 물부수옥物部守屋의 배불排佛과 민달의 수명 208

31) 31대 왜왕 용명用明 209

32) 32대 왜왕 숭준崇峻 209

　(1)『해동제국기』에 나오는 숭준과 용명의 나이 210 (2) 숭준의 무덤 211

33) 33대 왜왕 추고推古 211

　(1) 성덕태자聖德太子의 섭정 212 (2) 성덕태자의 헌법 17조憲法十七條 214 (3)

　『해동제국기』와의 차이 215 (4) 추고의 연호 216 (5) 연호 법흥法興 216 (6) 연

　호 법흥원法興元 218 (7) 연호 대화大化 220 (8) 신라新羅 공격 221

34) 34대 왜왕 서명敍明 223

　(1)『만엽집萬葉集』과의 모순 224 (2)『해동제국기』와의 차이 224

35) 35대 왜왕 황극皇極 225

　(1) 황극의 계보 225 (2) 황극의 이름 226

36) 36대 왜왕 효덕孝德 227

37) 37대 왜왕 제명齊明과 실존 왜왕 부여풍夫餘豊 229

　(1) 백제 구원군을 지휘한 제명의 행적 229 (2) 제명 행적의 진실 230 (3) 부

　여풍은 인질이었나 1 232 (4) 부여풍은 인질이었나 2 234 (5) 부여풍의 백제

　귀환 236 (6) 백제의 왕자 선광禪光의 도왜와 입시入侍 238 (7) 가족을 거느리

　고 도왜한 백제의 왕자들 240 (8) 부여풍은 왜왕의 관모를 썼다 241 (9) 부여

　풍의 진군가進軍歌 243 (10)『해동제국기』와의 차이 244 (11) 제명의 무덤 245

38) 38대 왜왕 천지天智 246

　(1) 천지가 동생 천무를 태자로 책봉하였을까? 247 (2) 아들 천무를 태자로 책

　봉한 것은 왜왕 부여풍 249 (3)『해동제국기』에 나오는 제명의 연호 백봉白鳳

　251 (4) 천지릉天智陵 253

39) 39대 왜왕 천무天武 253

　(1) 천무의 연호 백봉白鳳 253 (2) 가공의 연호로 인한 혼란상 254 (3) 백제 조정과

　구별되는 아조我朝 255 (4) 연호 주조朱鳥 256 (5) 천무와 지통持統의 합장릉 258

40) 40대 왜왕 지통持統 258

41)『해동제국기』와『일본서기』 259

4. 왜왕 계보의 이중구조 260

　1) 신무神武그룹의 왜왕들 261

　(1) 기나긴 재위연수와 수명 261 (2) 부자상속 262

　2) 이중履中그룹의 왜왕들 263

　(1) 짧은 재위기간과 수명 263 (2) 형제상속 264

5. 왜 천황릉을 공개하지 않을까? 266

　1) 천황릉의 비공개 266

　2) 비공개의 이유 267

　3) 천황릉 공개를 거부하는 궁내청의 진정한 의도 269

　4) 천황릉의 한정공개 270

2장 왜국 귀족들의 창작된 시조

1. 가공인물을 시조로 둔 귀족들 272

　1) 소아蘇我씨 272

　(1) 백제에서 건너간 소아씨 273 (2) 목협만치의 후손 한자韓子, 고려高麗, 마자

　馬子 275 (3) 소아씨의 시조는 소하석하숙내蘇賀石河宿禰인가? 278

　2) 물부物部, mo−no−no−be씨 279

　(1) 물부物部의 의미 280 (2) 물부씨의 조상 우마시마지宇麻志麻遲 280 (3) 물부나솔

　物部奈率 281

　3) 중신中臣, na−ka−to−mi씨 282

　4) 대반大伴, o−po−to−mo씨 283

　5) 내목來目, ku−me씨 284

6) 갈성葛城, ka−tu−ra−gi씨 284

7) 평군平群, pe−gu−ri씨 286

8) 기紀, ki씨 286

9) 거세居勢, ko−se씨 287

10) 아배阿倍, a−be씨 288

11) 와니和珥, wa−ni씨 289

12) 식장息長, o−ki−na−ga씨 289

13) 지명을 성으로 삼은 것은 백제의 풍습 290

(1) 흑치상지黑齒常之 290 (2) 기주기루己州己婁와 동성도천東城道天 292 (3) 곡나진수谷那晋首 293 (4) 사비복부四比福夫 294

14) 수많은 후손을 둔 가공의 시조들 294

(1) 19 씨족의 시조인 신팔정이명神八井耳命 295 (2) 수십 씨족의 시조인 건내숙내建內宿禰의 아들들 296 (3) 7 씨족의 시조인 대언명大彦命과 대랑자大郎子 297

(4) 6 씨족의 시조인 타캐토요파두라와캐建豊波豆羅和氣 297

2. 귀족들의 원적 297

1) 선왕후船王後의 묘지명 298

(1) 묘지명의 작성시기 299 (2) 왕지인王智仁 300 (3) 상표문의 진실성 여부 303

(4) 왕진이와 왕인王仁 304 (5) 중조中祖 305 (6) 신神 조상−허구의 조상 307

(7) 백제풍의 이름 309

2) 위나대촌威奈大村의 묘지명 310

(1) 위나대촌은 선화의 5세손일까? 311 (2) 부친의 이름 위나경威奈鏡 312

3) 도락道樂 스님의 묘지명 312

4) 석천연족石川年足의 묘지명 314

(1) 석천연족은 소아석하숙내의 10세손일까? 315 (2) 석천연족의 원적 315

5) 행기行基 스님의 묘지명 316

(1) 부친은 백제의 왕자 317 (2) 모친 고이비매古爾比賣 318

6) 우치숙내宇治宿禰의 묘지명 319

7) 등원겸족藤原鎌足 일대기『가전家傳』 320

(1) 부친의 대에 도왜한 등원겸족 321 (2) 천지天智가 중신겸족을 중용한 이유 323

8) 환무桓武천황의 생모 고야신립高野新笠의 일대기 324

3. 재왜 백제인들의 터전 이마키(今來) 326

1) 이마키 – 새로 건너온 사람들의 터전 326

2) 여러 곳에 있던 이마키 328

(1) 소아하이蘇我蝦夷 쌍묘의 이마키 329 (2) 제명齊明의 손자 건建의 무덤이 있는 이마키 330 (3) 교토京都의 이마키 332 (4) 산전사山田寺 부근의 이마키 332 (5) 아라가야 사람들의 이마키 333

3) 이마키今來의 재기才伎 334

(1)『일본서기』의 금래재기今來才伎 334 (2) 금래재기今來才伎의 원래 의미 335

4) 이마키가 변한 타캐티高市 337

(1) 하늘의 타캐티高市 337 (2) 왜국의 수도는 준백제 339

5) 이마키今來와 타캐티高市 인구의 대부분은 한국인 342

(1) 상표문이 전하는 진실 343 (2) 백제인들의 세상 피노쿠마檜前, 檜隈 345

6) 아스카飛鳥의 원류 부여와 부여신궁扶餘神宮 346

(1) 일본인들은 아스카 문화의 원류가 부여라고 생각하였다 346 (2) 부여신궁夫餘神宮과 신도神都 348

4. 아푸미(近江) 천도와 임신(壬申)의 난(亂) 350

1) 아푸미近江 천도 350

(1) 아푸미의 카라사키韓岐 350 (2) 천도의 이유 352 (3)『일본서기』에는 천도의 이유가 나오지 않는다 354

5. 토착왜인 357

1) 『일본서기』 천손강림조의 토착왜인 357

2) 수사노素戔嗚와 토착왜인 359

3) 신무기神武紀의 토착왜인 359

4) 응신기의 토착왜인 360

(1) 미개인으로 묘사된 토착왜인 360 (2) 국소國巢, ku-ni-su의 의미 363

6. 천손강림(天孫降臨) 설화와 고천원(高天原) 364

1) 천손강림 설화 364

2) 천손강림 설화 창작의 진정한 의도 365

3) 백제를 의미하는 고천원高天原 367

(1) 고천원高天原 367 (2) 여왕 지통持統의 시호 고천원高天原 368 (3) 문무文武 시호의 '천天' 369 (4) 원명元明 시호의 '천天' 369 (5) 광인천황 시호의 '천天' 371

4) 「고천원 ＝ 백제」라는 증명 372

(1) 천손天孫은 해북海北에서 배로 왜국으로 건너갔다 372 (2) 세 여신과 무나가타대사宗像大社 374 (3) 오키노시마의 제사유적 375 (4) 바닷길로 왜국을 오가던 백제인들의 염원 377 (5) 고천원은 하늘이 아닌 지상의 장소 380 (6) 고천원을 한국으로 본 일본 연구자들의 견해 381

5) 천손강림 설화와 백제, 고구려의 건국설화 383

(1) 천조대신天照大神과 소서노召西奴와 유화부인柳花夫人 383 (2) 백제, 고구려의 건국신화와 신무神武의 동정설화東征說話 387

6) 천손강림 설화의 백제적 요소 388

(1) 하늘의 바위자리天磐座와 자온대自溫臺 388 (2) 천안하天安河 회의와 정사암政事嚴 390 (3) 천강天降 장소인 한국악韓國岳 392 (4) 쿠지푸루타캐久土布流多氣와 구지봉龜旨峰 394

7) 천손天孫 니니기 395

(1) '니니기'의 의미 395 (2) 고목신高木神 396 (3) 니니기의 모친 '바다' 397 (4) 사루타피코猿田毗古 398

8) 왜국의 미칭 399

9) 천손강림 설화의 백제어 401

(1) 단 구름 402 (2) 치헤치고 403 (3) 5부의 신五部神 404 (4) 다섯 부족장의 '키' 405 (5) 일본 목간에 보이는 조사 '의' 407 (6) 사나이 409 (7) 들이 410 (8) ~시리 411 (9) 광인光仁천황의 모후 고야신립高野新笠 시호의 '시리' 413

10) 하늘의 피 잇기天津日繼, a−ma−tu−pi−tu−gi 415

(1) pi−tu−gi 日繼 일계 415 (2) 피 잇기 417 (3) 제황일계帝皇日繼 420

11)『고사기』의 서문에서 공표한 역사 창조의 방침 421

3장 고대 왜국의 원풍경

1. 금석문에서 나타난 고대 왜국의 원풍경 427

1) 왕연손王延孫 428

2) 대고신大古臣 430

(1) 신해년辛亥年 430 (2) 붕거朋去 431 (3) 평評 431 (4) 포나태리고신布奈太利古臣과 건고신建古臣 432 (5) 고을 433

3) 고옥대부高屋大夫와 한부부인韓婦夫人 435

(1) 고옥대부高屋大夫와 병인년 436 (2) 한부韓婦 부인夫人 436 (3) 아마고阿麻古 437

4) 이지사고伊之沙古와 처 우마미고汗麻尾古 438

5) 둘째 아들 무투코六子 440

(1) 중지中知 440 (2) 무투코六子 442 (3) 분分 442

6) 서림사의 한국인들 443

(1) 보원寶元 5년 기미년 444 (2) 서직 대아사고군書直 大阿斯高君 446 (3) 서림사를 창건한 지미고수支彌高首 448 (4) 전단고수栴檀高首와 토사장형土師長兄 449 (5) 고연

양고수高連羊古首와 한회고수韓會古首 449

   7) 나니파연공那尒波連公 450

   8) 백제 대왕이 하사한 파적검破敵劍과 호신검護身劍 453

   9) 물부순勿部珣의 백제식 이름 456

   10) 백제 왕세자가 왜왕 지늘에게 하사한 칠지도 459

   (1) 칠지도의 명문 459 (2) 칠지도는 상위자가 하위자에게 하사下賜한 것이다 460

   11) 무령왕의 남동생인 왜왕男弟王 463

   12) 왁가다기로獲加多支鹵대왕과 장도인杖刀人의 수首 465

   (1) '왁가다기로'가 웅략이 아닌 이유 466 (2) 웅략의 궁宮과 사귀궁斯鬼宮 468

   13) 무리저无利크와 이태화伊太和, 장안張安 470

2. 무령왕릉으로 보는 백제와 왜국의 원풍경 472

   1) 무령왕은 곤지昆支의 아들일까? 474

   (1)『삼국사기』와『일본서기』의 기록 474 (2) 군사 5백명의 대규모 호위대 475

   2) 무령왕릉에 왜풍의 유물이 있을까? 476

   (1) 왜국산 금송으로 만든 무령왕의 관 478 (2) 목관 이외의 왜국산 목재 480

   (3) 무령왕릉의 유물이 왜국에 미친 영향 482

3. 왜왕의 왕호와 궁호(宮號)에 드러난 왜국사의 원풍경 486

   (1) 대군大君 486 (2) 미코御子어자 489 (3) 태자太子 491 (4) 미매妃比 492 (5)

   미야宮궁와 미야코都도 493 (6) 왜군倭君의 선조가 된 법사군法斯君 495 (7) 백

   제의 골족骨族 498 (8) 수매라미코토 천황天皇 500 (9) 금석문의 대왕大王 503

   (10) 일대일궁一代一宮은 사실인가? 504 (11) 제명齊明의 비조판개궁飛鳥板蓋宮과

   궁전 이전의 실태 507 (12) 천무의 아스카飛鳥 키요미파라淨御原궁 510 (13) 지

   명에 기인한 궁호의 유래는 고대 한국 511

4장 천황가의 제사

1. 고대 왜왕가의 조상에 대한 관념과 제사 514

1) 왜왕가의 조상에 대한 관념 514

(1) 근릉近陵과 원릉遠陵 514 (2) 천황가에서는 어떤 조상을 위패로 모셨을까? 516

2) 『속일본기』에 보이는 왕릉에 대한 제사의 실태 517

(1) 왕릉 제사의 구체적인 실례 517 (2) 10릉4묘+陵四墓와 시조 천지天智 519

3) 왕릉급 고분에 대한 파괴 520

(1) 부서지고 평탄화된 왜왕릉 520 (2) 고분 파괴에 대한 왜 조정의 조치 522

2. 신상제(新嘗祭)와 대상제(大嘗祭) 525

1) 진혼제鎭魂祭 ― 혼을 부르는 제사 526

2) 신악神樂 529

(1) 불 530 (2) 아지매阿知女 532 (3) 오게 535 (4) 하늘 궁전에 진좌하신 풍강희豊
岡姬 536 (5) 한신韓神 538 (6) 티 540 (7) 때때 541 (8) ~디 543 (9) 길이길이 544

3) 중신수사中臣壽詞와 고천원高天原 545

(1) 황친皇親과 황손존皇孫尊 546 (2) 대상제의 제신祭神은 누구인가? 548 (3) 백제
의 신성한 벼를 왜국으로 552

4) 삼종신기인 칼과 거울을 바치는 의식 554

(1) 삼종신기三種神器 554 (2) 외부의 권위에 의지하여 성립한 왜왕권 557 (3) 왜왕
즉위식의 천신수사와 삼종신기 560 (4) 성무聖武천황 시호의 삼종신기 561 (5) 흠
명欽明 시호의 백제와 왜국 563 (6) 천지와 천무 왜풍시호의 하늘 565 (7) 문무文武
천황 즉위사의 고천원高天原 567

5장 실존 왜왕, 천황 노래의 백제어

1) 왜왕 천지天智 571

(1) 바다 571 (2) 천지 왕후 노래의 '바다' 573 (3) 운내비雲根火 – 'ㄴ' 첨가현상 576 (4) 닫다 582

2) 왜왕 천무天武 586

3) 왜왕 지통持統 589

(1) 지다 590 (2) 시부리다 592 (3) 세우다 594 (4) ~이 595 (5) 'ㄴ' 첨가 597

4) 문무文武천황 598

5) 성무聖武천황 599

(1) 벼 들 600 (2) 치쓰다듬다 601

6) 고시高市왕자 603

6장 천황가의 기원

1) 백제의 왕이었던 대원박사大原博士 606

2) 대원大原이라는 성 607

3) 대원씨는 일본 땅에서 왕성王姓 610

(1) 세 스님과 동족인 대원씨는 천황의 일족 610 (2) 절 이름과 관련된 의문에 관하여 611

4) 대원진인은 민달의 손자 백제왕에서 나왔다 612

5) 이 왕성王姓은 백제왕百濟王이라는 성을 의미할까? 614

6) 결론 615

덧붙이는 글 1. 백제는 왜와 교류하였을까? 617

덧붙이는 글 2. 일본의 새 연호 '영화(令和 레이와)'와 한국의 인연 626

참고문헌 631

머리말

1. 2015년 가을의 어느 날, 일본의 고고학 서적을 읽다가, 대략 다음과 같은 취지의 문장을 읽고는 눈이 번쩍 뜨이는 느낌이 들었다.

> 『일본서기』에 나오는 수많은 천황 중, 그 무덤을 확실하게 알 수 있는 것은 38대 천지(天智)릉과 그 뒤를 이은 천무(天武)와 지통(持統)의 합장릉 둘 뿐이다」

일본 고고학의 확립된 통설이다. 지금에 와서는 어느 책에서 보았는지 상고할 수 없는 점이 아쉽지만, 필자는 이 대목에서 큰 충격을 받았다. 바로 필자가 졸저『일본 천황과 귀족의 백제어』에서

> 『일본서기』에 기록된 역대 왜왕 중, 시조 신무(神武)부터 37대 제명(齊明)까지는 창작된 허구의 인물이고, 38대 천지(天智)부터 실존인물이다」

라고 주장한 것과 결론에서 완벽하게 일치하였기 때문이었다. 그때부터 필자는 일본의 왕릉(천황릉)에 관하여 알아보아야 하겠다는 생각에, 이에 관한 책을 구할 수 있는 한 수집하여 읽어 보았다.

그리하여 얻은 결론은 37명의 왜왕이 날조된 가공인물이기에, 그 무덤이 있을 리가 없고, 따라서 왜왕릉에 관한 일본

고고학의 통설은 지극히 당연한 사실을 지적한 것이라는 점이다.

그러면 창작된 왜왕들의 신하인 귀족, 호족들은 어떠한가? 『일본서기』나 『고사기』에 등장하는 귀족들은 왜왕과 마찬가지로, 거의 대부분 창작된 가공인물이었다.

즉 기원전 667년에 즉위하였다는 시조 신무(神武)부터, 661년에 사망하였다는 37대 제명(齊明)에 이르기까지, 1,328년간의 왜국 고대사에 등장하는 왜왕 전부와 귀족들 대부분은 날조된 가공인물이었다. 이 두 사서는 허구의 왜왕과 왕후, 왕자, 귀족, 그들이 연출하는 가공의 사건들로 이루어진, 꾸며낸 창작소설인 왜국의 역사를 기록하였던 것이다.

2. 진실된 왜국 고대사를 밝히면 절대 안되는 이유가 있었기에 이렇듯 역사를 날조하였을 것이다. 진실은 무엇인가?

왜국을 지배한 것은 토착왜인이 아니라 백제인이었다. 왜왕은 백제의 왕자였고, 백제에서 파견한 귀족들이 왜국을 통치하였던 것이다.

『고사기』와 『일본서기』가 발간된 8세기 초, 천황을 비롯한 일본 지배층에서는 그러한 사실을 완벽하게 감추면서, 자신들의 선조가 태곳적부터 왜국에서 토착왜인들을 지배하여 온 양, 창작소설을 만들어 낸 것이다.

인구수에서 압도적으로 다수인 토착왜인들을 민족분규 없

이 안정적으로 지배하기 위하여, 백제인이라는 정체성을 버리고 스스로 왜인이 되는 길을 선택하였는데, 이러한 「왜인화 정책」의 핵심적인 포인트가 바로 이 역사창조였다고 생각된다.

소수민족으로서 중국을 지배한 몽골인이나 만주족은 정체성을 잃지 않으려고 노력하였으나, 백제인들은 정반대의 노선을 선택하였던 것이다.

3. 이렇듯 창작된 역사를 기록한 『일본서기』이지만, 중세의 일본 지식층에서는 「조국 대일본의 위대한 역사」라는 관점에서 본다면, 이것도 부족하다고 생각하였던 모양이다. 그래서 원본 『일본서기』의 곳곳에 가필하여 새로운 변작을 감행하였다.

지금은 일본 사학계에서 폐기된 담론인 「임나일본부」에 관한 엄청난 분량의 기사가 대표적 사례이다. 서문이 사라진 것, 무수하게 등장하는 백제, 고구려, 신라의 조공 기사 역시 후세 변작자의 소행인 것이 분명하다. 『일본서기』는 태생부터가 창작된 허구의 역사를 기록하였는데, 거기에다 수차에 걸쳐 후세인의 혹심한 변작까지 보태어졌다는 사실을 잊지 말아야 한다.

4. 두 사서는 37대나 되는 가공의 왜왕과, 그에 따른 수많은 왕후, 왕자, 귀족, 사건들을 날조하였으므로, 수많은 창작상의

실수가 존재하고 있다. 그리고 빠짐없이 기록된 왜왕릉 역시 진실과는 거리가 멀 수밖에 없다.

제1장 「허구의 왜왕과 창작된 왜왕릉」에서는 이러한 날조된 왜왕과 왕릉, 무수하게 등장하는 창작상의 실수, 그리고 후세인의 수많은 가필과 변작에 관한 여러 가지를 규명하였다.

제2장 「왜국 귀족들의 창작된 시조」에서는 귀족들의 뿌리와 그 원적, 그리고 천황가와 지배층의 기원에 관한 창작설화인 고천원(高天原) 설화에 관하여 살펴보았다. 8세기 초 일본의 지배층인 백제인들이, 스스로가 토착왜인인 양 역사를 날조하였지만, 자신들의 뿌리가 완벽하게 잊혀지는 사태는 결코 원치 않았던 모양이다. 고천원 설화는 뿌리를 후대에 전하기 위한 일종의 암호문에 다름 아니다.

제3장 「고대 왜국의 원풍경」에서는 고대 금석문 등을 통하여, 두 사서의 기록과는 전혀 다른 왜국의 원풍경을 들여다보았다. 보이는 것은 왜국의 맑은 공기를 숨쉬며 활동하던 백제인들의 발자취뿐이었다.

8세기 이후의 천황가에서는 가공의 선조 왜왕들에게 제사를 올렸을까? 신무(神武)를 시조로서 특별하게 존숭하고 받들었을까? 허구의 왜왕들에게 어떠한 관념을 가지고 있었을까? 천황가의 뿌리와 직결되는 아주 중요한 문제인데, 이러한 의문을 제4장 「천황가의 제사」에서 풀어보았다.

제5장 「실존 왜왕, 천황 노래의 백제어」에서는 천지(天智)를

비롯하여 실존하였던 왜왕과 천황들이 지은 만엽가에 등장하는 백제어를 규명하였다. 이들은 예외 없이 백제어에 능통하였을 뿐만 아니라, 백제식 일본어를 구사하였다는 사실을 알 수 있었다.

제6장 「천황가의 기원」에서는 금석문에 나오는 기록을 단서로 하여, 천황가의 원래 성이 백제 부여씨라는 사실을 증명하여 보았다.

5. 경북대학교 인문대학 일어일문학과에서 2018년 정년퇴임하신 이종환 교수님은 필자가 접근하기 어려운 수많은 논문과 자료들을 제공하여 주셨다. 감사의 인사말씀을 올리는 바이다. 필자와 같이 근무하는 김서혜 양은 온갖 궂은일을 도와주었다. 감사의 마음을 전하고자 한다.

졸저의 출간을 쾌히 승낙하여 주신 주류성출판사 최병식 대표님과 졸고를 좋은 책으로 만들어 주신 이준 이사님께도 감사의 인사말씀 올린다.

2019년 7월
금년 초봄에 새로이 꾸민 사무실 겸 서재 고진재(古眞齊)에서
이 원 희 삼가 쓰다

『일본서기』는
왜 천황가의 기원을 은폐하였나?

1. 일본의 천황은 어디 출신인가?

일본 사람들은 일본을 통치한 천황가(天皇家)의 역사가 아주 오래된 것이라고 믿어 의심치 않고 있다. 『일본서기(日本書紀)』에 의하면, 초대 천황이라는 신무(神武)가 기원전 660년에 즉위한 것으로 되어 있기 때문이다. 『일본서기』는 이때부터 서기 687년에 즉위한 40대 지통(持通)에 이르기까지 단 한 번의 왕조교체도 없이 계속하여 이어져 내려왔다고 기록하고 있다.

그 뒤를 이어 697년 즉위한 문무(文武)천황부터 현재의 영화(令和)천황에 이르기까지, 천황가의 왕통이 계속된 것은 의심할 바 없는 역사적 사실이다. 그렇다면 일본 천황가는 기원전 660년 즉위하였다는 신무 이래 2019년 이 시점까지, 무려 2,679년이라는 길고도 긴 세월 동안 단 한 번도 끊이지 않고 계속되고 있단 말인가? 전 세계에서도 전무후무한 이 기적 같은 일이 과연 사실일까?

그것이 사실이라면, 천황가는 어디서 기원하였는가? 섬나라 일본에서 자생하였을까? 아니면 바다를 건너간 사람들이 정복왕조를 세운 것인가?

『일본서기』와 『고사기』에 의하면, 초대 신무는 현대의 규슈(九州) 가고시마(鹿兒島)현 휴우가(日向)라는 곳에서 대군을 이끌고 동쪽으로 진군하여, 나라(奈良)현 아스카(明日香)에 있던 적을 무찌르고는, 그곳에 정착하여 왜국을 통치하였다 한다. 그렇다면 초대 신무는 바다 너머에서 건너간 것이 아니라 토착왜인인 셈이다. 위 두 책에는 토착왜인인 역대 천황들이 아득한 옛날부터 단 한 번의 왕조 교체도 없이 왜국을 통치하였다고 하고 있다.

그런데 이렇게 오래된 천황가의 역대 천황들은 하나같이 이름만 있고 성은 없다. 이러한 현상은 초대 신무부터 현대의 영화(슈和)천황에 이르기까지 전혀 변함이 없다. 현대의 문명세계에 살고 있는 사람 중에서 성은 없고, 이름만 가진 사람은 아마도 일본의 천황가 사람들 외에는 단 한 명도 없을 것이다. 고대의 왜국(한국도 마찬가지)에도 일반 평민은 성이 없고, 이름만 가지고 있었다. 그러나 귀족들은 당연히 성이 있었다. 성이 없는 귀족은 단 한명도 없었다. 오직 천황가의 사람들만 예외였던 것이다. 천황가는 성이 없으니 그 뿌리를 추적할 단서마저 존재하지 아니한 셈이다.

여기서 우선 '천황'이라는 왕호부터 살펴볼 필요가 있다. 고래로 왜지에서는 왕을 '왕'이라 하였다. '천황'이라는 왕호는 7세기 말에 생겼다고 보는 것이 일본 사학계의 정설이다. 그럼에도 불구하고, 『일본서기』와 『고사기』는 초대인 신무부터 천황이라는 칭호를 붙이고 있다. 그리고 왕비는 '황후(皇后)', 왕자는 '황자(皇子)', 공주는 '황녀(皇女)'라 하였으며, 때로는 천황가의 일족들을 '~왕(王)'이라고도 하였다.

그러나 이는 역사의 진실과는 전혀 거리가 멀다. 서기 7세기 말 이후에 비로소 생긴 존칭을 기원전 7세기부터 존재하였던 것인 양 왜곡하고 있다.

따라서 이 책에서는 왜국 왕의 칭호를 '왜왕', 줄여서 '왕'이라 하고, 그 무덤을 '왜왕릉', 황후는 왕후, 황자는 왕자, 황녀는 왕녀로 칭하기로 한다. 왜왕의 일족을 '~왕'이라고 한 표현에는 '~왕' 표기를 삭제하였다. 이렇게 표기하는 것은 독자들의 혼선을 방지하기 위한 의도도 있다. 천황호가 실제 사용된 8세기 문무(文武)천황부터는 '천황'이라 호칭하였다.

1) 천황가의 시조는 신무神武인가?

고대 왜국을 통치한 왜왕은 과연 어디서 왔을까? 『일본서기』에서 시조로 되어 있는 신무를 좀 더 자세히 살펴보자. 『일본서기』에 의하면 신무는 이름이 언화화출견(彦火火出見, pi-ko-po-po-de-mi)이며, 최고의 신 천조대신(天照大神)의 5세손이 된다. 즉 신무는 사람의 혈통이 아닌 신의 계보를 이은 것으로 되어 있다. 모친도 해신(海神) 즉 바다신(용왕)의 딸이라 하였다.

천조대신의 앞에도 여러 대의 신이 있었던 것으로 되어 있으니, 신무는 신의 혈통을 완벽하게 이은 것이 분명하다. 사람의 가계가 아니다. 따라서 그는 실존 인물이 아니다. 『일본서기』의 기록 그 자체에서 명명백백하다. 시조왕인 신무가 실존 인물이 아니라 신의 혈통으로 묘사된 것은, 『일본서기』가 천황가 시조의 출신내력을 밝히기를 원하지 않았기 때문일 것이다.

그리고 한자의 훈으로 된 「언화화출견(彦火火出見, pi-ko-po-po-de-mi)」이라는 이름을 보라. 기원전 7세기의 왜국에 한자의 훈이라는 것이 존재하였을 리가 만무하다. 한자의 훈으로 된 위와 같은 긴 이름이 존재하였을 가능성은 더욱 없다. 신무는 실제 살아서 섬나라 왜국의 맑은 공기를 호흡하였던 인물이 아닌 것이 명백하다. 근래 일본의 사학계에서도 이 신무가 실존 인물이 아니라고 보는 관점은 이제 통설이 되었다.

그렇지만 세계 어느 왕국에서나 그 시조에 관하여는 신화적인 요소가 많지 않느냐는 반론을 제기할 수 있다. 『삼국사기』를 보더라도, 고구려의 시조 주몽의 모친은 하백(河伯) 즉 강 신의 딸이며, 알에서 태어났다고 되어있다. 신라의 시조 박혁거세 역시 알에서 태어났다 한다. 고대에는 어느 나라나 시조왕의 출자에 대하여는, 신과 연결되었다는 등으로 신비감을 나타내는 것은 당연한 일이라 할 것이니, 『일본서기』에 나오는 시조 신무의 가계도 그러한 맥락으로 이해할 수 있는 일이 아닌가라고 생각할 수도 있다.

그러나 그렇지 않다. 『삼국사기』를 보면 주몽의 성은 고(高)씨, 모친은 하백의 딸인 유화부인, 원래의 부인은 예씨(禮氏), 나중에 나라를 세운 후에는 송양국왕의 딸을 비로 맞이하였다가, 예씨와의 사이에 낳은 장남인 유리(類利)가 뒤를 이어 왕이 되었던 사실 등을 소상하게 밝혀 놓았다.

박혁거세의 경우는 그 부모가 누구인지는 전혀 알 수 없지만, 알을 키운 사람은 소벌공(蘇伐公), 왕비는 알영(閼英)부인임을 밝히고 있다. 그리고 왕으로서 재임 중의 업적 또한 꽤나 소상하게 나타나 있다.

백제의 시조 온조는 고구려 주몽이 나라를 건국한 이후, 송양국왕의 딸(백제본기에는 졸본부여 왕의 딸이라고 되어 있다)을 비로 맞아 낳은 두 아들 중의 차남이라는 사실이 사실적으로 명확하게 기재되어 있다. 출자나 출생에 관하여 신비적인 요소가 전혀 보이지 않는다. 『삼국사기』의 이러한 기재내용으로 보아 주몽이나 박혁거세, 그리고 백제의 시조 온조가 신이 아닌 실존 인물인 것은 전혀 의심의 여지가 없다.

그러나 『일본서기』의 경우는 그렇지 않다. 앞서도 보았듯이 신무의 윗대에는 전부 인간이 아닌 신으로서, 무려 십대를 넘게 이어져 내려왔다고 되어있다. 신무부터 사람이라는 것인데, 그러면 그의 후손은 어떨까?

2) 신무 이후 9대까지 가공의 왜왕

신무의 뒤를 이은 수정(綏靖)으로부터 9대 개화(開化)까지의 8대 왕을 일본의 사학자들은 '결사8대(缺史八代)'라는 용어로 일컫고 있다. 역사가 빠진 8대라는 의미이다.

왜냐하면 『일본서기』나 『고사기』에 이 왕들의 행적이나 나라에 있었던 일이 전혀 나오지 않기 때문이다. 보이는 것은 궁의 위치, 왕비와 자녀들의 이름, 사망한 해와 나이, 묘지의 위치 등이다. 그렇지만 왕에 관한 역사를 쓴다면 당연히 기록하여야 마땅한 여러 치적, 나라에 있었던 일, 여러 신하에 관한 기록은 전혀 나오지 않는다.

그리하여 일본의 사학계에서는 근래에 들어 이 신무를 포함한 9대 왕들은 실존 인물이 아니라는 결론을 내려놓았다. 이 점에 관하여 의문을 제기하는 학자는 거의 없다.

『일본서기』는 이렇듯 철저하게 왜왕가의 기원을 감추고 있다. 시조인 신무조차 실존 인물이 아니라 저자가 창안해 낸 가공의 인물인 것이다. 『삼국사기』와는 전혀 차원이 다르다. 왜왕가의 출자를 철저하게 은폐하겠다는 확고한 의지의 표명이라는 것을 알 수 있다. 과연 천황가 즉 왜왕가는 어디에서 기원하였단 말인가?

그런데 『일본서기』는 왜 천황가의 내력을 숨기려고 작심하였을까 하는 점을 생각하여 보자. 만일 초대 왜왕이 『삼국지』 「위지 왜인전」에 나오는 사마대국(邪麻台國)의 여왕 비미호(卑米呼)의 자손이었다고 한다면, 굳이 그러한 사실을 감출 이유가 전혀 없을 것이다. 오히려 자랑하여야 마땅하다.

역시 왜인전에 나오는 노국(奴國) 왕가의 후예였다고 가정하여도 다를 바 없다. 왜인전에는 수십 개의 소국이 나오는데, 여러 소국 왕실의 후예가 아니라 그 휘하의 어느 장군이나 귀족의 후손이라 하더라도 그러한 사실을 굳이 숨길 이유는 없을 것이다.

만일 초대 왜왕이 토착 왜인으로서 이름 없는 평민 가문의 아들이었다면 어떨까? 그렇다고 해도 굳이 가문의 내력을 숨길 것까지는 없다. 부친과 조부, 증조부 등의 이름을 밝히고는, 좀 과장을 섞어 어느 지역의 토호였는데, 출생이나 성장과정이 출중하였으며, 신의 이러저러한 도움이 있었다는 등의 신비적인 요소를 가미한다면 그것으로 충분할 것이다. 그렇게라도 기원을 밝히는 것이 정상이다.

그렇지만 『일본서기』는 모든 것을 철저하게 비밀에 붙이고 있다. 일본 사학계의 통설에 따르면 초대부터 9대에 이르기까지, 무려 9명의 왜왕을 날조해내면서까지 그 출자를 숨기고 있는 것이다. 절대 밝히면 안 되는 어떤 이유가 있었던 것이 분명하다.

『일본서기』나 『고사기』 모두 개인적인 취미활동으로 지은 책이 아니라, 조정의 명령에 의하여 만든 관찬사서이다. 『고사기』의 서문을 보면, 지은이 태안만려(太安萬呂)가 당시의 원명(元明)천황의 명령에 의하여 지은 것임을 명백하게 하고 있다. 천황의 명에 의하여 편찬된 관찬 사서라는 것은, 그 내용이 천황을 포함한 당시 지배층의 총체적인 의사 혹은 역사관이 결집된 것이라고 보아야 마땅하다.

이렇듯 시조부터 포함한 여러 왜왕을 창작하였던 것은 지은이 개인의 악취미나 왜곡된 역사관에서 비롯된 것이 아니라, 당시 일본 지배층의 총의에 의한 것임을 기억해 두자.

2. 천황가의 진실을 은폐한 이유

그러면 왜 당시의 일본 지배층에서는 천황가의 내력과 진실을 감추려고 하였을까? 만일 천황가의 시조가 토착왜인이었다면 그럴 이유가 전혀 없다. 천황가는 토착왜인이 아니라, 바다 너머에서 건너가 왜지를 정복한 세력의 우두머리였기에 그러한 사실을 숨기려 하였을 것이다.

고대의 한국은 만주나 중국 쪽의 문명보다는 후진적이었으나, 그곳과 육지로 접속하고 있었으므로, 큰 시차없이 곧바로 이들의 문명을 받아들여 거의 대등한 수준까지 이를 수가 있었다. 그러나 바다를 격한 왜지의 경우는 사정이 달랐다. 고대의 한국과 비교하여 그 문명의 수준에는 상당한 시차가 있었던 것이다.

농경과 금속문명을 모르던 왜지에 문명을 전파한 사람들은 기원전 4~5세기의 한국 남부지방에 살던 사람들이었다. 이 사람들이 원주민인 승문인(繩文人)을 밀어내고, 일본열도 전역으로 퍼져나가 주류가 되었다. 일본 사학계에서는 야요이(彌生)인이라 일컫고, 이 책에서 필자가 토착왜인이라고 부르는 사람들의 선조이다.

그 후 5세기를 전후하여 가야인들이 집단도왜하여, 평화적이고 주술적이며, 농경문화가 주류를 이루던 왜지에다, 북방계의 전투적, 귀족적 기마문화를 퍼트렸다.

토착왜인들이 세운 사마대국(邪麻台國)이나 노국(奴國) 등의 소국들은 이 와중에 사라졌고, 왜지는 여러 가야인들의 세력이 할거하는 혼란한 상태가 되었다. 이어서 백제인들이 집단도왜하여 왜국을 통치하다, 이어서 열도 전체를 통일하였다.

일본인들이 세계에 자랑하는 도자기는 임진왜란 당시 왜군에 납치되어간 조선의 도공이 전파한 것이고, 일본의 성리학 역시 이때에 납치된 조선의 학자가 전한 것이다.

거시적으로 보자면, 고대 왜지 대부분의 문명은 한국에서 건너간 것이다. 이런 관점에서 볼 때, 천황가의 시조가 한국에서 건너갔다고 하더라도 전혀 놀라운 일이 아니고, 오히려 너무나 당연한 일이라 하겠다.

천황가의 시조는 백제에서 건너간 사람이다. 그렇지 않다면 『일본서기』

가 시조를 비롯하여 수많은 왕을 붓끝으로 창작하면서까지, 소름이 끼칠 정도로 철저하게 진실을 은폐할 이유가 없을 것이다.

그리고 고대의 왜왕이라고 하여 성이 없었을 리가 만무하다. 그럴 리가 없다. 다른 귀족들과 마찬가지로 성이 있었을 것이다. 『일본서기』와 『고사기』가 편찬되면서, 천황가에서는 성을 감추고는 마치 원래부터 성이 없었던 것처럼 아예 쓰지 않기로 작심하였던 것이 분명하다. 천황가의 성에 관하여는 이 책의 마지막 제 6장에서 확인하여 보시라.

천황가가 백제에서 건너갔다는 사실만큼은 어떤 방법을 동원하여서라도 숨겨야 마땅하다고 생각하였던 모양이다. 사실은 왜왕뿐만이 아니라 고위 귀족들은 단 한 사람의 예외도 없이 전부 백제인들이었으니, 이 또한 철저하게 감추어야 마땅한 일이었다.

1) 역사의 창작과 연장

『일본서기』에 의하면, 천황가의 시조 신무(神武)는 기원전 660년에 즉위한 것으로 되어 있다. 천황가의 역사는 어찌하여 이다지도 긴가? 이는 『고사기』와 『일본서기』가 편찬된 8세기 초의 시점에서 보자면, 아주 짧기만 한 천황가의 역사를 수치스럽게 여기고는, 그것을 대폭 올려잡은 것이다.

즉 신라의 시조 혁거세 거서간이 기원전 57년에 즉위하였다 하니, 그보다는 월등 긴 것으로 만든 것이다. 신라보다는 훨씬 길어야 한다. 건국시점을 이렇듯 상식에 전혀 맞지 않게 올려 잡은 것은 극심한 반신라감정에서 비롯된 것이 분명하다.

일본의 학자들은 『일본서기』가 중국에 대항하기 위한 의도에서 만들어졌다고 보고 있으나, 아무런 근거가 없다, 이렇게 보는 시각은 황국사관의 연장에 다름 아니다. 『일본서기』는 중국에 관하여는 아무런 관심도 없었고,

오로지 왜가 신라보다 우위에 있었다는 허구의 이데올로기를 생산하고 선전하는 것에 목적이 있었던 것이다.

그러한 의도에서 허구의 시조 신무의 즉위를, 전혀 터무니없는 연대인 기원전 660년으로 올려 잡았다. 그러나 이때의 일본열도는 고고학적으로는 신석기시대에 해당하므로, 금속이나 농경, 문자 등 문명이 존재한 바 없었다. 석기시대에 '천황'과 '황후', '황자', 수많은 신하, 8세기처럼 잘 정비된 중앙과 지방의 통치와 행정제도가 있었던 것으로 되어 있으니, 소설이라기보다는 만화를 보는 느낌이다.

그러다 보니 그 중간의 수많은 왜왕을 소설처럼 창작할 수밖에 없었다. 그런데 왜왕 하나를 창작하려면 왕후와 자녀, 신하, 여러 치적 등 수많은 것을 부수적으로 만들어낼 수밖에 없다. 따라서 왜왕의 수명이 짧다면 창작의 수요가 증가하게 되므로, 창작의 편의를 위하여는 왜왕들의 수명이 길지 않으면 안 된다. 『일본서기』와 『고사기』에 100살이 넘는 왜왕들이 수두룩하게 등장하는 것은 그런 이유 때문이다.

그런데 후세에 여러 변작자가 『일본서기』를, 시대를 달리하여 혹심하게 개변한 바 있었다. 그리하여 비상식적으로 긴 왜왕들의 수명에 관한 기사를 여러 건 삭제하기도 하였는데, 이는 창작된 허구의 왜왕들의 진실이 드러나는 것을 숨기기 위한 의도일 것이다.

2) 『일본서기』에 보이지 않는 토착왜인

『일본서기』에 가장 많이 나오는 사람은 일본인일까? 이것은 참으로 어리석은 질문이다. 일본의 역사서인 『일본서기』에 나오는 사람은 전부 일본인이지, 그 무슨 엉뚱한 소리인가? 『삼국사기』에 나오는 사람은 전부 신라, 고구려, 백제 사람이지 않은가(약간의 가야, 중국 사람만 빼고)?

그러나 『일본서기』라면 그러한 상식이 통하지 않는다. 가장 많이 등장하는 인물은 실재하지 아니하였던 가공의 인물이다. 『일본서기』에 나오는 38대 천지(天智) 이전에 등장하는 왜왕, 왕비, 신하, 반역자 등 거의 대부분의 인물은 실재하지 아니한 가공의 인물들이다. 실재한 인물로서 가장 많이 등장하는 사람은 백제인이다. 그다음이 가야인이고, 신라인, 고구려인의 순이다. 제목은 『일본서기』이지만, 실제 토착왜인은 거의 없다고 하여도 과언이 아니다. 여기에 관하여는 뒤에서 자세히 살펴보자.

왜국의 지배층이던 백제인들은 자신들의 원적을 철저하게 숨기고, 원래부터 왜국에서 붙박아 살던 토착 왜인인양 가장하였는데, 그러한 역사관의 바탕에서 편찬된 역사서가 바로 『일본서기』와 『고사기』이다.

그러면 왜국의 백제인들은 왜 그렇듯 자신들의 원적을 감추려 하였을까? '왜왕은 백제의 왕가에서 유래하였다'라고 하거나 혹은 '귀족 어느 가문은 백제의 좌평 아무개가 조상이다'라고 하면 무슨 문제가 있는 것일까? 조상의 뿌리를 드러내고 헌양하는 것은 동서고금의 인지상정임을 생각할 때, 『일본서기』와 『고사기』의 이와 같은 역사 은폐는 상식적으로 이해하기 어렵다. 그러나 당시 왜국에서 살던 백제인의 입장에서 생각해보자. 이는 불가피한 조치였을 것이다.

『고사기』가 편찬된 것은 812년이고, 『일본서기』는 이보다는 조금 늦다. 그런데 이 두 사서의 편찬을 위한 제반 준비는 7세기 말부터 시작되었다. 7세기 말 일본의 사정은 어떠하였을까? 왜왕과 귀족들의 모국인 백제는 철천지 원수인 신라의 손에 의해 멸망당하고, 그 땅은 신라의 영토가 되고 말았다.

『일본서기』에 나오는 「"백제의 주류성이 당에 항복하였다. 어떻게 할 방법이 없다. 백제라는 이름은 오늘로써 끊어졌다. 조상의 묘소에 어찌 갔다 올 수 있겠는가?"」라는 재왜 백제인들의 탄식을 보면, 그 비통한 심정이 이

해되고도 남음이 있다(졸저 『일본 천황과 귀족의 백제어』 408쪽). 여기서의 재왜 백제인이란 당시의 왜왕을 비롯한 왜국 귀족의 거의 전부를 뜻한다.

그런데 조상의 묘소 참배가 불가능하게 된 것은 오히려 사소한 문제였다. 가장 두려운 것은 신라의 일본열도 침공이었다. 신라의 공격에 대비하여 현재의 후쿠오카(福岡) 시 외곽에 방위사령부 태재부(太宰府)를 만들고, 대마도와 규슈의 요소요소에 성을 쌓는 등 철저한 대비책을 강구하였던 것이다.

3) 토착왜인의 민족분규에 대한 대비

신라의 침공에 대한 대비는 겉으로 드러난 것이지만, 당시의 재왜 백제인들이 암암리에 두려워하고 대비하였던 것은 토착왜인들의 민족분규나 혹은 반란이었을 것이다.

당시의 인구통계가 있었을 리는 만무하지만, 전체 일본의 인구 중에서 토착 왜인들의 숫자는 적게 잡아도 90%는 되지 않았을까? 만일 토착 왜인들이 똘똘 뭉쳐서 민족분규를 일으키고는 「백제인 고 홈!」을 외친다면, 백제인들은 숫적으로 도저히 대적할 방법이 없다. 그런 사태가 발생한다면 모국은 신라 땅이 되고 말았으니 돌아갈 곳이 없다. 백제인들은 태평양 바다에 빠져 죽는 수밖에는 다른 방법이 없었던 것이다.

생각해 보면 이것은 참으로 무서운 시나리오가 아닐 수 없다. 이러한 사태는 반드시 막아야 한다. 당시 백제인들의 심정을 알 수 있는 자료가 『일본서기』에 있다. 추고(推古) 12년 정월조에 나오는, 성덕태자(聖德太子)가 만들었다는 이른바 헌법(憲法) 17조의 첫째 조항이다.

「和爲貴 無忤爲宗 화위귀 무오위종
화합하는 것을 귀하게 여기고, 역逆하지 않는 것을 으뜸으로 하라」

유교와 불교를 아울러 통달한 만고의 성인이라는 성덕태자는, 아쉽게도 실존 인물이 아니라 『일본서기』가 창작한 가공의 인물이다. 따라서 헌법 17조라는 것도 성덕태자가 지은 글은 아니다.

그렇지만 헌법 17조라는 엄중한 타이틀을 가진 문장의 첫 구절에 「화합하는 것을 귀중하게 여겨라」라고 되어 있는 것은 의미심장하다. 사람이 살아가는 데에 있어서 가족이나 단체, 국가를 막론하고, 화합이 참으로 좋은 덕목이며 가치있는 일인 것은 의심의 여지가 없다. 그러나 왜 하필 이 말이 헌법 제 17조의 첫머리를 장식하고 있을까? 유교의 일반적인 가르침인 충성과 효도 혹은 인의예지신(仁義禮智信) 등 좋은 덕목이 많이 있는 것을 생각해보라.

이 화합은 당시의 일본에 살던 모든 사람, 즉 백제인, 가야인, 고구려인, 신라인, 토착 왜인 등의 여러 원적을 가진 사람들이 민족분규를 일으키지 말고 화합하여 잘 살아가자는 의미일 것이다. 그리고 백제인이라 하더라도 모두 같은 백제인 아니었다. 백제 멸망 이전에 도왜하여 선주하고 있던 구백제계인과 그 이후에 도왜한 신백제계인은 엄연히 이해관계와 사고방식이 달랐다.

신구 두 백제계가 편을 갈라 대규모의 내전을 벌인 것이 바로 672년에 벌어진 임신(壬申)의 난이었다. 이 점에 관하여는 뒤에서 좀 더 상세하게 살펴보자.

당시 왜국에는 백제와는 뿌리가 다른 가야인도 다수 살고 있었다. 가야인이라고 하여 같은 사람들이 아니었다. 금관가야인, 아라가야인, 대가야인, 소가야인 등 여러 갈래가 있었다.

이렇듯 당시의 왜국에는 그 뿌리와 원적이 각각 다른 여러 계통의 사람들이 존재하고 있었으므로, 자칫하면 분규가 일어날 소지가 다분하였던 것이다. 뿌리를 따지지 말고 모든 사람이 화합하여 평화롭게 살자는 것이 헌법

17조 첫 문장의 취지인 것이다.

　다음에 나오는 「역(逆)하지 않는 것을 으뜸으로 하라」라는 구절은 천황을 정점으로 대소 귀족들이 포진하여 있는 지배질서에 도전하지 말라는 취지가 아니겠는가? 뿌리가 다른 모든 사람이 민족분규를 일으키지 말고 화합하여 살면서, 최고 지배층을 형성하고 있는 백제계의 기존 질서에 도전하려는 마음을 먹지 말라는 것이 헌법 17조 중 제 1조의 근본취지인 것이다.

3. 왜국 지배층 백제인들의 왜인화 정책

　구백제계 사람들의 입장에서 7세기 말 왜국의 정세를 한번 생각하여 보자.

　「임신壬申의 난이라는 피비린내 나는 혈전을 치르면서, 백제 멸망 이후
　도왜한 신백제계의 충천하던 힘을 제압해 놓았으니 우선 눈앞의 불은
　끈 셈이다. 가야계나 고구려계, 신라계가 있지만, 신백제계에 비하면
　그 세력이 그렇게 대단한 것이 못되니 큰 걱정거리는 되지 않는다.
　무서운 것은 인구수에서 압도적인 토착 왜인이다. 당장은 아무 불만을
　표시하지도 않고 있고, 수긋하게 복종하는 것처럼 보이지만, 자신들의
　열악한 처지에 불만을 품고 민족분규를 일으키기라도 한다면, 그것은
　최악의 사태이고 막을 방법이 전혀 보이지 않는다. 그러한 사태는 미
　리 예방하는 것 이외에는 다른 대책이 없다」

　구백제계 사람들의 형세판단은 아마도 이러하였을 것이다. 외부에서 건너간 소수민족이 절대다수의 토착민족을 민족분규없이 다스려 나간다는 것

은 결코 쉬운 일이 아니다. 당시 일본열도의 구백제계 사람들은 토착 왜인들을 어떻게 하면 소란스럽지 않게 다스려 나갈지에 대하여 고심하였던 것이 분명하다.

1) 소수 민족에 의한 다수 민족 지배의 사례

세계의 역사를 살펴보면, 소수 민족이 다수 민족을 지배한 경우가 왕왕 있었는데, 원(元)나라를 세운 몽골과 청(淸)의 만주족, 두 경우를 살펴보자. 두 민족은 모두 소수의 유목민족으로서, 문화수준과 인구에서 압도적인 중국의 한족을 지배한 바 있다.

이 두 유목민족은 모두 한족에 동화되지 않고, 유목민족인 자신들의 정체성을 유지하는 것을 가장 중요한 과업으로 삼았다. 그냥 편안하게 앉아 있으면, 모든 문화가 자신들보다 월등하게 앞선 한족에 부지불식간에 동화될 수밖에 없는 형편이었으므로, 이는 부득이한 조치였는지도 모른다. 그래서 원의 역대 칸(汗)들은 궁궐의 마당에 천막을 치고 기거하면서, 자신들의 유목민으로서의 전통과 정체성을 잊지 않으려 애를 썼던 것이다.

서병국 선생이 번역한 『북방민족의 중국통치사. 2010. 한국학술정보(주)』를 보면,

> 「몽골 조정은 몽골풍을 앙양하는데 노력하여, 국풍을 보존하고 몽골어
> 와 몽골문자를 공용화하였으며, 더 나아가 원나라의 관부는 통사通士 통
> 역관와 역사譯士를 사용했다」

라 한다(155쪽). 몽골인으로서 자신들의 정체성을 잊지 않으려 적극적으로 노력한 것을 알 수 있다.

한편 중국을 통일하여 청을 세운 만주족은, 초기에는 만주족의 중국화 정책을 적극 실천하였다. 황실에서 솔선하여 중국인과의 혼인을 장려하였으며, 중국의 문화를 적극적으로 받아들였던 것이다. 그러나 급속도로 중국화되다 보니, 만주인으로서 정체성을 강조하는 방향으로 선회하게 되었다 한다.

그리하여 만주어와 만주의 풍속을 유지하기 위하여, 황족과 만주인을 위한 각종 학교를 설치하였다. 만주의 서적으로 교육하였으며, 활쏘기는 필수였다. 또한, 만주식 변발(辮髮)과 호복(胡服)을 중국인에게 강요하였다 한다(위의 책 265쪽). 자신들의 정체성을 잊지 않기 위한 노력인 것이다.

만주족이 중국으로 떠나고 고향인 만주 일대가 비게 되자, 초기에는 중국인의 이주를 장려하였으나, 나중에는 그들의 출입을 금하는 '봉금(封禁)' 정책을 실시하게 된다. 군대를 동원하여 출입을 봉쇄하였던 것이다. 그 이유에 관하여 여러 가지 설명이 있으나, 청 황제의 내심은 여차하면 돌아갈 고향을 보존하고자 하는 데에 있었다고 필자는 생각한다.

몽골족과 만주족이 중국을 지배하면서 이렇듯 자신의 정체성을 유지하고자 애를 썼던 것은, 최악의 경우 한족이 반란을 일으켜 자신들이 쫓겨나는 사태가 발생한다면, 옛 터전인 몽골초원 혹은 만주의 넓은 벌판으로 돌아가면 그만이라는 생각이 뒷받침되었기 때문일 것이다.

2) 돌아갈 곳이 없었던 재왜 백제인

그런데 왜국 백제인들의 형편은 몽골족이나 만주족과는 전혀 달랐다. 백제가 멸망하고 신라의 영토가 되어 버렸으니, 태평양 바다 이외에는 돌아갈 곳이 아무 데에도 없었다. 돌아갈 터전이 온존되어 있던 몽골족과 만주족들은, 한족에 동화되지 않고 소수민족으로서의 정체성을 잃지 않는 노선을 선

택하였지만, 돌아갈 곳이 사라진 백제인들은 정체성을 버리고 왜인과 동화
되는 길을 선택하였다.

　필자는 당시의 백제인들이 아주 현명한 판단을 하였다고 생각하고 있다.
왜냐하면 일본의 역사를 돌이켜 볼 때, 수많은 전란이 있었으나, 단 한 번도
피지배층을 이루던 토착 왜인의 민족분규와 같은 사태는 발생하지 않았기
때문이다.

　그렇게도 정체성을 잃지 않으려고 애를 썼지만, 몽골족은 결국 한족인 이
자성(李自成)의 명(明)에 의하여 몽골초원으로 쫓겨나는 신세가 되었고, 만주
족은 만주벌판으로 돌아갈 사이도 없이 한족에 동화되어, 지금은 아무런 흔
적을 찾아볼 수 없는 점을 보면 쉽게 이해가 된다.

　그러한 「왜인화 정책」을 뒷받침하는 선전광고 책자로 등장한 것이 『고사
기』와 『일본서기』라는 두 역사서이다. 두 사서가 전하고자 하는 근본적인
요점은 이렇다.

> 「천황은 천지창조 무렵 하늘에서 지상으로 내려온 신의 후손으로서, 세
> 세손손 왜국에서 붙박아 살던 가문의 출신이다. 천황을 보필하는 귀족
> 의 선조들도 그 무렵 역대 천황을 모시고 따라 온 신하들이었다.
> 　피지배층인 토착왜인 너희들과 마찬가지로 까마득한 옛날부터 왜국에
> 서 살아왔으며, 언어나 풍속 등 모든 것이 아무런 차이가 없다. 그러니
> 너희들은 아무런 의심을 하지 말고 지배질서에 복종할 것이며, 행여라
> 도 딴마음을 품지 말거라」

　『고사기』와 『일본서기』가 왜국의 역사를 천지창조의 시기까지 올려놓은
것이나, 수많은 허구의 천황과 황후, 황자, 신하, 그리고 실재하지 않았던
온갖 사건(신공황후에 의한 신라 정복이 대표적인 사례일 것이다)을 꾸며내어, 역

사를 완전히 소설처럼 창작한 것은 그러한 이유에서이다.

그런데 두 사서의 저자도 역시 백제 사람이다. 왜국이라는 나라의 지배층은 백제에서 건너간 사람이라는 사실을 직접적인 표현으로는 알릴 수 없으나, 행간에 숨겨 암호화하는 방식으로 적어 놓았다. 천손강림(天孫降臨) 설화가 대표적이다. 뒤에서 자세히 살펴보자(362쪽).

그런데 『고사기』와 『일본서기』는 백제가 멸망한 지 불과 수십 년 이후에 편찬된 것이다. 아직 왜국의 백제인들이 자신의 정체성을 명확하게 인식하고 있을 때이다. 만일 세월이 흘러 10세기쯤에 이 두 사서가 나왔다면, 천손강림 설화는 존재하지 않았을 것이다. 이때는 백제인들의 후손이 완전히 왜인화된 이후로서, 그 정체성이 사라진 이후이기 때문이다.

3) 『일본서기』는 구백제계 귀족의 관점에서 서술한 역사서

7세기 말의 일본열도에는 위에서 보듯이 참으로 다양한 원적을 가진 사람들이 다수 모여 살고 있었으나, 그중에서 주도권을 가진 것은 백제 멸망 이전부터 도왜하여 살고 있던 구백제계 귀족들이었다. 백제의 개로왕 무렵에 도왜하였던 목만치(木滿致)의 후손인 소아(蘇我)씨, 소아 가문에 의하여 멸망한 물부(物部)씨, 백제 멸망으로부터 불과 얼마 전에 도왜하였던 중신(中臣)씨 등이 대표적인 구백제계이다.

『일본서기』는 이러한 구백제계는 토착왜인인 것처럼 처리하여, 백제계라는 사실을 철저하게 은폐하였다. 마치 천황가의 가계가 아득한 옛날, 천지창조 무렵부터 왜국에 붙박아 살고 있었다고 서술하고 있는 것과 마찬가지이다.

그리고 백제 멸망 이후 도왜한 유민 즉 신백제계 사람들은 『일본서기』에서 백제인이라 명시하고 있다. 『일본서기』 천지(天智) 10년 정월조에 보이는 백제 유민인 여자신(餘自信), 귀실집사(鬼室集斯), 답발춘초(答㶱春初)와 같은 사람들이다. 『일본서기』에는 구백제계 사람들은 마치 토착 왜인인 양 기술해 놓았지만, 이 백제 유민들은 백제인이라 하고 있다.

　백제 멸망 이전에도 수많은 백제의 관리, 승려, 기술자 등이 왜지로 파견간 바 있었다. 그중에는 본국 백제로 귀환한 사람들도 있었고, 왜지에 정착한 사람도 있었다. 이 사람들도 모두 백제인이라고 밝히고 있다. 따라서 백제 멸망 이전에 도왜하여 본국으로 돌아가지 아니하고, 왜국에 뿌리박아 살던 사람들 중 일부를 토착왜인인 것처럼 기술하였고, 나머지는 백제인이라고 명기하였던 것이다.

　구백제계 중에서 8세기의 왜국에서 주도권을 잡고 주류를 이루던 귀족들은 토착왜인으로 되었고, 세력이 약하거나 소외된 비주류 계층은 백제인이 된 것으로 추정된다.

1장 ━━━━━━━

허구의 왜왕과
창조된 왜왕릉

1. 왜 왜왕릉인가?

필자가 이 책을 쓰게 된 동기가 일본의 어느 고고학자의 저서에서

「『일본서기』에 나오는 수많은 천황 중, 그 무덤을 확실하게 알 수 있는
것은 38대 천지(天智)릉과 그 뒤를 이은 천무(天武)와 지통(持統)의 합장릉
둘 뿐이다」

라는 대목을 읽은 충격 때문이라는 사실은 머리말에서 밝힌 바 있다. 이에
부연하여 다음 글을 여기에 소개하여 본다.

『歷史讀本(역사독본). 新人物往來社』 1987년 6월호는 「天皇陵と宮都の迷(천
황릉과 궁도의 수수께끼)」 특집호인데, 그 첫 페이지에 나오는 문장이다.

「수많은 거대고분이 천황가의 묘天皇陵로서, 궁내청宮內廳 서릉부書陵部가 관리하고 있다. 그러나 많은 능묘 가운데 피장자가 판명된 것은 천지天智와 천무天武, 지통持統의 합장릉 둘 뿐이라 하며, 나머지는 전부 고대사의 어둠 속에 있다.

놀라운 것은 초대 신무神武천황을 필두로 신화상 천황들의 능도 존재하고 있는 것이 실상이다. 학문적으로 의문이 많은 고대 천황릉은, 에도江戶시대 말기, 근왕사상勤王思想이 드높을 때에 행하여진 문구文久의 수축修築에서, 명치明治시대에 걸쳐 치정治定된 '급조된 천황릉'이라고 말할 수 있다」

『일본서기』가 신무에서 제명까지 37명의 실존하지 아니한 가공의 왜왕을 창작한 것과 마찬가지로, 현재 궁내청에서 관리하고 있는 왕릉도 모두 창작된 것이라 한다.

일본의 고고학자인 토이케(外池昇) 선생의 『天皇陵論(천황릉론). 2007. 新人物往來社』을 보면, 제 1장의 제목이 「창조된 천황릉(創られた天皇陵)」으로 되어 있다. 일본에서도 왕릉이 대부분 창작되었다는 것은 양식있는 연구자들 사이에는 상식처럼 되어 있다. 이제 가공의 왜왕과 창작된 왕릉에 관하여 상세하게 알아보자.

1) 방치되어 온 왜왕릉

『일본서기』와 『고사기』에 의하면, 일본은 약 2천 6백 년 전 신무(神武)라는 왕이 건국하였다고 되어있다. 신무는 일본열도를 창조하였다는 천조대신(天照大神)이라는 신의 후예라 한다. 그 이후 단 한 번의 왕권교체도 없이 『일본서기』의 마지막 왜왕 지통으로 이어졌고, 올해 등록한 영화(令和)천황에 이르기까지 만세일계로 부단하게 이어져 내려왔다는 것이다.

　그렇지만 신무 이하 역대 왜왕들의 무덤은 중세에는 물론이고, 고대의 일본 왕실에서도 방치하여 왔다. 시조왕이라는 신무릉도 방치되기는 마찬가지이다. 그중에서도 짧은 기간일 망정 제사의 대상이 된 것은 천지릉과 천무, 지통 합장릉뿐이다. 왜 일본에서는 고대에서부터 왕릉이 이렇듯 제사와 존경의 대상이 되지 못하고, 그냥 방치되어 왔을까? 『일본서기』에 나오는 40명의 왜왕 중 37명의 왜왕은 모두 실재하지 아니한 붓끝에서 창작된 가공의 인물이기 때문이다. 따라서 중세에 이르러서는 일본 황실에서도 가공의 왜왕들 무덤에는 아무런 관심이 없었던 모양이다.

　그런데 일본의 고대사에 관하여 조금이라도 관심이 있는 분들은 이러한 반론을 제기할 것이다. "아니, 그게 무슨 소리지? 오사카(大坂)에는 엄청난 크기의 인덕(仁德)천황릉과 응신(應神)천황릉이 멋지게 정비되어 있는데……, 그리고 나라(奈良)에 가면 신무릉이나 여러 **천황릉**이 훌륭하게 보존되어 있잖아? 방치되었다는 것은 무슨 말이야?"

　그러나 이것은 하나만 **알고 둘은 모르는** 소리이다. 이렇듯 **보존되고 정비**된 것은 근세에 들어서의 일이기 때문이다. 중세쯤에는 시조라는 신무의 무덤조차도 방치되었으며, 고대 왜왕들의 무덤이 어느 곳에 있는지 전혀 알 수 없는 상태가 되었던 것이다. 어느 왜왕의 무덤에도 제사는 없었다. 완벽하게 방치되었던 것을 알 수 있다.

　그런데 한국의 경우에도, 가령 경주에 있는 신라의 여러 왕릉이나, 공주나 부여에 있는 백제의 왕릉도 그 피장자가 밝혀진 것은 무령왕릉뿐이고, 거의 방치되어 왔지 않느냐는 의문을 제기할 수도 있을 것이다. 그러나 한국과 일본은 사정이 다르다. 신라나 백제는 고대에 멸망하여 그 왕통이 끊어진 지 천년이 훨씬 넘었다. 따라서 그 왕릉이 제대로 관리되지 못하고, 또한 제사도 끊어져, 어느 무덤이 어느 왕의 능인지 알 수 없게 되었다 하더라도 그것은 충분히 이해가 되는 일이다.

　일본은 이와는 사정이 전혀 다르다. 2천 6백여년 이전인 신무부터 현재의 영화천황에 이르기까지, 단 한 번의 왕통 단절도 없이 만세일계로 이어져 내려왔다고 하기 때문이다.

　그러므로 시조인 신무릉을 필두로 한 역대 왜왕의 무덤은 고대로부터 신성시되고 존숭의 대상이 되어, 국가와 황실에서 지극한 정성으로 관리하고 보존하여야 마땅하다. 그리고 끊임없이 제사가 이어졌을 것이므로, 어느 것이 어느 왕의 무덤인지 모른다고 하는 사태는 도저히 상상할 수도 없다. 그렇지만 실제로는 만세일계 천황가의 무덤으로는 전혀 이해가 가지 않는 일들이 벌어졌던 것이다.

2) 무수하게 많은 고분과 왜왕릉

　일본에는 전국 곳곳에 무수한 고분, 즉 고대의 무덤이 산재하여 있다. 고분이라고 할 수 있는 무덤이 일본의 전역에 십만기가 넘는다고 한다. 일본의 역사학자들은 대략 4세기~7세기의 일본을 '고분시대'라고 이름지었는데, 그것은 이 시대의 특징이 이러한 무덤에 극명하게 나타나 있다고 보았기 때문이다.

　이 시기를 대표하는 무덤은 이른바 전방후원분(前方後圓墳)이라는 독특한 무덤 형식이다. 앞부분은 네모이고 뒷부분은 원형으로서 하늘에서 보면 열쇠구멍과 비슷한 모양이다. 크기의 대소 차이는 있지만, 남쪽의 오키나와와 북쪽의 북해도를 제외한 일본의 전역에 이러한 무덤이 산재하고 있다. 그중에서도 월등하게 규모가 큰 무덤들은 나라(奈良)와 오사카(大阪) 등 고대 일본의 수도권에 집중되어 있다.

　16대 왜왕 인덕(仁德)의 무덤이라는 오사카의 대산(大山)고분은 길이가 무려 468m, 후원부의 직경은 249m, 그 높이는 35m라 하니 엄청난 규모를 짐작할 수 있다. 일본의 고분 중에서 규모가 가장 큰 것으로서, 일본 사람들은 이집트의 피라미드보다도 더 크다고 자랑한다.

두 번째는 인덕의 부왕이라는 15대 응신(應神)의 무덤으로 알려진 예전(譽田)고분이다. 길이가 약 423m이다. 일본에는 이보다는 작지만, 길이가 200m를 넘는 엄청난 규모의 고분들도 여러 기 존재하고 있다. 이러한 무덤들은 규모 면에서 백제나 신라의 왕릉과는 비교도 되지 않을 정도로 크다. 고대에 왜국을 통치하던 왕들의 무덤인 것은 분명하지만, 과연 어떤 왜왕의 무덤일까? 『일본서기』에 나오는 창작된 왜왕들의 무덤일 가능성은 없다.

2. 『해동제국기』로 본 『일본서기』의 변작

『해동제국기』는 조선 성종 2년 즉 1471년, 영의정 신숙주 선생이 왕명에 의하여 편찬한 책이다. 일본의 역사와 지리, 사신 접대에 관한 내용 등 여러 가지 사항을 망라하여 놓았다. 신숙주는 세종 25년 1443년, 서장관(書狀官)으로 일본에 다녀 온 바 있다.

이 책의 맨 앞부분은 「천황대서(天皇代序)」라 하여, 일본 천황가의 계보와 역사를 아주 간략하게 기술하여 놓았다. 그 내용을 보면, 초대인 신무(神武)로부터, 당시의 천황이던 언인(彦仁)에 이르기까지, 역대 왜왕, 천황의 이름과 출자, 즉위연도, 수명 등의 기본적인 내용과 핵심적인 사적이 아주 간략하게 기록되어 있다.

필자가 저본으로 삼은 것은 이을호(李乙浩) 선생이 번역한 『海東諸國記(해동제국기). 看羊錄(간양록). 1973. 大洋書房』이다.

일본의 고대 역사서로는 『고사기』와 『일본서기』가 있지만, 신숙주는 『고사기』는 참고하지 않고 오로지 『일본서기』에 의거하여 기술한 것으로 보인다. 왜냐하면 왜왕의 수명이나 재위연수 등에 관하여 두 책이 다른 경우가 많은데, 이런 경우 예외없이 『일본서기』를 따랐기 때문이다. 예를 들면, 2대 왜왕 수정(綏靖)의 수명이 『일본서기』에는 84세, 『고사기』는 45세로 되어 있는데, 『해동제국기』는 『일본서기』를 따라 84세라 하였다. 이런 사례는 여러 군데에서 발견된다. 그러나 반대의 경우, 즉 『일본서기』와 『고사기』가 다를 때에, 『고사기』에 의거한 사례는 찾을 수 없다.

그런데 『해동제국기』의 기록은 현대의 우리가 보고 있는 『일본서기』와는 다른 점이 곳곳에 보인다. 우선 현행 『일본서기』에는 수명의 기재가 누락된 왜왕이 다수 보이지만, 『해동제국기』에는 마지막 세 왜왕인 천지, 천무, 지통 이외에는 모든 왜왕의 수명이 빠짐없이 기록되어 있는 점으로만 보아도 그러하다.

왜 그럴까? 신숙주가 일본의 고대사에 관하여 깊은 연구를 하였을 리가 없다. 따라서 그가 자신이 본 『일본서기』의 내용을 왜곡하거나, 왜왕의 수명 따위를 창작하여 『해동제국기』에 옮겨 적었을 가능성은 전혀 없다. 신숙주는 『일본서기』의 기록을 자신이 본 그대로 충실하게 옮겨 적었을 것이다.

그럼에도 불구하고 『해동제국기』와 현행 『일본서기』가 다른 점이 있다는 것은, 신숙주가 보았던 『일본서기』와 현행 『일본서기』가 달랐다는 의미가 된다. 『일본서기』는 원래 태생부터가 진실된 역사를 기록한 것이 아니고 허구의 창작된 역사를 적은 것인데, 그나마 중세 이후 심하게 가필과 변작이 있었다는 것을 증명하여 주고 있다. 이런 의미에서 신숙주의 『해동제국기』는 『일본서기』가 후세에 변작되었다는 사실을 입증하는 아주 중요한 증거가 된다.

『일본서기』가 변작되었다는 사실을 증명하는 또 하나의 자료로 삼은 것은 기타바타케(北畠親房)의 『神皇正統記(신황정통기). 남기학 역. 2008. 소명출판』이다. 저자는 14세기 일본의 최고 지식인으로서 고위 관료였다. 이 책은 역대 왜왕들의 치적과 수명 따위를 간략하게 기술하였는데, 현행 『일본서기』와는 다른 점이 적지 않게 보이고 있다. 『일본서기』가 여러 번에 걸쳐 변작되었다는 사실을 확인할 수 있다.

3. 허구의 왜왕과 창작된 왜왕릉

1) 시조 신무神武

일본 천황가의 시조가 되는 신무는 누구인가? 일본의 사학계에서는 신무가 가공인물이라는 것이 확고부동한 정설이 되었지만, 여기서 그의 출자를 다시 한번 생각해 보자.

『일본서기』와 『고사기』에서 일본이라는 국가의 기원에 관하여 전설의 형태로나마 알려 주는 것이 천손강림(天孫降臨) 설화이다. 최고의 신이라는 천조대신(天照大神)의 손자인 '니니기'가 고천원(高天原)에서 왜국 땅으로 내려가 통치하였다는 내용이다. 니니기의 증손자가 바로 신무이다.

신무의 조부는 '언화화출견(彦火火出見, pi–ko–po–po–de–mi)'이다. 그가 바다속 용궁으로 들어가는 모험을 감행한 결과, 해신(海神) 즉 용왕의 딸인 풍옥희(豊玉姬)를 아내로 맞아 낳은 아들이 '피코나기사타캐우가야푸키아패주(彦波瀲武鸕鷀草葺不合)'이다. 피코나기사가 모친인 풍옥희의 여동생 즉 이모 옥의희(玉依姬)와의 사이에 낳은 아들이 곧 신무이다.

신무의 출자에 관한 이 모든 내력은 붓끝에서 이루어진 창작소설이다. 이러한 조상을 둔 신무가 실존 인물일 리가 없다. 『일본서기』와 『고사기』는 왜왕가의 출자를 철저하게 은폐하였고, 비밀의 베일에 감쌌던 것을 알 수 있다. 시조가 누구인가를 알리고 싶은 마음이 전혀 없었던 것이다.

이는 동서고금을 막론하고 어느 나라의 역사서에서도 볼 수 없는 특별한 현상이 아닐 수 없다. 시조를 드러내고 자랑스럽게 여기며, 하늘의 천명을 받았다거나, 무예와 지모가 출중하였다는 등으로 미화하는 것이 상례이지만, 일본의 이 두 책은 대부분의 역사서와는 그 출발점이 전혀 다르다. 시조를 은폐하고 왜곡하는 것을 제일의 목표로 하였기 때문이다.

(1) 고고학으로 본 신무의 시대

『일본서기』는 신무의 즉위를 다음과 같이 표현하고 있다.

「辛酉年春正月庚辰朔　天皇卽帝位於橿原宮　是世謂天皇元年
　신유년 1월 1일, 천황이 강원궁橿原宮에서 즉위하였다. 이 해를 천황의
　원년으로 하였다」

이 신유년은 『일본서기』의 기년으로는 기원전 660년이다. 신무가 이 해에 나라(奈良) 아스카(飛鳥)에 있는 궁전에서 천황으로 즉위하였으며, 이 해를 천황의 원년으로 하였다고 되어 있다.

그런데 고고학상으로는 기원전 660년의 일본열도는 아직 문명의 혜택을 받기 이전인 석기시대였다. 기원전 4세기 무렵이 되어서야 비로소 한국의 남부지방에서 벼농사와 청동기 문명을 지닌 한국인들이 집단으로 도왜하여, 문명이 시작되었던 것이다. 석기시대에 왕도 아닌 '천황'이 '궁'을 짓고는 '즉위'하였던 말인가?

뿐만 아니다. 『일본서기』 신무 2년조에 보이는 '내목읍(來目邑)', '왜국조(倭國造)', '기성현주(磯城縣主)' 등을 보면, 이 시대에 벌써 '읍(邑)'이나, '현

(縣)', '국(國)' 등의 지방 행정단위가 있었고, '국조(國造)'나 '현주(縣主)'와 같은 지방 행정장관이 존재하였던 것으로 되어 있다. 그러나 문명도 없고, 문자도 없던 석기시대에 이런 지방제도가 있었을 리가 만무하다.

기원전 660년에 건국하였다는 시조 신무의 시대부터, 온갖 행정제도나 인명, 지명이 8세기의 그것과 아무런 차이가 없이 완비된 것으로 되어있다. 『일본서기』가 진실된 있는 그대로의 역사를 기록한 것이 아니라, 허구의 창작된 역사를 만들어내었다는 사실을 쉽게 알 수 있다. 창작된 허구의 역사는 언제까지 계속될까? 초기에는 허구의 역사를 기록하였다 하더라도 어느 정도 세월이 지나면 진실된 역사를 기록하지 않았을까?

그렇지 않다. 놀랍게도 백제가 멸망한 한해 뒤인 서기 661년에 사망하였다는 37대 왜왕 제명(齊明)의 시대까지 창작의 역사는 유구하게도 계속된다.

(2) 『해동제국기』의 옥의희玉依姬

『해동제국기』도 신무의 모친을 옥의희(玉依姬)라 한 것은 『일본서기』와 차이가 없다. 그러나 『해동제국기』에는 그녀가 「경오년, 주(周) 유왕(幽王) 11년 (기원전 771년)에 태어났다」고 되어 있는 것이 현행 『일본서기』와의 커다란 차이점이다.

현행 『일본서기』에는 옥의희가 태어난 해에 관한 기록이 없다. 신숙주가 본 『일본서기』에는 그런 기재가 있었던 것이 분명하다.

한편 『일본서기』는 신무가 갑오년 즉 기원전 585년, 127세에 죽었다 하였으므로, 그가 기원전 712년생임을 알 수 있다. 『해동제국기』에 나오는 옥의희가 경오년 즉 기원전 771년에 태어났다는 기록과 아울러 보면, 그녀는 무려 59살에 신무를 낳은 것으로 된다.

『일본서기』를 보면, 옥의희는 묘령의 젊은 여성으로 보이는데, 실제는 이렇게 늙은 나이였던 것일까? 고대에 이렇게 늙은 산모도 있었던 것일까? 전혀 신빙성이 없다. 생각컨대 이런 사실을 간파한 후세의 변작자가 옥의희의 출생연도에 관한 기록을 삭제하였을 것이다.

(3) 시조릉

고대의 한국에서는 역대 선조 왕의 무덤을 중시하여, 정중하게 관리하고 보존하였음은 물론이고 제사에 소홀하지 않았다. 특히 나라를 건국한 시조 왕의 무덤은 더욱 신성시하였다.

백제를 세운 온조왕은 즉위 원년에 동명왕묘(東明王廟) 즉 고구려의 시조 주몽을 모신 사당을 만들어 제사를 지냈다. 역대 백제 왕들은 즉위 이듬해 정월에 이 사당에 나아가 제사를 올리는 것이 관례였다. 온조의 부왕인 고구려 시조 주몽의 사당을 신성시하였던 것이다.

신라에서는 소지(炤知) 마립간 9년, 시조가 탄생한 나을(奈乙)에 신궁(神宮)을 세워 제사지냈다 한다. 시조묘를 성역화한 것을 알 수 있다.

『일본서기』에 의하면 초대 왜왕인 신무는 재위 76년, 기원전 585년, 127세의 나이에 죽었으며, 무덤은 우네비(畝傍)산 동북릉이라 하였다. 이 신무가 실재하지 아니한 가공의 인물라는 점은 일본 사학계의 통설이다. 그렇지만 『일본서기』에는 이 신무를 필두로 하여 뒤를 이은 모든 왜왕과 왕비의 묘가 빠짐없이 기록되어 있다. 왜왕들이 실존하였던 것처럼 보이도록 하려면, 묘가 없어서는 안 된다.

『일본서기』는 왜왕들이 실존하였다는 느낌을 주기 위하여 모든 왜왕들의 묘를 빠짐없이 기재하였던 것이다. 그런데 일본에는 엄청난 규모의 고분들이 특히 나라(奈良) 일원에 밀집되어 있으니, 『일본서기』의 이러한 왜왕묘의 기재는 얼핏 그럴듯해 보이기도 하다. 『일본서기』의 저자가 노린 것이 바로 이러한 사정일 것이다.

(4) 수릉修陵작업

일본을 건국한 시조는 신무이며, 그때로부터 만세일계로 이어져 내려왔으므로, 현대 일본 황실의 시조인 것은 물론이다. 그러나 고대 이래 신무의 무덤은 완전하게 망각되어 중세에 이르렀다. 창작된 시조이니 애초에 무덤이 있을 리 없음으로, 이는 당연한 결과일 것이다.

그런데 일본의 나라(奈良) 현 카시하라(橿原) 시에 가면, 크고 멋진 신무릉이 잘 가꾸어져 있는 것을 볼 수 있다. 실재하지 아니한 신무의 무덤이 어떤 경위로 조성되었는지를 살펴보자. 그 뒤를 이은 가공의 역대 왜왕 무덤이 창작된 과정도 대동소이하다.

앞서 본 것처럼 『일본서기』에 의하면 신무릉은 우네비(畝傍)산 동북에 있다고 되어 있으나, 『고사기』는 이 산의 북방 카시노워(白檮尾) 위에 있다 하였다. 실재하지 아니한 창작된 인물이지만 이렇듯 무덤이 있다고 기재한 것은 실재하였던 것처럼 보이게 하려는 의도일 것이다. 그런데 시조왕이라는 신무의 무덤에는 어느 누구도 제사를 지내거나 정비한 바 없이 방치되어 왔다. 신무는 존재한 바 없는 가공인물이고, 그런 그의 무덤이란게 존재할 리가 없기 때문이다.

그러다 1690년대에 접어들어 당시 정권을 잡고 있던 막부(幕府)에서 왕릉에 관심을 가지고 이를 정비, 보수하는 작업을 시작하였다. 이때의 연호가 원록(元綠)이었으므로, 이 사업을 「원록의 수릉(修陵)」이라 한다.

그 이전에도 특정 왕릉의 부분적인 개, 보수는 가끔 있었으나, 전체 왕릉의 전면적인 정비는 이때가 처음이었다. 그런데 왕릉을 정비, 보수하려고 하여도 어느 왕의 무덤이 어느 것인지 알 도리가 없었다. 근본적으로 『일본서기』의 왜왕들은 대부분 가공의 인물이었으므로, 8세기 이후 일본의 천황가에서 관심을 가지지 아니하였고, 제사도 올리지 않았기에 그러한 현상이 벌어진 것이다.

그리하여 우선 어느 왕의 무덤이 어느 것인지를 결정하는 작업이 이루어졌는데, 일본에서는 이를 '치정(治定)'이라 하였다. 당시 고고학이 발달하기 이전이라, 별 근거도 없이 주먹구구식으로 이루어진 경우가 대부분이었다.

(5) 신무릉은 총산塚山고분에서 신무전神武田고분으로

원록의 수릉에서도 시조인 신무의 무덤은 아주 중요하게 다루어졌다. 당시 신무의 무덤으로 정해진 것이 없었으므로, 우선 신무의 무덤이 어느 것이냐를 치정하는 작업이 선행되어야 하였다.

당시에도 몇 가지 견해가 나누어져 있었는데, 결정된 것은 사조촌(四條村)에 있던 총산(塚山)고분이라는 무덤이었다. 그래서 이 무덤을 시조 신무의 무덤으로 정하고는 대대적인 수축과 정비가 이루어졌다. 이때부터 이 무덤이 공식적으로 신무의 무덤으로서 존숭의 대상이 되었다.

그러나 처음부터 신무의 무덤이 총산이 아니라는 학자들의 의견이 많았는데, 그러한 견해는 점점 세력이 강해졌다. 대별하면 신무전(神武田)이라는 곳에 있는 무덤이라는 설과, 환산(丸山)고분이라는 설이 그것이다. 둘 다 나름대로 그럴듯한 근거가 있었으므로, 그 결정은 아주 어려웠던 모양이다.

그러다 명치유신 직전인 1860년대 또다시 대대적인 수릉사업이 이루어진 바 있었다. 이때의 연호가 문구(文久)였으므로, 이 사업을 「문구의 수릉(修陵)」이라 한다. 문구의 수릉에서도 신무의 무덤은 아주 중요시되었다. 그런데 이 무렵에는 앞서 신무릉으로 지정하여 정비하고 제사를 받던 '총산고분'이 신무의 무덤이 아니라고 확신하였던 모양이다.

그렇지만 신무전 무덤과 환산 고분 중에서 어느 것이 신무의 그것인지 갑론을박이 계속되었으나, 나름대로 근거가 있어 쉽게 결정이 나지 않았다.

그래서 두 견해를 일목요연하게 정리한 서면을 당시의 효명(孝明)천황에게 올려서, 천황으로 하여금 결정하게 하였다 한다. 천황의 조상이니 천황이 결정하는게 타당하다는 생각이었던 모양이다. 그 결과 천황이 선택한 것이 신무전고분이었으므로, 이때부터 이 무덤이 신무의 그것으로써 대대적인 정비가 이루어져 현재에 이르게 되었다.

그리고 앞서 원록의 수릉에서 신무릉으로 치정되었던 총산고분은 신무의 뒤를 이은 2대 왜왕 수정(綏靖)의 무덤으로 변경되었다. 일본의 시조라는 신무릉은 이렇듯 상식적으로 이해가 되지 않는 과정을 거쳐 결정된 것이다. 시조릉을 변경한다는 것도 우습지만, 고대의 무덤에 대하여 고고학적 지식이 있을 리가 없는 천황이 결정하였다는 것은 더더욱 우스운 일이라 하겠다.

(6) 신무전고분의 타당성

이 고분이 과연 신무의 무덤일 가능성이 있을까? 우에노(植野浩三) 선생은 다음과 같이 말하고 있다.

「문구文久의 수복 후…… 수회에 걸쳐 개수되었다. 중심의 분구는 명치
明治 31년 조작된 것으로서…… 팔각형 모습이다.
…… 매장시설과 마찬가지로 실재하지 아니한 천황릉일 뿐만 아니라,
더욱이 고분의 가능성이 없는 구조물이므로, '신무릉'으로서의 유물은
전혀 없다고 말할 수밖에 없다」

「神武天皇陵신무천황릉」『天皇陵總攬천황릉총람. 1994. 新人物往來社』74쪽

이토케(外池昇) 선생은 앞서 본 『천황릉론』에서 다음과 같이 설명하고 있는데, 이 또한 경청할 만하다(76쪽).

「그런데 지금까지 말한 바와 같이, 신무천황은 『고사기』와 『일본서기』

에 있는 전설상의 인물이고, 역사상 실재한 것은 아니다. 바꾸어 말하면 『고사기』, 『일본서기』에 보이는 창출된 인물이므로, 이러한 신무천황의 능이 있다는 것이 확실히 우스운 일이다……

여기서 누차 본 바와 같이, 창출된 인물의 창출된 능, 이것이 신무천황릉을 둘러싼 문제의 본질인 것이다」

　현재의 신무릉은 원래 무덤이 아니었던 모양이다. 그러던 것을 인공으로 흙을 성토하여 무덤의 형태로 만들고는, 시조릉으로 만들어내었던 것이다. 그러니 그 시대와 어울리는 유물 같은 것이 있을 리 없다. 가공의 시조왕에다 만들어낸 무덤, 이것이 신무릉의 실체이다.

　그런데 신무가 가공의 인물이고, 또한 그 뒤를 이은 8대의 왜왕이 조작되었다는 것은 일본의 사학계에서 공인되었지만, 그 이후로도 37대 제명(齊明)에 이르기까지 가공의 왜왕이 계속된다는 사실은 누구도 알지 못하고 있다. 고대의 왜왕릉을 둘러싼 가지가지의 혼란과 난맥상의 근본 원인은 바로 여기에 있다. 창작된 가공의 왜왕 무덤을 실존하였던 왜왕들의 무덤에 '치정'하다보니, 온갖 엉터리같은 일들이 벌어질 수밖에 없었던 것이다.

　여기서 실존하였던 왜왕이란 『일본서기』에는 전혀 나오지 않는 왜왕이다. 엄청난 규모의 전방후원분에 누워있는 피장자는 분명히 고대에 왜국을 다스리던 왕이었으나, 『일본서기』에는 전혀 보이지 아니하므로, 어떤 왜왕이 어느 무덤에 잠들어 있는지를 전혀 알 수가 없다. 중국의 사서에 나오는 왜왕 무(武) 등 다섯 명의 왜왕이 있었던 것이 분명하지만, 그 무덤이 어디에 있는지는 전혀 알 수가 없다.

(7) 『일본서기』의 신무릉

　『일본서기』 천무(天武) 원년(672년) 7월조에 나오는 신무릉에 관하여 살펴보자. 이때는 일본 고대사상 최대의 내란인 임신(壬申)의 난이 진행 중일 때였다. 천무 측의 군대가 어느 곳에 주둔하고 있을 때에, 고시군(高市郡) 대령(大領) 직위의 허매(許梅)라는 사람이 갑자기 입이 닫혀 말을 할 수가 없었다 한다. 그러다 사흘 후에 신(神)이 들려 말하기를

> 「"나는 고시신사高市神社에 있는 사대주신事大主神이다……신무릉에 말과 여러 무기를 바쳐라……나는 황손皇孫 즉 천무의 앞뒤에 서서 모시고 왔다……"」

라고 하였다 한다. 그래서 신이 시키는 대로 허매를 신무릉에 보내 제사를 올리고, 말과 무기를 바쳤더니 결국 승리를 거두었다는 것이다.

이 기사가 과연 사실일까? 사실과는 거리가 먼 창작 설화이다. 신무라는 시조왕은 8세기 초 『고사기』와 『일본서기』가 나오면서, 그때 비로소 창작된 인물이기 때문이다. 따라서 임신의 난이 진행 중이던 672년에 살던 사람이 신무라는 시조의 존재를 알 리가 없고, 더더욱 신무의 무덤이라는 게 있을 수가 없기 때문이다. 이 설화는 후세에 누군가가 가필한 것이 아니고, 『일본서기』의 저자가 창작한 것으로 짐작된다. 천무의 정통성을 강조하기 위한 의도일 것이다.

'사대주신(事大主神)'이라는 신도 고대의 왜인들이 전통적으로 섬기던 신이 아니라 『일본서기』가 창작한 신이다. 그런 신이 사람에게 짚일 가능성도 전혀 없다.

또한 『일본서기』를 보면, 위와 같은 일이 있기 한 달쯤 이전인 임신의 난 초기, 천무는 멀리서 천조대신(天照大神)에게 요배하였다고 되어 있다. 천조대신 또한 『고사기』와 『일본서기』가 창작한 신이다. 이를 읽어보지 못한 천무가 천조대신에게 요배하였을 가능성 또한 전무하다.

일본 사학계에서는 『일본서기』 기사의 신빙성을 의심하면서도, 마지막의 세 왜왕 즉 천지와 천무, 지통기에 나오는 기사는 대체로 믿을 만 하다고 보고 있다. 물론 그 이전의 창작된 왜왕들보다는 신빙성있는 기사가 많은 것은 사실이지만, 이 세 왜왕의 기사에도 창작되거나 허위인 것이 허다하다. 위의 두 기사가 그 좋은 사례이다.

2) 2대 왜왕 수정綏靖

⑴ 결사8대 왜왕과 무덤

『일본서기』를 보면, 시조라는 신무에 이어지는 8대의 왜왕에 관한 기사는 좀 이상하게 되어 있다. 여기에는 왜왕과 왕비, 왕자의 이름 따위만 기록되어 있고, 왕의 치적이라든가 신하의 업적, 나라에 있었던 온갖 일들에 대한 기록은 전혀 나오지 않는다. 따라서 일본에서는 이 8대 왜왕의 시대를 '결사팔대(缺史八代)'라 부르고 있다. 역사가 빠진 8대라는 의미가 된다.

그러나 『일본서기』는 이 결사팔대 왜왕의 시대에도 왜왕의 무덤만은 꼬박꼬박 잊지 않고 기록하여 놓았다. 그리하여 위에서 본 「원록의 수릉」이나 「문구의 수릉」에서도 이 8대 왜왕의 무덤을 찾아내어 그럴사하게 만들어 놓았다. 실재하지 아니한 것이 명백한 이 왜왕들의 무덤에 대하여 미즈노(水野正浩) 선생의 다음과 같은 설명은 정곡을 찌르고 있다.

> 「결사8대 중 수정綏靖천황에서 효원孝元천황에 이르는 7대의 능묘에 관
> 하여……그 치정治定은 능묘의 앞에 붙은 지명이나 천황명에서 능묘지
> 를 탐색하여, 그 지역 내에 고분이 존재하고 있으면 그것을 능묘로 하
> 고, 그러한 고분이 없는 경우에는 산이나 언덕의 한 구획의 땅에 한면
> 을 도랑溝구으로 획하여 능묘로 만드는 수법을 썼다.

따라서 능묘가 아닐 가능성이 높은 능묘가 창출되었고, 고분이라 하더
라도 피장자인 천황의 시대와 전혀 다르다거나, 너무 작은 경우도 있
어 7대 모두 신빙성이 없는 것들이다」

「缺史七代결사칠대」『天皇陵總攬천황릉총람. 1994. 新人物往來社』80쪽

그렇지만 『일본서기』와 『고사기』의 기록을 통하여, 결사8대 왜왕들의 실
존 여부와 그 무덤을 살펴보는 것도 의미가 있을 것이다.

(2) 수정의 실존 여부

『일본서기』는 2대 수정이 신무의 3자라 하였다. 신무는 재위 76년인 기원
전 585년, 127세(『고사기』는 137세)에 죽었다고 되어 있다. 『일본서기』를 따르
면 신무는 기원전 712년생이 된다.

『일본서기』는 또한 수정이 48세 때 부왕 신무가 죽었다 하였으니, 수정은
기원전 633년생이 된다. 따라서 신무가 79세에 낳은 아들인 셈이다. 현대에
도 이런 나이에 자식을 낳는 사람은 거의 없을 터인데, 기원전 633년에 과
연 이런 일이 벌어졌을까?

『일본서기』나 『고사기』에 나오는 왜왕들은 창작된 허구의 가공인물들이
다. 그런데 나이 따위는 전혀 고려하지 않고 마구잡이로 어느 왜왕이 언제
누구를 낳았다는 식으로 기술하였기에, 이렇듯 터무니없는 고령에 자식을
낳았다는 기사가 속출하고 있다. 앞으로 이런 유형의 기사를 무수하게 만나
게 될 것이다.

『일본서기』에 의하면 수정의 모친은 신무의 정비인 '피매**타타라**이수주피
매(媛蹈鞴五十鈴媛, pi-me-**ta-ta-ra**-i-su-zu-pi-me)'이다. 그런데 이
여성은 사람이 아닌 신의 딸이다. 사대주신(事大主神)이라는 신이 여덟 발이
나 되는 거대한 악어로 변하여, 인간 여성과 통하여 낳은 딸이라 하였다.

『고사기』에는 이 여성의 다른 이름을 '포토**타타라**이수수키(富登**多多良**伊須 須岐, po-to-**ta-ta-ra**-i-su-su-ki)'라 하였는데, 이 두 이름에 관하여 는 졸저 『일본 천황과 귀족의 백제어』에서 본 바 있다(130쪽).

이 여성의 모친은 미모가 출중하였다 한다. 대물주신(大物主神)이라는 신 이 화살로 변하여, 이 여성이 대변을 보는 도랑으로 흘러가, 그녀의 음부를 찌르자, 놀란 여성이 화살을 가지고 귀가하였다 한다. 그 화살이 미장부로 변신하고는, 둘이 교합하여 낳은 딸이라 하였다.

po-to　女陰 여음　[고대 일본어]　여성의 음부

다다르다　[중세 한국어]

po-to는 여성의 음부를 뜻하는 고대 일본어이며, ta-ta-ra는 한국어 '다다르다'의 어근, i-su-su-ki는 당황하다는 의미의 고대 일본어이다. '(화살이) 음부에 다다라 당황한' 여성이라는 의미가 된다. 한국어와 일본어 를 이용한 언어의 유희이다. 이런 이름을 가진 여성이 실존 인물일 가능성 은 전혀 없다.

수정의 부모는 모두 가공인물이다. 따라서 수정도 실존 인물이 아니다. 그렇지만 『일본서기』는 수정을

「생긴 모습이 훌륭하였고, 젊어서는 남자다운 기상雄拔之氣 웅발지기이 있었
　으며, 장년에는 용모가 괴위魁偉하였을 뿐만 아니라, 무예가 사람을 뛰
　어넘는다」

라고 묘사하였다. 마치 실존 인물인 양, 모습과 성격, 그리고 무예솜씨까지 도 묘사하고 있다. 이 왜왕이 실존 인물이라는 인상을 주기 위하여 이렇듯

꾸민 것이 분명하다.

(3) 수정의 무덤

『일본서기』는 수정이 재위 33년인 기원전 549년, 84세에 죽었다 한다. 『고사기』는 45세라 하였다. 수명이 무려 39년이나 차이가 있다.

『일본서기』에는 무덤이 '왜(倭, ya-ma-to)의 도화전구상릉(桃花田丘上陵)'이라 하였다. 이 '왜' 즉 야마토는 일본 전체라는 뜻이 아니라 수도권 일대를 뜻하는 지명으로서, 8세기 이후 이런 용법이 생겼다. 기원전 6세기에 죽었다는 수정의 무덤이 8세기에 성립된 지명에 존재하는 셈이다.

『일본서기』는 근본적으로 8세기에 창작된 소설집이다. 지명뿐만 아니라, 사람의 이름, 존칭, 관직명, 행정제도, 지방행정단위 등 모든 것이 7세기 후반이나 8세기의 그것으로 되어 있다.

『고사기』에는 충전강(衝田岡)에 무덤이 있다고 되어 있다. 실존 인물이 아닌 것이 명백한 수정의 무덤 위치까지도 상세하게 기록되어 있는 것을 보라. 현재 궁내청에 의하여 수정릉으로 치정된 것은 앞서 본 바 있는 총산고분이다. 이 무덤은 당초 「원록의 수릉」에서는 시조인 신무릉으로 치정되어 수축, 정비되었다가, 그 후 「문구의 수릉」에서 수정릉으로 바뀌었다. 그런데 문구의 수릉 이전에는 스이젠총(塚)이라는 무덤이 수정릉으로 치정되었다 한다. 창작된 왜왕의 무덤다운 혼란으로 보인다.

3) 3대 왜왕 안녕安寧

『일본서기』를 보면, 안녕은 수정 25년인 기원전 557년, 21세의 나이로 태자가 되었다 한다. 따라서 그는 기원전 578년생이 된다. 부왕 수정이 기원전 633년생이니, 55세에 낳은 셈이다. 그런데 장남을 왜 이렇게 늦게 낳았을까?

『일본서기』에는 안녕이 재위 38년, 57세인 기원전 511년에 죽었다고 되어 있다. 그런데 그가 578년생이므로, 계산상 67세에 죽었다고 하여야 옳다. 이 기록은 계산착오이다.

『고사기』에는 수정이 45세에 죽었다고 되어 있다. 그렇다면 수정은 아들인 안녕을 낳기 10년 전에 죽은 것이 된다. 참으로 어처구니없는 일이 아닐 수 없다.

그러나 『해동제국기』는 또 다르다. 갑인년 즉 기원전 547년 즉위하여, 재위 38년, 84세에 사망한 것으로 되어 있다. 즉위연도는 『일본서기』와 1년 차이가 나며, 수명은 큰 차이가 있다. 그럼에도 불구하고 재위연도는 동일하다. 신숙주가 본 『일본서기』에는 이렇게 되어 있었을 것이다.

왜 이렇게 계산이 맞지 않을까? 『일본서기』의 저자가 수많은 왜왕을 창작하다 보니, 태자가 된 나이와 그 연도, 재위연수, 사망한 연도 등의 여러 가지를 꼼꼼하게 계산하지 아니한 채, 기록하였기 때문이다.

『일본서기』는 안녕의 무덤이 우네비(畝傍)산 남어음정상릉(南御陰井上陵)이라 하였고, 『고사기』는 우네비산 미포토(美富等)에 있다 하였다. 현재 카시하라(橿原)시 서산(西山)에 있는 무덤이 수정릉으로 치정되어 있다.

그런데 이 치정은 전혀 엉터리인 모양이다. 미즈노(水野正浩) 교수의 다음과 같은 짧고 간략한 설명이 진상을 그대로 드러내고 있다.

「…… 그 자체 고분이 아니고, 자연 구릉의 한 획을 깎은 것이다. 따라서 고고학상의 '고분'으로서 검토를 가할 수가 없다」   앞의 책 82쪽

고분이 아닌 자연 구릉을 무덤으로 만들었던 모양이다. 창작된 왜왕의 무덤다운 난맥상이라 할까?

4) 4대 왜왕 의덕懿德

『일본서기』는 의덕이 안녕의 2자라 하였다. 안녕 11년 즉 기원전 538년, 16세의 나이에 태자로 되었다 하니, 그는 기원전 554년생이 된다.

기원전 511년 왕위에 올라 재위 34년인 기원전 477년에 죽었다 하였으므로, 계산상 수명이 77세인 것을 알 수 있다. 『일본서기』에는 수명이 나오지 않는다. 그런데 『고사기』는 45세라 하고 있어 전혀 앞뒤가 맞지 않는다.

『해동제국기』에는 의덕이 임진년 즉 기원전 509년 즉위하여, 34년간 재위하였으며, 수명은 84세라 하였다. 『신황정통기』는 재위 34년, 수명 77세라 하였다. 계산상 수명과 정확하게 일치하고 있다.

아마도 신숙주가 본 『일본서기』에는 84세로 되어 있었던 것이 분명하다. 계산상 맞지 않다는 것을 간파한 후세의 변작자가 삭제한 것으로 보인다.

『일본서기』는 무덤을 우네비산(畝傍山) 남섬사계상릉(南纖沙谿上陵)이라 하였다. 현재 의덕릉으로 치정된 무덤이 카시하라(橿原) 시의 역 부근에 있다. 그러나 미즈노(水野正浩) 선생에 의하면, 이 능지 또한 무덤이 아닌 자연지형으로 보인다 하였다(위의 책 82쪽).

5) 5대 왜왕 효소孝昭

『일본서기』에 의하면, 효소는 기원전 489년, 18세의 나이로 태자가 되었다 한다. 따라서 그는 기원전 507년생이 된다. 그리고 재위 83년인 기원전 393년 죽었다 하니, 계산상 수명은 114세가 된다. 『일본서기』에는 수명이 나오지 않고, 『고사기』는 93세라 하였다.

『해동제국기』에는 재위 83년, 수명이 118세라 하였다. 신숙주가 본 『일본서기』도 동일하였을 것이다. 수명에 착오가 있다는 것을 안 후세의 변작자가 삭제하였을 것이다.

무덤은 액상박다산상릉(掖上博多山上陵)이라 하였고, 『고사기』도 동일하다. 현재 고세(御世)시에 있는 하카타(博多)산에 있는 무덤이 효소릉으로 치정되어 있다. 그러나 미즈노(水野) 선생에 의하면, 위 치정릉 또한 자연 구릉에 불과하고 고고학상의 고분이 아니어서, 검토의 대상이 될 수 없다 한다(위의 책 83쪽).

6) 6대 왜왕 효안孝安

『일본서기』는 효안이 효소 68년인 기원전 408년, 20세의 나이에 태자로 책봉되었다 한다. 기원전 428년생이 되고, 부왕 효소가 79세에 낳은 셈이 된다. 역대 왜왕들은 대부분 노익장인가?

『일본서기』에는 효안이 재위 102년에 죽었다고만 되어 있다. 수명은 나오지 않지만, 계산상 137세가 된다. 『고사기』는 123세라 하였다.

『해동제국기』는 즉위연도와 재위연수는 『일본서기』와 같으나, 수명이 137세로 된 점에 차이가 있다. 앞서 본 계산상의 수명과 정확하게 일치한다. 그런데도 수명 기사를 왜 삭제하였을까? 현실감이 전혀 없을 정도로 지나치게 많은 나이가 노출되는 것을 피하려는 의도일 것이다.

『일본서기』에는 효안의 무덤이 옥수구상릉(玉水丘上陵)이라 하였다. 현재 고세(御世)시 궁산(宮山)에 있는 무덤이 효안릉으로 치정되어 있다. 미즈노(水野) 선생에 의하면, 이 또한 무덤이 아닌 자연 구릉이라 한다.

7) 7대 왜왕 효령孝靈

효령은 효안의 태자이다. 『일본서기』를 보면, 효령은 기원전 317년, 26세의 나이에 태자가 되었다 하므로, 그는 기원전 343년생이 된다. 효안이 기원전 428년생이므로, 아들 효령을 무려 85세에 낳은 것이 된다.

따져보면, 부왕 효안은 85세에 아들 효령을 낳았다가, 111세가 되었을 때 26세의 아들을 태자로 책봉한 셈이다. 이것이 과연 가능한 스토리일까?

『일본서기』에는 효령이 재위 76년인 기원전 215년에 죽었다고만 되어 있고, 수명은 밝히지 않았다. 그런데 그가 기원전 343년 생이니, 계산상 수명은 128세가 된다. 『고사기』는 106세라 하였다.

『해동제국기』에는 그가 재위 76년, 115세에 죽었다 하였다. 수명에 상당한 차이가 있다. 계산상 착오가 있을 뿐만 아니라 지나치게 많은 나이이므로, 후세의 변작자가 삭제하였을 것이다.

효령의 비는 세원(細媛, ku–pa–si–pi–me)으로서, 기성현주대목(磯城縣主大目, si–ki–no–a–ga–ta–nu–si–o–po–me)의 딸이라 한다. 이렇듯 한자의 훈으로 된 기나긴 이름은 7세기 후반에 들어서 나타난 현상이다. 이 무렵에 이런 이름이 있었을 가능성은 전혀 없다.

그리고 기원전의 왜국에 '기성현(磯城縣)'이라는 지방행정단위가 있었을 리 만무하고, 그곳을 다스리는 '기성현주'라는 지방행정장관이 있었을 가능성도 없다. 가공인물인 것이 분명하다.

그런데 『해동제국기』에는 흥미로운 기사가 있다.

「재위 72년인 임오, 진시황이 서복徐福을 바다로 보내어 불로초를 구해 오게 하였더니, 서복이 기이주紀伊州에 도착하여 거기서 살았다」

현행 『일본서기』나 『고사기』에는 전혀 보이지 않는다. 『일본서기』에 없는 이 설화를 신숙주가 임의로 창작하여 넣었을 리는 만무하다. 신숙주가 본 『일본서기』에는 이러한 내용이 있었던 것이 분명한데, 후세의 변작자가 삭제하였을 것이다. 아마도 이 설화는 실제 있었던 일이 아니라 전설에 불과하므로, 진실성이 부족하다고 판단하였던 것이 아닌가 싶다. 『일본서기』의 변작자도 나름으로는 현실감 있게 꾸미려고 노력하였던 것을 알 수 있다.

효령의 무덤을 『일본서기』는 편구마판릉(片丘馬坂陵), 『고사기』는 편강마판(片岡馬坂)의 위라 하였다.

현재 북갈성군(北葛城郡) 왕사정(王寺町)에 있는 무덤이 효령릉으로 치정되어 있으나, 그것이 어찌하여 효령의 무덤인지에 관하여 전혀 근거를 알 수 없다 한다. 가공의 왜왕이니 근거가 있는 것이 오히려 이상한 일일 것이다.

8) 8대 왜왕 효원孝元

『일본서기』에 의하면, 효원은 기원전 255년, 19세에 태자로 되었으니, 그는 기원전 274년생이 된다. 부왕 효령이 69세에 낳은 셈이다. 모친은 효령의 왕후인 세원(細媛)이다. 실존하지 아니한 가공의 부모를 두었으므로, 효원 또한 허구의 인물인 것은 물론이다.

효원은 기원전 214년 즉위하여 재위 57년인 기원전 158년 죽었으므로, 계산상 수명은 116세이다. 『고사기』에는 57세라 하나, 그렇게 되면 다음에 보는 아들 개화를 낳기 8년 전에 죽은 것으로 되니, 있을 수 없는 일이다.

『해동제국기』는 재위 57년, 수명은 117세라 하였다. 신숙주가 본 『일본서기』에도 이렇게 되어 있을 것이다. 계산상 수명과의 1년 차이는 계산착오일 것이다.

『일본서기』는 효원의 왕후가 울색미(鬱色謎, u-tu-si-ko-me)라 하면서, 울색웅(鬱色雄, u-tu-si-ko-wo)의 딸이라 하였다.

『고사기』는 울색미가 내색허매(內色許賣)로 되어 있다. 같은 이름을 한자

표기만 달리하였다. 울색웅은 내색허남(內色許男)이라 하였다.

그런데 『고사기』에는 왕후 내색허매가 내색허남의 여동생으로 되어 있다. 두 남녀가 『일본서기』에서는 부녀관계이고, 『고사기』는 남매이다. 이또한 창작상의 실수인 것이 분명하다. 그리고 이 모든 이름들은 8세기의 표기법으로 이루어져 있다. 실존 인물일 가능성은 전혀 없다. 모두 가공인물이다.

효원의 첫 번째 후비 이향색미(伊香色謎)가 언태인신(彦太忍信)을 낳았다는데, 이 자는 무내숙내(武內宿禰)의 조부라 한다. 따라서 무내숙내는 효원의 증손자가 된다. 무내숙내는 자주 등장하므로, 여기서 상세하게 살펴보자.

(1) 무내숙내武內宿禰, ta-ke-u-ti-no-su-ku-ne

무내숙내는 초기 왜왕의 시대에 약방의 감초처럼 온갖 사건에 등장하는 것으로 되어 있어, 아주 비중이 큰 인물이다. 일본 고대사를 조금이라도 공부한 분들에게는 익숙한 이름일 것이다.

그런데 『고사기』를 보면 무내숙내를 건내숙내(建內宿禰)라 하면서, 효원의 아들인 피코푸토오시마코토(比古布都押之信)의 아들이라 하였다. 따라서 여기서는 무내숙내가 효원의 손자가 된다.

앞서 『일본서기』에서는 무내숙내가 효원의 증손자였으나, 『고사기』에서는 손자이니, 서로 다르다. 아주 중요한 캐릭터이지만, 두 책이 일치하지 않는다. 아마도 나중에 나온 『일본서기』의 저자(역사서는 흔히 '편찬'한다고 하지만, 이 두 사서는 일반적인 소설과 같이 창작된 역사서이므로, 이는 '저자'라 하는 것이 훨씬 실체에 부합하는 이름일 것이다)가 『고사기』를 꼼꼼하게 읽지 않은 탓에 벌어진 실수일 것이다.

『일본서기』 경행(景行) 3년(서기 73년) 2월조를 보면, 무내숙내의 부친을 옥주인남무웅심(屋主人男武雄心)이라 하였다. 이 자가 영원(影媛, ka-ge-pi-me)이라는 여성과 혼인하여, 이 해에 무내숙내를 낳았다 한다. 따라서 무내는 73년생이 된다.

『일본서기』에 나오는 무내숙내의 조부인 언태인신명, 부친 옥주인남무웅심명, 모친 영원의 이름은 한자의 훈으로 이루어진 훈가나로 되어 있다. 이러한 훈가나로 된 인명은 백제가 멸망한 후인 7세기 후반에나 일본에 등장하므로, 기원전 무렵에 이런 이름을 가진 인물이 왜국에 존재하였을 리가만무하다. 8세기에 창작된 인명인 것이 분명하다.

그런데 『일본서기』에 의하면, 무내숙내는 16대 왜왕 인덕(仁德) 50년 즉서기 362년에도 왜왕의 자문에 응하는 것으로 되어있다. 이때는 무려 289세가 된다. 사람이 이렇게 오래 살 수는 없는 노릇이다. 어느 모로 보나 무내숙내가 붓끝에서 창작된 가공의 인물인 것은 전혀 의심의 여지가 없다.

무내숙내 즉 건내숙내는 일본어로 ta—ke—u—ti—no—su—ku—ne이다. ta—ke(建 건)는 용맹하다는 의미이고, u—ti(內 내)는 안을 뜻한다. su—ku—ne(宿禰, 숙니)는 존칭이다. 한자의 훈독으로 되어 있다. 어느 모로 보아도 무내숙내가 실존 인물일 가능성은 전혀 없다.

(2) 효원의 여러 아들과 오포피코大毘古

『고사기』를 보면, 효원이 정비 내색허매(內色許賣)와의 사이에 낳은 장남이 오포피코(大毘古)이다. 『일본서기』는 대언명(大彦命)이라 하였다. 실재하지 아니한 가공의 인물인 효원과 내색허매를 부모로 두었으므로, 이 또한 창작된 인물인 것이 명백하다.

그런데 『일본서기』에는 10대 왜왕 숭신(崇神) 10년 즉 기원전 88년, 대언명은 이른바 사도장군(四道將軍)의 일원으로서, 변방으로 출동하는 것으로 되어 있다. 이때 그는 160살은 족히 되었을 것이 분명하다. 대언명이 실존 인물일 가능성은 전혀 없다. 또한 사이타마(埼玉) 현의 이나리야마(稻荷山)고분에서 발견된 철검에 새겨진 '의부비궤(意富比垝)'를 이 대언명에 비정하는 것이 일본 고고학계의 통설이다. 이는 참으로 터무니없는 억지이다.

대언명의 부친인 효원이 기원전 274년생이므로, 대언명은 기원전 250년 전후에 출생한 것으로 볼 수 있다. 그런데 일본의 통설에 의하면 위의 철검에 나오는 신해년(辛亥年)은 서기 471년이라 하므로, 연대가 전혀 맞지 않다. 아무리 적게 잡아도 700년의 시차가 있으나, 이는 전혀 고려의 대상이 아닌 모양이다.

『고사기』는 효원의 여러 후비가 낳은 아들 중 허세소병숙내(許勢小柄宿禰)는 허세(許勢, ko—se)씨의 시조이고(후술 286쪽), 소아석하숙내(蘇我石河宿禰)는 소아씨의 시조라고 되어 있다(후술 276쪽). 그 외에 무수하게 많은 씨족의 시조가 바로 이 효원의 아들이라고 되어 있다. 『일본서기』와 『고사기』에 나오는 대부분의 귀족이 창작된 허구의 인물을 시조로 두고 있는 것을 확인할 수 있다.

효원의 무덤을 『일본서기』에는 검지도상릉(劍池島上陵), 『고사기』에는 검지지중강(劍池之中岡)의 위라 하였다.

현재 카시하라(橿原)시 검지(劍池)에 있는 고분이 효원릉으로 치정되어 있다. 미즈노(水野) 선생에 의하면, 효원의 무덤은 원래 독립된 3기의 작은 무덤이었는데, 여기에다 자연구릉 하나를 더하여 하나의 전방후원분으로 만든 것이 바로 효원의 무덤이라 한다(위의 책 85쪽). 역사 날조를 위하여 어처구니없는 일이 벌어진 것을 알 수 있다.

9) 9대 왜왕 개화開化

『일본서기』에 의하면, 개화는 효원 22년인 기원전 193년, 16세의 나이에 태자로 책봉되었다 하니, 기원전 209년생인 것을 알 수 있다. 효원이 65세에 낳은 셈이다.

왕후는 앞서 본 이향색미(伊香色謎, i-ka-ga-si-ko-me)이다. 이 이름은 훈가나로 되어 있다. 기원전의 왜국에 한자의 훈이 있었을 리가 만무하므로, 이 왕비는 가공인물인 것이 분명하다.

그런데 『일본서기』를 보면, 이향색미는 개화의 부왕인 효원이 정비에 이어 맞아들인 두 번째 비라고 되어 있다. 그렇다면 이 여성은 효원의 후비이면서, 효원의 아들인 개화의 정비가 된다. 그래서 『일본서기』는 이 여성이 개화의 서모(庶母)라 하였다.

앞서 보았지만, 부왕 효원이 65세에 낳은 아들이 개화이다. 효원의 후비라는 이 여성이 개화의 정비가 될 수 있을까? 전혀 불가능한 설정이다. 이 또한 창작상의 실수인 것이 분명하다.

(1) 개화의 손녀 갈성지고액비매葛城之高額比買

『고사기』를 보면, '갈성지고액비매'라는 여성이 있다. 개화의 손자인 식장숙내(息長宿禰)와 혼인하여 식장대비매(息長帶比賣)라는 딸을 낳았다 한다. 식장대비매는 신라를 정벌하였다는 왕후 신공(神功)이다.

그런데 『고사기』 응신단에는 갈성이 식장대비매의 '어조(御祖)'라 되어있다. 이 어조는 조상이라는 의미일 것이다. 같은 책에서, 한쪽에서는 모친이라 하였다가, 다른 곳에서는 조상이라 한 것은 창작상의 중대한 실수이다. 신공이 실존 인물이 아님을 이 대목으로도 알 수 있다.

(2) 새로운 도읍지 카스카春日, ka-su-ka

『일본서기』를 보면, 개화는 원년에 도읍지를 '카스카(春日 춘일)'로 옮겼다 한다. 이는 나라(奈良)에 있는 지명이다.

그런데 '카스카(春日)'라는 지명표기를 살펴보자. ka-su-ka(かすか)라

는 지명을 왜 '春日(춘일)'이라는 한자로 표기하는가? 통상적인 고대일본어로는 pa—ru(春)—pi(日)로 읽어야 마땅하다. 이 한자를 ka—su—ka로 읽는 것은 만엽가의 침사(枕詞)에서 유래한 것이다.

8세기, 만엽가의 가인(歌人)들이 ka—su—ka라는 지명을 침사(枕詞) 'pa—ru(春 춘)—pi(日 일)—no—ka—su(霞 하)—mu'로 표현하였다. '연하(煙霞)가 끼는 봄날'이라는 의미이다. 이 침사가 자주 사용되다 보니, 지명의 한자표기가 '春日(춘일)'로 굳어진 것이다.

그런데 카스카의 이러한 한자 지명표기는 만엽가가 유행하던 8세기의 일이다. 따라서 개화가 즉위하였다는 기원전 209년에 이런 한자표기가 있었을 리가 만무하다. 이 천도는 붓끝의 장난이다.

개화는 앞서 보았듯이 기원전 209년생이다. 『일본서기』에는 재위 60년인 기원전 98년에 죽었다 하므로, 그의 수명은 111세가 된다. 그러나 『일본서기』에는 115세로 되어 있다. 저자의 계산착오가 있었던 모양이다. 『고사기』는 63세라 하였다.

무덤을 『일본서기』는 춘일솔천판본릉(春日率川坂本陵)이라 하였다. 현재 나라(奈良)시 카스카(春日)산 서쪽에 있는 염불산(念佛山)고분이 개화릉으로 치정되어 있다. 이 무덤은 길이 105m인 전방후원분이다. 그런데 전방후원분은 3세기 후반에 비로소 나타난 묘제이다. 따라서 기원전 98년에 죽었다는 개화의 무덤으로는 전혀 어울리지 않는다. 출토된 유물도 고분시대 중기 즉 4세기 말에서 5세기 말의 그것이라 하니 더욱 그러하다.

10) 10대 왜왕 숭신崇神

앞의 결사8대에 이어지는 10대 왜왕은 숭신이다. 결사8대의 왜왕들과는 달리 이 왜왕부터는 왕이나 신하의 행적이 구체적으로 나오고 있다. 그래서 얼마 전까지만 하여도 일본 천황가의 실질적인 시조는 10대 왜왕인 숭신이라고 생각하는 학자들이 많았다. 실재하였던 초대 왜왕이 바로 이 숭신이라고 보았던 것이다.

그러나 근래에 들어서는 이에 대하여 의심을 품는 학자들이 늘어나 지금은 오히려 실재성을 부정하는 쪽이 대세인 것으로 보인다. 왜왕의 행적이나 등장인물이 전혀 현실감이 없는 창작설화나 가공의 인물들로 채워져 있으니, 그가 실재하였을 가능성은 없다.

『일본서기』에 의하면 숭신은 개화의 2자로서, 개화 28년인 기원전 130년, 19세의 나이로 태자가 되었다 한다. 따라서 기원전 149년생이 되어, 개화가 60살에 낳은 셈이 된다. 개화는 과연 둘째 아들을 60세가 되어 낳았을까? 얼핏 보기에도 전혀 가능성이 없는 이야기이다. 붓끝의 창작에서나 가능할 뿐이다.

모후는 앞서 본 가공인물인 이향색미(伊香色謎)이다. 가공의 부모를 둔 숭신 또한 실재하지 아니한 창작된 인물인 것이 분명하다.

왕비는 어간성희(御間城姫, mi-ma-ki-pi-me)이다. 이 이름 또한 한자의 훈독인 훈가나로 이루어져 있다. 가공의 인물인 것은 물론이다. 이름이라는 어간성이나 어간성희, 실제 이러한 이름을 가진 왜왕 부부가 있었을 가능성은 전혀 없다. 일견 붓끝의 창작인 것을 알 수 있다.

(1) 임나의 조공

『일본서기』는 숭신 65년인 기원전 33년, 임나 즉 금관가야가 소나갈질지를 보내어 조공하였다 한다. 그런데 왜 조공하였는지 이유는 밝히지 않았다. 전쟁에서 패배한 것도 아니고, 아무런 이유도 없이 자발적으로 불쑥 찾아와 조공하였다는 것이다. 이 무렵의 왜국은 통일되기 훨씬 이전이라 수십 혹은 수백개의 소국으로 분립되어 있을 때이고, 문화적으로는 한국보다 모든 면에서 열등한 후진국가였다. 금관가야가 멀리 바다 건너에 있는 후진국 왜국에 조공한 이유를 알아낼 길이 없다.

금관가야는 대략 1세기경 건국하였다고 보는 것이 학계의 대세이다. 그렇다면 금관가야는 건국 이전부터 왜국에 조공한 것이 되므로, 더욱 우스운 이야기이다.

조금 늦게 본다면 기원전 33년에는 이미 건국되어 있었을 가능성이 없는 것은 아니다. 그렇다면 건국하자말자 조공하였다는 것이니 이 또한 상상하기 어렵다. 중국에 조공한다는 것은 몰라도, 건국 초기 힘이 넘쳐나던 가야의 수로왕이 바다 건너 후진국인 왜국에 조공한다는 것은 있을 수 없는 이야기이다.

(2) 칼과 거울의 제작

『해동제국기』에는 숭신이 원년인 갑신년에 처음으로 옥새(원문에는 璽 새)와 칼을 만들었다고 되어 있다.

14세기 일본의 최고위급 귀족인 키타바타케(北畠親房)가 지은 『신황정통기(神皇正統記). 남기학 역. 2008. 소명출판』를 보면 아주 상세한 기사가 있다 (71쪽).

「재위 6년인 기축년, 신대神代에 거울 만드는 일을 하였던 이시코리도매노가미石凝老神의 자손에게 거울을, 아메노히초츠노가미天目一個神의 자손에게 검을 만들게 하였다……우타于陀군에서 이 거울과 검을 개조하여 호신의 표시로 황거에 두기로 하였다」

그런데 현재의 『일본서기』나 『고사기』에는 옥새나 칼, 거울의 제작 기사는 전혀 보이지 않는다. 그렇다면 신숙주나 『신황정통기』의 저자 키타바타케가 근거도 없이 이 기사를 창작하였단 말인가? 그럴 가능성은 전혀 없다. 이 두 사람이 보았던 『일본서기』에는 이러한 기사가 있었던 것이 분명하다. 그것을 후세의 변작자가 삭제하였던 것이다.

칼과 옥새를 만들었다는 점을 주목하여 보자. 옥새는 왕의 인장으로서, 왕권을 상징하는 물건이다. 칼은 무엇인가? 옥새와 병칭되는 이 칼은 왜왕권의 상징으로서, 삼종신기(三種神器) 중의 하나인 칼, 즉 초치검(草薙劍)이 아닌가 싶다.

그런데 현행 『일본서기』에는 이 칼이 수사노(素戔嗚)가 머리가 여덟인 괴물 뱀을 퇴치하고, 그 꼬리에서 얻은 것으로 되어 있다. 따라서 수사노의 괴물뱀 퇴치 전설과 숭신이 칼과 옥새를 처음 만들었다는 이 기사는 양립할 수 없다. 그렇다면 수사노의 괴물 뱀 퇴치 전설도 후세 변작자의 창작인가?

여러 가지 정황으로 보아, 괴물 뱀 퇴치 전설은 원본에도 있었을 것이다. 다만 그 꼬리에서 칼이 나왔다는 부분이 후세의 변작이 아닌가 싶다. 칼이라는 것은 사람이 인공적으로 만든 물건이다. 수사노가 칼로 뱀의 꼬리를 잘랐더니 거기에서 칼이 나왔다는 것은 어딘가 자연스럽지 못하다.

왜 이렇듯 변작하였을까? 이 칼은 보통의 칼이 아니다. 왕권을 상징하는 세 보물 중의 하나이다. 그것을 그냥 숭신이 제작하였다고 하면 아무런 감동이 없다. 밋밋하고 싱겁다. 그래서 후세의 변작자가 수사노의 괴물 뱀 퇴치 전설의 마지막 부분에 초치검 전설을 창작하여 넣은 다음, 숭신기의 칼 주조 기사를 삭제한 것으로 추정된다.

(3) 근강주近江州의 호수와 서복徐福

『해동제국기』는 위의 기사에 이어서, 「근강주에 큰 호수를 만들었다(開近江州大湖)」라 하였다. 『일본서기』에는 전혀 보이지 않는다.

막연하게 근강주의 큰 호수라 하였으므로, 과연 어떤 호수를 말하는지 분명치 않다. 근강주는 지금의 시가(慈賀)현이다. 일본에서 가장 넓고 아름다운 호수인 비와(琵琶)호가 바로 여기에 있다. 상식적으로 보면, 『해동제국기』의 큰 호수는 바로 이를 말하는 게 아닌가 싶다. 이는 물론 사람이 만든 것이 아닌 자연호수이다. 따라서 이 호수를 숭신의 시대에 인공적으로 만들었다는 것은 상식에 맞지 않는다. 이런 이유로 후세인이 삭제한 것으로 생각된다.

『해동제국기』를 보면, 「숭신 14년 이두국(伊豆國)에서 배를 만들어 바쳤다」고 하지만, 『일본서기』에는 전혀 보이지 않는다.

'근강주'나 '이두국', 그리고 앞서 본 '기이주'에 나오는 '주(州)'나 '국(國)'은 모두 7세기 말 혹은 8세기에 시행된 지방행정단위이다. 그리고 '근강', '이두', '기이' 등의 표기 역시 마찬가지이다. 이러한 지방행정단위나 지명의 표기가 기원전에도 존재한 것으로는 상상조차 되지 않는다.

『해동제국기』에는 숭신단의 말미에 연도는 특정하지 않은 채,

「이 때에 웅야熊野의 권현신權現神이 처음 나타났다. 서복徐福이 죽어서
    신이 되었는데, 나라 백성이 지금도 그를 제사 지낸다」

라는 기사가 있다. 『일본서기』에는 전혀 보이지 않는다. 웅야(熊野, ku-ma-no)는 지명이다. 그러나 권현신이 어떤 신인지는 알 수 없다.

서복은 진시황이 불로초를 구하러 보냈다는 사신이다. 그가 죽어서 왜국에서 신이 되었다 한다. 신숙주가 본 『일본서기』에는 이 기사가 있었을 것이다. 앞의 기사와 마찬가지로 현실감이 없다고 판단한 후세인이 삭제한 모양이다.

(4) 숭신의 무덤

『일본서기』에는 숭신이 재위 65년인 기원전 30년, 120살에 죽었다 한다. 『고사기』에는 무려 168살로 되어 있다.

현재 나라현 덴리(天理)시에 있는, 길이 242m의 전방후원분인 행등산(行燈山)고분이 이 왜왕의 무덤으로 치정되어 있다. 그런데 전방후원분이라는 무덤형식은 앞서 본 바와 같이 3세기 후반이 되어서야 비로소 일본열도에 출현하였다. 더욱이 이 무덤에서 5세기 후반의 스에키(須惠器)가 출토된 바 있음으로, 기원전 30년에 죽었다는 숭신의 무덤일 가능성은 전혀 없다. 이 무덤의 딸린무덤(陪冢 배총) 중의 하나에서는 6세기 후반에서 말엽의 스에키가 출토된 바도 있다 한다.

우스운 것은 1860년대에 있었던 「문구의 수릉」에서 처음 이 무덤을 12대 왜왕인 경행(景行)의 릉으로 치정하고는 공사를 시작하였으나, 공사 완공 무렵에 갑자기 숭신의 무덤으로 바뀌었다 한다.

(5) 저묘箸墓

『일본서기』숭신 10년 7월조를 보면, 왜적적일백습희(倭迹迹日白襲姬, ya-ma-to-to-to-pi-mo-mo-so-bi-me)의 전설이 있다. 이 여성은 왜왕 효령(孝靈)의 딸이라 하였으니, 숭신에게는 조모뻘이 된다.

대물주신(大物主神)의 처가 되었는데, 이 신은 밤에만 찾아왔다 한다. 모습을 볼 수 있도록, 내일 아침까지 머물러달라고 하였더니, 다음날 아침 작은 뱀이 빗그릇에 들어 있었다는 것이다. 신의 실체는 뱀이었다. 왜적적이 놀라 주저앉으면서 젓가락에 음부를 찔려 죽었다. 사람들은 그녀가 묻힌 묘를 pa—si—pa—ka(箸墓 저묘)라고 이름 붙였다 한다.

일본어와 백제어를 이용한 재미있는 창작설화이다. pa—si(箸 저)는 물론 고대일본어로서 젓가락을 뜻한다. pa—ka(墓 묘)는 묘를 뜻하는 고대일본어이지만, 여기서는 '**박다**'라는 백제어의 어근 '**박**'이다. 젓가락이 음부에 '**박혀**' 죽었다는 의미를 나타내고 있다. '박다'가 건너간 것은 졸저 『일본열도의 백제어』에서 보았다(298쪽).

고분의 이름 pa—si—pa—ka(箸墓 저묘)를 이용한 언어의 유희이다. 이 고분은 왜국에서 최초로 조성된 거대 전방후원분이다. 일본의 고고학에서 '고분시대'라 부르는, 한 시대의 도래를 알려주는 기념비적인 무덤이다. 전장은 276m, 규모로는 일본에서 11번째이다. 이 무덤의 주인공이 과연 왜적적이라는 여성일까? 그럴 가능성은 전혀 없다.

앞서 효령이 기원전 343년생임을 보았다(60쪽). 그가 늦은 나이인 44세에 딸 왜적적을 낳았다고 가정하면, 그녀는 기원전 300년생이 된다. 이 설화가 있었다는 숭신 10년은 기원전 88년이므로, 이때는 그녀가 212세가 되는 해이다. 남자와 사랑을 나눌 수 있는 나이가 아니다. 실존 인물이 아니다.

그리고 이 무덤은 3세기 후반에 축조되었으므로, 기원전 88년에 죽었다는 왜적적의 무덤일 리도 만무하다.

11) 11대 왜왕 수인垂仁

수인은 숭신의 3자로서, 숭신 29년인 기원전 69년 출생하였다 한다. 따라서 숭신이 60세에 낳은 셈이다.

『일본서기』를 보면, 수인 28년 왕의 아우 왜언명(倭彦命)이 죽은 후 장사하면서, 가까이 있던 자들을 모아서 산채로 매립하였는데, 며칠이 지나도 죽지 않고 울부짖었다 한다. 그래서 수인이 명령를 내려 순장을 금지하였다고 되어 있다. 그런데 일본에서는 아직 어느 유적에서도 순장의 흔적이 발견된 적이 없다. 이 기사는 창작인 것이 분명하다.

(1) 인간세상에 내려온 천조대신天照大神과 이세신궁伊勢神宮

『해동제국기』에는 수인 13년 「천조대신이 내려왔다(天照大神降)」고 하였다. 『일본서기』에는 전혀 보이지 않는다. 인간이 아니라 신인 천조대신이 어떻게 현실세계에 내려올 수 있는가? 신숙주가 본 『일본서기』에는 존재하였던 기사이겠지만, 전혀 현실감이 없는 설화라 후세의 변작자가 삭제하였을 것이다. 현행 『일본서기』의 수인 13년에는 아무런 기사도 없다.

이어서 『해동제국기』는 「수인 23년, 이세국(伊勢國)에 제궁(齊宮)을 설치하고, 25년에 이세국에 천조대신궁을 건립하였다」고 되어 있다.

『일본서기』에는 수인 23년의 제궁에 관하여는 전혀 언급이 없다. 따라서 이 궁이 어떤 궁인지도 알 수 없다. 수인 25년에 천조대신궁을 세운 것은 보이고 있다. 이 궁을 기궁(磯宮)이라 하였다.

『일본서기』에 의하면, 천조대신은 앞서 왜왕 숭신의 딸인 풍초입희(豊鍬入姬)가 제사 지내고 있었던 것을, 수인이 자신의 딸인 왜희(倭姬)에게 맡겼다 한다. 왜희가 여러 곳을 순방하면서 길지를 찾던 중, 천조대신이 점지하여 이세에 궁을 짓고 진좌하게 되었다는 것이다. 이를 기궁(磯宮)이라 하였다. 풍초입희나 왜희는 물론 실존하지 아니한 가공의 인물이지만, 왜왕의 딸이 신궁의 제사를 전담하였다는 것은 창작이 아닌 실화일 것이다.

그런데 『삼국사기』 제사(祭祀)조를 보면, 2대 남해왕의 시대에 시조 혁거세를 모시는 사당을 세워, 왕의 여동생 아로(阿老)로 하여금 제사를 맡게 하였다 한다. 또한 지증왕(본기에는 소지마립간의 시대라 하였다) 때에는 시조가 탄생한 나을(奈乙)에 '신궁(神宮)'을 창건하여 제사를 지내게 하였다고 되어 있다.

'신궁(神宮)'이라는 명칭은 원래 고대의 한국에 그 뿌리가 있다는 사실을 『삼국사기』가 분명하게 알려주고 있다. 그리고 시조인 천조대신의 제사를 받드는 사람이 『일본서기』에는 왜왕의 딸로 되어 있는데, 『삼국사기』에는 왕의 여동생이라 하였다. 이 또한 흡사한 현상이 아닐 수 없다. 신궁이라는 명칭, 왕과 근친인 여성이 신궁의 제사를 주관하는 관습은 고대의 한국에서 왜국으로 건너간 것이 분명하다.

(2) 수인과 왕후의 무덤

『일본서기』에는 수인이 재위 99년인 서기 70년, 140세에 사망하였다 한다. 『해동제국기』와 『신황정통기』도 동일하다. 따라서 그는 기원전 70년생이 된다. 『고사기』에는 153세에 죽었다 한다. 무덤을 복견릉(伏見陵)이라 하였다.

현재 카시하라(橿原)시 인근의 보래산(寶來山)고분이 수인릉으로 치정되었다. 이 무덤은 길이 227m인 거대한 전방후원분으로서, 고분시대 전기에서 중기로 넘어가는(4세기 말) 과도기적 형태의 무덤이라 한다. 따라서 기원후 70년에 죽었다는 수인의 무덤으로 볼 여지는 전혀 없다.

현재 일본에는 수인의 왕후 일엽주원(日葉洲媛, pi−ba−su−pi−me)의 무덤도 존재하고 있다. 이름이 한자의 훈으로 이루어졌으니, 이 또한 가공 인물인 것이 분명하다.

치정된 무덤은 나라(奈良)시에 소재한 좌기능산(佐紀陵山)고분으로서, 길이 203m에 달하는 거대한 전방후원분이다. 이 또한 4세기 말에 조영되었으니, 기원 전후의 인물인 수인의 왕후 무덤일 가능성은 전혀 없다.

12) 12대 왜왕 경행景行

경행은 수인의 3자이다. 수인 37년인 서기 8년, 21세의 나이로 태자로 책봉되었다 하였다. 기원전 13년생이 된다. 앞서 수인이 기원전 70년생임을 본 바 있다. 따라서 수인이 57살에 낳은 아들인 셈이다.

그런데 부왕 수인은 재위 99년인 서기 70년, 140세에 죽었다. 따라서 경행은 21살에 태자로 책봉된 이후, 62년이라는 기나긴 세월동안 태자의 신분으로 있다가, 무려 83세의 나이에 즉위한 셈이다. 당시 동갑 나이의 99% 이상은 저세상으로 갔을 나이인 83세에 느지막하게 왕위에 오른 셈이 되는데, 과연 이것이 가능한 일일까?

부왕 수인이 100살이었을 때, 태자인 경행은 43세였다. 수인이 아무리 건강하더라도 이 나이쯤에는 태자에게 왕위를 물려주었을 법 한데, 죽는 날까지 계속 왕위에 있었다는 구성은 전혀 납득하기 어렵다. 어떻든 역사를 연장하기 위하여, 허구의 왜왕 수명을 늘이고 늘인 『일본서기』 저자의 창작방침이 극명하게 드러난 대목이라 하겠다.

『일본서기』를 보면, 경행은 재위 60년인 서기 130년, 106세에 죽었다 한다. 『해동제국기』도 동일하다. 그런데 앞서 본 바와 같이, 그가 기원전 13년생이므로, 수명은 143세가 되어야 마땅하다. 저자의 계산착오가 있었던 모양이다. 83세라는 늦고도 늦은 나이에 왕위에 올랐음에도, 무려 60년이나 재위하였다는 것도 웃기는 일이지만, 그런 그가 106세에 죽었다는 것은 더욱 우습다. 『고사기』는 137세라 하였다.

앞서 본 『신황정통기(神皇正統記)』에는 140세라 하였다(75쪽). 이것이 『일본서기』 원래의 모습이 아닌가 싶다. 지나치게 많은 나이라 후세의 변작자가 변작한 것으로 추정할 수 있다.

(1) 경행의 후비 가구루비매迦具漏比買, ka-gu-ro-pi-me

『일본서기』와 『고사기』에는 수많은 창작상의 오류가 등장하지만, 여기에 나오는 가구루비매(迦具漏比買)라는 여성의 경우가 압권으로 보인다. 이름이 '가구루'이고, '비매'는 여성에 대한 존칭이다.

『고사기』를 보면, 가구루는 경행의 수많은 후비 중의 하나이다. 그 출자를 설명하기를 「왜건명(倭建命) 증손자의 딸」이라 하였다. 왜건명은 누구인가? 다름 아닌 경행의 아들로서, 어린 나이에 여러 지방을 정벌하였다는 전설적인 영웅이다. 그렇다면 경행은 아들 증손자의 딸, 즉 5세 후손인 손녀와 혼인한 것이 되는데, 이 여성이 대지(大枝)라는 자식까지 낳았다고 되어 있다. 5세 손녀라면, 상식적으로 최소한 백살 이상의 나이 차이가 있을 것이다. 이러한 혼인은 상상조차 되지 않는다. 더욱이 자식까지 낳다니. 창작상의 심각한 실수인 것이 분명하다.

필자는 이 가구루비매에 관한 초고를 쓴 후에 다시 검토할 때 마다, 무엇을 잘못 읽어 착각한 것이 아닌가 하는 의구심에, 원문을 검토하고 또 검토하였던 사실을 고백하여야 겠다. 필자의 오독이나 착각이 아니었다.

그런데 『고사기』를 보면, 이 여성이 15대 왜왕 응신(應神)의 후비로 등장하여 여러 자식을 낳은 것으로 되어 있다. 응신은 경행의 증손자로서, 서기 200년에 출생하였다 한다(90쪽). 가구루의 입장에서 보면, 응신은 조부뻘이 된다.

이 여성은 기원전 13년생인 5대조 경행과 혼인하였다가, 약 2백여년 후에는 서기 200년생으로서 조부뻘인 응신과 혼인한 셈이 되니, 전혀 상상도 할 수 없는 일이다. 경행과 혼인할 때에 20살이었다고 가정하면, 응신과의 혼인 무렵에는 230세 정도가 되기 때문이다. 『고사기』의 저자 태안만려(太安萬呂)의 어이없는 실수가 아닐 수 없다.

만일 이와 같은 사람들이 실제 존재하였고, 족보와 같은 기록이 있어 그것을 보고 옮겨 적었다면, 이러한 종류의 실수가 나올 리는 만무하다. 아무런 기록이 없이 순전히 머리 속에서 창작하여 수많은 가공의 천황과 황자, 신하, 그리고 계보를 만들다 보니, 이러한 실수가 나올 수밖에 없다. 『일본서기』와 『고사기』가 허구의 창작된 역사를 기록하였다는 좋은 방증이다.

(2) 83세에 즉위한 경행의 여성편력

『일본서기』를 보면, 83세라는 늦은 나이에 왕위에 오른 경행이 여러 여성과 혼인하고 연애하는 장면이 나오고 있다.

① 재위 4년, 86세인 경행은 미인으로 소문난 제원弟媛, o-to-pi-me의 집으로 찾아가 붙들고 통하려 하였으나, 제원이 자신은 교접의 도를 원치 않는다고 거절하였다. 대신 언니 팔판입원八坂入媛, ya-sa-ka-no-i-ri-pi-me을 천거하기에, 이 여성을 후비로 맞아 무려 7남 6녀를 낳았다 한다. 매년 자녀 한명씩 낳았다고 가정하면, 87세부터 99세까지 한해도 쉬지 않고 매년 하나씩 낳은 것이 된다. 동서고금에 유례가 없는 절륜의 노익장이 아닐 수 없다.

② 재위 13년, 95세의 경행은 미인 어도원御刀媛, mi-pa-ka-si-pi-me을 맞아 왕자를 낳았다.

③ 재위 52년, 즉 경행이 134세일 때 왕비 파마태랑희播麻太郎姬, pa-ri-ma-no-o-po-i-ra-tu-me가 죽었다 한다. 이 여성은 경행이 왕위에 오르기 이전에 혼인한 여성으로서, 정비이다. 부군의 나이로 볼 때, 이 왕비도 100살은 훨씬 넘은 것으로 보이지만, 『일본서기』에는 나이가 나오지 않아 정확한 것은 알 수가 없다.

그래서 앞서 본 후비 팔판입원을 정비로 세웠다 한다. 그런데 『일본서기』는 경행이 106세에 죽었다 하였으므로, 경행이 죽은 18년 후에 왕비가 죽은 셈이 된다. 그럼에도 불구하고 다른 여성을 왕비로 세웠다고 하였으니, 이 또한 창작상의 계산 착오인 것이 분명하다.

④ 『파마국풍토기播麻國風土記』를 보면, 경행이 인남별양引南別孃이라는 미녀에게 구혼하는 여러 설화가 실려있다. 여기에는 경행의 재위연수가 나오지 않아 나이를 알 수 없지만, 83세에 즉위한 왕이 멀리 지방

으로 행차하여 미인에게 구혼하였다니, 그 대단한 정력에 그저 감탄할 뿐이다. 파마국播麻國은 현대의 교토京都 북쪽이다.

『일본서기』의 저자가 여러 설화를 창작하면서 경행의 나이를 전혀 고려하지 아니하였기에, 상식에 맞지 않는 황당무계한 것이 되고 말았다.

(3) 경행의 규슈九州 정벌

83세에 즉위한 경행은 여성편력에서만 노익장이 아니었던 모양이다. 머나먼 규슈로 출정하여 무려 7년간이나 머무르다 귀환하였다 한다. 『일본서기』를 보면 경행의 나이 무려 94세가 되던 재위 12년, 쿠마소(熊襲)라는 이종족이 조공을 하지 않자, 그해 9월 직접 규슈로 정벌을 단행하였다 한다. 그곳에서 쿠마소와 전투를 하면서, 행궁을 짓고는 7년간 체재하다, 101세가 되던 재위 19년 9월에 귀환하였다는 것이다.

과연 이것이 사실일까? 비행기와 기차, 자동차, 호텔, 식당을 이용하여 편안하게 여행하는 현대인이라 하더라도, 이런 고령에 집을 떠나 7년이나 객지를 떠돈다는 것은 상상할 수도 없는 일이다. 하물며 모든 것이 불편한 고대인에 있어서랴.

그리고 일국의 왕이 수도를 비워두고 7년이나 지방에 머물며 반란을 진압한다는 설정도 전혀 납득이 가지 않는다. 비워둔 수도에서 반란이 일어나지 말라는 법도 없다. 어느모로 보나 창작설화인 것이 분명하다. 더구나 100살을 눈앞에 둔 늙은 왕이 어떻게 그럴 수가 있단 말인가?

그런데 『풍후국풍토기(豊後國風土記)』를 보면, 이때의 경행과 관련된 여러 설화가 등장하고 있다. 경행이 창작된 허구의 인물이고, 경행의 규슈정벌 또한 창작설화이지만, 그것을 실제 있었던 일인 양 뒷받침하기 위한 목적인 것이 분명하다.

한 가지 예를 들면, 풍후국에는 '경판(鏡坂, ka-ga-mi-sa-ka)'이라는
이름을 가진 언덕이 있었다 한다. '거울 비탈'이라는 의미가 된다. 이 지명
은 이 무렵 경행이 그 언덕에 올라가 보고는 "이곳 지형은 거울의 면(面)과
같구나"라고 말한 데에서 유래하였다는 식이다. 창작소설이라는 것을 쉽게
알 수 있다.

『풍후국풍토기』를 비롯한 여러 『풍토기』에는 왜왕들의 행적과 관련된 설
화가 다수 등장하고 있다. 그런데 꼼꼼하게 읽어보면, 실제 있었던 일은 단
하나의 사례도 보이지 않고, 모두 창작된 가공의 설화인 것을 알 수 있다.
『풍토기』의 편찬 목적이 『일본서기』에 나오는 가공의 왜왕들이 실재하였다
는 것을 뒷받침하기 위한 것으로 추정되지만, 하나같이 전혀 현실감이 없는
허무맹랑한 것들이라, 그 목적은 실패한 것이 분명하다.

(4) 경행의 아들 일본무존日本武尊과 경행릉

일본고대사에서 가장 뛰어난 정복영웅은 『일본서기』의 일본무존(日本武
尊, ya-ma-to-ta-ke-ru-no-mi-ko-to)이다. 『고사기』에는 왜건명(倭
建命)이라 하였는데, 한자표기만 다를 뿐 같은 인물이다. 바로 경행이 정비
파마태랑희와의 사이에 낳은 아들이다. 규슈(九州)의 웅습(熊襲)과 동방의 하
이(蝦夷) 등 여러 곳의 반란을 평정하였다는 것이다.

그러나 이 또한 실재하지 아니한 가공의 인물이다. 실재하지 아니한 가공
의 왜왕인 경행과 역시 가공의 왕비 파마태랑희의 사이에서 출생하였으므
로, 창작된 가공의 인물인 것이 분명하다. 그의 이름 또한 순수한 훈가나로
이루어졌으니, 실존 인물일 가능성은 전혀 없다.

이름에 나오는 왜(倭, ya-ma-to)는 왜국 전체를 가리키는 국호가 아니
라, 수도권인 나라(奈良) 일원을 총칭하는 지명이다. 한자로 왜(倭)라 적어
놓고, 일본어로 ya-ma-to로 읽는 것은 8세기 이후의 독법이다. 이런 이

름을 가진 인물이 경행의 시대 즉 2세기 무렵에 존재하였을 가능성은 전혀 없다.

『일본서기』를 보면 경행 43년 즉 서기 113년, 일본무존이 죽었을 때에 백조로 변하여 날아갔다 한다. 관을 열어보니 옷만 있고, 시신이 없었다는 것이다. 그래서 일본무존의 무덤을 백조릉(白鳥陵)이라 부른다.

현재 오사카(大阪)시에 있는 마에노야마(前の山)고분과 2기의 고분이 백조릉으로 치정되어 있다. 마에노야마고분은 길이 190m인 전방후원분이다. 이 고분은 고고학자들이 후루이치(古市)고분군이라 부르는 수십기의 고분 중 하나이다. 그런데 이 고분군은 5~6세기에 조영된 것이므로, 113년에 죽었다는 일본무존의 무덤이라고 볼 여지는 전혀 없다.

현재 경행의 무덤은 앞서 본 숭신릉으로 치정된 행등산고분과 인접한 삽곡향산(澁谷向山)고분에 치정되어 있다. 이 무덤 또한 길이 300m인 엄청난 규모의 전방후원분이다. 서기 130년에 죽었다는 경행이 이 무덤에 묻혀 있을 가능성은 전혀 없다. 1860년 무렵에는 이 무덤이 숭신릉으로 치정되었다가, 나중에 경행릉으로 맞바뀌었다 한다.

13) 13대 왜왕 성무成務

성무는 경행의 4자이다. 『일본서기』 성무 즉위전기에 의하면, 경행 46년인 서기 116년, 24세의 나이에 태자로 책봉되었다 한다. 따라서 성무는 서기 92년생이 된다. 경행은 앞서 본 바와 같이 기원전 13년생이니, 무려 105살에 아들 성무를 낳은 것을 알 수 있다. 그 나이까지 사는 것만으로도 드물고 드문 일인데, 아들을 낳았다니! 가공의 왜왕다운 행태가 아닐 수 없다.

그런데 『일본서기』 성무 3년조를 보면, 무내숙내(武內宿禰)를 대신(大臣)으로 하였다 한다. 성무는 무내숙내와 같은 날 태었났기에 특별하게 총애하였다는 것이다. 이에 의하면 무내숙내는 성무가 태어난 서기 92년생이 된다.

그런데 무내숙내가 태어난 것은 『일본서기』 경행 3년(서기 73년)조에서 본 바 있다(63쪽). 이때 옥주인남무웅심(屋主忍男武雄心)이 영원(影媛)을 맞아 무내숙내를 낳았다고 하였다. 성무 3년인 92년과 비교하면 무려 19년의 차이가 난다. 이 또한 창작상의 실수이다. 앞의 내용을 살피지 아니하고, 설화를 창작하였던 것을 알 수 있다.

성무는 재위 60년인 190년, 107세에 죽었다 한다. 그는 131년, 39세에 즉위하였으므로, 재위 60년이면 98세가 되어야 마땅하다. 앞뒤가 맞지 않는다. 역시 창작상의 실수인 것이 분명하다. 『고사기』는 95세라 하였다.

『일본서기』는 이 왜왕의 무덤이 왜국(倭國)의 협성순열릉(狹城盾列陵)이라 하였다. 현재는 나라(奈良)시에 있는 좌기석총산(佐紀石塚山)고분이 성무릉으로 치정되어 있다. 길이 230m인 전방후원분이다. 그렇지만 190년에 죽었다는 성무의 무덤이 전방후원분일 수가 없다. 이 또한 엉뚱한 무덤이다.

『일본서기』 성무 4년(134년)조를 보면 지방의 수장에 관한 다음과 같은 기사를 볼 수 있다.

「지금 국군國郡에 군장이 없고, 현읍縣邑에 수거首渠가 없다. 지금부터 국
군에 장長을 세우고, 현읍에 우두머리首 수를 두려 한다……
5년 9월, 여러 지방에 명하여 국군에 조장造長을 세우고, 현읍에 도치稻
置를 두었다」

이때부터 지방을 통치하는 우두머리를 두는 획기적인 조치를 취한 듯한 인상을 주는 기사이다. 여기서 '조장'이란 일본고대사에서 말하는 지방의 수령인 '국조(國造)'인데, 일본의 통설에 의하면 6세기 전후에 생긴 제도로 보고 있다. 이 무렵에 국조가 있었을 가능성은 전혀 없다.

그런데 『일본서기』를 보면, 시조인 신무의 시대에 벌써 국조가 있었다고 되어 있다. '왜국조(倭國造)'라는 진언(珍彦), '갈성국조(葛城國造)'인 검근(劒根)이 바로 그런 사람들이다.

그리고 '도치'는 국조보다 작은 지방을 다스리는 수령을 뜻하는데, 이 또한 국조와 비슷한 시기에 성립하였다는 것이 사학자들의 견해이다. 그런데 이 도치도 『일본서기』 경행(景行) 25년(서기 95년) 10월조에 이미 보이고 있다. 즉 일본무존이 웅습을 토벌할 때의 인물인 '전자도치(田子稻置)'와 '유근도치(乳近稻置)'가 바로 그러한 인물이다.

이 또한 창작상의 실수인 것이 명백하다. 『일본서기』의 저자가 설화를 창작하면서, 앞의 기록을 제대로 살피지 아니하였기에 일어난 오류이다.

14) 14대 왜왕 중애仲哀

『일본서기』에 의하면, 성무의 뒤를 이어 왕위에 오른 중애는 성무의 조카로서, 일본무존(日本武尊)의 2자라 하였다. 성무가 아들이 없어, 재위 48년인 서기 178년, 31세인 조카 중애를 태자로 책봉하였다 한다. 따라서 중애는 147년생이 된다.

(1) 부친 일본무존과 모 양도입희兩道入姬

『일본서기』는 중애의 부친인 일본무존이 경행 43년인 서기 113년, 30살의 아까운 나이로 죽었다 한다. 따라서 일본무존은 서기 83년생이다. 부왕 경행이 아들 일본무존이 죽었다는 보고를 받고는, 「"총각도 안 된 나이부터 오랜 정벌에 고생하였다(未及總角 久煩征伐)"」라 하면서 애통해하였다고 되어 있다.

정리하여 보면, 부친 일본무존은 서기 113년에 죽었고, 아들인 중애는 서기 147년에 태어났다. 즉 중애는 부친 일본무존이 죽은지 무려 34년이나 뒤에 태어난 것이 된다. 세상에 이럴 수도 있는가? 34년 전에 죽은 귀신이 아들을 낳았단 말인가?

그럼에도 불구하고 『일본서기』 중애 원년조를 보면, 중애가 말하기를 「"짐은 아직 약관(弱冠)이 되기 전에 부왕(즉 일본무존)이 붕하였다. 영혼이 백조로 변하여 천상으로 올라가셨다……"」라 하였다는 대목이 있다. 약관은 스무살을 뜻하므로, '약관이 되기 전'이라는 표현은 대체로 15세에서 19세 정도의 나이를 가리키는 것으로 추정할 수 있다. 15세로 가정하면, 중애가 147년생이므로, 부친인 일본무존은 132년 무렵에 사망한 것으로 된다. 그런데 앞서 본 바와 같이 일본무존은 중애가 태어나기도 훨씬 이전인 113년에 죽었으므로, 왜왕인 중애가 터무니없는 거짓말을 한 셈이 되었다.

이 또한 창작상 실수인 것이 분명하다. 요즘처럼 전자계산기가 존재하지 않던 시절이니, 왜왕 계보를 창작하면서 출생연도와 재위연수, 사망나이 등을 꼼꼼하게 계산하기가 어려웠을 것이다. 이러한 계산은 전자계산기가 있어도 그리 용이한 것이 아니다. 무엇보다도 일본의 역사가 엄청나게 긴 것으로 만들면서 창작의 수고를 줄이려면, 부득이 왜왕이 엄청나게 장수한 것으로 처리할 수밖에 없었던 저간의 사정을 너그럽게 이해하고 넘어가자.

실존하지 아니한 왜왕 중애이지만, 『일본서기』는 「그 용모와 모습이 단정하고, 키가 10척이었다(容姿端正 身長十尺)」라 하여, 마치 실물을 본 듯이 묘사하였다. 실존 인물인 양 가장하려는 술책이다.

『일본서기』에는 중애의 모친이 11대 왜왕 수인(垂仁)의 딸인 양도입희(兩道入嬉, pu-ta-zi-no-i-ri-pi-me)라 하였다. 그러나 수인의 여러 자녀 중에는 이 이름이 보이지 않는다. 『고사기』에는 수인의 딸인 '푸타지노이리피매(布多遲能伊理比賣, pu-ta-zi-no-i-ri-pi-me)'라는 이름이 있다. 양도입희와 동일인물이다.

앞서 본 바와 같이 왜왕 수인은 기원전 69년생이다(73쪽). 수인이 몇 살에 딸 양도입희를 낳았는지는 알 수 없다. 아주 늦은 나이인 50세에 낳았다고 가정하면, 그녀는 기원전 19년생이 된다.

그렇다면 양도입희는 서기 83년생인 남편 일본무존보다 무려 102살이나 나이가 많다. 이런 나이 차이로 부부가 된다는 상상할 수도 없다. 그리고 아들인 중애가 서기 147년생이므로, 무려 166살에 낳은 결과가 된다. 166살까지 산다는 것도 불가능할 것인데, 어찌 그 나이에 자식을 낳을 수 있단 말인가? 전혀 상상할 수도 없는 일이다. 양도입희는 가공인물인 것이 명백하다. 따라서 허위의 가공인물을 부모로 둔 중애가 가공인물인 것은 재론의 여지가 없다.

(2) 금은金銀의 나라 신라

『일본서기』를 보면, 중애가 웅습을 토벌할 결심을 하고는 신하들에게 대책을 의논하라고 하였을 때, 왕후인 신공(神功)에게 신(神)이 지펴 신라를 정벌하라고 하였다 한다.

신라는 보물과 눈부신 금, 은, 채색이 많은 나라이기 때문에, 영양가도 없는 웅습을 굳이 칠 필요가 없다고 하였다는 것이다. 중애는 당시 신라라는 나라의 존재 자체를 모르고 있었다 한다. 그래서 높은 산에 올라 바다를 보았으나 나라가 보이지 않기에, 신의 말을 믿지 않고 웅습을 정벌하다, 성공하지 못하고 급사하였다고 되어 있다.

『일본서기』가 신라를 금은이 많은 나라라고 표현하였는데, 허위의 조작 기사가 많은 『일본서기』이지만, 이 기사만큼은 진실된 것으로 오해하기 쉽다. 왜냐하면 신라의 고분에서는 찬란한 금관과 금으로 된 귀걸이 팔찌 등 온갖 보물이 발굴되었기 때문이다. 신라에는 금이 흔하였고, 금으로 온갖 화려한 장신구를 만들었다는 것이 일반적인 상식이다.

그러나 국립경주박물관에서 2001년 발간한 도록 『신라황금』을 보면, 신라에서 금제 장식이 사용되기 시작한 것은 4세기 후반이며, 전성기는 5세기부터 6세기 전반에 걸친 약 150년간이라 한다(18쪽). 4세기 후반 이전에는 신라 사람들도 별달리 금제품을 사용하지 않았던 모양이다. 그런데 『일본서기』의 기년으로는 중애가 서기 192년에 즉위하였으므로, 아직 신라가 금을 사용하기 훨씬 이전이다. 왜국의 신은 이백여년 이후의 일을 미리 내다보고 신공에게 예언하였던 것인가?

신라에 금은이 흔하다는 것은 5세기 이후 백제인들의 인식이었을 것이다. 『일본서기』의 저자도 이러한 인식에 기초하여 이 글을 썼을 것인데, 고고학적인 지견이 있을 리가 없다. 훨씬 이전인 중애의 시대에도 신라에는 금은이 넘쳐났던 것으로 묘사한 것이지만, 고고학상으로는 중대한 오류이다.

그리고 왜왕인 중애가 신라라는 나라의 존재 자체를 몰랐다고 한 것도 우습다. 고대의 한국인들 중에서 바다 건너 '왜'라는 섬나라가 있다는 사실을 모르는 사람은 아무도 없었을 것이다. 마찬가지로 당시의 왜인들도 신라나 백제 등의 나라가 바다 넘어 존재하고 있다는 사실을 익히 알았을 것이다.

하물며 왜국의 왕이라는 자가 신라라는 나라의 존재 자체를 모르고, 산위에 올라가 보아도 나라가 보이지 않으니 신라라는 나라가 없다고 여겼다고 기술한 것은 어불성설이다. 『일본서기』 신대기(神代紀)를 보면, 중애의 조상인 수사노(素戔嗚)는 신라에 왕복하였던 것으로 되어 있다.

『일본서기』는 중애의 무덤이 하내국(河內國) 장야릉(長野陵)이라 하였다. 현재 치정된 것은 후지이(藤井)시에 있는 오카미소산자이(岡ミサンザイ)고분이다. 길이 242m인 대형 전방후원분이다. 그런데 이 무덤은 출토된 하니와(埴輪)의 편년으로 보아 5세기 말엽에 축조된 것이라 한다. 200년에 죽었다는 중애의 무덤과는 전혀 거리가 먼 고분이다.

(3) 신공왕후神功王后

중애의 사후 장기간 왕후 신공이 섭정하였다 한다. 『일본서기』에는 신공이 9대 왜왕 개화(開化)의 증손으로서, 기장숙내(氣長宿禰, o-ki-na-ga-no-su-ku-ne)의 딸이라 하였다. 신공의 부친이라는 기장숙내는 누구인가?『고사기』에 그 출신내력이 나와 있다.

「개화 → 일자좌日子坐 → 산대지대통목진약山代之大筒木眞若 → 식장숙내息長宿禰, o-ki-na-ga-no-su-ku-ne → 신공神功」

의 순으로 이어진다. 이 '식장숙내'가 바로 『일본서기』의 '기장숙내'이다. 이 계보에 의하면 신공은 개화의 고손 즉 4세손이 된다.

어떻게 된 일인가? 짐작컨대『고사기』의 기록이 원래의 모습일 것이다. 『고사기』에는 위에서 보듯 상세한 계보가 나오고 있기 때문이다. 『일본서기』에는 기장숙내의 부친이 누군지 보이지 않고, 계보도 나오지 않는다. 그러나『고사기』의 이 부분은 참으로 복잡하게 되어 있어, 개화와 증손인 식장숙내의 관계를 알아 보기가 쉽지 않다. 여러 번 정밀하게 읽고 검토하여야 비로소 정확한 계보 관계를 알아차릴 수 있다. 『일본서기』의 저자가『고사기』를 꼼꼼하게 읽지 않았기에 빚어진 계보 창작의 실수인 것으로 추정된다.

따라서『고사기』에 나오는 신공은 개화의 고손녀라는 기록을 따르기로 하자.『일본서기』에는 신공이 섭정 69년째인 서기 269년, 100세의 나이로 죽었다고 되어 있음으로, 그는 서기 169년생이 된다.

앞서 보았듯이 개화는 기원전 209년생이다(65쪽). 나이 차이는 무려 378년이나 된다. 따라서 고조부인 개화와 증조부, 조부, 부친이 각각 평균 94.5세에 자식을 낳아야, 이런 차이가 날 수 있다. 이 94.5세라는 나이는 사망나이가 아니라 자식을 낳은 나이이다. 4대가 평균 94.5세에 자식을 낳다니. 만일 이것이 사실이라면, 이는 동서고금을 통틀어 신기록인 것이 분명하다.

만일 『일본서기』에 나오는 족보, 즉 신공이 개화의 증손녀라는 기사를 믿는다면, 계산상 3대가 각각 평균 126세에 자식을 낳은 것이 된다. 무덤 속의 귀신이 낳았을까? 개화와 신공의 나이 차이를 감안한다면, 3세손이나 4세손이 아니라 십세손 이상으로 설정하여 마땅하다. 여기서 알 수 있는 것은, 『고사기』나 『일본서기』의 저자들이 여러 왜왕이나 귀족들을 창작하면서, 그들의 나이는 전혀 고려하지 않았다는 점이다. 그러다 보니 이러한 어처구니없는 결과가 연속적으로 등장하고 있다. 창작상의 중대한 실수인 것이 분명하다.

이렇듯 가공의 인물인 것이 분명한 신공이지만, 『일본서기』에는 「어려서 총명하고 예지가 있었으며, 용모가 크고 고와서 부왕이 기이하게 여겼다(幼以聰明叡智 容貌壯麗 父王異焉)」고 되어 있다. 마치 실존 인물인 것처럼 용모마저도 묘사하고 있는 것이 가관이다.

(4) 한漢에 대한 사신 파견과 신공의 무덤

『해동제국기』는 신공이 「재위 39년 기미년, 처음으로 사신을 한(漢)에 보내었다(三十九年己未 始遣使于漢)」한다. 신숙주가 본 『일본서기』에는 이렇게 되어 있었던 것이 분명하다.

그런데 현행 『일본서기』에는 신공이 사신을 보내었다는 기사는 전혀 보이지 않는다. 대신 중국의 사서 위지(魏志)를 인용하여, 이 해 왜 여왕이 신하인 대부 난두미(難斗米, 難升米의 오자)를 보내어 조공하였다는 기사를 소개하고 있을 뿐이다.

「三十九年 是年也太歲己未 魏志云 明帝景初三年 倭女王遣大夫難斗

米等……

39년은 기미년이다. 『위지魏志』에서 말하였다. 명제明帝의 경초景初 3년,

왜 여왕이 대부 난두미難斗米 등을 보내어……」

여기에는 왜 여왕의 이름도 나오지 않는다. 후세의 변작자가 원본 『일본서기』의 기사를 이렇듯 변작한 것이 분명하다.

실제 중국에 사신을 보낸 것은 실존하였던 왜 여왕 '비미호(卑米呼)'이지, 가공의 인물 신공이 아니다. 비미호는 실존하였던 왜지의 여왕 이름이지만, 신공은 허구의 가공인물이다. 신공이 사신을 보내었다고 하여서는 전혀 신뢰성이 없다고 후세의 변작자는 판단하였을 것이다. 그래서 기사 내용을 위지를 인용하는 것으로 변작하였을 것이다.

신숙주가 본 『일본서기』의 기사, 즉 신공이 중국에 사신을 보내었다는 내용으로 보면, 『일본서기』의 저자는 독자로 하여금 이 비미호를 신공으로 알아라는 뜻에서 이러한 내용을 창작한 것으로 추정된다. 왜국의 여왕 비미호의 연대에 발맞추어, 남왕이 아닌 왕후 신공을 만들어 낸 것은 그런 이유일 것이다.

그런데 후세의 변작자가 생각하기에, 『일본서기』 저자의 이러한 시도는 그것이 사실이 아니라는 점이 너무도 명백하므로, 오히려 독자로 하여금 역효과를 불러 올 수도 있다고 판단하였던 모양이다. 그래서 사신을 보냈다는 원본을 지우고, 위지의 내용을 인용만 함으로서, 애매모호하게 만든 효과를 노렸을 것이다.

신공은 섭정 69년인 269년, 100세의 나이로 죽었다 한다. 『일본서기』는 무덤이 협성(狹城)의 순열릉(盾列陵)이라 하였다. 현재 신공의 무덤으로 치정된 것은 사키(佐紀) 고분군의 고사시(五社神)고분으로서, 길이 273m인 거대 전방후원분이다.

분구의 모양이나 출토된 하니와(埴輪)의 편년에 의하면, 이 무덤은 4세기 후반의 그것이라 한다. 따라서 269년에 죽었다는 신공의 무덤으로 볼 여지는 전혀 없다.

15) 15대 왜왕 응신應神

응신은 신라 정벌로 유명한 앞서 본 신공왕후의 아들이고, 부친은 중애이다. 가공의 인물들을 부모로 두었으니 응신이 실존 인물일 수가 없다.

『일본서기』에 의하면, 응신은 신공이 신라를 정벌하던 도중인 서기 200년 태어났다가, 3살의 나이에 태자로 책봉되었다. 그러다 신공이 100살의 나이에 죽은 해인 270년, 70살의 나이에 즉위하였다 한다. 따라서 응신은 무려 67년간이나 태자의 신분으로 있었다는 진기록의 주인공이다. 태자의 신분으로 오래 있었다는 점으로 보면, 동서고금을 막론하고 세계 신기록일 것이다.

모후 신공이 169년생임은 앞서 본 바 있다. 아들인 응신을 31세에 낳은 셈이다. 그렇다면 응신이 50살 되었을 무렵에는 신공은 무려 81살이었다. 이 나이쯤이면, 아니 그보다 훨씬 앞서, 노쇠한 신공이 섭정의 자리에서 물러나고 아들 응신에게 나라를 맡길 만도 하다. 그것이 당연한 일이고 순리일 것이다. 그러나 응신은 100살의 나이로 죽을 때까지 섭정으로서 나라를 통치하였다고 되어 있다. 실제 이런 일이 있었을까? 창작의 세계에서나 가능한 허구의 스토리인 것이 분명하다.

⑴ 출산을 억제하기 위한 돌 '진회석鎭懷石'

모후 신공은 신라 정벌 당시 임신하여 만삭이었는데, 신라 정벌이 끝나기도 전, 현재의 후쿠오카(福岡)에 이르렀을 때 응신을 낳았다 한다. 『고사기』

를 보면, 신공이 출산을 억제하기 위하여 돌을 허리에 둘렀다가, 후쿠오카에 도착하자 말자 아기가 태어났다 하였다. 그래서 아이가 태어난 곳을 우미(宇美 u-mi)라 하였으며, 돌은 이도(伊斗, i-do)라는 마을에 보관되어 있다 한다.

이 설화가 과연 사실일까? 당시 신공은 왜왕으로 정식 등극은 하지 아니하였으나, 실질적인 왕이었다 한다. 그런데 만삭인 왕후가 신라를 정벌하는 전함에 올라탔다는 것 자체가 있을 수 없는 일이다. 이 왕후는 실질적인 왜왕인 고귀한 신분이며, 또한 출산을 불과 며칠 앞둔 만삭인 임산부이다. 그런 왕후가 신라를 정벌하러, 전함에 올라타고 거친 바다를 헤쳐 수개월의 항해를 하였다는 것이 과연 있을 수 있는 일인가? 그런 정도의 일은 휘하의 무장들에게 맡겨도 충분한 일일 것이다. 어느모로 보나 전혀 상식에 맞지 않는 허구의 창작설화인 것이 분명하다.

돌을 허리에 둘러 출산을 막았는데, 그 돌이 지금도 남아있다는 것은 이 창작설화를 진실로 믿게 만드는 교묘한 장치이다. 이 돌은 일본에서 '진회석(鎭懷石)'으로 불리며, 『만엽집』의 노래나 『풍토기(風土記)』에도 등장할 정도로 8세기의 일본에서는 유명한 돌이었다. 일본의 역사 위조와 왜곡이 어제오늘의 일이 아니라 8세기에도 대유행하였던 것을 다시한번 확인할 수 있다. 그 근본원인은 극심한 반신라감정 때문일 것이다.

응신이 태어난 곳을 u-mi라 하였는데, 이는 태어나다는 의미의 동사 u-mu(産 산)의 명사형이다. 그런데 이 지명은 현재에도 존재하고 있다. 후쿠오카(福岡)현 카스야(粕屋)군 우미쵸(宇美町)가 그것이다. 『고사기』의 이 설화를 신빙성있게 하기 위하여 8세기에 변경한 지명일 것이다. 『일본서기』와 『고사기』에 나오는 온갖 창작설화에 관계되는 지명이 지금도 남아있는 경우가 허다하다. 가공의 설화를 실제 있었던 일처럼 보이게 하기 위하여, 지명을 설화의 내용에 맞추어 바꾸었기 때문이다.

창작된 허구의 왕후인 신공이, 가공의 설화에 의하여 낳은 아들이 응신이니, 그 또한 창작된 가공인물인 것이 분명하고 의심의 여지도 없다.

(2) 응신의 왕후와 여성편력

『고사기』를 보면, 응신은 품타진약(品它眞若)의 세 딸을 왕후로 맞았다고 되어 있다. 품타(品它, po-mu-ta)는 지명이다. 응신의 이름이 po-mu-ta(褒武多 포무다)인데, 이 지명에서 따온 것이다.

진약(眞若, ma-wa-ka)은 누구인가?『고사기』에는 12대 왜왕 경행(景行)의 아들로 되어 있다. 경행은 앞서 본 바와 같이 기원전 13년생이니(75쪽), 그가 아주 늦은 나이인 40세에 진약을 낳았다고 가정하면, 진약은 서기 27년생이 된다. 진약 또한 아주 늦은 나이인 40세 에 첫 딸을 낳았다고 가정하면, 그 딸은 67년에 출생한 것으로 된다. 그렇다면 그 딸이 200년생인 응신의 비가 될 가능성은 전혀 없다. 응신이 자신보다 나이가 133살 연상인 여성을 비로 맞이하였을 리는 만무하다.

왕후의 이름을 『일본서기』에는 중희(仲姬, na-ka-tu-pi-me), 『고사기』에는 중일매(中日賣, na-ka-tu-pi-me)라 하였다. 이 이름 또한 한자의 훈으로 이루어졌으니, 한자의 훈이 존재하지 않던 당시의 이름이 아니다. 어느 모로 보나 붓끝에서 창작된 가공의 인물이다.

『일본서기』에는 응신이 70세에 즉위한 것으로 되어 있다. 이렇듯 고령에 즉위한 응신도 증조부인 경행에 버금가는 대단한 여성편력의 주인공이다.

① 재위 13년 응신이 82세일 때, **빼어난 미인 발장원髮長媛을** 연모하여 궁중으로 불렀다. 그런데 아들 인덕仁德이 좋아하여 그에게 주었다 한다.
② 재위 39년, 108세인 응신에게 백제의 직지왕直支王 즉 전지왕腆支王이

누이 신제도원新齊都媛을 보내어 모시게 하였다 한다. 신제도원은 7부
녀를 데리고 건너갔다고 되어 있다. 108세의 노인에게 누이동생을
보내어 모시게 한 전지왕은 과연 정신이 있는 사람인가?

그런데 『일본서기』에 의하면, 응신 25년 즉 전지왕이 누이동생을 보
내기 14년 전, 전지왕이 붕어하였다고 되어 있다후술 99쪽 참조. 도대체
어떻게 된 일인가? 세상을 떠난 전지왕이 허구의 왜왕 응신에게 젊
은 누이를 바쳤던 말인가? 이 또한 중대한 창작상의 실수인 것이 분
명하다.

아마도 전지왕이 누이를 응신에게 보냈다는 기사는 후세인이 창작하
여 가필하였을 가능성이 크다. 『일본서기』는 후세에 여러 사람이 여
러 번에 걸쳐 가필한 것이 분명한데, 그 솜씨는 치졸하기 짝이 없다.
불과 몇 줄 앞에 전지왕이 붕어하였다는 기사를 살피지 못하고, 이
런 엉뚱한 기사를 집어넣은 것을 보라. 전지왕은 405년에 즉위하여
420년 붕어하였으므로, 270년에 즉위하여 310년에 죽었다는 응신과
는 연대가 전혀 맞지 않는다.

③ 『고사기』를 보면, 나이는 나오지 않지만 어느 땐가 응신이 목번木幡
마을에 이르렀을 때, 뛰어난 미녀 '미야누시노야카파애피매宮主矢河枝
比賣'를 만났다 한다. 기쁨에 겨워 노래를 한 수 짓고는, 궁으로 데려
와 아들 하나를 낳았다는 것이다. 『일본서기』와 『고사기』가 왕과 관
련된 이러한 설화를 창작하면서, 왜왕의 나이 같은 것은 전혀 고려
하지 않았던 사실을 여기서도 확인할 수 있다.

(3) 백제인의 도왜 1

『일본서기』와 『고사기』를 보면, 응신의 시기에 백제인이 여러 차례 도왜
한 것으로 되어 있다. 자세히 검토하여 보자. 『일본서기』 응신 3년(273년)조

에는 다음과 같은 기록이 있다.

① 「이 해 백제 진사왕이 즉위하여, 귀국 천황貴國 天皇에게 무례하였다. 그래서 기각숙내紀角宿禰, 우전시대숙내羽田矢代宿禰, 석천숙내石川宿禰, 목토숙내木莵宿禰를 보내, 그 무례함을 질책하였다. 백제국은 진사왕을 죽여 사죄하였다. 아화阿花를 왕으로 세우고 귀국하였다」

이 기사는 어느 정도나 신빙성이 있을까? 백제의 진사왕은 385년에 즉위하여 392년에 붕어하셨다. 따라서 이 기사와는 119년의 차이가 있어 시대가 맞지 않는다. 그렇지만 일본의 학자들은 이른바 '이주갑인상설'이라는 허황된 이론을 내세워 연대가 일치한다고 강변한다. 그러나 이는 이론이라 할 수 없는 궤변이고 술책이다. 일고의 가치도 없다. 이 점은 뒤에서 자세히 살펴보자105쪽.

여기서 일본을 가리켜 '귀국貴國'이라 한 표현을 보라. 이 기사는 백제의 역사서를 인용한 것이 아니다. 일본 사람이 『일본서기』라는 책에서 일본 역사를 기록한 대목이다. 그럼에도 일본을 '귀국'이라 하고 있다. 백제의 역사서를 인용하지도 않으면서, 흡사 그러한 인상을 주는 표현이다. 이 또한 창작의 실수에 다름 아니다. 아마도 글의 앞머리에 '백제본기 운' 혹은 '백제기 운' 따위의 말을 적어넣어, 백제의 역사서를 인용한 척한다는 것이, 그만 깜빡 잊어버렸던 모양이다. 창작 상의 중대한 실수가 아닐 수 없다. 후세 변작자의 실수일 것이다.

또한 진사왕이 어떤 잘못된 일을 하여 무례하였는지 이유가 나오지 않는다. 왜왕의 신하라는 기각숙내紀角宿禰, ki—no—tu—no—no—su—ku—ne 등 네사람은 모두 한자의 훈으로 된 기나긴 이름을 가지고 있다.

그런데 『고사기』 효원孝元단을 보면, 이 네 인물 모두 건내숙내建內宿禰 즉 『일본서기』의 무내숙내武內宿禰의 아들로 되어 있다. 앞서 보았듯이 무내숙내는 『일본서기』에 의하면 서기 73년생이다. 그 아들인 네 인물은 서기 100년을 전후하여 태어난 것으로 추정할 수 있다. 그런데 응신 3년은 273년이므로, 이때는 모두 160살 전후한 나이가 된다.

그리고 일본 사학계의 통설인 이른바 '이주갑인상설二周甲引上說'에 의하여 120년을 끌어 내리면, 이 일이 있었던 것은 서기 390년 무렵이 되고, 네 사람의 나이는 280살 전후가 된다. 과연 이것이 사실일까? 네 인물이 실존하였을 가능성은 전혀 없다. 그리고 이주갑인상설의 허구성은 여기서도 증명되고 있다.

② 응신 14년인 283년, 「백제왕이 옷 짜는 여성縫衣工女 봉의공녀인 진모진眞毛津, ma-ke-tu을 바쳤다」한다. 이 여성의 이름 또한 훈가나로 되었으므로, 실존 인물이 아니다. 창작설화이다.

③ 그해 「궁월군弓月君, yu-tu-ki-no-ki-mi이 백제에서 왔다. 그가 말하기를, "120현의 인민을 데리고 오던 중, 신라가 방해하여 가야에 머물러 있다"고 하였다. 그래서 갈성습진언葛城襲津彦을 보내어 데려오게 하였으나, 3년이 지나도 오지 않았다는 것이다.

3년 후, 평군목토숙내平群木莵宿禰 등에 정병을 주어 가야에 보냈다 한다. 목토 등이 신라의 경계에 이르자, 신라왕이 겁을 내고 복죄하여, 궁월군의 인민과 습진언 등을 데리고 귀국하였다는 것이다.

궁월군의 이름 또한 훈가나로 되어 있다. 백제인인지 왜인인지 알수 없으나, 당시에 이런 이름을 가진 자가 존재하였을 리가 없다. 가공인물이다.

120현의 인민이라면, 정확한 수는 알 수 없으나 엄청나게 많은 인원인 것은 분명하다. 당시 백제라는 나라의 규모를 생각할 때, 그런 정도로 많은 수의 백성이 도왜한다는 것은 상상도 되지 않는 일이다.

왜 그렇게 많은 사람이 백제를 떠났는지, 그 이유가 전혀 나오지 않는다. 혹시 백제의 조정에서 왜지를 개척하러, 여러 현의 백성들을 모아 파견하였던 전승을 이렇게 왜곡한 것일까?

그리고 백제에서 왜국으로 가는데 신라인이 막았다는 것을 보라. 지도를 펴 놓고 연구하여도 그럴 수가 없다. 더구나 그 백제인들이 엉뚱하게 가야에 머문다는 것도 어불성설이다. 또한 갈성습진언이 가공인물임은 앞서 본 바 있다. 창작설화이다.

평군목토숙내 또한 훈가나로 이루어진 긴 이름으로 된 가공인물이다. 가야에 있는 백제인을 구하러 신라로 가니, 신라왕이 겁을 내어 복죄하였다는 것은 검토할 가치도 없는 창작 설화이다. 초등학교 저학년용 만화를 보는 것 같은 스토리이다. 이 설화는 그 솜씨가 지나치게 치졸하여 후세인의 창작인 것이 분명하다.

(4) 백제인의 도왜 2

④ 『고사기』는, 「신라인들이 건너왔기에 건내숙내建內宿禰를 보내어, 이들을 이끌고 백제지百濟池라는 못을 만들었다」한다.

신라인들을 부려 못을 만들었다는 것은 창작이고, 백제의 기술자들이 건너가 왜인들을 부려, 관개용 못을 축조한 설화를 이렇게 표현하였을 것이다. 건내숙내는 『일본서기』의 무내숙내武內宿禰인데, 그가 가공인물임은 앞서 본 바 있다.

⑤ 『고사기』를 보면, 「백제의 조고왕照古王 즉 근초고왕이 아직기阿直岐를 보내어, 좋은 말 2필과 아울러 큰 칼橫刀과 큰 거울大鏡을 바쳤다」하였다.

이 기사는 보기 드문 『고사기』의 진실 기사이다. 백제왕이 머나먼 이국에서 말도 통하지 않는 왜인들을 통치하느라 고생하는 왜왕에게, 선물로서 말 2필과 신임의 증표인 칼, 거울을 하사한 것이 분명하다. 말 2필이라는 것은 왕이 신하에게 보내는 선물로 알맞다. 또한 칼과 거울은 고래로 왕이 신하에게 하사하는 신임 증표의 전형이다. 백제왕이 하위자라면, 이런 물건을 상국의 왜왕에게 바친다는 것은 말도 안 되는 큰 결례가 된다. 백제의 왕세자가 칠지도七枝刀를 왜왕에게 하사한 것과 같은 맥락이다.

그런데 『일본서기』에는 백제왕이 양마 2필을 바쳤다고만 되어 있고, 칼과 거울은 나오지 않는다. 칼과 거울은 상위자가 하사하는 것이라고 간파한 후세의 변작자가 이를 삭제한 것이 아닌가 싶다.

백제의 근초고왕은 대군을 이끌고 고구려로 진격하여 고국원왕을 패사케한 바 있다. 백제가 절정의 국력을 자랑하던 무렵이다. 근초고왕이 왜왕에게 신속하였다는 것은 상상도 되지않는 일이다.

『일본서기』에는 처음 아직기로 하여금 말 사육을 담당시켰는데, 능히 경서를 읽으므로, 태자의 스승으로 하였다 한다. '아직기'는 그 이름으로 보아 실존하였던 백제인으로 보인다. '아직기'의 '기'가 사람을 뜻하는 인칭접미사이기 때문이다. 태자의 스승이었다는 것도 사실일 것이다. 태자란 백제에서 건너간 왜왕의 아들이라는 의미로 해석할 수 있다. 『일본서기』는 아직기가 '아직기사阿直岐史, a−ti−ki−no−pu−mi−pi−to'라는 씨족의 선조라 하였다.

⑥ 또한 『고사기』에 의하면, 백제에서 와니길사和邇吉士를 보내어 태자의 스승으로 하였으며, 논어 10권과 천자문 1권을 가져왔다 한다.

『해동제국기』에도 응신 15년 백제에서 서적을 보냈다 하였다.

『일본서기』에는 책에 관한 기사가 보이지 않는다. 아마도 신숙주가 본 『일본서기』에는 『고사기』와 같은 기사가 존재하였을 것이다. 그런데 왜 후세의 변작자가 『일본서기』의 이러한 기록을 삭제하였을까?

천자문은 중국 양梁나라의 주흥사周興嗣가 6세기 무렵 편찬한 책이다. 그런데 『일본서기』의 기년으로 응신 15년은 284년이다. 따라서 천자문이 응신의 시대에 있었다는 것은 시대에 맞지 않다는 비판이 오래 전부터 일본에서 있어 왔다. 이러한 비판을 의식하여, 후세의 변작자가 『일본서기』에 있던 '천자문 등의 서적을 가져왔다'는 기사를 통채로 삭제한 것으로 보인다.

어쨌든 조금이라도 『일본서기』의 기록이 진실한 것으로 보이도록, 후세의 변작자도 나름대로는 많이 노력한 것을 알 수 있다. 반면 『고사기』는 후세인이 변개하지 않았으므로, 그대로 남을 수 있었을 것이다.

도쿄東京의 우에노上野 공원에 가면, 왕인 선생의 기념비가 서있는 것을 볼 수 있다. 일본의 학자들은 이때 비로소 논어와 천자문이 왜지에 전해진 것으로 보고 있다. 이 인물에 관하여는 뒤에서 자세히 살펴보자302쪽. 문수文首, pu—mi—no—o—bi—to라는 씨족의 선조가 되었다 한다.

⑦ 『고사기』를 보면, 백제에서 대장장이의 명수 탁소卓素, 오나라 옷吳服 만드는 서소西素, 술 만드는 인번仁番이 도왜하였다 한다. 인번의 다른 이름은 '수수허리須須許理'인데, 이는 고유명사가 아니라 '술 거르기'라는 의미를 가진 백제어라는 사실을 본 바 있다.

졸저 『일본 천황과 귀족의 백제어』152쪽

『고사기』에는 진조秦造의 선조와 한직漢直의 선조도 같이 건너왔다고 하였다. 그러나 이 '진秦'은 금관가야이고, '한漢'은 아라가야이다. 이 점에 관한 상세한 논의는 후고로 미루기로 한다. 이 두 가야인이 실존 인물일 가능성은 없다.

(5) 목만치木萬致

『일본서기』 응신(應神) 25년조에는 다음과 같은 흥미로운 기사가 있다.

「백제 직지왕直支王이 죽었다. 아들 구이신久爾辛이 왕이 되었으나, 나이
가 어렸다. 목만치木滿致가 국정을 잡았다. 왕의 어머니와 간음하여 무
례한 일이 많았다. 천황이 듣고 불렀다.

백제기百濟記에서 말하였다. "목만치는 바로 목라근자木羅斤子가 신라를
칠 때, 그 나라의 부인을 얻어 낳은 아들이다. 부친의 공이 있음으로
인하여, 임나任那의 일을 전담하였다. 아국我國에 오고 귀국貴國에 왕래
하였다. 제도를 천조天朝에 이었고, 아국의 정사를 집행하였다. 권세가
중하였다. 천조가 그의 포악함을 듣고 소환하였다"」

이 기사는 과연 사실일까? 직지왕은 『삼국사기』의 전지왕(腆支王)인데, 서
기 420년 붕어하셨다. 그런데 응신 25년은 294년이니, 그로부터 무려 126년
이후의 일이다. 연대가 전혀 맞지 않는다. 이 기사만으로도 『일본서기』의
허구성을 쉽게 알 수 있다.

그런데 여기에는 또 '목만치(木滿致)'라는 인물이 국정을 농단하였다 하
고 있다. 목만치는 누구인가? 『삼국사기』에 의하면, 475년 개로왕이 고구려
의 장수왕에게 대패하여 수도 한성이 함락 당하였을 때, 왕자인 문주(文周)
를 모시고 남하한 인물이다. 이때 목만치가 몇 살이었을까? 『삼국사기』에
는 아무런 단서가 없다. 당시로서는 많은 나이인 60세였다고 가정하면, 그
는 415년생이 된다. 그러면 전지왕이 붕어한 420년에는 겨우 5살이다. 5살
어린애가 국정을 농단하거나 왕모와 간음할 수는 없을 것이다.

그런데 이 기사에는 목만치라는 인물은 '목라근자(木羅斤子)'가 신라를 칠
때, 그 나라의 부인을 얻어 낳은 아들이라 하였다. 목라근자는 『삼국사기』

에는 나오지 않고, 『일본서기』 신공 49년(서기 249년) 3월조에 보이는데, 왜 군이 신라를 정벌할 때 합세한 백제군의 장수라 하였다. 신공기의 이 기록에 의하면 목라근자의 아들인 목만치는 서기 249년 이전에 출생하였을 가능성이 크다. 넉넉잡아 그해에 출생하였다고 가정한다면, 전지왕이 붕어한 420년에는 무려 171세가 된다. 어떻게 보더라도 연대가 전혀 맞지 않는다. 『일본서기』의 두 기사는 소설과 같은 창작인 것을 알 수 있다.

다만 목협만치 부친의 이름이 '목라근자'라는 사실은 신빙성이 있다. 『일본서기』에 나오는 백제인의 인명은 창작이 아니라 실존 인물인 경우가 대부분이다. 실재하였던 인물의 이름을 창작된 기사에 집어넣어, 실제 기사인 양 가장하려는 의도로 보인다. 목만치는 다름 아닌 왜국 최고의 권세가이던 '소아(蘇我)' 가문의 시조 '소아만지(蘇我萬智)'이다. 이 인물에 관하여는 뒤에서 자세히 고찰하여 보자(271쪽).

그리고 목만치가 임나의 일을 전담하였다는 것은 왜가 가야를 지배하였다는 이른바 '임나일본부' 식의 발상에서 나온 기사이다. 일고의 가치도 없는 창작이다.

그런데 이 기사는 백제기(百濟記)라는 백제의 역사서를 인용한 것이 흥미롭다. 과연 이 기사가 백제기라는 책에 나오는 기사를 인용하였을까? 그럴 가능성은 전혀 없다. 만일 백제기에 이러한 내용이 적혀 있다면, 백제의 사관(史官)은 자신의 나라인 백제를 '아국', 왜를 '귀국'이라 칭한 것이 된다. 이것은 백제의 사관이 자기나라 역사를 왜인들에 보여주기 위하여 적었다고 볼 수밖에 없다. 백제의 사관이 왜 자기 나라 역사기록을 왜국에 보여주기 위하여 적을까? 이런 사관은 백제뿐만 아니라 동서고금에 없을 것이다. 이 점만 보더라도 허위의 창작기사라는 것을 쉽게 알 수 있다.

왜 이렇듯 백제의 역사서를 인용한 양 가장하였을까? 보다 진실성 있게 보이려는 의도일 것이다. 즉 백제의 역사서에 기록되어 있으니, 이것은 진실한 역사로 알고 읽어라는 취지일 것이다. 그러나 이는 후세인의 유치한 창작에 불과하다.

왜국을 '천조(天朝)' 즉 '하늘의 조정'이라 하는 것을 보라. 백제 사람들이 왜국을 '천조'라 하였을까? 상상조차 되지 않는 일이다. 오히려 왜가 백제를 천조라 하였던 게 아닌가 싶다. 즉 백제의 조정을 높여 '천조'라 하였을 가능성이 크다. 『고사기』와 『일본서기』에 나오는 '고천원(高天原)'이 실제로는 백제를 의미한 것과 같은 맥락이다.

그리고 제도를 천조 즉 왜국에서 배워왔다고 되어있지만, 실제로는 왜국의 모든 제도는 백제 사람들이 가져간 것이다. 왜국이 백제에서 배운 것이다. 이 기사는 역사를 180도 거꾸로 왜곡하고 있다. 진실로 백제의 역사서에서 인용하였을 가능성은 전혀 없다. 백제기를 인용한 것으로 가장한 기록은 후세의 변작자들이 가필한 것으로 추정된다. 원래 있던 기사도 수준이 낮지만(천황이 불렀다는 대목을 보라), 후세의 변작 기사는 내용이 더더욱 치졸하다. 조국 일본을 향한 애국심에는 불타지만, 솜씨는 아주 저열하고 수준 낮은 자의 작품인 것을 알 수 있다.

(6) 백제 태자의 도왜

『해동제국기』에는 「응신 16년인 을사년, 백제왕의 태자가 왔다(十六年乙巳 百濟王太子來)」고 하였다.

어느 왕의 태자인지, 태자의 이름은 무엇인지는 기록되어 있지 않다. 현행 『일본서기』에는 전혀 보이지 않는다. 원래는 같은 기사가 있었겠지만 후세인이 삭제한 것이 분명하다.

이 기사에서 생각나는 것은 유명한 칠지도(七支刀)이다. 백제의 왕세자가 왜왕에게 하사한 칼이다. 당시의 왜왕은 백제 왕세자의 동생이었을 가능성이 크다. 아울러 무령왕이 남제왕(男弟王) 즉 동생인 왜왕에게 하사한 거울인 인물화상경(人物畵像鏡)도 있다. 이 두 유물의 사례를 종합하여 보면, 백제의 태자가 동생인 왜왕을 격려하기 위하여 도왜하였을 가능성을 생각할 수 있다. 물론 그 시대는 응신 16년인 285년보다는 훨씬 후대의 일일 것이다. 그러고 보면, 칠지도는 백제의 왕세자가 도왜하였을 때, 직접 왜왕에게 하사하였을 가능성이 있다.

왜국에 존재하였던 역사서나 백제의 사서에도 백제 왕세자의 도왜 사실은 상세하게 기재되어 있었을 것인데, 『일본서기』의 저자가 거기에서 힌트를 얻어 백제의 태자가 도왜하였다는 기사를 만들어 넣었던 모양이다. 그런데 후세의 변작자는 왜 이 기사를 삭제하였을까? 아마도 진실된 기사가 드러나는 것을 꺼린 것이 아닌가 싶다.

(7) 일본은 삼한三韓과 동종同種인가?

『신황정통기』의 응신단에는 흥미로운 기사가 있다. 일본이 삼한(三韓)과 동종(同種)이라고 기재된 책을 불태웠다 한다(남기학 선생이 번역한 『신황정통기. 2008. 소명출판』 84쪽).

「옛날 일본은 삼한과 동종의 나라라고 쓰여있던 서적을 환무桓武천황 때 불태워버렸다 한다. 천지개벽 이후 스사노오노미코토素箋鳴가 한韓 지역에 갔었다는 기록도 있기 때문에, 그 나라들도 신의 자손이라는 것은 그다지 잘못된 해석은 아닐지도 모른다. 하지만 그것은 예부터 받아들여지지 않는 설이다」

환무천황은 786년부터 801년까지 재위하였는데, 모후 고야신립(高野新笠)은 백제 유민의 후손이었다. 이 황후에 관하여는 뒤에서 자세히 살펴보자(322쪽). 현재의 평성(平成)천황이 2001년 기자회견에서 「"환무천황의 생모가 백제 무령왕의 자손이라고 『속일본기』에 기록된 사실에, 한국과의 깊은 인연을 느낀다"라고 말한 것이 한국의 언론에도 대대적으로 보도된 바 있다.

그런데 과연 고대의 일본에는 일본이 삼한과 동종이라는 내용이 기록된 책이 존재하고 있었고, 환무천황이 이를 불태웠던 것이 사실일까? 이 시대의 역사를 기록한 『속일본기』에는 이러한 내용이 전혀 기록되어 있지 않다. 그러면 『신황정통기』의 이 기사는 저자의 창작인가?

이 책의 저자인 키타바타케(北畠親房)라는 인물은 『일본서기』의 모든 왜왕이 실존하였으며, 신공(神功)왕후의 신라정벌 또한 실제 있었던 일이라고 믿어 의심치 않았던 사람이다. 이 책에는, 신공이 삼한을 정벌하여 일본의 관청을 두게 되었고, 삼한이 모두 매년 조공을 바쳐 일본이 급속도로 부강하게 되었다 하였다(위의 책 82쪽). 이 한 대목만 보더라도 그가 황국사관에 찌든 인물임을 알 수 있다.

그런 그에게 있어서, 「일본이 삼한과 동종이다」라 하는 것은 치욕적인 일이 될 것이다. 따라서 그가 이러한 내용을 일부러 창작하였을 가능성은 전혀 없다. 실제 환무의 치세에 그러한 사실이 있었고, 그것이 정사인 『속일본기』에는 은폐되어 있었으나, 어디엔가는 기록되어 후세에 전해 내려오고 있었던 모양이다. 그것을 키타바타케가 보았던 것이 분명하다. 그리하여 그것을 자신의 저서에서 기록하여 두었지만, '그것은 예로부터 받아들여지지 않는 설이다'라는 자신의 소감을 명시하기까지 하였다.

백제가 왜국을 지배하였다는 내용의 서적이 8세기의 일본에는 민간에 많이 유포되어 돌아다니고 있었던 모양이다. 왜국의 진실된 역사를 기록한 서적일 것이다. 그것을 환무가 전부 거두어들여 불태워 버렸던 모양이다. 『일본서기』나 『고사기』와는 전혀 반대되는 내용의 이러한 서적들을 그대로 둔다면, 두 사서에서 창작해낸 천황가의 정통성이 무너지게 되므로, 이는 불가피한 조치로 보인다. 모후가 백제 출신임에도 환무로서는 어쩔 수 없는 일이었을 것이다.

(8) 응신의 무덤

응신은 재위 41년인 310년 110세에 죽은 것으로 되어 있다. 『고사기』에는 130세라 하였다. 이러한 전혀 자연스럽지 못한 나이에 관한 기록만 보더라도 이 왜왕이 실존 인물일 가능성은 전혀 없다.

『일본서기』에는 응신의 무덤 소재지에 관한 기록이 없다. 초대 신무로부터 결사8대의 왜왕을 거쳐 14대 중애까지 단 한 번의 누락도 없었지만, 왜 하필 응신 무덤에 관한 기록이 없는지 그 이유를 알 수는 없다. 『고사기』는 응신의 무덤이 카푸티(川內)의 예가(惠賀)라는 곳, 상복강(裳伏岡)에 있다 하였다.

현재 응신의 무덤으로 치정된 것은 오오사카(大阪)에 있는 예전(譽田)고분이다. 무덤의 길이가 422m로서 뒤에서 보는 대산(大山)고분에 이어 일본에서 두 번째로 큰 규모의 고분이다. 이 무덤이 과연 진실로 응신의 무덤일까?

이 무덤은 일본에서 '천황릉'이라 하여 발굴조사가 금지되어 있어 그 내부에 무엇이 있는지는 알려진 바가 없다. 그런데 이 무덤에 인접한 딸린무덤(陪冢 배총)에서는 호화로운 금동제 말안장과 단갑(短甲), 그리고 다량의 철제 무기와 농기구가 출토되었다 한다. 또한 응신의 무덤 주위에서 발견된 여러 점의 토기 즉 하니와(埴輪)가 발견된 바 있다. 이러한 유물의 분석을 통하여, 오오츠카(大塚初重) 선생은 이 무덤이 5세기의 제1 사반기에 만들어진 것이라고 보고 있다(『古代天皇陵の謎を追う(고대천황릉의 수수께끼를 추적하다). 2013. 新日本出版社』 80쪽).

그런데 앞서 본 바와 같이 응신은 310년 죽었다고 되어 있으니, 이 무덤이 응신의 그것일 리가 없다. 그러나 이런 순간에도 일본 역사학자들의 엉터리같은 꼼수가 발동되고 있다. 즉 이주갑인상설(二周甲引上說)이라는 희한한 학설이다. 이 설의 요지는 『일본서기』의 이 무렵 역사는 이주갑인 120년 인상되어 기록되어 있음으로, 이를 120년 인하하면 원래의 연대를 알 수 있다는 것이다. 그러므로 응신의 사망 연대는 『일본서기』에 나오는 310년에서 120년을 내린 430년이 되니, 유물로 본 무덤의 축조시기와 대충 부합한다고 보는 것이 일본 사학자들의 통설적 견해이다.

그런데 이와같이 120년을 내린 430년 무렵은 『일본서기』상으로 20대 왜왕 윤공(允恭)의 재위기간 중이 된다. 즉 430년은 16대 왜왕 응신이 죽은 해이면서, 동시에 20대 왜왕 윤공의 재위 19년이 되는데, 이때에는 두명의 왜왕이 동시에 집권하였단 말인가?

『일본서기』에는 응신이 270년부터 310년 사이 41년간 재위하였다고 되어 있다. 따라서 일본의 통설과 같이 응신의 연대를 120년 올리면, 그는 390년부터 430년 사이에 재위한 것이 된다.

그런데 『일본서기』의 기년으로는 390년은 응신의 아들이라는 인덕(仁德, 재위 313~399년)의 재위 78년이 된다. 400년에 인덕의 아들인 이중(履中)이 즉위하였다가, 405년 죽었다. 406년, 반정(反正)이 즉위하였다가, 411년 죽었다. 412년에 윤공(允恭)이 즉위하여, 430년은 그의 재위 19년이 된다.

일본의 통설인 이주갑인상설이 성립하려면, 위에서 보듯 인덕, 이중, 반정, 윤공이라는 넷이나 되는 왜왕의 존재를 부인하고, 그 자리에 응신이 들어가야 가능하다. 그리하여 응신이 네 왜왕의 시대에 들어가게 되면, 원래 응신의 시대인 270년부터 310년 사이의 41년간은 아무런 왜왕도 없는 공백의 시대가 될 수밖에 없다. 아니면 네 왜왕이 응신의 자리를 메꾸는가? 그렇게 되면, 인덕이 오히려 응신의 아버지가 되는가? 공부가 얕은 필자로서는 그 깊은 내막을 알 도리가 없다.

이주갑인상설이라는 것은, 『삼국사기』의 기년이나 고고학상의 이론과 전

혀 맞지 않고, 허위의 내용으로 일관하는 『일본서기』를 어떻든 근거있는 것
으로 꾸며 보려는 일본 사학자들의 꼼수이다. 일고의 가치도 없는 학설 아
닌 궤변이다. 『일본서기』가 창작된 역사를 기록한 것은 분명하지만, 그렇다
고 하여 역사를 120년이나 올려서 기록하였을 리는 만무하다.

『고사기』와 『일본서기』의 응신단에 여러 백제인이 도왜하였다는 설화가
여럿 나오고 있지만, 이런 설화를 왜 응신단에 집중 배치하였는지 그 이유
를 알 수는 없다. 아는 사람은 『고사기』의 저자 태안만려뿐일 것이다.

응신단에 백제인이 도왜하였다는 기사는 이주갑인상설이라는 궤변을 정
당화시켜주는 요소가 되지 못한다. 그나마도 대부분이 창작된 허구의 설화
이니 길게 검토할 가치도 없다.

16) 16대 왜왕 인덕仁德

16대 왜왕 인덕은 응신의 아들이다. 『일본서기』에 의하면 313년 즉위하여
재위 87년인 기해년(己亥)년 즉 399년 사망한 것으로 되어 있다. 수명은 나오
지 않는다.

『해동제국기』와 『신황정통기』에는 공히 수명이 110세로 되어 있다.

따라서 원본 『일본서기』에도 수명이 110세였던 것이 분명하다. 후세인이
삭제하였을 것이다. 아마도 너무 많은 나이가 현실감이 없어, 이 왜왕의 실
재에 대한 의문을 야기할 우려가 있다고 보았던 모양이다.

『고사기』에는 정묘(丁卯)년인 427년, 83세에 사망한 것으로 되어 있다. 『일
본서기』에는 재위연수만 하더라도 87년인데, 『고사기』에는 수명이 83세이
다. 무려 28년의 차이가 난다. 이러한 기록의 난맥상만 보더라도 이 왜왕이
실재한 인물이 아니라는 것을 알 수 있다.

인덕은 몇 년에 출생하였을까? 399년, 110세에 죽었다는 기록을 따른다

면, 그는 289년생이 된다. 부왕 응신이 200년생이니, 무려 89세에 낳은 아들인 셈이다. 응신은 참으로 대단한 노익장임을 알 수 있다. 응신이 89세에 낳은 아들인 인덕은 24세에 즉위하여, 재위 87년인 110세에 사망한 것으로 된다. 24세에 즉위하였다는 점만 빼고는 모든 것이 상식과 맞지 않는다.

여기서 신공→응신→인덕으로 이어지는 3대의 수명을 살펴보자. 신공은 100세, 응신과 인덕은 각각 110세이다. 모두 합하면 320세, 평균 106.6세가 된다. 평균수명이 훨씬 길어진 현대에 들어서도 3대가 이렇듯 장수한 가족이 있다는 것은 들어본 적이 없다. 실제로 이런 가족이 있었다면 아마도 세계 신기록인 것이 분명하고, 앞으로도 당분간은 이 기록을 깨기는 어려울 것이다. 천수백 년 전의 고대에 이렇듯 삼대가 장수한 것이 사실일까? 그럴 리가 없다. 『일본서기』의 저자가 무수한 왜왕을 창작하는 수고를 덜기 위하여 이렇듯 장수한 것으로 처리한 것이 분명하다.

삼백년이 넘는 세월이라면 상식적으로 볼 때, 20명에 가까운 왕을 창작하여야 한다. 또한 그에 따른 왕비, 왕자, 공주, 신하, 여러 가지 치적 등을 꾸며 내어야 마땅하지만, 이렇듯 장수한 것으로 처리해 놓으면 창작의 수고를 엄청나게 줄일 수 있다.

(1) 인덕의 모후

『일본서기』에는 인덕의 모후가 중희(仲姬, na-ka-tu-pi-me)로서, 오백성입언(五百城入彦)왕자의 딸이라 하였다. 오백성입언은 『일본서기』에 의하면 12대 왜왕 경행(景行)의 아들이다. 따라서 중희는 경행의 손녀가 된다.

그런데 앞서 보았듯이 경행은 기원전 13년생이다(75쪽). 조부와 손녀가 넉넉잡아 80살쯤 나이 차이가 있다고 가정하면, 손녀인 중희는 서기 67년생이 된다. 인덕이 289년생이니, 중희는 무려 222살에 아들인 인덕을 낳은 셈이다. 전혀 상상조차 되지 않는다.

『고사기』는 중일매(中日賣, na-ka-tu-pi-me)라 하였다. 앞서 보았듯이 경행의 아들인 진약(眞若)의 세 딸중 하나라 하였지만, 진약이 허구의 인물임은 앞서 본 바 있다. 결국 인덕은 가공의 인물을 부모로 두었으니, 그 또한 실재하지 아니한 가공의 인물인 것이 분명하다.

(2) 무내숙내武內宿禰의 죽음

『해동제국기』에 의하면, 「인덕 55년에 대신 무내(武內)가 죽었는데, 나이가 340세이고, 여섯 왕을 섬겼다」라 하였다.

무내는 『일본서기』의 무내숙내(武內宿禰)이지만, 현행 『일본서기』에는 그의 사망기사가 보이지 않는다. 신숙주가 본 『일본서기』에는 의당 실려 있었을 것이다. 왜 삭제하였을까? 나이만 보더라도 실제 인물이 아니라는 의심을 자아내기에 충분하므로, 그의 사망기사를 아예 삭제하였던 것으로 보인다.

인덕 55년은 『일본서기』의 기년으로는 서기 367년이다. 따라서 이 해에 340세의 나이로 죽은 무내는 서기 27년생이 된다. 앞서 『일본서기』 경행 3년(서기 73년)조에서 이 해에 그가 태어났다는 기사를 본 바 있다(64쪽). 두 기사는 계산이 전혀 맞지 않고, 무려 46년이나 차이가 난다. 왜왕이나 신하들의 출생이나 사망, 수명에 관하여 앞뒤를 따져가면서 치밀하게 계산하지 않고, 대충 꾸며내었기에 이런 결과가 발생하였을 것이다.

『해동제국기』에는 인덕 61년에 처음으로 얼음창고(造氷室 조빙실)를 지었다 하지만, 『일본서기』에는 보이지 않는다. 이 또한 후세인이 삭제하였을 것이다.

(3) 인덕의 무덤

가공의 왜왕인 것이 분명하지만, 『일본서기』에는 인덕의 무덤이 백설조야릉(百舌鳥野陵), 『고사기』에는 모수(毛受)의 이원(耳原)에 있다 하였다.

현재 인덕의 무덤으로 치정된 것은 오사카(大阪)에 있는 대산(大山)고분이다. 길이가 무려 486m로서 일본에서 가장 큰 고분이다. 여기서 호화로운 금동제 단갑과 투구가 발견되었다 하는데, 실물은 도로 무덤에 넣었고 그것을 그린 그림이 전하고 있다. 그림에는 유리로 만든 술잔과 칼 20정도 있다 한다. 그리고 이 무덤에서 출토된 단봉(單鳳) 환두대도의 손잡이와 동경이 있는데, 알 수 없는 경위로 유출되어, 현재 미국의 보스톤 미술관에 전시되어 있다.

호리타(堀田啓一) 선생에 의하면, 도금된 갑주와 유리는 신라의 왕릉급 고분이나, 합천의 옥전(玉田)고분에서 나온 것과 비견되며, 갑주의 제작연대는 5세기 후반경이라 한다(『日本古代の陵墓(일본고대의 능묘). 2001. 吉川弘文館』 277쪽).

또한 칼 손잡이는 백제의 무령왕릉에서 출토된 환두대도의 그것과 흡사하다 한다. 종합적으로 판단하면 이 무덤은 5세기 후반기의 말경에 축조된 것으로 보는 것이 타당하다 하고 있다. 그런데 『일본서기』에 의하면 인덕은 399년에 사망하였으니 연대상으로 약 100년의 차이가 있다. 따라서 이 무덤이 인덕의 그것일 가능성은 전혀 없다.

(4) 인덕은 무사武士였나?

위에서 본 부장품은 이 무덤의 피장자가 무기와 갑옷, 투구 등을 일상적으로 착용하던 최고위급 무사였다는 사실을 말해 주고 있다. 일본에서는 이른바 천황릉으로 지정된 무덤은 발굴이나 조사가 금지되어 있어, 이 무덤에 대한 상세한 발굴조사가 이루어진 바가 없다. 만일 장래에 발굴이 이루어진다면, 더 많은 무기, 무구와 아울러 기마에 관한 유물이 대량으로 나올 것이라고 짐작된다. 그렇다면 『고사기』와 『일본서기』의 왜왕 인덕은 과연 무사적 풍모를 가진 왕이었을까?

전혀 그렇지 않다. 『일본서기』에 의하면 이 왜왕은 고대의 일본에서는 보기 드물게 어진 성군(聖君)으로 묘사되어 있으나, 무사다운 풍모는 전혀 보이지 않는다.

『일본서기』를 보면, 부왕 응신이 죽자 인덕은 형과 3년간이나 서로 왕위를 양보하다가, 결국 형이 자살하여 마지못해 왕위에 올랐다 한다. 왕위에 오른 뒤에는 누대에 올라 바라보니, 나라에 연기가 보이지 않았다 한다. 그래서 백성을 염려한 나머지 3년간 과역을 면제하였다고 되어있다. 이런 이유로 중국풍 시호도 '仁德(인덕)'이다. 인자하고 덕성스럽다는 의미이다.

그런데 그 이외의 치적은 이렇다 할만한 게 없다. 약간의 토목공사가 있었고, 고구려의 사신이 찾아 온 적이 있다고 되어 있다. 또한 이 왜왕은 여러 여성과 연애를 무척 즐겨하였으며, 그로 인한 왕후의 질투가 중요한 업적으로 보인다.

『일본서기』를 보면 신라와 하이(遐夷)를 정벌한 내용도 포함되어 있으나, 이는 모두 가공의 창작이다. 잠깐 신라 정벌에 관하여 살펴보자.

「천황 53년365년 신라가 조공하지 않았다. 5월 상모야군上毛野君의 선조 죽엽뢰竹葉瀨, ta—ka—pa—se를 보내 조공하지 않은 이유를 물었다.
그 도로의 사이에서 흰 사슴을 잡았다. 돌아와서 천황에게 바쳤다. 새로 날을 잡아 갔다. 얼마 후 그의 아우 전도田道, ta—mi—ti를 거듭 보내면서 명하기를 "만일 신라가 저항하면, 군사를 일으켜 쳐라"라 하고는 정병을 주었다. 신라가 군사를 일으켜 막았다. 신라인이 나날이 도전하였다. 전도는 요새를 굳게 하여 나가지 않았다. 이때 신라의 군졸 한 사람이 영 밖으로 나왔다. 붙들어 소식을 물었다……
신라는 좌측을 비우고 우측을 방비하였다. 그래서 전도는 정예 기병을

연이어 좌측을 쳤다. 신라군이 무너졌다. 병사를 풀어 승세를 타고 수
백인을 죽였다. 곧 사읍四邑의 인민을 포로로 하여 돌아왔다」

　이 기사를 보면 신라는 마치 왜국의 가까운 옆 동네처럼 묘사되어 있다.
길 가다 사슴을 잡아 천황에게 바치고는, 다시 날을 잡아 길을 가면 나오는
곳인 모양이다. 불과 수십리 거리에 있는 조그만 고을 사이에 벌어진 싸움
처럼 보인다. 바다도 없고, 따라서 배나 수군은 전혀 필요 없었던 양 하다.
신라군과의 전투 장면도 진부한 창작소설처럼 되어 있다. 전체적으로 이 기
사는 역사기록이 아니라 무슨 '전설따라 삼천리'의 한 장면, 혹은 아동용 역
사소설처럼 보인다.
　이 설화에 나오는 왜인 두 사람의 이름도 한자의 훈으로 읽는 방식이다.
그런데 365년에는 왜국에서 아직 한자의 훈조차 생기기 이전이다. 이렇듯
훈독으로 된 이름을 가진 사람이 당시에 존재하였을 가능성은 전무하다. 이
기사는 소설과 같은 창작이다. 기사 내용이 아주 치졸하고 수준이 낮은 것
으로 미루어 볼 때, 후세인의 가필인 것이 분명하다.
　이 기사의 바로 뒤에는 전도가 오랑캐인 하이(蝦夷)를 정벌하는 장면이 나
오지만, 이 또한 전혀 현실감이 없는 창작 설화이다.
　무덤의 주인공은 일상적으로 칼과 갑옷, 투구를 착용하던 무인이었던 것
이 분명하다. 아마도 여러 차례의 전투를 경험하여, 무기와 무구를 일상적
으로 소지하고 다루던 인물이었을 것이다. 그러나 『일본서기』의 인덕은 전
혀 그와는 다르다. 무인으로서의 풍모는 전혀 보이지 않는다. 어느모로 보
나 이 무덤이 『일본서기』의 왜왕 인덕의 그것일 가능성은 전혀 없다.
　그러면 이 무덤의 실제 피장자는 누구일까? 앞서 본 응신릉이라는 예전
산고분과 이 대산고분은 그 출토품으로 보아 가야에서 건너간 우두머리의
무덤으로 보는 것이 마땅하다고 생각된다. 이 점에 관한 상세한 논의는 후

고로 미루기로 한다.

17) 17대 왜왕 이중履中

17대 이중은 인덕의 장남이다. 『일본서기』에 의하면 모후가 갈성습진언(葛城襲津彦)의 딸인 반지원(磐之媛, i-pa-no-pi-me)이라 하였다. 훈가나로 된 이름만 보더라도 실재하지 아니한 가공의 왕후이다.

『일본서기』는 갈성습진언이 무내숙내(武內宿禰)의 아들이라 하였으나, 출생연도는 보이지 않는다. 무내숙내가 서기 73년생이니(64쪽), 그가 늦은 나이인 40세에 갈성을 낳았다고 가정하면, 갈성은 113년생이 된다. 갈성 또한 늦은 나이인 40세에 딸인 반지원을 낳았다고 가정하면, 그녀는 153년생이 된다.

그런데 앞서 보았듯이 인덕은 289년생이고, 반지원은 남편인 인덕보다 무려 136살 연상이 되므로, 이는 도저히 상상조차 할 수 없는 일이다. 만일 반지원이 인덕과 같은 나이인 289년생이라면, 갈성은 176살에 반지원을 낳아야 한다.

갈성이 가공인물임은 앞서 본 바 있지만, 그 딸인 반지원 또한 허구의 왕비인 것이 명백하다. 이중은 가공의 부모를 두었으니, 그가 실재하였을 가능성은 없다.

(1) 이중의 수명

『일본서기』에 의하면, 이중은 인덕 31년인 343년, 15세의 나이에 태자로 책봉되었다 한다. 따라서 그는 328년생이 된다. 399년 인덕이 죽고, 그해 즉위하였다 하니, 이중은 71세에 즉위한 것을 알 수 있다.

『일본서기』는 이중이 재위 6년, 수명은 70세라 하였다. 『해동제국기』도 동일하다. 『고사기』에는 수명이 64세로 되어 있다. 『일본서기』와 비교하면, 왕위에 오르기 이전에 죽은 셈이니 전혀 맞지 않는다.

그런데 71세에 즉위한 왕이 재위 6년에 죽었다면, 수명은 76세가 되어야 마땅하다. 계산착오인 것이 분명하다. 『일본서기』에 의하면, 이중은 15세에 태자로 책봉된 이후, 무려 56년간이나 재위하다, 왕위에 등극한 후에는 겨우 6년만에 죽은 셈이니, 비운의 태자라 할까?

그리고 『일본서기』를 보면, 인덕 7년에, 왕자인 이중을 위하여 '임생부(任生部)'라는 부곡(部曲)을 설치한 것으로 되어 있다. 고대의 왜국에는 왕비나 왕자를 위하여 그 이름을 붙인 '~부(部)'라는 이름의 부곡을 설치한 바 있다. 그런데 이때는 이중이 태어나기 8년 전이다. 태어나지도 아니한 왕자를 위한 부라는 것은 있을 수 없는 일이고, 창작상의 큰 실수인 것이 분명하다. 온갖 허구의 설화를 창작하면서, 앞뒤의 연도를 제대로 살피지 아니한 탓에 범한 실수일 것이다.

부왕 인덕이 289년생이므로, 인덕은 39살에 이중을 낳은 셈이 된다. 만혼이 유행인 현대에는 몰라도, 고대인으로서는 아주 늦은 나이에 장남을 낳은 셈이다. 인덕은 장남 이중을 낳은 뒤에도, 중(仲)왕자와, 반정(反正), 윤공(允恭) 등을 낳은 것을 생각하면, 늦어도 이만저만 늦은 것이 아니다.

왜국의 역사를 제대로 창작하려면, 이어지는 왜왕들의 출생연도와 재위 연수, 사망나이 등의 계산이 정밀하고 앞뒤가 맞아야 한다. 그렇게 하여야 최소한의 신뢰성이 담보된다. 그러나 보다시피 『일본서기』와 『고사기』는 갈팡질팡이다. 필자와 같은 후세 사람이 전자계산기를 두드려가며 정밀하게 계산하여, 그 진위를 따지리라고는 전혀 생각하지 못하고, 대충 창작한 탓에 이런 결과가 빚어진 것이리라.

(2) 반란 전승에 관련된 인물들의 실존 여부

이중 즉위전기를 보면, 이중의 아우라는 중(仲)왕자의 반란 전승이 있다. 태자이던 이중이 우전시대숙내(羽田矢代宿禰)의 딸 흑원(黑媛)이라는 여성을 비(妃)로 맞이하려고 중(仲)왕자를 보냈다 한다. 그러나 중왕자가 흑원을 범하고는 군사를 일으켜 이중을 죽이려 하는 것을 어렵게 진압하였다는 설화이다. 그런데 여기에 나오는 인물들 또한 모두 가공의 인물이다. 간략하게 살펴보자.

중왕자(仲王子, na—ka—tu—mi—ko)

부모가 인덕과 반지원이므로 모두 가공인물이다. 이름 또한 한자의 훈독으로 되었으니, 창작된 인물인 것이 명백하다.

흑원(黑媛, ku—ro—pi—me)

이 여성의 부친이 『일본서기』와 『고사기』는 전혀 다른 인물로 되어 있다. 『일본서기』는 우전시대숙내(羽田矢代宿禰)가 부친이라 하였으나, 『고사기』에는 갈성지증도비고(葛城之曾都比古, ka—tu—ra—gi—no—so—tu—pi—ko)의 아들 위전숙내(葦田宿禰, a—si—ta—no—su—ku—ne)라 하였다. 갈성지증도비고는 『일본서기』의 갈성습진언(葛城襲津彦)이다. 이 자가 가공인물임은 앞서 보았다(112쪽).

이 여성은 전혀 다른 두 인물을 부친으로 두었을 뿐만 아니라, 이름도 한자의 훈독으로 되어 있다. 어느 모로 보나 가공인물인 것이 분명하다.

우전시대숙내(羽田矢代宿禰, pa—ta—no—ya—si—ro—no—su—ku—ne)

『일본서기』에 나오는 흑원의 부친이다. 이 인물은 앞서 응신(應神) 3년조에서 본 바 있다. 즉 백제의 진사왕(辰斯王)이 무례하여 응신이 네 사람의 신하를 보내어 질책하였다는데, 그중의 하나가 바로 이 우전이다(94쪽). 이때 벌써 우전은 160세 정도의 나이가 되어 실존 인물일 가능성은 전혀 없다는 사실을 본 바 있다.

앞서 우전이 서기 100년을 전후한 시기에 출생한 것으로 추정한 바 있는 데, 우전이 늦은 나이인 40세에 딸 흑원을 낳았다면, 흑원은 140년생이 된 다. 이런 흑원이 328년생인 이중의 왕후가 되었다는 것은 전혀 있을 수 없 는 일이다. 이중이 자신보다 무려 188살이나 나이가 많은 노파를 왕후로간 택하였다고는 생각되지 않기 때문이다.

그런데 『일본서기』 이중 원년조는 즉위전기와는 달리, '위전숙내의 딸 흑 원을 왕후로 세웠다'고 되어 있어, 『고사기』와 일치하고 있다. 즉 『일본서 기』는 왕후 흑원의 부친을, 즉위전기에서는 '우전시대'라 하였다가, 바로 뒤 원년조에는 '위전'이라 하고 있는 것이다. 한마디로 뒤죽박죽이다. 창작 상의 심한 실수인 것이 분명하다.

평군목토숙내(平群木菟宿禰, pe–gu–ri–no–tu–gu–no–su–ku–ne)

이중의 편에서 간언하였다는 신하이다. 역시 한자의 훈독으로 된 이름이 니 실존 인물일 가능성이 없다.

『일본서기』 인덕 원년조를 보면, 인덕과 평군이 같은 해에 출생하였다는 설화가 있다. 따라서 평군은 289년생이 된다. 이 설화가 있었던 400년에는 무려 111살이라는 나이가 되므로, 그가 실존 인물일 가능성은 전혀 없다.

그런데 이중 2년조에는 이 평군이 4명의 대신 중 일원으로서 국사를 집행 하였다 한다.

아지사주(阿知使主, a–ti–no–o–mi)

평군과 함께 간언하였다는 신하이다. 『일본서기』 응신(應神) 20년(289년)조

에, 아지가 아들 도가사주(都加使主)와 함께 17현(縣)의 백성을 이끌고 내귀하
였다고 되어 있다. 이때 아지가 몇 살인지 나오지 않지만, 젊은 나이인 30살
이었다고 가정하여도, 400년에는 무려 141살이나 된다. 실존인물인 백제인
의 인명을 창작설화에 이용한 것으로 추정된다.

　등장인물로 보아 이 설화는 『일본서기』의 저자가 창작한 소설인 것이 분
명하다. 앞뒤를 살펴가며 인물들의 나이를 고려하여야 마땅하지만, 전혀 그
러한 생각 없이 앞에 나온 인물을 다시 배치한 것이 실책이다. 새로운 인물
을 창작하는 것보다는, 앞의 인물을 다시 써먹는 것이 편하기는 할 것이다.
『일본서기』에 나오는 이런 유형의 설화는 실제 있었던 일은 하나도 없고,
전부 창작된 픽션이다.

(3) 태자 책봉

　『일본서기』에 의하면, 이중 2년, 이중이 아우인 반정(反正)을 태자로 책봉
하였다 한다. 이중은 재위 6년에 70세의 나이로 죽었다고 하였으므로, 재위
2년의 이중은 66세가 된다. 이때 반정의 나이는 알 수 없으나, 최소한 60세
전후는 되지 않았을까? 『고사기』는 반정이 60세에 죽었다 하였다.

　왜 이중은 재위 불과 2년만에 동생을 태자로 세웠을까? 66세의 형왕이
60세 무렵의 동생을 태자로 책봉한다는 것은 불가능하지는 않지만 전혀
어울리지 않는 모양새이다. 그러나 『일본서기』에는 그 이유에 대하여는 전
혀 언급이 없다. 『일본서기』나 『고사기』에 이중의 자녀가 나오지 않고 있기
는 하다.

(4) 이중의 무덤

　『일본서기』에 의하면, 이중의 무덤은 백설조이원릉(百舌鳥耳原陵)이라 하
였고, 『고사기』는 하내(河內)의 모즈(毛受)에 있다 하였다.

현재 이중의 릉으로 치정되어 있는 것은 오사카(大阪)시에 있는 석진구(石津丘)고분이다. 앞서 본 인덕릉을 포함하여 100여기의 고분이 밀집된 백설조고분군(百舌鳥古墳群)의 하나로서, 인덕릉과 응신릉에 이은 세 번째 규모의 거대한 전방후원분이다.

그런데 무덤의 형식이나 배총에서 출토된 갑옷 등으로 볼 때, 이 무덤이 백설조고분군의 거대 전방후원분 중에서는 가장 오래된 것이라 한다. 응신릉이나 인덕릉보다 이른 시기의 무덤으로 보는 것이 고고학자들의 통설이다. 자손의 무덤이 아버지나 조부의 그것보다 오래된 것이라 하니, 과연 있을 수 있는 일인가?

18) 18대 왜왕 반정反正

『일본서기』에 의하면 반정은 이중의 동모제(同母弟), 즉 같은 어머니를 둔 아우라 하였다. 따라서 형인 이중과 마찬가지로 부친은 인덕, 모친은 반지원이다. 이 두 사람이 가공의 인물임은 앞서 본 바 있다. 따라서 반정은 길게 살펴볼 필요도 없이 창작된 허구의 인물인 것이 분명하다.

이 왜왕은 아무런 치적도 없었던 모양이다. 재위 5년간 치적에 대한 기사는 전혀 없다. 그럼에도 불구하고 왜왕의 외모에 대하여는 상세하게 묘사하였다. 즉 『일본서기』는 「날 때부터 이빨이 하나의 뼈처럼 생겼고, 용모가 미려하다(生而齒如一骨 容姿美麗)」고 하였다. 『고사기』는 「키가 9척 2치 반이고, 이빨의 길이는 1치 2부였다. 위아래 이빨이 나란하여 마치 구슬을 꿰어 놓은 것 같았다」라고 마치 모습을 본 듯이 그려놓고 있다.

그래서 이 왜왕의 이름을 『일본서기』는 서치별(瑞齒別, mi-du-pa-wa-ke), 『고사기』에는 수치별(水齒別)이라 하였다. 동일한 발음을 한자표기만 달리 한 것이다. mi-du(瑞 서)는 생명력이 충만하다는 뜻, pa(齒 치)는 이빨이다. '싱싱한 이빨' 정도로 번역할 수 있을 것이다.

　이 왜왕의 가장 중요한 요소는 외모인 모양이다. 실존 인물처럼 보이게 하려는 술책이지만, 유치하기 그지없다. 이 왜왕에 대하여는 치적에 대하여는 아무런 언급이 없으면서, 외모만을 상세하게 묘사한 점만 보더라도, 이 두 사서가 진실된 역사를 기록한 것이 아니라는 점을 간파할 수 있을 것이다.

　『일본서기』는 이중이 재위기간은 6년, 수명은 70세라 하였다. 『고사기』는 64세이다.

　『일본서기』는 반정의 무덤이 이원릉(耳原陵)이라 하였다. 현재 반정의 무덤으로 치정된 무덤은 전출정산(田出井山)고분이다. 앞서 본 백설조고분군에 속한 고분으로서, 길이 약 148m의 전방후원분이다.

　연대는 대충 일치하지만, 일본의 학자들은 이 무덤이 앞서 본 인덕릉이나 이중릉에 비하여 규모가 너무 작아, 과연 이 무덤이 반정릉인지 의문을 제기하는 견해가 많다고 한다.

19) 19대 왜왕 윤공允恭

　『일본서기』에 의하면, 윤공은 반정의 동모제(同母弟)라 하였다. 이 왜왕 역시 가공의 인물인 인덕과 반지원을 부모로 두었으니, 실재하지 아니하였던 것이 분명하다.

　왕후는 인판대중희(忍坂大仲姬, o-si-sa-ka-no-o-po-na-ka-tu-pi-me)이다. 앞의 '인판'은 지명이다. 이 기나긴 이름만 보아도 가공인물인 것을 알 수 있다. 『일본서기』 안강(安康) 즉위전기는 이 왕후가 치정모이기(稚淳毛二岐)왕자의 딸이라 하였다.

　왕후의 부친이라는 왕자 치정모는 누구인가? 『일본서기』에 의하면, 바로

15대 왜왕인 응신의 아들이다. 응신은 모후 신공이 신라를 정벌하던 도중인 서기 200년 출생하였다.

응신이 아주 늦은 나이인 40살에 치정모를 낳았다고 가정하면, 그는 240년생이 된다. 치정모 또한 40살에 딸 대중희를 낳았다고 가정하더라도, 대중희는 280년생이 된다. 따라서 윤공이 즉위한 411년에는 대중희가 무려 131살이나 되므로, 전혀 상식에 맞지 않는다. 왕비 대중희를 응신의 10세손쯤으로 처리해야 마땅할 것을, 응신이 낳은 왕자의 딸이라 한 것이 잘못되었다. 이 왕비 또한 가공의 인물인 것이 분명하다.

『일본서기』에 의하면 윤공은 재위 42년인 453년에 죽었다는데, 나이는 나오지 않고 '약간'이라고만 하였다. 재위기간만도 무려 42년이나 되는 왕의 죽음에 대하여 그 나이를 '약간'이라 할 수 있을까? 『고사기』는 78살이라 하였다.

『해동제국기』는 윤공이 재위 42년, 수명은 80세라 하였다. 『신황정통기(神皇正統記)』도 이와 동일하다. 현행 『일본서기』는 후세의 변작자가 개변하였을 것이다.

『해동제국기』와 『신황정통기』에 의하면, 윤공은 373년생이 된다. 그는 왜왕 인덕의 아들이고, 인덕이 289년생임은 앞서 보았다. 그렇다면 인덕이 무려 84세에 낳은 아들인 셈이다. 전혀 가능성이 없는 스토리이다.

형인 이중이 348년생이므로, 형제간의 나이 차이도 무려 25년이나 된다.

갈성습진언의 손자 옥전숙내

『일본서기』 윤공 5년(415년)조를 보면, 윤공이 명령에 불복종한 옥전숙내(玉田宿禰, ta-ma-ta-no-su-ku-ne)를 죽였다는 설화가 나오고 있다. 이 옥전은 갈성습진언(葛城襲津彦)의 손자라 하였다.

앞서 보았듯이 갈성은 서기 73년생인 무내숙내(武內宿禰)의 아들이므로,

100년 전후한 시기에 출생한 것으로 볼 수 있다. 갈성이 아주 늦은 나이인 70살쯤에 손자 옥전이 태어났다면, 옥전은 170년생이 된다. 윤공 5년인 415년에는 무려 245살이나 되므로, 있을 수 없는 일이다. 역시 창작상의 실수이다. 이 옥전에 관하여는 앞에서도 본 바 있다(119쪽).

그런데 『일본서기』 웅략 7년(463년) 8월조에는 옥전이 갈성의 아들로 되어 있다. 계창작상의 실수인 것이 분명하다. 앞의 기록을 깜빡하였던 모양이다.

그리고 옥전은 훈가나로 된 이름을 가졌으므로, 그 점만 보더라도 가공의 인물인 것을 알 수 있다. 이 설화 또한 소설과 같은 창작이다.

20) 20대 왜왕 안강安康

(1) 안강의 실재 여부와 태자 목리경木梨輕의 반란 전승

『일본서기』는 안강이 윤공의 2자이고, 모후를 인판대중희라 하였다. 앞서 윤공과 대중희가 모두 가공의 인물임을 보았다. 그 아들이라는 안강 또한 마찬가지로 실재하였을 가능성이 없다.

『일본서기』를 보면, 윤공의 태자는 원래 안강의 형인 태자 목리경(木梨輕)이었는데, 그가 포악한 짓을 하고 부녀를 간음하는 등, 인심을 잃었다 한다. 그래서 신하들이 모두 안강의 편에 서게 되자, 목리경이 군사를 일으켜 안강을 해치려다가, 세불리하여 물부대전숙내(物部大前宿禰, mo—no—no—be—no—o—po—ma—pe—no—su—ku—ne)의 집에서 자살하였다 한다. 이 설화는 사실일까?

태자 목리경(木梨輕, ki—na—si—no—ka—ru)

목리경의 부모 역시 가공의 인물인 윤공과 인판대중희이다. 가공인물을 부모로 두었으니, 실존 인물일 가능성이 없다. 이름 또한 훈가나로 되었으니 더욱 그러하다. 이름 중 목리(木梨, ki—na—si)와 경(輕, ka—ru)은 모두 지명이다. 훈가나로 된 이러한 지명표기 또한 7세기 말쯤 생겨난 것이다.

물부대전숙내(物部大前宿禰, mo—no—no—be—no—o—po—ma—pe—no—su—ku—ne)

물부대전은 목리경에게 피난처를 제공하였다 한다. 훈가나로 된 엄청나게 긴 이름만 보더라도 가공인물이다.

앞서 왜왕 이중의 즉위전기에서 중(仲)왕자의 반란 전승을 본 바 있다(114쪽). 이때 이중에게 간언하였다는 세 신하 중의 한 사람이 바로 이 물부대전이다. 반란 전승은 서기 400년의 일이고, 안강은 454년에 즉위하였으므로, 무려 54년 전의 일이다. 반란 당시 물부대전이 30세였다고 가정하더라도, 이때는 무려 84살이 된다. 이 또한 상식에 맞지 않는다. 어느 모로 보나 목리경에 관한 설화는 창작된 것이 분명하다.

(2) 안강 암살 설화의 진위 여부

안강은 왕족의 아이인 7살 먹은 미륜의 칼에 죽었다 한다. 이 설화의 진위 여부를 살펴보자.

재위 원년, 안강은 동생인 대박뢰(大泊瀬, 후일의 왜왕 웅략)왕자의 배필을 구하려고, 신하를 대초향(大草香)왕자에게 보내어, 그의 누이 번사(幡梭)왕녀를 달라고 요청하였다 한다.

대초향은 순순히 명에 따르겠다고 하였으나, 신하가 이를 왜곡하여 거부한다고 보고하였다. 그러자 노한 안강이 대초향을 죽이고, 그의 처 중체희(中蒂姬, na—ka—si—pi—me)를 강제로 빼앗아 왕비로 하였다는 것이다. 또한 번사왕녀를 대박뢰왕자의 비로 만들었다 한다.

그런데 대초향과 중체희 사이에는 어린 아들 미륜이 있었다. 재위 3년, 안강이 왕비 중체희와 한가한 사이, "나는 미륜이 무섭다"라 하면서 옛날 얘기를 하는 것을 우연히 들은 미륜이, 불타는 복수심에 자는 안강을 칼로 죽였다는 것이다.

일본에서는 이 설화의 신빙성을 의심하는 사람은 없는 것으로 보이지만, 과연 그럴까? 우선 안강이 실존 인물이 아님은 앞서 본 바와 같으므로, 그가 암살당할 수도 없다. 그렇지만 이 설화의 진위여부를 꼼꼼하게 검토하여 보자.

대초향(大草香, o—po—ku—sa—ka)왕자

대초향은 누구인가? 『일본서기』를 보면, 16대 왜왕 인덕이 발장원(髮長媛)과의 사이에 낳은 아들이다. 발장원은 대초향과 번사(幡梭) 남매를 낳은 것으로 되어 있다.

앞서 보았듯이 인덕은 서기 289년생이다(107쪽). 인덕이 아주 늦은 나이인 50살 쯤 대초향을 낳았다고 가정하면, 대초향은 339년 무렵 출생한 것이 된다. 안강 원년은 454년이므로, 대초향은 이때 115살 정도이다. 그 누이동생인 번사가 몇 살 아래인지는 분명치 않지만, 5살 아래라 가정하면 110살이 된다.

형인 안강이나 동생인 웅략은 110살이나 된 늙은 왕녀가 마음에 들었던 것일까? 『고사기』는 웅략이 이 무렵 소년(童男 동남)이었다고 되어 있다. 소년 웅략이 사랑하기에는 번사라는 왕녀의 나이가 너무 많다.

대초향은 그 이름도 훈가나이다. 실존 인물일 가능성은 전혀 없다.

번사(幡梭, pa—ta—bi)왕녀

번사는 훈가나로 된 이름에서 알 수 있듯이 실존 인물이 아니다. 최소한

100살이 넘었을 것으로 보이는 이 왕녀는 결국 웅략의 왕후가 되었다 한다. 『고사기』는 자식은 없었다고 하였다. 『고사기』의 저자 태안만려도 이 대목에서는 왕녀의 나이가 많다는 자각이 들었던 것일까?

앞서 본 16대 왜왕 인덕의 아들이 윤공이고, 윤공의 아들이 안강과 웅략이다. 따라서 인덕의 아들과 딸인 대초향과 번사는 윤공과는 이복형제이며, 안강과 웅략에게는 서숙부와 서고모가 된다. 왜왕 안강이 어린 동생인 웅략의 짝으로 나이가 훨씬 더 많은 서고모를 지목하고는, 서숙부에게 여동생을 달라고 하였다가 거절당하자, 서숙부를 죽이고는 서고모를 동생의 처로 하였을 뿐만 아니라, 서숙부의 아내 즉 서숙모를 자신의 비로 취하였다는 스토리이다. 이는 상식을 멀리 벗어나 있다. 젊고 생기발랄한 아가씨들이 넘치도록 많았을 텐데 늙은 서고모나 서숙모에게 집착하는 이유를 전혀 알 수 없다.

그런데 『일본서기』에는 이 번사(幡梭)라는 특이한 이름을 가진 여성은 한 명이 더 있다. 17대 왜왕 이중(履中)의 차비(次妃)였다가 나중에는 왕후로 승격한 여성이다. 차비일 때에는 '번사'라 하였다가, 왕후가 되었을 때에는 '초향번사(草香幡梭, ku-sa-ka-no-pa-ta-bi)'라 하였는데, 이는 오빠의 이름인 '대초향'의 '초향'을 덧붙인 형태이다.

코지마(小島) 교수 등이 주해한 『일본서기 ②』를 보면 두 여성이 동명이인이라고 설명하고 있다(141쪽). 그러나 둘 다 실존 인물이 아닌 허구의 가공인물이므로 동명이인으로 풀이하는 것은 적절하지 않다. 이 또한 창작상의 실수인 것이 분명하다. 수많은 인명을 창작하다 보니, 같은 이름의 후비가 앞에 나왔다는 것을 깜빡하였을 것이다.

중체희(中蒂姬, na-ka-si-pi-me)

대초향의 원래 아내였다는 중체희는 앞서 본 바와 같이, 이중과 차비 번사 사이의 딸로 되어 있다.

『일본서기』는 이중과 안강의 부왕 윤공이 형제간이므로, 안강과 중체희는 사촌이 된다. 사촌 여동생(혹은 누나)의 남편(서숙부이기도 하다)을 죽이고, 사촌을 왕비로 삼았다는 것은 믿기 어렵다. 왕비감이 그렇게 없었던 것일까? 만일 이 설화가 사실이라면, 안강은 그 잔인함이 지나쳐 인간이라기보다는 짐승에 가깝다. 하지만 안강을 그렇게 비난할 필요는 없다. 안강은 실존 인물이 아니고, 모든 것이 허구의 창작이기 때문이다.

앞서 보았듯이 이중은 328년생이다. 이중이 늦은 나이인 40살에 낳았다고 가정하면, 중체희는 368년생이 된다. 이 설화가 있었다는 안강 원년은 454년이므로, 이때 중체희는 무려 86세가 된다. 남편 대초향이 이 무렵 100세가 넘었던 것을 생각하면, 무리도 아니다.

『일본서기』는 이 중체희나 번사 등이, 마치 뭇 남성들에게 매력적인 묘령의 젊은 여성인 것처럼 묘사하였으나, 그 나이를 따져보면 전혀 그렇지 않다는 것을 알 수 있다. 이 또한 창작의 실수인 것이 분명하다.

『고사기』에는 이 여성이 장전대랑녀(長田大朗女)라는 이름으로 등장하는데, 19대 왜왕 윤공의 딸이라 하였다. 같은 여성을 두고, 『일본서기』는 17대 이중의 딸이라고 하고, 『고사기』는 19대 윤공의 딸이라 하니, 있을 수 없는 일이다.

『고사기』에 따르면, 이 여성은 안강의 친누나이다. 그렇다면 안강은 누나의 남편을 죽이고 누나를 빼앗아 왕비로 세운 것으로 된다. 아마도 『고사기』가 원래의 모습을 유지하고 있는 것으로 보인다. 친남매 사이의 혼인은 문제가 있다고 판단한 후세인이, 『일본서기』의 기록을 변작하여 사촌간으로 바꾼 것이 아닌가 싶다.

그런데 『일본서기』 윤공 2년조를 보면, 윤공의 장녀라는 '명형대랑(名形大朗, na-ga-ta-no-o-po-i-ra-tu-me)'이 있다. '명형'과 '장전'은 na-ga—ta라는 같은 일본어를 나타낸 것으로서, 한자표기만 바꾼 형태이다. 이 '명형'은 원래 '장전'이었던 것을 후세인이 변작한 것으로 짐작된다.

미륜(眉輪, ma—yo—wa)

안강은 재위 3년인 456년, 미륜의 칼에 죽었다 한다. 『고사기』는 이때 미륜이 7살이라 하였으니, 그는 449년생이다. 앞서 본 추정 나이에 따라 계산하여 보면, 부친인 대초향은 무려 100세, 중체희는 81세에 낳은 아들인 셈이다. 이 미륜이 실존 인물일 가능성은 전혀 없다.

『고사기』에는 목약(目弱)이라 하였으나, 역시 같은 발음이다. 훈가나로 된 이름을 보더라도 가공인물인 것이 분명하다.

그런데 7살된 아이가 계부 안강이 모친인 왕비에게 하는 이야기를 우연히 엿듣고는, 복수심에 타올라 원수인 안강을 칼로 죽였다는 것이 과연 상식에 맞는 일일까? 7살은 이제 초등학교에 입학할 나이이다. 복수를 생각하기에는 너무 이른 나이이고, 칼을 들고 찌른다는 것도 상상하기 어렵다.

당시 왜지는 수십 개의 소국이 분립하던 시절이라, 왜 왕궁이라 하더라도 그리 크지는 아니하였을 것이다. 그렇지만 왕궁은 지엄한 곳이다. 왕의 집무공간과 침실, 왕비와 자녀들의 공간이 엄격하게 구분되어 있었을 것이다. 호위무사도 있었을 것이고, 궁중일을 맡은 여러 여성들이 분주하게 드나들었을 것이다. 7살된 아이가 어떻게 왕에게 접근하였는지 이해할 수가 없는 설정이다. 전혀 법도가 없는 여염집, 초가삼간에 온가족이 거주하는 가난한 평민의 주거공간에서나 가능한 일이다. 그러나 왕궁이라면 이런 일은 애당초 상상할 수도 없다. 어느 모로 보나 이 설화는 실제 있었던 일이 아니고 창작된 소설이다.

(3) 안강의 무덤

『일본서기』는 안강의 무덤이 관원복견(菅原伏見)릉이라 하였다. 현재 나라(奈良)시 보래정(寶來町)에 안강릉으로 치정된 무덤이 있다. 그러나 근래의 조사결과에 의하면, 이는 무덤이 아니라 중세에 있던 성(城)의 흔적이라 한다. 무덤이 아닌 성의 옛터가 천황릉으로 둔갑한 것이다.

원래 원록(元錄)의 수릉(修陵)시에는 현재 수인릉(垂仁陵)의 배총(陪冢) 중의 하나가 안강릉으로 치정되었다가, 1808년 현재의 그것으로 바뀌었다 한다.

21) 21대 왜왕 웅략

21대 왜왕 웅략(재위 457~479년)은 현대 일본의 역사학에서 아주 중요한 인물이다. 일본의 사학에서는 중국의 사서인 송서에 나오는 왜왕 무(武)가 바로 이 웅략이라고 믿고 있기 때문이다.

그리고 이나리야마(稻荷山) 고분에서 출토된 철검에 새겨진 '획가다지로(獲加多支鹵)'라는 대왕 또한 이 웅략에 해당된다는 것이 확고한 통설이다. 철검에 새겨진 신해년(辛亥年)을 471년으로 보고, 이 고분에서 출토된 스에키(須惠器) 토기의 연대를 이 무렵으로 편년함으로 인하여, 일본 스에키 편년의 기준시점이 되고 있다.

뿐만 아니다. 구마모토(熊本)의 에타후나야마(江田船山)고분에서 출토된 철검에 나오는 대왕의 이름도 '획가다기로(獲加多支鹵)'라고 판독하고는 바로 이 웅략이라 보고 있다. 따라서 웅략은 일본 사학의 정통성과 편년을 믿받침하는 기둥과 같은 임무를 본의 아니게 떠맡은 셈이 되었다.

(1) 웅략의 부모와 출생

그러나 일본 사학계의 이러한 확고한 믿음과는 달리, 중국 사서의 왜왕

무는 백제 계통의 왜왕으로서 웅략이 아니라는 점과, 칼에 새겨진 이름은 '와카타캐루'가 아니라 '왁가다기로'라는 사실은 졸저 『일본 천황과 귀족의 백제어』에서 상세하게 본 바 있다(350쪽).

『일본서기』에는 웅략이 19대 왜왕 윤공(允恭)과 왕후 인판대중희(忍坂大仲姬) 사이에 태어났다고 되어 있다. 부모가 모두 가공인물인 것이 분명하다(118쪽). 가공인물을 부모로 둔 웅략 또한 실존 인물이 아니다.

한편 『일본서기』 윤공 7년(417년)조에 의하면, 윤공은 총애하던 후비 제희(弟姬, o—to—pi—me)를 위하여 등원(藤原)에 궁을 세워 살게 하였다 한다. 그러다 왕후 대중희가 웅략을 출산한 날, 윤공이 왕후를 버려두고 등원궁에 행차하였더니, 왕후가 화를 내며 질투하였다는 것이다. 웅략의 출생에 관한 배경설화인 셈이다. 여기서 웅략이 417년생임을 알 수 있다.

웅략의 모후인 대중희는 15대 왜왕 응신의 손녀로서, 앞서 그녀를 280년생으로 추정한 바 있다. 417년 웅략이 태어났으므로, 무려 137살에 낳은 셈이 된다. 이것이 과연 사실일까? 이렇게 나이가 많은 산모도 있을 수 있을까? 창작된 사서인 『일본서기』의 허구성이 여기서도 증명되고 있다.

응신의 손자가 윤공, 윤공의 아들이 웅략이다. 응신은 웅략에게는 외증조부이면서, 친증조부이다. 앞서 보았듯이 『일본서기』는 응신을 200년생이라 하였다(90쪽). 증손자인 웅략과는 무려 217살 차이가 된다. 그렇다면 계산상 3대가 평균 72.2세에 각각 낳아야 한다. 이 72.2세라는 나이는 평균수명이 아니다. 자식을 낳은 나이를 평균한 것이다. 그것도 웅략의 친가와 외가 모두. 전혀 상상조차 되지 않는다. 『일본서기』나 『고사기』에서나 가능한 일이다.

(2) 웅략의 사망과 유조遺詔

『고사기』에 의하면 웅략은 124세의 나이로 기사년(己巳年) 8월 9일 죽었다고 되어 있다. 『일본서기』에는 웅략의 수명이 나오지 않는다. 『해동제국기』
에는 재위 23년, 수명이 104세라 하였다.

웅략의 수명과 출생에 관하여는 뒤에서 자세히 보기로 하고, 웅략의 수명
을 짐작케 하는 『고사기』의 설화를 간략하게 요지만 살펴보자.

「웅략이 길을 가다 우연히 강가에서 빨래하는 어여쁜 처녀를 만나, "궁
중으로 부를테니 시집가지 말라"고 하여 놓고는 깜빡 잊어버렸다. 처
녀가 80년을 기다리다 노파가 된 후에, 한恨을 참지 못하고 왕을 찾아
가 하소연하였다. 왕은 매우 미안해하면서, 노파가 너무 늙어 혼인하
지는 못한다 하고는, 노래를 지어 하사하였다」

이 설화로 미루어 보면, 『고사기』에 나오는 웅략의 수명 124세가 원래의
모습인 것을 알 수 있다. 『일본서기』에는 이 설화가 보이지 않는다. 원래는
『고사기』와 동일한 설화가 기재되어 있었던 것을, 후세의 변작자가 삭제한
것으로 추정된다.

그런데 『일본서기』를 보면, 웅략이 임종시에 하였다는 유조(遺詔) 즉 유언
이 있고, 그 분량이 한자로 무려 수백 글자나 된다. 죽음을 눈앞에 둔 사람
이 어떻게 그렇게 긴 내용을 말할 수 있는지 감탄스럽기도 하지만, 유언마
저도 상세를 극할 정도로 자세하게 기록하면서, 그 사망 나이를 기재하지
아니한다는 것은 전혀 상상하기 어렵다. 유조를 잠시 살펴보자.

「"이제 천하는 일가이고, 연화煙火는 만리에 뻗어있다. 백성은 편안하고,
사방 오랑캐는 복종하였다……금년 나이는 약간을 넘어서 단명이라
고 할 수는 없다今年踰若干 不復稱夭……"」

『고사기』에는 124세라 하였으나, 웅략의 이 유조에는 '약간을 넘어서 단명이라고는 할 수 없는 나이'에 불과한 것으로 되어 있다. 전혀 엉뚱하다.

신숙주가 본 『일본서기』에는 이 유조가 있었을 리가 만무하다. 104살이나 되는 왕이 임종시에 자신의 나이를 이렇게 표현하였을 리가 없기 때문이다. 이 유조는 신숙주 도왜 이후의 변작자가 가필한 것임을 알 수 있다. 이 변작자가 유조를 창작하여 집어넣으면서, 수명이 104세라는 기사와, 80년을 기다린 처녀의 설화를 삭제한 것이 분명하다.

현행 『일본서기』의 기년으로는 그가 417년 출생하여 479년 사망한 것이 되므로, 사망나이는 62세가 된다. 『고사기』124세의 절반에 불과하다.

그리고 『고사기』에는 사망나이뿐만 아니라 사망한 해의 간지가 기사년(己巳年)이며, 8월 9일 사망하였다고 날짜까지 명시하고 있다. 『고사기』에 나오는 대부분의 왜왕들은 사망나이만 나오고, 사망한 해의 간지는 거의 나오지 않지만, 웅략의 경우는 예외라 할 수 있다. 이 기사년은 서기 489년에 해당한다. 그런데 이 해는 『일본서기』의 기년으로는 24대 왜왕인 인현(仁賢) 2년에 해당한다. 전혀 앞뒤가 맞지 않는 것을 알 수 있다. 실존하였던 왜왕이었다면, 이런 혼란은 상상할 수도 없는 일이다.

(3) 웅략 이름의 유래

『일본서기』에 의하면, 안강이 미륜의 칼에 암살당한 것은 재위 3년인 456년인데, 『고사기』에는 이때 웅략이 '동남(童男)' 즉 소년이었다 한다. 웅략은 어린 나이이지만, 범인을 찾는 과정에서 그의 형들마저도 죽이는 과감성을 보였다 한다.

웅략의 이름은 일본어로 o—po—pa—tu—se—no—wa—ka—ta—ke—ru 이다. 한자표기를 『일본서기』는 대박뢰유무(大泊瀨幼武), 『고사기』는 대장곡약건명(大長谷若建命)이라 하였으나, 훈가나로 읽어 일본어로는 같은 발음이다. 훈가나로 된 긴 이름으로 보아도 실존 인물일 가능성이 없다.

이름에 나오는 o-p-o(大 대)는 크다의 의미의 미칭이고, pa-tu-se(泊瀨, 長谷)는 지명이다. 그런데 '유무(幼武)'나 '약건(若建)'으로 표기된 wa-ka-ta-ke-ru는 무슨 뜻인가? wa-ka(若 약, 幼유)는 어리다는 의미이다.

ta-ke-ru를 보자. 『대언해(大言海)』에는 이 말이 위세있고 용맹한 사람이라는 의미라 한다. 원래 '健(건)'이라는 한자로 표기하였는데, '건(建)'은 '건(健)'의 약자라 한다. 현대 일본어 ta-ke-ru(猛 맹)는 사납게 날뛰다는 뜻을 가진 동사이다.

존엄한 왕의 이름에 어리다는 뜻을 가진 한자를 넣은 것은 상식에 반하지만, 『고사기』와 『일본서기』에는 소년 웅략이 엄청난 용맹을 발휘하여 여러 사람을 죽인 설화가 있는데, 여기에서 유래한 것이다.

『고사기』를 보면, 웅략은 형인 왜왕 안강이 미륜의 칼에 죽었다는 소식을 듣고는 비분강개하고 분노하여, 또 다른 형인 흑일자(黑日子, ku-ro-pi-ko)왕자와 백일자(白日子, si-ro-pi-ko)왕자를 차례로 찾아가 어떻게 할 것이냐고 물었더니, 둘 다 대충 적당하게 말하였다 한다. 그러자 웅략이 차례로 두 형을 칼로 베어 죽였다는 것이다.

이어서 군사를 일으켜, 미륜이 피신하여 있던 원대신(圓大臣, tu-bu-ra-no-o-mi)의 집을 포위하여 공격하자, 원대신이 미륜을 죽이고 자결하였다 한다. 『일본서기』에는 집에 불을 질러 태워 죽였다고 되어 있다.

웅략은 왜왕 이중의 아들인 시변압반(市邊押磐, i-ti-no-pe-no-o-si-pa)왕자도 죽였다 한다. 웅략에게는 사촌이 되는데, 안강이 생전에 왕위를 조카인 시변압반에게 물려주겠다고 이야기한 것에 화가 났다는 것이다. 사냥하자고 시변압반을 불러내 활로 죽였다 한다.

왕의 이름에 어울리지 않는 어리다는 의미의 한자는, 바로 이러한 어린 웅략의 사납게 날뛰는 모습에서 유래한 것이다. 그러나 이 설화 또한 실화가 아닌 창작이다. 웅략의 칼에 죽었다는 두 왕자와, 원대신, 그리고 시변압반, 모두 훈가나로 된 이름들이니, 실존 인물이 아니다.

『일본서기』를 보면, 백언(白彦, 『고사기』의 백일자)왕자는 웅략이 추궁하자 묵묵히 앉아 있다, 웅략의 칼을 맞고 죽었다 한다. 안강을 죽인 것은 미륜의 단독 범행일 뿐, 두 왕자는 아무런 관련이 없다. 전혀 잘못이 없는 왕자가 묵묵히 앉아 웅략의 칼을 맞고 죽었다는 설정만 보아도, 사실과는 거리가 먼 것을 알 수 있다.

(4) 웅략 이름의 모순점

어쨌든 이러한 웅략의 행태를 보면, 주먹 힘만 앞세우는 동네 폭력배와 흡사한 것을 알 수 있다. 그의 이름에 나오는 ta—ke—ru(建 건)는 바로 이러한 행태를 묘사한 단어이다.

한편 『해동제국기』에는 웅략을 대박뢰치무(大泊瀨稚武)라 하였다. 신숙주가 본 『일본서기』에도 이렇게 되어 있었을 것이다.

현행 『일본서기』에는 대박뢰유무(大泊瀨幼武)이다. '치(稚)'와 '유(幼)', 두 글자는 모두 어리다는 뜻이므로, 의미상으로는 별 차이가 없다. 그러나 신숙주가 보았던 『일본서기』에 나오는 왜왕 이름의 한자를 후세의 변작자가 임의로 변개한 것을 알 수 있다. 의미가 동일하다 하더라도 왕의 이름을 함부로 바꾼다는 것은 상상하기도 어려운 일이다. 그러나 후세의 변작자에게 있어서는 이런 정도의 개변은 전혀 대수로운 일이 아니었을 것이다. 왜 이렇게 바꾸었는지 그 이유를 알 수는 없다.

그런데 이 '대박뢰유무'나 '대박뢰치무'는 이름이 아니고, 죽은 후에 신하들이 바친 시호가 아닌가 하는 의문을 가질 수도 있다. 그러나 이는 이름이다. 『일본서기』를 보면, 일사주신(一事主神)이라는 신이 이름을 묻자, 웅략이 "짐(朕)은 유무존(幼武尊)이다"라고 대답하는 장면으로 보아 이는 명백하다.

웅략의 이름을 생각하여 보자. 이름은 태어날 때 부모가 지어 주는 것이다. 그런데 웅략의 이름 중 '유무(幼武)'는 웅략이 장성한 이후, 왕위에 오르는 과정에서 보여준 과격한 행동에서 유래한 것이다.

그리고 이름의 pa—tu—se(泊瀨, 長谷)는 그의 왕궁이 있던 곳의 지명이다. 어느모로 보나 이 이름은 웅략이 즉위한 이후 지은 것으로 보인다. 그렇다면 웅략은 즉위한 이후 개명하였단 말인가? 그러나 『일본서기』나 『고사기』 어디에도 그의 개명 기사는 보이지 않는다. 모든 것이 앞뒤가 맞지 않는데, 웅략이 실존 인물이 아니기 때문에 빚어진 창작상의 실수인 것이 분명하다.

(5) 즉위 무렵 웅략이 소년이었나?

『일본서기』의 기년에 의하면, 웅략은 윤공 5년 즉 417년에 태어났다. 따라서 안강 3년 즉 456년, 안강이 미륜에 의하여 피살당하였을 때에는 무려 39살이 된다. 이 나이는 장년이지 소년이 아니다. 『일본서기』 자체의 기록으로 보아도, 안강은 소년을 훨씬 지난 나이에 즉위한 것이 된다.

『고사기』는 웅략이 124세에 기사년(己巳年) 죽었다고 되어 있다. 이 기사년은 언제일까? 『고사기』에는 연대가 거의 나오지 않아 알 수 없다. 『일본서기』의 기년에 의하면, 웅략 원년은 정유년으로서 서기 457년이고, 그 이후의 기사년은 489년이다. 그렇다면 웅략은 365년생이 된다. 따라서 안강이 피살당하였을 때, 웅략은 무려 91살이 된다. 도저히 '동남(童男)'이라 할 수 없다.

『해동제국기』에 의하면 웅략은 재위 23년, 110세에 죽었다 한다. 신숙주가 본 『일본서기』에는 이렇게 기록되어 있었을 것이다. 이에 따르면 88세에 즉위한 것이 된다.

『신황정통기(神皇正統記)』에 의하면, 웅략은 재위 23년, 80세에 죽었다 하였다. 여기서는 그가 58세에 즉위한 것이 된다. 어느 기록을 따르더라도 즉위 무렵의 웅략이 소년이라고 볼 여지는 전혀 없다.

어쩌면 이렇게도 뒤죽박죽이고 엉망일 수가 있을까? 근본적인 이유는 웅략을 포함한 여러 왜왕이 실존 인물이 아니고, 창작소설 속의 등장인물이기 때문이다. 『고사기』와 『일본서기』의 저자는 여러 왜왕과 설화들을 창작하면서, 이름과 설화의 내용에만 신경을 쓰고, 등장인물의 나이는 전혀 고려하지 않았던 것이 분명하다. 특히 필자와 같은 후세인이 전자계산기를 이용하여 꼼꼼하게 검토하리라고는 전혀 상상조차 하지 못하고, 대충 창작하였기에 이런 파탄이 벌어진 것이다.

웅략의 이름인 '유무(幼武)'를 생각한다면, 출생연도, 재위연수, 사망나이 따위를 거기에 맞게 설정하여야 마땅하지만, 그러한 고려는 전혀 한 바가 없었던 것이 분명하다.

(6) 웅략의 후비 치원稚媛

『일본서기』 웅략 원년 3월조를 보면, 「이달, 세 사람의 비(妃)를 세웠다(是月 立三妃)」라고 되어 있다. 정비가 아닌 후비로서 세 여성을 세웠다는 의미이다. 그 두 번째 후비는 길비상도신(吉備上道臣)의 딸인 '치원(稚媛, wa-ka-pi-me)'이라 하였다. 반성(磐城)과 성천치궁(星川稚宮), 두 왕자를 낳았다 한다.

그런데 『일본서기』 웅략 7년 세시조(歲時條)에는 '치원'이 길비상도신전협(吉備上道臣田狹)의 처로 되어 있다. 두 길비상도신은 동일인물이다. 길비상도신전협이 웅략을 가까이 모신 자리에서, 친구에게 자신의 처 치원의 아름다움을 자랑하는 이야기를 하였다 한다. 그 소리를 들은 웅략이 치원을 빼앗아 후비로 삼았다고 되어 있다. 왕을 모신 자리에서, 친구에게 아내의 아름다움을 자랑하였다는 설화 자체가 전혀 신빙성이 없다.

창작된 설화이지만, 앞뒤가 전혀 맞지 않는다. 원년 3월에는 치원을 후비

3명 중의 하나로 세웠다 하여 놓고는, 8년 세시조에서는 길비상도신의 아내인 치원을 빼앗아 후비로 세웠다 하고 있으니, 도대체 어느 기사가 옳은 것인가? 그리고 앞에서는 치원이 길비상도신의 딸이라 하였다가, 뒤에는 그의 처라 하고 있다. 이 또한 창작상의 중대한 실수이다. 아마 후세의 변작자가 앞의 기사를 망각하고, 뒤의 설화를 창작하여 삽입한 것으로 추정된다.

그런데 『일본서기』는 또 다른 이설(異說)을 소개하고 있다. 다른 책(別本 별본)에는 전협신(田狹臣)의 처 이름을 모원(毛媛)이라 한다고 하였다. 갈성습진언의 아들인 옥전숙내(玉田宿禰)의 딸인데, 웅략이 그 용모가 아름답다는 소문을 듣고, 남편을 죽이고 빼앗았다는 것이다.

앞서 옥전숙내를 본 바 있는데, 갈성습진언의 손자라 하였다. 필자는 손자인 옥전이 서기 160년 무렵 출생한 것으로 추정한 바 있다(119쪽). 그런 옥전이 늦은 나이인 40세에 딸인 모원을 낳았다면, 그녀는 200년 무렵 출생한 것이 된다. 이 모원 즉 치원이 웅략 8년인 464년에 웅략의 후비가 될 수 있을까? 아무리 대단한 웅략이라 하더라도, 족히 260살은 넘었을 노파 모원을 후비로 맞을 수는 없었을 것이다.

치원이나 모원, 길비상도전협신, 모두 한자의 훈독으로 된 이름이므로, 이름만 보아도 실존 인물이 아닌 것이 분명하다.

(7) 개로왕과 미녀

『일본서기』 웅략 2년 7월조를 보면, 백제의 사서를 인용한 것처럼 꾸민 엉터리 기사가 있다. 『일본서기』의 성격을 이해할 수 있는 좋은 자료이므로, 소개하여 본다.

「백제의 지진원池津媛, i-ke-tu-pi-me은 장래 천황이 부르려 하는데도 이를 어기고, 석하순石河楯, i-si-ka-pa-no-ta-te과 간음하였다. 구본 舊本에는 말하기를, 석하고합수石河股合首, i-si-ka-pa-no-ma-ta-no-a-pi-no-o-pi-to의 조상 순楯, ta-te이라 하였다.

천황이 크게 노하여, 대반실옥대련大伴室屋大連에게 명하여, 내목부來目部를 시켜, 부부의 사지를 나무에 묶고 거적에 올려 불에 태워 죽였다.

백제신찬百濟新撰에서 말하였다. "기사己巳년 개로왕이 즉위하였다. 천황이 아례노궤阿禮奴跪를 보내어, 미녀를 구하였다. 백제가 모니부인慕尼夫人의 딸을 치장하고는, 적계여랑適稽女郎이라 하여 천황에게 바쳤다"」

지진원(池津媛, i-ke-tu-pi-me)은 백제의 여성이라는데, 순수한 왜풍의 이름을 가진 점이 수상하다. 왜국으로 건너가 개명하였을까?

지진원과 간음하였다는 '석하고합수(石河股合首)'라는 이름은 재미있게 작명하였다. '석하(石河)'는 성이며, 마지막의 '수(首, o-bi-to)'는 존칭이다.

'고합(股合, ma-ta-a-pi)'은 무엇인가? '고(股, ma-ta)'는 허벅지 혹은 가랑이를 뜻하며, '합(合, a-pi)'는 맞춘다는 의미이다. 따라서 이 이름은 '가랑이(허벅지) 맞추기'이다. 즉 남녀간에 정을 통한다는 의미가 된다. 두 남녀가 웅략의 명을 어기고 상간한 것을 이렇게 이름으로 나타냈다. 실존 인물이 아니고, 설화에 맞추어 8세기의 일본어로 창작된 이름이다.

여기에 등장하는 지진원과 석하는 모두 한자의 훈으로 된 긴 이름들을 가졌다. 이런 이름은 7세기 후반에 시작되었다. 5세기의 웅략의 무렵에는 이런 이름을 가진 사람은 단 한 사람도 없었다. 창작된 가공인물들이다.

'백제신찬'이라는 역사서는 또 무엇인가? 실재한 역사서인지의 여부도 불투명하다. 여기에는 기사년에 개로왕이 즉위하였다 한다. 『삼국사기』를 보면, 개로왕은 455년 을미년에 즉위하셨다. 또한 웅략 2년은 458년, 무술년이지 기사년이 아니다.

개로왕이 즉위한 455년과 가장 가까운 기사년은 429년인데, 이때는 개로왕의 부왕인 비유왕(毘有王) 3년에 해당한다. 『일본서기』의 기년으로는 웅략이 아니라, 왜왕 윤공(允恭) 18년이다. 『일본서기』의 백제신찬 기사는 어떻게 맞추어보려 하여도 연대가 전혀 맞지 않는다.

백제신찬은 백제의 사관이 편찬한 역사서일 것인데, 당시에는 존재하지도 아니하던 '천황'이 나오는 것을 보라. 백제신찬 운운을 포함하여 이 기사는 전체가 후세 변작자의 가필인 것이 분명하다. 연대가 전혀 엉터리일 뿐만 아니라, 기사의 전체적인 수준이 치졸한 것으로 보아도 명백하다. 아마도 왜국이 우위에 있어, 왜왕이 백제에 미녀를 여러 차례 요구하였다는 것을 꾸며내려는 의도일 것이다.

그러면서 마치 '백제신찬'이라는 백제의 역사서를 인용한 양 위장하였다. 『일본서기』에 나오는 백제의 역사서를 인용한 대목은 이렇듯 후세 변작자의 작품이 대부분이다. 수준이 아주 낮고 치졸한 내용들이 주류를 이룬다.

(8) 임나국사任那國司

웅략은 전협신의 처 치원을 빼앗으려, 전협신을 임나국사에 임명하였다한다. 왜가 임나 즉 가야를 지배하였다는 임나일본부설이 바로 여기서부터 시작되고 있다. 무슨 장난하듯이 임나국사를 임명한 것으로 되어 있다. 『일본서기』에 나오는 임나 관계 기사는 전부 이렇듯 전혀 신빙성 없는 허황한 설화로 일관하고 있다.

임나국사(任那國司, mi-ma-na-no-ku-ni-no-mi-ya-tu-ko)란 왜가 임나에 파견한 지방관이라 한다. 그런데 한자로 '국사(國司)'라 2글자의 한자를 적어 놓고는 무려 7 음절이나 되는 일본어 ku-ni-no-mi-ya-tu-ko로 훈독하였다. 한자의 훈독은 무려 2백년 정도 이후에 생긴 것이다. 이것은 '임나국사(任那國司)'라는 관직명이 당시에 실제 존재하지 않았다는 의미가 된다. 일본에서 한자의 훈과 훈독이 생긴 이후에 비로소 생겨난 관직이라 하겠다.

그러면 8세기의 『일본서기』 저자가 창안하였을까? 『고사기』에 임나에 관한 아무런 기록이 없는 것과 마찬가지로, 최초의 『일본서기』에도 이에 관한 기사는 존재하지 않았다고 보는 것이 합리적이다. '임나국사'란 『일본서기』가 나온 훨씬 이후, 아마도 중세의 변작자가 창작한 관직명으로 추정된다. 무엇보다도 가야의 어느 나라도 왜의 지배를 받은 적이 전혀 없었다.

임나국사로 임명되었다는 전협신 또한 가공의 인물인 것이 명백하다. 가공의 인물을 허구의 관직에 임명한 것이다.

(9) 임나일본부任那日本府

불과 얼마전까지 일본 사학계의 확고한 통설이었던 임나일본부가 웅략기에 처음 등장한다. 그런데 『일본서기』의 이 임나일본부는 마치 어린아이들 장난과도 같다. 웅략 8년 2월조의 다음 기사를 보자.

「천황이 즉위한 이래, 신라가 배반하여 조공을 바치지 않은 지가 8년이 되었다. 그리고는 천황의 마음을 두려워하여 고구려와 수호하였다. 이 때문에 고구려왕이 정병 100인을 보내 신라를 지키게 하였다……신라왕이 고구려가 거짓으로 지켜주는 것을 알고, 고구려인을 모두 죽였다……

고구려왕이 즉시 군사를 일으켜 축족류성筑足流城에 주둔하였다. 가무하며 음악소리를 냈다. 신라왕은 밤에 고구려군이 사방에서 가무하는 것을 듣고, 적이 모두 신라 땅에 들어온 줄 알았다. 그래서 사람을 임나의 왕에게 보내 "고구려의 왕이 우리 나라를 정벌하였다. 나라의 위태로움은 누란의 위기보다 더하다……엎디어 일본부日本府의 장군들에게 도움을 청한다"라 하였다.

그래서 임나왕은 선신 반구膳臣斑鳩, 길비신 소리吉備臣小梨, 난파길사 적목자難波吉士 赤目子에 권하여 가서 신라를 도와주게 하였다……새벽에 고구려는 선신들이 도망갔다고 여겼다. 군사들이 모두 쫓아왔다. 거기에서 기습병을 내어, 보병과 기병으로 협공하여 크게 파하였다……」

번역은 전용신 선생의『完譯 日本書紀』에 의함. 242쪽

신라가 왜에 조공을 바치다가 끊었다거나, 왜의 침공을 두려워하여 고구려에 원병을 청하였더니, 고구려가 군사 100명을 보내었다 한 것은 한편의 코메디와 같다. 군사 100명으로 무슨 도움이 되겠는가?

신라왕이 고구려인을 모두 죽였다거나, 그로 인하여 고구려왕이 군대를 보냈다는 것 또한 전혀 현실감이 없는 창작소설이다. 신라왕이 누구인지, 고구려왕이 어느 왕인지도 나와 있지 않다. 신라왕은 전혀 모르고 있다가, 고구려군의 가무 소리를 듣고 비로소 알았다는 것 또한 있을 수 없는 일이다. 신라의 수도 경주는 고구려군의 최전방에서 수백 km 후방에 있다. 고구려군이 경주까지 가려면, 겹겹이 펼쳐진 신라군의 방어선을 수도 없이 돌파하여야 가능하기 때문이다.

고구려의 장수가 누구인지, 침공군의 병력은 어느 정도인지, 어떤 전투가 있었는지, 피아의 피해상황 등의 기본적인 내용도 전혀 나오지 않는다. 위 기사의 마지막 부분에 보이는 전투장면은 지나치게 상투적이라 얼핏 보더라도 창작인 것을 알 수 있다.

이 고구려군의 공격에 놀란 신라왕이 임나일본부에 도움을 청한다는 것 또한 코메디이다. 존재하지도 아니한 임나일본부에 어떻게 도움을 청하는가? 이것이『일본서기』에 처음 등장하는 임나일본부이다. 그에 대한 간단한 설명이라도 있어야 하지만 전혀 그런 것도 없다. 언제부터 설치되었는

지, 무엇 하는 기관이지도 알 수가 없다. 단지 왜가 가야를 통치하였구나 하는 막연한 느낌을 주는 효과를 노리고 있다.

무엇보다도 '일본(日本)'이라는 국명은 7세기 후반에 처음 나온 것이다. 5세기에 일본이라는 국명이 있을 수 없다. '임나일본부'는 8세기에 창작된 부서인 것이 명백하다. 5세기에 실존하였을 가능성은 전혀 없다.

임나일본부의 신하라는 세 사람 모두 한자의 훈으로 된 기나긴 이름들이라, 실존하지 아니한 가공인물이다. 이 기사 또한 아주 유치하고 수준이 낮아, 초등학교 저학년의 작문과 흡사하다. 임나일본부 관련 기사는 전부가 이와 같이 수준 낮은 유치한 문장으로 이루어져 있다. 애국심은 불타지만, 솜씨는 지극히 치졸한 후세인의 창작인 것이 분명하다.

(10) 웅략의 신라 정벌

웅략 9년(465년) 3월조에는 신라를 정벌하였다 한다. 기소궁숙내(紀小弓宿禰), 소아한자숙내(蘇我韓子宿禰), 대반담련(大伴談連), 소록화숙내(小鹿火宿禰) 등 4인의 장군을 신라에 보내었다고 되어 있다. 『일본서기』를 보자.

「……신라왕은 밤에 사방에 관군왜군의 북소리가 울리는 것을 듣고, 녹국喙國의 땅이 모두 점령되었음을 알고, 수백기와 더불어 도주하였다. 소궁숙내는 쫓아가 적장을 진중에서 베었다. 녹국의 땅을 크게 평정하였다……이날 저녁에 대반담련과 기강전내목련紀岡前來目連은 모두 힘껏 싸우다 죽었다……」   번역은 전용신 선생의 위의 책에 의함. 243쪽

코지마(小島憲之) 교수 등이 주해한 『일본서기 ②』를 보면(181쪽), '신라왕은……크게 평정하였다'의 부분은 중국의 사서 『한서(漢書)』 고제기(高帝記)에 나오는 대목을 그대로 베꼈다 한다(물론 고유명사만 바꾸어). 굳이 머리

아프게 창작하느니 베끼는 것이 낫다고 생각하였던 모양이다. 이 사실만 보더라도 이 신라정벌이 실제 있었던 일이 아니고 붓끝의 창작임을 쉽게 알 수 있다.

『일본서기』의 모든 한국 정벌기사가 다 그렇듯, 이 기사에도 병력의 규모와 편성, 진군경로, 주요 접전의 장소와 그 경과, 아군과 적군의 피해상황 등 기본적인 내용이 전혀 나오지 않는다. 오직 장군 4명의 이름만 나오고 있을 뿐이다. 이 네명의 장군 중 실존 인물은 소아한자뿐이다. 나머지 3명은 한자의 훈으로 된 이름들을 가지고 있음으로, 창작된 허구의 인물들이다.

소아한자는 실존 인물이긴 하지만, 가공의 신라정벌에 참전하였을 가능성은 전혀 없다.

(11) 웅략의 무덤

이번에는 웅략의 무덤을 살펴보자. 현재 웅략의 무덤으로 치정된 것은 오사카(大阪)에 있는 고취환산(高鷲丸山)고분이다. 이 무덤은 원래 환산(丸山)고분으로 불리우던 길이 75m의 원분과, 인접한 길이 50m 가량의 언덕을 합쳐서 하나의 무덤으로 새로이 만들어 낸 것이라 한다. 만일 두 부분을 전방후원분의 각 부분으로 본다면 주축이 서로 다르다 한다.

근세에 이른바 수릉(修陵) 공사를 하면서, 천황릉은 모름지기 전방후원분이어야 마땅하다는 고정관념에 사로잡혔던 모양이다. 웅략의 무덤을 창작하면서, 기존의 무덤과 자연 언덕을 합쳐서 하나의 무덤으로 만들어 낸 것이, 이런 우스꽝스러운 모양새가 되고 말았다. 가공의 왜왕에게 어울리는 가공의 왕릉이라 할까?

22) 22대 왜왕 청녕靑寧

웅략의 뒤를 이은 청녕은 웅략의 3자라 하였다. 모후는 웅략의 왕후인 갈성한원(葛城韓媛, ka-tu-ra-gi-no-ka-ra-pi-me), 바로 웅략에 의하여 살해당한 갈성원대신(圓大臣, ka-tu-ra-gi-ni-no-tu-bu-ra-no-o-po-o-mi)의 딸이다.

그러면 갈성원대신은 실존 인물인가? 이 인물은 『일본서기』 이중(履中) 2년(401년)조에 '원대사주(圓大使主)'라는 이름으로 처음 등장한다. 소아만지숙내(蘇我萬智宿禰) 등 3명과 함께 국사를 도맡아 집행하였다 한다. 이때 원대신이 몇 살인지는 나오지 않지만, 최고위 대신으로서는 젊은 나이인 40살이었다고 가정하면, 그는 361년생이 된다. 따라서 안강이 암살당한 해인 456년에는 95세가 된다. 95세의 나이에 웅략에 의하여 살해당한 셈이다. 이 인물의 한자의 훈독으로 된 기나긴 이름과 아울러 보면, 실존 인물일 가능성은 전혀 없다.

딸인 한원을 몇 살에 낳은지는 알 수 없으나, 늦은 나이인 40살에 낳았다고 가정하면, 한원은 401년생이 된다. 따라서 웅략 원년인 457년에는 56세가 되어, 소년이라는 웅략의 배필로는 전혀 어울리지 않는다. 가공인물을 부친으로 둔 한원 또한 가공인물인 것이 분명하다.

『일본서기』는 웅략이 원대신의 집에 불을 질러 죽였다고 하였는데, 그렇다면 그 가족들은 대부분 불에 타 죽었을 것으로 추정할 수 있다. 딸인 한원은 기적적으로 탈출하였을까? 웅략은 자신이 불로 태워죽인 대신의 딸을 왕비로 맞은 것이 된다. 부친과 가족을 죽인 철천지 원수라고 여기고 있는 여성을 왕비로 맞이한다는 것이 과연 가능한 일일까? 만화와 같은 창작의 세계에서나 가능한 설정이라 하겠다.

그런데 이름인 '한원(韓媛, ka-ra-pi-me)'의 '한(韓, ka-ra)'은 바로 한국을 뜻한다는 점이 흥미롭다. 아마도 『고사기』의 저자 태안만려는 이 여성이 한국 출신이라고 머릿속에서 생각하였던 모양이다.

그리고 청녕은 왜왕으로서는 아주 특이하게도 아내 즉 왕비도 없고, 자녀도 없는 것으로 되어 있다. 왕비가 없는 왜왕이 있었다고는 전혀 상상이 되지 않는다.

(1) 성천星川왕자의 반란 설화

『일본서기』 청녕 즉위전기에는 이복동생인 성천왕자 등의 반란 설화가 있다. 간단하게 요약해 보자. 웅략이 죽은 직후, 그의 차비 길비치원(吉備稚媛)이 둘째 아들 성천왕자에게 왕위에 오르라고 부추겨, 성천이 조정의 창고를 차지하는 등 권세를 휘둘렀다 한다. 그러자 신하 대반실옥대련(大伴室屋大連)과 동한직국(東漢直掬)이 청녕의 편에 서서 군사를 일으켜, 성천 일당을 포위하고는 불에 태워 죽였다는 것이다. 이 설화의 진위 여부를 살펴보자.

치원(稚媛)과 성천

앞서 치원이 실존 인물이 아님을 본 바 있다(133쪽). 성천(星川, po-si-ka-pa) 또한 훈가나로 된 이름이다. 당시에 이런 이름을 가진 사람은 있었을 가능성은 전혀 없다. 실존 인물이 아니다. 가공인물 웅략의 차비와 아들이니, 이 점으로 보아도 허구의 창작된 인물인 것이 분명하다.

대반실옥대련(大伴室屋大連, o-po-to-mo-no-mu-ro-ya-no-o-po-mu-ra-zi)

반란 진압의 주역인 대반실옥은 누구인가? 『일본서기』 윤공(允恭) 11년(422년)조에 처음 보이는데, 윤공이 대반에게 후비와 관련한 자문을 구하는 것으로 되어 있다. 이때 대반이 몇 살인지는 나오지 않지만, 왕이 자문을 구하는 것으로 보아 최소한 30살은 넘었다고 보아야 하겠다.

그런데 무열(武烈) 원년(499년)조를 보면, 무열이 대반에게 성을 쌓으라고 명하였다는 기사가 있다. 그렇다면 이때 대반은 최소한 100세는 넘은 것으로 될 수밖에 없다. 실존 인물이 아닌 것이 명백하다.

815년에 편찬된 『신찬성씨록』을 보면, 이 사람의 이름이 두 군데에서 보이고 있다. 좌경신별(左京神別)편에 나오는 좌백숙내(佐伯宿禰)라는 씨족은 도신명(道臣命)의 7세손으로서, 이 대반실옥의 후손이라 하였다.

도신명은 기원전 7세기 시조 신무가 동정할 때, 길을 인도하였다는 신하이다. 9세기에 실존하였던 좌백숙내라는 인물이 기원전 7세기 인물의 7세손이라니? 시기적으로 약 1천 4백년의 차이가 나는데, 그렇다면 7대가 평균 2백살에 자식을 낳아야 이런 결과가 될 수가 있다. 그 중간의 어느 대에 대반실옥이 있다는 것인데, 이 기록으로 보더라도 대반이 실존이 아니라는 사실을 알 수 있다.

『신찬성씨록』 대화국신별(大和國神別)편의 고지련(高志連)이라는 씨족은 천압일명(天押日命)의 11세손이며, 또한 이 대반실옥의 후손이라 하고 있다.

천압일명은 『일본서기』 신대기(神代紀)에서 니니기가 천손강림할 때, 호위하였다는 천인일명(天忍日命)과 동일인물이다. 따라서 앞서 본 도신명보다도 수백 년 앞선 인물이다. 따라서 9세기의 고지련과는 최소한 1천 5백년 이상 차이가 나는데, 11세 손이라면 11대가 각각 평균 1백5십살 가까운 나이에 자식을 낳아야 이런 차이가 날 수가 있다. 대반실옥은 그 중간 어느 대의 인물이 되지만, 실존 인물로 볼 여지는 전혀 없다. 훈가나로 된 긴 이름으로 보아도 그러하다.

동한직국(東漢直掬, ya-ma-to-no-a-ya-no-tu-ka-no-a-ta-pi)

이름 중 동한(東漢, ya-ma-to-no-a-ya)은 대화(大和, ya-ma-to) 즉

아스카(飛鳥) 일원에 살던 아라가야 사람(漢, a-ya)이라는 뜻이다. 이름은 tu-ka이다.

『일본서기』 응신(應神) 20년조(289년)를 보면, 아지사주(阿知使主)의 아들이라는 도가사주(都加使主, tu-ka-no-o-mi)가 17현(縣)의 무리를 이끌고 도왜하였다는 설화가 있다. 도가사주가 바로 동한직국과 동일인물이다.

이 당시 도가사주가 10살이었다고 가정하면, 그는 279년생이 된다. 웅략이 죽은 479년에는 무려 200살이 된다. 실존인물일 가능성이 전혀 없다.

이와같이 살펴 볼 때, 성천왕자 등의 반란 전승은, 실존하지 아니한 창작된 인물들이 벌인 가공의 반란인 것이 분명하다.

(2) 반풍飯豊천황

『해동제국기』에는 청녕이 재위 5년, 45세에 죽었다 하였다.

현행 『일본서기』도 재위 5년은 동일하나, 수명은 언급이 없다. 신숙주가 본 『일본서기』에는 수명이 있었던 것이 분명하다.

『해동제국기』에는 청녕의 사후 그의 여동생 반풍(飯豊)이 즉위하여, '반풍(飯豊)천황'이라 하였는데, 그해 12월 죽었다 하였다. 즉 청녕의 뒤를 이은 왜왕은 반풍이었다 한다.

『일본서기』에는 청녕의 사후, 현종(顯宗)과 인현(仁賢) 형제가 서로 왕위를 양보하여, 청녕의 여동생인 반풍청(飯豊靑)왕녀가 임시로 조정의 정무를 보았다고 되어 있다. 아마도 신숙주가 본 『일본서기』에도 마찬가지 기록이 있었을 것인데, 후세에 변개되었을 것이다.

23) 23대 왜왕 현종顯宗

현종과 뒤를 이은 왜왕 인현(仁賢)은 색다른 출신성분이다. 두 왜왕은 형제간으로서, 17대 왜왕 이중(履中)의 아들이라는 시변압반(市邊押磐)왕자의 아들이다. 앞서 웅략이 시변을 사냥터에서 참살한 것을 본 바 있다(130쪽). 시변의 두 아들은 겁이 나 머나먼 시골로 잠적하였다 한다.

『고사기』를 보면, 지방 부호가 고위 관리를 초대하여 자택 신축연을 열었는데, 아궁이에 불 때는 소년 두명이 있다가, 춤도 추었다 한다. 바로 현종과 인현 형제였다. 두 소년은 춤을 추면서, 노래로 자신의 고귀한 신분을 밝혔다 한다. 『일본서기』에는 두 소년을 발견하였다는 보고를 받은 왜왕 청녕이 기뻐하면서 말하기를, "하늘이 큰 은혜를 내려 두 아이(兩兒 양아)를 주셨구나"라고 하였다. 자식이 없던 청녕은 재위 3년, 어린 인현을 태자로 정하였다는 것이다. 이 설화의 진실성 여부를 검증하여 보자.

(1) 시변압반市邊押磐, i-ti-no-be-no-o-si-i-pa왕자

시변압반은 17대 왜왕 이중과 왕후 흑원(黑媛) 사이의 아들이다. 이 두 사람이 실존하지 아니한 가공인물임은 앞서 본 바 있다(113쪽). 그 아들이라는 시변이 실존하였을 가능성은 없다.

훈가나로 된 긴 이름으로 보아도 가공인물임이 명백하다. 시변(市邊, i-ti-no-be)은 지명이고, 압반(押磐, o-si-i-pa)이 고유명사이다. 훈가나로 된 이런 이름은 7세기 말에 비로소 등장하였다.

『해동제국기』에는 시변압반을 '시변압우(市邊押羽)'라 하였다. '우(羽, pa)'와 '반(磐, i-pa)'의 차이가 있으나, 동일한 발음을 표기한 것은 분명하다. '반(磐, i-pa)'에서는 모음 i가 생략되어, pa 음만 남기 때문이다.

신숙주가 본 『일본서기』에도 '시변압우'로 되어 있었을 것인데, 이렇듯 한자를 개변한 이유는 알 수 없다.

(2) 이원葦媛, pa-ye-pi-me

현종의 모는 시변의 아내인 이원이다. 훈가나로 된 이름만 보아도 실존 인물이 아님을 알 수 있다.

『일본서기』에는 이원이 의신(蟻臣, a-ri-no-o-mi)의 딸이라 하였으며, 의신은 위전숙내(葦田宿禰, a-si-ta-no-su-ku-ne)의 아들이라 하였다. 따라서 이원은 위전의 손녀가 된다.

위전은 누구인가? 『고사기』에 의하면 갈성습진언(葛城襲津彦)의 아들이다. 갈성은 무내숙내(武內宿禰)의 아들이니, 위전은 무내의 손자가 되고, 이원은 무내의 고손녀 즉 4세 손녀가 된다. 앞서 무내가 서기 73년생임을 보았다(64쪽). 무내와 갈성, 위전, 위전의 아들이 모두 늦은 나이인 40세에 각각 자식을 낳았다고 가정하면, 이원은 233년생이 된다. 『일본서기』에 의하면, 그의 아들이라는 현종은 485년 즉위하였다고 되어 있으니 이원은 200살은 훨씬 넘어서 이 아들을 낳은 것이 된다. 전혀 불가능한 설정이다.

(3) 현종 형제가 소년이었을까?

『일본서기』는 청령 2년 즉 서기 481년, 지방에 보낸 관리가 시변압반(市邊押磐)왕자의 두 아들을 발견하였다고 되어 있다.

『고사기』는 소년이던 현종 형제가 지방 부호의 자택 신축연에서 춤추면서 노래를 불렀는데, 그 노래에서 자신들의 고귀한 신분을 밝혔다 한다. 『일본서기』는 왜왕 청령이 두 아이를 얻은 기쁨을 말하고 있다. 그런데 과연 이들이 소년이었을까?

17대 왜왕 이중의 장남이 시변압반이고, 시변의 둘째 아들이 현종이다. 이중은 앞서 본 바와 같이 328년생이다(112쪽). 이중이 몇 살에 시변을 낳은지는 알 수 없으나, 늦은 나이인 40세에 낳았다고 가정하면, 시변은 368년생이 된다. 시변 또한 40세에 현종을 낳았다고 가정하면, 현종은 408년생이 된다. 그렇다면 청녕 2년인 481년에는 현종이 무려 73세인 늙은이가 되고 만다. 이렇게 늙은 노인이 부호의 자택 신축연에서 춤추고 노래 불렀다는 것은 상상이 되지 않는다.

따라서 청녕이 자식이 없어 어린 현종을 태자로 정했다는 이 설화는 도저히 있을 수 없는 허구임이 분명하다. 자신보다 나이가 훨씬 많은 6촌 형을 태자로 책봉하였다고는 상상조차 되지 않는다.

『일본서기』에는 현종이 재위 3년인 487년 죽었다고 되어 있고, 수명은 나오지 않는다. 그런데 『해동제국기』와 『신황정통기』는 공히 재위 3년, 수명이 48세라 하였다. 중세까지도 『일본서기』에는 이렇게 기록되어 있었을 것인데, 변작자가 수명을 삭제한 것이 분명하다.

그렇다면 현종은 46세에 왕위에 오른 것이 된다. 『일본서기』에는 청녕 3년에 태자가 되었다가, 5년에 청녕이 죽고 현종이 왕위에 올랐다 하였으니, 이에 따르면 태자가 된 것은 44세가 된다. 소년이라고 볼 여지는 전혀 없다. 『일본서기』의 변작자가 현종의 수명을 지울 수밖에 없었던 이유가 여기에 있다.

『고사기』에는 현종의 수명이 38세였으며, 천하를 다스린 것은 8년이라 하였다. 이 기록에 의하면, 현종은 31세에 즉위한 것이 되며, 최소한 20대 후반의 나이에 왕가의 후예라는 사실을 밝힌 것이 된다. 이 나이는 청년이지 춤추고 노래하는 소년이라 할 수는 없다.

(4) 현종의 왕후 난파소야

『일본서기』에는 현종의 왕후가 난파소야(難波小野, na-ni-pa-no-wo-no)라고 되어 있다. 그 출신을 설명하기를, 19대 왜왕 윤공(允恭)의 증손, 반성(磐城, i-pa-ki)왕자의 손녀라 하였다. 따라서 이 왕후의 조부는 반성이고, 증조부는 윤공이다. 이 족보에 의하면, 반성은 윤공의 아들이 된다.

그런데 『일본서기』에는 윤공의 아들 중에서 반성이라는 인물이 보이지 않는다. 반성이라는 이름을 가진 왕자는 왜왕 웅략과 길비치원(吉備稚媛) 사이의 아들뿐이다. 웅략은 윤공의 아들이므로, 반성은 윤공에게는 손자가 된다. 『일본서기』의 기록은 앞뒤가 맞지 않는다. 족보를 꼼꼼하게 따지지 아니한 창작상의 실수이다.

그런데 현종이 아버지 시변압반(市邊押磐)왕자를 죽인 불구대천의 원수인 웅략의 손녀와 혼인하였을까? 『일본서기』를 보면, 현종이 왕위에 오른 뒤 복수심에 웅략의 무덤을 파헤치려 하자, 형인 인현이 말리는 대목이 있다. 그런 현종이 웅략의 손녀와 혼인하였다는 것은 모순이다. 이 또한 창작의 실수로 보인다.

24) 24대 왜왕 인현仁賢

『일본서기』는 인현을 현종의 동모형(同母兄), 즉 같은 어머니를 둔 형이라 하였다. 청녕이 죽은 후 형제가 서로 왕위를 양보하다, 결국 동생인 현종이 먼저 왕위에 오르고, 그가 죽은 후 형이 뒤를 이었다 한다.

형제가 서로 왕위를 양보하였다는 것은 후세의 귀감이 되는 아름다운 미담인 것이 분명하다. 그러나 이런 일이 실제 있었다고는 전혀 상상조차 되지 않는다. 현실감이라고는 없는 창작설화이며, 가공의 미담인 것이 분명하다. 동생인 현종과 마찬가지로 실존하지 아니한 부모를 두었으니, 인현 또한 가공인물이다.

인현의 이름은 대각(大脚), 자(字)는 도랑(島郎)이라 하였다. 이에 대하여는 졸저 『일본 천황과 귀족의 백제어』에서 본 바 있다(397쪽). '도랑'이라는 자는 실존하였던 어느 재왜백제인이 사용하였을 것으로 짐작된다. 실존 인물이 아닌 인현의 자가 아니다.

(1) 동생보다 나이가 적은 형 인현

『일본서기』는 인현이 재위 11년에 죽었다는 사실만 전하고, 수명은 보이지 않는다. 『고사기』에도 수명은 없다.

『해동제국기』는 인현이 재위 11년, 52세에 죽었다 한다. 신숙주가 본 『일본서기』에도 이렇게 되어 있었을 것이다. 따라서 그는 41세에 즉위한 것이 된다. 『신황정통기』에는 재위 11년, 수명 50세이다.

그런데 이 『해동제국기』의 기록은 좀 이상하다. 즉 즉위 1년 전에 동생 현종이 48세로 죽었다 하였기 때문이다. 동생 현종이 48세에 죽고, 이듬해에 형인 인현이 41세(『신황정통기』에 의하면 39세)에 즉위하였다는 것은 전혀 앞뒤가 맞지 않는다. 우습게도 인현은 동생보다 나이가 적은 형이 되어 버렸다.

후세의 변작자가 현종과 인현의 수명을 삭제할 수밖에 없었던 이유가 바로 여기에 있다. 『일본서기』 저자의 창작상 중대한 실수인 것이 분명하다. 이 두 왜왕이 실존 인물이었다면, 이런 착오는 상상하기 어렵다. 왜왕을 비롯한 모든 인물을 붓끝에서 창작하다보니, 온갖 실수가 벌어졌던 사정을 짐작할 수 있다.

(2) 인현의 왕비 춘일대랑

인현의 왕비는 춘일대랑(春日大郞, ka–su–ka–no–o–po–i–ra–tu–me)왕녀라 하였다. 훈가나로 된 이름으로 보아 실존 인물이 아니다. '춘일(春日, ka–su–ka)'은 지명이며, '대랑'은 존칭이다. 고유명사가 없다.

앞서도 보았듯이 지명 '카스카'에 대한 한자표기 '춘일(春日)'은 8세기의 만엽가에 나오는 침사에서 유래한 것이다(66쪽). 488년에 즉위하였다는 인현의 왕비 이름에 나올 수 있는 표기가 아니다. 따라서 이 왕비는 5세기에 실존하였던 여성이 아니고, 8세기에 창작된 인물이다.

그리고 이 왕비는 다름 아닌 왜왕 웅략의 딸이다. 인현의 부친 시변압반을 참살한 불구대천의 원수의 딸인 것이다. 처녀가 그렇게 귀하였을까? 왜 하필 원수의 딸을 아내로 삼는단 말인가? 아무런 죄도 없는 부친을 죽인 원수의 딸과 혼인한 것은 전혀 납득이 되지 않는다. 이 또한 창작상의 실수로 짐작된다. 웅략이 아닌 다른 사람의 딸이라 하여야 마땅할 것을, 꼼꼼하게 따지지 아니한 탓에 범한 과오일 것이다.

『고사기』 인현(仁賢)단에는 인현의 비가 웅략의 딸인 춘일대랑녀(春日大郎女)라고 되어 있다. 그런데 『고사기』 웅략단을 찾아보면, 웅략의 여러 아들 딸 이름이 나오지만, 이 춘일대랑녀라는 이름은 보이지 않는다. 이 또한 『고사기』의 저자 태안만려(太安萬呂)의 실수인 것이 분명하다.

25) 25대 왜왕 무열武烈

무열은 왜왕 인현과 왕후 춘일대랑 사이의 태자이다. 가공의 부모를 두었으니, 실존 인물이 아니다.

무열의 이름을 『일본서기』는 소박뢰치초료(小泊瀨稚鷦鷯, wo-pa-tu-se-wa-ka-sa-za-ki)라 하였다. 훈가나로 된 긴 이름이므로, 이름에서도 실존 인물이 아님을 알 수 있다.

그런데 이름의 앞부분 '소박뢰'는 21대 왜왕 웅략의 이름 대박뢰유무(大泊瀨幼武)의 '대박뢰'와 대를 이루고 있다. 뒷부분 '치초료'는 16대 인덕의 이름인 '대초료(大鷦鷯)'와 대가 된다.

『고사기』의 이름도 마찬가지로 두 왜왕의 이름과 대를 이룬다. 『고사기』는 무열의 이름을 소장곡약작(小長谷若雀, 독음은 『일본서기』와 같음)이라 하였다. 『고사기』는 웅략을 '대장곡약건(大長谷若建)', 인덕을 '대작(大雀)'이라 하였다. 따라서 무열의 이름 앞부분 '소장곡'은 웅략의 '대장곡'과, 뒷부분 '약작'은 인덕의 '대작'과 각각 대를 이루는 것을 알 수 있다.

일국의 왕 이름치고는 유치하기 그지없다. 수많은 왜왕의 이름을 창작하다 보니, 상상력의 빈곤에서 이런 짜깁기가 나온 것일까? 언어의 유희를 시도하였을 가능성도 있다. 어쨌든 수준 낮은 치졸한 작명이 아닐 수 없다.

무열의 왕후 춘일낭자(春日娘子, ka—su—ka—no—i—ra—tu—me)

무열의 왕후는 춘일낭자(春日娘子)이다. 무열의 모후 춘일대랑을 연상케한다. '춘일'은 동일하고, '낭자'와 '대랑'이 역시 대를 이루고 있다. 무열 부부의 이름은 모두 앞선 왜왕이나 왕후와 대를 이루는 것으로 되어 있다. 졸열한 수법이다.

'춘일'이라는 이름만 보더라도 실존 인물이 아닌 것을 알 수 있다. 『일본서기』는 왕비의 부친이 누군지는 모른다고 하였다. 아득한 옛날인 초대 왜왕 신무(神武)의 왕비 이름과 그 가계에 대하여도 상세하게 기록하여 놓으면서, 왜 무열의 왕비 부친은 모른다고 하였는지 이해할 수가 없다. 좀 더 현실감 있게 보이려는 의도일까?

『해동제국기』는 무열이 재위 8년, 57세에 죽었다 한다. 『신황정통기』는 재위 8년, 수명 58세라 하였다. 『일본서기』도 재위 8년인 것은 동일하나, 수명은 보이지 않는다.

『天皇陵總攬(천황릉 총람)』에 의하면, 현재 카시바(香芝) 시에 있는 작은 언덕이 무열의 무덤으로 치정되어 있다(180쪽). 이 언덕은 무덤이 아니라 자연구릉일 가능성이 높아, 매장시설은 없는 것으로 생각된다 한다.

무열릉의 존재는 중세까지도 전혀 알려지지 않았다가, 1889년에 비로소 이 곳으로 치정되었으므로, 무덤의 정비도 전부 근대에 와서 이루어졌다 한다.

26) 26대 왜왕 계체繼體

26대 왜왕 계체(재위 507~531년)는 최근 일본의 사학계에서 중요시되는 왜왕이다. 일본의 사학자들은 『일본서기』에 나오는 왜왕들의 실재 여부에 관하여 의문을 품고 있으나, 아무리 늦어도 계체 이후는 대체로 믿을 만하다는 것이 일반적인 견해이기 때문이다. 과연 계체는 앞의 다른 왜왕들과는 달리 실존하였던 인물일까?

(1) 계체는 응신의 5세손인가?

『일본서기』를 보면, 25대 왜왕인 무열(武烈)이 후사가 없이 세상을 떠나자, 신하들이 중론을 모아 왕실 지손인 계체를 추대하여 등극하였다고 되어 있다. 뜻밖에 왕위에 오른 계체는 원래 15대 왜왕 응신(應神)의 5세손이라 하였다. 이것이 사실일까? 과연 계체는 가공의 왜왕 응신의 5세손일까?

『일본서기』에 의하면, 응신은 200년에 출생하였다(90쪽). 한편 무열이 죽은 506년에 계체의 나이가 57세였다 하므로, 계체는 449년생이 된다. 따라서 5대조인 응신과의 나이 차이는 249년이다. 5대조와 이렇게 나이 차이가 나려면 5대가 평균 49.8세에 낳아야 한다. 당시 사람들의 평균 수명이 40세가 넘지 않았을 것인데, 이때의 왜왕실에서는 여러 대에 걸쳐 이렇듯 50세 무렵에 자식을 낳았을까?

이것은 전혀 있을 수 없는 일이고, 창작의 세계에서나 가능하다고 단정할 수 있다. 왜왕실이라고 하여 특별하게 자식을 늦게 낳았을 리가 없다. 『일본서기』의 저자가 계보를 창작하면서, 정확한 계산없이 대충 어느 왕의 몇 세손이라는 식으로 적었기 때문에 이러한 결과가 발생한 것이 분명하다.

『일본서기』는 계체가 신해년인 531년 82세에 죽었다 하였다. 『고사기』는 이와 달리 정미년 즉 527년 4월 9일, 43세에 죽었다고 되어 있다. 연수로는 4년, 나이로는 39년의 차이가 난다

『일본서기』는 즉위할 때의 나이가 57세라 하였는데, 『고사기』는 43세에 죽었다 하니 어찌된 일인가? 전혀 앞뒤가 맞지 않는다. 『고사기』에 따르면 계체의 출생연도는 484년이 되고, 응신과의 나이 차이는 284년이 되어, 5대가 평균 56.8세에 낳은 셈이다.

아마도 『고사기』의 기록이 원본이 아닌가 싶다. 후세인이 『일본서기』를 상당부분 수정한 것으로 짐작된다. 이러한 사정으로 보아 계체가 실존 인물일 가능성은 전혀 없다고 단정할 수 있다. 『일본서기』와 『고사기』의 계보는 창작된 것임을 쉽게 알 수 있다.

이렇듯 가공의 인물인 것이 분명한 계체에 대하여, 『일본서기』는 그 인물됨을 평하기를, '천황은 장대(壯大)하고, 선비를 사랑하고 현자(賢者)를 예우하며, 뜻이 넓었다'라 하였다. 실존 인물이라는 것을 강조하는 의미일 것이다.

(2) 계체의 부모

『일본서기』는 계체의 부친을 언주인(彦主人, pi-ko-nu-si)이라 하였다. 계체가 449년생임을 감안하면, 그의 부친이 이렇듯 한자의 훈으로 된 이름을 가지고 있었을 리가 없다. 『일본서기』에는 일본에 한자의 훈이 생기기도 훨씬 이전부터 한자의 훈독으로 된 이름을 가진 사람들로 넘쳐나는데, 모두 창작된 가공의 인물이다. 이런 이름은 백제가 멸망한 이후인 7 세기 말에 비로소 생겨난 것이다. 계체는 가공인물을 부친으로 두었다.

계체의 모친은 진원(振媛, pu-ri-pi-me)으로서, 11대 왜왕 수인(垂仁)의 7세손이라 하였다. 이 이름 또한 한자의 훈독으로 이루어졌으므로, 이 점만 보더라도 가공인물임을 알 수 있다.

그렇지만 수인의 7세손이라는 점은 사실일까? 앞서 본 바와 같이, 『일본서기』에 의하면 왜왕 수인은 기원전 69년생이다(73쪽). 따라서 계체는 수인

의 8세 외손이 되고, 그가 449년생이므로, 나이 차이는 519년이다. 따라서 8
대가 평균 64.8세에 자식을 낳았다는 결론이 된다. 전혀 있을 수 없는 일이
다. 그리고 수인 또한 가공의 왜왕임은 앞서 본 바 있다.

(3) 계체의 왕후 수백향手白香과 후비 이원黃媛

계체의 왕후는 수백향(手白香, ta-si-ra-ka)왕녀이다. 24대 왜왕 인현과
왕후 춘일대랑 사이의 딸이라 하였다. 인현과 춘일대랑이 앞서 보았듯이 가
공인물이므로, 그 딸인 수백향 역시 실존 인물이 아니다. 이름이 훈가나로
된 점으로 보아도 마찬가지이다.

계체의 수많은 후비 중의 하나가 이원(黃媛, pa-ye-pi-me)이다. 그런
데 앞에서 본 17대 왜왕 이중의 장남인 시변압반 왕자(130쪽)의 아내가 ‘이
원’이었다. 동명이인이 아니다. 같은 이름이 앞에 나왔다는 것을 깜빡한
창작상의 실수이다. 이 여성은 400년에 즉위한 17대 왜왕 이중의 맏며느
리이면서, 507년에 즉위한 26대 계체의 후비가 되는데, 과연 이것이 가능
한 일인가?

이원의 부친은 화이신하내(和珥臣河內, wa-ni-no-o-mi-ka-pu-ti)라
하였다. 성이 화이(和珥, wa-ni)이고, 하내는 지명이다. 그런데 『고사기』에
는 이원을 아배파예피매(阿倍波延比賣, a-be-pa-ye-pi-me)라 표기하였
다. 여기에는 성이 아배(阿倍)씨로 되어 있어, 『일본서기』와 전혀 다르다.

(4) 계체의 즉위식

『일본서기』의 계체 추대에 관한 기사에는 백제에서 파견된 고대 왜왕들
의 즉위식에 관한 소중한 정보가 담겨 있다.

「대반금촌대련大伴金村大連이 꿇어앉아 천자의 징표인 칼과 거울을 바

치고 두 번 절하였다. 계체천황이 사양하여 "……과인은 재주가 없
다……과인은 감당할 수가 없다"라 하였다. 대반금촌이 엎드려 굳이
청하였다. 계체천황은 사양하기를 서쪽을 향하여 세 번, 남쪽을 향하
여 두번……」

　이런 밀고당기는 과정을 거쳐 드디어 계체가 승낙하고는 왕위에 올랐다
는 것이다. 그런데 「사양하기를 서쪽을 향하여 세 번, 남쪽을 향하여 두 번」
이라는 대목에 주목하여 보자. 왜 하필 맨 처음 서쪽을 향하여 세번 사양하
였을까? 서쪽은 모국인 백제가 있기 때문일 것이다. 이 기록에서 미루어 보
면, 역대 왜왕들은 즉위식 자리에서 맨 먼저 서쪽 즉 백제쪽을 향하여 세 번
절하지 않았을까? 자신을 왜왕으로 임명하여준 백제의 대왕에 대한 충성과
감사의 표시였을 것이다.
　다음은 남쪽을 향하여 사양하였다 한다. 남쪽은 의미가 확실하지 않다.
왜국의 수도인 아스카(飛鳥)에서 백제로 가기 위하여는 남쪽인 오사카(大阪)
항구로 가서 거기서 배를 타고 서쪽으로 가야 한다. 아마도 남쪽이라는 것
은 아스카에서 백제로 가기 위한 첫 번째 진로의 방위인 것으로 추정된다.
　천자의 징표라는 칼과 거울은 무엇인가? 원래 칼과 거울은 고대에는 상
위자가 하위자에게 신임의 징표이다. 이 점에 관하여는 뒤에서 자세히 살펴
보자. 계체는 실존 인물이 아니므로, 위와 같은 추대의 의식이 실제로 거행
되었던 바는 없었다. 그렇지만 위의 기사는 백제에서 파견된 왜왕 즉위식
중의 한 장면을 알려주는 소중한 기록이다.

(5) 임나 4현의 백제 할양

　『일본서기』 계체 6년(512년) 12월조를 보면, 백제가 왜국이 점령하고 있던
임나의 4현을 떼어줄 것을 요청하여, 이를 할양하여 주었다 한다. 상다리

(上哆唎, o-ko-si-ta-ri), 하다리(下哆唎, a-ru-si-ta-ri), 사타(娑陀, sa-ta), 모루(牟婁, mu-ro)의 4개 현이다. 백제는 조공을 바치면서, 표문을 올려 요청하였다는 것이다.

그러자 다리국수(哆唎國守)라는 수적신압산(穗積臣押山)이 백제의 요청대로 할양하여 주라는 내용으로 왜왕에게 말하였다 한다. 이 자의 말을 살펴보자.

「此四縣 近連百濟 遠隔日本 日暮易通 雞犬難別……
　이 4현은 백제와 가깝게 붙어있고, 일본과는 멀리 떨어져있습니다. 아
　침저녁으로 다니기 쉽고, 닭과 개도 구별하기 어렵습니다……」

임나 4현은 어디일까? 임나는 가야이니, 가야의 영토일 것이다. 그것이 백제와 가깝게 붙어있다면 어디인가? 백제와 가깝게 붙은 가야의 영토가 있다는 것은 전혀 상식 밖의 일이다. 아침저녁으로 다니기 쉽다는 것은 백제인들이 다니기 쉽다는 뜻일 것이다. 그런데 닭과 개도 구별하기 어렵다는 것은 무슨 의미인가? 앞뒤를 아무리 살펴보아도 알 수가 없다. 이는 가깝게 붙어 있어 닭과 개도 쉽게 구별된다는 의미로 쓴다는 것을 잘못 쓴게 아닌가 싶다.

그리고 백제와 붙어 있는 가야의 영토를 어찌하여 왜가 점령하였을까? 왜군이 원정하여 전투 끝에 점령하였던 것인가? 『일본서기』는 구체적으로 이 임나 4현을 왜가 언제부터, 어떤 경위로 점유하였는지 나오지 않는다.

『일본서기』를 보면, 물부대련추록화(物部大連麁鹿火)라는 자의 처가 임나 4현을 백제에게 주는 것을 극구 반대하였다 하는데, 그 이유로서 주길대신(住吉大神)이 고구려, 백제, 임나, 신라 등을 태중(胎中)의 응신(應神)천황에게 주었다 하였다. 이는 신공(神功)왕후가 삼한을 정벌할 때부터 왜가 점령하였

다는 취지로 짐작된다. 이것이 사실이라면 이 4현은 신공왕후 이전에는 가야의 영토였던 것을, 신공 시절부터 왜가 점령하여 이때까지 이르렀던 것이 된다.

『일본서기』는 거의 전편이 창작된 설화로 일관하고 있지만, 이는 그중에서도 심한 경우이다. 앞뒤도 없고 황당무계의 극치라 하겠다. 도저히 관찬 사서에 나올 수 있는 이야기가 아니다. 원본 『일본서기』에 있던 내용이 아니라, 수준 낮은 후세 변작자의 작품인 것이 명백하다.

과거 일본 사학의 통설이던 임나일본부설을 뒷받침하던 기둥 중의 하나가 임나 4현에 관한 『일본서기』의 기록이다. 국내의 학계에서는 이 기록을 액면 그대로 믿지는 않고, 백제와 가야의 갈등, 혹은 백제가 가야의 영토를 공취한 사실에 관한 기록 등으로 해석하고 있는 것 같다. 이 기사의 진실성 여부를 검증하여 보자.

상다리(上哆唎)와 하다리(下哆唎)

임나 4현 중의 두 현의 지명은 상다리(上哆唎, o―ko―si―ta―ri)와 하다리 (下哆唎, a―ru―si―ta―ri)이다. 사카모토(坂本太郎) 교수 등이 주해한 『일본서기(下)』를 보면, o―ko는 위, a―ru는 아래를 의미하며, si는 조사로서, 모두 고대 한국어라 풀이하고 있다(26쪽). 과연 사실일까?

우선 위를 고대의 한국에서 o―ko라 하였는지는 의문이다. '위'는 고대에 '우'였다. 백제 사람들이 일본으로 가져가, 일본의 방언에도 이 '우'는 여러 지방에 남아 있다(졸저 『일본열도의 백제어』 459쪽). 또한 대화삼산(大和三山) 중의 하나인 u―ne―bi(畝傍)산의 u가 바로 백제어 '우'인 것을 본 바 있다(졸저 『일본 천황과 귀족의 백제어』 315쪽).

'상다리'의 '다리(哆唎)'는 고대에도 '다리'였을 것이다. 이 지명이 고대에 있었다면, 그 발음은 '우다리'였을 것이다.

'아래'를 고대에 '아루'라 하였는지도 의문이다. '아래'는 중세에도 같은 어형이었다. 고대에는 '아라'였을 것이다. 이 말은 고대에 일본으로 건너갔는데, 이에 관하여는 뒤에서 자세히 살펴보자(596쪽). 『일본서기』의 a-ru는 '아라' 혹은 '아래'라는 어형을 알고 있는 중세쯤의 일본인이 창작하였을 가능성이 크다.

o-ko-si나 a-ru-si의 si는 고대 한국어의 조사일까? '~의'라는 의미를 가진 관형격조사일텐데, '~시'라는 고대 한국의 관형격조사는 상상하기 어렵다. 중세 한국어에도 이와 비슷한 조사의 흔적은 전혀 없다.

무엇보다도 계체 6년인 512년, 백제나 가야 사람들이 한자로 '上' 혹은 '下'라 적어 놓고는 이를 훈인 o-ko-si나 a-ru-si로 훈독하였다고는 생각되지 않는다. 이는 8세기의 일본에서나 가능한 일이다.

사타(娑陀)와 모루(牟婁)

다른 두 현 중 사타(娑陀, sa-ta)는 과연 한국의 지명인지 확실치 않다.

그러나 모루(牟婁, mu-ro)는, 고대 한국의 지명인 것이 분명하다. '광개토대왕' 비문에

「모루성牟婁城, 고모루성古牟婁城, 모로성牟盧城, 구모로성臼牟盧城, 각모로성 各牟盧城」

등의 지명이 보이기 때문이다. 모두 광개토대왕이 백제를 공격하면서 공취한 백제의 성들이다. 백제에는 '모루' 혹은 '모로'라는 지명이 흔하게 존재하였던 모양이다.

그런데 이 모루(牟婁)라는 지명은 고대에 백제인들이 일본으로 가져가 현대에도 사용되고 있다. 『일본서기』 지통(持統) 6년(692년) 5월조를 보면, 「기

이국(紀伊國)의 모루군(牟婁郡)」이라는 지명이 보인다. '기이국'은 현재의 와카야마(和歌山) 현이다. 이 현에는 지금도 「동모루군(東牟婁郡), 서모루군(西牟婁郡)」이라는 지명이 남아 있고, 인접한 미에(三重) 현에 「남모루군(南牟婁郡)」이라는 지명이 사용되고 있다.

그리고 대화국(大和國)의 갈상군(葛上郡)에도 「모루향(牟婁鄉)」이라는 지명이 있었고, 지금도 남아있다.

고대에 왜가 백제를 지배한 것이 아니라, 반대로 백제가 왜를 통치하였다는 사실을 이 지명이 명백하게 증언하여 준다. 고대 일본의 나라(奈良)나 오사카(大阪), 곳곳에 '백제(百濟, ku-da-ra)'라는 지명이 존재하고 있었고, 중세 이후 대부분 사라졌으나, 아직도 여러 곳에 남아 있는 것과 같은 맥락이다. 왜가 백제를 지배하였다면, 이러한 일이 벌어졌을 가능성은 전혀 없다. 속국의 지명을 자국의 지명으로 명명한다는 것은 있을 수 없는 일이다.

『삼국사기』의 백제 지명에는 이 '모루'가 보이지 않지만, 『일본서기』의 이 기록으로 보아, 이는 백제의 지명인 것을 분명하게 알 수 있다. 임나의 4현을 백제가 왜국으로부터 할양받은 것이 아니라, 이는 원래 백제의 영토였던 것이다.

수적신압산(穗積臣押山)

수적신압산(穗積臣押山, po-du-mi-no-o-mi-o-si-ya-ma)은 왜왕에게 임나 4현을 할양하여 주라고 간언한 사람이다. 한자의 훈으로 된 긴 이름으로 보아, 그는 가공인물인 것이 명백하다.

이 인물은 '다리국수((哆唎國守)'라는 관직을 가졌다. '다리'는 임나 4현의 하나인데, 어찌하여 '현(縣)'이 아닌 '국(國)'인지 알 수가 없다. '국수(國守, ku-ni-no-mi-ko-to-mo-ti)'라는 관직은 당시에는 존재하지 아니한 가공의 관직이다.

물부대련추록화(物部大連麁鹿火, mo—no—no—be—no—o—po—mu—ra—zi—a—ra—ka—pi)는 백제에 사신으로 갔다 한다. 한자의 훈독으로 된 이름을 가진 이 인물이 실존하였을 가능성은 전혀 없다. 『일본서기』에는 이 두 사람이 백제의 뇌물을 받았다는 소문이 있다 하였다. 유치한 작문이다.

어느모로 보나 임나 4현의 할양이란 가공인물들에 의한 창작설화인 것이 분명하다. 만일 이 기사가 사실이라면, 당시의 왜왕 계체는 후세의 일본인들로부터 천추만대에까지 비난을 받아야 마땅하다. 만일 이때 이 땅을 백제에 주지 않았다면, 지금도 일본의 소유였을 것이기 때문이다. 소중한 해외 영토를 함부로 타국에 준다는 것은 상상할 수도 없는 일이다. 그러나 현대 일본의 학자나 어느 누구도 이러한 이유로 왜왕 계체를 비난하였다는 이야기를 들어본 적이 없다. 이것이 역사적 진실이 아니라는 것을 모두들 가슴 속으로는 알고 있기 때문일 것이다.

(6) 반정磐井의 반란

『일본서기』 계체 21년(527년)조에는 반정이라는 자의 반란설화가 있다. 근강모야신(近江毛野臣)이라는 자가 6만 군사를 이끌고 임나로 가, 신라에 의하여 격파당한 남가라(南加羅) 등을 회복하여, 임나에 합치고자 하였다 한다. 그러자 신라에서 축자국조(築紫國造)인 반정(磐井)이란 자에게 뇌물을 주어, 이 자가 반란을 일으키고 근강모야신을 방해하여, 결국 임나 부흥이라는 목표가 실패하였다는 것이다.

반정이 신라의 뇌물을 받고 반란을 일으켜, 근강모야신을 방해한 결과 임나 부흥이 실패로 돌아갔다는 스토리 또한 황당하기 그지없다. 소설 수준도 못되는 만화이다.

우선 근본적으로 말이 안 되는 전제에서 출발하고 있다. 『일본서기』에서 말하는 남가라는 금관가야인데, 신라의 법흥왕 19년(532년) 신라군의 공격으로 멸망한 바 있다. 근강모야신이 출동하였다는 527년에는 아직 신라에 의하여 격파당하기 5년 전이다. 따라서 남가라를 회복하기 위하여 이때 왜국에서 병력을 일으킨다는 것은 있을 수 없는 일이다.

하지만 일본에서는 이에 관련된 인물들의 실존 여부에 대하여 의심하는 학자는 단 한명도 없는 것으로 보인다. 문제는 한국의 학자들도 역시 마찬가지라는 점이다. 반정의 반란이 실제 있었다는 것을 믿어 의심치 않고 있다. 여기에 나오는 인물들의 실존 여부와 반란이 실제 있었던 일인지의 여부를 살펴보자.

근강모야신(近江毛野臣, a—pu—mi—no—ke—na—no—o—mi)

이 자의 성명 중 근강(近江, a—pu—mi)과 모야(毛野, ke—na)는 모두 지명이다. 신(臣, o—mi)은 존칭이다. 이 성명은 두 지명과 하나의 존칭으로 이루어져 있고, 고유명사가 없다. 훈가나로 이루어진 이런 이름을 가진 사람이 당시에 실존하였을 가능성은 전혀 없다. 가공의 인물인 것이 명백하다.

모야(毛野)는 정상적인 일본어에서는 ke—no로 읽지만, 이 사람의 이름만큼은 ke—na로 읽어야 마땅하다 한다. 왜냐하면, 이 자가 대마도에서 죽었을 때 처가 노래를 지어 불렀다는데, 그 노래에 이 자를 ke—na라 하였기에 그에 따라야 한다는 것이다.

그러나 실존하지 아니한 모야의 처가 있을 리가 없다. 가사 처가 있었다 하더라도 그 당시에 한자의 음과 훈을 빌려 일본어를 표기한 만엽가가 존재하였을 리가 만무하다. 이 노래는 『일본서기』 저자의 창작이다.

반정(磐井, i—pa—wi)

반정은 축자국조(築紫國造)였다 한다. 축자는 지금의 규슈(九州) 전역을 일컫는 고지명이다. 신라의 뇌물을 받고는, 근강모야신의 군대를 방해하였다는 것은 전혀 상상조차 하기 어려운 발상이다. 신라가 왜국에서 일어난 근강모야신의 군사행동을 훤하게 들여다보고 있다가, 그 대응책으로 뇌물을 제공하였다는 것인데, 과연 가능한 일일까? 신라는 첩자를 왜국의 조정에 심어놓았던 것일까?

가령 신라의 첩자가 그러한 정보를 알아냈다고 하자. 그가 신라로 건너가는 데에만도 수개월이 걸리고, 조정에서 대책을 숙의한 다음 뇌물을 반정에게 보내는 데에도 역시 수개월이 소요된다. 아무리 짧아도 1년 가까운 세월이 소요될 수밖에 없다. 시간상으로 불가능한 스토리이다. 『일본서기』에는 신라와 왜국이 마치 옆동네처럼 쉽게 오고 갈 수 있는 사이로 되어 있으나, 실제로는 멀고 험한 바다로 가로 막혀 왕래에는 엄청난 시일이 소요된다.

『만엽집』의 3688번 노래는 736년에 출발한 견신라사(遣新羅使)가 신라로 가는 도중에 지은 것인데, 신라를 '원국(遠國)' 즉 먼나라로 표현하고 있다. 오가는 도중에도 죽은 사람이 있었는데, 대사(大使) 즉 정사마저도 귀로에 쓰시마(對馬島)에서 병으로 죽었다. 이때의 견신라사 일행은 이 해 4월에 출발하여, 다음 해 2월에 귀환한 바 있다. 험한 바닷길에서 겪은 온갖 신산고초를 노래로 표현하였던 것이다. 신라가 뇌물을 제공하여 왜국 군대의 출동을 막는다는 것은 상상조차 할 수 없는 일이다.

반정은 『일본서기』에는 축자군 석정(竺紫君 石井)으로 되어 있다. i-pa-wi는 성인지 이름인지 불분명하지만, 성으로 보인다. 그렇다면 이 자는 이름이 없다. 이렇듯 한자의 훈으로 된 성은 당시에는 존재한 바 없었다. 창작된 인물인 것이 분명하다. 『일본서기』에 나오는 이 가공인물의 행적을 보면, 그의 반란전승이 실제 있었던 일인지의 여부를 더욱 명백하게 알 수 있다.

(7) 반정의 행적 1

① 「이때 반정이 '화火'와 '풍豐' 2국에 세력을 펼쳐, 조정의 직무를 행하지
   못하게 하였다」

'화'는 화국(火國, pi-no-ku-ni), '풍'은 풍국(豐國, to-yo-ku-ni)이다.
여기서의 '국(國, ku-ni)'은 몇 개의 군(郡)으로 이루어진 지방행정단위이
다. 이는 일본에서 7세기 후반에 성립되었으므로, 반정이 반란을 일으켰다
는 527년에는 존재하지 않았다.

반정은 축자(築紫) 즉 현재 규슈 지방의 '국조(國造, ku-ni-no-mi-ya-
tu-ko)'였다 한다. 국조라는 지방행정단위의 장은 과연 언제 생겼을까?

국조는 일본어로 ku-ni-no-mi-ya-tu-ko라고 훈독하는데, ku-ni
는 앞서 본 광역의 지방행정단위이다. 『암파고어사전』에 의하면, mi-ya-
tu-ko의 mi(御 어)는 높임의 접두사이고, ya-tu-ko(奴 노)는 노비라는
뜻이라 한다. 한자로 '造(조)'라는 한 글자를 써놓고는 mi-ya-tu-ko라는
네 음절이나 되는 일본어로 읽는 독법은 아무리 빨라도 7세기 말엽에나 나
온 것이다.

일본의 통설은 바로 이 축자국조 반정의 반란 설화를 근거로 하여, 최소
한 이 무렵에는 국조라는 직명이 성립하였을 것이라고 보고 있다. 그러나
국조는 '국(國, ku-ni)'이라는 지방행정단위를 전제로 한다. 이는 앞서도
보았지만 7세기 후반에 비로소 생긴 것이다. 따라서 527년에 국조가 있었을
가능성은 전혀 없다.

'화(火, pi)'와 '풍(豐, to-yo)'은 현재의 규슈에 있는 지명이다. 그런데 한
자로 화(火)로 적어 놓고 pi로 읽고, 풍(豐)을 to-yo로 읽는 것은 모두 8세기
의 일이다. 527년에 이러한 표기가 있었을 리가 없다. 그러니까 '화국(火國)'
이나 '풍국(豐國)'과 같은 지명표기는 일러도 7세기 후반 이후의 그것이다.

이 지명 표기만 보더라도 이 기사가 8세기에 창작된 것이라는 사실을 쉽게 알 수 있다.

　그리고 반정이 세력을 어떻게 펼쳐 조정의 직무를 어떻게 방해하였는지, 구체적인 내용은 전혀 나오지 않는다. 정작 중요한 것은 기록이 없다.

② 「밖으로는 해로를 막아, 고구려, 백제, 신라, 임나 등이 매년 조공하는 배를 유인하여 들였다. 안으로는 임나에 파견된 근강모야신의 군대를 막았다」

　이것은 무슨 소리인가? 고구려와 백제, 신라, 가야가 모두 매년 왜국에 조공하였단 말인가? 있을 수도 없는 허구의 소설이다. 당시 한국에 있던 어느 나라도 왜에 조공한 나라는 없었다. 오히려 가야와 백제가 차례로 왜국을 통치한 것을 숨기기 위하여 이렇듯 조작하였다. 『일본서기』에는 이러한 나라들이 조공하였다는 기사가 아마도 수백 군데에 나오고 있다. 모두 허구의 창작이다. 고구려, 백제, 신라가 동시에 조공하였다는 기사도 여럿이다. 고대에 어떻게 이런 나라들이 동시에 조공할 수 있을까? 말도 되지않는 소설이고, 창작이다.

　『일본서기』는 이렇듯 'I wish'의 세계에 살고 있다. 태양과 같은 왜국을 중심으로, 고구려, 백제, 신라, 가야가 행성과 같은 번국으로 존재하는 것이다. 그래서 이러한 속국은 매년 조공을 바치고, 또한 왜왕의 사망이나 등극 등의 일이 있으면, 또 어김없이 사신을 보내는 것으로 되어 있다. 『일본서기』를 읽다보면, 대부분의 일본 사람들은 이것이 실제 있었던 일인 것으로 오인하겠다 싶은 생각이 든다. 이런 기사가 계속 반복되어 나오니, 주입식 세뇌교육의 효과가 클 것으로 보인다.

　그런데 안으로 근강모야신의 군대를 막았다는 것은 또 무슨 말인가? 근강모야신의 군대는 임나 즉 가야에 파견되어 있다는데, 그것을 규슈에 있는 반정이 어떻게 막는단 말인가? 반정이 군대를 이끌고 가야로 진격하여 모야신군을 막아섰단 말인가? 전혀 이해가 되지 않는다. 모야신의 군세는 무려 6만이나 되는 대군이다. 이 대군을 막은 반정의 군사는 도대체 어느 정도였는가? 최소한 비슷한 규모는 되어야 막을 수 있을 것 같은데, 여기에 관하여 『일본서기』는 전혀 언급이 없다.

모야신의 6만 병력이 가야 지역으로 파병되었다면, 이는 한국 고대사에 있어서 엄청난 대사건이다. 고구려 광개토대왕이 김해의 금관가야로 출병하였을 때도 5만 병력이었다. 이 고구려군은 금관가야에게 재기불능의 괴멸적 타격을 입힌 바 있다. 모야신의 6만 병력은 어느 가야의 어느 지역으로 상륙하여 어떤 경로로 진군하였는지도 전혀 나오지 않는다. 이 대군을 지휘한 여러 장군들의 이름도 단 한 사람도 없다.

이러한 사정으로 보아도, 6만 대군의 파병이라는 것은 실제 있었던 일이 아니고 붓끝의 창작이라는 것을 알 수 있다.

(8) 반정의 행적 2

③「그러면서 반정은 헛된 말을 퍼뜨려, "지금은 사자使者,모야신을 지칭가 되었지만, 예전에는 나의 친구였다. 어깨를 나란히 하고, 팔꿈치를 비비며 같은 그릇으로 같이 밥을 먹었다. 어찌 졸지에 사자가 되었다고, 나를 그의 앞에 복종하라고 하는가?"라고 하였다. 드디어 싸우고 받아들이지 않았다. 아주 교만하였다. 이리하여 모야신은 중도에 방해받아 체류하였다」

반정이 했다는 말이 『일본서기』에 장황하게 나와 있다. 정작 중요한 사항은 하나도 기재되지 않았음에도, 반정의 말은 시시콜콜, 너무도 상세하게 나와 있다. 『일본서기』의 기록은 대체로 이렇다. 당시에 속기사가 있었을 리가 만무하지만, 특히 왜왕들의 말은 쓸데없이 너무도 상세하게 나오고 있지만, 반면에 정작 역사 기록에 있어서 꼭 필요한 내용은 전혀 없는 경우가 많다. 사람의 입을 빌어 해결하려는 태도가 역연하다.

만약 위의 내용이 역사적 사실이었다면, '반정은 모야신과의 불화로 인하여 그의 군대를 막았다'라는 정도의 단 몇 글자로도 충분할 것이다. 또한 반정이 실제 이와 같은 말을 하였는지, 수백 년 뒤의 사가가 알 턱이 없다. 『일본서기』의 이 기록이 허구의 창작이라는 점은 이 반정의 장황하기 그지없는 말에서도 직감할 수 있다.

그런데 반정의 말은 이렇듯 장황하게 기록하였음에도, 실제 반정이 모야신의 군대를 어떻게 방해하였는지는 전혀 나와 있지 않다. 반정이 대군을 이끌고 가야로 건너가서 반정의 행군경로 앞을 막았다는 것인지, 그로 인하여 양군 사이에 접전이 발생하였던 것인지 전혀 나오지 않는다. 실제 중요한 것은 이 내용이지만, 전혀 기록이 없다. 『일본서기』는 마치 이웃 동네에 사는 개인 반정과 개인 모야신 사이에 있었던 갈등과 다툼을 묘사한 듯한 느낌이다.

④「왕이 명하기를 "반정이 복종하지 않는다. 너는 토벌하여라"라 하였다. 추록화는 두 번 절하며 말하기를 "반정은 서융西戎의 간악한 자입니다. 냇물이 가로막힌 것을 등지고 조정에 복종하지 않고, 산이 험한 것에 의지하여 난을 일으켰습니다. 패덕하며 도에 반합니다. 교만하고 스스로 현명하다 합니다. 예전 도신道臣으로부터 실옥室屋에 이르기까지, 제帝,왜왕를 도와 벌을 주었습니다. 백성을 도탄에서 구하는 것은 그때나 지금이나 같습니다. 오직 하늘의 도우심을 신은 소중히 여깁니다. 어찌 삼가 토벌하지 않겠습니까?"라 하였다」

왜왕이 앞서 본 물부추록화대련에게 반정 토벌을 지시하는 대목이다.

추록화가 왜왕에게 하였다는 말을 여기에 전부 옮겼는데, 이는 지면의 낭비라는 비난을 받기에 충분할 것이다. 전혀 쓸데없는 중언부언이기 때문이다. 왕이 반란군을 쳐라고 할 때, 신하로서는 "네 명을 받들어 치겠습니다"라고 하면 충분하다. 근본적으로 명령을 받은 신하가 명령을 실행하겠다면서 하는 말은 사서에 적을 필요가 없다. 『삼국사기』나 중국의 정사들을 보라. 이렇듯 아무런 의미없는 대화체의 말은 전혀 볼 수가 없다. 그렇지만 『일본서기』는 이런 전혀 필요없는 대화체의 말들이 전체 기사중에서도 아주 큰 비중을 차지하고 있다. 역사를 창작하기 위하여 뭔가 지면을 채워야 하는데, 마땅치 않으니 이런 식의 필요없는 대화를 늘이고 늘여, 기사라고 채워넣은 것이다.

추록화의 말에 나오는 도신(道臣)은 시조 신무(神武)가 동정할 때에 길을 안내하였다는 신하로서, 가공인물이다. 실옥(室屋) 역시 가공인물임은 앞서 본 바 있다. 가공인물인 추록화의 말에 두 가공인물이 등장하고 있다.

그리고 추록화는 역대 왜왕을 '제(帝)' 즉 황제라 칭하고 있다. 천황이라는 용어는 8세기 초에 만들어진 것이다. 6세기의 인물인 추록화의 입에서 나올 수 있는 칭호가 아니다. 8세기의 창작소설이다.

⑤「22년 겨울 11월 11일, 대장군 물부대련추록화가 친히 적의 괴수 반정과 축자築紫의 어정군御井郡에서 교전하였다. 깃발과 북이 서로 마주 보고, 먼지가 상접하였다. 승기를 얻기 위하여 양 진영은 필사적으로 싸웠고, 만번 죽을 땅을 피하지 않았다. 드디어 반정을 베고, 경계를 정하였다」

이렇듯 전혀 필요없는 대화까지도 장황하게 기록하고 있는 『일본서기』

는, 정작 중요한 추록화의 반정 토벌 전투에 관하여는 너무도 소략하게 기록하고 있다. 위의 몇줄이 전부이다.

근강모야신의 6만 대군을 막아 머무르게 하였다는 반정의 군세도 막강하였을 것이다. 그렇다면 이러한 반정을 토벌하는 추록화의 병력은 더욱 강하였을 것으로 보이지만, 도대체 어느 정도인지 알 수가 없다. 부대의 편성은 어떠하였으며, 어떤 장군들이 지휘하였는지, 수군은 얼마였고 배는 몇척이었는지, 어디에 상륙하여 어떤 경로로 진군하였는지, 중간에도 접전이 있었을 터인데 경과는 어떠하였는지, 전체적으로 피아의 전사자와 부상자 등 피해상황은 어떠하였는지 등의 전투에 관한 기본적인 정보가 전혀 나오지 않는다. 보다시피 지극히 추상적인 몇 줄과 반정을 베었다는 결과 뿐이다.

쓸데없는 대화를 기록하느라 지면을 소비할 것이 아니라, 이러한 중요한 전투경과를 소상하게 기록하여야 마땅하다. 그리고 반란의 수괴는 물론 반정이지만, 그 동조세력도 많았을 것이니, 그 주요인물도 기록하여야 마땅하다. 그러나 이 모든 사항에 대하여 『일본서기』는 전혀 언급이 없다. 반정 혼자 일으킨 반란을 추록화 혼자 진압한 것으로 되어 있다. 반정의 반란은 『일본서기』가 만든 허구의 창작소설이다. 붓끝에서 일어난 반란인 것이 분명하다.

물부추록화(物部麁鹿火, mo-no-no-be-no-a-ra-ka-pi)

반정의 반란을 진압하였다는 물부추록화의 이름 역시 한문의 훈독으로 된 훈가나로 되어 있다. 6세기의 인물이 이런 이름을 가졌을 리가 없다. 창작된 가공의 인물이다.

이런 정도 대규모의 반란을 진압하였다는 중요한 신하에 관하여는 그 부친이 누구이며 그 선조는 누구였다는 등의, 허구일망정 그 출자에 관한 기사가 있을 법 하다. 그러나 이 인물에 관하여는 그런 정보가 전혀 없다. 이름만으로 실존여부를 판단할 수밖에 없다.

반정의 무덤

이렇듯 실재하였을 가능성이 전혀 없는 반정이지만, 『축후국풍토기(筑後國風土記)』에는 그의 무덤에 관한 기록이 있다. 여기에는 늙은이(古老 고로)들이 전하는 말이라 하면서, 이 무덤은 반정이 세력을 믿고 날뛸 때 생전에 만든 무덤이라 하였다. 그러면서 관군(官軍)이 필마단기의 반정을 추격하다 놓치자, 분을 못 이겨 무덤 주위 돌사람(石人)의 팔과, 돌로 된 말(石馬)의 머리를 잘랐다 한다.

『축후국풍토기』의 이 대목뿐만 아니라 모든 『풍토기』에 등장하는 고로의 전승은 단 하나의 예외도 없이 전부 창작설화이다. 이 전승 또한 예외가 아니다. 반정이 홀로 쫓겼다거나, 추격하던 관군(이름도 나오지 않는다)이 돌사람과 돌말을 베었다는 것은 전혀 현실감이 없다. 이 또한 창작설화인 것이 분명하다. 『풍토기』는 『일본서기』에 나오는 창작된 왜왕이나 귀족이 마치 실제 인물인 양, 창작설화로서 뒷받침하는 것이 가장 큰 역할이다. 이 설화도 마찬가지이다.

(9) 계체의 죽음에 관한 백제본기百濟本記의 기록

『일본서기』를 보면, 계체의 죽음에 관한 『백제본기』에 나온다는 이설을 소개하고 있다.

「25년 2월, 천황의 병이 중하였다. 7일 천황이 반여옥수궁磐余玉穗宮에서 붕하였다. 82세였다. 12월 5일 남야릉藍野陵에 장사지냈다.
어느 책에서 말하기를, 천황은 재위 28년, 갑인년에 붕하였다 한다. 그것을 여기에 25년 신해년에 붕하였다 한 것은 『백제본기百濟本記』의 글을 취한 것이다. 그 글에서 말하기를 "신해년 3월, 군대가 진격하여 안라安羅에 이르러, 걸탁성乞託城을 쌓았다. 그달 고구려에서는 안장왕을 시해하였다.

또 듣기를 일본의 천황, 태자, 황자가 모두 붕어하거나 훙하였다"라 한다. 이에 따라 말한다면, 신해년은 25년이 된다. 후일 생각하는 자는 알 것이다」

계체가 죽은 해에 관한 두 가지 설이 있는데, 『백제본기』의 글을 따랐다 한다. 어느 책(或本 혹본) 운운하여 계체의 죽음을 다룬 또 다른 책이 있는 것처럼 되어 있으나, 계체라는 왜왕은 『고사기』와 『일본서기』가 창안한 왕이므로, 그 죽음에 관한 '혹본'이 있을 수 없다. 그럼에도 불구하고 혹본 운운으로서, 계체라는 왜왕이 진실로 존재하였던 것 같은 인상을 주는 효과를 노리고 있다.

그리고 『백제본기』에 과연 계체의 죽음에 관한 글이 나올까? 누누이 본바와 같이 계체는 생존한 바 없었던 가공의 인물이다. 『일본서기』가 나오기 수백 년 이전에 살았던 백제의 사관들이 가공의 왜왕 계체의 존재를 알았을 리가 없다. 백제의 역사서에 계체의 죽음이 나올 가능성은 전혀 없다.

그리고 『일본서기』에는 계체가 죽었다는 신해년, 즉 531년에 왜왕과 태자를 비롯한 여러 왕자가 같이 죽었다는 내용은 보이지 않는다. 만일 사실이라면 엄청난 변고가 있었던 것인데, 『일본서기』나 『고사기』어디에도 그러한 흔적은 보이지 않고 있다. 『일본서기』전체를 훑어 보아도, 왕과 여러 왕자가 함께 죽었다는 내용은 없다.

그러면 이 기사는 창작된 허구일까? 왜왕과 태자, 왕자가 한꺼번에 죽었다는 것은 자랑스런 일이 되지 못하고 부끄러운 역사이다. 실제로 그러한 사실이 전혀 없었음에도 불구하고, 숨기고 싶은 부끄러운 역사를 일부러 창작하여 기록였을 가능성은 희박하다. 뭔가 근거가 있는 것이 아닐까?

실존하였던 백제 출신의 왜왕이, 신해년에 어떤 변란에 휘말려 여러 왕자들과 함께 시해당하였던 사실을 기록한게 아닐까? 왜국이라고 하여 왕권을 노린 반란이 일어나지 말란 법이 없다. 오히려 그런 점에서는 백제의 본국보다도 더욱 취약하였을 것이다.

실재하였던 백제 출신 왜왕의 역사를 정식으로 전하지는 못하고, 슬쩍 한 줄 집어넣은 것이 아닐까? 이름은 알 수 없으나, 실재하였던 왜왕과 가족이 몰살당한 사건은 지극히 중대한 일이므로, 행간 외에서 이를 전하려 하였던 것으로 추정할 수 있다.

(10) 계체의 연호

『해동제국기』에는 계체 16년 임인년 즉 522년에 처음 연호를 세워 선화(善化)라 하였다가, 5년 후 병오년에 정화(正和)로 고쳤고, 6년 후 신해년에 발도(發倒)로 고쳤다가, 그해 2월에 죽었다 하였다.

『일본서기』에는 계체의 연호가 보이지 않는다. 『일본서기』에 나오는 가장 이른 연호는 26대 왜왕 효덕(孝德)이 645년 세웠다는 대화(大化)이다. 그 후 650년 연호를 백치(白雉)로 고쳤다 한다. 그 뒤의 왜왕 제명과 천지는 연호를 사용하지 않았다가, 천무가 686년 주조(朱鳥)라는 연호를 1년간 사용하였다고 되어 있다.

그런데 이러한 『일본서기』의 연호는 일본에서 상당수 출토된 목간이나 금석문에는 전혀 보이지 않는다. 해를 나타내는 표기로는 전통적인 간지만 기재되어 있었다. 목간이나 금석문에 보이는 최초의 연호는 701년부터 사용된 대보(大寶)이다. 따라서 일본의 사학계에서는, 대보 이전의 연호는 모두 실제 사용된 바 없는 가공의 그것이라는 결론을 내린 바 있다.

그러나 『해동제국기』의 이 연호는 신숙주가 본 『일본서기』에 있었던 것이 분명하다. 그 책에는 왜왕들이 일찍부터 연호를 사용하였다고 기록되어 있었을 것이다. 아마도 왜국의 독자성과 자주성을 과시하기 위한 의도가 아닐까? 그렇지만 중세의 변작자는, 이렇듯 이른 시기에 연호가 사용되었다고 하면, 그 실재성이 의심받을 가능성이 많다고 생각하였던 모양이다. 그래서 이를 삭제한 것으로 짐작된다. 『해동제국기』에는 이후로도 무수한 연호가 계속되고 있다.

(11) 계체의 무덤

앞서 본 바와 같이 『일본서기』는 계체의 무덤이 '남야릉'에 있다고 하였다. 이 남야릉은 어디일까? 현재 계체릉으로 치정된 것은 오사카(大阪)에 있는 태전다구산(太田茶臼山)고분이다. 길이 226m인 전방후원분이다.

그런데 10세기에 편찬된 『연희식(延喜式)』이라는 책에 남야릉이 '도상군(嶋上郡)'에 있다고 되어 있지만, 이 고분은 '도하군(島下郡)'에 있으니, 지명이 다르다는 반론이 종래부터 제기되었다.

그리고 고고학자들은 무덤에 설치된 하니와(埴輪)의 연대로 미루어 볼 때, 이 무덤은 5세기 중엽에 만들어진 것이 분명하다고 한다. 따라서 531년에 사망하였다는 계체의 무덤이 아니라는 반론이 훨씬 우세하다. 그리하여 이 무덤에서 약 1.5㎞ 거리에 있는 금성총(今城塚)고분이라는 무덤이 실제 계체의 무덤이라 한다. 계체릉은 2개라고 표현하는 학자도 있다.

그러나 앞서 본 바와 같이 계체는 실재하였을 가능성이 전무한 허구의 왜왕이다. 그의 무덤이 있을 리가 없다. 계체의 무덤이 어디냐 하는 것은 전혀 불필요한 논쟁이다.

『일본서기』나 『고사기』에는 계체의 왕후인 수백향의 무덤에 대한 언급이 없다. 그런데 『연희식(延喜式)』에는 그녀의 무덤을 금전릉(衾田陵)이라 하였다. 이에 따라 치정된 무덤이 나라(奈良)현 텐리(天理)시에 있는 서전총(西殿塚)고분으로서, 길이 219m인 대규모 전방후원분이다.

그런데 고고학적으로 보면, 이 무덤은 고분시대의 초기인 3세기에 축조된 것이 분명하다 한다. 따라서 6세기의 전반기에 재위하였다는 계체의 왕후인 수백향이 여기에 묻혔을 가능성은 전혀 없다.

27) 27대 왜왕 안한安閑

『일본서기』는 안한이 계체의 장자라 하였다. 모친은 계체의 원비(元妃)인 목자원(目子媛, me-no-ko-pi-me)으로서, 다른 이름은 색부(色部, si-ko-bu)라 한다.

이 여성은 미장련초향(尾張連草香, wo-pa-ri-no-mu-ra-zi-ku-sa-ka)의 딸이라 하였다. 초향은 어떤 인물인지 나오지 않는다. 목자원이나 초향 모두 훈가나로 된 이름을 가졌으므로, 실존 인물일 가능성이 없다. 부모를 모두 창작된 가공인물로 둔 안한 역시 실존 인물이 아니다.

인현의 왕자 시절의 이름은 구대형(勾大兄, ma-ga-ri-no-o-po-ye)이었는데, 역시 훈가나로 된 이름이다. 어느모로 보나 안한은 8세기에 창작된 인물인 것이 분명하다. 그렇지만 『일본서기』는 마치 실존 인물인 것처럼, 「타고난 기량이 뛰어나서 남이 헤아릴 수가 없었다. 용맹하고 관대하여 군주로서의 도량이 있었다」라는 인물평을 붙이고 있다.

안한의 왕후는 춘일산전(春日山田, ka-su-ka-no-ya-ma-ta)왕녀이다. 부친은 24대 왜왕 인현(仁賢)이다. 모친은 강군랑(糠君娘, nu-ka-ki-mi-no-i-ra-tu-me)인데, 화이신일조(和珥臣日爪, wa-ni-no-o-mi-pi-tu-me)의 딸이라 하였다. 강군랑, 일조, 춘일산전 모두 훈가나로 된 이름을 가졌다. 모두 가공인물인 것이 분명하다.

안한은 재위 2년인 535년, 70세의 나이에 죽었다고 되어 있다. 따라서 그는 465년생이 된다. 앞서 부왕 계체가 449년생인 것을 보았다. 그러면 부자의 나이 차이는 불과 16세이다. 앞에서 여러 왜왕이 자식을 엄청나게 늦게 낳은 것과 비교하면 오히려 좀 이상한 느낌이다.

『해동제국기』를 보면, 안한은 계체의 둘째 아들이라 하였다. 장자로 된 『일본서기』와 다르다.

『해동제국기』는 계체가 죽은 후 2년 동안 왕이 없다가, 갑인년 안한이 즉위하였다 한다. 선왕이 죽고 2년간 왕이 없었다는 것은 상당한 혼란이 있었던 것으로 생각되지만, 어떤 일이 있었는지는 기록되어 있지 않다.

『일본서기』는 부왕인 계체가 재위 25년 2월 7일, 안한을 천황으로 세우고는 그날로 죽었으며, 즉위는 다음 해인 갑인년 1월에 하였다 한다. 이에 의하면 전혀 아무런 혼란도 없이, 순조롭게 왕위계승이 이루어진 것으로 되어 있다. 아마도 신숙주가 본 『일본서기』는 『해동제국기』와 같았을 것인데, 후세의 변작자가 이렇게 고친 모양이다.

『해동제국기』는 안한이 앞서 본 '발도(發倒)'라는 연호를 계속 사용하였다 한다. 현행 『일본서기』에는 연호를 사용하지 않은 것으로 되어 있다.

28) 28대 왜왕 선화宣和

선화는 계체의 둘째 아들이며, 안한의 동모제(同母弟) 즉 같은 어머니를 둔 아우라 한다. 앞서 계체와 그의 비 목자원(目子媛)이 가공인물임을 본 바 있다. 안한이 후사가 없이 죽었으므로, 동생인 선화가 왕위에 올랐다는 것이다.

왕자 시절의 이름은 회외고전(檜隈高田, pi-no-ku-ma-no-ta-ka-ta)이라 하였다. 그런데 '회외(檜隈, pi-no-ku-ma)'와 '고전(高田, ta-ka-ta)'은 모두 아스카의 지명이다. 고유명사가 없다. 그리고 모두 한자의 훈으로 된 훈가나로 표기되었다. 선화 또한 가공인물임을 알 수 있다.

24대 왜왕 인현의 딸인 귤중(橘仲, ta‒ti‒ba‒na‒no‒na‒ka)을 왕후로 하였다 한다. 귤중의 모친은 춘일대랑인데, 가공인물임은 앞서 본 바 있다(149쪽). 이 왕후 또한 실존 인물일 가능성이 전혀 없다.

『일본서기』는 선화가 재위 4년인 593년, 73세에 죽었다 하였으며, 무덤은 신협도화조판상(身狹桃花鳥坂上)릉이라 하였다. 현재 선화릉으로 치정된 것은 나라(奈良)의 '미산자이' 고분이다. 길이 138m인 전방후원분이다.

그런데 이 무덤은 고고학적으로 6세기 중엽에서 후엽에 축조된 것이 분명하다 한다. 따라서 539년에 죽었다는 선화의 무덤으로 보자니, 연대에 수십 년의 차이가 있어 문제라 한다. 그리하여 최근 미세마루야마(見瀨丸山)라는 고분을 선화릉으로 보는 견해가 유력한 모양이다.

『해동제국기』는 선화가 연호를 '승청(僧聽)'으로 바꾸었다 한다. 『일본서기』에는 나오지 않는 연호이다. 신숙주가 본 『일본서기』에는 이렇게 되어 있었던 것이 분명하다. 이 연호의 의미는 '승려의 관청'이다. 그런데 『일본서기』에 의하면 일본에 불교된 공식적으로 전래된 것은 그로부터 십수년 뒤인 흠명(欽明) 12년의 일이라 한다. 불교가 전래되기도 전에 '승려의 관청'이라는 의미의 연호를 사용하였다는 것은 상식에 어긋난다.

29) 29대 왜왕 흠명欽明

흠명은 계체의 적자로서, 모친은 수백향(手白香)왕후라 하였다. 계체와 수백향이 가공인물임은 앞에서 보았다(153쪽). 가공의 인물을 부모로 둔 흠명 또한 가공인물이다.

왕후는 28대 왜왕 선화(宣和)와 귤중(橘中)왕비 사이의 딸 석희(石姬, i‒si‒

pi-me)이다. 선화와 귤중은 모두 실존 인물이 아니다. 석희의 이름 또한 훈가나로 되었으니, 창작된 가공인물인 것을 알 수 있다.

(1) 소아도목蘇我稲目과 그의 딸

일본 고대사에서 왜왕을 능가하는 세력을 가졌던 소아(蘇我) 가문의 시조는 백제에서 건너간 목협만치(木劦滿致)이지만, 그의 손자 소아도목(蘇我稲目, so-ga-no-i-na-me)의 대에서부터 권력을 잡기 시작한다. 『일본서기』를 보면, 선화 원년(536년)에 그가 대신(大臣)이 되었다 한다.

그리고 도목의 딸 견염원(堅鹽媛, ki-ta-si-pi-me)이 흠명의 후비로 들어가 7남 6녀를 낳았는데, 그중 장남이 후일 32대 왜왕 용명(用明)이 되었다 한다. 이 견염원은 실존 인물일 가능성이 있다. 『고사기』에는 기다사비매(岐多斯比賣, ki-ta-si-pi-me)라 하였다. 『일본서기』의 이 무렵 기사부터 실존 인물이 가끔 등장하므로, 그 구별에 주의를 요한다. 그 이전에 나오는 왜인은 전부 실존하지 아니한 가공인물이었던 점과 대비된다.

여기서는 허구의 왜왕 흠명과 실존 인물로 보이는 견염원이 혼인한 것으로 되어 있다. 아마도 견염원은 백제에서 파견된 어느 왜왕의 후비였을 것이다. 이것을 『일본서기』는 토착 왜왕인 흠명의 후비로 기록하였다.

『일본서기』는 이 견염원의 동모제(同母弟), 즉 같은 어머니를 둔 아우인 소매군(小妹君, wo-a-ne-no-ki-mi) 역시 흠명의 후비로 되어, 4남 1녀를 낳았다고 되어 있다. 그렇지만 『고사기』에는 이 소매군이 견염원의 고모라고 되어 있어 차이가 있다.

(2) 중복되는 왕비 강자糠子

『일본서기』에는 흠명의 또 다른 후비 강자(糠子, nu-ka-ko)가 있다. 부친은 춘일일조신(春日日抓臣, ka-su-ka-no-pi-tu-me-no-o-mi)이라

하였다.

그런데 『일본서기』를 보면, 24대 왜왕 인현(仁賢)의 후비 중에 강군랑(糠君娘, nu-ka-ki-mi-no-i-ra-tu-me)이 있고, 그녀의 부친은 화이신일조(和珥臣日爪, wa-ni-no-o-mi-pi-tu-me)라 하였다.

코지마(小島憲之) 교수 등의 『일본서기 ②』에 의하면, 강자와 강군랑은 동일인물이라 한다(259쪽). 이름으로 보아 같은 인물로 보인다. 그런데 같은 인물을 앞에서는 24대 왜왕의 후비라 하였다가, 뒤에서는 29대 왜왕의 후비라 하였으니 어찌된 일인가? 코지마 교수 등은 두 여성이 같은 인물이라고 만 할 뿐, 이에 관한 아무런 해설이 없다. 두 사람의 동일성 여부에 관하여 검토하여 보자.

『일본서기』에 의하면, 즉위연도가 왜왕 인현은 488년, 흠명은 540년이므로, 무려 52년의 차이가 난다. 인현이 즉위하던 해, 후비 강군랑이 20살의 젊은 여성이었다고 가정한다면, 흠명이 즉위할 때에는 72살이라는 늙은 나이가 되고 만다. 흠명이 이런 늙은 노파를 후비로 맞았을까? 상상할 수 없는 일이다. 동일한 여성이 즉위연도에서 52년의 차이가 나는 두 왜왕의 후비가 되었다는 것은 불가능한 설정이다.

인현의 왕후 강군랑과 흠명의 후비 강자는 딸인 춘일산전(春日山田, ka-su-ka-no-ya-ma-ta)왕녀를 낳은 점 역시 동일하다. 이 두 춘일산전왕녀는 모친이 동일인물이고, 이름도 같으므로 동일인물인가? 그러면 이 왕녀는 모친은 동일하지만, 부친은 인현과 흠명 두 사람일까? 한 사람의 모친에 부친이 두 사람인 경우도 과연 가능한 일일까? 창작상의 실수인 것이 분명하다.

(3) 『일본서기』의 변명

이렇듯 혼돈스러운 점에 관하여 『일본서기』는 변명 비슷한 글을 훈주에 넣고 있다.

「『제왕본기帝王本紀』에 많은 옛글자古字 고자가 있고, 찬집撰集하는 사람이 누차 바뀌었다. 후인이 읽고 배우면서, 자의로 삭제하고 바꾸었다. 베껴쓰는 것傳寫 전사이 많아서 드디어 난잡함에 이르렀다. 전후가 차례를 잃고, 형제가 뒤죽박죽이다……」

『일본서기』의 내용이 뒤죽박죽인 것은, 편찬하는 사람이 바뀌고, 후인이 자의로 삭제하고 바꾸었으며, 여러 차례 베껴쓰는 등의 이유로 그런 것이니, 널리 이해하시라는 취지로 보인다. 그런데 이 글은 『일본서기』의 저자가 지은 글이 아니다. 코지마(小島憲之) 교수 등의 『일본서기 ②』에 의하면, 이 부분은 중국의 『한서(漢書)』라는 책에 나오는 글을 그대로 베낀 것이라 한다(366쪽).

그러나 『일본서기』는 앞에서 든 것과 같은 이유로 뒤죽박죽인 것이 아니라, 역사 창작과정의 실수로 인한 것임은 앞서 누누이 보아 온 바 있다.

『제왕본기(帝王本紀)』라는 책에 많은 옛글자가 있는데, 지금은 전하지 않는다 하였다. 그런데 '제왕(帝王)'이라는 왕호는 8세기 이전의 일본에서 사용된 용어가 아니다. 이런 제목을 가진 책이 흠명의 시대에 존재하였을 가능성은 전혀 없다. 일견 고대 왜왕들의 치적을 적은 듯한 제목이지만, 왜왕을 황제라는 의미의 '제(帝)'라 칭한 것은 7세기 말 이후의 일이다. 『일본서기』나 『고사기』는 역사를 창조하였다는 것을 은폐하기 위하여, 마치 이런 책들에 나오는 내용을 옮긴 것인 양 가장하였던 것이다. 그러나 이런 책은 역사상 실존한 바 없는 가공의 서적인 것이 분명하다.

『일본서기』의 신대기에서 하나의 설화에 대한 내용을 조금씩 변경한 것을 '일서운(一書云)'이라 한 것과 같은 맥락이다. 『일본서기』의 저자가 창작한 설화이지만, 그것을 마치 어느 책에서 인용한 것과 같은 인상을 주려는 의도이다. 그러나 『일본서기』와 『고사기』에 나오는 40대의 왜왕중 37대의 왜왕과 그에 관련된 설화는 전부 창작된 것이다.

(4) 임나부흥회의

『일본서기』를 보면, 흠명의 시대에 임나와 관련된 기사가 엄청난 분량으로 존재하고 있다. 왜 이렇듯 임나 관련 기사를 흠명의 재위기간에 집중배치하였는지 그 이유를 알 수는 없다. 그러나 이는 전부 허구의 창작이다. 지면 관계상 전부를 소개할 수는 없고, 중요한 몇 장면을 살펴보자.

가장 먼저 나오는 것이 임나부흥회의이다. 흠명 2년(541년) 4월, 왜왕의 명령에 의하여, 백제의 성왕과 가야의 관리들이 참석한 가운데, 임나를 부흥하기 위한 회의가 열렸다 한다. 아라가야, 다라(多羅) 등 여러 가야와 임나일본부의 관리 등이 백제로 가서 왜왕이 내린 조칙을 들었다는 것이다(번역은 전용신 선생의 『完譯 日本書紀(『완역 일본서기』) 317쪽』).

「백제의 성왕이 임나의 한기旱岐들에게 말하기를 "일본의 천황이 명령한 바는 오로지 임나를 재건하라는 것이다. 지금 어떤 계책으로 임나를 재건할 것인가. 각기 충성을 다하여 천황의 마음을 펼치도록 하여야 할 것이다"라 하였다……

성왕이 말하기를 "……지금 신라의 속임을 받고, 천황의 노여움을 사서, 임나의 원한을 사게 된 것은 과인의 잘못이다……지금 과인은 그대들과 힘을 합하고 마음을 같이하여, 천황의 힘을 빌면, 임나는 반드시 일어날 것이다"라 하였다. 그리고 물건을 선사하였는데, 각각 차이가 있었다. 다 기뻐서 돌아갔다」

성왕의 발언에서 우선 눈에 띄는 것은 '일본'과 '천황'이다. 일본이라는 국호와 천황이라는 왕호는 이보다 수백 년 이후에 사용된 것이지만, 성왕은 미리 이를 예견이라도 한듯이 이 용어를 사용하고 있다. 성왕의 대단한 예지력이 아닐 수 없다.

그리고 '임나부흥회의'라 하였지만, 기사의 내용을 보면, 성왕의 기나긴 발언을 인용한 것 뿐이다. 다른 참석자들의 발언은 단 한 줄도 없다. 따라서 '회의'가 아니라 '성왕 독백 모음'이라 하는 것이 오히려 정확한 표현일 것이다.

그런데 발언의 내용에 의하면 성왕은 왜왕의 충실한 종에 다름 아니다. 일국의 왕이라 할 수도 없다. '임나를 재건하라'라고 호통치는 왜왕의 명령을 어떻든 수행하기 위하여 발버둥치는 가련한 존재로 되어 있다. 당시 왜국과 백제의 관계가 이러하였을까? 백제의 국력이 지극히 허약하여 성왕이 마치 왜왕의 종처럼 행세하지 않으면 안 될 형편이었을까? 전혀 그렇지 않다. 다음은 『삼국사기』에 나오는 성왕 무렵의 전쟁 기사이다.

① 성왕 7년529년, 고구려의 안장왕이 직접 군사를 이끌고 침입하는 것을, 보기 3만으로 항전하였다. 그러나 이기지 못하고 전사자가 2천여인이었다.

② 성왕 18년540년, 왕이 장군 연회燕會에게 명하여 고구려의 우산성牛山城을 쳤으나, 이기지 못하였다.

③ 성왕 26년548년, 고구려군이 침입하여 왔다. 왕이 사신을 신라에 보내 구원군을 청하였더니, 신라에서 장군 주진朱珍이 지휘하는 3천 병력을 보내었다. 주진이 밤낮으로 진군하여 고구려군과 일전하여 크게 파하였다.

④ 성왕 28년550년, 왕이 장군 달사達巳가 이끄는 군사 1만을 보내어 고

구려의 도살성道薩城을 공취攻取하였다.

위의 여러 기사에서, 성왕이 동아시아 최고의 군사강국 고구려에게도 전혀 위축됨이 없이 당당하게 맞싸우는 자세를 알고도 남음이 있다. 고구려에 대하여 선제공격을 두 번이나 감행한 것을 보라. 그런 성왕이 왜왕의 종 노릇을 한다는 것은 상상할 수도 없는 일이다.

그런데 한국의 사학자들마저도 임나재건회의가 있었다는 점에 관하여는 전혀 의심을 품지 않고 있다. 다만 왜왕의 명령으로 열린 것이 아니라, 백제의 성왕이 주도적으로 회의를 주최하고 진행하였다고 보고 있다. 과연 이것이 사실일까? 여기서 염두에 두어야 할 것은 임나에 관한 기사가 나오는 것은 『일본서기』밖에 없고, 그나마도 이는 원래의 『일본서기』에는 실려 있지 않았던 것을, 후세인의 창작하여 집어넣은 것이라는 점이다. 따라서 『일본서기』의 임나 관련 기사는 사료의 세계에서 축출하여야 마땅하다.

백제나 가야에 관한 한국의 문헌사료는 너무나 빈약하기에, 한국의 사학자들이 지푸라기라도 잡는 심정으로, 『일본서기』에 나오는 임나 관련 기사에 의존하는 것도 이해가 가는 면은 있다. 그러나 이는 원본 『일본서기』도 아닌, 후세 가필자의 치졸한 작문에 희롱당하는 결과가 되고 만다.

임나부흥회의 이후 흠명 2년 7월조에도 임나에 대한 지시인지 부탁인지, 성왕의 독백은 끝도 없이 이어진다. 앞서 본 흠명 2년 4월조의 기사와 합치면, 성왕의 독백은 한자로 수천자에 이른다. 실로 엄청난 분량이다. 당시 속기사도 없었을 터인데, 어떻게 이처럼 길고도 긴 독백을 빠짐없이 받아 적었는지, 참으로 그것이 궁금하고 신기할 정도이다.

성왕 독백의 요지는 오로지 천황의 명령을 받들어, 임나를 재건하자는 것이다. 독백의 내용을 죽 훑어보면, 누구라도 한눈에 성왕이 그런 말을 하였을 리가 없다는 것을 간파할 수 있을 것이다. 성왕이 아니라 후세 변작자의 희망사항인 것이 분명하다.

『일본서기』는 고대에서부터 중세에 이르기까지, 천여년간 왜국에 살던 일본인들의 꿈과 로망, 그리고 희망사항으로 꾸며 놓은 창작소설집이다. 고대에 가야와 백제의 지배를 받은 역사를 180도 뒤집어, 「왜가 가야, 백제, 고구려, 신라 등 한국의 전역을 지배하였으면 좋았을 텐데······」라는 희망사항을 실제 역사인양 기록하여 놓은 것이다. 720년 처음 편찬 당시부터 「희망사항 소설집」이었던 것이, 여러 차례에 걸친 변작을 통하여, 더더욱 희망과 꿈이 부풀어진 것이, 현재 우리가 보는 『일본서기』이다.

(5) 임나부흥회의 관련 왜인들의 실존 여부

임나부흥회의에 여러 사람의 이름이 보이는데, 가야인과 백제인이 대부분이다. 이 인명들은 대체로 실존 인물일 것이다. 백제의 사서에 기록된 인명으로 보인다. 백제의 멸망 이후 백제의 역사서가 왜국으로 건너갔고, 그후 지금도 일본의 어느 곳인가에 고이 간직되어 있다고 추정된다. 후세의 변작자가 이러한 사서에 나오는 백제의 인명과 지명을 이용하여 허구의 임나 역사를 창작한 것이다. 그러면 여기 나오는 왜인들은 실존 인물일까?

하내직(河內直, ka-pu-ti-no-a-ta-pi)

흠명 2년 7월조에 보이는 안라일본부(安羅日本府)에 근무한다는 왜인이다. 이 왜인의 이름에 나오는 하내(河內, ka-pu-ti)는 오사카(大阪)에 있는 옛 지명이다. 직(直, a-ta-pi)은 존칭이다. 이 자의 이름은 지명과 존칭으로만 이루어져 있고, 고유명사가 없다. 실존 인물이 아니다.

여기서 지명 ka-pu-ti(河內)에 관하여 잠깐 살펴보자. 원래는 ka-pa(河)-u-ti(內)였다. 중간의 pau가 pu로 변한 것으로서, 개음절어인 일본어에서는 이런 변화가 있을 수 없다. 그러나 한국어에서는 이런 변화가 드물지 않다. 고대의 한국인들이 이런 변화를 만든 것이 분명하다. 그런데 이러한 백제풍의 음운변화는 언제 일어났을까? 백제 멸망 이후 백제인들이 엄청나게 도왜한 이후에 생겼다고 추정된다. 7세기 말엽의 일일 것이다. 흠명 2년 즉 541년에 이런 변화가 있었다고는 생각되지 않는다.

진수련(津守連, tu-mo-ri-no-mu-ra-zi)

흠명 4년 11월조에 나오는 인물이다. 백제로 가서 왜왕의 명령을 전했다 한다. 진수(津守, tu-mo-ri)는 성이고, 련(連, mu-ra-zi)은 존칭이다. 이 자는 성과 존칭만 있고, 이름이 없다. 한자의 훈독으로 된 이런 성이 당시에 존재하였을 가능성은 전혀 없다. 실존 인물이 아니다.

적신(的臣, i-ku-pa-no-o-mi)

흠명 5년 3월조에 보이는 임나일본부의 관리이다. 적(的, i-ku-pa)은 성, 신(臣, o-mi)은 존칭이다. 역시 이름이 없다. 실존 인물이 아니다.

길비신(吉備臣, ki-bi-no-o-mi)

역시 흠명 5년 3월조의 임나일본부 관리이다. 길비(吉備, ki-bi)는 현대 오카야마(岡山)의 고지명이며, 신(臣, o-mi)은 존칭이다. 이 자 또한 이름이 없다. 실존 인물이 아니다.

『일본서기』에는 임나일본부와 관련된 인물이 수십명은 나오고 있으나, 거의 백제인이며 간혹 가야인, 신라인이 보인다. 보다시피 왜인은 몇 사람 되지 않는다. 그런데 예외없이 붓끝에서 창작된 가공인물이다. 이 점으로 보아도 임나일본부의 허구성을 짐작할 수 있다.

(6) 신라정벌

『일본서기』흠명 23년(562년) 7월조를 보면, 흠명이 신라를 정벌하였다 한다. 바로 이 해 정월에, 신라가 대가야를 공격하여 멸망시켰기에, 그에 대한 보복이라는 것이다. 앞에서도 여러 번 본 바와 같이 이 또한 창작기사이다.

> 「대장군 기남마려숙내紀男麻呂宿禰를 보내, 다리哆利에서 출병하였다. 부장 副將 하변신경부河邊臣瓊缶는 거증산居曾山에서 출발하였다······
>
> 드디어 임나에 가서, 천집부수등이薦集部首登珥를 백제에 보내, 싸울 계획을 세우게 하였다. 등이는 처가에서 자고, 봉인한 기밀서류와 활과 화살을 길에 떨으뜨렸다. 신라는 상세하게 싸움의 계획을 알았다. 신라가 갑자기 대병을 일으켜 패망하고 말았다. 항복하여 따라가려고 하였다. 기남마려숙내는 이긴 군사를 돌려 백제로 갔다······
>
> 하변신경부는 혼자 전진하여 잘 싸웠다······신라는 백기를 들고 무기를 버리고 항복하였다. 하변신경부는 원래 병법을 모르고서 똑같이 백기를 들고 혼자 들어갔다. 신라의 무장이 "장군 하변신이 지금 항복하려는가?"라고 말했다. 그래서 진군하여 요격하였다. 날카롭게 격파하였다······」 번역은 전용신 선생의 『완역 일본서기』에 의함. 349쪽

참으로 치졸한 작문이다. 이 기사는 왜군이 험한 바다 먼 곳에 있는 신라를 정벌하는 것이 아니라, 마치 바로 인접한 윗동네와 아랫동네 사이의 패싸움을 묘사한 것처럼 보인다.

왜의 두 장군이 출발하였다는 다리(哆利)와 거증산(居曾山)은 모두 임나의 지명이라 한다. 그런데 임나는 몇 달 전 신라에 의해 정복당하였는데, 어찌하여 왜군이 임나에서 출발하였던 것인지, 전혀 이해할 수가 없다. 점령군인 신라군을 격파하지 않으면 그곳에 갈 수가 없기 때문이다. 그리고 왜군

이 어떤 경로로 하여 왜국에서 그곳까지 갔는지도 전혀 나오지 않는다.

등이(登珥)란 자가 처가에서 자다 기밀서류를 떨어뜨린 것을 신라가 주었다는 것을 보라. 인접한 동네 사람들끼리의 패싸움 장면에서나 나올 법한 스토리이다. 그리고 신라가 왜군의 작전계획을 상세히 알고 대병을 발하였다는데, 어찌하여 대패하였는지도 알 수가 없다. 적의 작전계획을 미리 알고 대처한다면 질래야 질 수가 없을 것이 아닌가?

그렇지만 신라가 갑자기 항복하였다 한다. 신라라는 것은 개인의 이름이 아니고 국명이다. 그런데 여기서의 신라는 마치 어느 개인의 이름처럼 보인다. 상식적으로 볼 때, 신라가 항복한다는 것은 신라의 왕이 신하들을 이끌고 격식을 갖추어 항복하는 것이지만, 여기서는 그런 절차와는 전혀 상관이 없다. 이 기사에 나오는 신라라는 존재는 서류를 줍기도 하고, 싸움계획도 알며, 항복도 마음대로 하는 것으로 나와 있다. 국가가 아니라 개인인 양 그려져 있는 것이다. 초등학교 저학년 학생의 유치한 작문과 흡사하다.

하변신이 병법을 모르고 백기를 들고 혼자 들어갔다는 대목은 초등학교 저학년용의 만화에 나오는 한 대목이 연상된다.

반복되는 이야기이지만, 이번의 신라정벌에도 왜군의 병력과 부대편성, 행군경로, 주요 접전의 경과, 피아의 피해상황 등 전쟁기사의 기본으로서 갖추어야 할 여러 가지 요소가 전부 결여되어 있다. 오직 등장하는 것은 왜군 장수의 이름뿐이다. 이 기사에 나오는 왜군의 세 장수는 모두 훈독으로 된 기나긴 이름을 가진 인물들이다. 모두 창작된 가공인물이다. 이 기사 역시 졸열한 솜씨를 가진 후세인이 창작하여 가필한 것이 분명하다.

(7) 고구려 정벌

같은해 8월, 흠명은 고구려도 정벌하였다 한다. 7월에는 신라를 정벌하고, 8월에는 고구려를 정벌하는 엄청난 군사작전이다. 도대체 왜의 수군은 얼마나 많은 배를 가지고 있었던 것일까? 8월이면 7월에 출발한 신라 정벌 군이 돌아오기도 한참 이전일 것이다. 그럼에도 흠명은 또다시 고구려를 정 벌하였다 하니, 세계적인 정복군주라고나 하여야 할까? 붓끝의 창작이기에 가능한 일일 것이다.

「천황은 대반련협수언大伴連狹手彦을 보내, 군사 수만을 거느리고 고구려 를 쳤다. 협수언은 백제의 전략을 써서 고구려를 쳐부셨다. 고구려왕 이 담장을 넘어 도망갔다. 협수언은 이긴 틈에 궁중에 들어가, 보물인 칠직장七織帳, 철옥鐵屋을 얻어 돌아왔다.
구본舊本에 철옥은 고구려의 서쪽 높은 누각에 있었고, 칠직장은 왕의 침실에 쳐놓았다 한다……칠직장을 천황에게 헌상하였다……철옥은 장안사長安寺에 있다. 이 절은 어느 나라에 있는지 모른다……」

번역은 전용신 선생의 위 책에 의함. 351쪽

이번에는 왜군 병력이 '수만(數萬)'이라 하였다. 모처럼 왜군 병력규모를 밝혀 놓았다. 그러나 2만이면 2만, 3만이면 3만이지, '수만'으로 얼버무린 것은 무언가? 실제 있었던 일이 아니기 때문에 이렇듯 어물쩍하게 표현한 것이다.

백제의 전략은 어떤 전략인가? 백제에는 고구려군을 상대하는 비장의 어 떤 '전략'을 가지고 있었단 말인가? 전혀 알 수 없는 노릇이다.

그리고 구체적으로 어디서의 어떤 전투에 의하여 고구려군을 격파하였는 지도 나오지 않는다. 왜와 고구려, 양군을 합하여 등장인물은 대반련협수언 (大伴連狹手彦, o-po-to-mo-no-mu-ra-zi-sa-te-pi-ko) 한 사람 뿐 이다. 그나마 훈독으로 된 기나긴 이름이라 가공인물인 것이 분명하다. 누 누이 지적한 바와 같이 여기에도 전쟁기사의 기본요소가 전혀 나오지 않으니, 이 기사 또한 창작된 허구인 것이 명백하다.

　고구려왕이 담장을 넘어 도망하였다는 표현 역시 이웃 동네 사이의 패싸움 장면에서나 나옴직하다. 고구려왕의 철옥이 장안사에 있는데, 그것이 어느 나라에 있는 절인지 모른다는 대목은 일부러 사람을 웃기려는 코메디와 같다. 길게 검토할 가치도 없다.

(8) 성왕의 불교 전파

① 성왕이 왜국에 보낸 불교 전래의 '표문'

『일본서기』 흠명 13년(552년, 임신년) 10월조에는, 백제의 성왕이 달솔 노리사치계 등을 보내어 석가불금동상 1구, 불구 약간, 불경 등을 왜왕에게 바치면서, 따로 '표문'을 올려 불교를 받아줄 것을 요청하였다 한다. 『일본서기』에 나오는 성왕의 표문은 다음과 같다. 길지만 아주 중요하므로 전문을 소개하여 본다.

> 「是法於諸法中 最位殊勝 難解難入 周公孔子尙不能知 此法能生無量無
> 邊福德果報 乃至成變無上菩提
> 譬如入懷隨意寶 逐所須用 盡依情 此妙法寶亦復然 祈願依情 無所乏
> 且夫遠自天竺 爰逮三韓 依敎奉持 無不尊敬
> 由是 百濟王臣明 謹遣陪臣怒利斯致契 奉傳帝國 流通畿內 果佛所記
> 我法東流.
> 이 법은 여러 법 중에서 가장 뛰어난 것입니다. 알기 어렵고 들어가기도 어렵습니다. 주공周公과 공자도 능히 알지 못하였습니다. 이 법은 능히 무량무변한 복덕의 과보를 낳고, 무상의 보리菩提를 이룹니다.
> 비유하여 말하자면, 사람들이 여의주를 품고, 필요에 따라 모두 마음먹은 대로 되는 것과 같이 이 법의 보물도 역시 그러합니다. 기원하는

것은 마음대로이고, 모자라는 바 없습니다. 멀리 천축에서 삼한에 이르기까지 교에 따라 받들고 존경하지 않는 자가 없습니다.

그래서 백제왕인 신臣 명明은 삼가 신하 노리사치계를 보내 제국帝國에 받들어 전해 드립니다. 기내에 유통시키세요. 부처님이 '내 법이 동쪽으로 흘러갈 것이다'라고 하신 말씀을 실현시키고자 합니다」

『일본서기』는 또한 이를 받은 흠명의 반응을 다음과 같이 전하고 있다.

「是日 天皇聞已 歡喜勇躍 詔使者云 朕從昔來 未曾得聞如是微妙之法……
이날 천황은 다 듣고 나서 뛸듯이 기뻐하면서, 사자에게 "짐이 예로부터 지금까지 이렇게 미묘한 법을 들은 일이 없다"……」

『일본서기』의 이 내용으로 보면, 백제는 왜의 속국이며, 성왕은 상위의 왜왕에게 신하의 예를 깍듯이 갖춘 것으로 나와 있다. 그런데 과연 속국인 백제의 성왕이 상위의 왜왕에게 표문을 올려 불교를 받아달라고 애원하였을까? 전혀 상식에 맞지 않는 일이다. 하나하나 검토하여 보자.

② 불경의 문장을 표절한 『일본서기』

말목(末木文美士) 선생 등의 『新アジア佛教史 11. 日本佛教の礎(신아시아불교사 11. 일본불교의 초석). 2010. 佼成出版社』을 보면, 『일본서기』의 이 대목에 대한 상세한 검토와 해설이 나와 있다. 이에 의하면, 실제 성왕이 이러한 내용의 문서를 보낸 것이 아니고, 『일본서기』의 저자가 『금광명최승왕경(金光明最勝王經)』이라는 불경에 나오는 문장을 바탕으로 작문한 것이라 한다(31쪽). 즉 표문 서두의

「이 법은 여러 법 중에서 가장 뛰어난 것입니다. 알기 어렵고 들어가기
도 어렵습니다. 주공周公과 공자도 능히 알지 못하였습니다」

라는 부분은 이 불경의 수량품(壽量品)에 나오는

「이 금광명최승왕경은 여러 불경 중에서 가장 뛰어난最殊勝 것이다. 알
기도 어렵고 들어가기도 어렵다. 성문聲聞, 수행자이나 독각獨覺, 홀로 수행하
는 사람이라도 능히 알기 어렵다」

라는 문장을 기초로 작문한 것이라 한다. 이어지는 표문의

「이 법은 능히 무량무변한 복덕의 과보를 낳고, 무상의 보리菩提를 이룹
니다. 비유하여 말하자면, 사람들이 여의주를 품고, 필요에 따라 모두
마음먹은 대로 되는 것과 같이 이 법의 보물도 역시 그러합니다. 기원
하는 것은 마음대로이고, 모자라는 바 없습니다」

라는 대목은 이 경의 사천왕호국품(四天王護國品)에 나오는

「비유하여 말하면, …… 최승왕경도 역시 그러하다. 복덕심福德心에 따
라서 모자라는 바가 없다」

라는 문장을 토대로 작문한 것이라 한다. 그리고 흠명의 반응 즉

「이날 천황은 다 듣고 나서 환희용약 즉 뛸듯이 기뻐하면서, 사자에게
"짐이 예로부터 지금까지 이렇게 미묘한 법을 들은 일이 없다……"」

라는 대목은 역시 이 경에 나오는

「이때 사천왕四天王이 이 송訟을 듣고, 환희용약하여 부처님께 말하기를 "세존, 저는 과거 이래昔來 이러한 깊고 미묘甚深微妙한 법을 들은 적이 없습니다'라 하였다」

라는 대목을 기초로 작문한 것이라 한다. 『일본불교의 초석』에 나오는 다음 지적을 경청하여 보자.

「『금광명최승왕경金光明最勝王經』은 당唐나라의 장안長安 3년, 즉 703년에 의정義淨이 번역한 것이다. 그것이 6세기 성왕의 표문이나 흠명의 조詔 에 쓰일 리가 없음으로, 기사의 이 부분은 『일본서기』의 편찬자가 이 경을 참조하여 술작述作한 것이 된다」

『일본서기』의 이 부분은 703년에 번역되어 나온 경전을 베끼듯이 하여 만든 것을 알 수 있다. 성왕은 523년 즉위하여 554년 붕어하셨다. 이런 성왕이 703년에 처음 번역된 경전을 어떻게 인용할 수 있단 말인가? 성왕이 아니라 『일본서기』의 저자가 경전의 내용을 표절하여 성왕의 표문이라고 창작한 것을 알 수 있다. 『일본서기』는 전편이 창작된 역사를 기술한 것이지만, 이 대목은 원전을 베낀 명백한 증거가 존재한다는 점에서 중요하다.

③ 표문의 진위 여부

성왕이 올렸다는 이른바 '표문'을 좀 더 자세히 살펴보자. 표문에서는 왜 국을 '제국(帝國)' 즉 '황제의 나라'라고 표현하였다. 그러나 왜국에서 '천황' 이라는 용어를 사용한 것은 7세기 말의 일이므로, 그 이전에 '제국'이라는 말이 존재하였을 리는 만무하다.

그리고 일본의 수도권을 일컫는 '기내(畿內)'라는 용어도 8세기에 비로소 사용되던 말이다. 이러한 용어로 보아, 이 문장을 6세기의 그것으로 볼 여지는 전혀 없다.

성왕이 '표(表)'를 왜왕에게 올렸다는데, 표는 신하에게 왕에게 보내는 문서이다. 그리고 성왕은 자신을 '신(臣)'이라 칭하면서 왜왕을 섬기는 것으로 되어 있다. 이 또한 창작이다.

표문의 마지막 부분에 나오는 「기내에 유통시켜라(流通畿內 유통기내)!」라는 대목을 주목하여 보자. 이는 불경을 토대로 작문한 것이 아니다. 실제 성왕이 왜왕에게 보낸 글에 나오는 문장일 것이다. 그리고 이 대목은 명령문의 형태임이 분명하다. 불교를 유통(流通)시킬 것을 단호하게 지시하는 것임을 알 수 있다. 상대방에 대한 존경이나 배려의 내용은 전혀 없다. 일방적인 지시인 것이다.

그런데 '기내'라는 용어는 당시에는 존재하지 않았다. 따라서 성왕이 보낸 원문의 이 대목은 아마도 '유통기국(流通其國)'이었을 것이다. '기국(其國)'은 '그대 나라'라는 뜻으로서, '그대 나라에 유통시켜라'라는 의미가 된다. 이 점은 뒤에서 자세히 보기로 하자. 어쨌든 '~에 유통시켜라'라는 대목에서 성왕이 왜왕에게 보낸 글은 '표문'이 아니라 지시문 혹은 명령문인 것을 알 수 있다. 「부처님이 "내 법이 동쪽으로 흘러갈 것이라" 하신 말씀을 실천하고자 하노라」라는 마지막 문장은, 부처님의 말씀을 인용하여 왜국에 불법을 전하는 성왕 자신의 소회를 피력한 대목이다. 불교를 전파하여 부처님의 말씀을 실천하는 성왕 자신의 만족스러운 속내를 엿볼 수 있다. 만일 성왕이 하위자라면, 감히 상위자에게 부처님 말씀을 인용하여 자신의 소감을 말할 수는 없을 것이다.

만일 성왕이 진실로 하위였고 상위의 왜왕에게 표문을 올렸다면, 아마도 이런 투였을 것이다. 「백제왕 신 명은 삼가 두 번 절하고 아룁니다……
불민한 제가 혹시나 불법을 잘못 알고 전한 것인지 알 수 없어 두렵기만 합
니다. 하오나 이 모든 것이 왜왕 폐하를 흠모하는 지극한 정성에서 우러나
온 것이니, 밝게 살피시어 제가 전하는 불교를 믿어 주시고, 전파해 주시면
천만다행으로 여기겠습니다……」 그러나 실제 성왕이 왜왕에게 전한 말
씀은 이와는 전혀 달랐던 것이다.

(9) 왜국 불교전래의 진실
① 왜국의 불교 전래는 **무오년(戊午年)**이다

『일본서기』에는 흠명 13년 즉 552년에 불교가 전래되었다 하였으나, 일
본 최초의 절인 『원흥사(元興寺) 가람 연기(緣起)』는 이와 다르다. 연기는 절
을 짓게 된 유래를 기록한 글이다. 여기에는 백제의 성왕이 「흠명 7년인 무
오년 12월」에, 불교를 전파하였다고 되어 있다. 이때 성왕은 태자상(출가 이
전의 석가모니 부처님) 1구, 불기 1구, 그리고 불서를 보내면서 불교를 믿어라
하였다 한다. 상세한 내용은 뒤에서 살펴보자.

그리고 성덕태자를 찬양한 『上宮聖德法王帝說(상궁성덕법왕제설)』이라는
기록에는 「흠명천황의 무오년」에, 각각 불교가 전래하였다고 되어있다.

이 두 기록은 한결같이 왜국에 불교가 전래된 것은 「무오년」이라 하였다.
우연의 일치가 아니다. 두 기록에 의하면 정확한 연대는 알기 어려우나, 무
오년에 불교가 전해진 것은 분명한 것으로 보인다.

그러나 문제는 『일본서기』의 기년상으로 흠명의 재위기간 중에는 무오년
이 없다는 점이다. 『원흥사 가람 연기』에는 흠명 7년인 무오년으로 되어 있
는데, 『일본서기』의 기년으로는 흠명 7년은 병인년이지 무오년이 아니다.
어떻게 된 일일까?

『삼국사기』를 보면, 백제의 성왕 16년인 서기 538년이 무오년에 해당한

다.『일본서기』의 흠명은 창작된 왜왕이라, 그 기년이라는 것은 아무런 의미도 없다. 따라서 무오년은 성왕 16년의 무오년, 즉 538년으로 볼 수밖에 없다. 이 해에 성왕이 속국인 왜국의 왕에게 불교를 전파하라는 지시를 하달하였을 것으로 추정된다. 그것을 위의 두 기록에서 「흠명 7년의 무오년」, 혹은 「흠명의 무오년」이라고 표현하였을 것이다.

아마도 두 기록의 지은이들은 「무오년」이 왜국 불교의 역사에서 획기적이고 기념비적인 의미가 있는 해라고 믿었던 모양이다. 그래서『일본서기』의 기년과는 상관없이 무오년을 명기한 것이리라. 두 기록의 지은이들도 불교전래에 관한『일본서기』의 위 기사를 몰랐을 리가 없지만, 불교의 전래에 관한 설화만큼은 진실을 전할 수밖에 없다고 생각하였던 모양이다.

② 원흥사(元興寺)의 연기(緣起)

『원흥사 가람 연기』는 불교 전래에 관한 성왕의 지시를 핵심요점만 간략하게 전하고 있다.

> 「……百濟國 聖明王時……當聞 佛法旣是世間無上之法 其國亦應修
> 行也……
> ……백제국 성왕 때에……성왕이 "내가 들으니, 불법은 원래 세상의
> 으뜸가는 진리이다. '그대 나라其國 기국'도 또한 마땅히 수행하여라"라
> 하였다……」

이 문장은 실제 성왕이 왜왕에게 보낸 글의 일부였음을 직감할 수 있다. 연기 지은이의 창작이 아니라, 성왕의 글에 나오는 내용을 요점만 짜집기한 것으로 추정된다. 앞에서 본『일본서기』에 나오는 문장이 불경의 내용을 베낀 것과는 전혀 다르다. 이 대목에서 지금은 거의 남아 있지 아니한 백제인

이 지은 문장의 일부를 감상할 수 있게 되었다.

성왕의 글은 일본불교사에서는 지극히 소중한 보물이므로, 연기의 지은 이는 이 글을 잘 알고 있었던 모양이다. 연기의 이 글은 전체적인 취지가 상위자가 하위자에게 보내는 명령문의 그것임을 알 수 있다.

왜국을 '귀국(貴國)'도 아닌 '기국(其國)'으로 표현한 것을 주목하여 보자. 이 '기(其)'는 지시대명사로서 '그'라는 뜻이다. 따라서 '기국'은 '그대 나라' 정도로 번역할 수 있을 것이다. 높임의 의미가 전혀 없다. 하위국의 왕에게나 사용할 수 있는 용어이다. 백제의 대왕이 왜왕에게 보내는 공문에서 공식적으로 왜국을 이렇게 표현하였을 것으로 생각된다. 즉 백제대왕이 왜를 지칭하는 통상적인 칭호는 '귀국'이 아니라 이 '기국' 즉 '그대 나라'였을 것이다.

그러므로 『일본서기』 성왕의 표문에 나오는 '기내(畿內)'나 '제국(帝國)'은, 원래 '기국(其國)'으로 되었던 것을 이렇게 바꾼 것으로 추정할 수 있다. 특히 '기내'의 '기(畿)'는 '기국'의 '기(其)'와 발음이 동일하다. 『일본서기』의 저자가 '기국'의 '기'에서 힌트를 얻어 '기내'라는 말을 창작한 것이 아닌가 싶다.

그리고 '應(응)'이라는 한자 또한 주목을 요한다. '응(應)'은 '마땅히' 혹은 '응당'이라는 의미인데, 하여야 마땅하다는 당위의 의미를 담고 있다. 따라서 이는 상위자가 하위자에게 보내는 글에서나 사용할 수 있는 말이다. 성왕이 하위자라면 도저히 사용할 수 없는 말이다.

또한 성왕은 '그대 나라'에게 불교를 '믿어라'도 아닌 「수행(修行)하여라」라고 지시하고 있다. '수행'은 물론 진리를 찾는 구도의 행위이지만, 관심이 없는 사람에게는 피곤한 일일 뿐이다. 만일 백제가 왜의 속국이었다면, 속국의 성왕이 왜왕에게 어떻게 「그대 나라 또한 마땅히 수행하라」라고 강하게 지시할 수 있단 말인가? 이 짧은 문장에서 백제와 왜국의 관계가 극명하게 드러나 있다. 마치 칠지도에서 백제 왕세자가 왜왕에게 「역사 이래로 이런 칼은 없었다······ 후세에 전하여 보여라(先史以來 未有此刀······傳示後世)」라고 명령하는 것이 연상되는 대목이다.

이 연기와 다음에 보는 『노반기』는 모두 『일본서기』가 공간된 이후 『일본서기』를 기초로 하여 작성된 것이다. 이 점에 관하여는 뒤에서 상세하게 살펴보자. 그렇지만 성왕의 불교전래와 관련된 이 기록은 『일본서기』와는 다른 내용으로서, 역사의 진실을 행간에서 전하고 있다.

③ 원흥사의 『노반기(露盤記)』에 나오는 성왕의 불교 전파

원흥사에 있는 노반(露盤) 즉 탑 꼭대기에 있는 네모난 지붕 모양의 장식에 적힌 『노반기』에도 성왕의 불교 전파에 관한 기록이 있다. 원문은 『大日本金石文(대일본금석문). 木崎愛吉. 1921. 好尙會出版部』에 의하였다(15쪽).

「······百濟國正明王 上啓云 萬法之中佛法最上乘也······

백제국의 성왕이 표문을 올려 아뢰기를 "여러가지 법 중에서 불법이
최상승입니다"라 하였다」

원흥사에는 이 『노반기』의 후편에 해당하는 기록이 있는데, 석가상을 조성하게 된 경위를 적은 『조상기(造像記)』이다(위의 책 23쪽).

「······ 百濟明王 上啓以聞 所謂佛法旣是世間無上之法 **天皇亦應修**
行······

······백제의 성왕이 상표를 올려 말하기를 "들으니 불법은 원래 세간의
무상지법이라 하였다. **천황 또한 마땅히 수행하여라**"······」

이 두 기록에 나오는 내용도 위의 연기와 일치하고 있다. 성왕을 『연기』에서는 '성명왕(聖明王)', 『노반기』와 『조상기』에서는 각각 '정명왕(正明王)', '명왕(明王)'이라 하였으며, 전하는 내용도 조금씩 다른 점으로 미루어 보아, 세 글의 지은이는 각각 다른 사람으로 추정된다.

『조상기』에는 천황 즉 왜왕에게 「왜왕 또한 마땅히 수행하여라」라고 지시한 것으로 되어 있는 점이 주목된다. 이 세 기록을 종합하여 보면, 성왕은 왜왕에게 「…… 세간의 여러 진리 중에서 불교의 진리가 가장 뛰어난 것이다……그대의 나라와 왜왕 또한 마땅히 수행하여라……」라는 취지의 지시문을 하달하였던 사실을 간파할 수 있다.

기록에는 '천황'이라고 되어 있으나, 당시는 천황이라는 칭호가 성립되기 백수십 년 이전이다. '왜왕'으로 되어 있던 것이 분명한데, 이렇게 변작하였다. 칠지도에도 「고위왜왕지조(故爲倭王旨造)」 즉 「따라서 왜왕 지(旨)를 위하여 만들었다」라는 표현이 있는 것으로 보아, 백제에서는 왜국의 왕을 '왜왕'이라 표현하였던 사실을 확인할 수 있다.

「**왜왕** 또한 **마땅히 수행하여라**(天皇亦應修行)」라는 표현을 보라. 외국의 왕에게 보내는 의례적인 수사조차도 찾을 수 없을 정도로 강한 지시의 의미를 담고 있는 것을 알 수 있다. 백제의 대왕에게 있어서 왜국의 왕이라는 존재는 일반적인 외국의 왕과는 전혀 다른 차원의 그것이었던 것이 분명하다. 외교의 대상인 외국 왕이 아니라 마치 아들이나 신하에게 보내는 하행문서의 형식으로 되어 있다. 칠지도에서 왜왕을 '후왕(侯王)'이라 표현한 이유를 알 수 있게 하여 준다.

불교를 수행하여라는 성왕의 지시를 받은 왜왕은 도대체 누구인가? 『일본서기』에 나오는 나오는 가공의 왜왕 흠명이 아닌 것은 분명하지만, 실제 누구인지는 알 방법이 없는 점이 아쉽다. 성왕의 동생이나 아들 혹은 조카였을 것으로 추정할 뿐이다.

『일본서기』에는 지배를 받는 속국인 백제의 성왕이 대국인 왜왕에게 불교를 믿어라는 표문을 올리고, 이를 받은 왜왕이 뛸듯이 기뻐하면서 이를 받아들였다고 하였다. 그러나 이는 전혀 상상조차 하기 어렵다. 만일 이것이 사실이라면 세계의 종교 역사상 유일무이한 특이한 사건으로 대서특필되어야 마땅하다. 하지만 이것은 『일본서기』 저자의 창작일 뿐 사실과는 전혀 다르다. 대국의 왕이 속국의 왕에게 특정종교를 믿어라고 지시하였다는 것이 상식에도 부합하는 일일 것이다.

유럽 사람들이 남아메리카, 아프리카, 아시아에 기독교를 전파한 상황과 별로 다를 바 없었다고 생각된다.

왜국의 불교는 성왕의 지시에 의하여 왜 왕실과 귀족들이 전파하였다는 데에 그 특징이 있다. 주지하다시피 초기의 왜국 불교는 철저하게 왕실불교, 귀족불교였는데, 전파과정의 이러한 특성에 기인한 것이다.

성왕은 왜 왜국에 불교를 전파하려 하였을까? 필자는 왜국의 독특한 무덤형식인 전방후원분과 밀접한 관계가 있다고 생각하고 있다. 토착 왜인들이 전방후원분에 대하여 가지고 있던 종교와 비슷한 맹신, 즉 왕권과 전방후원분을 결부하여 생각하는 미신과 같은 관념을 타파하는 수단으로 불교를 선택한 것이 아닌가 싶다.

불교가 전래된 이후 전방후원분은 점차 세력을 잃고 원분이나 팔각분, 방분 등의 무덤형식이 왕릉에 채용되게 된다. 그리고 대형 전방후원분을 만드는 데에 사용되던 노동력과 재화가 불교사원을 축조하는 데에 투입되게 된다. 성왕이 불교를 전파하면서 의도한 바가 그대로 이루어졌던 것이다.

(10) 흠명의 연호

『해동제국기』에 의하면, 흠명은 즉위 이듬해에 연호를 동요(同要)로 바꾸고, 처음으로 글자를 만들었다(始爲文字 시위문자) 한다. 여기서의 글자는 어떤 글자인지 알 수 없다. 현대의 일본에서 사용되는 가나(假名)는 9세기 말경에 성립된 것으로서, 『일본서기』가 나오고 나서도 한참 뒤의 일이다. 그 이전에 문자가 있었다는 것은 전혀 믿기 어렵다.

연호나 글자를 만들었다는 것은 『일본서기』에 전혀 보이지 않는다. 신숙주가 본 『일본서기』에는 당연히 이러한 내용이 있었겠지만, 사실과는 전혀 다르므로 후세의 변작자가 삭제하였을 것이다. 『해동제국기』에는 흠명이 연호를 여러번 바꾼 것으로 되어 있다.

12년 임신, 연호를 귀락(貴樂)으로 고쳤고, 불교가 처음 전래되었다.

3년 후 갑술, 연호를 결청(結淸)으로 바꾸었다. 백제에서 오경박사를 보냈다.

2년 후 기묘, 연호를 장화(藏和)로,

6년 후 갑신, 연호를 사안(師安)으로,

2년 후 을유, 연호를 화승(和僧)으로,

6년 후 경인, 연호를 금광(金光)으로 각각 변경하였다 한다.

이에 따르면 흠명이 사용한 연호는 모두 7개이다. 『일본서기』에는 흠명이 연호를 세우지 않은 것으로 되어 있다. 후세의 변작자가 삭제하였을 것이다.

그리고 현행 『일본서기』의 기년에 의하면 흠명 12년은 임신년이 아니고, 신미년이다. 흠명 13년이 임신년으로 되어 있다.

(11) 흠명의 수명

『해동제국기』는 흠명이 32년간 재위하였고, 수명은 50세라 한다. 『신황정통기』는 재위 32년, 수명 81세라 하였다.

『일본서기』는 흠명이 재위 32년인 신묘년, 즉 571년에 죽었다 하였으나, 수명 기사는 없다. 후세의 변작자가 삭제하였을 것이다. 『고사기』에도 수명은 없다.

『해동제국기』와 『일본서기』를 아울러 보면, 흠명은 571년 50세에 죽었으니, 521년생이 된다.

흠명의 부친 계체는 앞서 본 바와 같이 449년생이다(152쪽). 따라서 흠명은 계체가 72세에 낳은 아들이 된다. 『일본서기』에 의하면 계체의 정비는 수백향(手白香)왕후이고, 흠명은 이 수백향이 낳은 아들이다. 따라서 수백향도 계체와의 나이 차이가 많지 않다고 보아야 할 것인데, 그렇다면 수백향이 70세 가까운 나이에 낳은 아들이 될 수밖에 없다.

『일본서기』에는 흠명의 맏형인 안한은 535년 70세에 죽었다 하였으므로, 그는 465년생이다. 부친인 계체가 16세에 낳은 아들이다. 계체는 16세에 장남인 안한을 낳고, 72세에 흠명을 낳은 것이 된다. 물론 불가능한 일은 아니겠지만, 현실감은 전혀 없다. 그리하여 안한은 동생인 흠명과는 무려 56살이나 차이가 난다. 고대에 이 정도의 나이 차이는 증조할아버지와 손자의 차이이다.

이런 계산결과로 볼 때 후세의 변작자가 왜 흠명의 수명을 지웠는지, 그 이유는 자명하다. 이러한 흠명의 수명을 그대로 두면, 그가 가공의 인물이라는 사실이 금방 탄로나기 때문일 것이다.

(12) 흠명의 무덤

『일본서기』에는 흠명의 무덤이 회외합판릉(檜隈合坂陵)이라 하였다. 현재 흠명릉으로 치정된 것은 아스카(飛鳥)에 있는 것은 평전매산(平田梅山)고분으로서, 길이 약 140m인 전방후원분이다.

그런데 이 무덤은 원래는 쌍원분(雙圓墳) 즉 두 개의 원분이었는데, 1800년대 초반에 대규모의 수릉공사를 하면서, 현재와 같은 전방후원분으로 만든 것이라 한다. 독립된 2개의 원형 무덤을 연결하고 개축하여 하나의 전방후원분으로 만들어 낸 것이다. 이 또한 창작된 가공의 왕릉인 것을 알 수 있다. 창작된 가공의 왜왕 흠명에 어울리는 가공의 왕릉이라 하겠다.

30) 30대 왜왕 민달敏達

흠명의 뒤를 이은 민달은 흠명의 2자이며, 모친은 석희(石姬)왕후라 하였다. 흠명과 석희 모두 가공인물임은 앞서 보았으므로 그 아들이라는 민달 역시 가공인물이다.

⑴ 민달의 왕후

왕후의 이름은 광희(廣姬, pi−ro−pi−me)이다. 훈가나로 된 이런 이름은 당시에는 존재하지 않았다. 부친은 식장진수(息長眞手, o−ki−na−ga−ma−te)라 하였다. 이 인물은 26대 왜왕 계체(繼體)의 여러 후비 중의 하나인 마적낭자(麻積娘子, wo−mi−no−i−ra−tu−me)의 부친이기도 하다.

계체는 민달의 조부이다. 석장진수라는 인물은 딸을 조부와 손자에게 각각 출가시킨 셈이 된다. 과연 이게 가능한 일인가? 『일본서기』에 민달의 사망나이가 나오지 않아, 그가 몇 년생인지는 알 수 없다. 그렇지만 즉위연도의 비교는 가능하다. 계체는 506년, 57세의 나이로 즉위하였고, 민달은 나이는 알 수 없으나 572년에 즉위하였다고 되어 있다. 따라서 즉위연도로 보면 무려 66년이나 차이가 난다.

딸을 여럿 낳아 조부와 손자에게 각각 시집보냈다는 설정은 전혀 가능성이 없는 스토리이다. 이 또한 창작상의 실수인 것이 분명하다. 식장진수의 딸이 앞서 계체의 후비가 되었다는 사실을 깜빡 잊고, 다른 딸이 손자인 민달의 왕비라 하였을 것이다. 식장진수라는 훈가나로 된 이름만 보더라도 창작된 가공인물임을 알 수 있다.

재위 4년에 왕후 광희가 죽자, 민달은 풍어식취옥희(豊御食炊屋姫, to-yo-mi-ke-ka-si-ki-ya-pi-me)를 두 번째 왕후로 세웠다 한다. 후일의 왜왕 추고(推古)이다. 흠명과 견염원 사이의 딸이라 하니, 민달에게는 이복 남매가 된다. 가공인물인 흠명의 딸이며, 훈가나로 된 긴 이름으로 보아 실존 인물이 아닌 것이 분명하다.

(2) 민달의 역어전譯語田, wo-sa-ta 궁전

『일본서기』는 민달이 백제대정(百濟大井), 즉 백제의 큰 우물에 궁을 지었다고 되어 있다. 실존하였던 백제에서 파견된 어느 왜왕이 백제대정이라는 이름을 가진 우물의 옆에 궁을 짓고는, 그 궁을 백제대정궁이라 칭하였던 모양이다.

그러다 재위 4년 6월에는 역어전에 궁을 지었다 한다. 아마도 앞의 백제대정궁에서 이리로 옮긴 모양이다. 역어전은 지명이다. 그런데 지명치고는 좀 이상하다. 역어(譯語)라는 것은 고대 일본에서 통역을 의미하기 때문이다. 이 특이한 궁호에 대하여 좀 자세하게 살펴보자.

wo-sa　譯語 역어　[고대 일본어]　통역
wo-sa　長 장　[〃]　우두머리

wo-sa라는 말은 원래 여러 사람 중의 우두머리를 뜻하였다. 그것이 통역을 의미하는 말로 전성된 것이다. 『上代語辭典(상대어사전)』을 보면, 통역을 의미하는 wo-sa가 한국어 '어사(語司)'의 음독이라 하나, 이는 전혀 근거없는 오류이다. '어사(語司)'는 고대한국어로 '어시' 혹은 '거시'였을 것으로 보이고, '워사'라는 발음이었을 가능성은 전혀 없기 때문이다.

우두머리를 의미하는 wo-sa는 고유의 일본어이다. 그런데 어찌하여 이 말이 통역을 의미하는 말로 전성하게 되었을까? 백제인들이 대거 도왜하여 일본을 통치하면서 통역이 많이 필요하게 되었을 것이다. 처음에는 통역을 한자어로 불렀겠지만, 세월이 흐르고 통역의 숫자가 많아지면서 이를 고유어 wo—sa로 불렸던 것으로 짐작할 수 있다.

여기서 알 수 있는 것은 조선시대의 통역이 양반계급이 아닌 중인이었던 것과는 달리, 왜국에서의 통역은 상당한 고위직이었다는 사실이다.

(3) 연호

『해동제국기』에 의하면, 민달은 임진년에 즉위하였다 한다. 처음에는 흠명의 금광(金光) 연호를 그대로 사용하다, 5년 병신년에 연호를 현접(賢接)으로 바꾸고, 신유년에는 경당(鏡當)으로, 을사년에는 승조(勝照)로 각각 바꾸었다고 되어 있다. 『일본서기』에는 민달의 연호가 전혀 보이지 않는다.

(4) 태자 언인대형彦人大兄의 죽음

『해동제국기』를 보면, 무술년에는 육재일(六齋)에 경론(經論)을 펴보았다고 하여, 태자를 죽였다 한다. 육재일은 불교에서 신자들에게 경건하게 지내도록 권하는 여섯날이다. 『두산백과사전』에 의하면, 전통적으로 이날은 단식하고 목욕하며 금욕하면서 경건하게 지냈는데, 이는 고대 인도의 전통에서 유래하였다 한다.

『일본서기』에는 태자를 죽였다는 기사가 전혀 보이지 않는다. 민달의 태자가 누구인지도 알 수 없다. 『일본서기』 민달 4년 정월조에는, 왕후 광희(廣嬉)를 맞아 1남 2녀를 낳았는데, 맏이가 압판언인대형(押坂彦人大兄)왕자라 하였다. 그러나 이 맏이를 태자로 봉하였다는 기사는 없다. 민달의 뒤를 이은 용명(用明)은 아들이 아니라 동생이다.

그런데 『일본서기』 용명 2년 4월조를 보면, 불교 신봉에 관한 문제로 소아마자(蘇我馬子)와 물부수옥(物部守屋)의 대립이 있었을 때, 수옥 측에서 '태자(太子) 언인(彦人)왕자'의 상을 걸어놓고 저주하였다는 기사가 보인다. 이 언인왕자는 물론 언인대형이다. 이 기사에 의하면, 민달의 맏이인 언인대형은 최소한 민달의 뒤를 이은 용명의 대에는 태자가 되어 있었던 것이 된다.

이 기사와 『해동제국기』를 대조하여 보면, 신숙주가 본 『일본서기』에는 민달이 맏이인 언인을 태자로 세웠다가, 육재일과 관련하여 그를 죽였다는 기사가 있었던 것으로 추정된다. 그런데 이유는 알 수 없으나, 후세의 변작자가 이 대목을 삭제하였던 모양이다. 육재일에 경론을 보았다는 이유로 태자를 죽인다는 것은 전혀 현실감이 없다고 판단하였던 것일까?

그렇게 본다면 용명의 시대에 물부수옥이 태자 언인의 상을 걸어놓고 저주하였다는 현행 『일본서기』의 기사는, 후세 변작자의 작품이 된다.

(5) 신라의 왜국 침공 1

『해동제국기』에 의하면 계묘년, 현행 『일본서기』의 기년으로는 민달 12년 즉 583년, 신라군이 서쪽 변경으로 침공하여 왔다 한다(新羅來伐西鄙 신라내벌서비).

물론 현행 『일본서기』에는 이런 기사가 없다. 『삼국사기』에도 보이지 아니한다. 그러나 신숙주가 본 『일본서기』에는 이런 내용이 있었던 것이 분명하다. 신숙주가 창작하여 기록하였을 리는 만무하다.

연대는 알 수 없으나, 신라가 병력을 동원하여 일본에 침공하였던 적이 있었던 것으로 보인다. 신라의 침공이 실제 있었던 사실이 아니라면, 『일본서기』에 이런 기사가 나올 리가 없다. 언제인지는 분명치 않지만, 실제 있었던 신라의 침공을 민달단에 기재하여 놓은 것으로 짐작된다. 후세의 변작자가 삭제하였을 것이다.

583년은 신라의 진평왕(眞平王) 5년이다. 『삼국사기』 신라본기에 나오는 이 해의 다음과 같은 기사를 보자.

「5년 정월, 처음으로 선부서船府署를 설치하고, 대감大監과 제감弟監 각 1
    인을 두었다」

『삼국사기』직관조에 의하면, 이 선부서는 병부(兵部)에 속해 있었으며,
후일 문무왕 때에 따로 선부(船府)를 설치하였다고 되어 있다.

왜국을 공격하려면 수많은 전함의 건조가 필수적이다. 진평왕은 그 이전
부터 왜국 침공을 위한 전함의 건조사업을 진행하다가, 그 업무가 여러 부
서에 분산되어 비효율적이라고 판단하였던 모양이다. 그리하여 5년 정월
에, 병부(兵部)의 산하에 전함 건조에 관한 모든 업무를 총괄하는 '선부서'를
새로이 설치하였던 것으로 해석하면 어떨까? 왜국 침공은 그해 가을쯤의
일이 아닐까 싶다. 『삼국사기』의 이 기사와 『해동제국기』의 기록은 상당 부
분 일치하고 있다.

(6) 신라의 왜국 침공 2

신라의 왜국 침공에 관한 기록은 한국과 일본에 지금도 남아 있다. 한국
과 일본의 사학자들 누구도 주목하지 아니한 이 기록을 문정창(文定昌) 선
생은 『한국사의 연장 일본고대사. 1989. 인간사』에서 상세하게 소개하였
다(69쪽).

첫 번째는 1617년 통신사 오윤겸(吳允謙)의 역관으로 도일하였던 이경직
(李景稷)이 남긴 기록인 『부상록(扶桑錄)』에 나오는 내용이다. 문정창 선생의
번역을 옮겨본다(69쪽).

「일본은 아득히 먼 동쪽 하늘에 떨어져 있다. 사면이 큰 바다로 둘러싸

여 있어 외병이 침입할 수가 없다. 다만 그 연대표를 보면, 응신 22년 신라의 군사가 일본에 왔다. 즉 신라병이 명석포明石浦에 들어갔다. 명석포는 오사카大阪에서 겨우 100여리이다.

적간관의 동쪽에 하나의 언덕이 있다. 왜인이 이것을 가리켜 가로되, "이것이 백마분이다. 옛날 신라병이 깊숙이 일본에 들어왔다. 일본인이 강화를 청하여 군사를 풀 것을 원한 결과, 흰말을 베어 맹약을 하고, 그 말의 시체를 이 언덕에 묻은 것이다"고 하였다」

응신 22년은 『일본서기』의 기년으로는 291년이다.

두 번째, 문정창 선생은 에도(江戶)시대 초기의 뛰어난 학자 송하견림(松下見林)이 지은 『異稱日本傳(이칭일본전)』에 나오는 기사를, 한치윤(韓致奫)이 『해동역사(海東繹史)』에 전재한 것을 또한 소개하였다(번역은 필자).

「晋惠帝　元康元年　新羅兵功日本, 深入明石浦 距大阪百里, 日本人請和　刑白馬　盟于赤關之東　只今尙有白馬塚.

진晋나라 혜제의 원강 원년291년, 신라병이 일본을 공격하여, 오사카大阪에서 백리 거리의 명석포明石浦까지 깊이 들어왔다. 일본 사람들이 화해할 것을 청하여, 백마를 베어 적관赤關의 동쪽에서 맹세하였다. 지금도 백마총이 남아있다」

이 두 기사는 놀랄만큼 흡사하다. 연대마저도 서기 291년으로 정확하게 일치하고 있다. 그러면 이경직이 『이칭일본전』을 보고, 인용하였을까? 『이칭일본전』은 1688년 발간되었으므로, 이경직의 기록이 수십 년 앞선다. 이경직은 이 기록에서 '연대기(年代記)'를 보았다고 하였는데, 그것이 어떤 책인지는 알 수 없다. 일본의 고대사를 연대별로 서술한 책인가? 아마도 송하견림 또한 같은 책을 인용한 것이 아닌가 싶다.

그러면 신라는 291년과 583년, 2번이나 왜국을 침공한 것일까? 291년의 침공 사실은 그 기사가 구체적이고 명확하여, 지어낸 허구의 소설로는 보이지 않는다. 그리고 583년의 기록은 묘하게도 『삼국사기』의 기사가 뒷받침하여 주고 있다. 이때는 신라가 진흥왕의 영토 확장기를 지난 이후로서, 국력이 아주 충실할 때이므로, 정황상 왜국 침공도 불가능한 일은 아닌 것으로 생각된다.

신라의 침공 기사와 관련하여 생각되는 것은, 『일본서기』의 곳곳에 보이는 신라의 조공 기사이다. 신라가 병력을 동원하여 왜국의 변경을 침공한 사실이 원본 『일본서기』에 기재되어 있었다면, 조공 기사는 원본에는 없었다고 보는 것이 상식에 부합한다. 신라가 침공도 하고 조공도 하였다는 것은 있을 수 없는 일이기 때문이다.

현행 『일본서기』를 보면, 민달 9년인 580년, 신라가 사신 2명을 보내어 조를 바쳤으나 받지 않고 돌려 보냈다고 되어 있다. 신라뿐만 아니라 백제나 고구려까지도 빈번하게 왜국에 조공한 것으로 되어 있는데, 이러한 조공 기사는 원본에는 없었던 것을 후세의 변작자가 창작하여 집어넣은 것이 분명하다.

(7) 물부수옥物部守屋의 배불排佛과 민달의 수명

『해동제국기』를 보면, 갑진년에 물부수옥이 불교는 불리한 종교이니 없애버리라고 왕에게 상소하여, 모든 비구와 비구니들이 환속하였다 한다.

갑진년은 『일본서기』에 의하면 민달 13이지만, 이런 기사가 보이지 않는다. 다만 다음 해 물부수옥이 불교를 그만 두라고 상소하고는, 스스로 절에 가서 탑을 부수고, 불상과 불전에 불을 질렀다는 기사는 보이고 있다. 그러나 모든 승려가 환속하였다는 기사는 보이지 않는다.

『해동제국기』에 의하면, 민달은 을사년에 연호를 승조(勝照)로 바꾸었으며, 재위 14년 50세를 살았다 한다. 『신황정통기』는 재위 14년, 수명은 61세라 하였다.

『일본서기』도 재위 14년인 것은 동일하나, 연호와 수명은 보이지 않는다. 후세의 변작자가 삭제하였을 것이다. 『고사기』에도 수명은 없다.

31) 31대 왜왕 용명用明

용명은 흠명(欽明)의 4자이며, 모친은 견염원(堅鹽媛)이라 하였다. 모친은 실존 인물일 가능성이 있지만, 부친 흠명은 가공인물이다.

왕후는 혈수부간인(血穗部間人, a-na-po-be-no-pa-si-pi-to)왕녀로서, 흠명과 견염원의 동생인 소매군(小妹君) 사이의 딸이라 한다. 용명의 이복동생인 셈이다. 훈가나로 된 긴 이름으로 볼 때, 실존 인물일 가능성이 없다. 가공인물인 흠명의 딸인 점으로 보아도 명백하다.

이 왕후가 낳은 맏아들이 일본 고대사상 유명한 성인인 성덕태자(聖德太子)이다. 용명은 재위 2년만에 병으로 갑자기 죽었다 한다.

『해동제국기』는 용명이 앞서 본 민달의 연호 승조(勝照)를 사용하였다 한다. 『일본서기』에는 용명이 연호를 사용하지 않은 것으로 되어 있다.

『해동제국기』는 용명이 재위 2년, 50세에 사망하였다고 하였다. 『일본서기』도 재위연수는 같으나, 수명은 없다. 후세인이 삭제하였을 것이다. 『고사기』에도 수명이 없다. 『신황정통기』는 재위 2년, 수명 41세라 하였다.

32) 32대 왜왕 숭준崇峻

용명의 뒤를 이은 것은 그의 이복동생이라는 숭준이다. 『일본서기』에 의하면, 흠명(欽明)의 12자이며, 모후는 소아도목의 딸 소매군(小姝君)이다. 소매군의 실존 여부는 불분명하지만, 흠명은 가공인물인 것이 명백하므로 그 아들이라는 숭준이 실존 인물일 수가 없다.

왜풍시호를 『일본서기』는 박뢰부(泊瀨部, pa-tu-se-be), 『고사기』는 장곡부약작(長谷部若雀, pa-tu-se-be-no-wa-ka-sa-za-ki)이라 하였다.

그런데 이 시호는 25대 왜왕 무열(武烈)의 시호인 소박뢰치초료(小泊瀨稚鷦鷯, wo-pa-tu-se-no-wa-ka-sa-za-ki)와 흡사하다. 비슷한 시호가 되풀이되는 것은, 창작에 있어서 상상력의 빈곤에 기인한 것으로 보인다.

(1) 『해동제국기』에 나오는 숭준과 용명의 나이

『해동제국기』에 숭준이 흠명의 다섯째 아들인데, 열다섯째 아들이라는 설도 있다 하였다. 그리고 즉위 다음 해부터 단정(端政)이라는 연호를 사용하였다 한다. 신숙주가 보았던 『일본서기』에는 이렇게 기재되어 있을 것이다. 현행 『일본서기』에는 숭준은 연호를 사용하지 않은 것으로 되어 있다.

『해동제국기』에는 숭준이 재위 5년에, 72세를 살았다 하였으나, 『일본서기』에는 수명 기사가 없다. 『해동제국기』의 이 수명 기사는 이상하다. 숭준의 바로 위의 형이라는 용명과 비교하여 보자.

『해동제국기』는 용명이 재위 2년, 50세에 죽었다 하였고, 『일본서기』의 기년으로는 587년 사망하였으므로, 그는 537년생이 된다.

그런데 『해동제국기』는 숭준이 재위 5년(『일본서기』의 기년으로는 592년), 72세에 죽었다 하였으니, 그는 520년생이다. 그렇다면 동생인 숭준이 형인 용명보다 무려 17살이나 나이가 많은 것으로 된다.

『해동제국기』의 기록은 신숙주가 자신이 보았던 『일본서기』의 기사를 전재한 것이다. 이 또한 『일본서기』 창작상의 중대한 실수인 것이 분명하다.

두 왜왕이 실존 인물이었다면 이런 실수는 일어나지 않았을 것이다.

(2) 숭준의 무덤

이 왜왕은 재위 5년만에 소아마자(蘇我馬子)에 의하여 살해당하였다 한다. 백제에서 파견된 어느 왜왕이 마자에게 살해당한 것을 이렇게 왜곡하였을 것이다. 『일본서기』에 의하면, 숭준은 피살당한 그날, 창제강(倉梯岡)릉에 장사지냈다고 되어 있다.

현재 숭준릉으로 치정되어 정비된 무덤 비슷한 것이 나라(奈良)현의 사쿠라이(櫻井)시에 존재하고 있다. 그러나 이는 원래 고분도 무덤도 아니었던 것을, 19세기 말에, 흙으로 쌓아올려 무덤 모양으로 만든 것이라 한다. 따라서 매장시설도 없다 한다.

이마이(今井堯) 선생은 『天皇陵の解明(천황릉의 해명). 2009. 新泉社』에서, 이 무덤을 가리켜, 「19세기에 축조된 릉이 출현하였다」라 하였다(59쪽). 무덤이 아니고 흙으로 된 단(土壇 토단)이라 하는 학자도 있다. 그래서 이 숭준릉에는 '~고분'이라는 이름조차도 붙이지 않고 있는 실정이다.

33) 33대 왜왕 추고推古

추고는 흠명(欽明)의 2녀라 한다. 왜왕 용명의 동모제로서, 앞서 본 민달의 두 번째 왕비인 풍어식취옥희가 바로 이 여왕이다. 실존 인물이 아님은 앞서 보았다.

『일본서기』를 보면, 추고의 재위기간 중 중국의 수(隋)나라에 견수사(遣隋使)를 파견하였다고 되어 있고, 중국의 『수서(隋書) 왜국전』에도 왜의 사신에 관한 기록이 남아 있다. 수서에 의하면 왜왕의 후궁이 6~70명 있다 하였으니, 당시의 왜왕은 남성인 것이 분명하다. 그렇지만 『일본서기』에는 당시

의 왜왕이 여왕인 추고라 하고 있음으로, 그가 실존 인물일 수가 없다. 졸저
『일본 천황과 귀족의 백제어』에서도 본 바 있다(434쪽).

(1) 성덕태자聖德太子의 섭정

일본 고대사에서 출중한 성인은 단연 성덕태자이다. 유교와 불교에 모두
통달한 대성인이라 하였다.

그런데 그 출생부터가 의문이다. 『일본서기』를 보면, 용명단에는 그가 용
명의 네 아들 중 첫 번째라고 되어 있으나, 추고단에는 용명의 2자라 하였
기 때문이다. 같은 『일본서기』에서도 앞뒤가 맞지 않는다. 평범한 왜왕보다
도 월등 비중이 큰 대성인인 성덕태자의 출생에 관하여, 어찌하여 이런 말
도 안 되는 혼동이 있는 것일까?

이는 앞에서도 누차 보아 온 창작상의 실수인 것이 명백하다. 앞에 장남
이라 써놓은 것을 뒤에서 확인하지 않고 스토리를 꾸며 나갔기에, 이런 오
류가 벌어진 것이리라. 이 오류만 보더라도 성덕태자가 창작된 가공인물임
을 알기에 부족함이 없다.

이름은 구호(廐戸, u-ma-ya-to) 혹은 풍이총성덕(豊耳聰聖德 to-yo-
mi-mi-to-si-siya-u-to-ku)이라 하였다. 훈가나로 된 이름으로 보아
도 실존 인물이 아니다. 다른 이름은 풍총이법대왕(豊聰耳法大王) 혹은 법주
왕(法主王)이다. 가공의 왜왕과 왕비 사이에 출생한 허구의 성인이다. 왕족
의 남성에게 '~왕'이라는 칭호를 붙인 것도 7세기 말에 시작된 제도이다. 6
세기 말에서 7세기 초에 활약하였다는 성덕태자가 '왕' 혹은 '대왕'으로 불
린다는 것은 가능한 일이 아니다. 이름이나 존칭 모두 후세의 창작이다.

8세기에 편찬된 『일본영이기(日本靈異記). 出雲路修 외 교주. 2007. 암파서
점』을 보면(11쪽), 태자의 궁이 천황의 궁보다 상전(上殿) 즉 위쪽 궁에 있었
으므로, '상궁황(上宮皇)'이라 하였다고 한다. 태자의 궁이 왕궁보다 위에 있

었다는 것은 전혀 상식에 맞지 않는다. 그리고 '천황'이라는 왕호가 나오기 훨씬 이전에 '황(皇)'이라는 존호를 사용하였다는 것도 있을 수 없는 일이다. 이 기사 또한 허구이다.

일본의 학계에서는, '구호(廐戶)'라는 이름을 가진 왕자가 실존하였고, 이 사람의 이름을 빌려 허구의 성인인 성덕태자를 창출하였을 것으로 보는 견해도 있다

『일본서기』를 보면, 불교를 고구려의 승려 혜자(慧慈)로부터 배우고, 유학은 백제의 박사 각가(覺哿)에게 배웠다 한다. 추고는 원년에 성덕을 태자로 세우고, 섭정(攝政)으로서 만기(萬機)를 모두 맡겼다고 되어 있다. 보통 섭정이라는 것은 왕이 어리거나 하여 정사를 제대로 처리하지 못할 경우, 모후 등이 왕을 대리하여 왕으로서의 직무를 집행하는 제도이다. 그런데 이 경우는 전혀 그렇지 아니하다.

추고라는 여왕의 커리어를 살펴보자. 『일본서기』에 의하면, 추고는 흠명의 2녀로 태어나, 18세때 왜왕 민달(敏達)의 왕후가 되었다 한다. 34세 때 남편 민달이 죽었고, 39세 때에 숭준이 살해당한 후 신하들의 권유로 즉위하였다고 되어 있다. 왕비로 있었던 기간만 무려 16년이나 되고, 남편이 죽은 후 홀로 지낸 기간도 5년인 39세의 여왕이라면, 가히 산전수전을 충분히 겪었다고 할 만 하다. 온갖 나라일과 세상사의 풍상을 익히 체험하였기에, 원숙한 기량을 가진 노련한 왕이 될 자질이 충분하다.

반면 성덕태자는 추고 원년에 이제 겨우 19세였다. 불교와 유학을 아무리 열심히 공부하였다 하더라도, 세상 경험이 있을 수 없어 철부지 애송이 나이인 것이 분명하다. 39세의 원숙한 여왕이 19살밖에 되지 않은 철부지 조카에게 섭정으로서 정사를 맡기고, 자신은 일선에 물러났다는 것인데, 이는 상식적으로는 전혀 이해되지 않는 일이다. 『일본서기』를 보아도 왜 조카인 성덕에게 정사를 맡겼는지에 관하여는 전혀 언급이 없다.

만일 이것이 사실이라면, 19세의 조카에게 과감하게 권력을 위임한 추고가 오히려 성인이 아닌가 싶다. 권력욕은 인지상정인데, 그것을 초개같이 팽개치고 어린 조카에게 모든 권력을 위임하였다는 것은, 세속의 권력욕에서 멀리 벗어난 성인이 아니면 불가능한 일이기 때문이다.

(2) 성덕태자의 헌법 17조憲法十七條

성덕태자의 가장 큰 업적은 추고 12년 즉 604년, 이른바 '헌법 17조'를 만들어 반포한 일이다. 아주 긴 내용이라 지면 관계상 전체를 옮길 수는 없고, 간략하게 그 내용을 살펴보자.

「① 화和를 귀하게 여기고, 역逆함이 없음을 으뜸으로 하라······
② 독실하게 삼보三寶를 공경하라. 삼보는 불, 법, 승이다······
③ 왕명은 반드시 삼가 받들어라. 임금은 하늘이고, 신하는 땅이다······
④ 군경백료群卿百僚는 예禮로서 본을 삼아라······
　　······
⑫ 국사國司, 국조國造는 백성을 수탈하지 말라······」

대단한 성인인 성덕태자의 작품이라지만, 막상 읽어보면 별로 대단할 것도 없는 훈계조의 내용으로 시종하고 있다. 불교와 유학을 어느 정도 공부한 사람이라면, 누구나 쓸 수 있을 정도의 수준에 불과하다.

그런데 일본의 학자들은, 여기에 나오는 '군경백료'나 '국사(國司)'와 같은 용어들이 이 당시에는 존재하지 않았고, 대화개신(大和改新, 648년) 이후에 나온 말들이라고 간파한 바 있다. 그리하여 이 헌법 17조는 후세의 위작이라는 지적이 오래전부터 있었다. 어느 모로 보나 성덕태자가 실존 인물일 가능성은 전혀 없다.

당시의 일본에는 불교나 유학이 도입된 역사가 짧아, 성인이라고 우르를 정도의 인물이 전혀 없는 형편이었다. 그래서 『일본서기』의 저자가 '우리 일본에도 성인이 있었다'라는 것을 내세우기 위하여 이러한 인물상을 창작하였을 것이다.

(3) 『해동제국기』와의 차이

『해동제국기』에는 추고 2년인 갑인년에 백제의 승려 관륵(観勒)이 천문, 지리 등의 서책을 가지고 왔다 하였다. 『일본서기』에는 관륵이 추고 10년 10월에 왔다고 하였다.

『해동제국기』에는 임술년에 최초로 역법(曆法)을 사용하였다 한다. 『일본서기』에는 보이지 않는다.

『해동제국기』는 계유년에 대직관(大職官)이 대화주(大和州) 고시군(高市郡)에서 태어났다 한다. 대직관은 최고위 관직명으로서 바로 후일의 권세가 중신겸족(中臣兼足)을 가리킨다. 현행 『일본서기』에는 그의 출생 기사가 보이지 않는다. 신숙주가 본 『일본서기』에는 이 기사가 있었을 것인데, 후세인이 삭제한 것이 분명하다.

『해동제국기』에는 경진년에 성덕태자가 죽었다 하였다. 『일본서기』는 그 이듬해인 신사년에 죽었다고 하였으며, 경진년에는 성덕태자가 소아마자(蘇我馬子)와 상의하여 천황기(天皇記) 등을 기록하였다고 되어 있다. 일본 고대사에서 우뚝 솟은 대성인인 성덕태자가 죽은 연도가 다르다는 것은 납득이 가지 않는 일이다. 『일본서기』 편찬으로부터 불과 100여년 이전에 있었던 일이므로, 만일 성덕태자가 실존 인물이었다면 이런 착오는 없었을 것이다.

『해동제국기』는 갑신년에 처음으로 음양서(陰陽書)가 들어 왔다 하였으나, 『일본서기』에는 보이지 않는다.

『해동제국기』는 추고가 재위 36년, 73세에 죽었다 하였다. 『일본서기』는 수명이 75세라 하였다. 재위연수는 동일하다.

(4) 추고의 연호

『해동제국기』는 추고가 연호를 여러 번 바꾸었다 한다.

2년 갑인 종귀從貴 → 8년 신유 번전煩轉 → 5년 을축 광원光原 →
7년 신미 정거定居 → 8년 무인 왜경倭京 → 6년 계축 인왕仁王

으로 각각 바꾸었다 한다. 현행『일본서기』에는 추고가 연호를 사용하지 않
은 것으로 되어 있다. 이 많은 연호를 후세의 변작자가 왜 삭제하였는지, 이
유를 알 수 없다. 현실감이 없다고 판단하였을까? 그런데 금석문에는 추고
의 연호가 여럿 보인다.

(5) 연호 법흥法興

『일본서기』는 물론『해동제국기』에도 보이지 않는 연호 '법흥(法興)'이 새
겨진 비석이 있다. 성덕태자가 현대의 시고쿠(四國)에 있는 이예(伊豫)라는
곳을 유람한 기념으로 세웠다는 온탕비(溫湯碑)에 적힌 기록이다. 원문과 해
석은『대일본금석문(大日本金石文). 木岐愛吉. 1921. 好尙會出版部』에 의하였
고(11쪽), 띄어쓰기는 필자가 하였다.

「法興六年十月　歲在丙辰　我法王大王　與惠聰法師及葛城臣　逍遙夷
與村……
'법흥法興 6년인 병진년 10월에, 우리의 법왕대왕法王大王과 혜총법사惠聰
法師, 그리고 갈성신葛城臣은 이여촌夷與村에서 소요하셨다……」

일본에서는 이 '법흥' 6년 병진년을 추고 4년인 596년으로 보고 있다. 그런데 『해동제국기』에 의하면, 이때는 종귀(從貴) 3년이 된다. 같은 해에 두 개의 연호가 있었을 리는 만무한데, 어떻게 된 것인가?

법흥 6년이 추고 4년이라고 본다면, 법흥 원년은 추고 이전의 왜왕 숭준(崇暖) 4년인 591년이 된다. 한편 『해동제국기』를 보면, 숭준은 즉위 이듬해부터 '단정(端政)'이라는 연호를 사용하였다 하니, 이때는 '단정 3년'이 되어 이 기록과는 전혀 다르다. 『일본서기』는 숭준이나 추고가 연호를 전혀 사용하지 아니하였다 한다.

그런데 이 비석은 과연 언제 세운 것일까? 596년 혹은 그 언저리에 세운 것일까? 그럴 가능성은 전혀 없다. 이 비석은 성덕태자를 기념하는 것인데, 성덕태자는 실존 인물이 아니고, 『일본서기』가 창안안 가공의 성인이다. 따라서 『일본서기』가 출현한 8세기 이전에 이 비석이 건립되었을 가능성은 전혀 없다.

여기에 나오는 '법왕대왕'이 바로 성덕태자를 뜻한다. 596년에 왜왕도 아닌 태자를 '법왕대왕'이라고 호칭하였을 가능성 또한 전무하다. 『일본서기』에 맞추어 가공의 인물 성덕태자를 이렇듯 높였다.

'갈성신(葛城臣)'은 『일본서기』에 나오지 않아, 누구인지는 알 수 없다. '갈성'은 지명이다. 그런데 '갈성(葛城, ka-du-ra-gi)'이라는 지명표기는 한자의 훈독표기인데, 이는 8세기의 그것이다. 590년대에 이런 표기가 있었을 가능성은 없다. 어느모로 보나, 이 비석은 『일본서기』가 출현한 720년 이후 건립된 것이 명백하다.

혜총법사는 『일본서기』 추고 3년 5월조에 의하면, 백제에서 도왜한 승려라 한다. 실존 인물일 것이다. 비석에 세 사람이 나오지만, 실존하였던 인물은 이 스님 한 분 뿐이다.

연호의 미스테리를 한번 정리하여 보자. 이 비석은 『일본서기』가 나온 이후 얼마 지나지 않아 세운 것으로 짐작된다. 그렇게 보면, 원본 『일본서기』에는 숭준 2년에 '법흥'이라는 연호를 세웠다고 되어 있었을 가능성이 있다. 비석의 기록자는 『일본서기』의 내용에 충실하게 따랐을 것이다.

그 후 후세의 변작자가 『일본서기』를 『해동제국기』에서 보는 형태로 변조하였던 모양이다. 그것을 신숙주가 『해동제국기』에 옮겨 놓았을 것이다. 다시 세월이 흐른 후 다른 변작자가 현행 『일본서기』의 그것처럼, 당시에는 연호가 없는 것으로 변작하였을 것으로 추정할 수 있다. 『일본서기』가 여러 차례에 걸쳐 변작되었던 것을 알려주는 대목이라 하겠다.

(6) 연호 법흥원法興元

법륭사(法隆寺)에 있는 석가불의 광배(光背)에 적힌 『조상기(造像記)』에 나오는 연호이다(원문과 해석은 주로 『古京遺文注釋(고경유문주석). 1989. 櫻楓社』에 의하였고(25쪽), 띄어쓰기는 필자가 하였다).

「**法興元**三十一年　歲次辛巳十二月　鬼前太后崩　明年正月二十日　上
宮法皇枕病弗悆　于食王后仍以勞疾病着於床時……
二月二十一日 癸酉　王后即世　翌日　法皇登遐……
'**법흥원法興元**' 31년인 신사년 12월, 귀전태후鬼前太后가 돌아가셨다. 이듬
해 1월 20일 상궁법황上宮法皇이 병이 나셨다. 우식왕후于食王后 또한 병
이 나서 침상에 누웠을 때……
2월 21일 왕후가 돌아가시고, 다음날 상궁법황도 돌아가셨다……」

여기에는 '법흥원(法興元) 31년'이라는 연호가 등장하고, 신사년이라 하였다. 그런데 앞에서는 '법흥'인데, 여기서는 '법흥원'이다. 두 연호가 같은가, 다른가? 연호란 나라의 전체 국민이 사용하는 공식적인 것이므로, 한 글자

더 있고 없고는 하늘과 땅의 차이이겠지만, 여기서는 전혀 그런 문제가 없는 모양이다.

앞서 본 법흥 6년 병진년의 25년 후는 신사년이므로, 이 '법흥원 31년 신사년'과 아무런 모순없이 연결된다. 그래서 일본에서는 이 신사년을 추고 29년의 신사년(621년)으로 보는 것이 통설이다. 『해동제국기』에 의하면, 이때는 왜경(倭京) 4년인데, 이 조상기의 연호는 전혀 다르다.

일본의 통설에 의하면 이 '법흥원'이라는 연호는 국가에서 정한 공식적인 것이 아니고, '사연호(私年號)'라고 보고 있다. 사사로이 정하여 사용한 연호라는 의미이다. 그러나 국가에서 정한 연호 이외에 사적인 연호가 고대의 왜국에 과연 존재하였을까? 그럴 가능성은 전혀 없다.

아마도 원본 『일본서기』에는 '법흥'이라는 연호를 추고가 '법흥원'으로 바꾸었다는 식으로 기재되어 있을 가능성이 크다. 후세의 변작자가 『해동제국기』의 형태로 변작하였다가, 다시 현행 『일본서기』의 모습으로 개작하였을 것으로 추정할 수 있다.

죽음에 대하여 '붕(崩)'이라는 극존칭이 사용된 귀전태후(鬼前太后)는 누구인지 알 수 없다. 『일본서기』에도 나오지 않고, 정설이 없다.

'상궁법황(上宮法皇)'은 대성인이라는 성덕태자이다. 그런데 '황(皇)'이라는 표현은 일본에서 '천황(天皇)'이라는 왕호가 성립한 이후에나 나올 수 있다. 일러도 7세기 말에나 가능한 표현이다. 이 '법황'이라는 표현을 보아도, 성덕태자는 『일본서기』가 창안한 가공의 인물이라는 사실을 알 수 있다.

법륭사(法隆寺)에 있는 『약사불조상기(藥師佛造像記)』는 성덕태자를 '동궁성왕(東宮聖王)'이라 표현하였다.

제목이 『상궁성덕법왕제설(上宮聖德法王帝說)』인 장문의 기록도 있다.

이 모든 기록은 『일본서기』가 나온 이후 작성된 것이 분명하다. 가공의 성인 성덕태자가 실존하였던 인물로 보이도록, 8세기의 일본 곳곳에서, 실로 여러 사람이 많은 노고를 아끼지 않았던 사실을 확인할 수 있다.

'우식왕후(于食王后)' 또한 『일본서기』에 나오지 않아, 누구인지 알 수 없다. 여기서의 '왕후'는 왜왕의 왕후라는 의미가 아니라, 왜왕의 아들 즉 왕자의 부인이라는 뜻이다. 8세기의 일본에서 천황의 일족 중 남성을 '왕'이라 하고, 그 부인을 '왕후'라 하였는데, 우식왕후의 왕후도 바로 이 왕후이다. 따라서 실존 인물일 가능성이 희박하다. '우식(于食)'이라는 한자의 훈독 표기로 보아서도 그러하다.

그리고 성덕태자가 죽은 연도에 관하여, 이 기록은 신사년의 다음 해라 하였으니, 임오년이다. 즉 성덕태자는 임오년 2월 22일 죽은 것이 된다.

그러나 『일본서기』에는 바로 이 해인 신사년 2월 5일이라 하였다. 1년 며칠의 차이는 별로 중요하지 않은 것 같지만, 왜국 최고 성인의 죽음에 관하여 이런 착오는 있을 수 없는 일이라 하겠다.

(7) 연호 대화大化

법륭사(法隆寺)의 창건 경위를 기록한 『가람 연기(緣起)』에도 추고의 연호가 있다(『寧樂遺文(나라유문) 中. 竹內理三. 1965. 東京堂出版』 344쪽).

> 「 …… 小治田天皇 **大化三年** 歲次戊申 ……
> …… 추고推古 천황의 **대화大化 3년 무신년**에 …… 」

이 대목은 『일본서기』의 상식으로는 전혀 이해하기 어렵다. '소치전(小治田, wo—pa—ri—ta)'은 지명으로서, 『일본서기』에는 '소간전(小墾田)'으로 되어 있다. 왜왕 추고의 궁호이기도 하다. 따라서 소치전 천황은 추고를 가리킨다.

그런데 연호인 대화(大化) 3년은 무엇인가? 대화는 수십 년 후의 왜왕 효덕(孝德)의 연호이다. 일본에서는 이른바 '대화개신(大化改新)'으로 인하여 유명한 연호이기도 하다. 『일본서기』의 기년으로 효덕의 대화 3년은 647년, 정미년이며, 추고의 재위기간 중에 무신년이 없다. 추고 3년은 595년, 을묘년이다. 『일본서기』에는 추고가 연호를 사용하지 않은 것으로 되어 있다.

아마도 『가람 연기』 작성자의 머리 속에는, 효덕이 아니라 추고의 연호가 '대화'인 것으로 입력되어 있었던 모양이다. 실재한 연호가 아니고, 오직 『일본서기』에만 존재하는 허구의 연호이므로, 읽고 나서 시간이 오래되면 혼동이 일어날 수도 있을 것이다.

(8) 신라新羅 공격

『일본서기』 추고 8년(600년)조를 보면, 신라를 공격한 기사가 있다. 황당하기 그지없고 허무맹랑하여, 한눈에도 후세인이 조작하여 가필한 기사인 것이 명백하다. 그러나 일본은 물론 한국의 연구자 중에도, 이를 진실한 것으로 믿고 있는 사람이 많은 것 같아, 여기서 그 진위 여부를 살펴보기로 하자. 번역은 전용신 선생의 『완역 일본서기』에 의하였다(380쪽).

「8년 2월, 신라와 임나가 서로 공격하였다. 천황은 임나를 도우려 하였다. 이 해, 경부신境部臣을 대장군으로 하였다. 수적신穗積臣을 부장군으로 하였다[둘 다 이름이 빠졌다]. 만여의 군사를 거느리고 임나를 위해 신라를 쳤다. 신라를 목표로 하여 배로 갔다. 신라의 도착하여 다섯 성을 공략하였다. 신라왕이 두려워하여 백기를 들고 장군의 기 아래 와서 섰다……

천황은 또 난파길사 신難波吉士 神을 신라에 보냈다. 또 난파길사 목련자難波吉士 木蓮子를 임나에 보냈다…… 신라와 임나, 두 나라가 사신을 보내 조공하였다……그러나 신라는 또 임나를 침범하였다」

임나는 어디일까? 대가야가 561년 신라의 공격으로 멸망하였으므로, 이 임나는 대가야일 것이다. 『일본서기』 흠명 23년(562년) 정월조에도, 신라가 임나를 멸하였다는 기사가 있다.

그런데 39년 전에 이미 멸망한 임나가 어떻게 신라와 서로 공격할 수 있을까? 마치 대가야가 영토를 굳건하게 지키면서 건재하고 있는듯이 묘사하였다. 전혀 있을 수 없는 일이다.

대장군이라는 '경부신(境部臣, sa-ka-pi-be-no-o-mi)'은 성이 '경부'이고, '신'은 존칭이다. 부장군 '수적신(穗積臣, po-du-mi-no-o-mi)' 역시 성은 '수적'이고, 신은 존칭이다.

훈가나로 된 이런 성은 600년 당시에는 존재한 바 없었다. 8세기의 표기로서, 중세쯤의 변작자가 8세기의 일본어로 창작한 인물이다. 그리고 둘 다 이름이 빠졌다 하였는데, 이해할 수 없는 일이다. 만여명의 대군을 지휘, 신라를 공격하여 항복을 받는 엄청난 전공을 세웠는데, 어떻게 이름을 모른단 말인가? 『일본서기』는 기원전 7세기의 인물이라는 시조 신무(神武)의 시대에 활약한 인물들도, 모두 성과 이름을 완벽하게 전하고 있지 않은가?

대단한 전공을 세운 이 두 인물은 왜왕으로부터 엄청난 상훈을 받고, 승진을 거듭하여 최고위 요직에 오르는 것이 상식이지만, 그 후에 아무런 기사도 보이지 않는다. 왜왕은 이 두 신하의 공훈을 까마득하게 잊어버렸을까?

'신라왕이 두려워 백기를 들고 장군의 기 아래 섰다'라는 대목은 차라리 만화보다도 못하다. 신라의 어느 왕인지도 특정하지 않았다.

『삼국사기』에는 왜의 신라 침공기사가 전혀 보이지 않는다. 왜군 만여명이 신라를 침공하였다면, 혈전이 벌어졌을 것이고, 『삼국사기』도 이를 기록하지 않았을 리가 없다. 이때 신라는 진평왕(재위 579~632년)의 시대이다. 진흥왕 때의 영토확장기를 지난 시기라 국력이 충실할 때였다. 『삼국사기』를 보면, 진평왕 25년(603년) 고구려가 북한산성을 침범하므로, 왕이 몸소 1만의 군사를 이끌고 가서 막았다 한다.

이 기사에는 왜군의 부대편성과 주요 지휘관, 수군과 전함의 상황, 진군경로, 상륙지점, 접전경과와 피아의 피해상황 등 전투 기사의 기본이 전혀나오지 않는다. 붓끝의 희롱으로 이루어진 신라 공격이다.

사신이라는 '난파길사 신(難波吉士 神, na—ni—pa—no—ki—si—ka—mi)'과 '난파길사 목련자(難波吉士 木蓮子, na—ni—pa—no—ki—si—i—ta—bi)' 역시 한자의 훈으로 된 이름이라 600년 당시의 인물이 아니다. 붓끝의창작이다.

그리고 이미 수십 년 전에 망하여 신라 영토의 일부가 된 임나가 어떻게사신을 보내고, 더우기 조공까지 할 수 있단 말인가? 여러 번 보아 온 바와같이 아주 치졸한 솜씨를 가진 후세 변작자의 가필인 것이 분명하다.

34) 34대 왜왕 서명舒明

서명은 30대 왜왕 민달의 손자이다. 부친은 민달과 첫 번째 왕비인 광희(廣姬) 사이의 장남인 언인대형(彦人大兄, pi—ko—pi—to—no—o—po—ye)왕자라 하였다. 민달과 광희가 모두 실존한 바 없는 가공인물임을 본 바 있다.

모친은 강수희(糠手姬, nu—ka—de—pi—me)왕녀이다. 민달과 채녀(采女, 하급궁녀)인 토명자부인(菟名子夫人, u—na—ko—no—o—po—to—si) 사이의 딸이라 하였다. 강수희나 토명자부인, 모두 훈가나로 된 이름이므로, 가공인물로 보인다. 이 왜왕 또한 실재하지 아니한 가공의 인물이다.

『일본서기』를 보면, 민달은 재위 14년에 병으로 죽었다는데, 그렇다면 장남인 언인대형을 태자로 세워야 마땅하고, 또 민달의 사후 언인대형이 왕위를 물려받는 것이 순리로 보인다. 그런데 왜 민달의 동생인 용명이 왕위에 올랐는지에 대하여 아무런 언급이 없다.

『일본서기』를 보면, 추고는 태자인 성덕이 재위 29년에 자신보다 먼저 죽었는데, 그 후 태자를 세우지 않았다 한다. 그러다 재위 36년에 추고가 죽었을 때에는 후사가 정해지지 아니한 상태였으나, 소아하이(蘇我蝦夷)가 나서서 반대파를 제압하고는 서명을 추대하였다고 되어 있다. 왕비는 서명의 사후 왕위에 오르는 황극(皇極)인데, 이에 관하여는 다음 항에서 살펴보기로 하자.

(1) 『만엽집萬葉集』과의 모순

『만엽집』의 5번과 6번 노래는 서명이 찬기국(讚岐國)이라는 곳에 갔을 때, 지었다고 되어 있다. 그런데 편자의 주석을 보면, 「『일본서기』를 검토하여도 찬기국에 갔다는 기사가 없다」라 하였다. 이어서 산상억량(山上憶良)이 편찬하였다는 『유취가림(類聚歌林)』이라는 책에 나오는 다음과 같은 구절을 인용하였다.

「『일본서기』에서 말하였다. "서명천황 11년 기해 12월 기사삭 임오, 이예伊預의 온탕궁溫湯宮에 다녀왔다"」

8세기에 산상억량이 보았던 『일본서기』에는 위와 같은 기사가 있었던 것이 분명하다. 그러나 현행 『일본서기』에는 바로 이 기사가 존재하고 있다. 원본에는 없던 것을 후세의 변작자가 가필하여 집어넣었을 것이다.

(2) 『해동제국기』와의 차이

『해동제국기』에 의하면, 서명은 세 가지 연호를 사용하였다 한다. 성덕(聖德) → 승요(僧要) → 명장(命長) 순이다. 『일본서기』에는 전혀 보이지 않는다.

『해동제국기』에는 6년 갑오년 8월과, 7년 을미년 3월에 혜성이 나타났다고 되어 있다. 『일본서기』에도 같은 기록이 있어 양자가 완벽하게 일치한다. 그런데 『해동제국기』는 병신년 즉 8년에 큰 가뭄이 있었다 하였으나, 『일본서기』는 이와 반대로 8년 5월에 장마가 지고 홍수가 났다고 하였다.

『해동제국기』는 서명이 재위 13년, 45세에 죽었다 하였다. 『일본서기』도 재위연수는 동일하나, 수명은 밝히지 않았다. 후세의 변작자가 삭제하였을 것이다.

35) 35대 왜왕 황극皇極

황극은 서명의 왕후였다가, 서명의 사후 왕위에 올랐다 한다. 『일본서기』를 보면, 서명이 641년 죽었다는데, 당시 동궁인 개별(開別)왕자 즉 후일의 실존 왜왕 천지는 이때 16세였다 한다. 이런 정도의 나이라면 고대의 관례로 보아, 왕위에 오르기에 별로 부족함이 없을 것 같지만, 어쩐 일인지 왕비인 황극이 즉위하는 것으로 되어 있다. 그 이유에 관하여는 아무런 언급이 없다.

(1) 황극의 계보

『일본서기』는 황극이 30대 왜왕 민달(敏達)의 장남인 언인대형(彥人大兄)의 손녀이고, 부친은 '모순(茅淳, ti-nu)'이라 하였다. 그리하여 민달에게 모순은 손자, 황극은 증손녀가 된다.

『고사기』를 보면, 모순을 '지노(知奴, ti-nu)'라 표기하였다. 모순과 지노는 한자표기만 다를 뿐, 같은 이름을 가진 동일인물이다. 그런데 『고사기』는 이 '지노'가 민달의 아들이라 하였다. 따라서 그 딸인 황극은 민달의 손녀가 된다.

즉 『일본서기』에 의하면 황극은 민달의 증손녀이지만, 『고사기』에 따르면 황극은 민달의 손녀인 것이다. 그 계보가 서로 다르게 되어 있다. 존엄하기 그지없는 왜왕의 출자에 관하여 두 사서가 상반된 내용을 전하고 있는 것이다.

『일본서기』의 기년으로는 황극 원년은 서기 642년이다. 『고사기』는 712년, 『일본서기』는 720년에 각각 출간되었는데, 불과 70여년 전에 즉위하였던 왜왕의 계보에 관하여 어찌하여 이런 중대한 착오가 발생하였던 것일까? 즉위연도나 사망연도에 관한 1~2년의 차이라면, 그런대로 이해하고 넘어갈 수가 있다. 그러나 계보에 관한 이러한 중대한 차이는 도저히 상상이 되지 않는다.

왜왕이라는 민달이나 황극, 그 사이를 이어주는 언인대형, 지누 등의 인물이 모두 실존 인물이었다면 이런 실수는 상상할 수도 없다. 모든 인물이 붓끝에서 창작된 가공인물이기에 빚어진 창작상의 실수인 것이 분명하다. 아마도 『일본서기』의 저자가 앞서 나온 『고사기』의 내용을 깜빡하였기에 이런 오류가 생겼을 것이다.

『일본서기』는 황극의 모친이 길비희(吉備姫, ki-bi-pi-me)라 하였으나, 그 계보가 보이지 않는다. 실존 인물이 아니다.

(2) 황극의 이름

『일본서기』는 황극의 원래 이름이 '보(寶, ta-ka-ra)'였다 한다. 그런데 『일본서기』에는 같은 이름을 가진 왕녀가 한 사람 더 있다. 18대 왜왕 반정(反正)이 제원(弟媛)이라는 여성과의 사이에 낳은 딸이 '재(財, ta-ka-ra)' 왕녀이다. 한자표기만 다를 뿐 같은 ta-ka-ra라는 발음을 나타내고 있다. 동명이인이 아니라, 역시 창작상의 실수이다. 앞에 같은 이름을 가진 왕녀가 있다는 사실을 깜빡 잊고 같은 이름을 붙인 것이다. 전형적인 훈가나로 된 이름을 가진 두 사람은 모두 실존하지 아니한 가공의 인물인 것이 분명하다.

『해동제국기』는 황극의 재위기간이 3년이라 하였으나, 『일본서기』에 의하면 4년이다. 『해동제국기』에는 황극이 서명의 연호 명장(命長)을 그대로 사용하였다 하나, 『일본서기』에는 연호가 없었던 것으로 되어 있다.

『일본서기』에 의하면, 황극은 남동생인 효덕(孝德)에게 왕위를 물려주고 퇴위하였다가, 효덕의 사후 다시 등극하여 왜왕 제명(齊明)이 된다.

36) 36대 왜왕 효덕孝德

효덕은 황극의 동모제(同母弟), 즉 같은 모친을 둔 동생이라 하였다. 따라서 앞서 황극의 부모에 대하여 살펴본 바와 같다. 허구의 부모를 둔 효덕 역시 실존하지 아니한 가공의 인물이다.

그런데 『해동제국기』는 효덕이 즉위 원년에는 서명 이래의 연호 명장(命長)을 그대로 사용하였다가, 3년 정미년에 연호를 상색(常色)으로, 임자년(652년)에 백치(白雉)로 바꾸었다 한다.

『일본서기』에는 효덕이 즉위 원년인 을사년에, 왜국에서는 최초로 대화(大化)라는 연호를 세웠다 하였다. 그리고 다음 해에 혁신의 명령을 발표하였다는데, 학자들이 '대화개신(大化改新)'이라 이름지은 유명한 조칙이다.

그런데 『해동제국기』에는 연호 '대화'가 보이지 않는다. 이때는 서명이 처음 사용하여, 황극을 거쳐 내려오던 연호 '명장'을 계속하여 사용하던 때가 된다. 그렇다면 『일본서기』의 '대화개신'은 '명장개신'인가?

『일본서기』에는 상색이라는 연호가 보이지 않는다. 그리고 백치 연호는 임자년(652년)이 아니라, 그 2년 전인 경술년(650년)에 바꾼 것으로 되어 있다.

『해동제국기』의 이 기록을 보면, 원본 『일본서기』에 대화개신이라는 혁신조치가 과연 있었을까라는 의심이 든다. 신숙주는 별로 중요하지도 아니한 혜성 기사도 옮겨놓으면서, 중요하다고 생각되는 혁신의 조칙은 왜 기록하여 두지 않았을까? 혁신의 조칙은 후세 변작자의 작품인가?

한편 『만엽집』을 보면, 7번 노래는 황극의 작품이라 하는데, 편자는 다음과 같은 주석을 달고 있다.

> 「위의 노래를 산상억량山上憶良 대부大夫의 『유취가림類聚歌林』에 의하여
> 살펴보니, 말하기를 '어느 책에는 무신년에 비량궁比良宮에 갔을 때 의
> 대어가大御歌'라 하였다⋯⋯」

'대어가'란 통상 '어제가(御製歌)'라 하는 것으로서, 왜왕이 직접 지은 노래를 뜻한다. 무신년은 648년으로서, 『일본서기』의 기년으로는 효덕의 '대화4년'에 해당한다. 그러나 여기에는 연호를 쓰지 않고, 통상적인 간지인 '무신년'이라고만 하였다. 대화라는 연호가 실제 존재하지 않았다는 증거이다.

그리고 황극은 실존하지 아니한 왜왕이므로, 이 노래를 황극이 지었을 가능성은 전혀 없다.

8세기에 편찬된 『일본영이기(日本靈異記). 出雲路修 외 교주. 2007. 岩波書店』는 수십편의 불교 설화를 모은 책인데, 개개의 설화를 '연(緣)'이라 하였다. 여기에는 효덕 시절의 설화가 네 개 보인다. 12연에서는 '대화(大化) 2년(646년)'이라 하여 연호 '대화' 를 명기하였다. 반면 5연에서는 '효덕 6년 경술', 9연에서는 단순히 '경술'이라 하였는데, 경술년은 650년으로서 『일본서기』상 백치(白雉) 원년에 해당한다. 14연에도 '갑인'이라 하였고, 이는 백치5년이다.

이 책의 지은이는 효덕의 연호 대화는 알지만, 그 후의 연호 백치는 전혀

모르는 듯하다. 그 이유를 알 수가 없다.

37) 37대 왜왕 제명齊明과 실존 왜왕 부여풍夫餘豊

제명은 앞서 본 황극과 동일인물로서 효덕의 사후 다시 등극한 것으로 되어 있다. 『일본서기』에 의하면, 제명은 백제 구원군을 지휘하러 현재의 후쿠오카(福岡)에 갔다가, 거기서 급사하였다 한다. 이 왜왕은 『일본서기』에 나오는 여러 허구의 왜왕 중에서 마지막 인물이다. 이 왜왕의 아들이라는 천지(天智)부터는 실제 존재하였던 왜왕들이다. 허구의 왜왕과 실존 왜왕을 『일본서기』가 어떻게 연결하였는지를 살펴보자.

제명은 백제 부흥군 복신(福信)의 요청에 따라 구원군을 보내기로 하고 자신이 직접 나섰다 한다. 『일본서기』에 나오는 제명의 행군 경로를 따라가 보자. 허구의 왜왕과 실존 왜왕의 연결고리는 바로 이 행군에 숨어 있다.

(1) 백제 구원군을 지휘한 제명의 행적

① 660년 12월 4일, 제명은 현재의 오사카大阪에 있는 난파궁難波宮에 도착하였다. 이곳에서 여러 무기를 준비하였다. 당시 왜국의 수도는 아스카飛鳥였으므로, 거기서는 훨씬 먼저 출발하였을 것이다.

② 661년 1월 6일, 처음으로 해로에 접어들었다. 1월 8일 배가 대백해大伯海라는 바다에 접어들었을 때, 대전희大田姬공주가 딸을 낳았다. 그래서 낳은 딸을 바다의 이름을 따서 대백왕녀라 하였다. 대전희는 태자인 중대형中大兄, 즉 후일의 왜왕 천지天智의 딸로서, 뒤를 이은 왜왕 천무天武의 비가 되었다. 이 기사에 의하면, 백제 구원군의 전함에는 왜왕 제명과 태자인 중대형뿐만 아니라, 만삭으로서 출산 직전이던 태자의 딸도 동승하였던 것이 된다.

③ 1월 14일, 현재의 에히메愛媛 현 니기타熱田 나루에 정박하였다.

④ 3월 25일, 현재의 후쿠오카福岡에 도착하였다. 반뢰행궁磐瀬行宮에 기거하였다.

⑤ 5월 후쿠오카의 조창궁朝倉宮으로 옮겼다.

⑥ 7월 24일, 제명이 조창궁에서 죽었다. 태자인 중대형이 소복을 입고 칭제稱制, 즉위하지는 않고 실질적인 왕으로서 정무를 집행하였다.

⑦ 9월 백제 왕자 풍장豊璋에게 직관織冠 벼슬을 주었다. 또 다신장부多臣 蔣敷의 누이로서 처로 삼게 하였다. 그리고 두 장군에게 군사 5천을 주어, 본국으로 돌아가는 풍장을 호위하게 하였다.

일본의 학계에서는 이러한 제명의 행적에 관하여 의심을 품는 사람은 아무도 없다. 그러나 조금만 검토하여 보면, 이러한 행적은 『일본서기』의 창작이라는 사실이 드러날 것이다

(2) 제명 행적의 진실

이 기사를 보면, 왜왕 제명은 태자인 중대형을 표함하여, 왕실의 주요 가족을 모두 이끌고 출동한 것이 된다. 이것이 과연 사실일까?

수년전에 이미 멸망한 속국 백제를 구원하는 병력을 보내는 일에, 왕과 태자, 그리고 태자의 딸이 함께 전함을 타고 출동할 필요가 있을까? 육로가 아니라 수개월이나 걸리는 먼 항해길을 생각하면 더욱 그러하다. 풍랑을 만나 배가 침몰하는 사고는 익히 예상할 수 있는 일이다. 만일 그런 사고라도 벌어지면 태자가 왕위를 이어받을 수도 없다.

그리고 여왕의 손녀이자 태자의 딸인 대전희가 전함에 동승하였다가, 배 안에서 출산하였다 한다. 전혀 믿을 수 없는 내용이다. 기사에 따르면, 대전희는 배에 탄지 불과 1개월 4일 만에 출산하였다는 것인데, 그렇다면 출산

막바지에 이르러 배가 남산만큼 부른 상태에서 전함에 올라탄 것이 된다. 이는 상식에 전혀 맞지 않는다. 이런 상태의 임산부라면 유람선도 타지 않을 터이다. 하물며 전함을 타고 거친 바다에 장거리 항해라니. 신라와 당나라의 연합군을 상대하여야 할 구원군이 성공하리라 믿은 사람은 일본열도에 거의 없었을 것이다. 그런데 무슨 이유로 임산부가 전함에 올라타고는 1개월여의 항해 끝에 출산하였단 말인가?

필자는 처음에는 왜 왕가의 주요인물들이 모두 구원군의 함선에 동승하였다는 『일본서기』의 기사를 단순한 창작기사로 생각하였으나, 주인공이 허구의 왜왕 제명이 아니라 실존하였던 왜왕 부여풍이라면, 그럴 가능성도 있다는 쪽으로 생각을 바꾸게 되었다.

왜왕 부여풍은 구원군을 지휘하여 백제로 귀환하는 길인데, 나당연합군이라는 엄청난 적군을 상대로 혈투를 벌여야 할 운명이다. 승산이 희박하고, 따라서 무사히 귀환할 것을 기대할 수 없다. 마지막 이별이라고 생각하였을 것이다.

그리하여 왜국에서의 마지막 출항지인 지금의 후쿠오카(福岡)에서는, 왜왕 부여풍을 비롯한 구원군의 무운장구를 기원하는 성대하고도 장엄한 행사가 거행되었을 것이다. 사지(死地)로 출발하는 왜왕 부여풍을 전송하는 행사에 참석하기 위하여, 그 아들 딸 등 왕가의 주요인물들이 후쿠오카까지 먼 항해를 하였다는 것도, 이해가 가는 일이라 하겠다.

속국에 대한 구원군을 보내기 위하여, 60이 넘은 여왕과 태자, 왕실 가족들이 동시에 함선을 타고 장거리 항해에 출동하였다는 것은 전혀 상식에 맞지 않는 일이다. 그러나 모국 백제를 구원하겠다는 결연한 의지에 가득 차 있었던 왜왕 부여풍이라면 충분히 수긍이 갈 수가 있다.

그리고 태자인 중대형이 구원군을 보내는 항구인 후쿠오카에서부터 왕으로서 정무를 집행하였던 것은 숨길 수 없는 역사적 진실이다. 『일본서기』는 이 사실을 숨기지 않고 그대로 기록하였다. 그런데 이를 설명하려면, 왜왕 제명이 직접 출동하여 후쿠오카까지 가서, 거기에서 죽은 것으로 처리하지 않으면 안 된다. 그러한 이유에서 왕과 태자가 같이 출동하여 왕은 후쿠오카에서 죽고, 부득이 태자가 즉위하지 않은 채 그곳에서부터 정무를 집행하였다고 꾸며내었던 것이다.

『일본서기』는 백제의 왕자 풍장 즉 부여풍에게 왜국의 '직관'이라는 벼슬을 주었다 하였는데, 이는 우스운 설화이다. 이 점에 관하여는 뒤에서 상세히 살펴보자(234쪽).

(3) 부여풍은 인질이었나 1

인질을 보낸다는 것은 적대국 사이에 있는 일이다. 『일본서기』 흠명(欽明紀)단을 보면, 백제의 성왕은 왜왕의 졸병과 같은 존재였다. 즉 흠명은 성왕에게 망한 임나를 재건하라고 호령하고, 성왕은 왜왕의 명령을 이행하려고 안간힘을 쓰는 것으로 되어 있다. 『일본서기』 전체를 보아도 백제가 왜왕의 명령을 거역한 적도 없다. 인질을 보낼 아무런 이유를 찾아볼 수 없다.

수백 년에 걸쳐 때맞추어 사신을 보내어 조공을 바치고, 표문을 올리며, 수많은 사람을 헌상하는 등 속국 혹은 번국(藩國)으로서의 의무와 예의를 단 한 번도 어긴 적이 없었기 때문이다. 이런 관계에 있는 백제가 왜국에 인질을 보낼 이유가 있을까? 『일본서기』를 보아도, 그 무렵 양국의 관계가 갑자기 험악하게 되었던 사정은 전혀 보이지 아니한다.

그리고 왜가 백제에 인질을 요구한 적도 없었던 것으로 되어 있다. 즉 백제와 왜 두 나라는 종전과 같은 친선관계가 아무런 변함없이 수백 년간 유지되고 있었음에도, 백제가 스스로 자발적으로 인질을 보냈다는 것이다. 세상에 이런 인질도 있는가? 부여풍은 인질이 아니다.

부여풍이 인질이 아니라 왜왕이었다는 점을 졸저 『일본 천황과 귀족의 백제어』에서 본 바 있으나, 이 점은 아주 중요한 문제이므로 여기서 다시한 번『일본서기』의 기록을 검토하여 보자.

① 서명舒明 3년631년 3월, 백제에서 왕자 풍장을 보내 인질로 하였다.

② 7년 6월, 백제에서 달솔 유柔 등을 보내 조공하였다

③ 7년 7월, 백제의 객客을 조정에서 향응하였다.

④ 10년, 백제, 신라, 임나가 같이 조공하였다.

⑤ 황극皇極 원년642년, 백제에서 조문 사절을 보냈다

⑥ 원년 2월, 백제의 왕자 교기翹岐를 불러 아담산배련阿曇山背連의 집에 살게 하였다.

⑦ 원년 4월, 대사大使 교기가 종자를 거느리고 조정에 찾아와 절하였다. 소아대신蘇我大臣이 집에 교기들을 불러 대화하였다. 다만 새상塞上,백제 의 왕자은 부르지 않았다.

⑧ 원년 5월, 교기들을 불러 활로 수렵하는 것을 관람하게 하였다. 교기가 처자를 데리고 백제대정百濟大井의 집으로 옮겼다. 사람을 보내 죽은 아이를 장사지냈다.

⑨ 원년 9월 백제의 사신 대좌평 지적智積 등이 조정에 왔다. 장사들에게 명하여 교기의 앞에서 씨름을 시켰다.

⑩ 원년 8월 백제의 사신 삼관參官 등이 일이 끝나 돌아갔다. 인질 달솔 장복長福에게 소덕小德 관직을 주었다. 중객中客 이하에는 위 일급位一級을 주었다.

⑪ 2년 4월, 축자築紫에서 급한 사신을 보내어 아뢰기를 "백제국왕의 아 들 교기와 제왕자弟王子가 조공사와 같이 왔습니다"라 하였다.

⑫ 2년 7월, 신하들을 보내 백제에서 조공하고 바친 물건을 점검하였다. 물건이 적어 추궁하였더니, 대사大使인 달솔 자사自事와 부사副使인 은

솔 군선軍船이 '지금 바로 준비하겠습니다'라 하였다. 자사는 인질인
달솔 무자武子의 아들이다.

『일본서기』를 보면, 풍장 즉 부여풍이 인질로 왜국에 체재하고 있는 사이
에도, 백제의 왕자와 신하들은 뒷집 드나들듯 왜국에 수시로 내왕하였던 것
을 알 수 있다. 백제 왕자인 교기는 가족과 종자들까지 대동하여 왜국 조정
을 드나들며 거들먹거렸고, 왜국 조정에서는 교기 접대에 분주하였다. 『일
본서기』를 죽 읽어보기만 하여도 그가 인질이 아니라는 점을 알 수 있다.

이렇듯 일년에도 몇 번씩 왕자와 가족들이 왕래하는데, 무슨 이유로 인질
이 필요하였을까? 왜 백제는 왜가 요구하지도 아니하였는데, 인질을 보냈
을까? 만일 인질이었다면, 교기나 다른 사신의 편에 섞여 탈출하였을 것이
다. 그렇지만 부여풍은 왜국에서 탈출하고 싶은 마음이 전혀 없었던 것이
분명하다.

더욱 가관인 것은 부여풍 이외에도 달솔 벼슬을 가진 두 사람이 왜국에
인질로 있다는 점이다. 그중의 한 사람은 왜국으로부터 벼슬까지 받고
있다.

위에서 본 ⑫항에 의하면, 달솔 무자(武子)는 왜국에 인질로 가 있는데, 백
제의 조정에서는 그의 아들 자사(自斯)를 대사(大使)로 왜국에 파견하였다 한
다. '대사(大使)'는 외교사절단의 최고 지휘관이다. 이렇듯 '대사'가 지휘하
는 외교사절단을 파견하였다는 것은 공식적인 외교관계를 맺고 있다는 의
미가 된다. 그런데 무슨 인질인가? 더욱이 인질의 아들이 대사라는 것은 전
혀 상상도 되지 않는 일이다.

(4) 부여풍은 인질이었나 2

부여풍이 도왜한 이유와 왜국에서 어떻게 지냈는지를 좀 더 살펴보자.

① 서명舒明 3년631년 백제의 의자왕이 왕자 풍장을 인질로 보냈다.

② 황극 2년643년 11월, 이해 백제의 태자 풍장이 벌통 4매를 삼륜산三輪山
에 놓아 키웠다. 그러나 번식하지 않았다.

③ 효덕孝德 백치白雉 원년650년 2월, 신하가 백치 즉 흰 꿩을 잡았다고 보
고하였다. 그러자 효덕이 백제군百濟君 즉 풍장에게 물었다. 풍장이
"후한 명제明帝 영평 11년, 백치가 곳곳에 보인다고 하였습니다"라고
답하였다.

④ 며칠 후에는 연호를 백치로 바꾸는 성대한 의식이 열렸다. 왜왕이 좌우대신, 백관 및 백제
의 왕족 풍장, 그 아우 새성, 충승, 고구려의 시의侍醫 모치, 신라의 시
학사侍學士 등을 거느리고 앞뜰에 이르렀다.

②에 의하면 풍장은 한가하게 벌을 키우고 있었다 한다. 인질다운 처신으
로 보인다. 그런데 실제 풍장이 인질이었고, 그런 그가 벌을 키웠다면, 그것
이 『일본서기』의 기사 소재가 될 리가 만무하다. 인질이란 존재가치가 미미
한 사람인데, 그가 벌을 키우든 농사를 짓든, 관찬사서의 기사로 나올 수는
없을 것이다. 이 기사는 실제 인질이 아닌 풍장을, 인질로 보아달라는 취지
로 꾸며낸 설화인 것이 분명하다.

그런데 ③을 보면, 풍장을 인질이라 할 수는 없을 것이다. 나라의 연호를
바꾸는 중대한 국사에 있어서 최고의 고문과 같은 역할을 하기 때문이다.
그리고 ①에서는 풍장을 백제의 '왕자'라 하였다가, ②에서는 백제의 '태자'
라 하였다. 같은 『일본서기』에서도 앞뒤가 맞지 않는다. 『삼국사기』에는 의
자왕의 태자가 부여효(夫餘孝)라 하였다.

④에는 왜왕의 신하 가운데 최고위 즉 총리대신급의 인물이 바로 풍장인
것 같은 느낌을 주고 있다. 인질이 이렇듯 최고 고문 혹은 최고위 신하의 역
할을 한다거나, 이런 성대한 행사에 앞장선다는 것은 상상할 수도 없다. 전

혀 상식에 어긋난다.

그런데 실제로는 왜국에 백치라는 연호가 존재한 바 없었다. 따라서 흰 꿩을 잡았다거나, 연호를 백치로 바꾸는 장엄한 의식이 실제 거행되었을 리가 없다. 위의 네 기사는 모두 『일본서기』 저자의 창작에 불과하다. 그러나 이러한 창작기사를 통하여, 부여풍이 단순한 인질이 아니라는 점을 힘주어 강조하고 있는 것을 알 수 있다.

(5) 부여풍의 백제 귀환

제명 7년(661년) 8월, 이때는 백제가 멸망한 뒤였고, 백제 구원군을 지휘하던 왜왕 제명(齊明)은 한달 전에 죽었다. 태자인 천지(天智)가 백제로 귀환하는 풍장에게 '직관(織冠)'이라는 관직을 주었으며, 다신장부(多臣蔣敷)의 여동생을 처로 삼게 하였다 한다. 대산하(大山下) 관직의 협정련빈랑(狹井連檳榔)과 소산하(小山下) 진조전내진(秦造田來津)을 보내어 군사 5천여명(率軍五千餘)을 이끌고, 본향으로 가는 풍장을 호위하게 하였다.

『일본서기』에 의하면, 부여풍은 631년 인질로 도왜하여 무려 30년간 왜국에 체재하다 661년 귀환하는 것이 된다. 아마도 동서고금의 인질 역사에서 최장기간 체재한 것이 아닐까? 기약도 없는 고달픈 인질 생활을 어떻게 30년이나 견뎌 내었을까?

귀환하는 인질 부여풍에게 주었다는 '직관(織冠)'이라는 벼슬을 보자. 『일본서기』 전체를 보아도, 이런 관직명은 나오지 않는다. 오직 부여풍만이 받은 관직이다. 이보다 조금 앞선 대화(大化) 5년(649년) 새로운 관위제도를 시행하였다는데, 최고위직이 '대직(大織)', 두 번째가 '소직(小織)'이었다 한다. 이와 비슷한 느낌이다.

그리고 왜왕 천지(天智)가 최고의 신하 등원겸족(藤原兼足)에게 하사한 '대직관(大織冠)'이라는 관위를 연상케 한다. 아마도 『일본서기』의 저자는 최고위직이라는 의미로 '직관'이라는 관직명을 창안해 내었을 것이다.

인질인 적대국의 왕자가 귀국하는 데에 무려 5천여명이라는 엄청난 대부대로 호위하였다는 기사를 주목하여 보자. 당시 백제는 나당연합군에 의하여 망한 뒤였고, 부흥군이 활약할 때이니 전시이다. 그렇지만 인질의 생명은 그다지 중요한 것이 아니다. 가령 백제의 고지로 귀환하는 도중에 적병을 만나 목숨을 잃었다 하더라도, 왜국으로서는 아무런 책임도 없다. 백제는 이미 멸망하였으므로, 책임을 따져 물을 주체도 없는 형편이다.

그럼에도 불구하고 귀환하는 인질을 위하여 무려 5천여명의 대군을 호위부대로 딸려 보냈다니, 전혀 상식에 맞지 않는 일이다. 아마도 5천여명이라는 숫자는 『일본서기』의 과장일 가능성이 짙다. 그러나 엄청난 규모의 대부대를 편성하여 호위하였던 것은 분명한 사실일 것이다.

여기서 생각나는 것은, 『일본서기』 웅략(雄略) 23년 4월조 기사이다. 즉 왜국에 있던 백제의 왕자 말다(末多) 즉 후일의 동성왕이 귀국할 때에, 5백명의 군사를 붙여 호위하였다 한다. 아마도 백제의 왕자가 왜국으로 파견되어 왜왕으로 근무하다 본국으로 귀환할 때에는, 5백명 정도의 호위대를 편성하여 호송하는 것이 관례였다고 이해할 수 있다. 이런 규모의 병력만 하여도 본국으로 귀환하는 왜왕의 경호에 만전을 기하였다는 느낌이다. 그런데 부여풍의 경우는 본국 백제가 나당연합군의 공격을 받아 이미 망해버렸으니, 극도로 위험한 전시상황이다. 그래서 호위대를 대폭 증원하였다고 볼 수 있다.

어쨌든 이 기사를 보더라도 부여풍이 인질이 아니었다는 점은 명백하다. 그에게 '직관'이라는 최고위 벼슬을 주었다거나, 5천여명의 호위대를 붙였다는 기사는, 『일본서기』의 저자가 부여풍은 '인질'이 아니라는 사실을 암시한 것으로 볼 수 있다.

그러면서도 그가 왜왕이었다는 사실이 구체적으로 알려지는 것은 원치 않았기에, 다신장부의 여동생을 처로 삼게 하였다는 날조된 기사를 삽입한 것으로 추정된다.

(6) 백제의 왕자 선광禪光의 도왜와 입시入侍

『일본서기』 이후의 일본 역사를 전하는 『속일본기』 27권의 다음과 같은 기록을 주목하여 보자.

「형부경刑部卿 종3위 백제왕百濟王 경복敬福이 죽었다. 그 선조는 백제국 의자왕으로부터 나왔다. 고시강본궁高市岡本宮에서 다스리던 천황의 때에, 의자왕은 아들 풍장왕豊璋王과 선광왕禪廣王을 보내어 입시入侍하게 하였다. 후강본조정後岡本朝廷에 의탁했는데, 의자왕의 병사가 패해서 당에 항복하였다.

......

풍장은 우리 구원병과 함께 그들을 막았는데, 구원군이 불리하였다. 풍장은 배를 타고 고구려로 달아났다. 선광은 이 때문에 본국으로 돌아가지 못했다. 등원조정藤原朝廷에서 호號를 내려 백제왕百濟王이라 하였고, 죽은 뒤 정광삼正廣參을 더해 주었다. 아들 백제왕 창성昌成은 어릴 때 아버지를 따라 왜의 조정으로 왔다. 아버지보다 먼저 죽었다.

......

아들 낭우郎虞는 나라奈良 조정의 종4위하 섭진량攝津亮이 되었다. 경복은 그의 셋째 아들이다. 방종하고 거리낌이 없었으며, 주색을 매우 좋아했다. 성무聖武황제가 특별히 총애하여 상이나 관직을 내리는 것이 매우 두터웠다……」

번역은 이근우 선생의 『속일본기 3. 2012. 지식을 만드는 지식』 312쪽 여기에 나오는 고시강본궁 천황이란 왜왕 서명(敍明)을 뜻하고, 후강본조정이란 왜왕 제명(齊明)의 시대를 의미한다.

이 기록에 의하면, 의자왕의 시대에 풍장 즉 부여풍, 그리고 동생인 선광, 선광의 어린 아들 창성, 세 사람이 동시에 도왜한 것을 알 수 있다. 그런데 여기에는 도왜 목적이 '인질'이 아니라 '입시(入侍)'라고 되어 있다. 입시는 궁궐로 들어가 임금님을 뵙는 것을 뜻하지만, 여기서는 임금님을 가까이에서 모신다는 의미로 짐작된다.

앞서 본 『일본서기』의 풍장은 명목상으로는 인질이고, 실제는 왜왕의 고문, 혹은 최고위 신하로 묘사되어 있다. 그런데 『속일본기』에서는 이와는 달리 왜왕을 '입시' 즉 가까이에서 모시기 위하여 도왜하였다 하였다. 인질은 적대국에 보낸 볼모이다. 입시는 왕을 최측근에서 모시고 보좌한다는 의미이므로 전혀 다른 개념이다. 적대국의 왕자가 왜왕을 '입시' 즉 가까이 모시다보면, 적대감에 그를 살해할 수도 있다. 왜왕 입장에서는 적대국의 왕자가 자신의 측근에 있는 것은 큰 불안요소일 것이다.

동일인물이 인질이면서, 입시한다는 것은 상상도 할 수 없다. 왜 이렇게 같은 사람을 두고 전혀 다른 여러 가지 시각이 존재할 수 있단 말인가? 진실은 무엇인가? 그리고 『일본서기』를 아무리 훑어보아도, 당시 백제의 의자왕이 왕자를 둘이나 왜왕에게 보내 '입시' 즉 가까이서 모시게 한 이유가 나오지 않는다. 백제가 속국이었다고 해도, 왕자를 보내어 '입시'하게 한다는 것은 전혀 상상할 수도 없는 일이다.

그리고 『속일본기』에서 부여풍을 '풍장왕(豊璋王)', 선광을 '선광왕(禪廣王)'이라고 각각 호칭한 것을 주목하여 보자. 8세기의 일본에서는 천황가의 남성을 '~왕'이라 하였다. 『일본서기』에서는 부여풍을 인질이라 하였는데, 여기서는 마치 왜왕 즉 천황의 가족인 듯한 표현을 사용하였다. 이 '풍장왕'과 '선광왕'이라는 표현은 그들이 천황가의 일원이라는 느낌을 준다.

『속일본기』의 저자는 부여풍이 인질이 아니라 당시 천황과 동족이었다는 사실을 익히 알고 있었으므로, 무의식중에 이러한 표현을 사용하였을 가능성이 있다. 혹은 그러한 사실을 암시하려는 의도일 수도 있을 것이다.

(7) 가족을 거느리고 도왜한 백제의 왕자들

풍장 즉 부여풍은 다름 아닌 왜국의 왕이었던 것이다. 이를 은폐하려고 온갖 설화를 꾸며내다 보니 한 사람이 마치 전혀 다른 세 인물인 것처럼 되고 말았다.

그리고 풍장 즉 부여풍의 동생 선광은 어린 아들 창성을 데리고 도왜였다고 되어 있다. 앞서 백제의 왕자 교기가 전 가족과 종까지 거느리고 도왜하였다가, 어린 아들이 사망하였다는 기사에서도, 당시의 백제 왕자들이 전 가족을 이끌고 도왜하였던 것이 드물지 않았다는 사실을 알 수 있다.

백제의 왕자들이 어린아이와 종까지도 포함된 전 가족을 이끌고 도왜하였던 점을 좀 더 깊이 생각하여 보자. 이것은 무엇을 의미하는가? 왜국에 어떤 용무가 있어 일시적으로 방문하였다 귀환할 목적이라면, 멀고 험한 바닷길에 굳이 가족을 동반할 이유가 없을 것이다. 가족을 동반하여 도왜한 백제 왕자들은 왜지에서 영구적으로 정착하거나, 아니면 최소한 수년 이상 장기체재할 목적이었던 것이 분명하다.

무슨 이유로 백제의 왕자가 타국인 왜국에서 가족과 함께 장기간 체재하였을까? 그것도 여러 왕자가 같은 시기에. 고구려나 백제, 신라의 경우에는 그러한 사례가 단 한건도 보이지 않는다. 신라의 내물마립간 시절에, 왕자 실성(實聖)이 고구려에 인질로 체류한 적이 있으나, 가족과 같이 갔을 리는 만무하다.

백제의 왕자가 머나먼 왜국에서 가족과 함께 장기간 머무른 것은 과연 무슨 이유였을까? 어떤 왕자는 장기간 왜국에 머물면서 왜국을 통치하는 왕이었을 것이다. 그리고 일부 왕자는 바로 그 왜왕을 지근거리에서 보좌하는 중책을 맡고 있었을 것이다. 그렇지 않다면 백제의 왕자가 가족을 데리고 도왜하여 장기간 왜국에 머물 이유가 없었을 것이다.

앞서 『속일본기』에 '입시(入侍)'라는 용어가 나오는데, 백제의 왕자 선광의 도왜 목적을 정확하게 나타내는 적절한 용어일 것이다. 선광은 형이자 왜왕인 풍장을 가까이에서 보좌하고 모시기 위하여, 즉 '입시'하기 위하여 도왜하였다고 보이기 때문이다. 입시는 선광에게만 해당되는 용어이다.

어쨌든 부여풍이 왜국에서 약 30년간 체재하였던 것은 분명한 사실일 것이다. 백제의 다른 왕자나 사신의 편으로 탈출하여 본국으로 돌아갈 기회가 무수하게 많았으나, 그러지 아니하고 왜국에 머물렀다. 그는 왜왕이지 인질이 아니었으므로, 탈출할 마음같은 것은 전혀 없었던 것이다.

노령의 여왕 제명이 백제 구원군을 지휘하여 머나먼 후쿠오카까지 가서 급사하고, 두달 뒤 풍장은 백제로 떠난다. 그러자 마치 기다렸다는 듯이 태자 중대형(후일의 왜왕 천지)이 소복을 입고 왜왕으로서의 정무를 집행한다. 마지막 가공의 왜왕 제명으로부터 실재한 왜왕 천무로의 장면 전환을 위하여 이런 플롯을 설정한 것이다. 떠나간 백제의 왕자 풍장이 인질이 아니라 왜왕이었다는 사실은 그리 어렵지 않게 간파할 수 있다.

(8) 부여풍은 왜왕의 관모를 썼다

2018년 1월 24자 『조선일보』를 보면 「日 최고실력자 무덤서 나온 금실은 백제 것」이라는 제목의 기사가 있다. 요지는 이렇다.

왜왕 천지(天智) 시대의 최고 실권자 등원겸족(藤原鎌足)의 무덤인 아부야마(阿武山)고분에서 발견된 시신은 왜왕만 쓰던 관모를 쓰고 있었다 한다. 그 관모에는 금실로 수를 놓은 것이 있는데, 그 문양의 형태가 익산의 미륵사지에서 출토된 금실의 그것과 흡사하다는 것이었다.

미륵사지의 금실은 비단에 수놓은 꽃, 구름, 용 무늬의 테두리를 장식했던 것으로서, 비단은 사라지고 금실만 남아있지만, 그 형태가 아부야마 고분의 금실과 흡사하다 한다. 미륵사지 석탑이 건립된 것은 639년이며, 아부야마 고분은 669년에 조성되었다. 기사에 나오는 다음 내용을 주목하여 보자.

「등원겸족과 같은 관모를 썼던 최고위관이 한 명 더 있었는데, 일본으로 건너간 백제 의자왕의 아들 부여풍이었다」

중요한 것은 바로 이 대목이다. 부여풍이 인질이었다면 과연 왜왕과 최고 권력자 등원겸족 두 사람만 쓰던 관모를 쓸 수 있었을까? 왜왕을 입시, 즉 가까이서 모시는 지위에 있었다 하더라도 역시 그러한 관모를 쓸 수는 없었을 것이다.

부여풍이 이 관모를 썼다는 것은 그가 왜왕이거나, 아니면 등원겸족과 동격인 지위, 둘 중 하나의 위치에 있었다고 보아야 하겠다. 등원겸족과 동격인 지위는 무엇인가? 왜왕의 신하이지만, 누대에 걸쳐 왜지에 살면서 왜왕의 신임을 얻어, 나중에는 왜왕과 대등하거나 오히려 능가하는 권세를 가진 지위이다. 『일본서기』에 나오는 소아(蘇我) 가문의 입록(入鹿)이나 마자(馬子)와 같은 인물이 여기에 해당된다.

부여풍이 등원겸족이나 소아마자와 비슷한 토호로서의 권력자였을까? 부여풍은 30년간 왜국에 체재하였으니, 이 기간을 충분히 활용하여 소아입록이나 소아마자와 같은 최고의 권신으로 성장하였던 것일까? 그럴 가능성은 전혀 없다. 『일본서기』에도 부여풍이 권신으로서 전횡을 하였다는 기사는 보이지 않는다.

소아씨나 등원겸족도 도왜한 왕자가 아니다. 백제의 왕자로서 이렇듯 소아씨 비슷한 세력가로 입신한 인물은 『일본서기』에는 보이지 않는다. 부여풍이 중신겸족이나 소아마자와 같은 인물이 아니었음에도, 이 관모를 쓰고 있었다는 것은 그가 왜왕이었다고 볼 수밖에 없다. 조선일보는 부여풍을 '최고위관'이라 하였는데, 이는 그런대로 적절한 표현일 것이다. 실제는 '왜왕'이었으니 말이다.

어쨌든 부여풍이 이런 관모를 썼다는 것은 그가 인질이 아니라 왕이었다는 아주 중요한 물적인 증거가 된다. 인질이 최고위관이나 쓰는 관모를 쓴다는 것은 상상할 수도 없는 일이기 때문이다.

부여풍이 왜왕이었기에 왜에서 파병한 백제구원의 대군을 총지휘할 수 있었던 것이다. 인질이었다면 감히 있을 수 없는 일이다. 부여풍을 왜왕으로 본다면, 『삼국사기』나 『일본서기』의 의문스런 대목을 원만하게 이해할 수 있게 된다.

이 기사에는 이 관모를 만든 사람이 백제 유민이나 백제계 기술자였을 가능성이 크다고 하였다. 그러나 이는 백제의 대왕이 백제에서 만들어, 신임의 증표로 왜왕에게 하사하였던 것으로 추정할 수 있다. 삼종신기인 칼과 거울을 왜왕에게 하사한 것과 같은 맥락일 것이다. 백제의 왕세자가 왜왕에게 칠지도를 하사한 것도 역시 마찬가지이다.

그런데 이 기사에서는 부여풍의 관모가 어디서 발견되었는지, 현재 어디에 보관되어 있는지 등의 중요한 사항이 나오지 않는다는 점이 아쉽다.

(9) 부여풍의 진군가進軍歌

졸저 『일본 천황과 귀족의 백제어』에서 왜왕 제명의 작품이라는 노래가 실은 부여풍이 지은 백제 구원의 진군가라는 것을 본 적이 있다(421쪽). 원래 이 노래는 제명이 남편과의 추억을 회상하는 애상의 노래로 알려졌으나, 그 내용으로 보아 애상의 노래가 아니고 힘찬 진군가인 것이 분명하다.

「熟田津尒　船乘世武登　月待者　潮毛可奈比沼　今者許藝乞菜

ni-ki-ta-tu-ni　pu-na-no-ri-se-mu-to　tu-ki-ma-te-ba

si-po-mo-ka-na-pi-nu　i-ma-ba-ko-gi-i-de-na

니키타熟田 나루에서, 배 타려고, 달 기다렸더니, 물때도 맞았네,

이제 노저어 가자꾸나」

한시 바삐 모국 백제로 돌아가, 나당연합군을 무찌르고 백제를 도로 일으켜 세우려는 부여풍의 안타깝고 간절한 마음이 손에 잡히는 듯 하다. 아마도 바람이나 조류 등 여러 가지 여건으로 인하여, 출항하지 못하고 여러 날을 허비하며 기다렸던 모양이다. 부여풍은 배가 출항할 수 있는 물때를, 안타까운 마음으로 초조하게 기다렸을 것이다.

제명이 망해버린 속국 백제를 구원하는 구원군의 함선에 올라타 진두지휘하였을 리도 없지만, 한시 바삐 배가 떠나기를 기원하면서, 물때를 초조하게 기다릴 이유가 없을 것이다. 속국 백제를 구원하러 가는 것이, 상국인 왜국 왕에게 그처럼 간절하고 안타까운 일이 될 수는 없을 것이다.

백제와 사무적이고 공식적인 인연밖에 없는 사람의 노래가 아니다. 망해버린 백제가 모국인 사람, 한시라도 빨리 백제로 돌아가 적군을 무찌르고 나라를 일으켜 세우려는 간절한 희망을 가진 사람의 노래인 것이 분명하다.

『만엽집』에는 이 노래가 액전(額田, nu-ka-ta)이라는 왕실 여성이 지은 것으로 명기되어 있다. 필자는 이 노래를 부여풍이 지었다고 생각하지만, 액전이라는 여인이 만들었을 가능성이 전혀 없는 것도 아니다. 만일 이 여성의 작품이라면, 부여풍의 당시 심경을 대신하여 노래하였다고 생각된다.

(10) 『해동제국기』와의 차이

『해동제국기』는 제명이 처음에는 효덕의 백치 연호를 그대로 사용하였

다가, 재위 7년 즉 서기 661년에 연호를 백봉(白鳳)으로 바꾸었다 한다. 한편 『일본서기』에 의하면, 제명은 이 해에 죽은 것으로 되어 있다. 따라서 이 해는 백봉 원년이자 제명의 몰년이기도 하다.

『일본서기』는 다르다. 제명은 연호를 사용하지 않은 것으로 되어 있다. 후세의 조작자는 제명의 연호가 현실감이 없다고 판단하였을까? 삭제한 이유를 알 수 없다.

『해동제국기』는 제명 7년 근강주(近江州)로 도읍을 옮겼다 한다. 이 점은 『일본서기』와 큰 차이가 있다. 『일본서기』는 다음 왕인 천지(天智) 6년 3월에 근강으로 천도한 것으로 되어있기 때문이다. 그래서 천지를 '근강천황'이라고도 일컬었다.

『해동제국기』와 『신황정통기』는 공히 제명이 재위 7년, 68세에 죽었다 하였다. 『일본서기』도 재위기간은 마찬가지이나, 수명은 보이지 않는다.

(11) 제명의 무덤

『일본서기』를 보면, 제명이 후쿠오카에서 급사하자 태자 중대형이 시신을 모시고 아스카로 귀환하였다 한다. 천지 6년, 모친인 제명과 누이 간인(間人)왕후(36대 왜왕 효덕의 비)를 소시강상릉(小市岡上陵)에 합장하면서, 딸인 대전(大田)왕녀의 묘를 그 앞에 두었다고 되어있다.

제명 또한 실재하지 아니한 가공의 왜왕이다. 그의 시신을 묻은 무덤이 존재할 리가 없다. 당연하게도 앞서 본 왜왕들과 마찬가지로 이 왜왕의 무덤도 까마득하게 잊혀졌다.

그러다 1696년 원록(元錄)의 수릉 무렵 타캐티(高市)군 조옥촌(鳥屋村)에 있는 소곡(小谷)고분이 제명릉으로 지정되었다 한다. 그 후 제명의 무덤은 아스카(飛鳥)에 있는 쿠루마키켄노우(車木ケンノウ)고분이라는 반론이 제기되어 세력을 얻어 오다, 1800년대에 이 무덤이 제명릉으로 치정되었다 한다. 현

재 공식적으로는 이 무덤이 제명릉으로 되어 있다.

그런데 최근 고고학이 발전하면서, 이 무덤은 제명의 그것이 아니라는 견해가 대세를 이루고 있다. 학자에 따라 앞서 본 소곡고분, 견우자총(牽牛子塚)고분, 월암옥산(越岩屋山)고분 등으로 의견이 나누어져 있다.

38) 38대 왜왕 천지天智

6~7세기에도 왜국을 다스리던 왕이 있었던 것은 의문의 여지가 없는 역사적 진실이다. 그러나 일본의 관찬사서로서 정사라는 『일본서기』에는 어떤 왜왕들이 어떤 방식으로 왜국을 통치하였는지 전혀 나오지 않는다. 제명 여왕까지는 전부 실존하지 아니한 허구의 왜왕들이다. 『일본서기』에 등장하는 첫 번째 실존 왜왕이 바로 천지이다.

이어지는 천무와 지통, 모두 실존 인물인 것은 물론이다. 이 왜왕들은 모두 실존 인물이지만, 『일본서기』는 이 실존 왜왕들에 대한 기사마저 정확하게 기록하여 놓지 않았다. 은폐와 왜곡이 넘쳐나고 있다. 천지가 모친인 제명이 죽은 후, 무슨 이유로 즉위를 7년이나 미루었을까? 그리고 과연 그가 동생인 천무를 태자로 책봉하였을까라는 점은 크나큰 의혹이지만, 『일본서기』는 이에 관하여 묵묵부답이다.

『일본서기』에는 천지의 출생연도가 나오지 않지만, 서명 13년 즉 641년 서명이 죽었을 때 동궁이던 천지가 16살이었다는 기사가 보인다. 이에 따르면 그는 625년생이 된다. 그리고 백제 구원군을 진두지휘하던 제명이 죽은 것은 661년 7월이라 하였으니, 당시 천지는 36세였던 것을 알 수 있다.

이때부터 천지는 상복을 입은 채 칭제(稱制) 즉 즉위는 하지 않고, 실질적인 왜왕으로서 정무를 집행하였다 한다. 그로부터 무려 7년이나 지난 668년 천지는 드디어 왜왕으로서 즉위식을 거행하게 된다.

(1) 천지가 동생 천무를 태자로 책봉하였을까?

『일본서기』천무단을 보면, 천무는 천지의 동모제(同母弟), 즉 같은 어머니를 둔 아우이며, 천지 원년 즉 제명이 죽은 다음 해인 662년(『일본서기』는 이 때를 천지 원년이라 하였다), 동궁에 올랐다고 하였다. 이때 천지의 나이는 불과 37세, 연부역강한 한창 나이가 아닐 수 없다. 아직 후사를 생각하기에는 이른 나이인데다, 그 후사가 아들이 아닌 동생이라는 점을 과연 어떻게 받아들여야 할까?

모친 제명이 죽은 지 불과 1년 전이고, 더구나 아직 정식으로 즉위하지도 아니한 상태인 천지가 무엇이 급해서 동생인 천무를 후계자로 정한단 말인가? 천지는 정비와의 사이에는 자식이 없었다. 그러나 채녀(采女) 출신의 여성과의 사이에 낳은 장남 대우(大友), 궁인 출신이 낳은 천도(川島), 지귀(志貴) 등의 아들이 있었다. 이때 장남인 대우는 13살이나 되었으므로, 후계자로 책봉하기에는 전혀 문제가 없는 나이라 할 수 있다. 어느 모로 보나 동생인 천무를 이토록 시급하게 후사로 정할 아무런 이유를 찾을 수 없다.

필자는 졸저 『일본 천황과 귀족의 백제어』에서 천지는 왜왕이던 부여풍의 아들이라는 점을 밝힌 바 있다(431쪽). 천지와 천무는 부여풍이 왜국에 남긴 두 혈육이었던 것이다. 따라서 천무가 형인 천지 원년에 태자가 되었다는 『일본서기』의 기록은 부여풍이 지금의 규슈(九州)에서 백제로 건너가면서, 미리 장남인 천지의 후계자로서 차남인 천무를 책봉한 데에 그 원인이 있었던 것으로 추정할 수 있다.

천지가 동생인 천무를 후계자로 선택한 것이 아니라, 아버지인 부여풍이 장남을 왜왕, 차남을 후계자인 태자로 지명한 것으로서, 천지의 입장에서는 이러한 부친의 조치에 관하여, 그저 순응하는 길 이외에는 다른 선택의 여지가 없었을 것이다. 이렇게 본다면 천지가 전혀 급할 것이 없음에도 불구하고, 원년에 동생을 동궁으로 세웠다는 『일본서기』의 내용을 아무런 무리도 없이 쉽게 이해할 수 있게 된다.

천무가 동궁이 된 것은 부친인 부여풍의 선택이라고 보는 시각은, 그 점에 관한 『일본서기』의 기사내용이 아주 특이한 점도 그 근거가 된다. 『일본서기』에 왜왕이 재위 중에 태자를 책봉하였다는 기사가 여럿 보이고 있다. 대부분의 경우는 부왕에 관한 기사 중에서 재위 몇 년에 아들 누구를 태자로 책봉하였다는 식으로 되어 있다. 태자 책봉에 관한 첫 번째 기사는 초대 왜왕 신무(神武) 42년조에 나온다.

「四十有二年　春正月壬子朔甲寅　立皇子神淳命川耳尊　爲皇太子
  42년 1월 3일 황자인 신순명천이존을 황태자로 세웠다」

왜왕 신무가 아들 중의 하나인 신순명천이존을 태자로 책봉하였다는 기사이다. 이 기사를 필두로 하여 이후에 이어지는 대부분의 태자 책봉 기사도 이와 같은 형식으로 되어 있다.

그런데 천무의 태자 책봉 기사는 이와는 전혀 다르다. 기사도 천지단에 나오는 것이 아니라, 천무단의 첫머리에 등장하는 점이 우선 특이하다. 즉 다른 왜왕들은 그 앞선 왕 즉 부왕의 기사에서 왕자 아무개를 태자로 책봉하였다고 되어 있음에 비하여, 유독 천무는 그 자신의 기사에서 '동궁'으로 올랐다고 된 점이 전혀 색다르다. 그리고 기사의 내용도 앞의 것과는 많이 다르다.

「天命開別天皇　元年　入位東宮
  천명개별천황 원년 동궁에 올랐다」

천명개별천황은 바로 천지이다. 기사의 내용으로 보아, 천지가 동궁으로 천무를 선택하여 책봉한 것이 아니고, 천무 스스로가 동궁에 오른 듯한 느낌을 준다. 이러한 표현은, 천무가 동궁에 오른 것은 천지가 선택한 것이 아니라는 것을 직설적으로는 밝힐 수는 없지만, 행간에서 은연중 암시하려는 『일본서기』 저자의 의도가 숨어 있는게 아닐까? 다른 왜왕들의 경우와는 사정이 다르다는 점을 암시한 것으로 볼 수밖에 없다.

(2) 아들 천무를 태자로 책봉한 것은 왜왕 부여풍

그렇다면 왜 부여풍은 둘째 아들인 천무를 동궁으로 임명하였을까? 백척간두의 위기에 처한 모국 백제를 구원하기 위하여, 왜왕의 지위를 내려놓고 백제로 떠난 부여풍으로서는 살아서 귀환할 생각은 하지 아니하였을 것이다. 아마도 당시 왜국의 백제인들 중에서 백제 구원군이 성공할 것이라고 믿은 사람은 거의 없었을 것으로 짐작된다. 부여풍으로서는 장남 천지를 자신의 후계 왜왕으로 임명하면서, 아무래도 마음이 놓이지 않은 듯하다.

왜왕가를 우습게 알면서 권세를 휘두르던 토호 소아씨(蘇我氏) 일족의 세력을, 천신만고 끝에 간신히 제압한 것이 불과 16년 전(645년)의 일이다. 이제 막 권신들의 세력을 분쇄하고 겨우 왕권을 확립하여 놓았는데, 자신은 사지인 백제로 떠나야 한다. 다시금 신하가 세력을 키워 권세를 휘두른다면, 왕권이 도로 무력화될 우려가 있다. 이러한 사태는 미리 예방하여야 한다.

그래서 부여풍이 왕권강화의 수단으로 생각한 것이 차남인 천무를 동궁으로 임명한 조치가 아니었나 생각된다. 형이 왕위에 있고, 아우가 동궁으로서 보좌하여 힘을 합치면, 어떤 권신의 세력이라도 당해낼 수 있다고 생각하였을 것이다. 사지로 떠나면서 아들 형제의 단합과 건투를 기원하는 아버지의 마음이 읽혀지는 대목이 아닐 수 없다.

그리고 천무가 이때 부왕인 부여풍에 의하여 태자로 책봉된 것은 후일, 천지의 사후 벌어진 내란인 임신(壬申)의 난에서 승리하게 되는 결정적인 요인이 되었던 것으로 추측된다. 당시의 형세를 보면, 천지의 아들 대우(大友)가 조정과 정규군을 장악하고 있었고, 천무는 혈혈단신이었다. 천무가 승리할 가능성은 전혀 없었다. 그러나 종국에는 천무가 승리하였는데, 미노(美濃)와 워와리(尾張) 등 지방 여러 호족들이 그의 편에 서서 가세한 것이 결정적인 요인이 되었다. 그러면 지방의 호족들은 왜 천무의 편에 섰을까? 명분이 천무에게 있었기 때문이다.

왜왕 부여풍이 사지인 백제로 떠나면서, 천지의 후사로서 동생 천무를 태자로 책봉한 것은 왜국의 천하가 다 아는 사실이다. 그러한 조치에 내포된 부여풍의 간곡한 의도를 모르는 사람은 없었을 것이다. 그럼에도 불구하고, 천지의 사후 대우가 이를 어기고 자신이 왕위에 올랐다. 천무와 대우, 두 세력과 별다른 이해관계가 없는 지방 호족들에게, 대우는 조부의 간곡한 유지를 어긴 권력욕의 화신으로 비춰졌을 것이다. 조부의 뜻을 거스르고 자신이 왕위에 오른 대우의 조치를, 지방 호족들은 아주 부당한 것으로 받아들였던 것이 분명하다. 천하의 민심이 천무에게로 돌아가고, 지방의 호족들이 천무의 편에 서서 봉기한 것은 이러한 이유가 컸다고 생각된다.

대우의 근강군(近江軍)은 잘 조직되고 훈련된 정부군이요 관군이다. 거기에 비해 천무의 세력은 여기 저기 지방 호족들이 보낸 어중이 떠중이 잡병이었다. 필패의 구도인 천무가 결국 승리하였던 것은, 「천지의 뒤를 이어 왕위에 오를 사람은 천무다」라는 지방 호족들의 공감대가 가장 중요한 원인이었다고 생각된다. 즉 명분이 천무에게 있었던 것이다.

거기에다 지방 호족들 대부분은 백제 멸망 이전에 도왜한 구백제계 세력이었을 것이다. 백제 멸망 이후 갑자기 밀어닥친 신백제계 세력이 주도권을 잡고 근강으로 수도를 옮기자, 구백제계인 지방 호족들도 소외감과 불안감을 느끼고 있었을 것이다. 그러던 차 벌어진 임신의 난에서 이들이 어디에 줄을 설지는 자명한 일이 아닐 수 없다.

신백제계 사람들의 주력은 새로운 수도인 근강(近江)에 살았다. 백제가 멸망한 660년으로부터 불과 12년 후인 672년에 이 난이 발발하였으므로, 신백제계 귀족들이 지방에 뿌리를 내린 호족으로 성장하기에는 아직 이른 시기였을 것이다.

(3) 『해동제국기』에 나오는 제명의 연호 백봉白鳳

『해동제국기』에 의하면, 천지는 원년부터 모친 제명의 연호 백봉(白鳳)을 그대로 사용하였다 한다. 『일본서기』에는 천지가 연호를 사용하지 않은 것으로 되어 있다.

등원겸족(藤原兼足)의 전기인 『가전(家傳)』이라는 기록이 있다(후술 319쪽 참조). 여기에도 「백봉 5년 세차(歲次) 갑인」이라는 연호와, 「백봉 16년 세차 을축」이라는 연호가 등장하고 있다.

현행 『일본서기』에 의하면, '백봉'이라는 연호는 보이지 않는다. 왜왕 효덕(孝德)의 연호인 '백치(白雉)'가 있는데, 그 5년(654년)이 갑인년이다. 따라서 『가전』의 '백봉'이 『일본서기』의 '백치'와 연대가 일치하여, 둘은 동일한 연호인 것을 알 수 있다. 그리하여 『가전』에 따른다면, 고대의 일본에는 '백치'라는 연호는 존재한 바 없었고, 그 시기에 '백봉'이라는 연호가 있었던 것이 된다. 따라서 백봉 원년은 『일본서기』의 백치 원년인 650년이 된다.

『가전』에 나오는 '백봉 16년 세차 을축'을 보자. 이 해 12월 23일, 등원겸족이 죽었다고 되어 있다. 이 기록에 따르면, 왜왕 효덕이 '백봉' 연호를 제정한 이후, 제명은 이를 그대로 물려받아 사용하였고, 최소한 천지 4년까지도 이 연호를 계속 사용한 것이 된다. 『일본서기』의 기년으로 갑인년의 11년 후인 해는, 왜왕 천지(天智) 4년인 665년, 을축년이다.

그런데 『일본서기』는 등원겸족이 왜왕 천지(天智) 8년인 기사년 10월 16일 죽었다 하였다. 『가전』과 비교하면, 무려 4년의 차이가 있다. 어느 기록이 옳을까? 가문의 조상 내력을 기록한 『가전』이 정확하다고 보아야 하지 않을까?

그런데 『가전』의 이 기록도 『일본서기』는 물론 『해동제국기』와도 다르다. 즉 『해동제국기』에 의하면, 제명 7년인 서기 661년이 백봉 원년이므로, 665년인 천지 4년은 백봉 5년이 되어야 마땅하기 때문이다.

『일본서기』는 이때 연호가 없었다 한다. 따라서 『일본서기』, 『해동제국기』, 『가전』의 기록이 모두 다른 것을 알 수 있다. 실재하지 아니한 가공의 연호를 제각각 기록하다보니 이렇듯 구구각각이 되어버리고 말았다.

여기서 생각나는 것은 현행 『일본서기』 백치 원년조에 나오는 성대한 개원(改元) 의식 즉 연호를 바꾸는 의식이다. 지방에서 흰 꿩을 잡아 천황에게 바치기에, 왜왕 효덕(孝德)이 부여풍에게 자문을 구하고는, 연호를 백치 즉 흰 꿩으로 바꾸면서, 성대한 의식을 거행하였다는 것은 앞서 본 바 있다(233쪽).

그러나 『가전』의 기록에 백치라는 연호 자체가 없었던 것을 보면, 원본 『일본서기』에는 연호를 백치로 바꾸었다거나, 그 행사에 관한 기록은 없었던 것이 분명하다. 후세인의 가필인 것이다.

그런데 『가전』에 나오는 '백봉'이라는 연호도 물론 실존한 바가 없었다. 가전의 이 기록은 역사 창조와 왜곡에 일조하는 의미에서 당시 『일본서기』에 존재하던 연호를 사용하였을 것이다. 제명의 연호에 관하여는 뒤에서 다시 살펴보기로 하자(443쪽).

『해동제국기』는 천지 7년 즉 668년에 처음으로 태재수(太宰帥)를 임명하였다 한다. 『일본서기』에는 아무런 기록이 없다. 태재수는 후쿠오카에 있던 태재부(太宰府)의 장관을 말한다. 태재부는 백제 멸망 이후, 신라의 침공에 대비하여 현재의 규슈(九州) 섬 전체의 행정권과 군사권을 담당하던 관청이다. 그런데 『일본서기』를 보면, 추고(推古) 17년 즉 609년에 '축자대재(築紫

大宰)' 운운의 기사가 있어, 이 당시부터 태재부가 있었던 것처럼 되어 있다. 『해동제국기』의 기록이 역사적 진실에 가깝다.

(4) 천지릉天智陵

38대 왜왕 천지는 현재의 시가(慈賀) 현 아푸미(近江)로 천도하여, 그곳에서 서거하였다. 그의 무덤은 현재의 교토(京都) 시 산과구(山科區)에 있다. 이 무덤이 천지릉이라는 점에 대하여는 어느 학자도 이의를 제기한 바 없다.

39) 39대 왜왕 천무天武

천무는 천지의 동생이다. 『일본서기』는 천무가 처음에는 연호를 사용하지 않았다가, 재위 15년에 주조(朱鳥)라는 연호를 제정하였다고 되어 있다.

『해동제국기』에는 천무가 원년에는 모친 제명의 연호 백봉(白鳳)을 그대로 사용하였다 한다. 그 후 재위 13년 갑신년에 연호를 주작(朱雀)으로 바꾸었다가, 15년 병술년에 주조(朱鳥)로 고쳤다 하였다.

(1) 천무의 연호 백봉白鳳

그런데 아스카(飛鳥)의 천원사(川原寺)에 있는 사경(寫經) 기념 석판(石版)에는 천무의 백봉 2년이라는 연호가 나온다. 원문과 띄어쓰기는 『大日本金石文(대일본금석문). 木岐愛吉. 1921. 好尙會出版部』에 의하였으며, 번역은 필자가 하였다.

「淸御原宮御宇　白鳳二年七月九日　我朝始寫一切經　詔諸臣之時……
少僧都義成　勤誌之
천무의 백봉 2년 7월 9일, 우리 조정에서 처음 일체경一切經을 사경하

라고 신하들에게 명령하였을 때……소승도少僧都인 의성義成은 삼가 기
록한다」

청어원궁(淸御原宮, ki-yo-mi-pa-ra-no-mi-ya)은 천무의 궁호이다.
『일본서기』에는 정어원궁(淨御原宮)이라 하였다. 같은 일본어를 한자표기만
달리하였다. 일체경은 불교 경전의 한 종류이다.

이 석판이 언제 작성된 것인지 분명치는 않지만, 고대의 『일본서기』에만
존재하였고 실제로는 사용된 바 없던 백봉 연호가 등장한 것으로 보아, 『일
본서기』가 간행된 이후인 것은 분명하다.

『일본서기』 천무 2년 즉 673년 3월조를 보면, 과연 「서생(書生)들을 모아,
처음으로 일체경을 천원사에서 사경하게 하였다」라는 기사가 있어, 이 석
판의 기록과 일치하는 것을 알 수 있다. 따라서 백봉 2년은 천무 2년이고,
그 원년은 천무 원년인 672년이 된다.

(2) 가공의 연호로 인한 혼란상

그런데 석판에 나오는 '천무의 백봉 2년'이라는 연호는 괴이하다. 왜냐하
면 앞서 본 등원겸족(藤原鎌足)의 전기인 『가전(家傳)』에 의하면, 백봉 원년은
효덕(孝德)의 시대인 650년으로서, 백봉 2년은 651년이 되어야 마땅하기 때
문이다.

그리고 『고어습유(古語拾遺)』에도 효덕의 백봉 4년이 보인다. 이 백봉은
『일본서기』에 나오는 효덕의 연호 '백치(白雉)'와 동일한 것으로 추정된다.
또한 이 백봉은 『가전(家傳)』의 백봉과 마찬가지이다.

한편 『해동제국기』에 의하면, 제명이 재위 7년인 661년 처음 백봉 연호
를 제정하였고, 뒤를 이은 천지와 천무가 계속하여 이 연호를 사용하였다
한다. 따라서 석판에 나오는 '천무의 백봉 2년'이 '천무의 재위 2년인 서기

673년'을 뜻한다면, 이 해는 백봉 23년이 되어야 마땅하다.

　연호에 관하여 등원겸족(藤原鎌足)의 전기인 『가전(家傳)』과, 의성(義成)스님이 지은 석판의 기록, 『해동제국기』, 『일본서기』가 모두 제각각이다. 실제로는 존재하지 아니하였던 연호를 기록하다보니 이렇듯 중구난방이 되고 말았다.

　진실은 당시 왜국에 어떠한 연호도 존재하지 않았다는 것이다. 존재하지 아니한 연호를 세 기록의 작성자가 각각 당시의 『일본서기』를 보고, 거기에 의거하여 기록하였던 것인데, 『일본서기』가 여러 차례 변개되었기에, 이렇듯 구구각각이 되고 말았을 것이다. 정리하여 살펴보자.

	『일본서기』	해동제국기	가전(家傳)	석판(石版)
백치 원년	효덕 6년 경술 (650년)	효덕 6년 임자 (652년)	없음	미상
백치 말년	효덕 10년 (654년)	제명 6년 (660년)	〃	〃
백봉 원년	없음	제명 7년 (661년)	효덕 원년 (646년)	천무 원년 (672년)

　위에서 보는 것처럼 실제 존재하지 아니한 연호인 백치와 백봉에 관하여, 네 기록은 참혹하리만큼 제각각이다. 워낙 구구각각이라 어느 것이 원본 『일본서기』와 가장 부합한 것인지도 짐작하기도 어렵다. 다시 한번 창작 사서인 『일본서기』의 허구성과, 이 책이 그럴듯하게 보이도록, 이에 맞추어 여러 기록을 작성한 8세기 이후 일본인들의 노력을 생각하게 된다.

(3) 백제 조정과 구별되는 아조我朝

　그리고 석판의 기록에 나오는 '아조(我朝)'라는 용어도 주목을 요한다. 우리 조정 즉 왜 조정이라는 의미이지만, 왜국에 사는 사람이 왜지에서 일어난 일을 기록하는 것이므로, 이 말은 전혀 필요하지 않다. 기록 전체를 보더라도, 다른 나라의 조정과 비교하는 내용은 전혀 없다. 그럼에도 불구하고 이 '아조'라는 용어를 굳이 넣은 것은, 지은이가 무의식중에 백제를 의식하였기 때문일 것이다. 즉 일체경을 사경하는 것은 백제에서는 진작부터 있었던 일이지만, 왜국의 조정에서는 이때가 처음이라는 취지인 것이 분명하다.

당시 왜국의 승려는 고구려나 신라 출신도 있었지만, 대부분 백제인이었으므로 작성자인 의성스님도 백제에서 건너갔을 가능성이 크다. 이 스님은 왜국에서 '소승도(少僧都)'라는 고위 승직에 재직하고 있었지만, 왜국의 어떤 사물을 항상 백제의 그것과 비교하는 습관이 잠재하고 있었던 것으로 보인다. 그래서 무의식중에 '아조' 즉 왜 조정이라는 표기를 사족처럼 붙여 놓았을 것이다.

(4) 연호 주조朱鳥

현행 『일본서기』에 의하면, 천무는 처음에는 연호를 사용하지 않다가, 재위 15년이 되어서야 비로소 연호 '주조'를 제정하였다 한다. 그러다 바로 그해에 별세하였으므로, 이 연호는 사용기간이 불과 1년 미만인 것으로 되어 있다. 그렇지만 『만엽집』에는 주조 4년과 6년도 존재하고 있다.

『만엽집』 34번은 천지(天智)의 아들인 천도왕자(川島王子)의 작품으로서, 당시의 왜왕 천무(天武)가 기이(紀伊)라는 곳에 행차하였을 때 지었다 한다. 『만엽집』의 편찬자는 노래의 배경을 설명하면서 이러한 주석을 붙이고 있다.

「『일본서기』에 의하면 '주조朱鳥 4년'인 경인년 가을 9월에 천황이 기이에 행차하였다고 한다」

현행 『일본서기』에 의하면 천무의 뒤를 이은 왜왕 지통(持統) 4년이 경인년이다. 또한 그해 9월 지통이 기이에 행차하였다고 되어 있어 얼핏 보면, 이 기사와 일치하는 것 같다. 그러면 주조 4년은 지통 4년인가?

그렇지 않다. 주조 원년은 천무의 재위 15년으로서, 병술년이며, 서기로는 686년이다. 따라서 주조 4년은 서기 689년, 기축년이 되어야 마땅하다. 이 해는 지통 4년이 아니라 3년이 된다. 『만엽집』의 위 기사는 1년의 착오가 있는 것이 분명하다. 아마도 원본 『일본서기』에는 주조 4년, 경인년에 지통이 기이에 행차하였다는 기사가 존재하고 있었을 것이다. 이 연호가 실존하였다면 이런 착오가 있을 리가 만무하다. 허구의 연호이다 보니 계산상의 착오가 발생하였을 것인데, 그것을 『만엽집』에서 그대로 베꼈던 모양이다.

『만엽집』 44번 노래의 주석에는 「주조 6년 임진」이 있다. 그러나 이 또한 착오이다. 주조 6년은 신묘년이고, 그 다음 해가 임진년이다.

8세기에 편찬된 『일본영이기(日本靈異記)』에는 「주조 7년 임진」이라 하였다. 이 간지는 착오가 없다.

백제 멸망 이후 도왜하였던 귀실집사(鬼室集斯)의 묘비에도 이 연호가 보인다. 묘비에는 「주조 3년 무자」라 하였다(연민수 「百濟 鬼室氏와 日本의 후예씨족」『백제학보 17호. 백제학회. 2016.』 66쪽). 이 간지도 정확하다.

주조라는 연호는 실존하지 아니한 허구의 그것이지만, 원래의 『일본서기』에는 천무의 사후에도 지통이 이 연호를 계속하여 사용하였던 것으로 되어 있었던 모양이다. 『일본영이기』와 귀실집사의 묘지명이 이를 확인하여 준다. 그러던 것을 후세의 변작자가 현재의 형태, 즉 이 연호는 천무가 재위 15년 서거하던 그해 한해 동안만 사용하였고, 지통은 연호를 세우지 아니한 것으로 개작한 것이 분명하다.

그러나 이 주조라는 연호도 실제는 사용된 바 없었다. 『일본서기』 저자의 창작인 것이다. 지통 원년은 687년으로서, 정해(丁亥)년이다. 아스카의 공방(工房)에서 이 해에 해당하는 '丁亥年'이 새겨진 목간이 발견된 바도 있어, 이때까지도 연호가 사용되지 않았다는 사실을 증명하여 준다.

(5) 천무와 지통持統의 합장릉

천무의 뒤를 이어 왕위를 오른 이는 그의 왕후 지통이다. 천무가 서거하고 나서 만든 무덤에다, 그 후에 서거한 지통을 합장하였다 한다. 아스카에 있는 노구치(野口)고분이 두 왜왕의 합장릉이다.

중세 이래 이 합장릉이 어느 무덤이냐에 관하여 복잡한 논쟁이 이어져 오다, 19세기 후반 이 무덤으로 치정되었다. 현재 이 점에 대한 아무런 반론이 없다. 이 무덤은 고분시대 종말기의 표지가 되는 중요한 무덤이라 한다. 앞의 천지릉과 함께 이 무덤은 전방후원분이 아니라 팔각형으로 된 팔각분이다. 앞서 본 바와 같이 실재하지 아니한 왜왕들의 무덤에는 온갖 논란이 하늘을 찌를 듯한 점과 극명하게 대비되고 있다.

40) 40대 왜왕 지통持統

지통은 실존하였던 여왕이다. 『일본서기』는 지통이 연호를 사용하지 않은 것으로 되어 있다.

『해동제국기』에는 지통이 처음에는 천무가 세운 '주조(朱鳥)'라는 연호를 사용하다, 재위 9년에 연호를 '대화(大和)'로 바꾸었다 한다. 이에 따른다면, 계산상 주조라는 연호는 9년까지 가능하다. 앞서 보았듯이 주조 7년도 충분히 가능한 것이 된다.

그런데 '대화'라는 연호는 어디에도 보이지 않는다. 『일본서기』 저자의 창작인 것이 분명한데, 후세의 변작자가 삭제한 모양이다.

일본 최초의 연호는 701년부터 시행된 대보(大寶)로서, 그 이전에 연호가 사용되었다는 증거는 발견된 바 없다. 오히려 그 반대의 증거가 여럿 발견되었던 것이다. 따라서 『일본서기』와 『해동제국기』에 나오는 왜왕들의 모든 연호는 실제 사용된 바 없는 허구의 창작된 연호이다. 단 하나의 예외도 없다. 연호에 관한 여러 기록들의 수많은 혼선은 여기에서 비롯된 것이다. 실제 사용된 바 없는 연호를 기록하다보니, 혼란이 생길 수밖에 없었을 것이다.

41) 『해동제국기』와 『일본서기』

신숙주의 『해동제국기』는 지극히 간략하게 일본 천황의 계보와 일본의 역사를 『일본서기』에서 발췌하여 옮겨 적어 놓았다. 그러나 그것은 현대의 우리가 읽고 있는 『일본서기』와 다른 점이 아주 많다.

『일본서기』는 태생부터 진실한 역사가 아니라, 날조된 역사를 기록한 책이지만, 그나마도 세월이 흐르면서 혹심한 변작의 과정을 거친 것을 알 수 있다. 따라서 『일본서기』는 역사를 연구하는 데에 있어서의 기본적인 자료인 '사료'라 이름 붙일 수도 없다. 사료의 세계에서 축출하여야 마땅하다. 『일본서기』를 통하여는 진실된 일본의 고대사를 알 수 없기 때문이다.

이 점은 『고사기』도 마찬가지이다. 후세 조작자의 손길이 덜 미쳤다는 것일 뿐, 꾸며낸 역사를 기록한 것은 전혀 다를 바가 없기 때문이다. 『해동제국기』와 비교하여 보면, 현행 『일본서기』는 주로 다음과 같은 점에서 차이가 있다.

① 후세의 변작자는 신숙주가 본 『일본서기』에 있던 왜왕의 수명 기사를 거의 삭제하여, 사망 나이를 알 수 없도록 만들었다.

② 후세의 변작자는 신숙주의 『일본서기』에 다수 존재하던 왜왕들의 연
호를 삭제하였다.

③ 후세 변작자는 신숙주의 『일본서기』에 있는 기사 중에서, 그 신빙성을
의심받을 만한 내용은 삭제하였다. 가령 응신應神의 연대에 백제에서
천자문을 보내었다는 기사를 삭제한 것이 그 대표적인 사례일 것이다.

④ 변작자는 신숙주의 『일본서기』에는 없던 신라, 백제, 고구려의 조공
기사를 삽입하였다.

⑤ 『일본서기』를 제외한 『고사기』나 『만엽집』 등 어느 문헌에도 보이지 않
는 임나일본부 관련 기사는 『해동제국기』에도 역시 나오지 않는다. 임
나일본부 기사는 원본에는 없던 것을 후세의 변작자가 가필한 것이다.

4. 왜왕 계보의 이중구조

『일본서기』에는 시조인 신무(神武)로부터 40대 여왕 지통(持統)에 이르기까
지 여러 왜왕이 등장하고 있다. 그중 실존하였던 인물은 마지막의 세 왜왕
인 천지와 천무, 지통뿐이고, 그 앞의 왜왕들은 모두 실재한 바 없던 가공의
왜왕이라는 점을 살펴 본 바 있다. 처음 『고사기』에서 간략한 모습으로 창
작하였던 왜왕들을 『일본서기』가 무수한 살을 덧붙인 형태이다.

그런데 『일본서기』를 꼼꼼하게 읽어보면, 왜왕들을 크게 두 부류로 나눌
수 있다. 시조인 신무로부터 16대 왜왕인 인덕(仁德)까지가 한 그룹이고, 17
대 이중(履中)으로부터 37대 제명(濟明)까지가 또 하나의 그룹이다. 편의상
앞의 그룹을 '신무그룹', 뒤를 '이중그룹'이라 하자. 두 그룹 왜왕들의 차이
점을 살펴보자.

1) 신무神武그룹의 왜왕들

(1) 기나긴 재위연수와 수명

신무그룹의 왜왕들은 거의 대부분 수명이 무척 길다. 100살 넘어 산 왕들도 수두룩하다. 따라서 재위연수도 엄청나게 길다. 우선 기록이 보다 명확한 재위연수를 살펴보자.

가장 오랫동안 재위한 왕은 6대 효안(孝安)으로서, 무려 102년간이나 재위한 것으로 되어 있다. 11대 수인(垂仁)의 99년, 16대 인덕(仁德)의 87년, 5대 효소(孝昭) 83년, 초대 신무와 7대 효령(孝靈)의 76년 등을 들 수 있다.

14대 중애의 왕후인 신공(神功)이 왕으로 즉위는 하지 아니한 채, 섭정으로 왜국을 통치하였다고 되어 있는데, 이 신공의 섭정기간 69년도 재위연수에 포함하기로 하자. 신공을 포함한 17명의 왜왕 재위기간을 모두 더하면 1,052년이고, 평균 재위연수는 무려 61.8년이나 된다.

이것이 과연 사실일까? 전혀 믿기 어려운 기록이 아닐 수 없다. 비슷한 시기인 백제의 왕 31분은 평균 재위기간이 21.8년이고, 고구려는 25.9년이다.

신라는 삼국을 통일한 30대 문무왕까지만 본다면, 24.6년이다. 고려와 조선은 이보다 짧아 각각 13.9년과 19.2년이다.

중국을 보자. 비슷한 시기인 당(唐)나라는 14.5년이다. 그 앞의 한(漢)은 14년, 뒤의 명(明)과 청(淸)은 17.2년과 24.5년이다.

시기적으로 일치하는 백제, 고구려, 신라와 당나라 왕들의 재위기간을 단순 산술평균하여 계산하여 보면, 21.7년이 된다. 당시 사람들의 평균수명을 생각한다면, 2~30대에 왕위에 올라 20여년 재위하다, 4~50대에 사망하는 패턴으로 추정할 수 있다. 물론 많은 예외가 있으나, 이러한 대체적인 패턴은 한국이나 중국이 별다른 차이가 없었던 것을 알 수 있다.

그런데 『일본서기』에 나오는 왜왕들의 재위연수는 이보다 거의 3배에 육박한다. 이는 실제로는 전혀 불가능한 일이라고 단언할 수 있다. 따라서 이와 같은 엄청난 재위연수는 실제 왜국에서 살면서 왜국의 신선한 공기를 호흡하였던 왜왕들의 그것이라고는 상상할 수도 없다. 붓끝에서 창작된 왜왕이기에 가능한 일이다.

재위연수가 이렇듯 길기에, 당연한 결과로서 역대 왜왕들은 엄청나게 장수한 것으로 되어 있다. 가장 장수한 왜왕은 14대 수인(垂仁)으로서 140세, 다음이 6대 효안(孝安) 137세, 7대 효령(孝靈) 128세, 초대 신무(神武) 127세의 순이다. 100살 넘어 장수한 왜왕만 하여도 무려 13명이나 된다.

신공(神功)을 포함한 17명 왜왕의 평균수명은 무려 105.5세이다. 수명이 훨씬 늘어난 현대인으로서도 이렇듯 장수한다는 것은 상상하기 어려운데, 하물며 고대인에 있어서랴.

이렇듯 왜왕들이 100세 이상 장수하면서 60년 넘게 왕위에 머물렀던 것으로 되어 있는 이유는 무엇일까? 누누이 보아왔지만, 창작의 편의 때문이리라. 즉 재위기간을 길게 늘리고 오래 장수한 것으로 처리하면서, 창작의 수고와 노력을 엄청나게 줄일 수 있었던 것이다. 20여년 재위한 것으로 처리하는 것과 비교하면, 창작의 수고가 1/3밖에 소요되지 아니한 셈이다.

이러한 왜왕들의 터무니 없이 긴 재위연수와 사망나이만 보더라도, 이 왜왕들이 실제 존재하였던 인물이 아니라, 소설과 같은 허구의 세계에만 존재하는 창작된 왜왕이라는 사실을 짐작하기에 부족함이 없다.

(2) 부자상속

신무그룹 왜왕들의 두 번째 특징은 모두 아버지에서 아들로 왕위가 계승된 부자상속이고, 형제간에 상속된 것은 단 한 번도 없다는 점이다. 2대 왜왕 수정(綏靖)은 신무의 3자, 3대 안녕(安寧)은 수정의 태자, 4대 의덕(懿德)은 안녕의 태자였다는 식이다.

다만 14대 왜왕 중애(仲哀)가 13대 성무(成務)의 아들이 아니라 조카라는 점이 좀 색다르다. 즉 성무가 아들이 없어, 형인 일본무존(日本武尊)의 아들인 중애를 태자로 책봉하였다가 왕위를 물려주었다 한다. 그렇지만 이는 형이 죽고 아우가 이어받는 형제상속과는 다르고, 부자상속에 좀 더 가까운 형태일 것이다. 뒤에서 보는 이중그룹에 형제상속이 많은 점과는 큰 대조를 보이고 있다.

2) 이중履中그룹의 왜왕들

(1) 짧은 재위기간과 수명

신무그룹의 마지막인 16대 왜왕 인덕(仁德)은 재위기간이 무려 87년이고, 수명은 110세이다. 그런데 그의 태자로서 왕위를 이어받은 17대 이중은 재위기간이 6년에 불과하다. 뒤를 이은 반정(反正)은 5년, 다음 윤공(允恭)은 42년, 안강(安康)은 3년이다.

이중 이후 37대 제명에 이르기까지 21명 왜왕의 평균 재위기간은 12.4년에 불과하다. 그런데 35대 왜왕 황극과 37대 제명은 동일인물이므로, 그 재위기간을 합산하고 20명의 왜왕으로 계산하면, 조금 늘어나 13년이 된다. 앞서 본 한국과 중국의 역대 왕조 가운데, 평균 재위기간이 가장 짧은 고려의 13.9년보다도 짧다.

수명은 어떤가? 이중은 70세, 반정은 60세(『고사기』에 의함), 윤공은 78세(『고사기』), 안강은 56세(『고사기』) 등이다. 재위연수보다는 감소폭이 적기는 하지만, 사망나이도 대폭 줄어든 것을 알 수 있다. 『일본서기』에는 사망나이가 나오지 않는 왜왕이 많음으로, 정확한 통계를 내기가 어렵다. 보다 중요한 것은 재위연수이다.

이렇듯 왜왕들의 재위연수와 수명이 엄청나게 감소하였는데, 도대체 왜 왕실에서 무슨 중대한 변화라도 있었다는 말인가? 『일본서기』와 『고사기』 를 아무리 열심히 읽어보아도, 어떤 변화가 있었던 흔적은 보이지 않는다. 모든게 순조롭고 왜왕실은 만세일계로 별다른 문제없이 이어지는 것으로 되어 있기 때문이다. 다만 『일본서기』와 『고사기』의 저자가 왜왕 창작에 있 어서 큰 흐름을 바꾸었기에 이러한 변화가 일어났던 것이 분명하다.

이렇듯 왜왕들의 재위기간이 짧으면 그만큼 많은 인원의 왜왕을 만들어 낼 수밖에 없고, 따라서 창작의 수고도 대폭 늘어나게 된다. 그렇지만 신무 그룹의 왜왕들이 상식에 맞지 않게 긴 시간 재위하면서 장수한 것으로 처리 하였으므로, 이것은 누가 보더라도 그 신뢰성을 의심받을 수밖에 없다. 이 래서는 곤란하다. 그래서 그 신뢰성과 현실감을 높이기 위하여 재위기간을 짧게 단축한 것으로 보인다.

그러면서 창작의 노고를 절약할 수 있는 묘수가 있으니, 바로 형제상속 이다.

(2) 형제상속

신무그룹의 왕들은 재위기간도 길었지만, 전원이 부자간에 왕위를 승계 하였을 뿐, 형제상속은 단 한명도 없었다. 그런데 17대 이중부터는 형제상 속이 갑자기 활기를 띄게 된다.

17, 18, 19대 왜왕인 이중과, 반정, 윤공은 형제간으로서, 16대 왜왕 인덕 (仁德)의 아들들이다. 19대 윤공의 두 아들이 20대 안강, 21대 웅략이다.

17대 이중의 아들이 시변압반(市邊押磐)왕자인데, 웅략으로부터 피살당한 것으로 되어 있다. 시변의 두 아들이 23대 현종과 24대 인현이다.

인현의 아들인 25대 무열이 후사가 없어, 응신의 5세손이라는 26대 계체 가 즉위한다. 계체의 세 아들이 27대 안한, 28대 선화, 29대 흠명이다.

흠명의 자녀들이 30대 민달, 31대 용명, 32대 숭준, 33대 추고이다. 도합 4
남매나 왕위에 오르는 것으로 되어 있다.

민달의 손자가 34대 서명이며, 뒤를 이은 35대 황극(37대 제명과 동일인물),
36대 효덕은 모두 서명의 아들과 딸이다.

정리하여 보자. 이중그룹의 부자상속은, 윤공→안강, 웅략→청녕, 인현
→무열, 계체→안한, 흠명→민달, 서명→황극의 6사례이다.

반면 형제상속은 이중→반정, 반정→윤공, 안강→웅략, 인현→현종,
안한→선화, 선화→흠명, 민달→용명, 용명→숭준, 숭준→추고, 황극
→효덕, 효덕→제명, 도합 11사례나 된다. 부자상속의 2배 가까운 빈도인
것을 알 수 있다.

이러한 왕위의 형제상속은 고대에 빈번하게 일어났던 일일까? 백제의 경
우는 침류왕→진사왕, 위덕왕→혜왕, 두 사례뿐이다.

고구려는 대무신왕→민중왕, 대조왕→차대왕→신대왕, 고국천왕→산
상왕, 소수림왕→고국양왕, 안장왕→안원왕, 영양왕→영류왕 등 모두 7
사례가 있다. 그러나 부자상속이 압도적으로 다수인 것은 물론이다. 백제나
고구려 모두 원칙은 부자상속이고, 가끔 예외적으로 형제상속이 있었던 것
을 알 수 있다.

『일본서기』의 경우는, 앞의 신무그룹에서는 단 한건도 보이지 않던 형제
상속이 이중그룹에서는 부자상속보다 오히려 2배 가까운 빈도로 등장하고
있다. 이는 아주 부자연스럽다. 백제나 고구려의 경우와 비교하여 볼 때, 이
런 현상이 실제 일어났다고는 믿어지지 않는다.

형제상속이 이렇게 많은 것은, 역시 창작의 편의 때문일 것이다. 형제상
속에서는 부모가 동일인물이므로, 부모 혹은 형제가 어떤 사람인가를 설명
하는 노고를 대폭 절감할 수 있다.

5. 왜 천황릉을 공개하지 않을까?

1) 천황릉의 비공개

일본에서는 왜왕, 천황과 그 왕후의 무덤을 '능(陵)'이라 한다. 그 아들 딸인 황자와 황녀의 무덤을 '묘(墓)'라 하며, 이 둘을 합하여 '능묘(陵墓)'라 부른다. 능묘 이외에도 '참고지(參考地)'라는 것도 있다. 천황릉에 대한 이른바 '치정'이 완료된 이후, 능묘로 치정되지는 않았지만 혹시 능묘일 가능성이 있는 무덤을 궁내청에서 '참고지'로 지정하였다. 이는 원래의 능묘 치정에 문제가 있다는 것을 자인하는 조치이기도 하다.

그리고 배총(陪冢) 즉 천황릉에 딸린 무덤도 능묘에 준하여 취급한다. 그리하여 일본에는 현재 도합 896기의 능묘가 존재하며, 이를 궁내청(宮內廳)에서 일괄하여 관리하고 있다.

그런데 이 능묘는 물론 참고지마저 일체 공개하지 않는다. 발굴조사뿐만 아니라, 연구 목적으로 고고학자들이 출입하는 것마저도 엄격하게 금지되어 있다. 내부는 고사하고, 분구의 표면을 걸어다니면서 조사하는 것마저도 금지된 실정이니 기가 막힐 노릇이다.

한국의 경우와는 전혀 다르다. 우리의 고고학자들은 소정의 절차만 밟으면, 가야나 신라, 백제의 왕릉을 얼마든지 발굴하여 연구하고 조사할 수 있다. 무령왕릉을 발굴하여 수많은 고대사의 의문점을 밝혀낸 것이 대표적인 사례라 하겠다. 다른 외국의 경우에는 일본처럼 이렇듯 엄격하게 왕릉의 발굴이나 조사를 금지하는 경우는 없는 것으로 보인다.

그런데 일본의 고분 중에서 규모가 커, 고고학적으로 중요하다고 여겨지는 무덤은 대부분 능묘로 지정되어 있음으로, 이를 발굴조사하지 않고서는 고대사의 진실을 규명하기 어렵다. 따라서 일본의 고고학자 혹은 역사학자들의 불만과 원성이 드높을 수밖에 없는 형국이다. 고고학자인 이토케(外池

舁) 선생의 『天皇陵論 ―聖域か文化財か(천황릉론―성역인가 문화재인가). 2007. 新人物往來社』에 나오는 다음과 같은 지적은 충분히 공감이 간다(24쪽).

「그러나 연구자가 분구의 실지를 관찰하는 것조차 안 된다는 것은, 고분시대의 연구, 나아가 고분의 연구에 대하여는 치명적이다. 고분시대라는 것은 이 나라의 국가형성기라 할 수 있는 약 3~6세기에 해당한다. 이 국가형성기의 연구에 엄청난 공백이 궁내청의 능묘관리에 의하여 필연적으로 생겨난다는 것은, 고대사에 한하지 않고, 이 나라의 역사, 혹은 넓게 동아시아 역사의 해명에 있어서도 큰 손실이다. 이것은 학계뿐만 아니라 사회일반의 손실이기도 하다」

왕릉을 발굴하여 조사하는 것은 고대사 연구에 있어서 필수불가결한 일이다. 이를 조사하지 않고는 고대사 연구의 발전을 기대할 수가 없다. 이를 성역화하여 공개를 거부하는 궁내청의 조치는, 현대의 민주사회에서는 전혀 상상할 수도 없는 폭거라 하겠다. 군국주의 시절의 천황제 이데올로기가 아직도 서슬이 푸른 형태로 살아 있는 것이다.

2) 비공개의 이유

그러면 궁내청에서는 왜 천황릉을 공개하지 않을까? 야자와(矢澤高太郎) 선생의 『天皇陵の迷(천황릉의 수수께끼). 2016. 文藝春秋』에 궁내청의 속내가 문답식으로 잘 정리되어 있다(278쪽). 1986년 야자와 선생이 궁내청 담당과장과 실제 나누었던 대화의 일부분이다.

問 「조사를 거부하는 이유는?」

답 「능묘는 황실 선조의 묘로서, 현재도 제사가 계속되고 있는 신성한 장소입니다. 안채 혹은 신神이 내려앉는 곳이나 마찬가지이지요. 그곳에 관리자 이외에 들어가지 못한다는 것은 당연한 일입니다」

문 「제사가 계속되고 있다고 하여도, 중세에서 에도江戸 시대까지는 방치되어 있었고, 묘는 대부분 명치明治 시대 초기에 정해진 것이 아닌가요?」

답 「제사가 없었다는 것을 증명하는 문헌이라도 있는가요? 묘까지 가지 않고, 집에서도 경배한다면 제사라 할 수 있지 않을까요? ……」

……

문 「능묘고분의 전부가 황실 선조에 해당하는 인물의 그것이라 생각하나요?」

답 「황실 선조가 아닐 가능성이 있지만, 역으로 선조일 가능성이 있다고 할 수도 있습니다. 부정하는 증명도 없으니 부질없는 입씨름이지요」

문 「피장자와 고분의 연대가 전혀 다른 능묘에 대한 견해는?」

답 「……앞의 전쟁태평양전쟁 전사자의 경우에도, 유해가 들어있지 아니한 묘가 여럿 있지 않았습니까? 전승이나 전설이 있는 유서깊은 장소를 묘로서, 예배의 장소로 결정한 것은 가치와 의미가 있습니다 ……」

전혀 이치에 닿지 않는 억지논리로 강변하는 담당과장의 궁색한 모습이 눈에 선하다. 마지막 답변의 요지는 이렇다. 설령 치정이 잘못되어 어느 천황릉에 그 시신이 들어있지 않다고 하여도, 그곳을 예배의 장소로 한 이상, 그곳은 진실된 천황릉과 마찬가지라는 취지이다. 이에 관하여 궁내청에서는 근자에 이런 논리를 펴고 있다 한다.

「처음 만들어졌을 때 그것이 누구의 묘였던가 하는 것은 문제가 되지 않는다. 황실에서 제사를 올리는 것에 의하여, 그분의 영혼이 그곳에 옮겨오기 때문이다. 학자가 뭐라고 하든 천황릉은 천황릉이다」

천황릉 공개 운동의 최일선에서 활약하여 온 고고학자 이시베(石部正志) 선생의 「천황릉의 보호와 조사를 둘러싸고」라는 논문에 나오는 대목이다 (『天皇陵を發掘せよ(천황릉을 발굴하게). 1993. 三一書房』 29쪽). 말도 되지 아니한 억지 주장인 것이 분명하다. 그러나 여기서, 설령 하늘이 무너져도 천황릉을 절대 공개하지 않겠다는 궁내청의 확고한 의지를 읽을 수 있다.

3) 천황릉 공개를 거부하는 궁내청의 진정한 의도

이렇듯 천황릉을 숨기는 궁내청의 의도는 무엇일까?

혹시라도 천황릉 무덤에서 지석(誌石)이 발견되는 사태를 사전에 차단하려는 의도일 것이다. 지석은 묘지의 주인공의 계보나 행장 따위를 돌에 적어 무덤 앞이나 속에 설치한 것이다. 무령왕릉의 지석이 유명하다. 한국에서도 삼국시대의 왕릉 중에서 지석이 발견된 것은 무령왕릉이 유일무이하다. 일본에서는 아직도 이른바 천황릉에서 지석이 발견된 적이 없다.

앞서 보았듯이 시조 신무(神武)에서 37대 제명(齊明)에 이르기까지 모든 왜왕이 허구의 가공인물이다. 인덕릉이니 응신릉이니 하면서, 천황의 무덤이라고 치정하여 놓았지만, 그곳에서 지석이 발견되면, 그 주인공이 누구인지가 밝혀지게 된다. 주인공인 왜왕이 실제로는 백제 혹은 가야에서 건너갔다는 사실이 밝혀지게 되면 실로 엄청난 문제가 발생한다. 즉 천황가의 유래에 관한 진실, 일본고대사의 진실이 만천하에 드러나고 만다. 지석은 당대인의 기록이라 절대적이므로, 이것은 어떤 변명으로도 부인할 방법이 없다.

일본의 고대사는 허구의 창작소설집인 『고사기』와 『일본서기』에 등장하는 가공인물인 여러 천황과 귀족, 그리고 이들을 둘러싼 창작설화에 의하여, 교묘하게 구축되어 있다. 지석이 발견되면 진실이 드러나고, 그렇게 되면 8세기 초부터 현대에 이르기까지, 천수백여년간 수많은 사람들이 공들여 쌓아놓은 허구의 고대사가 한순간에 허물어지게 된다.

그런 사태는 절대로 피해야 한다. 묘지석이 발견되어 역사의 진실이 드러나는 사태는 절대로 막아야 한다. 그런데 어느 무덤에 지석이 숨어있는지는 알 수가 없다. 그래서 왕릉급으로 추정되는 규모가 큰 무덤은 천황릉으로 지정하여, 그 공개를 절대 거부하여야 한다. 이것이 궁내청의 본심일 것이다.

궁내청의 고위간부들은 일본고대사에 관하여 진실을 분명하게 파악하고 있다고 생각된다. 왜냐하면 필자의 추측이지만, 궁내청의 도서관에는 8세기 이전의 일본 고대사, 혹은 백제사에 관한 기록이 다수 남아 있고, 거기에는 고대사의 진실이 분명하게 기록되어 있을 것이기 때문이다.

궁내청의 고위간부들은 천황릉을 공개하여 야기될 수 있는 엄청난 파문을 극도로 두려워하고 있는 것이 분명하다. 그러나 이제는 세월이 흐를대로 흘렀으므로, 고대사와 천황가의 모든 진실이 밝혀진다 하더라도, 그렇게 큰 문제는 발생하지 않을 것으로 생각된다.

4) 천황릉의 한정공개

천황릉 공개를 거부하는 궁내청의 이러한 조치에 대하여, 일본의 고고학자, 역사학자들은 강력한 반대의사를 표명하면서 그 공개를 요구하여 왔다. 주로 고고학, 역사학을 연구하는 학자들의 모임인 학회(學會)가 연대하여 공개를 요구하는 여러 가지 활동을 하였던 것이다. 그리하여 1976년 경부터 이러한 학회 연합의 대표와 궁내청 간의 교섭이 이루어져 오다, 1979년 경에는 이른바 '한정공개'라는 형태로 타협이 이루어졌다.

이는 매년 실시되는 천황릉의 보수공사의 사전조사의 일부를 공개하는 것으로서, 일시와 인원, 견학장소, 자격 등을 궁내청에서 일방적으로 결정하여 통보하고, 학자들은 그에 순종하여야 하는 형태이므로, 이는 실질적인 공개와는 전혀 거리가 멀다. 눈 가리고 아옹이라고나 할까?

이러한 궁내청의 조치에 관하여 학자들은 분노를 삭이지 못하고 있다. 앞서 본 이시베(石部正志) 선생 등이 편찬한 논문집이 제목부터 『천황릉을 발굴하게』라고 된 것은, 바로 이러한 분노가 표출되었기 때문일 것이다. 궁내청의 조치를 비판하는 동기에서 이루어진 고고학자들의 천황릉에 관한 저서도 여럿 나온 바 있다.

조건없는 천황릉의 공개가 하루빨리 시행되어, 일본 고대사의 진실을 있는 그대로 파악하려는 일본 고고학자들의 바램이 조속히 실현되기를 기대한다.

2장 —————

왜국 귀족들의
창작된 시조

시조인 신무(神武) 이래 37대 제명(齊明)에 이르기까지, 37명의 왜왕들이 모두 실존하지 아니하였던 허구의 인물임을 앞서 보았다. 그렇다면 그러한 왜왕들을 보필하였다는 여러 귀족은 어떤가? 왜왕은 가공인물이지만, 귀족들은 실존 인물인가? 『일본서기』와 『고사기』는 모든 귀족이 전부 토착 왜인인 양 기술하고 있는데, 과연 그것이 사실일까? 결론부터 말하면, 두 책에 나오는 귀족들은 거의 대부분 실존하지 아니한 창작된 가공의 인물이다. 왜왕이 허구의 가공인물인 것과 동일한 맥락이다. 주요한 성씨들의 시조를 검토하여 보자.

1. 가공인물을 시조로 둔 귀족들

1) 소아蘇我씨

소아씨는 여러 대에 걸쳐 왜왕을 능가하는 최고의 권력자였는데, 졸저

『일본 천황과 귀족의 백제어』에서 이 씨족이 백제에서 건너갔다는 사실을 본 바 있다(435쪽). 그 시조는 백제 개로왕 무렵의 장군 목협만치이다. 『삼국사기』 백제본기를 보면, 고구려의 기습공격에 의하여 개로왕이 전사하고 수도 한성이 함락된 이후, 장군 목협만치와 조미걸취(祖彌傑取)가 태자 문주(文周)를 모시고 남으로 갔다는 기사가 보인다.

(1) 백제에서 건너간 소아씨

木劦滿致 목협만치 [삼국사기]

木滿致   목만치 [일본서기]

蘇賀滿智 소하만지 [〃]

『삼국사기』 개로왕조에 나오는 목협만치가 『일본서기』 응신 25년조에서는 백제의 권력자 목만치로 나오고, 이중(履中) 원년조에서는 소하만지로 등장하고 있다. 이 셋은 모두 동일인물이다.

목협만치는 개로왕이 고구려군에게 패사할 무렵(475년) 활약하였으니, 5세기 후반의 인물이다. 그런데 응신 25년은 294년이고, 이중 원년은 400년이니 연대가 전혀 맞지 않는다. 백제의 목협만치라는 실존 인물을 표기만 조금 달리하여 두 곳에 배치한 것을 알 수 있다.

『일본서기』 이중 원년조를 보면, 이중이 왜왕으로 즉위한 직후 국사를 집행하였다는 4명의 중신 중 하나가 바로 소하만지이다. 이중은 실재하지 아니한 가공의 왜왕이고, 목협만치와 연대도 맞지 아니하지만, 이 기사는 백제의 목협만치가 도왜하여 바로 중책을 맡았다는 사실을 암시한 것으로 이해할 수 있다.

목협만치가 정확하게 언제 도왜하였는지는 알 수 없다. 그렇지만 왜국의 수도 아스카(飛鳥)의 '소아(蘇我, so-ga)'라는 곳에 정착하였으므로, 그 지명을 성으로 삼았던 모양이다. 일본에서는 소아씨가 처음 정착한 곳은 소가가 아니고, 갈성(葛城, ka-tu-ra-gi)이었다고 보는 견해도 있다. 갈성 역시 아스카의 지명이다. 그럴 가능성도 부정할 수는 없다. 만일 그렇다면 갈성에 살 때에는 아직 개성하지 아니하고 백제의 성을 그대로 사용하다가, 소아로 이주하면서 그때부터 개성하였을 가능성을 생각해 볼 수 있다.

백제에서 건너간 귀족들은 대부분 원래의 백제식 성을 버리고 개성하면서, 정착한 본거지의 지명을 성으로 삼았는데, 그러다 보니 성과 이름 사이에 '~의'라는 의미를 가진 조사 no를 넣었다. 앞서 본 소아만지를 so-ga-no-ma-ti라 하는 식이다. 이렇듯 성과 이름 사이에 조사를 넣는 풍습은 당시 백제나 고구려, 신라에는 전혀 볼 수 없고, 중국의 경우도 또한 마찬가지이다. 그러나 고대 왜국에서는 대부분의 귀족이 지명을 성으로 삼았고, 성은 곧 지명이기에 생겨난 풍습일 것이다.

일본의 사학자 카도와키(門脇禎二) 선생도 「蘇我氏と渡來人(소아씨와 도래인)」이라는 논고에서, 백제의 목협만치(목만치)가 도왜하여 왜국의 so-ga씨가 되었다고 보고 있다(『古代豪族と朝鮮(고대호족과 조선). 森浩一 외. 1990. 新人物往來社』 177쪽).

「처음에는 목만치라 하였으나, 원래 거주지로서 씨氏의 이름으로 삼는 것은 일본 고래의 원칙이었으므로, 거기에서 증아曾我 혹은 소아蘇我가 된 것이 아닐까? 그래서 백제의 고급관료인 목만치와 그의 일족이 야마토大和의 증아曾我에 정착하여 소아씨는 거기에서 출발하였다. 그래서 아들이나 손자에게도 한자韓子나 고려高麗라는 도래계의 이름을 붙인 것이 아닐까? 라는 것이 나의 주장입니다」

카도와키 선생은 소아씨의 출자를 정확하게 간파하고 있다. 여기서 목협만치의 아들과 손자의 이름에 관하여 좀 생각하여 보자.

(2) 목협만치의 후손 한자韓子, 고려高麗, 마자馬子

① 소아한자(蘇我韓子)

목협만치(木刕滿致)가 변한 소아만지(蘇我萬智)의 아들이 한자(韓子)이다. 일본어로 ka—ra—ko이다. ka—ra(韓 한)는 한국, ko(子 자)는 아들이라는 뜻이므로, 이 이름은 한국의 아들이라는 의미가 된다.

그런데 이 인물의 생존 당시의 왜국에서는 한자를 훈독으로 표기하는 방식의 이름이 생기기 훨씬 이전이다. 따라서 이 인물의 한자표기는 '加羅古(가라고)' 등으로 한자를 음독하는 방식이었을 것이다. 『일본서기』의 저자가 이렇듯 한자 훈독으로 된 이름을 작명하여 기록하였던 것이 분명하다. 이 이름은 한국적인 느낌이 물씬하다. 이 이름의 ka—ra는 가야가 아닌 백제를 뜻한다. 따라서 백제의 아들이라는 의미가 된다. 토착 왜인이 아니라 백제인이라는 자부심이 물씬 풍겨 나오는 것을 알 수 있다.

ka—ra의 뒤에 붙은 ko 또한 백제풍이다. 이 점에 관하여는 뒤에서 자세히 살펴보자(307쪽). 따라서 이 이름은 어느 모로 보나 왜풍이 아니라 백제풍인 것을 알 수 있다.

『일본서기』 웅략(雄略) 9년(465년)조를 보면, 신라를 정벌한 장군 4명 중 하나가 이 한자라 하였다. 그러나 이 신라 정벌은 역사적 사실이 아니고 붓끝에서 창작된 설화이다(139쪽). 실존 인물을 가공의 신라정벌에 동원한 형국이다.

② 소아고려(蘇我高麗)

한자의 아들이 고려(高麗)인데, 일본어로는 ko—ma이다. 고려는 고구려로서, 고대의 왜국에서는 고구려를 한자로 '고려'라 적고, ko—ma라 읽었다. 소아고려가 출생할 무렵에는 한자를 훈독하기 훨씬 이전이었으므로, 이름인 ko—ma를 한자로 '고려'라 적었을 리는 만무하다. 아마도 '古麻(고마)' 정도로 표기하였을 것이다. 그것을 『일본서기』의 저자가 '고려'로 표기하였던 것이 분명하다. 그런데 ko—ma는 무슨 의미일까?

일본어 ko—ma—ka(細 세)는 아주 작다는 뜻이며, ko—ma는 그 어근이다. 그러나 귀족의 이름으로서는 전혀 어울리지 않는다. 이러한 의미일 리는 없다.

말이라는 의미의 일본어 ko—ma(駒 구)도 있다. 그러나 동물의 명칭 또한 귀족의 이름으로서는 적절하지 않다. 이러한 뜻일 가능성도 없다.

固麻 고마 [중국 사서] 백제의 수도

중국의 사서 남사(南史)와 양직공도(梁職工圖)에는 백제의 수도가 '固麻(고마)'라 되어 있다. 북사(北史)에는 '巨拔城(거발성), 다른 이름은 固麻城(고마성)'이라 하고 있다. 백제의 두 번째 수도 '웅진(熊津)'은 '곰나루' 혹은 '고마나루'의 한자 표기이므로, 중국 사서의 '고마'는 바로 이 '곰' 혹은 '고마'의 표기일 것이다.

한자의 아들 고려의 ko—ma는 바로 백제의 수도 '고마'로 추정된다. 부친인 ka—ra—ko(한자)의 ka—ra가 모국 백제를 뜻하니, 아들의 이름을 모국 수도의 지명에서 따온 것은 아주 자연스러운 일이라 하겠다. 이 이름에서도 모국 백제에 대한 강한 자부심을 느낄 수 있다. 목협만치가 손자의 이름까지도 작명한 것이 아닐까?

그런데 ko—ma의 한자표기 '高麗(고려)'에서 8세기 일본의 귀족들이 가지고 있던 소아씨 일문에 대한 강한 적대감을 감지할 수 있다. 고려 즉 고구려는 수도인 한성을 함락하고 백제의 개로왕과 수많은 왕족, 신하들을 참살한 적국의 국명이기 때문이다. 왜왕 무(武)가 중국에 보낸 상표문에서도 고구려에 대한 강한 적대감이 나타나 있다. 상표문을 보낸 목적도 바로 고구려를 정벌하여 달라는 부탁이었다. 이러한 적국의 국명을 사람 이름의 표기로 채택한 것은, 그에 대한 적대감 때문이었을 것이다.

③ 소아마자(蘇我馬子)

고려의 아들이 도목(稻目, i-na-me)이고, 도목의 아들이 마자(馬子)로서, 일본어로는 u-ma-ko이다. u-ma(馬)는 말, ko(子)는 아들이므로, 이 이름은 '말 아들'이라는 의미가 된다. 일본 최고 권세가 아들의 이름이 과연 '말 아들'이라는 뜻일까? 그럴 리는 만무하다.

u-ma-si 甘 감, 美 미 [고대 일본어] 맛있다, 좋다

고대 일본어 u-ma-si는 맛있다 혹은 좋다는 의미의 형용사로서, 어근은 u-ma이다. 현대어 u-ma-i인데, 현대에 와서는 이런 의미 이외에도 솜씨가 좋다 혹은 일을 잘한다는 뜻도 있다. u-ma-ko의 u-ma는 바로 이러한 의미인 것이 분명하다. ko는 증조부 ka-ra-ko의 이름에도 나오며, 백제풍이다. 이 이름은 일본어와 백제풍을 혼합하여 지은 것이다. '말 아들'이라는 의미일 가능성은 전혀 없다.

마자의 생존 당시에도 아직 이름을 한자의 훈으로 표기하는 방식은 생기기 이전이었다. 한자표기는 아마도 '宇麻古(우마고)'가 아니었을까? 그런데 『일본서기』의 저자가 좋다는 의미의 u-ma에 대한 한자표기를 '馬(마)'로 정한 것은 역시 소아 가문에 대한 적대감의 발로인 것이 분명하다. 원래의 의미를 그대로 나타내려면 '美子(미자)'라고 표기하는 것이 옳지만, 적대감으로 인하여 '馬子(마자)'로 표기하였을 것이다.

『일본서기』에 의하면, 마자 역시 대신(大臣)의 지위에 올라 백제에서 전한 불교를 받아들이는 데에 적극적이었다 한다. 그리고 사병(私兵)을 동원하여 정적 물부수옥(物部守屋) 일족을 토멸하였을 뿐 아니라, 나아가 왜왕 숭준(崇俊)을 살해하였다고 되어 있다. 아마도 백제에서 파견한 왜왕을 살해하였던 모양이다. 어쨌든 왜왕을 우습게 여길 정도로 막강한 권력을 휘둘렀던 것은 분명한 역사적 사실일 것이다.

(3) 소아씨의 시조는 소하석하숙내蘇賀石河宿禰인가?

소아씨의 시조가 백제에서 건너간 목협만치인 것이 분명하지만, 『고사기』에는 소하석하숙내(蘇賀石河宿禰)가 이 씨족의 시조라 하였다. 『일본서기』의 '소아(蘇我, so-ga)'씨를 『고사기』에서는 '소하(蘇賀, so-ga)씨'라 하였는데, 한자표기만 다를 뿐 같은 발음이다.

소하석하는 누구인가? 건내숙내(建內宿禰)의 아들이라 한다. 건내숙내는 『일본서기』에 의하면 무내숙내(武內宿禰)이다. 이 무내숙내가 실존하지 아니한 가공인물임은 앞서 본 바 있다(63쪽). 그런데 소아씨의 계보는 무내(武內)→석하→만지(萬智)→한자(韓子)→고려(高麗)로 이어지는 것으로 되어 있다. 그렇다면 소아만지 즉 목협만치는 무내숙내의 손자가 된다. 백제의 목협만치는 백제의 개로왕 시대에 활동하였으니 5세기 후반의 인물이므로, 기원후 73년에 태어났다는 무내숙내의 손자일 리가 없다. 가공인물인 무내숙내가 목협만치의 시조일 가능성은 전혀 없다.

그리고 소하석하(蘇賀石河, so-ga-no-i-si-ka-pa)의 이름 '석하(石河, i-si-ka-pa)'는 순수한 훈가나로 되어있다. 이런 이름은 백제가 멸망한 이후인 7세기 후반에 등장하였으므로, 이 또한 실존하지 아니한 가공인물이다.

결국 소아씨는 실존하였던 백제인 목만치가 시조임에도 불구하고, 가공인물인 소아석하를 시조로 꾸며낸 것을 알 수 있다. 소아씨의 경우는 그래도 다행스런 경우이다. 『일본서기』의 기사에서 '목만치'와 '소하만치'라는 이름이 나오고 있어 그의 실체를 추정할 수 있기 때문이다. 이는 백제 멸망 이전에 건너간 여러 귀족의 성씨 중 유일무이한 경우이다.

다른 씨족의 경우에는 그 시조를 전혀 밝히지 않고 있다. 백제 멸망 이전에 도왜한 모든 귀족은 토착 왜인인 양 되어 있다. 따라서 이러한 귀족들의 시조는 실재하지 아니한 가공인물이다. 하나씩 살펴보자.

2) 물부物部, mo—no—no—be씨

물부씨도 소아씨에 버금가는 세력을 가진 씨족이었으나, 558년 물부수옥(物部守屋)이 소아입록(蘇我入鹿)으로부터 토멸당한 이후로는 세력을 잃었다.

『일본서기』에는 왜왕 신무(神武)가 동쪽 즉 지금의 나라(奈良) 일원을 정벌하였을 무렵의 인물이라는 요속일명(饒速日命, ni—gi—pa—ya—pi—no—mi—ko—to)이 이 씨족의 시조라고 되어 있다.

신무는 일본 사학계에서도 가공의 인물로 공인되었다. 신무뿐만 아니라 그의 비, 아들, 딸, 여러 신하, 여러 적군 등 모든 등장인물이 붓끝에서 창작된 가공의 인물이다. 요속일명이라는 일본어의 훈으로 된 기나긴 이름을 보더라도, 이 자가 가공인물인 것은 의심의 여지가 없다.

그런데 『일본서기』에 의하면, 요속일명은 '천반선(天磐船)' 즉 '하늘의 바위 배'에서 뛰어 내려온 것으로 되어 있다. 천반선은 백제와 왜국을 왕래하는 단단한 배를 이렇게 미화한 것이다. 바위와 같이 단단하여 침몰하지 않는 배, 이것은 왜국을 왕래하는 백제인들의 염원이었으리라.

이 신은 또한 하늘에서 내려왔다는 신표인 화살(天羽羽矢, 천우우시)과 화살통을 가지고 있었다 한다. 『일본서기』에서 하늘이라는 것은 관념적인 하늘이 아니라 백제를 뜻하므로, 『일본서기』는 물부씨가 백제 출신이라는 점을 암호화하여 전하고 있는 것으로 볼 수 있다.

결론적으로 물부씨의 시조는 실존하지 아니한 가공인물이지만, 이 씨족 또한 백제에서 건너간 것은 분명하다. 졸저 『일본 천황과 귀족의 백제어』에서도 이 씨족이 백제 출신임을 본 바 있다(440쪽).

(1) 물부物部의 의미

'물부(物部)'는 원래 mo—no—no—pu라는 발음이었다. 『대언해(大言海)』에 의하면, mo—no(物 물)는 병기(兵器)라는 의미, pu는 장부(丈夫)이므로, 이 말은 「물(物)의 부(部)」, 즉 「무용(武勇)으로서 조정에 봉사하는 무사」의 칭호였다 한다. 그것이 나중에는 의미가 확대되어 문무백관의 의미로도 널리 사용되었으며, 발음도 mo—no—no—be로 바뀌었다는 것이다.

그런데 pu가 '부(夫)'라는 한자의 표기라면, 처음부터 한자표기를 '물부(物夫)'로 하는 것이 마땅할 것이다. 이렇게 되면 '무기를 다루는 남자'라는 의미를 분명하게 드러낼 수 있다.

'부(夫)'라는 한자의 발음과 의미를 나타내기 위하여, '부(部)'라는 한자로 표기하였다는 것은 납득이 가지 않는다. 처음부터 '물부(物夫)'로 표기하지 아니한 이유를 알 수가 없다. 그렇게 본다면 '물부(物部)'라는 표기는 애초에는 병기를 다루는 '부(部)' 즉 '부서'라는 의미에서 출발한 것이 아닐까?

(2) 물부씨의 조상 우마시마지宇麻志麻遲

그런데 『고사기』에 의하면, 요속일명에게는 아들 u—ma—si—ma—di가 있었는데, 물부씨 등의 조상이라고 되어 있다. 이 이름은 흥미를 끈다.

u—ma—si—ma—di 宇麻志麻遲 우마시마지 [고사기]

u-ma-si 美 미 [일본어] 좋다

앞의 u-ma-si(美 미)는 좋다는 의미의 형용사로서 미칭이고, 이름이 **ma-di**(麻遲 마지)이다. 이 이름은 백제식이다. 졸저 『일본열도의 백제어』에서 '~디'라는 이름이 백제에서 사용되었을 뿐만 아니라, 현대 일본의 방언에는 지금도 그 흔적이 남아있다는 것을 본 바 있다(22쪽).

ma-di라는 이름의 고유명사는 ma이고, di는 존칭이다. 이 인물은 언제인가 그 시기는 알 수 없으나, 실존하였던 백제인이었을 가능성이 크다. 도왜하여 물부씨의 시조가 되었던 모양이다. 그런데 『고사기』에는 미칭과 이름만 나올 뿐 원래의 성은 기록하지 않았다. 아마도 성을 밝히면 그가 백제인인 것을 바로 알 수 있으니, 일부러 성은 삭제하고 이름만 적어 놓은 모양이다.

(3) 물부나솔物部奈率

『일본서기』에 나오는 두 인명을 보자. 이 두 사람은 실존 인물일 것이다.

上部奈率 **物部**烏 상부나솔 **물부**오 [일본서기 흠명 15년 정월조] 백제인
物部奈率 歌非 **물부나솔** 가비 [〃 〃 5년 10월조] 〃

물부는 왜국의 성이지만, 나솔은 백제의 관등명이다. 이렇듯 백제와 왜의 복합된 성 혹은 관등명을 가진 사람들을 일본의 학자들은 '왜계 백제관료'라 부르고 있다. 이는 왜인으로서 백제로 건너가 관료가 된 사람이라는 뜻이다. 그러나 이 명칭은 전혀 부당하다. 이 사람들의 실체는 왜국으로 건너가 활동한 백제인이므로, '재왜 백제관료'라 부르는 것이 옳다는 것은 졸저 『일본 천황과 귀족의 백제어』에서 본 바 있다(441쪽).

첫 번째 인물은 성이 '물부'이고, 이름이 '오(烏)'이다. '오'는 외자의 한자로 된 이름으로서, 백제인들이 선호하던 형태이다. '상부'는 지명, '나솔'은 관직명이다. '상부'는 부여의 행정단위로 보인다. 이 인물은 백제에서 성장하여 '상부나솔'이라는 관등명을 가지고 있었지만, 도왜하여 활동하면서 성을 왜풍인 '물부'로 바꾼 것으로 추정된다.

두 번째 인물은 이름이 '가비'이다. '물부나솔'이라 하였는데, 이 물부 또한 성으로 보이지만, 관등명인 나솔의 앞에 나오는 것은 뭔가 좀 이상하다. 앞서 '상부나솔'에서 보았듯이, 지명이 앞에 나오고 다음 관등명이 나오는 것이 통상적이다. 그런데 '물부'는 지명이 아니다. 따라서 이 '물부'는 부서명일 가능성이 크다.

이름 '가비'의 말음 '비'는 백제풍이다. 졸저 『일본 천황과 귀족의 백제어』에서 본 바 있다(360쪽).

3) 중신中臣, na—ka—to—mi씨

중신씨는 원래 궁중 제사를 담당하는 신직(神職)이었다. 여기서 '중(中)'이라는 것은 신과 인간의 사이라는 의미라 한다. 왜왕 천지(天智)가 669년 중신겸족(中臣鎌足)에게 등원(藤原)이라는 성을 하사한 이후로 이 가문은 등원으로 개성하게 되고, 일본열도 최고의 권문세가로 번성하게 된다. 이 가문이 백제에서 건너갔다는 것은 졸저 『일본 천황과 귀족의 백제어』에서 본 바 있다(442쪽).

『일본서기』에 의하면, 니니기(瓊瓊杵)가 천손강림할 무렵에 따라간 신하인 천아옥명(天兒玉命, a—ma—no—ko—ya—ne—no—mi—ko—to)이 이 씨족의 선조로 되어 있다. 훈가나로 된 이름으로 보아 가공의 인물인 것이 분명하다.

그리고 시조왕이라는 신무(神武)가 동정할 때의 신하인 천종자명(天種子命)

또한 이 씨족의 선조라 하고 있다. 이 이름 또한 훈독으로 된 기나긴 이름인데, 둘 다 붓끝에서 창작된 가공의 인물이다. 그런데 두 인물 이름의 첫머리에 나오는 '천(天)' 즉 하늘을 주목하여 보자. 『일본서기』의 하늘은 백제라는 암호이므로, 이 이름은 이 씨족이 백제에서 건너갔다는 사실을 행간 외에서 전하고 있는 것으로 짐작된다.

이 가문의 중시조라 할 수 있는 중신겸족(中臣鎌足)의 내력을 전한 『가전(家傳)』이라는 기록에 관하여는 뒤에서 자세히 살펴보자(318쪽).

4) 대반大伴, o-po-to-mo씨

대반씨도 고대의 일본에서는 유력한 씨족이었다. 고대 일본의 시가집인 『만엽집』을 편찬한 사람이 누구인지 밝혀지지 않았으나, 가장 뛰어난 가인(歌人)인 대반가지(大伴家持)가 편찬하였다고 보는 것이 학계의 대체적인 경향이다.

만엽가의 뛰어난 가인들을 다수 배출한 것이 바로 이 대반씨 가문이었다. 대반가지의 부친인 대반여인(大伴旅人), 대반여인의 여동생으로서 대표적인 여류가인 대반판상랑녀(大伴坂上郎女), 그녀의 딸인 대반판상대양(大伴坂上大孃) 등, 다른 씨족과는 비교되지 않을 정도로, 뛰어난 가인을 여럿 배출한 바 있다.

『일본서기』 신대기에 의하면, 대반씨의 선조는 니니기(瓊瓊杵)가 천손강림(天孫降臨)할 때에 호위한 신하인 천인일명(天忍日命, a-me-no-o-si-pi-no-mi-ko-to)이라 한다. 한편으로는 시조인 신무(神武)가 동정(東征)할 무렵, 길을 안내하였다는 일신명(日臣命, pi-no-o-mi-no-mi-ko-to)도 그 선조로 되어 있다. 니니기나 신무가 가공인물이므로, 그 신하라는 두 인물도 모두 실재하지 아니한 허구의 인물이다. 훈가나로 된 두 인물의 이름에서도 가공인물임을 알기에 부족함이 없다.

그렇지만 천손강림할 때에 하늘에서 내려왔다는 것은 그 출신이 백제라는 것을 암호화한 것이 분명하다. 이 씨족의 시조는 가공인물이지만, 실제로는 백제 출신이었던 것이다. 대반가지의 만엽가에 수많은 백제어가 나오고 있는 것으로 보아도 의문의 여지가 없다.

대반(大伴, o—po—to—mo)은 오사카(大阪)의 지명이다. 이 씨족 또한 정착한 곳의 지명을 성으로 삼았다.

5) 내목來目, ku—me씨

내목씨는 고대 일본에서 군사적 임무를 담당하였다는 오래된 씨족이다. 『일본서기』에 의하면, 이 씨족의 선조 또한 니니기가 하늘에서 내려 올 때 호위하였다는 천환진대래목(天穗津大來目, a—ma—no—ku—si—tu—o—po—ku—me)이라고 되어 있다. 니니기가 실존 인물이 아닌 것과 마찬가지로 이 인물 또한 가공인물이다. 훈가나로 된 기나긴 이름으로 보더라도, 실존하였을 가능성은 전혀 없다.

그러나 『일본서기』의 이러한 기술은 두 성씨가 백제 사람들이 집단 도왜하였을 때에 가장 먼저 건너가 정착한 가문 중의 하나라는 사실을 암시한 것으로 짐작된다.

ku—me는 고대 일본의 수도 아스카(飛鳥)의 지명이다. 이 씨족이 백제에서 건너가 터를 잡은 곳이 아스카였다.

6) 갈성葛城, ka—tu—ra—gi씨

갈성은 나라(奈良)의 지명으로서, 이 씨족 또한 일본으로 건너가 정착한 본거지를 성으로 삼았다. 『일본서기』에 의하면, 이 씨족은 여러 대에 걸쳐 황후를 배출하는 등 위세를 떨쳤다고 되어 있다.

이 씨족의 시조는 갈성습진언(葛城襲津彦)이다. 『고사기』에 의하면, 건내숙내(建內宿禰) 즉 앞서 본 무내숙내의 아들인 갈성장강증도비고(葛城長江曾都毘古)라 되어 있으나, 동일인물이다.

무내숙내가 서기 73년에 태어났다고 하므로, 아들인 습진언은 서기 100년 전후에 출생한 것으로 볼 수 있다. 그런데 이 습진언은 장수하면서, 노익장으로 수많은 활약을 한 것으로 되어 있다. 신공(神功) 62년 즉 서기 262년, 신라가 조공하지 아니하였으므로, 이 자를 보내어 신라를 공격하였다 한다. 이때 습진언은 160세는 되었을 것이다.

그리고 『일본서기』에 의하면 응신(應神) 16년 즉 서기 285년, 신라에 갔다 귀환하였다고 되어있다. 이때 그의 나이는 180살은 넘었을 것이다. 엄청난 고령임에도 불구하고, 험한 바다를 헤쳐 신라에까지 다녀올 정도로 정력적으로 활동한 대단한 노익장이었던 모양이다.

그 부친이라는 무내숙내와 마찬가지로 습진언 또한 허구의 가공인물임은 물론이다. 그리고 신라 공격이나 파견 또한 전혀 근거없는 허구의 창작소설임을 알 수 있다.

그런데 왜 이렇듯 왜국의 귀족들은 수명이 길까? 아마도 새로운 인물을 창작하는 수고를 조금이라도 줄이고자 하는 의도가 아닌가 싶다. 마치 「신무(神武)그룹 왜왕들」의 수명이 엄청나게 긴 것을 연상케 하고 있다.

그리고 『일본서기』를 보면, 21대 왜왕인 웅략(雄略)의 왕비가 이 씨족 출신인 갈성한원(葛城韓媛, ka-ra-pi-me)이라 되어 있다. '한원'은 '한국의 고귀한 여성'이라는 뜻이다. 이 웅략 또한 가공의 인물이므로, 왕비 역시 실존 인물은 아니다. 그렇지만 저자는 이 왕비의 이름으로서 이 씨족이 백제 출신이라는 것을 나타내려 한 것인지도 모른다.

7) 평군平群, pe—gu—ri씨

평군 또한 나라(奈良)의 지명이다. 이 씨족 중에서는 웅략과 청녕(淸寧) 무렵의 대신(大臣)이었다는 평군진조(平群眞鳥)와 그 아들이라는 '지비(志毗, si—bi)'가 유명하다. 『일본서기』에 의하면 이 씨족의 시조는 평군목토(平群木菟)로서, 역시 무내숙내의 아들이라 한다. 왜왕 응신(應神)의 아들 인덕(仁德)이 태어난 같은 날에 목토가 태어났는데, 서로 이름을 바꾸었다는 일화가 있다. 무내숙내는 가공인물이지만, 목토는 실존 인물일까?

앞서 보았듯이 인덕은 서기 289년생이므로(107쪽), 목토 또한 같은 해에 태어난 것이 된다. 무내숙내는 서기 73년생이다. 그러면 무내숙내는 216살에 목토를 낳은 셈이 될 수밖에 없다. 그 나이까지 사는 것도 전혀 불가능할 것인데, 아들을 낳다니.

『일본서기』를 보면, 이름인 '목토(木菟)'를 일본어로 tu—ku로 읽으며, 나무 위의 토끼 즉 수리부엉이를 의미하고 있다. 이와 같은 훈독은 인덕(재위 313~399) 무렵에는 존재하지 않았다. 일본어의 훈이라는 것조차 이 무렵에는 없었으므로, 어느모로 보나 목토가 실존 인물일 가능성은 전혀 없다. 『일본서기』가 전하는 이 씨족의 시조는 실재하지 아니한 가공의 인물이다.

8) 기紀, ki씨

『일본서기』 웅략(雄略) 9년조를 보면, 신라 정벌군을 지휘하였다가 신라에서 전사하였다는 기소궁숙내(紀小弓宿禰)와 아들 기대반숙내(紀大磐宿禰)의 무용담이 나오고 있다. 물론 신라 정벌은 허구의 사실이고 이 두 사람은 가공의 인물이지만, 어쨌든 고대의 일본에서 '기(紀)'라는 씨족도 아주 번성하였던 것은 분명하다. ki는 지명이다.

『고사기』 효원(孝元)단에는 이 씨족의 시조가 건내숙내의 아들인 목각숙내(木角宿禰, ki–no–tu–no–su–ku–ne)라고 되어 있다. 『일본서기』 응신(應神) 3년 11월조에 나오는 기각숙내(紀角宿禰)와 동일인물이다. 백제의 진사왕(辰斯王)이 무례하여 이 자를 포함하여 4 사람을 백제로 보냈더니, 백제 사람들이 왕을 죽여 사과하였다는 설화의 주인공이기도 하다. 이 기각숙내가 가공인물이고, 설화가 허구의 창작임은 앞서 본 바 있다(94쪽).

紀臣奈率 彌麻沙 기신나솔 미마사 [일본서기] 백제인

한편 『일본서기』 웅략(雄略) 2년 7월조를 보면, 백제가 기신나솔 미마사 등을 아라가야에 보냈다는 기사가 있다. '기신(紀臣)'의 '기(紀)'는 왜국에서의 씨(氏)이고, '신(臣)'은 성(姓, 일본에서의 성은 존칭 혹은 관등명을 뜻함)이다. 나솔은 백제의 관등명이다. 이 사람은 왜국의 씨성과 백제의 관등명을 아울러 칭하고 있다.

『일본서기』는 이 기사의 주석에서 「기신나솔은 아마 기신이 백제의 여자를 얻어 아들을 낳아, 그 아들이 백제에 머물러 나솔에 된 사람이다. 부(父) 기신은 미상」이라 하여, 아주 교묘하게 왜곡하고 있다. 그렇지만 여기서 확실하게 알 수 있는 것은, 나솔 벼슬을 가진 어떤 백제인이 왜국으로 건너가 관료로 활동하면서 '기신'이라 칭하게 되었다는 점이다.

기씨 일족의 시조는 가공의 인물인 목각숙내가 아니고 백제인이라는 것을 이 기사에서도 명확하게 알 수 있다.

9) 거세居勢, ko—se씨

거세(居勢)는 『일본서기』의 표기이며, 『고사기』에는 허세(許勢)씨라고 되어 있다. kə—se라는 발음을 한자의 표기만 다르게 하였다. 이는 나라(奈良)

의 지명이다. 이 씨족은 8세기의 나라시대에 많은 고위 관료를 배출한 바 있다.

『고사기』에 의하면 이 씨족의 시조는 앞서 본 건내숙내(建內宿禰)의 아들 허세소병숙내(許勢小柄宿禰)라 한다. 건내숙내 즉 『일본서기』의 무내숙내가 실존 인물이 아님은 앞서 본 바 있다. 가공인물을 부친으로 둔 허세소병 또한 실존 인물이 아니다.

이름인 소병(小柄, wo—ka—ra)은 순수한 훈가나로 이루어졌으니, 이 점으로 보아도 가공인물인 것이 분명하다. 이 씨족 또한 허구의 가공인물을 시조로 하였다.

許勢奈率 歌麻　허세나솔 가마　[일본서기]　백제인

『일본서기』 흠명(欽明) 5년 3월조를 보면, 백제에서 왜국으로 보낸 사신 중에 위와 같은 인물이 있다. '허세(許勢)'는 바로 이 씨족의 명칭이고, 나솔은 백제의 관등명이다. 이 인물 또한 '재왜백제관료'인 것이 분명하다. 이 씨족이 백제에서 건너갔다는 또 하나의 증거이다.

10) 아배阿倍, a—be씨

아배(阿倍, a—be)는 나라(奈良)의 지명이다. 『일본서기』를 보면 이 씨족도 꽤 유력한 가문으로 되어있다. 그 시조를 8대 왜왕 효원(孝元)의 장남이라는 대언명(大彦命, o—po—pi—ko—no—mi—ko—to)이라 하였다. 효원이나 대언명이 가공인물임은 앞서 보았다(64쪽).

그런데 이 대언명은 아배씨를 포함하여 무려 7 씨족의 조상이라 한다. 이 점에 관하여는 뒤에서 자세히 살펴보자(295쪽).

『일본서기』에는 이 대언명의 동생이 언태인신명(彦太忍信命)인데, 앞서 본 무내숙내(武內宿禰)의 조부라 하였다. 사실일까? 앞서 대언명이 기원전 250 년 무렵에 출생한 것으로 추정한 바 있다. 언태인신명은 형인 대언명보다 넉넉잡아 10살 적다고 가정하면, 그는 기원전 240년 무렵에 출생한 것이 된 다. 앞서 무내숙내가 서기 73년생이라 하였으므로(63쪽). 조부인 언태인신명 과 손자인 무내숙내의 나이 차이는 무려 313살가량 된다. 그렇다면 조부와 부친이 각각 155살 정도의 나이가 되어 자식을 낳아야 이런 결과가 발생할 수 있다. 모든 것이 허구의 소설임을 알 수 있다.

11) 와니和珥, wa-ni씨

이 씨족 또한 고대의 일본에서 상당한 세력을 갖고 있었으며, 역대 여러 왜왕의 비를 다수 배출한 것으로 되어 있다. 와니(和珥, wa-ni) 또한 나라 의 지명에서 유래하였다.

『일본서기』에 의하면, 이 씨족의 선조는 5대 왜왕 효소(孝昭 재위 기원전 475~기원전 393년)의 장남인 천족국압인명(天足國押人命, a-ma-ta-ra-si- ku-ni-o-si-pi-to-no-mi-ko-to)이라 하였다. 이 인물은 길고도 긴 이 름을 가졌는데, 한문을 훈독하고 있다. 이런 이름이 기원전에 존재하였을 리가 만무하다. 왜왕이라는 효소와 그 장남은 모두 실재하지 아니한 가공 인물이다. 선조가 백제 멸망 이전에 백제에서 건너간 것을 이렇게 표현하 였다.

12) 식장息長, o-ki-na-ga씨

『신찬성씨록(新撰姓氏錄)』에는 수많은 성씨가 적혀 있는데, 가장 먼저 등장하는 것이 바로 이 식장(息長, o—ki—na—ga)씨이다. 이 씨족의 시조는 15대 왜왕 응신의 왕자인 치정모이오(稚渟毛二俣)라 하였다. 『일본서기』를 보면, 응신이 제원(弟媛, o—to—pi—me)과의 사이에 낳은 왕자 치야모이파(稚野毛二波, wa—ka—nu—ke—pu—ta—ma—ta)와 동일인물이다.

앞서 보았듯이 응신은 허구의 왜왕이다. 제원 또한 훈가나로 된 이름으로 볼 때 실존 인물이 아니다. 치야모는 가공의 인물들을 부모로 두었고, 또한 그의 훈가나로 된 이름으로 보아 실재하였을 가능성이 전혀 없다.

이 씨족은 『신찬성씨록』의 맨 선두에 등장하는 영예를 누렸으나, 가공의 인물을 시조로 둔 것은 마찬가지이다.

『일본서기』와 『고사기』를 보면, 이 밖에도 무수하게 많은 씨족의 시조가 나오고 있으나, 모두 허구의 인물이고, 실제 존재하였던 인물은 단 한 사람도 없다. 왜 이런 일이 벌어졌는가? 무릇 씨족에는 그 시조가 있어야 한다는 것은 상식이다. 그런데 실제 모든 성씨의 시조는 백제에서 도왜한 백제인이다. 성과 이름을 밝힌다면 그가 백제인이라는 사실은 금방 드러나고 말 것이다. 그래서 붓끝으로 창작한 가공의 인물들을 마치 아득한 옛날부터 일본열도에 살던 토착 왜인인 양 꾸며낸 것이다.

13) 지명을 성으로 삼은 것은 백제의 풍습

일본의 귀족들의 성은 대부분 지명에서 유래하였다. 이는 백제나 신라의 성씨들과는 전혀 다르다. 그러면 지명으로 성을 삼는 것은 왜국의 독특한 풍습인가? 그렇지 않다. 지명을 성으로 삼는 풍습 또한 기원은 백제에 있다.

(1) 흑치상지黑齒常之

최근 중국 낙양의 북망산에서 발견된 백제의 장군 흑치상지의 묘지명에는 그의 가계와 출신 내력이 소상하게 기재되어 있다.

> 「……府君諱常之 字恒元 百濟人也, 其先出自夫餘氏 封於黑齒 子孫因
> 以爲氏焉, 其家世相承爲達率……曾祖諱文大, 祖諱德顯, 考諱沙次,
> 並官之達率……
> ……부군은 이름이 상지常之이고, 자는 항원恒元으로서 백제인이다. 그
> 조상은 부여씨로부터 나왔는데, 흑치黑齒에 봉해졌기 때문에 자손들이
> 이를 씨氏로 삼았다. 그 가문은 대대로 달솔을 역임하였으니……
> 증조부는 이름이 문대文大이고, 조부는 덕현德顯, 아버지는 사차沙次로
> 서, 모두 관등이 달솔에 달했다……」

번역은 「黑齒常之墓誌銘」『한국고대문자자료연구 下. 오택현. 2015. 주류성』379쪽

필자가 주목하는 것은 두 가지 점이다. 첫째 그의 조상은 원래 백제의 왕
성인 부여(夫餘)씨였는데, 흑치에 봉하여졌으므로, 자손들이 그것으로 씨(氏)
를 삼았다고 되어 있는 점이다.

둘째 그의 가문은 대대로 달솔 벼슬을 이어받았으며, 그와 부친, 조부, 증
조부 모두 달솔에 이르렀다고 한 것이다.

흑치상지의 가문은 원래 백제의 왕성인 부여씨였다. 그런데 그 왕성을 사
용하지 않고, 다스리는 지역의 지명인 흑치를 새로운 성으로 삼았다는 것
은, 일본으로 건너간 백제의 귀족들이 정착한 곳의 지명을 성으로 삼은 것
과 같은 맥락이다. 백제에는 지명을 성으로 삼는 풍습이 있었던 것을 암시
하여 준다. 자랑스러운 왕성인 부여씨마저도 버리고, 별로 어감이 좋지도
아니한 흑치라는 지명을 성으로 사용한 점을 보라. 일본 귀족들이 몇몇 예
외를 제외하고 거의 전부 지명을 성으로 삼은 것은 백제의 전통이었다는 사
실을 짐작하기에 부족함이 없다.

흑치상지의 가문은 달솔 벼슬을 세습하면서, 아마도 대대로 세습하여 흑치라는 곳의 지방장관을 역임하였던 모양이다. 그러기에 성마저 바꾸었으리라. 관등명이나 구체적인 직위를 모두 세습하였던 것을 알 수 있다. 이러한 현상은 『일본서기』에 나오는 고대 일본 귀족들의 일반적인 모습과 동일하다.

그런데 흑치는 어디일까? 여러 학설이 있으나, 필자는 『후한서(後漢書)』「왜인전」에 나오는 왜지 여러 나라 중의 하나인 '흑치국(黑齒國)'이 아닐까 생각한다. 이 흑치국은 여왕이 다스리는 나라 즉 사마대국(邪麻台國)에서 4천여리 떨어져 있다고 되어 있다. 이 흑치국은 『일본서기』에도 나오지 않는다. 『일본서기』 등장 훨씬 이전에 흑치라는 지명이 사라졌기 때문이 아닌가 싶다.

(2) 기주기루己州己婁와 동성도천東城道天

『일본서기』에 나오는 백제인의 성씨를 살펴보면, 지명에서 유래한 것으로 짐작되는 성씨들이 간혹 보이므로 여기에 소개하여 본다.

『일본서기』 흠명(欽明) 4년 11월조를 보면, 백제에서 일본에 보낸 사신 중에 호덕(護德) 벼슬의 '기주기루(己州己婁)'가 있다. '기주(己州)'가 성이고, 이름이 기루이다. 『삼국사기』나 『일본서기』에는 수많은 백제인의 성과 이름이 나오지만, '~주(州)'라는 성은 이 사람이 유일하다. 아주 특이한 성이다. 이 '기주'는 지명에서 유래하였을 것이다.

『일본서기』 위와 같은 조에는 백제 성왕의 신하로서 덕솔 벼슬인 동성도천(東城道天)이라는 인명이 보인다.

『일본서기』 흠명 8년 4월조에는 백제에서 건너간 동성자언(東城子言), 15년 정월조에는 동성자막고(東城子莫古)가 있다. 세 사람의 성인 '동성'은 지명으로 보아도 아무런 무리가 없을 것이다.

(3) 곡나진수谷那晋首

『일본서기』 천지(天智) 2년 9월조에는, 백제 멸망 이후 도왜한 덕솔 벼슬인 곡나진수(谷那晋首)가 있다. 이 사람은 병법(兵法)의 대가였다 한다. 그 성인 '곡나'는 지명이다. 『일본서기』 응신(應神) 8년 3월조, 백제기(百濟記)를 인용한 기사에 나오고 있다.

> 「백제기百濟記에서 말하였다. "아화왕阿花王이 즉위하여 귀국에 무례하였다. 아국의 현남, 침미다례, 지침, **곡나谷那**의 동한지지東韓之地를 **빼앗았**다. 그래서 왕자 직지直支를 파견하여 선왕先王의 호好를 닦았다"」

실제 백제기라는 역사책에서 이렇게 말하였을 리는 만무하다. 백제의 사관이 왜국을 「귀국(貴國)」이라 하거나, 더구나 「귀국에 무례하였다」라고 표현할 리가 없기 때문이다. 백제왕이 무례하다고 하여, 왜국이 백제의 땅을 빼앗았다는 표현을 보라. 전혀 있을 수 없는 일을 실제 있었던 일인양, 그것도 백제기라는 백제의 역사서에 적혀 있는 양, 꾸며 놓았다.

문장이 유치하고 수준이 아주 낮은 것을 보면, 후세 변작자의 가필인 것이 분명하다. 『일본서기』에서 백제의 사서를 인용한 양 되어 있는 기사는 거의 전부 후세인의 가필이다. 다만 백제가 왕자 직지를 파견하여 선왕의 호를 닦았다는 것은 주의를 끈다. 이 대목은 백제의 조정에서 왕자 직지를 파견하여 왜왕으로 통치하게 하였다는 것을 암시하는 것으로 이해할 수 있다.

응신 8년은 『일본서기』의 기년으로 277년이다. 그런데 백제의 아신왕의 재위기간은 392년에서 405년이다. 따라서 연대도 전혀 맞지 않는다.

이 기사가 후세인의 가필인 것은 명백하지만, '곡나(谷那)'라는 지명마저 후세인의 창작일까? 이 지명은 『삼국사기』에는 나오지 않지만, 가필자가 머리 속에서 창작한 지명은 아닌 것으로 보인다. 이 지명은 지금도 일본의 어딘가에 비장되어 있는 것으로 추정되는 백제의 사서에서 옮긴 것으로 생각된다. 후세의 가필자도 인명과 지명만큼은 창작하지 않고, 백제의 사서에서 전재하여 옮겼을 것이다.

(4) 사비복부四比福夫

『일본서기』 천지 4년 8월조에는 달솔 벼슬 '사비복부(四比福夫)'를 지금의 후쿠오카(福岡) 부근으로 보내어 성을 쌓게 하였다 한다. 이 사람의 성 '사비(四比)'는 백제의 수도 '사비(泗沘)'에서 유래한 것으로 보인다. 한자 표기만 약간 다를 뿐, 동일한 발음이다.

이와 같이 백제에서는 지명을 성으로 삼은 씨족이 간혹 있었던 것을 알 수 있다. 그렇지만 신라인이나 고구려인의 성씨에서는 그러한 경우가 보이지 않는다. 백제인의 독특한 풍습이었던 모양이다.

위에서 본 기주, 동성, 곡나, 사비라는 성을 가진 사람들도 원래는 다른 성이었을 가능성이 크다. 흑치상지 가문이 원래 부여씨였던 것처럼. 이러한 백제인들이 낯선 땅 일본으로 건너가서는, 백제의 성을 버리고 정착한 곳의 지명을 성으로 삼았던 경우가 많았던 것을 알 수 있다.

14) 수많은 후손을 둔 가공의 시조들

『일본서기』나 『고사기』의 왜왕들은 100살을 넘어 장수하였던 경우가 참으로 많다. 초대 신무는 127세, 5대 효소는 113세, 6대 효안은 137세, 7대 효령은 128세 등등 부지기수이다.

같은 맥락으로 왜국에는 엄청나게 장수한 귀족들이 많았던 모양이다. 가장 유명한 무내숙내와 그 아들 갈성습진언 부자의 합한 나이는 무려 5백살을 넘는다. 이렇듯 장수한 천황이나 신하의 존재는 『일본서기』나 『고사기』
가 실제 있었던 역사를 기록한 것이 아니고, 붓끝에서 창작한 가공의 역사
로 이루어졌다는 것을 입증하는 중요한 자료가 된다.

　왜왕들이나 신하들의 나이가 이토록 많은 것은 창작의 수고를 줄이기 위
한 것 이외에는 다른 목적이 없다. 한 사람의 왜왕을 창작하려면, 왕비와 후
궁, 여러 명의 왕자와 공주, 많은 신하, 그리고 왕과 나라에 있었던 일 등 여
러 가지를 갖추지 않으면 안 된다. 이 모든 것들을 기존의 사서나 기록에서
옮겨 적는 것이 아니라, 순전히 머릿속에서 창작하려면 많은 시간과 수고를
필요로 한다. 그렇지만 왜왕 한 사람이 백살도 넘게 산 것으로 하여 장수한
것으로 처리하면, 그러한 수고가 대폭 줄어든다. 중요한 신하 한 사람을 창
작하기 위해서도 상당한 노력이 필요하지만, 한 사람이 수백 년 산 것으로
처리하면 일은 훨씬 쉬워진다.

　『일본서기』나 『고사기』를 편찬한 가장 중요한 목적은 물론 천황가의 유
래를 그럴듯하게 꾸며내는 것이다. 두 번째 중요한 목적은 왜국에 있던 백
제 출신 여러 귀족이 원래부터 왜국에 살았던 것으로 조작하는 것이다. 그
런데 수많은 여러 귀족 가문의 시조를 하나하나 창작하려면 그것도 여간 힘
든 것이 아니다. 그렇지만 가공의 인물 한 사람에게 여러 후손 씨족이 있었
던 것으로 처리하면 수고가 대폭 줄어든다. 그러한 예를 살펴보자.

(1) 19 씨족의 시조인 신팔정이명神八井耳命

　『고사기』를 보면 초대 왜왕 신무의 아들이라는 신팔정이명(神八井耳命,
ka—mu—ya—wi—mi—mi—no—mi—ko—to)이 있다. 훈가나로 된 이름이므
로, 그 아버지인 신무와 마찬가지로 가공의 인물이다.

　그런데 이 사람은 의부신(意富臣), 소자부련(小子部連), 화군(火君), 대분군(大
分君), 아소군(阿蘇君) 등 무려 19 씨족의 시조라고 되어 있다. 이 수많은 씨족

의 시조를 가공의 인물 한 사람으로 간단하게 처리하였던 것이다. 마치 초기의 왜왕들이 백살 이상 장수한 것을 연상케 한다. 창작의 수고를 최소한으로 줄이기 위한 방편이다.

(2) 수십 씨족의 시조인 건내숙내建內宿禰의 아들들

『일본서기』의 무내숙내를 『고사기』에서는 건내숙내라 하였다. 『고사기』 효원(孝元)단에는 건내숙내에게 아들이 7명 있었다는데, 모두가 여러 씨족의 시조라 하고 있다. 다음은 모두 건내숙내의 아들이다.

① 파다팔대숙내波多八代 : 파다신波多臣, 임신林臣 등 6씨족의 시조
② 허세소병숙내許世小柄宿禰 : 앞서 보았듯이 거세居世씨의 시조286쪽. 그 외에도 2씨족의 시조를 겸하고 있다.
③ 소아석하숙내蘇我石河宿禰 : 앞서 본 소아씨의 시조이다276쪽. 이외에 천 변신 川邊臣, 전중신田中臣 등 6씨족의 시조.
④ 평군도구숙내平群都久宿禰 : 앞에 나온 평군씨의 시조. 『일본서기』에 나 오는 평군목토숙내의 『고사기』 버전이 이 사람이다. 그밖에도 2씨족 의 시조.
⑤ 목각숙내木角宿禰 : 목신木臣 등 3씨족의 시조.
⑥ 갈성장강증도비고葛城長江曾都毘古 : 옥수신玉手臣 등 4씨족의 시조.
⑦ 약자숙내若者宿禰 : 강야재신江野財臣의 시조

이와같이 건내숙내의 7 아들은 도합 27개 씨족의 시조인 것으로 되어있다. 전혀 믿기 어려운 허구의 설화가 아닐 수 없다. 『고사기』가 허구의 가공인물을 왜국 귀족들의 시조로 삼았던 사실을 확인할 수 있다.

(3) 7 씨족의 시조인 대언명大彦命과 대랑자大郎子

8대 왜왕 효원(孝元, 재위 기원전 214년~기원전 158년))의 장남 대언명은 가공의 인물이지만, 아배씨의 시조였다는 것은 앞서 본 바 있다. 그런데 『일본서기』에 의하면 이 대언명은 그 외에도 선신(膳臣) 등 6 씨족의 시조라고 되어있다.

『고사기』를 보면, 15대 왜왕인 응신(應神)의 손자인 대랑자(大郎子)는 다른 이름이 의부부저(意富富杼)이다. 삼국군(三國君), 파다군(波多君), 식장판군(息長坂君) 등 무려 7 씨족의 시조라 하였다.

(4) 6 씨족의 시조인 타캐토요파두라와캐建豊波豆羅和氣

『고사기』를 보면, 9대 왜왕 개화(開化, 재위 기원전 157~기원전 98년)의 아들 타캐토요파두라와캐는 도수신(道守臣) 등 6 씨족의 시조라 한다. 이 인물의 이름 앞부분 타캐(建 건, ta–ke)는 용맹하다는 의미, 토요(豊 풍, to–yo)는 풍요롭다는 뜻을 가진 미칭이다. 기원전에 한자의 훈으로 된 이름이 있었을 가능성은 전혀 없다. 가공의 인물인 것이 분명하다.

그 외에도 두세 씨족의 시조라는 가공인물은 많으나 지면 관계상 이 정도로 생략한다.

2. 귀족들의 원적

『일본서기』나 『고사기』를 보면, 왜국 귀족들의 시조는 대부분 하늘에서 천손강림(天孫降臨)할 때, 혹은 시조인 신무(神武)가 동정(東征)할 때 등, 실로 까마득한 예전부터 조상신이나 왜왕들을 섬겨온 인물들인 것으로 되어 있다. 실제로 그러할까? 그럴 리가 없다. 그러면 실제 왜국 귀족들의 시조는 누구일까? 이를 추적하기는 어려운 과제이지만, 약간의 단서가 있다.

죽은 사람의 이름과 내력, 관직, 행적 따위를 돌에 적어 무덤에 묻은 글을 지석(誌石)이라 하는데, 일본에서는 묘지(墓誌)라 한다. 후손이 조상의 공덕을 기리고 추모하는 마음에서 만드는 것이다. 나라(奈良)국립문화재연구소에서 발간한 『日本古代の墓誌(일본고대의 묘지). 1980』를 보면, 16인의 묘지가 나와 있는데, 그중 몇몇 묘지에서 시조를 밝히고 있다. 이 시조를 확인하여 보자.

그리고 묘지는 아니지만 7세기 말에서 일본 최고의 권력자이던 등원겸족(藤原鎌足)과 환무(桓武)천황의 생모 고야신립(高野新笠)의 행장기에 나오는 그들의 원적을 살펴보자.

1) 선왕후船王後의 묘지명

선왕후(船王後)라는 사람의 묘지명이다. 성이 '선(船)'이고, 이름이 '왕후(王後)'이다. 이름의 뒤에 붙은 '수(首)'는 존칭이다. 묘지명에 의하면 선왕후는 신축년 즉 641년 별세하였다. 이 묘지명은 오사카(大阪)의 카시하라(栢原) 시에서 출토되었는데, 얇은 동판에 도합 162글자의 명문을 새겼다. 일본의 국보로 지정되었다. 일본에서 발견된 묘지 중에서 가장 이른 시기의 것이다.

원문과 번역은 『日本古代の墓誌(일본고대의 묘지)』에 의하였다.

「惟船氏故王後首者 是船氏中祖 王智仁首兒 那沛故首之子也,
　生於乎娑陁宮治天下天皇之世, 奉仕於等由羅宮治天下天皇之朝, 於阿
　須迦宮治天下天皇之朝 天皇照見知其才異仕有功勳 勅賜官位大仁品爲
　第三……

戊辰年 十二月 殯葬於松岳山上 共婦安理故能刀自同墓 其大兄刀羅古
首之墓 並作墓也……

선씨船氏 고 왕후王後 수首는 바로 선씨의 중조中祖인 왕지인王智仁 수首
의 아들인 나패고那沛故 수首의 아들이다.

워사타乎娑陁궁에서 천하를 다스리던 천황의 때에 태어나, 토유라等由
羅궁에서 다스리던 천황의 때에 봉사하였다. 아스카阿須迦궁에서 다스
리던 천황의 때에 이르러, 천황이 그 재주가 특별하여 모시는 공훈이
있음을 알아보시고, 관위官位 대인大仁을 하사하시니, 세 번째 품계였
다……

무진년668년 12월 송악산 위에 빈장한다. 부인 안리고安理故 도자刀自와
묘를 같이 하고, 큰형인 도라고刀羅古 수首와 묘를 나란히 한다……」

(1) 묘지명의 작성시기

일본에서 '천황'이라는 왕호는 7세기 말에 성립되었다는 것이 대체적인
견해이다. 그런데 648년에 별세하여 668년에 빈장하였다는 선왕후의 묘지
명에 '천황'이라는 용어가 사용되고 있는 것은 상식에 어긋난다. 이때에는
천황이라는 말이 생기기 전이다. 그리고 위에서 본 세 천황은 『고사기』와
『일본서기』에 나오는 가공의 왜왕들로서, 8세기 초 이 책들이 나오기 이전
의 사람들이 그러한 왜왕을 알 리가 없었다. 이 묘지를 지은 사람은 『일본
서기』를 읽어, 그 내용을 알고 있는 사람인 것이 분명하다.

묘지에 나오는 호사타(乎娑陁, wo—sa—ta)궁은 『일본서기』에 나오는 30대
왜왕 민달의 역어전(譯語田, wo—sa—ta)궁이다. 토유라(等由羅, to—yu—ra)
궁은 33대 왜왕 추고의 풍포(豊浦, to—yu—ra)궁이다.

그런데 '아수가(阿須迦, a—su—ka)'궁은 문제이다. 이는 '아스카(飛鳥)'궁을
뜻하는데, 이러한 궁은 『일본서기』에 존재하지 않기 때문이다. 34대 왜왕

서명(舒明)의 궁을 뜻하는 것 같은데, 『일본서기』를 보면 이 왜왕의 궁은 '강본(岡本, wo-ka-mo-to)'궁이라 하였다.

「天皇　遷於飛鳥岡傍　是謂岡本宮
천황이 '아스카飛鳥의 언덕岡' 부근으로 옮겼다. 이를 강본岡本궁이라 한다」

　서명의 궁이 '아스카(飛鳥) 언덕 부근의 강본궁(岡本)궁'이라 되어 있지, '아스카궁(飛鳥宮)'이라는 표현은 없다. 묘지에는 분명히 '아수가(阿須迦)'궁 즉 '비조궁(飛鳥宮)'이라 되어 있는데, 아마도 묘지의 지은이가 『일본서기』를 잘 못 본 것이 아닐까? 위 구절을 얼핏 읽으면 '아스카궁(飛鳥宮)'으로 오독할 가능성이 충분하다.

　그런데 실제 민달의 궁이 존재하였고, 그 이름이 '강본궁'이었다면, 묘지의 지은이가 이런 실수를 범하였을 리가 만무하다. 실제로는 전혀 보고 들은 바 없고, 오직 『일본서기』라는 책에서만 보았던 가공의 궁호이므로, 잘 못 읽어 실수하였던 것으로 짐작된다.

　그리고 『고대일본의 묘지』를 보면, 위 묘지에 나오는 '관위(官位)'라는 용어가 시대와 맞지 않는다고 한다(76쪽). 이 용어는 『속일본기(續日本記)』의 경운(慶雲) 2년 즉 705년조에 처음으로 출현하였다 한다.

　이런 여러 사정으로 보면, 선왕후의 후손들이 『일본서기』가 발간된 720년 이후의 어느 시기에, 거기에 나오는 왜왕들에 맞추어 묘지를 작성하여 추가로 넣은 것을 알 수 있다.

(2) 왕지인王智仁

　묘지의 주인공은 '선(船)'씨의 중조(中祖)인 왕지인(王智仁) 수(首)의 아들인 나패고(那沛故) 수(首)의 아들이라 하였다. '나패고'가 누구인지 알 수 있는 자료는 전혀 없으나, 중조 왕지인에 관하여는 몇가지 기록이 있다.

『신찬성씨록(新撰姓氏錄)』의 우경제번(右京諸藩) 편을 보면, '선련(船連)'이라는 성이 보인다. 성이 '선(船)'이고, 연(連)은 존칭이다. 이 성은 백제 도모왕(都慕王)의 십세손 귀수왕(貴須王)의 후(後)로서, 대아량왕(大阿良王)의 삼세손인 '지인군(智仁君)'의 후라 하였다. 군(君)은 존칭이고, 이름이 '지인(智仁)'인데, 바로 선왕후의 조부인 왕지인인 것이 분명하다. 『신찬성씨록』의 기록은 이 점에서는 묘지와 일치하고 있다.

여기서의 도모왕(都慕王)은 고구려의 시조 주몽(朱蒙)을 의미하며, 귀수왕(貴須王)이란 근구수왕(近仇首王)을 가리킨다. 근구수왕은 시조 온조로부터 14대왕이다. 이 씨족의 먼 조상은 백제의 근구수왕이지만, 직계 선조는 지인군이고, 그는 대아량왕의 삼세손이라는 의미가 된다.

그런데 '대아량왕'은 누구인가? 『속일본기(續日本紀)』연력(延歷) 9년(790년), 7월 신사조에 보이는 진련진도(津連眞道) 등이 당시의 환무(桓武)천황에게 올린 상표문에 이 이름이 보인다. 상표문은 아주 길지만 요점을 살펴보면 이렇다.

「① 진련진도 등은 백제의 16대 근구수왕近仇首王에서 나왔다.

② 근초고왕이 멀리 성화聖化, 성스러운 교화를 사모하다가 처음으로 '귀국貴國' 즉 왜국과 통교하였는데, 신공神功왕후의 시대였다.

③ 왜왕 응신應神이 황전별荒田別을 백제에 보내어 학자를 보내달라 하자, 근구수왕은 손자인 진손왕辰孫王, 일명 智宗王 지종왕을 보냈다. 응신은 진손왕을 태자의 스승으로 임명하였다. 처음으로 서적을 전하고 문교文教가 흥하였다.

④ 왜왕 인덕仁德이 진손왕의 아들 태아량왕太阿良王을 근시近侍로 삼았다.

⑤ 태아량왕의 아들이 해양군亥陽君이고, 그 아들이 오정군午定君이며, 그

의 장남인 미사味沙는 갈정葛井씨, 차남인 진이辰爾는 선船씨, 삼남인 마려麻呂는 진련津連씨의 시조가 되었다.

⑥ 진이辰爾가 민달敏達의 시대에 고구려의 국서國書를 읽는 등 활약하였다」

『일본 고대의 묘지』에서는 이 왕진이가 바로 『신찬성씨록』의 왕지인이라 풀이하고 있다(74쪽). '지인(智仁)'의 고대음은 ti—nin이었고, '진이(辰爾)'는 sin—ni 였다. 고대의 일본에서 ti 음과 si 음이 서로 넘나드는 현상이 있었던 것은 졸저 『일본열도의 백제어』에서 본 바 있다(197쪽). 흡사한 발음이다. 동일인물인 것이 분명하다.

『일본서기』를 읽어 보신 분이라면, 왕진이라는 이름은 그렇게 낯설지 아니할 것이다. 흠명(欽明) 14년(553년) 6월조에 왕진이라는 이름이 처음 등장한다. 조정에서 그로 하여금 배로 실어 보낸 세금을 헤아려 기록하도록 하였다 한다. 그래서 성을 하사하여 '선사(船史)'라 하였는데, 선련(船連)의 시조라 하였다. 묘지 주인공인 '선왕후(船王後)'의 '선(船)'이라는 성의 유래가 여기에 있다.

왕진이가 맡은 업무에서 짐작해 보면, 그는 백제에서부터 고위 귀족이 아닌 중하급 귀족 출신이었던 모양이다.

이 왕진이가 큰 공을 세우는 일이 벌어지게 된다. 『일본서기』 민달(敏達) 원년(572년) 5월조를 보면, 고구려의 사신이 왜국에 갔을 때, 가져간 국서(國書)를 누구도 해독하지 못하여 전전긍긍하였는데, 이를 왕진이가 해독하여 칭송을 받았다 한다. 이 국서는 까마귀의 털에 먹으로 쓴 것이어서 알아볼 수 없었지만, 왕진이가 이를 밥의 김으로 쪄서 비단에 옮겨 읽었다는 것이다. 아마도 백제에서 새로 도래하였던 왕진이의 깊은 학식을 칭송하는 설화일 것이다.

(3) 상표문의 진실성 여부

그런데 상표문에 나오는 위의 계보에는 왕지인의 고조부 때에 도왜한 것으로 되어 있는데, 과연 사실일까?

속일본기의 이 상표문은 신빙성이 없다. 실존 인물이 아닌 왜왕 신공, 응신, 인덕이 나오는 것을 보라. 그리고 근초고왕은 백제 역사상 국력이 가장 강력할 때인데, 가공의 인물인 신공왕후의 성화(聖化)를 사모하여 통교하였다는 것은 우스운 일이다. 아마도 근초고왕의 시대에 백제군이 왜국에 처음으로 진공하여 왜지의 일부에 대한 통치를 시작한 사실을 이렇게 표현하였을 것으로 짐작된다.

그리고 근초고왕은 346년부터 375년 사이에 재위하였는데, 『일본서기』의 기년으로 신공왕후는 201년부터 269년까지 재위한 것으로 되어 있어, 시기가 전혀 맞지 않는다. 근구수왕은 375년부터 384년까지 재위하였으므로, 응신의 재위기간인 270년부터 310년과도 전혀 맞지 않는다. 일본 사학계의 통설인 이주갑인하설(二周甲引下說)에 의하여, 응신의 재위기간을 120년 인상하여 보면 더욱 어긋난다.

묘지 주인공의 성인 '선(船)'이라는 씨족의 먼 조상이 백제의 근구수왕이라 한 것은 틀림없는 사실일 것이다. 그러나 상표문에 나오는 '태아량왕(太阿良王)'이나 '진손왕(辰孫王)', 해양군(亥陽君), 오정군(午定君) 등은 과연 실존 인물인지 의심스럽다.

'~왕(王)'이라는 호칭은 8세기 이후 일본에서 천황가의 일족에 대하여 사용한 경칭이다. '해양군'이나 '오정군'의 '군(君)'은 고대 왜국에서 사용하던 경칭인 ki—mi(군 君)이 아니라, 백제의 왕자호일 것이다. 이 네 사람은 실존 인물이라 하더라도, 도왜하지 않고 백제에서 일생을 마친 사람들로 추정된다.

오정군의 장남인 미사(味沙, mi—sa)와 차남인 진이(辰爾), 삼남인 마려(麻

呂, ma-ro)는 그 이름으로 보아 왜국에서 활동한 실존 인물인 것이 분명하다. 백제에서 삼형제가 도왜하여 각각 다른 세 성씨의 시조가 된 것을 상표문에서는 이렇게 각색하였을 것이다.

왕진이는 백제 근구수왕의 후손이라 하였으니, 그는 원래 부여(夫餘)씨였던 것이 분명하다. 그러다 어느 시점에선가 이 씨족은 '왕(王)'씨로 개성하였던 모양이다. 그래서 '왕진이'라는 성명으로 도왜하였다가, 왜국에서 '선(船)'이라는 성을 얻게 된 것으로 보인다.

(4) 왕진이와 왕인王仁

『일본서기』 응신 15년(284년) 8월조를 보면, 응신이 황전별(荒田別, a-ra-ta-wa-ke)을 백제에 보내 왕인(王仁)을 불렀으며, 그를 태자의 스승으로 하였다는 기사가 있다. 그런데 이는 상표문의 ③항과 흡사하다.

「왜왕 응신應神이 황전별荒田別을 백제에 보내어 학자를 보내달라 하자, 근구수왕은 손자인 진손왕辰孫王, 일명 智宗王 지종왕을 보냈다. 응신은 진손왕을 태자의 스승으로 임명하였다. 처음으로 서적을 전하고 문교文敎가 흥하였다」

이 왕인은 상표문의 진손왕(辰孫王) 기사와 모든 것이 완벽하게 일치하므로, 그가 바로 왕인(王仁)과 동일인물인 것을 짐작할 수 있다.

여기서 생각하여 보면, 진손왕(辰孫王)과 그의 다른 이름 지종왕(智宗王)은 왕진이(王辰爾)와 다른 이름 왕지인(王智仁)과 흡사하다. 즉 진손왕과 왕진이는 '진(辰)'이 동일하고, 지종왕과 왕지인은 '지(智)'라는 글자가 동일하다. 이것이 우연의 일치일까?

또한 왕인(王仁)과 왕지인, 왕진이는 성이 왕(王)씨로서 동일할 뿐만 아니라, '지인(智仁)'의 '인(仁)'은 왕인의 이름 '인'과 그대로 일치한다. 따라서 「왕인=왕지인=왕진이=진손왕=지종왕」이라는 등식을 도출할 수 있다.

왕인과 왕진이는 동일인물일까? 왕인은 『일본서기』 상으로 응신(應神, 재위 270~310년)의 시대에 활동하였고, 왕지인은 민달(敏達, 재위 571~585년)의 시대에 활약하였으므로, 시대가 전혀 다르다.

묘지에서 보듯이 왕지인은 실존 인물인 것이 분명하다. 『일본서기』에 나오는 왕인은 바로 이 왕지인을 모델로 하여 창작된 인물인 것으로 추정할 수 있다. 왜왕 응신은 물론 그를 부르러 백제로 갔다는 황전별(荒田別, a-ra-ta-wa-ke) 또한 훈가나로 된 이름으로 보아 창작된 허구의 인물인 것이 분명하다. 그러나 위와 같은 등식은 우연한 일치에 불과하고, 왕인이 실존하였을 가능성도 부정할 수 만은 없을 것이다.

(5) 중조中祖

묘지의 주인공 선왕후는 왜왕 서명의 시대에 12 관위 중 세 번째인 '대인(大仁)'에 올랐다 하였다. 서명은 물론 가공의 왜왕지만, 선왕후가 상당한 고위직을 역임하였을 것은 사실일 것이다. 그러나 『일본서기』에는 이 인물이 보이지 않아, 상세하게는 알 수 없다.

선왕후의 부친은 나패고(那沛故)라 하였다. 부친 '나패고' 또한 기록에 나오지 않아 어떤 사람인지 알 수 없다.

그리고 묘지의 주인공은 '중조(中祖)' 왕지인의 손자인데, 중조'는 무슨 의미인가? 『日本古代の墓誌(일본고대의 묘지)』에 의하면, 다른 데에 용례가 나오지 않아 그 의미가 명확하지 않지만, 보통은 중흥(中興)의 조(祖)라 해석된다고 한다. '중흥'의 사전적 의미는 쇠퇴하던 것이 중간에 다시 일어서는 것을 뜻한다. 일본에서도 다를 바 없다. 쇠퇴한 가문을 다시 일으킨 시조를 일반적으로 '중시조(中始祖)'라 한다. 사전을 찾아보면, 이 중시조라는 말은 한국과 일본에서 같은 의미로 사용되고 있다.

그렇다면 이 가문이 쇠퇴 일로에 있었던 것을, 왕지인이 다시 중흥하였다는 의미인가? 그런 의미가 아니다. 백제에서 살던 왕지인이 왜국으로 건너가, 왜국에 사는 이 일족의 시조가 되었으므로, 그것을 중시조라는 의미의 '중조'라 표기하였을 것이다. 따라서 중조라는 말은 '왜국으로 처음 건너간 시조'라는 의미로 풀이하여야 마땅하다.

여기서 생각나는 것은 사이타마(埼玉) 현 이나리야마(稻荷山) 고분에서 발견된 철검에 나오는 '상조(上祖)'라는 말이다(후술 465쪽 참조). 칼을 만들어 글자를 새긴 장본인 호와캐(乎獲居)는 자신의 8대조인 의부비궤(意富比塊)를 상조로 표현하였다. 무슨 의미인가?

'중조'와 마찬가지로 상조 또한 중국이나 한국에서 사용되는 말이 아니다. 그 의미는 중조와 다를 바 없이 백제에서 왜지로 처음 건너간 조상이라는 취지일 것이다.

이 상조는 『일본서기』 신대기(神代紀)에도 보인다. '니니기'가 천손강림(天孫降臨)할 때, 호위하였다는 신하인 천아옥명(天兒玉命)을 중신(中臣)의 상조(上祖)라 하였고, 태옥명(太玉命)을 기부(忌部)의 상조라 하였다. 천손강림할 때 따라갔다는 것은 이 씨족 중에서는 왜국으로 처음 건너갔다는 의미가 되니, 역시 같은 맥락이다. 그리고 보면 고대의 왜국에서는 처음 건너간 조상을 '상조'라고 표현하였던 모양이다.

한국에서는 '입향조(入鄕祖)' 혹은 '입도조(入島祖)'라는 표현을 사용하고 있지만, 그러한 용어가 존재하지 않던 고대의 왜국에서는 왜지로 처음 건너간 조상을 나타내는 데에 어려움을 느꼈던 모양이다. 그래서 지어낸 말이 '중조' 혹은 '상조'가 아닌가 싶다. 한국풍으로 말한다면 '입왜조(入倭祖)' 즉 왜지로 처음 건너가 정착한 조상이 될 것이다.

(6) 신神 조상 – 허구의 조상

중조나 상조 위에도 조상이 있었던 것이 분명하다. 그렇지만 왜국으로 건너가기 전 백제에서 살던 윗대 조상은 그 기재를 생략하고, 왜지로 처음 건너간 조상부터 기록하는 것이 당시의 풍습이었던 것으로 짐작된다.

이와 비슷한 표현이 『만엽집』의 노래에 있다. 『만엽집』 4096번 노래는 대반가지(大伴家持)가 지은 것으로서, 다음은 전문이다.

「대반大伴 가문 '먼 신神 조상'의 묘는, 확실하게 표시를 하세요, 사람들
   이 알 수 있도록」

대반가지는 자신 가문의 조상을 「먼 신 조상(遠神祖 원신조)」이라 하였다. 멀다는 것은 세월이 오래되었다는 의미이겠지만, '신 조상'은 무슨 말인가? 실제 조상이 아니라 『일본서기』에 나오는 허구의 조상을 이렇게 미화하여 표시한 것이 아닐까? 앞서 본 바와 같이 『일본서기』에는, 대반씨의 선조가 니니기(瓊瓊杵)가 천손강림(天孫降臨)할 때에 호위하였다는 신하인 천인일명(天忍日命)으로 되어 있다. 가공의 인물인 것은 물론이다.

대반가지가 노래에서 신 조상이라 지칭한 것은 바로 천인일명일 것이다. 이 노래는 창작의 배경에 대한 설명이나 설화 같은 것이 전혀 나오지 않음으로, 어떤 동기로 지은 것인지는 알 수가 없다. 그렇지만 이 노래로 미루어 짐작컨대, 당시의 일본에는 각 씨족마다 『일본서기』에 나오는 가공의 시조를 '신 조상'이라 일컬었던 것이 아닌가 싶다. 또한 신 조상의 묘(물론 시신이 있을 리 없다)를 만들어 놓고는, 비석에다 시조의 이름을 새겨 놓았던 것으로 보인다.

대반가지는 자신의 일족들에게, 대반 가문의 신 조상 묘는 사람들이 멀리서도 알 수 있게 크게 표시를 하라고 말하고 있다. 실제 조상의 묘는 간소하

게 만들어도 무방하지만, 신 조상 즉 허구의 조상 묘는 사람들이 멀리서도 명확하게 알 수 있도록 크고 확실하게 만들라는 것이 이 노래의 취지일 것이다.

이와 비슷한 표현이 『만엽집』 322번 노래에도 보인다. 유명한 가인 산부적인(山部赤人)의 작품이다. 이 노래는 첫머리에서 『일본서기』에 나오는 역대 여러 천황을 「황신조(皇神祖)」라 하였다. 「천황의 신(神) 조상」 정도의 의미가 된다. 『일본서기』에는 등장하지만, 실존하지 아니한 역대 천황을 이렇게 표현하였을 것이다.

대반가지의 「먼 신 조상(遠神祖, 원신조)」과 산부적인의 「황신조(皇神祖)」는 같은 개념이다. 실재하였던 인간의 조상과 대비되는 실존하지 아니한 허구의 조상이라는 의미인 것이다.

『만엽집』 4111번은 역시 대반가지의 작품이다. 첫머리를 보자.

「말씀드리기도, 매우 황송스럽지만, 황신조(皇神祖)의, 신(神)의 세상에, 타
  지마모리(田間道守)는……」

타지마모리(田間道守)라는 인물은 『일본서기』에 나오는 11대 왜왕인 수인(垂仁) 90년(서기 61년)조에 보인다. 따라서 이 노래의 '황신조(皇神祖)'는 다름아닌 왜왕 수인임을 알 수 있다.

그런데 『일본서기』 상으로는 이때는 신의 세상인 신대(神代)를 지나, 인간이 천황인 시대인 것이 분명하다. 대반가지가 신대(神代)도 아닌 인간 천황의 시대에 11번째 등장하는 수인을 '황신조'로, 이 시대를 '신(神)의 세상'으로 각각 표현하고 있는 것을 주목하여 보자.

대반가지는 8세기의 인물이다. 그는 『일본서기』에 나오는 역대 왜왕들이 창작된 가공인물임을 익히 알고 있었기에 이러한 표현을 사용하였을 것이

다. 즉 『일본서기』 신대기에 나오는 천조대신 등 여러 신이나, 초대 왜왕 신무(神武) 이후에 등장하는 여러 인간 천황들이 모두 창작된 가공인물이라는 점에서는 동일하다고 보았던 것이 분명하다. 신대기에 나오는 신과 실존인물이 아니라는 점에서는 마찬가지이므로, 그 이후 인간 천황의 시대에 등장하는 가공의 천황 수인을 '황신조'라고 표현하였던 것이다.

작자불상의 『만엽집』 1074번 노래에도 비슷한 표현이 보인다.

「……일본국(日本國)은, 황조(皇祖)의, 신(神)의 시대부터……」

코지마(小島憲之) 교수 등의 『만엽집 ②』에 의하면, 이 황조(皇祖)는 초대 왜왕 신무(神武)를 의미한다 하였다. 여기서는 신대(神代) 즉 신의 시대가 끝나고, 인간 천황으로서는 초대인 신무의 시대를 '신(神)의 시대'라 하였다.

『일본서기』 상으로는 인간 천황의 시대이지만, 가공인물로 이어지기는 신대(神代)의 그것과 마찬가지라고 작자는 생각하였던 것이 분명하다.

(7) 백제풍의 이름

선왕후의 일족 이름을 살펴보면, 이 또한 백제풍이다.

부친 na-pa-ko 那沛故 나패고
처 a-ri-ko 安理古 안리고
형 to-ra-ko 刀羅古 도라고

세 사람 이름의 말음은 모두 ko로 끝나고 있다. 이러한 이름이 백제풍이라는 것은 뒤에서 자세히 살펴보자(430쪽). 그런데 앞의 음절인 na-pa나 a-ri 혹은 to-ra와 같은 말들은 백제어가 아닌 왜풍이다. 세 음절 중

말음은 백제풍을 고수하였지만, 첫 두 음절은 왜풍으로 지은 것을 알 수 있다.

부인 이름 안리고 다음의 도자(刀自, to-zi)는 여성에 대한 존칭이다.

묘지 주인공의 이름인 '왕후(王後)'는 아주 특이하다. 이 사람은 선(船)씨이지만, 조부는 왕씨였다. 왕후(王後)는 왕씨의 후예라는 뜻이 아닐까? 왕씨라는 성이 없어지는 것을 아쉬워하는 마음에서 지은 이름으로 짐작해 본다.

묘지명에는 주인공인 선왕후의 조부 왕지인이 백제 출신이라는 사실은 기재되어 있지 않다. 중조라 한 조부의 이름을 적으면서 그 출신을 밝히지 않은 것은 좀 이례적이다. 백제 출신이라는 사실이 밝혀지는 것을 별로 원치 않았기 때문일까?

2) 위나대촌威奈大村의 묘지명

707년 46세에 타계한 위나대촌은 정오위하(正五位下) 소납언(小納言) 벼슬을 역임하였다. 화장한 뼈를 금동으로 만든 함(일본에서는 골장기骨藏器라 함)에 넣어 묻었다. 두 개의 반구형 그릇을 합쳐 구형이 되는 구조로서, 뚜껑 부분에 묘지명이 새겨져 있다. 일본의 국보로 지정되었다.

「小納言 正五位下 威奈鏡 墓誌銘幷序文, 卿諱大村 檜前五百野宮御宇

天皇之四世 後岡本聖朝 紫冠威奈鏡公之第三子也……

소납언小納言 정오위하正五位下 위나경威奈鏡의 묘지명 그리고 서문, 경의
휘諱는 대촌大村이며, 회전檜前의 오백야궁五百野宮에서 천하를 다스린 천
황의 4세손이고, 후강본後岡本의 성조聖朝에서 자관紫冠 직위에 있던 위
나경威奈鏡 공의 셋째 아들이다……」

회전의 오백야궁에서 다스렸다는 천황은 『일본서기』의 28대 왜왕 선화(宣化, 재위 536~539년)를 말한다. 『일본서기』에는 선화의 궁을 회외여입야(檜隈廬入野, pi-no-ku-ma-no-i-po-ri)궁이라 하였다.

후강본의 성조라 함은 37대 제명(齊明, 재위 655~661년)의 시대를 의미한다. 명문에는 묘지명의 주인공이 선화의 4세손으로서, 자관(紫冠) 벼슬을 지낸 위나경(威奈鏡)의 셋째 아들이라 하였다.

(1) 위나대촌은 선화의 5세손일까?

묘지명에 의하면 위나대촌의 부친이 선화의 4세손이므로, 위나대촌은 선화의 5세손이 된다. 이 기록은 사실일까? 그럴 가능성은 전혀 없다.

『일본서기』를 보면, 과연 선화에게는 완자(椀子)라는 아들이 있어, 그가 '위나(偉那)'라는 씨족의 시조라고 되어 있다. 따라서 골장기의 내용은 『일본서기』의 기사와 일목요연하게 부합한다. '위나(威奈)'와 '위나(偉奈)'는 한자 표기만 다를 뿐 모두 wi-na라는 같은 발음을 나타내기 때문이다.

그러나 『일본서기』의 이 기록은 역사의 진실과는 거리가 멀다. 선화라는 왜왕과 그의 아들이라는 완자가 모두 가공의 인물이기 때문이다.

815년에 나온 『신찬성씨록(新撰姓氏錄)』에도 위나(爲奈)라는 성이 보인다. 한자표기는 다르지만 역시 wi-na라는 음을 나타내므로, 바로 이 씨족을 뜻하는 것이 분명하다. 그런데 이 책에는 선화의 또 다른 아들 '화염(火焰)'이 이 씨족의 시조라고 되어 있다. 『신찬성씨록』을 지은 사람들이 『일본서기』의 기록을 꼼꼼하게 읽지 않고 엉터리로 베꼈기 때문일까?

『일본서기』에는 선화가 539년, 73세의 나이에 죽었다 하였으므로, 그는 466년 출생한 것이 된다. 묘지명에는 위나대촌이 707년 46세의 나이로 별세하였다고 하였으니, 661년 출생한 것을 알 수 있다. 두 사람의 나이는 195살 차이이다. 이렇게 차이가 나려면 4대조인 선화로부터 부친 위나경에 이르기까지 각각 평균 48세에 낳아야 비로소 가능하다.

위나대촌의 조상들은 만혼이 유행인 요즘 젊은이들보다도 늦게 결혼하였던 것일까? 이럴 가능성이 전혀 없지는 않겠지만, 극히 희박해 보인다. 선화는 앞서도 본 바와 같이 붓끝에서 창작된 가공의 인물이므로, 이 묘지명또한 허구의 중시조를 기재하였다.

(2) 부친의 이름 위나경威奈鏡

묘지 주인공 부친의 이름인 '鏡(경)'을 주목하여 보자. 백제의 귀족들이 선호하던 외자의 한자로 된 이름인 것이 분명하다.

아들 위나대촌이 661년 출생하였으므로, 부친인 위나경은 백제에서 태어나 멸망 이후 도왜하였을 가능성이 크다. 그래서 왜지에서 낳은 아들의 이름은 왜풍인 '대촌(大村)'으로 지은게 아닌가 싶다. 뒤에 나오는 '물부순(勿部珣)'의 경우처럼(후술 454쪽), 위나경도 그 훨씬 이전에 도왜하여 왜국에 정착하였지만, 이름은 백제풍의 전통을 지켜왔을 가능성도 없지는 않다.

그리고 백제에서는 원래의 성이 있었겠지만, 도왜한 이후에는 정착한 곳의 지명을 따서 '위나'로 개성하였을 것이다. 어쨌든 위나경이 가공의 왜왕선화의 4세손일 가능성은 전혀 없다.

3) 도락道樂 스님의 묘지명

좌정사(佐井寺)라는 절의 도락이라는 법명을 가진 스님이 714년 별세하자, 은제 묘지판에 아주 간략하게 32글자의 명을 새겼다. 현재의 텐리(天理) 시에서 발견되었다.

「佐井寺僧道樂師　族姓大楢君　素止奈之孫……

좌정사의 승려 도락스님은 족성이 대유군大楢君이며, 소지나素止奈의 손
자이다……」

　좌정사라는 절은 자세히 알 수 없다. 도락은 법명이며, 뒤에 붙은 '사(師)'
는 승려에게 붙이는 경칭이다. 속성은 대유군(大楢君)이라 하였는데, 대(大)
는 미칭이고, '유(楢, na-ra)'가 이 스님의 속성이다. 군(君)은 존칭이다.
　『일본고대의 묘지』에 의하면, 이 씨족은 도래계 씨족인 유왈좌(楢曰佐,
na-ra-wo-sa)씨인 것으로 추정된다 한다(111쪽).
　이 스님은 '소지나(素止奈)'의 손자라 하였다. 당시에는 so-tə-na라는 발
음이었을 것이다. 문헌에 전혀 나오지 않아 어떤 사람인지 알 수 없다 한다.
앞서 보았듯이 성은 '유(楢, na-ra)'씨이고, 이름이 소지나이다.
　그런데 묘지명을 지은 사람은 왜 스님을 '소지나의 손자'라 표현하였을
까? 스님에게는 조부뿐만 아니라, 증조부나 고조부, 혹은 그 위의 수많은
조상이 있었다. 전혀 유명하지도 아니한 조부 소지나를 묘지명에 새긴 것
은, 아마도 이 사람이 이 씨족 중에서 맨 먼저 왜국으로 건너간 조상이기 때
문이 아닐까? 앞서 선왕후(船王後)의 묘지명에서 본 '중조(中祖)' 혹은 '상조
(上祖)'와 같은 표현이 생략되었을 것으로 짐작된다.
　이 '소지나'는 백제 사람일 것이다. 이름의 '나(奈)'라는 말음을 주목하여
보자. 이는 백제인의 인명에 종종 사용된 바 있다.

王辯那　왕변나　[삼국사기 위덕왕조]　백제인
木干那　목간나　[남제서南齊書]　〃
佃麻那　전마나　[좌관대식기佐官貸食記 목간]　〃
卯安那　묘안나　[일본서기 웅략 7년 7월조]　〃
木劦麻那　목협마나　[〃 흠명 4년 12월조]　〃

燕比善那　연비선나　[　〃　〃　]　〃

汝休麻那　문휴마나　[　〃　흠명 8년 4월조]　〃

多須奈　다수나　[　〃　용명 2년 4월조]　〃

　위의 백제인 인명에 나오는 말음 '나(那)'는 '소지나'의 '나(奈)'와 같은 발음으로서, 일본어로도 마찬가지로 na발음이다. na라는 발음을 나타내기 위하여 고대의 한국이나 일본에서 두 한자를 사용하였던 것이다. 그런데 인명의 말음 '나'는 신라나 고구려에서는 거의 사용되지 아니하였다. 찾아볼 수가 없다. 오직 백제에서만 통용된 바 있다. 따라서 소지나는 백제인인 것이 분명하다.

　그런데 인명 '소지나(素止奈)'의 앞부분 '소지(素止, so-tə)'는 백제풍이 아니라 왜풍이다. 따라서 묘지 주인공의 조부인 이 인물은 백제 멸망 이전에 도왜하여 정착한 구백제계일 가능성이 크다.

4) 석천연족石川年足의 묘지명

　고위직인 정삼위(正三位) 어사대부(御使大夫)를 역임하고, 762년 75세의 나이에 별세한 석천연족(石川年足)이라는 귀족의 행장을 새긴 묘지를 보자. 얇은 금동판에 글자를 새긴 것으로서, 국보로 지정되었다.

「武內宿禰命子 宗我石川宿禰命 十世孫 從三位行左大辨 石川石足朝臣
　　長子 御史大夫正三位兼 行神祇伯 年足朝臣……
　　무내숙내명武內宿禰命의 아들인 종아석천숙내명宗我石川宿禰命의 십세손으로서, 종삼위從三位 행좌대변行左大辨 석천석족조신石川石足朝臣의 맏아들인, 어사대부 정삼위겸 행신지백인 연족조신年足朝臣은……」

첫머리가 석천연족의 부친인 석천석족이 무내숙내의 아들 종아석천숙내의 10세손이라는 문장으로 시작하고 있다. 무내숙내와 소아석천숙내의 뒤에 붙은 '命(명, mi–ko–to)'은 존칭이다. 종아석천숙내는 앞서 본 소아석하숙내(蘇我石河宿禰)와 같은 인물로서(276쪽), 한자표기만 달리하였다. 소아 씨족의 시조이다.

(1) 석천연족은 소아석하숙내의 10세손일까?

무내숙내와 아들이라는 소아석하숙내가 실존 인물이 아니라는 점은 앞에서도 상세하게 살펴본 바 있다. 묘지에 의하면, 무덤에 묻힌 주인공인 석천연족은 무내숙내의 11세손이 된다. 그런데 묘지에 과연 허구의 조상을 새겼을까?

『일본서기』에 의하면 무내숙내는 8대 왜왕인 효원(孝元)의 증손자로서, 기원후 73년에 태어났다. 묘지의 주인공 석천연족이 687년생이므로, 두 사람의 나이 차이는 614년이다. 그렇다면 무내숙내로부터 석천연족의 부친까지 10대가 평균 55.8세에 아들을 낳아야 이런 차이가 발생할 수 있다. 10대가 이러한 나이에 아들을 낳는다는 것은 평균수명이 월등하게 향상된 현대인으로서도 있을 수 없는 일이다. 30세손 정도로 기재하여야 마땅한 것을, 지은이가 별다른 생각없이 10세손으로 기재한 것은 중대한 착오이다. 이 계보는 묘지 지은이의 창작인 것을 알 수 있다.

진실을 기록하여야 할 묘지에마저 가공인물을 새겼던 것이다.

(2) 석천연족의 원적

무내숙내의 십일세손이라는 이 석천연족은 그러나 백제인인 것이 분명하다.

그의 이름 '연족(年足)'과 부친의 이름 '석족(石足)'이 백제풍이기 때문이다.

石足　석족　i-si-**ta**-ri

年足　연족　to-si-**ta**-ri

두 이름의 **ta**-ri를 주목하여 보자. '~다리'라는 이름은 사람을 뜻하는 접미사이다. '늙다리'나 '키다리'는 지금도 많이 쓰이고 있는데, 이 '~다리'가 건너간 것은 졸저 『일본열도의 백제어』에서 본 바 있다(288쪽). 일본에서도 '~ta-ri'라는 이름이 7세기 후반 이후 유행하였다.

『속일본기』 천평보자(天平寶字) 6년 9월 을사조에는, 석천연족의 사망기사와 그의 간략한 가계가 나타나 있다. 『古京遺文注釋(고경유문주석). 1989. 上代文獻を讀む會. 櫻楓社』을 보면 그의 가계도가 나오는데(288쪽), 여기에 소개하여 본다.

「소아마자(蘇我馬子) → 하이(蝦夷) → 입록(入鹿)

　　　　　　　　　　　…… → 연자(連子) → 안마려(安麻 呂) →

석족(石足) → 연족(年足)」

석천연족은 6세기 후반 일본열도의 최고 권력자이던 소아마자의 6세손이었다. 무내숙내나 종아석천숙내는 모두 창작된 가공의 인물이지만, 소아마자는 실존 인물이다. 석천연족은 결국 구백제계 귀족 출신이었다.

5) 행기行基 스님의 묘지명

대승정(大僧正)을 역임한 당대 최고의 고승 행기 스님(668~749년)은 대중 교화에 진력하여, '행기보살'이라는 칭송을 받기도 하였다. 이 스님이 입적한 후 사리를 모은 사리병에 묘지를 새겼다. 역시 일본의 국보로 지정되었다.

「大僧正 舍利瓶記, 和尙法諱法行 一號行基, 藥師寺沙門也, 俗性高志

厥考諱才智 字智法君之長子也, 本出於百濟王子王爾之後焉,

厥姙蜂田氏 諱古爾比賣 河內國大鳥郡 蜂田首虎身之長女也……

대승정 사리병에 기록한다. 화상의 법휘는 법행法行, 다른 호는 행기行

基이다. 약사사의 사문沙門으로서, 속성은 고지高志씨이다. 돌아가신 부

친, 휘는 재지才智 자字는 지법군智法君의 맏아들이고, 본래 백제 왕자

왕이王爾의 후예에서 나왔다.

돌아가신 모친은 봉전씨蜂田氏이며, 휘는 고이비매古爾比賣이다. 그 부친

은 하내국河內國 대조군大鳥郡의 봉전수蜂田首인 호신虎身으로서, 그의 장

녀이다……」

(1) 부친은 백제의 왕자

속성(俗姓)은 고지(高志)씨라 하였는데, 이는 지명이다. 부친의 휘는 재지
(才智)이고, 자(字)이다. 본래 백제 왕자 왕이(王爾)의 후예라 하였다.

이 스님의 경우는 백제 출신이라는 것을 떳떳하게 밝히고 있다. 불가의
스님들은 일반적인 귀족들과는 달리, 조상을 토착왜인인 양 가장하는 풍습
에 물들지 않았던 모양이다. 앞서 도락(道樂)스님의 묘지에도 조부 '소지나
(素止奈)'의 백제풍 이름을 그대로 적었던 것과 일맥상통하고 있다.

백제 왕자 '왕이'는 누구일까? 백제의 왕자라면, 그 성은 부여씨일 수밖
에 없다. 그렇다면 '왕이'는 이름일까? 아니면 당(唐)에서 활약한 장군 흑
치상지의 경우처럼(289쪽), 원래 부여씨였다가 왕씨로 개성한 것일까? 백
제의 왕자라는 것은 명백한 진실이겠지만, '왕이'를 어떻게 해석하여야 할
지 곤혹스럽다. 앞서, 왕지인(王智仁)편에서, 『속일본기』의 기록이 그가 백
제 왕자의 후예라 한 것을 보았다. 왕지인과 왕이는 같은 왕씨인가? 상고
할 길이 없다.

이 왕이라는 왕자는 『삼국사기』에도 나오지 않고 『일본서기』에도 보이지 않는다. 백제 어느 왕의 왕자인지도 알 수가 없다.

그런데 부친의 재지(才智)라는 이름을 보면, 백제인이라는 정체성이 드러나 있다. '~지(智, 知)'라는 이름은 신라에서 대유행하였고, 백제 사람들도 많이 사용하였기 때문이다(졸저 『일본열도의 백제어』 22쪽).

부친의 자(字)인 '지법군(智法君)'은 아주 특이하다. '군(君)'이라는 한자를 자에 사용하는 것은 일반적인 경우가 아니기 때문이다. 백제 왕자의 후예라는 사실과 아울러 생각하여 보면, '지법군'은 그가 백제에서 사용하던 왕자호가 아니었을까?

필자는 이 자를 보는 순간, 『일본서기』 무열(武烈) 7년 4월조에 나오는 백제의 왕자 '법사군(法斯君)'이 연상되었다. 두 호칭은 상당히 닮았다. 『일본서기』에 의하면, 법사군은 '왜군(倭君)'의 선조라 하였다. '왜군'은 왜국을 다스리는 임금이라는 의미일 것이다. 백제에서 왜국으로 파견한 초대 왜왕이 백제의 왕자 법사군이었을 것으로 필자는 추측하고 있다.

(2) 모친 고이비매古爾比賣

모친의 휘는 '고이비매'라 하였다. 고유명사는 '고이(古爾)'이고, '비매(比賣, pi-me)'는 고귀한 여성이라는 뜻의 존칭이다.

행기스님의 외조부는 하내국(河內國) 대조군(大鳥郡)에 사는 봉전수(蜂田首) 호신(虎身)으로서, 모친은 그의 장녀라 하였다. 하내국 대조군은 지금의 오사카(大阪) 부근이며, '봉전' 또한 지명이다.

'수(首)'는 존칭, '호신(虎身)'이 고유명사이다. 훈독하여 to—ra(虎 호)—mi(身 신)이라 불리웠을 것으로 추정된다. 스님의 외조부는 그다지 높지 아니한 중하급 귀족 출신으로 보인다. 이러한 기록으로 미루어 볼 때, 스님은 아마도 백제 멸망 이후에 도래한 신백제계 출신이었을 것이다.

6) 우치숙내宇治宿禰의 묘지명

8세기에 별세한 우치숙내의 묘지명은 확실하지는 않지만 약 30글자 정도를 얇은 동판에 새겼다.

「□前誓願 物部神八繼孫宇治宿禰 大平子孫安坐 □雲二年十二月□

□의 앞에 서원誓願한다. 물부신物部神의 8세손 우치숙내는 크게 평안하고 자손이 평안하게 자리 잡기를. □운 2년 12월□」

이 묘지명은 얇은 동판에 글자를 새겼는데, 전후좌우가 부서지고 망실되어 결락된 글자가 있다. 따라서 전체적인 의미를 파악하기는 분명치 않다.

우선 이 묘지명은 언제 만들어졌는가가 문제이다. 말미에 나오는 '□雲二年'으로 된 연호를 보자. 일본에는 연호 '경운(慶雲)'이 있는데, 그 2년은 705년이다. 그리고 연호 '신호경운(神護景雲)'이 있다. 그 2년은 768년이다. 둘 중 하나인 것은 분명하다. 어느 연호라 하더라도 8세기를 벗어날 수는 없다.

여기서 주목할 것은 8세기에 별세한 우치숙내가 '물부신(物部神)'의 '팔계손(八繼孫)'이라 한 점이다. 팔계손은 팔세손(八世孫)과 같은 의미이다.

그러면 '물부신'은 누구인가? 『일본고대의 묘지』는 『일본서기』에 나오는 물부씨의 시조인 '요속일명(饒速日命, ni–gi–pa–ya–pi–no–mi–ko–to)'을 의미한다고 하였다(74쪽).

이 신은 시조왕인 신무(神武)가 동정할 때에 활약하였으니, 기원전 7세기의 신이다. 그런데 어떻게 서기 8세기에 사망한 우치숙내가 이 신의 8세손이 될 수 있단 말인가? 1천 4백년 가까운 세월의 차이가 있는데, 8세손이라는 것은 전혀 상식에 맞지 않는다. 80세손이라 하였다면 좀 이해가 갈 수도 있을 것이다.

이 묘지명도 가공의 시조를 기재하였던 것이다. 시조를 밝힌 '물부신'이라는 표현 이외에는 왜국으로 건너간 입왜조를 밝히지는 아니하였다. 그렇지만 실존하지 아니한 것이 명백한 '물부신의 8세손'이라는 표현에서, 그가백제에서 도왜한 인물의 후예라는 사실을 간파할 수 있다.

이상 살펴본 묘지명 이외에도 일본에는 고대의 묘지명이 여럿 더 출토되었다. 그렇지만 다른 묘지명은 고인의 행적만 기재하였을 뿐, 그 조상에 대하여는 기록하지 않아, 그 원적을 알 수가 없어 여기에 논급하지 않았다. 조상에 대하여 간략하게라도 기록한 것은 위에서 본 여섯 묘지명이 전부이다.

7) 등원겸족藤原鎌足의 일대기 『가전家傳』

8세기 일본의 최고 권력자 등원겸족(藤原鎌足)의 일대기를 기록한 『家傳(가전)』이라는 글이 있다. 등원겸족의 증손자인 등원중실(藤原仲實)이 지었다 한다. 수천 글자나 되는 기나긴 글이다. 가문의 출자와 내력이 적힌 첫 단락이중요하므로 여기서 살펴보자. 원문과 띄어쓰기는 타케우치(竹內理三) 선생의『寧樂遺文(나라유문). 1965. 東京堂出版』에 의하였으며(875쪽), 번역은 필자가하였다.

「內大臣諱鎌足 字仲郎 大倭國高市人也. 其先出自天兒屋根命也. 世掌
天地之祭 相和人神之間 仍命其氏曰大中臣, 美氣祐卿之長子也. 母曰
大伴夫人……

내대신內大臣의 이름은 겸족鎌足, ka—ma—ta—ri, 자字는 중랑仲郎, 대왜국大倭國 고시高市 사람이다. 그 조상은 천아옥근명天兒屋根命에서 출자하였다.

대대로 하늘과 땅에 제사지내는 일을 맡았으며, 신과 사람 사이를 조화롭게 하였다. 그래서 그 성을 대중신大中臣이라 하였다. 미캐코美氣祜 경의 맏아들이다. 모친은 대반부인大伴夫人이라 하였다……」

(1) 부친의 대에 도왜한 등원겸족

등원(藤原)씨는 원래 '중신(中臣)'씨였다. '등원'이라는 성은 왜왕 천지가 하사한 성이다. 중신겸족은 대왜국(大倭國) 고시(高市) 출신이라 하였다. '고시'는 아스카(飛鳥)의 바뀐 이름이다.

중신씨는 '천아옥근명(天兒屋根命)'에서 나왔다고 하였다. 『일본서기』에 나오는 '천아옥명'의 다른 표기이다. 니니기가 천손강림(天孫降臨)할 때 따라 내려갔다는 이른바 '5부(五部)의 신(神)' 중의 하나이다. 실존 인물일 가능성은 전혀 없다. 이 씨족 또한 가공의 인물을 시조로 두고 있다.

이 기록에서는 중신겸족이 천아옥근명의 몇세손인지는 밝히지 않았다. 실존 인물이 아니므로, 그 대수를 표기할 수가 없기 때문이다. 아마도 거짓으로 대수를 표기하는 낯 간지러운 짓은 하기 싫었던 모양이다. 천아옥명과 겸족 사이에는 수많은 조상이 있었을 것 같은데 전혀 기록하지 아니하고, 겸족의 부친 이름이 '미캐코(美氣祜, mi-ke-ko)'라는 사실만 적어 놓았다. 따라서 이 가문에서는 미캐코가 처음으로 백제에서 건너간 것으로 추정할 수 있다. 이 사람이 '입왜조(入倭祖)'인 것이 거의 확실하다.

이 기록은 묘지명 등의 금석문이 아니고, 종이에 새긴 기록이다. 글을 적을 공간이 한정된 금석문과는 달리, 분량에 아무런 제한이 없다. 실제 이 기록을 보면, 모든 것이 지나치다 싶을 정도로 미주알고주알 상세하게 기록되어 있는 것을 볼 수 있다. 심지어는 모친이 그를 회임하였을 때, 외조모가 모친에게 하였다는 말과 모친이 그를 순산하였다는 내용까지도 적혀 있다. 일반적인 행장기나 일대기보다 모든 것을 훨씬 더 자세하게 기록하였던 것이다. 그럼에도 불구하고 그보다 훨씬 더 중요한 조부와 그 윗대 조상의 인

적사항에 관하여 침묵하였다는 것은 전혀 상식에 맞지 않는다. 밝히기를 싫어한 것이 분명하다.

이와 비슷한 시기에 한국에서 작성된 인물에 대한 행장기는 발견된 바 없어 직접적인 비교는 불가능하다. 그러나 중국에서 발견된 백제 유민들의 묘지명은 여러 건 발견되었는데, 거기에 나오는 조상에 대한 기록을 살펴보자(『한국고대 문자자료 연구 백제(하). 권인호. 김경호. 윤선태. 2018. 주류성』335쪽 이하).

고조부: 난원경難元慶

증조부: 흑치상지黑齒常之, 흑치준黑齒俊, 니군禰軍, 니소사禰素士, 진법자陣法子

조부: 부여융夫餘隆, 니식진禰寔進, 니인수禰仁秀

위에서 보듯 많은 경우에는 고조부, 적은 경우라도 조부까지 조상의 이름과 관직이 기록되어 있다. 그런데 왜국에서 왜왕 다음인 최고의 지위까지 올라간 중신겸족의 행장기에 그의 부친 이름만 나오고, 조부의 이름도 나오지 않는 것은 무슨 이유일까? 위에서 본 백제인들의 경우와 비교하면 아주 특이한 경우라 하겠다. 그의 조부와 증조부, 고조부 등은 모두 백제에서 일생을 마친 분들이기에 기록하지 않았을 것이다. 백제에 있던 조상은 생략하고, 왜국에 처음 건너간 입왜조(入倭祖)부터 기록하는 관례에 따랐던 모양이다.

그런데 『일본서기』에는 미캐코의 이름도 보이지 아니한다. 또한 『가전』에도 '미캐코'라는 이름만 나올 뿐, 그가 역임한 관직명은 나오지 않는다. 이는 그가 고위직에 있지 않았고, 세력이 보잘것 없었다는 뜻이 된다. 백제에서 도왜한지 얼마 되지도 않았으며, 궁중의 제사를 담당하는 중하급 관리였던 모양이다.

그러다 겸족의 대에서부터 두각을 나타내게 된다. 『일본서기』에 의하면, 법흥사(法興寺)의 느티나무 아래에서 격구(擊毬)를 할 때에, 후일의 왜왕 천지(天智)가 되는 태자 중대형(中大兄)가 친한 사이가 되고, 그 후 소아입록(蘇我入鹿)을 제거하는 '을사(乙巳)의 변(變)'에서 활약하였다 한다. 이 겸족으로부터 중신씨는 최고의 세력을 가진 가문, 그리고 왕실 외척 가문으로서 왜국 조정을 좌지우지한 바 있다.

겸족의 원래 이름은 '겸자(鎌子, ka—ma—ko)'였는데, 개명한 이름이 겸족이었다. '겸족(ka—ma—ta—ri)'이나 '겸자' 모두 백제풍의 이름임은 졸저 『일본 천황과 귀족의 백제어』에서 보았다(444쪽). 겸족의 부친 '미캐코(mi—ke—ko)' 역시 마찬가지이다.

(2) 천지天智가 중신겸족을 중용한 이유

『일본서기』에 의하면, 중대형(中大兄)이라는 존칭으로 불리던 태자 시절의 천지는 중신겸족과 손잡고 뿌리 깊은 토호세력인 소아(蘇我)씨 일족을 제거하였다 한다. 일본의 사학자들이 '을사(乙巳)의 변'이라 부르는 중요한 사건이다. 『일본서기』에는 태자인 중대형이 창을 꼬나잡고 매복한 것으로 되어 있으나, 과연 일국의 태자가 그런 정도로 최일선의 졸병과 같은 행동을 하였을지는 의문이다. 그 진상은 위의 졸저에서 살펴본 바 있다(437쪽).

어쨌든 이 사건으로 인하여 중신겸족은 일약 천지의 총신으로 등장하게 되는데, 이후 이 가문이 대대로 일본에서 최고의 권신 지위에 올라가게 된 것은 역사적 사실이다. 그런데 천지는 왜 중신겸족을 이토록 중용하였을까? 위에서 본 『가전』이라는 기록에 그 해답이 있다.

천지는 소아씨나 물부(物部)씨로 대표되는 구백제계 토호세력들, 왕권을 우습게 아는 토호들의 전횡에 대하여 극도의 저항감을 가지고 있었던 모양이다. '왕권강화', 아마도 이것이 천지의 숙원이었을 것이다. 백제가 멸망한 이후 수도를 아스카(飛鳥)에서 아푸미(近江)로 옮긴 가장 큰 이유도, 아스카에 뿌리내린 토호세력과 결별하기 위함이었을 것이다.

중신겸족은 부친의 대에 비로소 도왜하였고 관위도 보잘 것 없어, 세력이랄 것이 없었던 모양이다. 토호와는 거리가 먼 한미한 가문 출신이었으니, 천지의 눈에 들 수 있는 기본적인 조건을 갖추었다 하겠다. 물론 중신겸족이 인품과 학식, 경륜, 지모 등의 자질이 출중하였을 것임은 미루어 짐작할 수 있다. 그러나 그가 소아씨나 물부씨와 같은 토호 가문의 출신이었다면, 천지가 그를 중용하였을 리는 만무하였다고 생각된다.

8) 환무桓武천황의 생모 고야신립高野新笠의 일대기

환무(재위 781~806년)는 광인(光仁)천황의 아들로서, 그의 모친은 백제 유민의 후손인 고야신립(高野新笠)이었다. 이 여성은 정비인 황후가 아니라 후궁이었으나, 아들인 환무가 천황위에 오른 후 황태후로 추존된 바 있다. 『속일본기』에는 환무천황이 직접 작성하였다는 그녀의 간략한 일대기가 실려 있다. 요점만 소개하여 본다(『續日本記(속일본기). 直木孝次郎 他. 1992. 平凡社』 327쪽).

> 「성은 화和, ya—ma—to씨이고, 이름은 신립新笠, ni—pi—ka—sa, 을계乙繼의 딸이었다. 백제 무령왕의 아들 순타淳陀태자에게서 나왔다. 나중에 성을 고쳐 '고야高野, ta—ka—no'라 하였다. 광인천황이 즉위하기 전에 아내로 맞았다.
>
> 백제의 먼 조상遠祖인 도모왕都慕王은 하백河伯의 딸이 태양의 정기에 감응하여 낳은 아들이다. 황태후는 그 후예이다. 그런 이유로 시호를 '천고지일지자희존天高知日之子姬尊'이라 하였다」

환무천황은 모친의 원뿌리가 백제에 있다는 사실을 거침없이 밝히고 있다. 무령왕의 아들 순타태자라는 인물은 『삼국사기』에는 전혀 보이지 않아, 과연 실존 인물인지의 여부도 분명치 않다. 『일본서기』 계체(繼體) 7년(513년) 6월조에 「백제 태자 순타가 홍(薨)하였다」라는 한줄 기사가 있지만, 전후로 연결되는 아무런 기사도 없다. 따라서 그가 어디에서 별세하였는지조차 알 수가 없다. 그가 왜국에서 활동하였다는 기사가 전혀 없는 것으로 보아, 아마도 백제에서 별세한 것으로 추정된다. 따라서 화을계의 일족은 백제의 멸망 이후에 도왜하였을 것이다.

순타태자에 관한 위 기사는 『속일본기』가 간행된 이후, 후세의 변작자가 추가로 써 넣은 것이 아닌가 싶다. 『속일본기』에 나오는 고야신립의 일대기에 근거를 부여할 의도일 것이다.

'고야(高野)'씨는 원래 백제의 왕성 부여씨였지만, 도왜한 이후 정착한 곳의 지명으로 성을 삼은 것을 알 수 있다. 그런데 지명 ya-ma-to를 '和(화)'라는 한자로 표기한 것은 8세기를 전후한 무렵의 일이다. 백제 멸망 후 도왜한 직후에는 성을 '왜(倭, ya-ma-to)'라 하였을 가능성이 크지만 확실치는 않다. 어쨌든 이 씨족은 부여씨→화(和)씨→고야(高野)씨로 개성하였던 것을 알 수 있다.

백제 왕가의 시조는 온조왕(溫祚王)이지만, 그는 고구려의 시조 주몽(朱蒙)의 아들이다. 백제의 먼 선조라는 도모왕(都慕王)은 바로 주몽을 의미한다. 광인천황은 모친의 뿌리가 고구려의 시조 주몽이라는 사실을 아주 자랑스럽게 알려 주는 듯하다. 그리고 황후의 가계 중시조는 무령왕의 태자 순타(淳陀)였다고 말하여 주고 있다.

시호 「천고지일지자희존(天高知日之子姬尊)」은 의미심장하다. 뒤에서 자세히 살펴보자(411쪽).

3. 재왜 백제인들의 터전 이마키(今來)

1) 이마키 – 새로 건너온 사람들의 터전

고대의 왜국에서 백제인들이 가장 밀집하여 산 곳은 바로 수도인 아스카(飛鳥)였다.

고대 일본의 수도 아스카가 있는 곳을 고대에는 '이마키 군(今來郡 금래군)'이라 하였다. 『일본서기』 흠명(欽明) 7년(546년) 조에 이 군명이 처음 보이고 있으나, 과연 이 무렵에 '이마키'라는 지명이 존재하였는지는 확실하지 않다.

이 무렵 왜국의 지방행정단위로서 '군(郡)'은 존재하지 않았고, '평(評, ko–po–ri)'이 있었으므로, 흠명기의 이 기사는 신빙성이 없다.

'이마키(今來)'가 언제부터 생겼는지는 정확하게 알 수 없으나 아주 오래된 지명인 것은 분명하다. 무슨 의미인가?

i–ma 　今 금 [일본어] 지금

ki 　來 래 [〃] 오기오다의 명사형, 온 사람

i–ma는 지금이고, ki는 오다의 명사형으로서 오기 혹은 온 사람이라는 뜻이다. 따라서 이 말은 '지금 오기' 혹은 '지금 온 사람'이라는 의미가 된다. 지명으로서는 아주 특이한데 왜 이런 지명이 생겨났을까? 한국에서 새로이 건너간 사람들이 모여 살던 곳이기에 이런 이름이 생겨났던 것이다.

이런 이름을 붙인 사람들은 누구인가? '이마키'들이 도왜하기 이전부터 그곳에 살던 사람들이다. 그러면 일본열도의 원주민인 토착 왜인들이 이런 이름을 붙였을까? 그럴 가능성은 전혀 없다. 토착 왜인에 관하여는 뒤에서 살펴보자. 한국에서 먼저 건너간 사람들이 이런 이름을 붙였던 것이 분명하다. i—ma(今)의 반대말이 오래 되었다는 의미를 가진 pu—ru(古 고, 현대어 hu—ru)이므로, 먼저 건너간 사람들은 pu—ru—ki(舊來 구래)라 부를 수 있을 것이다. i—ma—ki라는 말은 먼저 건너가 정착하고 있던 pu—ru—ki들이 새로이 건너온 사람들을 일컫는 말이다.

그런데 이 지명은 작은 마을이나 언덕, 들판, 산 따위의 이름이 아니다. '이마키군(今來郡)'이라 하였으니, 이는 군(郡)의 명칭이다. 군은 상당히 넓은 면적을 가진 행정단위이다. 마루야마(丸山林平) 선생의 『상대어사전(上代語辭典)』을 보면,

「새로 온 귀화인들이 많이 살았다고 하여 붙여진 이름, 대략 현재의 요시노吉野, 다케치高市, 미나미카츠라기南葛城의 세 군郡에 걸쳐 있다고 생각된다」

라고 되어 있다. 현대 일본의 3개 군에 걸쳐 있다 하니, 고대 왜국 수도의 대부분이 여기에 포함되었다고 보아도 무리가 없다.

고대 왜국의 수도 일원에는 백제에서 새로이 건너간 사람들이 모여 살던 이마키라는 마을이 여러 군데 있었던 것으로 추정된다. 고대라 하더라도 수도에는 이미 먼저 백제에서 건너간 사람들이 밀집하여 도시를 이루고 살고 있었을 것이다. 새로이 건너간 사람들은, 기존의 '푸루키(舊來)'들이 점거한 도심에서 좀 벗어난 논밭이나 언덕, 산자락에 새로운 마을을 이루어 살게 되었고, 그러한 마을이 이마키라는 이름으로 불리웠을 것이다.

'이마키'라 하여도 세월이 조금만 지나면 '푸루키(舊來)'가 되어 버린다. 이마키는 푸루키가 되고, 또 새로이 이마키들이 도왜하여 새로운 '이마키' 마을을 이루게 된다. 이런 과정이 반복되어 왜국의 수도는 '이마키'와 '푸루

키' 즉 백제인들의 세상이었을 것이다.

이마키라는 이름을 가진 마을은 한둘이 아니라, 수도의 여러 곳에 점점이 분포하고 있었을 것이다. 그러다 어느 때인가 행정구역을 제정 혹은 개정하면서, 넓은 행정단위의 이름을 이마키로 붙인 것으로 추정할 수 있다.

이러한 사정은 한국의 '신기(新基)'라는 마을 이름을 보아도 알 수 있다. 어떤 이유로 기존의 마을에서 벗어난 새로운 터전에 마을이 생기면, 그곳을 '새터' 혹은 '새마을' 등으로 불렀던 모양이다. 그것을 새로운 터전이라는 의미의 한자 '신기(新基)'로 표기하였다. 그런데 이 '새말'이나 '신기'와 같은 지명은 아마도 한국에서 가장 흔한 지명 중의 하나가 아닌가 싶다. 전국적으로 수백 곳에 달할 것이다. '이마키'도 마찬가지였던 모양이다. 처음에는 몇 군데에 불과하던 이 지명이 점점 늘어나, 나중에는 군(郡) 정도의 넓은 지방행정단위의 이름으로 채용되었을 것이다.

그러면 토착 왜인들은 이마키에는 살지 않았단 말인가? 이들은 아스카의 외곽으로서, 산 험하고 물 깊은 산골짜기인 요시노(吉野) 일원으로 밀려나 있었다. 뒤에서 살펴보자. 왜국 수도 인구의 대부분이 한국에서 지금 혹은 먼저 건너간 사람들이었다는 것은, 당시 일본열도의 지배세력이 한국에서 건너간 사람들이라는 사실을 웅변하여 준다.

2) 여러 곳에 있던 이마키

과연 고대의 왜국에 '이마키'라는 지명이 이곳저곳 여러 군데에 존재하고 있었을까? 『일본서기』를 보자. 이 지명이 여러 군데에서 보이고 있는데, 앞서 본 '이마키군(今來郡 금래군)'이라는 넓은 행정단위가 아닌, 좁은 지역의 지명으로 나오고 있다.

(1) 소아하이蘇我蝦夷 쌍묘의 이마키

『일본서기』 황극(皇極) 원년(642년) 12월조를 보면, 최고 권력자인 소아하이(蘇我蝦夷)가 이마키(今來)에다 쌍묘를 만들었다 한다.

「소아대신하이蘇我大臣蝦夷……豫造雙墓於今來

　소아대신 하이는……미리 쌍묘를 이마키에 만들었다」

이 이마키는 어디일까? 군과 같은 넓은 행정단위일 리는 없고, 작은 지명인 것이 분명하다. 코지마(小島) 교수 등의 『일본서기 ③』을 보면(71쪽), 현재의 요시노(吉野)군에 '이마키(今木)'라는 지명이 있는데, 그곳 남북 2기의 고분을 이 쌍묘로 보는 것이 일본의 통설이라 한다.

현재 아스카 일원에서 이마키라는 지명이 남아 있는 곳은 이 이마키뿐인데, 그 일원에는 이마키강(今木川)이라는 강 이름이 지금도 남아있다 한다. 일본의 학자들은 현재 유일하게 남아있는 지명 이마키라는 이름만 가지고 소아하이의 쌍묘 위치를 비정하고 있으나, 이는 섣부른 단정이 아닌가 싶다. 『일본서기』에 의하면, 소아하이는 자신의 조상 사당을 갈성(葛城)의 고궁(高宮)이라는 곳에 세우고는, 이어서 이 쌍묘를 만들었다 한다.

「온 나라의 백성을 남김없이 징발하고盡發擧國之民, 아울러 백팔십 부곡을
　동원하여 미리 쌍묘를 만들었다. 큰 묘는 하이 자신의 묘, 작은 묘는
　아들인 입록의 묘라 하였다」

온 나라의 백성을 남김없이 징발하여도 모자라, 백팔십 부곡의 사람들까지 동원하였다 하니, 엄청난 규모의 묘를 만들었던 모양이다. 아마도 당시 왜왕 분묘를 능가하는 거대한 규모가 아니었나 싶다.

여기서 '나라(國 국)'는 일본국이라는 의미가 아니라, 8세기 일본의 행정 단위인 '대화국(大和國)'을 뜻하는 것으로서, 수도권의 몇 개 군을 포함하는 개념으로 보인다. 어쨌든 수많은 인력을 동원하여 원성을 불러 일으켰던 것을 알 수 있다. 소아하이의 이러한 일들은 그의 여러 악행 중의 하나로 『일본서기』에는 기재되어 있고, 불과 3년 뒤 소아 가문은 멸망하기 때문이다.

그런데 일본의 통설에서 말한 고분은, 하나는 직경이 약 20미터, 또 하나는 직경 약 14미터인 소형급이니, 과연 이 고분인지 의문이다. 온 나라의 백성을 동원하여 원성이 자자하도록 만들었다는 무덤이 고작 이 정도로 작을 리는 없다. 최소한 왜왕릉과 맞먹는 규모의 대형 쌍묘인 것이 분명한데, 그곳의 지명 '이마키'는 진작 사라져, 어디인지 알 수 없게 되었다.

(2) 제명齊明의 손자 건建의 무덤이 있는 이마키

『일본서기』 4년 5월(658년)조에는 왜왕 제명이 나이 8살에 요절한 손자 '건(建)'의 죽음을 슬퍼하면서, 무덤을 '이마키(今城)'에 있는 작은 언덕에 마련하였다 한다. 이 이마키는 한자표기를 조금 달리하였지만, 이 또한 새로이 도래한 사람들의 터전에서 유래한 지명이다. 어디일까? 일본에서는 몇 가지 설이 있으나 알 수 없다는 것이 정답일 것이다.

『일본서기』에는 '건왕(建王)'이라 되어 있다. 이 표기에 대하여 좀 생각해 보자. 8세기의 일본에서는 천황의 일족을 '~왕(王)'이라는 칭호로 불렀다. 백제가 멸망하고 백제인이 대거 도왜한 이후 새로운 율령에 따른 호칭이다. 백제가 멸망하기 이전에 그러한 제도가 있었을 리가 없다.

이 왕족 아이는 이름이 '건(建)'이었던 모양이다. 백제의 귀족들이 외자의 한자로 된 이름을 선호하였던 전통을 충실하게 잇고 있는 것을 알 수 있다. 『일본서기』에서는 이 한자 이름을 일본어로 ta—te—ru(建 건)라고 훈독하고 있으나, 이는 7세기 말 이후의 독법으로서, 백제가 멸망하기 이전의 시점에서는 이러한 훈독은 상상하기 어렵다.

『일본서기』를 보면, 제명은 원래 31대 왜왕 용명(用明)의 손자인 고향(高向)에게 출가하여 '한(漢)'이라는 이름을 가진 왕자를 낳았다 한다. 그런데 이 왕자의 이름 또한 a—ya(漢 한)라고 훈독하고 있다. 그러나 이 이름은 '건'과 마찬가지로 외자의 한자로 된 백제풍의 이름인 것이 분명하다. 제명은 가공의 인물이지만, 당시 실재하던 왜왕은 아들 혹은 손자의 이름을 백제풍으로 외자의 한자로 붙여 주었던 사실을 짐작하기에는 부족함이 없다.

『일본서기』에는 제명이 손자의 죽음을 애통해하여 세 수의 만엽가를 지었다 하며, 나중에 자신이 죽으면 손자와 합장하여 달라고 신하들에게 부탁하였다고 되어 있다. 이 제명은 백제 구원군을 출발시키기 위하여 후쿠오카(福岡)로 갔다, 거기서 급사하였다는 바로 그 왜왕이다. 『일본서기』의 마지막 가공의 천황이다. 그런데 실제 이 시기에 왜국을 통치하던 왜왕은 다름 아닌 부여풍이다. 당시의 왜왕 부여풍이 손자의 죽음을 슬퍼하여 노래를 지었던 것이 아닐까? 제명이 지었다는 그 노래에도 백제어가 나오고 있다.

mu—re　武例 무례　[일본서기]　몰랭이
몰랭이　[한국어]　산마루

세 수 중 첫수에 나오는 산 **몰랭**이를 뜻하는 **mu—re**(武例 무례)라는 말이 바로 그것으로써, 졸저 『일본 천황과 귀족의 백제어』에서 보았다(184쪽). '몰랭이'의 '이'는 접미사이고, 어근은 '몰랭'인데, 고대에는 '모래' 혹은 '무래'였던 모양이다. '몰랭이'의 원형이 바로 이 mu—re일 것이다. 일본의 학자들은 진작부터 이 말이 일본어가 아닌 백제어라고 간파하였던 모양이다. 코지마(小島憲之) 교수 등은 이 말이 「백제어로서, 산을 mu—re라 한다」라고 설명하고 있다(『일본서기 ③』212쪽).

왜 왜국의 천황이 노래를 지으면서 백제어를 사용한단 말인가? 제명은 붓끝에서 창작된 허구의 천황이고, 실제는 당시의 왜왕 부여풍이 지은 노래로 보는 것이 옳을 것이다. 제명의 죽음으로서 『일본서기』상으로 창작된 허구의 천황 시대가 종언을 고하고, 실재하였던 천황의 시대로 접어들게 된다.

(3) 교토京都의 이마키

『만엽집』1795번 노래는 작자 불상이다. 이 노래에는 「이마키(今木)의 고개(嶺 영)」라는 지명이 나오고 있다. 이 이마키 또한 한자표기만 달라졌을 뿐 앞의 이마키(今來)와 발음과 의미가 동일하다. 어디일까?

이 노래에는 「우치약랑자(宇治若郎子)의 궁소(宮所)의 노래」라는 부제가 붙어 있는데, 이 궁소의 흔적이 현재의 교토(京都) 우지(宇治)시 인근 이마키(今木)라는 곳에 있다고 한다. 그래서 일본의 학자들은 노래의 이마키가 바로 이곳으로 보고 있다. 타당한 견해라고 생각된다. 수도 아스카에서 꽤 먼 거리의 이곳에도 '이마키'라는 지명이 존재하였던 것은 놀랍기도 하다.

『신찬성씨록(新撰姓氏錄)』에 의하면 이곳을 근거지로 한 이마키(今木)라는 씨족이 있다고 되어 있다.

(4) 산전사山田寺 부근의 이마키

『일본서기』대화(大化) 5년(649년) 3월조에는 소아창산전대신(蘇我倉山田大臣)의 반란음모 전승이 보인다. 이 대신의 장남 흥지(興志)가 산전사라는 절을 지으러 아스카에 있다가, 반란 사실이 드러나 부친이 도주하여 온다는 소식을 듣고, 이마키(今來)의 큰 느티나무 아래에서 맞이하였다 한다.

이 이마키는 어디인가? 코지마(小島) 교수 등의 주석에 의하면, 통설은 이 이마키를 앞에서 본 소아하이((蘇我遐夷) 쌍묘의 이마키와 같은 곳이라 보고 있으나, 그렇게 되면 지나치게 우회하는 것이 되기에, 미상의 별개 지명으로 본다 하였다(73쪽).

이 전승에 나오는 '흥지(興志)'라는 인명으로 보아, 이 사람은 실존 인물로서 백제 계통으로 추정된다. 산전사(山田寺)는 현재의 사쿠라이(櫻井) 시에 있던 절로서, 중세에 폐사되었다 한다. 아스카와 인접하여 있다. 이 부근의 어느 곳에 이마키라는 지명이 있었던 것을 알 수 있다.

여기서 흥지(興志)가 부친을 맞이한 장소도 느티나무 아래이며, 뒤에서 보는 미륜 등의 무덤도 느티나무 부근이라는 점을 주목하여 보자. 왜 하필 느티나무일까? 예로부터 한국 사람들이 느티나무를 애호하였다는 점은 졸저 『일본 천황과 귀족의 백제어』에서 본 바 있다(160쪽). 일본에는 삼나무나 편백나무 등 좋은 나무가 많이 있지만, 백제에서 건너간 사람들은 모국의 나무인 느티나무 아래에서 행사하는 것을 즐겨하였던 것을, 이 두 기사를 통하여도 확인할 수 있다.

(5) 아라가야 사람들의 이마키

『일본서기』 웅략(雄略) 즉위 전기에는 미륜(眉輪) 등의 시체를 '**신한(新漢)**'의 느티나무 부근에 묻었다는 기사가 있다. 여기서의 '신한'을 『일본서기』에서는 i–ma–ki–no–a–ya라 읽었다. '이마키의 a–ya'라는 뜻으로서, a–ya라는 경남 함안에 있던 아라가야의 고명이다.

『일본서기』 추고(推古) 16년조에 보이는 당나라로 보낸 유학생인 신한인 대국(新漢人大國), 신한인일문(新漢人日文), 신한인광제(新漢人廣濟) 등은 모두 성이 '신한인'이며, 일본어로는 i–ma–ki–no–a–ya이다. 아마도 아라가야에서 건너간 어떤 씨족이 이마키를 근거지로 하면서, 그곳 지명을 성으로 삼았던 모양이다. 이 이마키가 구체적으로 어디인지는 알 수 없다.

3) 이마키今來의 재기才伎

　일본의 사학자들이 고대에 백제에서 수많은 사람이 도왜한 사실마저 부정하는 것은 아니다. 많은 인원의 백제 사람들이 도왜하였다는 사실은 인정하면서, 그 대부분은 기술자들이었다고 주장한다. 즉 토착 왜인이 지배세력이었고, 백제에서 건너온 사람들은 주로 기술자나 공인이었는데, 왜왕의 지배를 받았다는 것이다.

　이러한 주장의 근거가 되는 것은 바로 『일본서기』 웅략(雄略) 7년(463년) 8월조의 '금래(今來)의 재기(才伎)'라는 기사 때문이다. 이 '재기'는 일본에서는 te—bi—to(手人 수인)라 훈독하는데, 각종 기술자를 뜻한다 한다. 이 대목을 검토하여 보자.

⑴ 『일본서기』의 금래재기今來才伎

「그때 신라는 왜를 섬기지 않았다. 천황은 전협신田狹臣의 아들인 제군弟君과 길비해부직적미吉備海部直赤尾에게 명하여, "너희들은 가서 신라를 쳐라"고 하였다. 그때 서한재기西漢才伎 환인지리歡因知利가 측근에 있었다. 나아가 아뢰기를 "저보다 잘하는 자가 한국韓國에는 많이 있습니다. 불러서 일하게 하십시오"라 하였다. 천황이 군신에게 조하여 "그러면 환인지리를 제군弟君들과 같이 백제에 보내 칙서를 내려 잘하는 자를 바치게 하라"라고 하였다.

이에 제군은 명을 듣고, 군사를 거느리고 백제에 가서 그 나라에 들어갔다. 국신國神이 노파가 되어 갑자기 길에 나타났다. 제군은 앞길이 얼마나 먼가를 물었다. 노파는 "다시 하루를 간 연후에야 다달을 것이다"라고 대답하였다. 제군은 스스로 길이 멀다고 생각하여 신라를 치지 않고 돌아왔다.

백제가 바친 '금래今來의 재기才伎'를 대도大島에 모아놓고, 바람을 기다린다고 핑계하여, 오래 머물러서 몇 달이 지났다……드디어 재기들을 왜국倭國 오려吾礪의 광진읍廣津邑에 안치하였다. 병들어 죽은 자가 많았다」 번역은 전용신 선생의 『完譯 日本書紀 2005. 일지사』에 의함. 240쪽

『일본서기』 특유의 유치하고 졸렬하며, 갈팡질팡하는 문장의 특성이 여기에도 잘 나타나 있다. 초등학교 저학년 학생이 성의 없이 아무렇게나 쓴 작문숙제를 보는 듯한 느낌이다.

① 천황이 신하에게 "신라를 쳐라"라고 호령하자, 신하가 "저보다 잘하는 자가 한국에 많이 있다"라고 대답하였다.
② 천황이 "잘하는 자를 바치게 하라"라고 명하였다는데, 느닷없이 군사를 동원하였다.
③ 신라 공격군이 신라로 직행하지 않고, 엉뚱하게 백제로 들어갔다.
④ 그래놓고는 길이 멀다하여 신라를 치지 않고 돌아왔다.
⑤ 먼바다 건너 이국 신라를 공격한다고 하면서, 여러 장군의 이름이나 부대편성, 병력규모, 접전상황, 피아의 피해상황 등이 전혀 보이지 않는 점 등. 스토리의 전개과정이 논리필연성과는 거리가 멀며, 치졸한 문장의 극치를 보는 느낌이다.

(2) 금래재기今來才伎의 원래 의미

그런데 백제가 바친 '금래의 재기'는 위의 기사와는 아무런 관련이 없다. 백제의 재기를 왜 이 기사에 배치하였는지 전혀 이유를 알 수 없다.

그리고 위의 기사에 등장하는 모든 인명은 한자의 훈독으로 이루어진 기나긴 이름들이다. 웅략 7년 즉 463년의 왜국에 이러한 자문의 훈독으로 된 이름을 가진 사람이 살았을 리가 만무하다. 지명도 마찬가지이다. 여기에

나오는 모든 등장인물이나 사건이 전부 붓끝의 희롱으로 이루어진 창작이다. 내용이 이정도로 치졸한 것으로 보아, 편찬 당시의 기사가 아니라 중세 변작자의 창작인 것이 분명하다.

그러나 일본의 학자들 중에서 이 기사의 진실성에 대하여 의심을 가지는 사람은 거의 없는 것으로 보인다. 그리하여 이 기사에 나오는 '금래의 재기'는 일본의 학자들에게 전가의 보도와 같은 존재이다. 모든 이마키를 이 기사로 해결하고 있다. 즉 고대에 한국에서 많은 사람이 도왜하였지만, 이 기사에서 보듯 대부분 '재기' 즉 기술자라는 것이다. 천황을 비롯한 지배층은 당연히 토착왜인이고, 백제에서는 주로 기술자들이 도왜하여 절을 짓는 등의 여러 일을 하였다고 주장하고 있다. 마치 임진왜란 당시, 왜군에 의하여 납치되어간 조선의 도공과 비슷한 처지였다고 보는 시각이다. 그러나 이는 뿌리 깊은 황국사관의 중독에서 벗어나지 못한 생각이다.

물론 기술자도 도왜하였던 것은 분명한 사실이지만, 그 숫자는 불과 얼마 되지 않았을 것이다. 핵심 기술은 백제의 기술자가 하고, 잡일은 현지인에게 맡기면 될 뿐만 아니라, 현지인을 교육하여 기술자로 양성할 수 있기 때문이다. 기술자는 고금을 막론하고 지배층에 속하지 아니하며, 세력이 약하다.

기술자 약간이 도왜하여 모여 살았던 마을이 이마키였다고 한다면, 그것이 수도의 군 이름으로 되었을 리는 만무하다. 그리고 기술자들을 수도 한복판 배치할 필요는 없다. 그러나 일본의 이마키라는 지명은 주로 수도의 중심에 있다.

수도 중심부의 이곳저곳 이마키에 모여 산 사람들, 즉 새로이 건너간 이마키라는 사람들은 다름 아닌 일본의 최고위 귀족들이었고, 지배세력이었다.

'재기(才伎)' 즉 기술자들은 극히 일부에 불과하였을 것이다. 아마도 고대의 왜국에는 '금래(今來)의 재기'라는 관용어구가 있었던 모양이다. 이 말은 「금방 건너온 백제 기술자의 기술이 최고다」라는 의미일 것이다.

즉 백제가 선진국이므로, 왜국으로 오래전에 건너간 사람들보다는 새로이 건너간 사람들의 기술이 우수하다는 뜻이다. 이는 당연한 귀결일 것이다.

오래전에 건너간 푸루키와 새로 건너간 이마키 등 백제에서 건너간 사람들이 강 이름을 '백제천(百濟川)', 들판 이름을 '백제원(百濟原)', 산 이름을 '우내비(畝傍)' 등 백제 계통으로 바꾸어 놓은 바로 그 사람들인 것이 분명하다.

『일본서기』를 보면, 왜왕 서명(舒明)이 백제천(百濟川)이라는 내의 좌우에 궁전과 큰 절을 짓고는, 백제대궁(百濟大宮)과 백제대사(百濟大寺)라 이름하였으며, 죽은 뒤의 빈소는 '백제대빈(百濟大殯)'으로 불렀다 한다.

왜왕 이하 최고위 귀족은 물론 중하급 귀족에 이르기까지 지배세력은 모두 한국에서 건너간 사람들이었다. 백제 부흥군이 패하여 주류성마저 함락당하자, "백제의 이름은 오늘로써 끊어졌다. 조상의 분묘에 어찌 갔다 올 수 있겠는가"라는 비통한 탄식을 하였던 바로 그 사람들이다.

4) 이마키가 변한 타캐티高市

(1) 하늘의 타캐티高市

이마키(今來) 군은 그 후 ta—ke—ti(高市 고시) 군으로 이름이 바뀌게 된다. 『일본서기』 천무(天武) 원년(672년)조에 이 지명이 보인다. 아마도 백제가 멸망한 이후, 비로소 지명이 바뀌었을 것이다. 백제천(百濟川) 가에 있던 일본 최고의 대가람 백제대사(百濟大寺)의 바뀐 이름이 '고시대사(高市大寺)'인데, 바로 이 지명에서 유래한 것이다.

그런데 『고사기』 웅략(雄略)단의 가요에 '야마토(大和)의 타캐티(高市)'라는 표현이 나오고, 심지어 『일본서기』 신대기 천손강림(天孫降臨)조에도 '타캐티'가 나오고 있다. 두 사서의 허구성을 여기서도 엿볼 수 있다. 타캐티라는 지명은 무슨 의미인가?

ta-ka　　高 고　[일본어]　높다
i-ti　　　市 시　[〃]　시장市場, 사람이 많이 모이는 곳

ta-ke-ti라는 지명은 ta-ka-i-ti가 변한 발음이다. ka-i가 합쳐서 ke가 된 것으로서, 이러한 음운의 축약은 개음절어인 일본어에서 일어나기 어려운 변화이지만, 한국어에서는 일상적으로 일어나는 현상이다.

i-ti는 사람들이 모여 물건을 사고, 파는 시장 혹은 사람이 많이 모이는 곳이라는 뜻이다. 여기서는 시장이라는 뜻보다는, 사람이 많이 모여드는 곳이라는 의미로 짐작된다. ta-ka가 높다는 뜻이므로, 이 지명은 '사람이 많이 모여드는 높은 곳' 정도로 번역할 수 있을 것이다.

지명 ta-ke-ti의 ta-ka(高 고)를 보면, 백제를 뜻하는 '고천원(高天原, ta-ka-ma-ga-pa-ra)'의 'ta-ka(高 고)'가 연상된다.

a-me-no-ta-ke-ti　天高市 천고시　[일본서기]　하늘의 타캐티

『일본서기』 신대기에는 천조대신(天照大神)이 남동생 수사노(素戔嗚)의 악행에 질려 바위굴에 숨는다는 기사가 있다. 본문 다음에 나오는 일서운(一書云)으로 된 첫 번째 기사를 보면, 바위굴로 숨은 천조대신을 나오게 하기 위하여, 팔십만 신이 모인 장소가 바로 '천고시(天高市)'라 되어 있다. 즉 '하늘의 타캐티'라는 의미가 된다.

『일본서기』 신대기 천손강림(天孫降臨)조의 일서운(一書云), 두 번째 단락에도 이 표현이 등장하고 있다. 천손강림 즉 천손이 하늘에서 내려올 무렵, 여러 신이 모인 장소를 '**하늘**의 타캐티(天高市)'라 하였다. 『일본서기』의 하늘은 일상적으로 사용되는 관념적이고 추상적인 하늘이 아니라, 백제를 의미한다.

타캐티는 왜국의 수도로서 실제 존재하는 지명이다. 이곳을 『일본서기』에서는 신들이 모이는 장소라 하였을 뿐만 아니라, 백제를 의미하는 '하늘(天)의'라는 미칭을 앞에 붙였다.

(2) 왜국의 수도는 준백제

타캐티는 왜국의 수도이고, 그곳의 주민은 대부분 백제에서 건너가 왜국을 통치하고 있었으므로, 이러한 타캐티는 비록 왜국에 있으나 백제와 동급이라는 의미를 내포하고 있다. 왜국의 일반적인 고을은 백제의 그것에 비하여 열등하지만, 수도 타캐티만큼은 백제와 동급 즉 '준백제'라고 당시의 왜국 지배층의 생각하였을 것이다. 『만엽집』의 노래에 이런 생각이 잘 나타나 있다.

다음 침사(枕詞)는 수도 야마토(大和 대화)를 상징하고 있다.

so—ra-ni-mi-tu　天尒滿 천이만　[만엽집 29]
so-ra　空 공　[일본어]　허공
ni　[〃]　~에
mi-tu　滿 만　[〃]　미치다

이 노래는 빼어난 가인(歌人)인 시본인마려(柿本人麻呂)가 지었다. 이 노래에는 수도 야마토를 상징하는 침사 **so—ra**-ni-mi-tu가 있다. 무슨 의미인가?

so—ra는 허공이다. ni는 '~에'라는 의미를 가진 조사이다. 그런데 mi—tu(滿 만)는 원래 가득 차다는 뜻의 일본어이다. 따라서 이 침사를 일본어 그대로 해석한다면 '허공에 가득 차다'라는 의미가 되는데, 이래서는 무슨 말인지 알 수가 없다. 무엇이 허공에 가득 찬 것인지, 그것이 왜 수도 야마토와 걸리는지를 이해할 수 없다. 나카타(中田祝夫) 선생의 『고어대사전』에는 말뜻을 알 수 없다고 되어 있고, 『암파고어대사전』에도 아무런 풀이가 없다.

mi—tu라는 동사는 일본어가 아니다. 한국어 '미치다'이다. 닿다는 뜻으로서, 고대에는 '미디다'였을 것이다. 이 말이 일본으로 건너간 것은 졸저 『일본 천황과 귀족의 백제어』에서 보았는데(232쪽), 역시 시본인마려의 작품이다. 따라서 이 침사는 「so—ra에 미치다」라는 의미가 된다. so—ra는 무엇인가? 일본어로 허공인데, 어감으로 이 말은 하늘을 뜻하는 고대 일본어 a—ma(天 천)보다는 한 단계 낮다. a—ma 즉 하늘은 백제이고, 그 보다 한 단계 낮은 so—ra 즉 허공은 바로 수도 야마토이다.

결국 이 침사는 「so—ra(야마토)에 닿다」라는 의미가 된다. 이 침사가 어찌하여 야마토를 상징하는지를 이해할 수 있다. 수도 야마토는 본국인 백제보다는 한 단계 낮지만, 토착 왜인들이 사는 그 외의 지방인 시골보다는 윗단계라고 백제인들은 생각하였던 것이다.

조사 ni를 생략한 so—ra—mi—tu라는 형태로 널리 사용되었다. 웅략(雄略)이 지었다는 『만엽집』 1번 노래, 『일본서기』 신무(神武) 31년 4월조의 노래, 웅략(雄略) 4년 8월조의 노래 등, 여러 노래에서 이 침사를 볼 수 있다.

a—ma—sa—ga—ru　天離 천리　[만엽집 255]　시골의 침사
a—ma　天 천　[고대 일본어]　하늘

sa-ga-ru 離 이 [〃] 멀어지다

『만엽집』 255번 노래 역시 시본인마려의 작품이다.

이 노래에서 시골(鄙 비)을 상징하는 침사인 a-ma-sa-ga-ru라는 말이 보인다. a-ma는 하늘이고, sa-ga-ru(下 하)는 원래 내려가다는 의미이지만 여기서는 멀어지다는 뜻으로 쓰였다. '하늘에서 멀어지다'라는 의미가 된다. 하늘은 무엇인가? 일본의 수도를 말한다. 노래의 전문을 보자.

「a-ma-sa-ga-ru 시골의 먼 길을, 사랑하며 왔더니, 아카시明石의
해협에서 야마토 섬倭嶋 왜도이 보이네」

야마토는 현대의 나라(奈良) 현 전체를 말하는데, 당시 일본의 수도권 전체를 뜻하는 지명이다. 한자로는 '대화(大和)', '대왜(大倭)' 혹은 '왜(倭)'라 하였다.

'사랑하며 왔다'라는 것은 수도 야마토를 사랑하면서 왔다는 의미이다. 거친 시골은 싫고, 야마토가 사랑스러워 그것을 생각하며 왔다는 뜻이 된다. 이 노래에서 작자는 시골의 반대어가 수도 야마토인 것으로 묘사하고 있다.

그런데 왜 시골을 상징하는 말이 a-ma-sa-ga-ru인가? a-ma는 하늘이다.

수도 야마토를 하늘에 비유하고는, 거기에서 멀어지니 곧 시골이 된다. 현대의 한국 서울 사람들이 서울 이외의 모든 지방, 가령 대도시 부산도 시골이라 칭하는 것과 동일한 사고방식이다.

그런데 앞서 본 바와 같이 원래 하늘은 백제를 의미하는 말이지만, 여기서는 야마토를 하늘이라 하고 있어, 수도 야마토를 백제와 동급으로 보았던

것을 알 수 있다. 야마토 주민의 대부분은 백제인이라, 모든 문물이 백제풍으로 세련되어 백제와 별 차이가 없다는 생각에서 나온 말일 것이다. 반면 토착 왜인들이 주류를 이루는 그 이외의 지역 즉 시골은 거칠고 저열한 왜풍 문물로 이루어져 있어, 백제인들이 좋아하지 않았던 모양이다.

코지마(小島憲之) 교수 등은 이 침사가 하늘에서 멀리 떨어졌으므로 시골을 상징한다고 풀이하고 있다(『만엽집 ①. 175쪽). 그러나 실제의 하늘에서 멀리 떨어진 것은 시골이나 야마토가 무슨 차이가 있을까?

여기서의 하늘은 이런 의미가 아니다. 하늘은 백제라고 해석하여야 이 침사의 의미를 제대로 파악할 수 있다. 즉 야마토는 백제와 동급인 하늘이니, 거기에서 멀어지므로 시골이 되는 것이다. 왜국의 수도에는 토착왜인들은 거의 없었고, 한국에서 건너간 사람들과 그 후예들이 살고 있었으므로, 모든 문물이 세련되었기에 이러한 침사가 생겨났을 것이다.

5) 이마키今來와 타캐티高市 인구의 대부분은 한국인

타캐티의 전신은 이마키였는데, 그곳 인구의 대부분이 백제인이었다. 『속일본기』 보귀(寶龜) 3년(772년) 3월 20일조에 나오는 다음 기사를 보자. 이는 정사위하(正四位下)라는 고위관직에 있던 판상대기촌예전마려(坂上大忌村刈田麻呂)가 천황에게 올린 상표문의 일부를 옮긴 것이다(번역은 이근우 선생의 『속일본기 4. 2016. 지식을 만드는 지식. 81쪽』에 의하였음).

「회전기촌檜前忌寸을 대화국大和國 고시군사高市郡司에 임명한 원래 이유는 다음과 같습니다.

선조先祖 아지사주阿智使主가 경도풍명궁輕嶋豊明宮에서 천하를 다스린 천황의 시대에, 한국에서 17현의 사람들을 거느리고 귀화했습니다. 천황께서

명령을 내려 고시군高市郡 회전촌檜前村을 주어 살게 했습니다.

무릇 고시군高市郡 내에는 회전기촌의 일족과 17현의 사람들이 많이 살아

서, 다른 성은 열에 한둘이었습니다……」

천황이 회전기촌(檜前忌寸)을 고시군(高市郡)의 '군사(郡司)'에 임명한 것에 관하여, 동족인 판상대기촌예전마려(坂上大忌村刈田麻呂)가 그 조치의 정당성을 부연설명하는 상표문을 올렸다.

사헤키(佐伯有淸) 선생의 『日本古代氏族事典(일본고대씨족사전). 1994. 雄山閣』을 보면, 판상(坂上)씨는 원래 아지사주(阿智使主)를 시조로 하는 동한(東漢)씨에서 갈려나간 씨족이라 한다(234쪽). 그런데 동한의 '한(漢, a—ya)'은 바로 아라가야이다. 이 씨족은 원래 아라가야 출신이었다.

아지사주(阿智使主)가 17현의 사람들을 데리고 도왜하였다는 것은 『일본서기』 응신(應神) 20년(289년) 9월조에 보인다. 그러나 이 기사의 진실성 여부는 의문이다. 어쨌든 많은 한국인이 도왜하였다는 설화를 이렇게 가공한 것이리라.

그런데 이렇게 도왜한 것은 아라가야 사람이란 말인가? 『일본서기』 응신단에는 수많은 백제인이 여러 차례에 걸쳐 도왜한 것으로 되어 있다. 응신 14년조에는 궁월군(弓月君)이 120현의 사람들을 데리고 도왜하였다 한다.

농사기술 등 모든 것이 후진적인 왜지를 개척하기 위하여, 백제 조정에서 수많은 백성을 왜지로 파견하였던 사실을 이렇듯 '17현'이나 '120현'의 사람들이라 각색하였을 것이다.

(1) 상표문이 전하는 진실

'고시군(高市郡)'의 '고시(高市)'라는 지명은 7세기 후엽에, 그리고 '군(郡)'이라는 지방행정단위의 명칭은 8세기에 각각 생긴 것이다.

실재하지 아니한 가공의 왜왕 응신(應神)이, 아직 생기지도 아니한 '고시군'에 도왜한 백제인들을 살도록 명령하였을 리는 만무하다. 이 상표문은 『일본서기』에 맞추어 역사를 왜곡한 것을 알 수 있다. 신하가 천황에게 올린 상표문에서조차 이러한 조작된 역사를 기록하였던 것이다. 그러나 다음과 같은 기사를 주목하여 보자.

「……무릇 **고시군高市郡 내에는** 회전기촌의 일족과 17현의 사람들이 많이 살아서, 다른 성은 열에 한둘이었습니다……」

고시군 즉 아스카에는 회전기촌의 일족 즉 아라가야 계통의 사람들이 많이 살아서 다른 성씨들은 열에 한둘이었다는 것이다. 이 대목은 아스카 인구의 거의 전부가 가야인과 백제인이라는 의미를 나타내고 있다. 이러한 기사는 『일본서기』에는 보이지 아니한다. 고시군의 인구에 관한 것은 누구나 아는 공지의 사실이므로, 이를 창작하여 상표문에 기재하였을 리는 만무하다. 이 기사는 진실된 역사를 기록한 것이 분명하다.

아마도 4세기 말, 5세기 초에 아라가야 계통의 사람들이 집단도왜하여 이곳 인구의 주류가 되었던 역사적 사실을 이렇게 표현하였을 것으로 추정할 수 있다.

그리고 여기에 나오는 열에 한둘에 불과하다는 '다른 성씨'도 토착왜인이 아니라, 다른 시기에 도왜한 백제인들로 보는 것이 옳을 것이다. 토착왜인들은 아스카에서 꽤 떨어진 험한 산골 요시노(吉野)에 몰려 있었다는 『고사기』와 『일본서기』의 기사는, 이 상표문을 통하여 그 진실성이 입증되고 있다.

아라가야 계통의 판상대기촌예전마려는 본의 아니게 왜국 고대사의 진실을 생생하게 후세에 전달하였던 것이다.

(2) 백제인들의 세상 피노쿠마檜前, 檜隈

'회전기촌'의 '회전(檜前, pi—no—ku—ma)'은 고시군 즉 아스카에 있는 지명이다. '기촌(忌村, i—mi—ki)'은 39대 왜왕 천무(天武)가 정한 팔색(八色)의 성(姓) 중에서 네 번째이다. 따라서 '회전'과 '기촌'을 합쳐 하나의 성이므로, 이 뒤에는 이름이 있었던 것이 분명한데, 상표문에서는 그것을 생략하였다.

특히 이 '회전'이라는 곳에는 백제인들이 많이 살았던 모양이다. 『일본서기』를 보면, 28대 왜왕 선화(宣化)가 도읍을 회외(檜隈, pi—no—ku—ma)의 여입야(廬入野)에 옮겼고, 지명으로 궁호로 삼았다 한다. '회전'과 '회외'는 한자표기만 다를 뿐 같은 발음으로서, 같은 지명이다.

『일본서기』는 백제가 왜의 속국이었으며, 왜왕이 도왜한 백제인들을 명령하고 생살여탈권을 쥐고 있는 것으로 되어 있다. 그런데 왜 선화는 속국에서 건너간 사람들이 득실거리는 곳에 궁전을 정하였을까? 있을 수 없는 일이다. 만일 속국 백제 사람들이 단결하여 반란이라도 일으킨다면, 큰 문제가 아닐 수 없다. 건전한 상식을 가진 왕이라면, 이런 위험하고 어처구니없는 일은 하지 않을 것이다.

그러나 선화는 가공의 왜왕이다. 선화가 그곳에 궁을 정한 것이 아니다. 이름은 알 수 없으나, 실존하였던 백제 출신의 어느 왜왕이 궁전을 이곳에다 지었을 것이다. 『일본서기』는 그것을 가공의 왜왕 선화의 궁전이라고 꾸며내었다. 이렇게 본다면 모든 것을 원만하게 이해할 수 있다.

『일본서기』는 또한 29대 왜왕 흠명(欽明)의 무덤이 이곳에 있어, '회외릉(檜隈陵)'이라 하였다 한다. 흠명은 가공인물이지만, 실존하였던 백제 출신 어느 왜왕의 릉이 이곳에 있었던 것이 분명하다.

천무(天武)와 지통(持統)의 합장릉, 지통의 뒤를 이은 문무천황(文武天皇, 재위 701~707년)릉도 여기에 있다. 또한 분묘 안에 그려진 사신도와 인물도 등

벽화로서 유명한 고송총(高松塚)고분도 있다. 이 무덤은 왕릉이 아니면, 최고위급 신하의 무덤일 것이다.

이곳은 4세기 말부터 집단도왜한 아라가야 사람들의 집단 거주지였는데, 어느 때부터인가 백제인들이 많이 살게 되었던 모양이다. 만일 백제가 왜의 속국이었다면, 속국민인 백제인들의 밀집지역에 이렇듯 주요한 왕궁이나 왕릉이 속속 들어서지는 아니하였을 것이다. 반대로 왜가 백제의 속국이었다는 사실이 여기서도 증명되고 있다.

일본의 학자들은 상표문의 이 기사를 어떻게 해석할까? '아스카 인구의 대부분은 토착왜인이었으며, 백제인 등 도래인도 일부 살았는데, 응신(應神) 천황의 위와 같은 조치로 인하여 특히 피노쿠마에 많은 도래인들이 살았다' 라는 정도로 생각하고 있다. 그러나 아스카는 진작부터 가야인과 백제인의 세상이었고, 토착왜인들은 거의 찾아보기 어려웠다는 것이 진실이다.

6) 아스카飛鳥의 원류 부여와 부여신궁扶餘神宮

(1) 일본인들은 아스카 문화의 원류가 부여라고 생각하였다

일반적으로 고대 일본의 수도를 아스카(飛鳥)라 한다. 일본의 역사에서 「아스카 시대(飛鳥時代)」는 이곳에 왕궁을 두고 도읍하였다는 왜왕 추고(推古)로부터 천무(天武)까지, 즉 593년에서 696년까지를 일컫는다.

현재의 행정단위로는 「타케치 군(高市郡) 아스카 촌(明日香村)」이다. 일본에서 '무라(村)'는 '시, 정, 촌(市, 町, 村)'으로 통칭되는 일본의 지방행정체계에서 최하의 단위이다. 한국식으로 말하자면 면(面) 정도에 해당될 것이다. 고대의 아스카도 그 범위는 현대의 아스카무라와 별 차이가 없었을 것이다. 이렇듯 아스카는 좁은 지역을 일컫는 지명이고, 이마키와 그것이 변한 타캐티는 현대 한국의 군(郡)에 해당하는 넓은 지역의 지명이다.

그런데 일제강점기 일본 사람들은 부여를 주목하였다. 아스카 문화의 원류가 부여에 있다고 생각하였던 모양이다. 국립부여박물관에서 2016. 발간한 도록 『부소산(扶蘇山)』을 보면 그러한 사정이 잘 나타나 있다(172쪽).

「일제강점기 일제는 한일관계의 역사를 우호적 관계 혹은 자신들의 지배를 받았던 역사로 해석하기 위해 노력하였다. '일선동조론', '내선일체' 등이 일제가 만들어낸 대표적인 담론이었다. 특히 백제의 고도였던 부여가 주목받았다. 일찍이 일본 지식인들은 아스카 문화의 원류가 부여에 있다고 믿었으며, 이로 인해 부여는 동경의 대상이 되었다.
부여로 연결되는 교통망을 확충하고, 부소산 자락에는 숙박시설을 신축하였다. 새로운 관광상품 개발을 위해 고적조사와 보존사업을 실시하고, 1920년대에는 백마강에 유람선을 운행하였다. 또한 최초의 일본인 유학자가 고란사에 머물렀다는 이야기와, 낙화암에서 몸을 던진 여인들 사이에는 백제의 관직에 있던 일본인의 부인도 있었다는 이야기를 생산해냈다……」

일본인들이 아스카 문화의 원류가 부여에 있다고 믿은 것은 아주 정확한 판단이었다. 당시의 행정, 불교, 건축, 미술, 의복, 풍습, 음식, 놀이 등등 모든 것이 백제에서 건너간 것이고 백제풍이었으므로, 일본 사람들의 생각은 당연한 것이라 하겠다. 왜왕 혹은 천황을 포함한 일본의 지배층이 백제에서 건너간 사람들이었기 때문이다.

그런데 최초의 왜인 유학자가 고란사에 머물렀다거나, 낙화암에서 투신한 여인들 사이에는 백제의 관직에 있던 일본인(일본 학자들이 말하는 이른바 왜계백제관료, 실제는 왜국으로 건너가 활동하던 백제의 관료 즉 재왜백제관료이다)의 부인이 있었다는 이야기를 생산한 것을 보라. 일본인들의 역사 위조는 현대에 들어서도, 고대와 중세의 전통을 이어 변함없이 이루어지고 있다는 것을 알 수 있다.

(2) 부여신궁夫餘神宮과 신도神都

일제강점기인 1940년은 시조 왜왕 신무(神武)가 즉위한지 2,600년이 되는 해였다. 일본 전역에서 '기원 2,600'년을 기념하는 온갖 행사로 부산하였던 것은 물론이다. 그 일환으로 천조대신(天照大神)을 모신 이세신궁(伊勢神宮)을 대대적으로 정비, 보수하고, 신궁이 위치한 우지야마타시(宇治山田市) 즉 현재의 이세시(伊勢市)를 이른바 '신도(神都)' 즉 신의 도시로 만드는 특별법을 제정하였다.

그리고 이와는 별도로 시조 신무를 모신 카시하라신궁(橿原神宮)을 성지(聖地)로 만드는 '강원성지계획'이라는 것을 만들었다. 이 신궁이 소재한 곳이 카시하라시(橿原市)로서, 현재의 행정구역상 아스카(明日香)는 이 시에 속한 촌(村)이다.

이에 발맞추어 한국에서는 부여신궁(夫餘神宮)을 창립하기로 하고, 현재의 부여읍 일원을 이른바 신도(神都)로 만드는 계획을 수립하였다. 부여신궁은 부소산 중턱 약 214,000평이나 되는 엄청난 면적의 부지 위에 건립하는 것으로 확정되었다. 서울 남산에 이미 세워져 있던 조선신궁(朝鮮神宮)의 부지 면적이 약 127,000평이었던 것과 대비된다. 부여신궁에 관하여는 자료가 많지 않은데, 손정목 선생의 논문 「日帝下 扶餘神宮 造營과 소위 扶餘神都建設」에, 그 구체적인 계획과 일제의 의도를 예리하게 분석한 것을 볼 수 있다(『한국학보. 1988. 일지사』 123쪽).

1939. 8. 18. 총독부 훈령으로 '부여신궁운영사무규정'을 발하고, 운영위원회의 당연직 위원장으로 조선총독부의 2인자인 정무총감을, 그리고 당연직 사무국장에 총독부의 내무국장을 각각 임명하였다 한다(위 논문 138쪽).

부여신궁 건립은 일개 지역의 사업이 아니라, 총독부 차원의 대사업이었던 것을 알 수 있다.

부여신궁은 공사를 시작은 하였으나 완공되지 못하고, 1945년 광복과 함께 철거되어, 그 자리에는 현재 삼충사(三忠祠)가 들어서 있다. 부여신궁을 건설하면서, 일제는 시인이나 소설가 등 조선의 저명인사들을 필두로 수많은 조선 사람을 근로봉사로 동원한 바 있다. 그럴 때면 당국자가 "신도(神都) 계획은 일본 전국에 두 곳 밖에 없다. 하나는 유명한 이세신궁(伊勢神宮)이 있는 우지야마타시(宇治山田市)이고, 또 하나가 우리 부여다"라고 선전하였다 한다(위 논문 137쪽).

부여신궁과 부여 신도를 이렇듯 대대적으로 조성한 근본원인은, 이른바 내선일체(內鮮一體)라는 명목하에 조선의 자원을 수탈하고, 청년들을 징병하여 전쟁으로 내몰려는 일제의 정책방침을 지원하는 데에 있었다. 손정목 선생은 부여신궁을 내선일체, 동근동조론(同根同祖論)의 상징이라 하였다. 이 점은 부인할 수 없는 진실이다. 그러나 왜 하필 부여를 신의 도시로 만들고, 부여에다 엄청난 규모의 신궁을 지으려 하였던가 하는 점을 생각하여 보자.

일본에는 수만개나 되는 신사가 있지만, 신궁(神宮)은 극소수로서 최고의 신사가 신궁이다. 일제는 당시의 조선에도 여러 곳에 수많은 신사를 만들었으나, '신궁'은 서울 남산의 조선신궁밖에 없었다. 당시 부여는 읍(邑)도 아닌 면(面)에 불과하였다. 이러한 한적한 시골에 서울의 조선신궁을 훨씬 능가하는 엄청난 규모의 신궁을 짓고, 부여면을 신의 도시로 만들려고 계획하였던 것이다. 필자는 부여신궁과 부여 신도는 일본 이세신궁의 신도, 그리고 카시하라신궁의 성지화계획과 삼위일체를 이루는 것이라고 생각한다.

부여신궁이라는 계획을 입안하고 기획한 사람이 누구인지는 알 수 없으나, 일본 고대사에 대하여 깊은 연구를 한 사람으로 생각된다. 그는 『일본서기』의 고천원이 바로 부여라고 생각하였던 것이 분명하다.

『일본서기』에 나오는 일본이라는 국가의 건국은, 크게 보아 고천원, 천조대신, 천손강림, 시조왕인 신무(神武)라는 네 개의 축으로 이루어져 있다. 신무의 기원 2,600년을 맞이하여 먼저 일본에서 천조대신을 모신 이세신궁이 있는 우치야마타시를 신도로 만들고, 신무를 모신 강원신궁을 성지화하는 방침이 수립되었다. 그런데 천조대신과 신무만으로는 충분하지 않다. 고천원이 빠졌다. 그래서 고천원인 부여에다 엄청난 규모의 부여신궁을 신축하는 계획을 수립하였던 것으로 추정된다.

고천원과 천조대신은 신무보다 격이 훨씬 높다. 그래서 고천원의 부여와 이세신궁의 우지야마타시에는 신궁뿐만 아니라 그 소재지의 행정단위에 신도(神都)를 건설하는 것으로 하였고, 그보다 격이 낮은 신무의 카시하라신궁은 신궁 자체만을 성지화하는 것으로 계획하였을 것이다. 이렇게 본다면 부여신궁과 신도 계획은 조선총독부가 아니라, 그 훨씬 윗선 즉 일본 중앙정부 차원에서 입안한 것이라고 생각된다.

4. 아푸미(近江) 천도와 임신(壬申)의 난(亂)

1) 아푸미近江 천도

(1) 아푸미의 카라사키韓岐

백제가 멸망한 이후 도왜한 신백제계 귀족들은 선진국 백제에서 학문이나 기예를 습득하였으므로, 왜국에서 나고 자란 구백제계 사람들보다 모든 면에서 월등하고 세련되었을 것이다. 당시의 왜왕 천지(天智)가 이러한 신백제계 귀족들에게 끌리고 경도되었던 것은 어쩌면 당연한 일인지도 모른다. 천지와 밀착하였던 신백제계가 실권을 잡았고, 그리하여 수도를 아스카(飛鳥)에서 아푸미로 이전하는 천도를 단행하게 된다. 아스카는 구백제계 귀족들의 오랜 터전이기 때문에, 이 천도는 구백제계의 뿌리 깊은 세력을 제압하려는 신백제계의 전략이었을 것이다.

새로운 수도 아푸미는 비파호(琵琶湖)라는 큰 호수를 끼고 있다. 이 호수는 면적이 약 670㎢로서 일본에서 가장 크며, 또한 풍광이 아름답기로 유명하다. 따라서 수도 아푸미는 호수를 이용한 수운이 발달하였는데, 배를 대는 항구의 이름이 **ka-ra**-sa-ki(韓岐)였다.

ka-ra-sa-ki **韓岐** 한기 [지명]
ka-ra 韓 한 [고대 일본어] 한국
sa-ki 岐 기 [일본어] 곶

ka-ra는 원래 가야를 의미하였지만, 이 무렵에는 백제나 신라 등 한국을 의미하기도 하였는데, 여기서는 백제를 뜻한다. sa-ki는 바다를 향하여 새의 부리처럼 나아간 지형인 곶을 의미하는 일본어로서, 항구나 바닷가의 지명에 많이 사용되는 말이다. 따라서 ka-ra-sa-ki는 '백제 곶'이라는 의미가 된다. 백제인(신백제계가 주류를 이루었으리라)들이 뻔질나게 드나들었으므로, 이런 이름이 붙었을 것이다.

그런데 이 항구의 한자표기 '한기(韓岐)'는 나중에 '辛岐(신기)'로 바뀌게 된다. 백제를 뜻하는 '韓(한)'을 맵다는 의미의 '辛(신, 일본어 ka-ra)'으로 바꾸었다가, 다시 당나라를 뜻하는 '唐(당, 일본어 ka-ra)'으로 바꾸었다. 현재의 표기는 '唐岐(당기)'이다. 고대의 일본에서 ka-ra는 원래 가야를 의미하였다가, 의미가 점점 확대되어 신라나 백제 등 전체 한국, 나아가서는 당나라도 포함하게 되었던 것이다.

이와같이 표기를 한기→신기→당기로 바꾼 것은 백제의 흔적을 지우려는 노력의 일환인 것은 물론이다.

(2) 천도의 이유

천지 6년 즉 667년 3월, 천지는 수도를 아스카에서 아푸미(近江)로 옮겼다. 아스카의 구백제계 귀족들은 대부분 이 천도를 반대하였던 모양이다. 『일본서기』를 보면,

「수도를 아푸미로 옮겼다. 이때 천하의 백성들이 천도를 원치 않았다. 풍자하여 간諷諫 풍간하는 자가 많았고, 동요 또한 많았다. 날마다 밤마다 불난 곳이 많았다」

라고 한 것이 이러한 사정을 잘 말해 주고 있다. 그리고 이러한 기술에서 『일본서기』의 저자 또한 천도를 반대한 구백제계 후예의 일원이었던 사정을 또한 엿볼 수 있다.

그런데 왜 오랜 수도 아스카를 두고 멀리 떨어진 변방 즉 기외(畿外) 지역인 아푸미로 천도하였을까? 『일본서기』에는 그 이유가 단 한 줄도 나오지 않고 있다. 왜 『일본서기』에는 천도의 목적이 나오지 않을까 하는 점은 뒤에서 살펴보고, 이 점에 관한 일본 학자들의 생각을 알아보자. 여기에 관하여는 시가(慈賀)현립 안토성고고박물관(安土城考古博物館)에서 2016. 발간한 도록 『飛鳥から近江へ(아스카에서 아푸미로)』를 보면, 천도 이유에 관한 그간의 여러 견해가 일목요연하게 정리되어 있다(49쪽).

① 아푸미는 사방이 산으로 둘러쌓여 있고, 광대한 비파호가 천연의 요

새가 되어 방어성이 높다.

② 교통의 중심이므로 유사시 병력과 물자의 동원이 유리하다.

③ 고구려와 연대하기에 유리하다.

④ 농업생산과 철생산이 풍부하여 긴급사태시 정권의 큰 기반이 될 수
있다.

⑤ 5세기 말 이래 도래인 집단이 밀집하여 살았으므로, 그들의 기술력,
경제력, 노동력을 구사하여 긴급사태시 도읍 만들기에 적합하다.

⑥ 중앙집권국가를 확립하기 위하여는 과거의 낡은 속박에서 탈피하는
것이 불가피한데, 천도는 그러한 속박을 끊는 수단이 될 수 있다.

여러 견해가 나름 이유가 있음으로, 이러한 여러 가지 사유가 복합되어
수도를 이전하였을 것이다. 그리고 이 무렵의 천도는 신라의 침공이라는 위
협에 대비하기 위한 목적이 컸던 것 또한 사실일 것이다. 신라군이 왜국 수
도를 공격하려면 오사카 항구에 배를 정박하고는 육로로 행군하여야 할 것
인데, 아스카보다는 아푸미가 훨씬 내륙에 위치하고 있어, 방어에 유리하기
때문이다. 그리고 여러 지방으로 연결을 취하고, 물자와 병력을 조달한다는
면에서도 아푸미가 편리한 것도 사실이다. 그러나 방어에 유리하고 교통이
편리한 곳이 어디 아푸미뿐이랴. 왜 하필 아푸미인가?

⑤번 이유를 주목하여 보자. 일본의 학자들은 백제인들의 기술력, 경제
력, 노동력 따위의 이유를 들고 있다. 그러나 당시 아푸미는 백제의 일반 백
성이 아니라 망명 귀족들의 본거지였을 것이다. 농사짓는 백제의 일반 백성
이 목숨을 걸고 일본까지 망명할 이유가 없다. 백제 멸망 이후 엄청나게 일
본으로 건너간 유민들은 대부분 평민이 아닌 귀족들이었다고 보아야 할 것
이다. 마치 한국전쟁 때에 북에서 남으로 넘어온 피난민들이 대부분 북한의
지주와 고학력자, 기독교인 등 상층계급이었던 사실과 같은 맥락이다.

따라서 백제인의 '노동력, 기술력'을 이유로 드는 것은 한국무시사관의 발로로서 일고의 가치도 없다. 노동력, 기술력이 아니라, 새로이 도래한 백제인들의 「월등한 학문과 기예, 재력 등 여러 가지 요인으로 인하여 획득한 세력」에 천지가 주목하였을 것이다.

이무렵 천지는 왕권을 강화하여 중앙집권국가를 꿈꾸고 있었을 가능성이 큰데, 어쨌든 아스카의 구백제계 토호들에게 염증을 느끼고는 이들 세력과 결별하겠다고 생각하였던 모양이다. 앞의 ⑥번 의견이 이 점을 지적하고 있다.

천지는 중대형(中大兄)이라는 이름의 태자 시절, 왜왕을 압도하였던 공룡과 같은 소아씨 일족의 전횡을 경험한 바 있다. 소아 가문으로 대표되는 토호화된 구백제계 귀족들을 제어하지 못하여, 왜소화된 왕권의 비애를 뼈저리게 느꼈으리라. 『일본서기』에 의하면 소아입록(蘇我入鹿)을 베고 그 일족을 토멸한 주역이 바로 중대형이었다고 되어 있다. 중대형이 구백제계 귀족에게 염증을 느낀 것은 이유가 있다.

그런데 지금까지 왜국 통치의 주역이었던 구백제계 세력과 결별한다면 그 대안은 무엇인가? 바로 백제 멸망 이후 도래한 신백제계 귀족들이다. 이 사람들은 학식이 풍부하고 다방면으로 유능한 인재들이 많았지만, 건너간 지 얼마 되지 않아 아직 구백제계 귀족들처럼 토호화되지는 않았다. 따라서 왕권 확립에는 이들을 기용하는 것이 훨씬 유리하다. 그래서 천지는 구백제계의 중심지인 아스카를 떠나, 신백제계 세력이 밀집되어 있던 아푸미로 천도한 것으로 추정할 수 있다.

(3) 『일본서기』에는 천도의 이유가 나오지 않는다

『일본서기』에는 천도의 이유에 관하여는 단 한 줄의 기사도 없다. 앞서 보았듯이 아스카의 온 백성이 천도를 반대하였다는 등의 서술로서, 그 천도가 부당하다는 듯한 뉘앙스를 비추고 있을 뿐이다.

『일본서기』의 저자가 아푸미 천도의 이유를 몰랐을까? 그럴 가능성은 전혀 없다. 불과 50여년 전에 이루어졌던 천도의 목적을 모를 리는 없다. 손바닥 들여다보듯, 그 구체적인 전후사정과 내막을 훤히 알고 있었을 것이다. 그러나 『일본서기』의 이러한 기술이 도리어 역설적으로 천도의 목적을 극명하게 설명하여 주고 있다.

자, 신라의 침공으로부터 방어하는 데에 유리한 곳으로 수도를 옮기는 것이 주목적이었다면, 아스카의 귀족들이라 하더라도 어찌 반대할 수 있으랴. 그러나 그러한 목적보다는 구백제계 귀족 세력과의 결별이 주된 목적이었다는 것을 아스카의 구백제계 사람들은 익히 간파하였기에, 반발하였던 것이다. 다만 그것을 드러낼 수는 없었으므로, 풍자하는 노래나 동요 따위로 불만과 반대의 감정을 토로할 수밖에 없었던 것이다.

『일본서기』의 저자로서는 구백제계 세력의 이러한 반발을 솔직하게 적을 수가 없었다. 왜냐하면 『일본서기』는 역대의 천황과 모든 귀족이 토착 왜인인 양 일관되게 기술하였으므로, 구백제계와 신백제계의 이러한 대립과 갈등을 드러낼 수가 없었기 때문이다. 그렇게 되면 아스카 귀족들의 원적이 금방 탄로 나게 된다.

『일본서기』에 천도의 목적이 무엇이었는지, 그리고 아스카의 귀족들이 왜 반대하였는지, 그 이유에 관하여는 한마디도 언급이 없었던 것은 이러한 이유 때문이다. 구백제계와 신백제계의 이러한 대립과 갈등을 『일본서기』로서는 꼭꼭 숨길 수밖에 없었던 것이다.

신백제계의 아푸미 천도에 반발한 구백제계가 천지의 사후 그의 동생 천무(天武)를 옹립하여 일으킨 쿠데타가 바로 임신의 난이다. 필자는 임신의 난을 신백제계 귀족과 구백제계 귀족의 한판 승부로 보고 있다.

그러나 이는 대세의 형국을 아주 거칠게 말한 것으로서, 많은 예외가 있었을 것이다. 즉 백제 멸망 이후 도래하였으나, 임신의 난에서는 천지가 아닌 천무의 편에 섰다거나, 반대로 구백제계이면서 천지의 편에 가담한 인물도 적지 아니하였을 것이다. 가령 '신백제계는 나를 따르라'라는 투의 호령에, 모든 신백제계 귀족이 일사불란하게 줄을 서는 것과 같은 현상은 발생하지 않았을 것이다. 즉 혈연, 지연, 그리고 온갖 친소관계, 이해관계에 따라 이심전심으로 움직였던 것이므로, 신, 구백제계의 대립이라는 시각은 큰 틀에서 본 대략적인 분석일 뿐이다.

어쨌든 이 쟁란에서 신백제계 세력은 대패하고, 승리한 구백제계가 다시 실권을 잡아 종전의 수도 아스카로의 복귀하게 되었다. 이후 구백제계 귀족들은 정체성을 버리고 철저한 왜인화 정책을 실시하여 안정적인 왜국 지배를 도모하게 된다. 승리한 왜왕 천무도 과감한 화합정책을 취하였으므로, 임신의 난이 끝난 얼마 후부터는 신, 구백제계의 대립도 점점 기억이 희미하여져 갔을 것이다.

구백제계 귀족들은 자신들이 백제 출신이 아니라, 까마득한 옛날부터 일본열도에서 거주한 토착왜인인 양 가장하려고 마음 먹었던 모양이다. 그래서 앞서 보았듯이 대부분의 구백제계 귀족들은 가공의 인물을 시조로 꾸며 내었던 것이다. 그리고 신백제계는 대부분 도래인으로 처리하였으므로, 신찬성씨록에는 이들이 '번별(蕃別)' 즉 오랑캐의 후예로 되어 있다.

그리하여 8세기 이래 일본열도에서, 역사라는 것은 진실로 있었던 일을 기록하는 것이 아니라, 소설처럼 창작한 허구의 스토리를 기록한 것이 되고 말았다. 아마도 세계 어디에도 이렇듯 창작된 소설과 같은 허구의 역사, 날조된 역사를 가지고 있는 나라는 없을 것이다. 이러한 전통은 현대에 와서 더욱 심화되고 있는 것으로 보인다. 현대를 살아가는 일본 사람들을 위하여도 이는 지극히 불행한 사태가 아닐 수 없다.

5. 토착왜인

　『일본서기』는 일본의 역사에 관한 기록이지만, 실제로는 붓끝에서 창작한 가공의 역사를 기록한 책이다. 따라서 압도적 다수를 점하는 것이 붓끝에서 창작된 가공의 인물이고, 다음이 백제인, 가야인, 신라인, 고구려인의 순이다. 백제인 등의 한국인은 거의 실재한 인물이지만 가공의 인물도 간혹 있다. 일본열도의 주인이라 할 수 있는 토착왜인은 불과 얼마 되지 않는다. 이 토착왜인은 당시 처지가 극히 열악하였던 모양이다.

　『일본서기』에 등장하는 토착왜인을 살펴보자. 그런데 이 토착왜인들도 모두 실제 존재하였던 사람이 아니라, 저자의 붓끝에서 창작된 인물들이다. 그렇지만 백제 사람들이 이 사람들을 평소 어떻게 생각하였던가 하는 점을 알려주는 자료로서의 가치는 충분하므로, 여기에 정리하여 본다.

1) 『일본서기』 천손강림조의 토착왜인

　고대 일본 최고의 신 천조대신(天照大神)의 손자 니니기(瓊瓊杵)가 하늘에서 왜국으로 강림하는 장면이 있다. 천손(天孫)은 천조대신 즉 하늘의 손자라는 뜻이다. 여기서의 하늘은 백제이고, 이 장면은 백제인이 왜국에 첫발을 디디는 장면을 상징적으로 표현하고 있다. 『일본서기』는 천손이 강림하기 직전의 왜국 상황을 이렇게 묘사하였다.

　「천조대신이……황손皇孫인 니기기를 왜국의 임금으로 세우고자 하였
　다. 그런데 그 땅에는 반딧불처럼 빛을 내는 신과, 파리떼처럼 시끄러
　운 사악한 신이 많다. 또한 풀과 나무가 모두 능히 말을 한다. 그래서
　고황산영존高皇産靈尊이 여러 신을 소집하여 묻기를 "위원중국의 나쁜

신들을 쓸어 평정하려 한다. 누구를 보내면 좋을까?"」

  이 대목에는 저자의 왜국의 토착왜인에 대한 관념이 잘 드러나 있다. 토착왜인은 하늘 즉 백제에서 사는 백제인과는 전혀 다르다. 반딧불처럼 빛을 내고, 오뉴월 파리떼처럼 시끄럽다. 반딧불처럼 빛을 낸다는 표현에서는 원시인과 같은 하등 종족이 연상된다. 문명인은 빛을 낼 수가 없다.

  중요한 것은 오뉴월 파리떼처럼 시끄럽다고 한 대목이다. 이것은 사용하는 언어가 달라 서로 의사소통이 되지 않는다는 것을 은유적으로 나타낸 표현이다. 의미를 알 수 없는 소리로 자기네들끼리 시끄럽게 떠들어댄다는 뜻이다. 초목이 말을 한다는 것은 무슨 의미인가? 말이 통하지 않는 왜인들이 사는 곳이라, 초목조차도 다른 말을 한다는 뜻일 것이다. 역시 말이 통하지 않는다는 점을 시적으로 묘사하였다.

  알 수 없는 말로 시끄럽게 떠들어대고, 반딧불처럼 빛을 내는 이런 신들을 사귀(邪鬼) 즉 사악한 귀신이라 하였다. 『일본서기』가 이런 나쁜 신들을 「쓸어 평정(撥平 발평)하려 한다」고 표현한 점을 주목하여 보자. 미개한 하등 종족인 토착 왜인들을 앞선 선진문명으로 평화롭게 가르치고 교화하는 것이 아니다. 「쓸어 평정하려 한다」는 것은 무력으로 제압하고 정복한다는 의미가 된다. 이것은 백제의 왜국 진입이 무력에 의한 것임을 암시하는 표현인 것이 분명하다.

  『일본서기』의 저자는 일본의 천황가와 지배층이 마치 토착왜인인 양 꾸며 놓았으나, 그 자신이 백제의 후손이라는 정체성은 확실하게 지니고 있었던 모양이다. 이렇듯 요소요소에 백제에 의한 왜국 지배라는 사실을 암시하여 놓았다.

2) 수사노素戔嗚와 토착왜인

최고의 신 천조대신의 동생으로서 난폭한 신인 수사노(素戔嗚, su-sa-no)가 있다. 이 수사노가 여덟 개의 머리를 가진 괴물 뱀을 퇴치하였다는 설화는 졸저 『일본 천황과 귀족의 백제어』에서 본 바 있다(77쪽). 이 설화의 개요를 잠시 소개하여 보자.

「하늘에서 내려간 수사노가 파천(簸川)이라는 강 상류에 하강하였을 때에 노부부와 소녀가 울고 있는 것을 보고 물었더니, 그들은 국신(國神)이라 하였다. 딸이 여덟 있었는데, 머리가 여덟인 뱀이 찾아와, 해마다 하나씩 잡아먹고 이제 하나 남았으나, 오늘이 그 뱀이 오기로 한 날이라 하였다.
수사노가 기지를 발휘하여 뱀에게 술을 먹여 취하게 하고는, 칼로 머리를 하나씩 잘랐다. 그 후 수사노는 소녀와 결혼하였다」

여기에 나오는 국신(國神)이 바로 토착왜인이다. 『일본서기』의 '국신'은 하늘 즉 백제에서 건너간 '천신(天神)'의 반대개념으로서, 토착왜인을 의미한다.

토착왜인은 괴물뱀에게 당하기만 하는 무력하고 어리석은 존재로 묘사되어 있다. 수사노가 하늘에서 하강하였다 한 것은 한국에서 금방 건너갔다는 의미이다. 무기력한 토착왜인과, 용맹하고 지략이 넘치는 한국 출신의 수사노가 잘 대비되고 있다. 수사노도 물론 가공의 인물이다.

3) 신무기神武紀의 토착왜인

『일본서기』 신무 즉위전기에는 원시인과 같은 토착왜인이 등장하고 있다.

「신무가 요시노吉野에 이르렀을 때, 우물에서 나오는 사람이 있었다. 빛이
나고, 꼬리가 있었다. 천황이 누구냐고 묻자 대답하기를 "저는 국신國
神으로 이름은 정광井光이라 합니다"라고 대답하였다. 이는 요시노 수
부吉野 首部의 시조이다.
　다시 조금 나아가자, 역시 꼬리가 있는 사람이 바위를 헤집고 나왔다.
천황이 물었더니 "저는 반배별磐排別의 아들입니다"라 하였다. 이는 요
시노吉野의 국소부國巢部 시조이다. 강을 따라 서쪽으로 가자, 어살을 만
들어 물고기를 잡는 사람이 있었다……」

　이 기사에 나오는 국신 즉 토착왜인들은 꼬리가 있고, 우물이나 바위틈에
서 나오며, 물고기를 잡아 연명하는 것으로 되어 있다. 즉 원시인과 같은 모
습을 하고서는, 문명의 혜택을 전혀 받지 못하고 바위틈 따위에서 혈거하는
사람처럼 보인다.
　그러나 이 기사는 사실과는 거리가 멀다. 빛이 나거나, 꼬리가 있는 사람
이 있었을 리가 없다. 그렇지만 백제에서 건너간 사람들이 토착왜인을 어
떠한 시각으로 보고 있었는가 하는 점을 알려주는 자료로서는 부족함이 없
다. 이 기사의 무대인 요시노(吉野)는 고대 일본의 수도 아스카(飛鳥)의 외곽
에 있는 곳이다. 울창한 산과 굽이 흐르는 강, 아름다운 폭포가 어우러진 절
경으로 유명하다.

4) 응신기의 토착왜인

(1) 미개인으로 묘사된 토착왜인

　『일본서기』 응신(應神) 19년조에도 토착 왜인의 기사가 보인다. 요시노에
는 응신의 별궁이 있어 행차하였다 한다. 그때 토착왜인이 내조하여 노래를

부르면서 술을 바쳤다는 것이다. 이 토착 왜인을 '국소(國樔, ku-ni-su)'라 하였다. 앞의 신무기에서 본 꼬리가 달린 사람을 국소부의 시조라 하였으니, 이 기사는 그 사람의 후손인 셈이다. 이 사람들의 행태를 옮겨 보자.

「……노래를 마친 후, 손으로 입을 두드리며 하늘을 향하여 웃었다. 지금도 국소國樔가 토산물을 바치는 날, 노래가 끝난 후 입을 두드리며 하늘을 향하여 웃는 것은 아마도 상고시대부터 전해진 유풍일 것이다. 무릇 국소는 위인이 아주 순박하다. 늘 산의 과일을 따서 먹는다. 개구리 찐 것을 진미로 삼는데, 이를 mo-mi毛瀰모미라 한다. 그 땅은 수도에서 동남이며, 산으로 막혀 요시노 강吉野河의 상류에 있다. 산이 험하고 골이 깊으며, 도로는 좁고 가파르다. 그래서 수도에서 멀지 않지만 내조가 드물었다. 그러나 이후에는 자주 와서 토산물을 바쳤다. 토산물은 밤, 버섯, 은어 따위이다」

이 기사도 물론 실제 있었던 일이 아니라 소설과 같은 창작이다. 그러나 토착왜인을 묘사한 대목이 아주 흥미로울 뿐만 아니라, 『일본서기』 저자의 그들에 대한 관념이 이 기사에 적나라하게 드러나 있다.

여기에 나오는 국소 즉 토착왜인도 앞서와 마찬가지로 아주 미개한 족속으로 묘사되어 있다. 농사도 모르고 그저 야생 과일이나 개구리 따위를 먹는 채집수렵민인 것처럼 보인다. 바친다는 토산물도 밤이나 버섯 등 자연에서 채취한 것이며, 노래가 끝난 후 손으로 입을 두드리며 웃는 행동도 미개인다운 행동이 아닐 수 없다. 신무기에서 본 꼬리 달린 사람들의 후예답다.

과연 토착왜인들이 이렇듯 미개한 사람들이었을까? 전혀 그렇지 않다. 필자가 말하는 토착왜인은 일본의 역사학에서 야요이(彌生)인이라 부르는 사람들의 후손이다. 약 2천 4백여년 전 한국의 남부지방에서 고도로 발달된 벼농사 기술과 청동기 문명을 가지고 일본열도로 건너간 사람들의 후예이다.

일본의 벼농사는 저열한 수준에서 점차 발전해 나가 고도화된 것이 아니라, 처음부터 완성된 형태의 발달된 농경기술이 한국에서 건너간 것이다. 그리고 『삼국지』「위지 왜인전」에 나오듯이 사마대국(邪麻台)과 노국(奴國) 등 수 십개의 나라를 세웠고, 사마대국의 비미호(卑米呼)는 중국에 사신을 보내 통교하기까지 한 바 있다. 가야의 기마군단에 이어 백제인들이 집단으로 도왜하기 이전까지 일본열도의 주인이었던 사람들이다.

따라서 토착왜인을 원시인이나 미개인처럼 묘사한 『일본서기』의 기사는 사실과는 전혀 다르다. 그렇지만 백제인들의 멸시하는 관념이 역력하게 드러나 있다.

그리고 이 기사에서 알 수 있는 것은 수도인 아스카 일대에는 토착왜인들이 거의 살지 않았고, 가장 변두리인 요시노 일원에 모여 살았다는 점이다. 일본의 다른 지역과 마찬가지로 수도 아스카나 나라(奈良)의 원래 주인도 토착왜인이었던 것은 물론이다. 그러나 가야인과 백제인들이 선후하여 이 일대에 진출하여 주인 행세를 하게 되자, 토착왜인들은 쫓겨날 수밖에 없었고, 겨우 첩첩산골인 요시노 일원에만 남았던 것으로 보인다.

『일본서기』에서 토착왜인의 실태 혹은 살아가는 모습을 보여주는 기사는 이것이 전부이다. 『일본서기』의 다른 기사와 마찬가지로 이 기사들도 전부 붓끝의 창작이라, 토착왜인들의 진실된 모습을 알 수 없는 것이 아쉽기는 하다. 실제 일반적인 토착왜인은, 말이 다르다는 점을 제외하면, 백제의 농부나 별다른 차이가 없었을 것이다. 그러나 왜국의 백제인들이 그들을 철저하게 멸시하고는 원시인이나 미개인으로 여겼던 사실을 미루어 짐작할 수 있다.

(2) 국소國巢, ku-ni-su의 의미

『일본서기』는 이 토착왜인을 '국소(國巢)'라 표기하였고, 『고사기』는 '국주(國主)'라 하였다. ku-ni-su라는 고대 일본어를 한자로 표기한 것이다.

ku-ni(國 국)는 국가라는 의미가 아니라, 백제를 뜻하는 '천(天)' 즉 하늘에 대비되는 개념으로서, 왜국이라는 뜻이 된다.

su는 무슨 말인가? 사람을 의미한다. 졸저 『일본열도의 백제어』에서 상세하게 본 바 있다(12쪽). 여기서는 간략하게 살펴보자.

꾀수, 묵수 [전라방언] 꾀보, 먹보
ku-ro-su [구마모토, 나가사키, 시마네 방언] 검은 사람
wa-ru-su 惡戱者 악희자 [가가와 방언] 장난꾸러기

전라방언의 '꾀수'나 '묵수'는 꾀보나 먹보라는 의미인데, 이 방언의 '수'는 사람을 뜻한다. 위의 두 일본 방언에 나오는 su 또한 마찬가지 의미로서, 발음과 의미가 완벽하게 일치하고 있다.

따라서 ku-ni-su는 '왜국 수' 즉 '왜국 사람'이라는 의미가 된다. 왜국의 백제인들이 토착왜인을 이렇게 지칭하였던 것을 알 수 있다. su는 백제어인 것이 분명하다. 원래 한국어에서 '수'라는 말은 일반적으로 사람을 의미할 뿐, 비하의 의미는 없다. 그러나 재왜백제인들의 이 ku-ni-su라는 말은 멸칭으로 보인다.

그런데 『고사기』나 『일본서기』를 아무리 살펴보아도, 토착왜인을 의미하는 이 ku-ni-su라는 말과 대를 이루어, 백제인을 지칭하는 말은 보이지 않는다. 백제인들은 스스로를 특별한 존재가 아니라 일반적인 '사람'으로 생각하였던 모양이다. 그렇지만 토착왜인들은 자신들과는 좀 다른 존재라고 여겨, 이를 ku-ni-su라는 특별한 명칭으로 불렀던 것을 알 수 있다.

6. 천손강림(天孫降臨)설화와 고천원(高天原)

1) 천손강림 설화

고대의 일본에서 하늘이란 백제를 의미하였다. 『일본서기』나 『고사기』에 나오는 '고천원(高天原, ta-ka-ma-ga-pa-ra)'은 다름 아닌 백제였다.

『고사기』와 『일본서기』를 보면, 고천원에서 천조대신의 손자가 부하들을 이끌고 왜국으로 강림한 것이 천황가의 시초인 것으로 되어 있다. 이 설화에 관하여는 필자의 『일본 천황과 귀족의 백제어』에서 본 바 있으나(304쪽), 좀 더 자세하게 고찰하여 보자. 이 설화는 꽤나 복잡하고 분량이 많으나, 그 핵심만을 요약해 보면 다음과 같다.

① 천조대신이 손자 니니기(邇邇藝)에게 '풍위원수수국(豊葦原水穗國)' 즉 왜국을 다스리러 내려가라고 명하였다.

② 니니기가 5부(五部)의 신을 비롯한 여러 부하들을 거느리고, 천조대신으로부터 하사받은 삼종신기를 가지고 하강하였다.

③ 갈림길에서 국신(國神)인 '원전비고(猿田毗古)'가 안내하였다

④ 5부의 신과 여러 부하들은 왜국 여러 성씨의 시조가 되었다.

⑤ 니니기가 하강한 곳은 타카티포(高千穗)의 쿠지푸루(久士布流)라는 봉우리였는데, "이곳은 한국(韓國)을 바라보고 있어 좋은 곳⋯⋯"이라 하면서, 궁궐을 짓고 살았다.

이것이 유명한 '천손강림(天孫降臨)' 설화의 요지인데, 물론 실화가 아니다.

일본의 학자들은 이 천손강림 설화를 신화(神話)라 하고 있다. 과연 이 설화를 신화라 할 수 있을까? 『표준국어대사전』에서 '신화'를 찾아보면, 「고

대인의 사유나 표상이 반영된 신성한 이야기, 우주의 기원, 신이나 영웅의 사적(事蹟), 민족의 태고 때부터의 역사나 설화 따위가 주된 내용이다」라고 되어 있다.

그런데 천손강림 설화는 까마득한 태고의 시대부터 왜국에 살던 사람들의 입에서 입으로 전해 내려온 것이 아니다. 부모에서 자식으로 전해져 내려온 이야기가 아닌 것이다. 그전에는 전혀 존재하지 않다가, 8세기 초 태안만려(太安萬呂)가 『고사기(古事記)』라는 책을 지으면서 꾸며낸 창작설화이다.

거기에 나오는 '이자나기'나 '이자나미', '천조대신', '니니기', 이런 모든 신들은 단 하나의 예외도 없이 모두 창작된 가공의 신들이다. 원래부터 왜국 민중들의 입에서 입으로 이러한 신들의 이야기가 전해져 내려왔다거나, 믿어 오던 것을 태안만려가 수집하여 정리한 것이 아니다. 토착왜인들은 물론 재왜백제인들도 『고사기』가 나오기 이전까지는 이러한 신들을 전혀 알지 못하였다. 태안만려의 붓끝에서 창작된 신들이고, 창작된 스토리이다. 따라서 이는 '신화'가 아니다. '창작설화'가 정확한 표현일 것이다.

2) 천손강림 설화 창작의 진정한 의도

그러면 태안만려는 무슨 이유로 이 설화를 창작하였을까? 『고사기』와 『일본서기』는 진실된 역사를 기록한 역사서가 아니다. 시조왕인 신무로부터 37대인 제명에 이르기까지는 모두 실재하지 아니한 창작된 왜왕, 가공의 왜왕이다.

실제로는 백제가 멸망하기 이전까지는 백제에서 건너간 왜왕들이 왜국을 통치하였으나, 이를 감추기 위하여 창작된 왜왕을 만들어내었던 것이다. 그러나 『고사기』의 저자를 포함한 당시의 귀족, 천황 등 지배층은 백제 출신이었다. 언제 왜국으로 건너갔느냐의 차이만 있을 뿐이었고, 그 뿌리는 백제였던 것이다.

왜국의 역사서에다 창작된 가공의 역사만 적어놓는다면, 천황과 귀족들이 실제로는 백제에서 건너갔다는 사실이 완전하게 망각되어 버리고 말 것이다. 이래서는 곤란하다. 그리하여 자신들의 뿌리가 백제라는 사실을 지극히 우회적인 방법으로 알리기 위하여 만들어 낸 것이 바로 이 천손강림 설화일 것이다. 백제에서 배를 타고 바다를 건너 왜국으로 간 것을 하늘에서 내려간 것으로 미화하였다. 그렇게라도 하여 천황가와 왜국 지배층의 뿌리가 백제라는 것을 알리려 하였던 것이다.

즉 일본이라는 나라, 그리고 천황가의 역사는 바로 천손이 강림하는 것에 의하여 시작되었다고 하며, 그것을 강조하는 것이 분명하다.

815년, 천황의 명에 의하여 『신찬성씨록(新撰姓氏錄)』을 편찬한 만다친왕(萬多親王)은, 책이 완성되어 천황에게 바치면서 올린 상표문 중의 한 구절은 다음과 같다.

「伏惟 國家降天孫而創業……

엎드려 생각건대, 국가는 내려오신 천손天孫이 창업하셨고…… 」

일본이라는 국가는 천손이 고천원에서 내려와 창업하였다는 것이다. 천손은 니니기이다. 천손강림은 실제 있었던 사실이 아니라 창작설화에 불과하지만, 8~9세기 일본 사람들은 이 설화를 나라와 천황가의 시작이며 근원이라고 강조하였던 사실을 알 수 있다.

천황가의 실제 유래를 철저하게 감추는 대신, 이 설화로서 천황가의 근본을 설명하려는 의도이다. 시조인 신무에서부터 37대 제명에 이르기까지 수많은 천황을 창작하였던 것도, 같은 맥락인 것이 분명하다.

3) 백제를 의미하는 고천원高天原

(1) 고천원高天原

왜왕을 비롯한 왜국 지배층은 원래 백제를 의미하는 '고천원'에 그 뿌리를 두고 있다. 이 고천원은 음독하지 않고, 훈으로 읽어 ta—ka—ma—ga—pa—ra라 하였다. 이 말은 위의 졸저에서 본 바 있다(299쪽).

ta—ka 高 고 [일본어] 높다
a—ma 天 천 [고대 일본어] 하늘
ga [〃] ~의
pa—ra 原 원 [〃] 벌판

'높은 하늘의 벌판'이라는 뜻이다. ta—ka의 뒤에 a—ma가 이어지므로, a—ma의 a가 탈락한 형태이다. 이러한 음운현상은 한국어에서는 전혀 특별할 것이 없는 일반적인 현상이지만, 개음절어인 일본어에서는 이례적이다. 백제식 발음인 것이다.

ga라는 조사는 '~의'라는 의미인데, 고유의 일본어가 아니다. 일본어는 고대에도 현대어나 마찬가지로 no이다. 경상방언 '너거', 전라방언 '너그'는 '너의'라는 뜻으로서, '거'와 '그'는 바로 이 ga와 같은 뿌리이다. 『만엽집』의 여러 노래에서는 이 ga를 gə라 표기하기도 하였는데(위의 졸저 249쪽), 이것은 보다 정확한 백제음을 나타내려는 의도일 것이다.

고천원의 훈독 ta—ka—ma—ga—pa—ra의 ga라는 조사에서 이 하늘이 아주 친근한 의미의 하늘이며, 천명(天命), 천도(天道), 천벌(天罰) 등의 단어에서 풍기는 범접하기 어려운 관념적인 하늘이 아니라는 사실을 알 수 있다. 재왜 백제인들에게 백제라는 것은 외할머니가 반갑게 맞아주는 외갓집처럼 친근하고 푸근한 이미지였던 것이다.

(2) 여왕 지통持統의 시호 고천원高天原

이 고천원은 『일본서기』의 마지막 왜왕으로서 여왕인 40대 지통(持統)의 시호에도 사용되었다. '지통'은 중국풍 시호이고, 왜풍 시호는

「고천원광야희 高天原廣野姬, ta‒ka‒ma‒ga‒pa‒ra‒no‒pi‒ro‒no‒no‒pi‒me」

이다. 이 시호는 의미심장하다. 왜왕 지통은 누구인가? 백제의 마지막 왕인 의자왕의 아들이 부여풍이며, 부여풍의 두 아들이 왜왕 천지(天智)와 천무(天武)이다. 지통은 천지의 따님이며, 천무의 부인이다. 즉 의자왕의 증손녀이면서 또한 손부이기도 하다.

시호에 나오는 고천원은 물론 백제이다. '광야(廣野, pi‒ro‒no)'는 지명으로 보이는데, 당시 일본의 수도권 일원에는 이러한 지명이 존재하지 않았다. 어디인지 알 수가 없다. 왜 시호에다 실존하지 아니한 지명을 넣었을까? 백제를 의미하는 고천원과 아울러 생각하면, 백제의 수도 부여의 어느 곳 지명일 가능성이 있다.

한편 『속일본기』 대보(大寶) 3년(703년) 12월조를 보면, 서거한 지통에게 신하들이 「대왜근자**천**지광야일녀존(大倭根子**天**之廣野日女尊)」이라는 시호를 바쳤다 한다. 『일본서기』와 조금의 차이가 있다.

'대왜'는 일본의 미칭이다. '근자(根子)'에 관하여는 다음 항에서 자세하게 고찰하겠는데, '뿌리가 되는 사람'이라는 의미이다.

『일본서기』의 시호와 대조하여 보면, 『일본서기』의 '고천원'과 『속일본기』의 '천(天)'이 서로 대를 이루는 것을 알 수 있다. 이 두 시호에서 **「고천원=천(天)」**이라는 등식이 도출되는데, 이는 늘 보아온대로 **「고천원=천(天)=백제」**인 것이 분명하다. '천(天)'은 원래 하늘이지만, 고대 일본에서 하늘은 백제였다.

왜왕 지통에게, 신하들은 그녀가 백제의 후예라는 사실을 시호로서 각인하여 둔 것이다. 그런 시호를 올린 신하들은 누구인가? 토착왜인이 아니다. 역시 백제의 후예들이었기에 이런 발상이 가능하였던 것은 더 말할 나위가 없다. 이런 시호를 만들어 올림으로서 자신들의 정체성을 다시한번 확인하였을 것이다.

지통에 앞서 재위하였던 **천지**(天智)와 **천무**(天武), 두 왜왕의 왜풍 시호는 '**천**명개별(天命開別)'과 '**천**순중원영진인(天淳中原瀛眞人)'이었다. 두 왜왕은 중국풍 시호와 왜풍 시호, 모두 하늘을 의미하는 '**天(천)**'이라는 한자로 시작하고 있다. 이 하늘은 물론 백제이다. 『일본서기』에서 이런 경우는 이 두 왜왕뿐이다.

(3) 문무文武 시호의 '천天'

지통은 생전에 왕위를 손자인 문무(文武)에게 양위하였다. 문무의 시호는

「**천지진종풍조부** 天之眞宗豊祖父」

였다. '풍(豊, to-yo)'은 풍요롭다는 의미의 미칭이다. '조부(祖父, o-po-di)'는 원래 할아버지를 뜻하지만, 25세에 요절한 문무가 할아버지일 리는 없다. 여기서는 남성에 대한 존칭의 의미일 것이다.

'천(天, a-me)'은 하늘이지만, 여기서도 백제를 뜻한다. '진종(眞宗, ma-mu-ne)'은 '가장 으뜸'이라는 의미이다. 「하늘(백제)의 가장 으뜸인 풍요롭고 고귀한 남성」이라는 취지이다.

(4) 원명元明 시호의 '천天'

문무가 요절한 후, 그의 모친인 원명(元明)이 등극하였다. 그녀의 시호는

였다. 여기에도 백제를 뜻하는 하늘 즉 '천(天)'이 들어 있다. 그런데 이 시호는 곰곰 음미하면 할수록, 아주 의미심장하다.

'근자(根子, ne—ko)'의 '근(根)'은 뿌리이고, '자(子)'는 사람을 뜻한다. '뿌리가 되는 사람'이라는 의미이다. 『일본서기』를 보면, 7대와 8대 왜왕인 효령(孝靈)과 효원(孝元)의 왜풍 시호에 '대일본근자(大日本根子)', 9대 개화(開化)의 왜풍 시호에 '치일본근자(稚日本根子)'가 각각 포함되어 있다.

'**천진(天津)**'의 '천(天, a—ma)'은 물론 백제, '진(津, tu)'은 '~의'라는 뜻을 가진 고대의 조사이다. 따라서 이는 '하늘의'라는 의미가 된다.

「**어대(御代**, mi—**si**—**ro**)」가 중요하다. '어(御, mi)'는 높임의 의미를 나타내는 접두사이며, '대(代)'는 대리하다는 뜻이다. 이 한자는 대리하다는 의미를 가진 일본어 si—ro(代)의 표기이다. 천황의 사후 신하들이 바친 시호에 어찌하여 '대리'라는 말이 포함되어 있을까? 이것은 수수께끼가 아닐 수 없다.

그런데 앞에 '천진(天津, a—ma—tu)' 즉 '하늘의'라는 말이 나오므로, 연결하여 보면, 「하늘의 고귀한 대리」라는 의미가 된다. 하늘은 백제이니, 이는 「백제의 대리」 즉 「백제 대왕의 대리」라는 뜻이 된다. 「백제(의 대왕)의 대리」! 이 표현은 고대 일본 귀족들의 왜왕에 대한 관념을 농축한 것으로 추정된다.

'풍국(豊國, to—yo—ku—ni)'은 풍요로운 나라, '성희(成姫, na—ri—pi—me)'는 여성에 대한 존칭이다.

따라서 이 시호의 의미를 의역으로 풀이하면, 「일본의 뿌리가 되는 사람으로서, 백제(의 대왕)를 고귀하게 대리하는, 풍요로운 나라의 존귀한 여성」이다. 혹은 「일본의 뿌리인 백제를 고귀하게 대리하는, 풍요로운 나라의 존귀한 여성」이라고 해석할 수도 있을 것이다. 원명은 707년 즉위하였는데, 이때까지는 일본의 왕이라는 존재가 백제의 대왕을 대리한다는 관념이 은 연중에 남아 있었던 모양이다.

문무(文武)천황의 즉위사에는 천황의 자리는 하늘에 계시는 신 즉 백제 대왕의 '위임'을 받들어 거행하여 왔다고 하였다. 이 점은 뒤에서 자세히 살펴보자(565쪽). 여기에도 백제를 의미하는 고천원(高天原)이 어김없이 등장한다.

『일본서기』를 보면, 12대 왜왕 경행(景行)의 시호가 「대족언인대별(大足彦 忍代別, o—po—ta—ra—si—pi—ko—o—si—ro—wa—ke)」이다. 여기의 「인대 (忍代, o—si—ro)」는 o—si(忍 인)—si—ro(代 대)의 축약으로서, 이 **si—ro(代 대)** 또한 대리하다는 의미인 것이 분명하다.

o—si(忍 인)는 '으시대다'의 어간 '으시'와 같은 말이다. 우두머리라는 의 미이다(『일본 천황과 귀족의 백제어』 271쪽). 이 시호의 족(足, ta—ra—si)과 언 (彦, pi—ko), 인(忍, o—si) 모두 존칭이다. 왜왕은 백제 대왕의 대리라는 관념 은 8세기 무렵의 그것이다. 그런데 서기 71년에 즉위하였다는 경행의 시호 에 이런 '대리'가 붙어 있다는 것은 가소로운 일이 아닐 수 없다.

(5) 광인천황 시호의 '천天'

원명 이후 성무(聖武) → 효겸(孝謙) → 순인(純仁) → 칭덕(稱德) → 광인(光 仁) → 환무(桓武)의 순으로 천황위가 이어진다. 그중 성무의 왜풍시호는 뒤 에서 보기로 하고, 여기서는 광인(재위 770~781년)의 왜풍시호를 살펴보자. 그의 사후 신하들이

「**천종고서** 天宗高紹, a—ma—mu—ne—ta—ka—tu—gu」

라는 시호를 바쳤다. '천(天, a—ma)'는 하늘이지만, 여기서도 백제이다. '종(宗, mu—ne)'은 근본이라는 뜻이고, '고(高, ta—ka)'는 높다는 의미이다. '소(紹, tu—gu)'는 잇다 혹은 승계하다는 뜻이다.

따라서 이 시호는 「하늘의 근본을 높게 승계하다」라는 의미가 된다. 하늘은 무엇인가? 역시 백제이다. 백제를 계승한다는 의미가 이 시호에도 그대로 드러나 있다. 시호에 잇다는 의미의 '소(紹)'라는 한자를 넣은 것은 특이하지만, 깊은 의미가 숨어 있었던 것이다.

4) 「고천원 = 백제」라는 증명

(1) 천손天孫은 해북海北에서 배로 왜국으로 건너갔다

고천원이 백제라는 사실은 졸저 『일본 천황과 귀족의 백제어』에서도 본 바 있으나(300쪽), 아주 중요한 문제이므로 좀 더 상론하여 보고자 한다.

『일본서기』를 보면, 수사노(素戔嗚)가 천조대신과 일종의 점(占)인 우캐피를 할 때, 어금니로 씹고 뿜어내어 생겨난 세 여신이 있다. 이름을 전심희(田心姬), 천진희(湍津姬), 시저도희(市杵島姬)라 하였는데, 츠쿠시(築紫)의 무나카타키미(胸肩君 흉견군)들이 제사 지내는 신이라 하였다.

이 본문에 이어지는 일서운(一書云)의 첫 번째 대목에는, 천조대신이 수사노가 낳은 세 여신에게 다음과 같이 지시하였다 한다.

「汝三神 宜降居**道中** 奉助**天孫** 而爲**天孫**所祭也.

너희들 세 여신은 **길의 중간道中**으로 내려가 살아라. **천손天孫**을 받들어 도우고, **천손**을 위하여 제사를 받아라」

천조대신은 세 여신에게 천손을 위하여 길의 중간으로 내려가라고 지시

한다. 길의 중간은 어디인가? 일서운(一書云)의 세 번째 대목에 해답이 있다. 이 세 여신이 지금은 '해북도중(海北道中)'에 있으며, '도주귀(道主貴)'라 칭한다 하였기 때문이다. 세 여신은 북쪽 바다의 항로 중간에 있다는 의미인 것이 분명하다. 그리하여 코지마(小島憲之) 교수 등의 『일본서기 ①』을 보면, 천조대신의 위 지시를 번역하기를(69쪽),

「너희들 세 여신은 **한국으로 가는 항로의 도중途中**으로 내려가 진좌하
  거라……」

라 하였다. 정확한 번역으로서, 이는 일본의 통설적 견해이기도 하다.

천조대신은 세 여신에게 '천손(天孫)'을 받들어 도우라고 하였는데, 이 천손은 누구인가? 『일본서기』에 나오는 천손은 단 한 사람, 즉 고천원에서 천손강림(天孫降臨)한 '니니기(瓊瓊杵)'밖에 없다. 바로 그 니니기인 것이 분명하다.

그런데 『일본서기』의 기년으로는 이 기사로부터 수백 년 이후에, 니니기가 고천원에서 왜국으로 강림하는 것으로 되어 있다. 따라서 이 대목은 천조대신이 세 여신에게 예언, 즉 신탁(神託)을 하는 것이 된다. 즉 장래 천손 니니기가 백제에서 출발하여 일본으로 가기 위하여, 배를 타고 이 항로를 지나가게 될 터이니, 그때 세 여신이 천손의 배가 침몰하지 않도록 도우라는 의미인 것이다. 일본에서는 이를 「천손봉조(天孫奉助)의 신칙(神勅)」이라 부른다.

이 대목은 천손이 하늘에서 내려오는 것이 아니라, 사실은 한국 쪽에서 배를 타고 건너갔다는 사실을 알려주고 있다. 이는 『일본서기』가 고천원은 하늘이 아니고 백제라는 사실을 이렇듯 우회적으로 암시한 것이다.

니니기가 하늘에서 내려오는 것이라면, 세 여신은 허공의 어느 곳, 혹은

높은 산의 정상에서 대기하다가 천손을 도와야 마땅하다. 그러나 천조대신이 세 여신에게 해북(海北)의 항로 중간에 진좌하면서, 천손을 도우라 한 것을 보면, 천손의 출발지가 어디인지 쉽게 알 수 있다. 천손의 출발지는 왜국의 츠쿠시(築紫) 즉 현대의 후쿠오카(福岡)의 항구에서 출발하여 북쪽 항로로 가야 하는 곳, 바로 백제이다.

(2) 세 여신과 무나가타대사宗像大社

『고사기』는 세 여신의 이름이 약간 다르게 되어 있으나, 진좌한 곳의 장소까지 구체적으로 나와 있다. 첫째 여신은 무나카타(胸形)의 오키투미야(奧津宮)에, 둘째는 나카투미야(中津宮)에, 셋째는 패투미야(邊津宮)에 각각 진좌하였다 한다.

'무나카타(胸形)'는 지명으로서, 현재 후쿠오카(福岡) 현 북부에 위치한 '무나카타(宗像)'군이다. 고대에는 여기서 한국으로 가는 항로가 시작되었다.

『고사기』의 세 궁(宮)은 세 신사(神社)를 의미한다. 첫째 여신의 궁 즉 신사는 오키노시마(沖ノ島)라는 섬에 있다. 이 섬은 규슈(九州) 본토로부터 약 60㎞ 떨어진 절해고도이다. 규슈와 츠시마(對馬島)의 중간쯤에 위치한 섬이다.

둘째 여신의 신사는 규슈 본토로부터 약 10㎞ 거리의 섬 오오시마(大島)에, 셋째 여신의 신사는 규슈 본토의 타시마(田島)에 각각 위치하고 있다. 이 세 신사는 삼위일체로서, 합하여 무나가타 대사(宗像大社)라 일컫는다. 일본 전국에 약 6,400여 무나카타 신사가 있는데, 그 총 본사가 바로 이 무나카타 대사이다. 과거에는 관폐대사(官幣大社)로서, 최고의 신격을 가진 신사였다.

『고사기』에서 세 여신이 진좌한 곳을 '궁(宮)'이라 표현한 것을 보아, 『고사기』가 성립한 8세기 초에는 이미 세 곳에 신사가 존재하였던 것으로 생각된다. 야마타(山田廣幸) 선생에 의하면, 세 여신은 한반도, 중국과 이어지는

바닷길의 신으로 '천손'을 도와드리기 위하여 강림하였으므로, '천손'이 제를 올리는 것으로 해석된다고 한다(「오키노시마(沖ノ島)의 제사와 신앙」『가야인의 불교와 사상. 김해시 외. 2017. 인제대학교 가야문화연구소』 81쪽). 여기서는 '한반도, 중국'이라 하여 중국을 넣어 물타기를 하고 있으나, 천손의 고향이 중국일 리가 만무하다.

세 신사의 위치는 고대의 왜국에서 출발하여 백제로 가는 항로의 출발점과 중간기착지로서, 두 섬은 항해의 안전을 지켜주는 지극히 중요한 곳이다. 『일본서기』와 『고사기』의 이 기록은 천손강림(天孫降臨) 설화에 나오는 천손의 원래 고향이, 하늘이 아니라 바다 건너에 있다는 사실을 명백하게 밝힌 것이라 하겠다. 바다 건너 어느 곳일까? 가야도 아니고 신라도 아니다. 바로 백제였던 것이다.

『일본서기』는 이 세 여신을 흉견군(胸肩君, mu-na-ga-ta-no-ki-mi)이 제사 지낸다 하였는데, 이는 씨족의 명칭이다. 고대 무나카타의 호족으로서 세 여신에 대한 제사를 주관하였던 모양이다.

(3) 오키노시마의 제사유적

첫째 여신이 진좌하였다는 오키노시마 섬에는 고대의 제사유적이 있다. 야마타(山田) 선생의 위 논문에 의하면, 4세기 후반부터 9세기 말까지 약 500년간에 걸쳐 국가적 제사가 행하여졌다 한다. 발굴조사에서 풍부한 국제성을 띤 봉헌품이 다수 출토되어, 그중 약 8만점이 국보로 지정되었다는 것이다(80쪽). 그래서 이 섬을 '바다의 정창원(正倉院)'이라 부른다. 나라(奈良) 동대사(東大寺) 정창원에 수많은 고대의 진귀한 유물이 소장되어 있는데, 그와 비견될 정도로 수많은 유물이 출토된 것에 기인한 이름이다.

오타(小田富士雄) 선생의 논고 「海北道中 −大陸と沖ノ島祭祀− (해북도중-대륙과 오키노시마 제사-)」에 의하면, 이 섬에서 제사가 시작된 4세기 후반부

터, 그 출토되는 유물의 질과 양이 북구주(北九州)를 비롯한 서일본 지역의 고분에서 출토되는 그것을 훨씬 능가한다 한다. 근기(近畿)에서 야마토(大和) 정권을 떠받친 물부(物部)씨를 사제로 하는 이소노카미(石上)신궁의 제사 유물이 있는데, 그것과 공통되는 내용을 띠며, 혹은 그 이상의 것이 보인다 한다(『沖ノ島と古代祭祀(오키노시마와 고대제사). 小田富士雄. 1988. 吉川弘文館』 233쪽).

이러한 이유로 이 유적은 원래 지방 호족인 무나가타(宗像)씨가 주관한 지방세력의 제사에서 국가 차원의 제사로 승격된 것이라고 보고 있다. 일본의 수도에서 머나먼 절해고도에 위치한 이 섬의 제사가 개인이나 지방 관서 차원이 아닌 국가적 제사였다는 점을 주목하여 보자. 그만큼 일본의 국가 차원에서 이 제사를 중요하게 여겼다는 것을 웅변하여 준다.

국가 차원의 제사가 성대하게 받들어진 장소인 오키노시마는 섬 전체가 하나의 신(神)과도 같은 존재였다. 그래서 이 섬은 '신체도(神體島)'로 불리웠는데, 이는 섬 자체가 신의 몸이라는 의미이다.

그런 이유로 이 섬에는 온갖 금기(禁忌, taboo)가 많았다. 이 섬은 「おいわず樣(不言島, 불언도)」라 하였는데, 이 섬에서 보고 들은 일을 말하면 안된다는 의미의 금기이다. 나무 한 토막, 풀 한 포기도 섬 밖으로 반출하면 안 되는 금기, 여성은 상륙하면 안 되는 금기, 제사를 위하여 상륙하는 경우에도 반드시 오오시마(大島)에서 몸을 정결하게 씻었어야 하는 금기 등이다(위의 책 6쪽).

그리고 한국의 심메마니들이 인삼을 '심'이라 하듯이 일반인들이 사용하지 않는 특별한 말을 사용하였다 한다. 오타 선생의 위 책을 보면, 카이바라(貝原篤信)라는 학자의 『宗像三社緣起(종상삼사연기)』라는 책을 인용하여, 술을 「チンタ(tsin-da), 포르투칼어」, 쌀을 「シャリ(siya-ri), 梵語(범어)」라 한다는 것이다.

쌀을 「シャリ(siya─ri)」라 한 것을 주목하여 보자. 이는 원래의 뿌리가 인도의 산스크리트어에 있는 것은 부인할 수 없지만, 인도에서 해로로 일본으로 건너간 것이 아니다. 고대의 한국인이 왜국으로 가져간 말이다. 졸저 『일본열도의 백제어』를 읽은 분들이라면, 기억이 나실 것이다(189쪽).

siya─ri [오사카, 미야기 방언] 쌀
쌰리 [함북방언] 〃

오사카(大阪)와 미야기(宮城) 방언 **siya─ri**는 쌀을 뜻한다. 함북방언 '쌰리'와 정확하게 일치하고 있다. 위의 졸저에서 '쌀'의 고형은 '살'이었고, 그것이 일본으로 건너가 여러 지방에서 널리 사용되고 있는 것을 상세하게 보았다. '쌰리'는 '살'의 변형으로 보이지만, 그것이 오키노시마의 금기어로도 사용되고 있었던 것이다.

오타 선생의 위 논고에는 술과 쌀에 관한 두 단어만 소개되어 있어, 이 섬의 금기어 전체를 고찰할 수 없는 점이 아쉽다. 그러나 이 '샤리' 하나만 보더라도, 이 섬에서 제사를 올린 사람들이 누구냐 하는 점을 쉽게 알 수 있을 것이다. 제사는 토착 왜인들이 아니라 백제인, 혹은 가야인들이 고국으로 가는 항로의 안전을 기원하는 의미였던 것이다.

이와 비견되는 해양 제사유적이 한국에도 있다. 전북 부안 죽막동의 제사유적이 그것이다. 백제인들이 왜지로 가면서 역시 항해의 안전을 기원하는 성대한 제사를 올린 유적이다.

(4) 바닷길로 왜국을 오가던 백제인들의 염원

『일본서기』 신대기를 보면, 이자나키(伊奘諾尊)와 이자나미(伊奘冉尊)가 왜국의 국토를 만들려 할 때, 먼저 '천부교(天浮橋)'라는 다리의 위에 서서 창으로 휘휘 저었다 한다. 그러자 바다가 생겨났고, 창날 끝에서 떨어진 물방울이 엉겨 섬이 되었다 한다. 천부교는 무엇인가?

天浮橋 천부교 [일본서기]

글자의 의미 그대로 해석하면 '하늘에 뜬 다리'이다. 그러나 다리가 하늘에 떠 있을 수는 없다

일본에서는 하늘과 지상을 연결하는 사다리라는 견해가 있고, 배를 연결하여 다리처럼 만든 것이라는 설이 있다. 그러나 이는 백제와 왜국을 연결하는 다리라는 의미이다. 여기서의 '천(天)' 즉 하늘도 다름 아닌 백제이다.

백제에서 왜국으로 가는 항로는 멀고도 험하다. 수많은 사람이 풍랑으로 희생되었을 것이고, 설령 무사히 도착한다 하더라도 거친 뱃길에 모진 고생을 감내하여야 했을 것이다. 두 곳을 연결하는 다리가 있으면 얼마나 좋을까? 배가 전복되거나 나뭇잎처럼 흔들려 고생하는 일도 없고, 또한 지루하게 물때를 기다릴 필요도 없이 언제든지 편하게 오갈 수 있을 것이다. 천부교는 백제인들의 상상 속 꿈의 다리였다.

다리가 있으면 좋겠지만, 하늘의 새처럼 날아다니는 배가 있으면 얼마나 좋을까? 그 염원을 담은 것이 '천조선(天鳥船)'이다.

天鳥船 천조선 [일본서기]

『일본서기』 신대기에는, 고황산령존(高皇産靈尊)이라는 신이 대기귀신(大己貴神)이라는 신에게 하는 말 가운데에 "……그대가 왕래하면서 놀러 갈 수 있도록 높은 다리(高橋 고교)와 뜬 다리(浮橋 부교), 그리고 하늘의 새배(天鳥

船)을 만들어 주겠다"라는 대목이 보인다. 새처럼 공중을 날아다니는 배, 이 또한 백제인의 염원이었던 것이 분명하다. 여기서의 하늘 또한 백제인 것은 물론이다.

백제인들은 또한 바위처럼 든든하여 가라앉지 않는 배를 꿈꾸기도 하였다.

天磐船　천반선　[일본서기]

『일본서기』 신무(神武) 즉위전기를 보면, '천반선'을 타고 뛰어내린 자(乘天磐船而飛降者)가 요속일(饒速日)이라는 구절이 있다. 천반선은 하늘의 바위배 즉 바위처럼 든든하여 가라앉지 않는 배라는 의미이다.

그런데 요속일은 이 배에서 뛰어 내렸다 하여 마치 하늘에 뜬 것처럼 묘사되어 있다. 백제와 왜국의 사이에는 바다가 있어 배로 왕래하지만, 천손강림(天孫降臨)에서 보듯이 하늘에서 내려오는 것처럼 외관을 꾸밀 때도 있다. 이 경우도 하늘에서 내려오는 것처럼 위장하였다. 그렇지만 이 하늘이 백제인 것은 물론이다. 요속일이라는 자는 자신이 하늘에서 내려왔다는 증거로 천우우시(天羽羽矢)라는 하늘의 깃화살과, 보차(步靫)라는 화살통을 가지고 있었다 한다. 백제의 화살과 화살통이라는 의미가 된다.

천반선과 비슷한 의미를 가진 '천반상장선'도 있다. 녹나무로 만든 배이다.

天磐橡樟船　천반상장선　[일본서기]

이자나키와 이자나미가 천지를 창조하면서, 제일 먼저 낳은 '질아(蛭兒, pi-ru-ko)'를 못마땅하게 여겨, '천반상장선(天磐橡樟船)'에 태워 흘려보냈다 한다. 여기서의 '질아'가 '비루먹은 아들'이라는 의미라는 것은 졸저 『일본 천황과 귀족의 백제어』에서 보았다(37쪽).

'천반상장선'은 무엇인가? '상장(橡樟)'은 일본 특산인 녹나무를 뜻하는데, 선박용으로는 최고의 자재였다. 따라서 이 말은 '녹나무로 만든, 바위처럼 튼튼한 백제의 배'라는 의미가 된다. 물론 이 배가 직접 고천원의 출처를 알려주는 것은 아니다. 그러나 위에서 본 다리와 배들은, 멀고 험한 바닷길로 왜국을 왕래하던 백제인들의 꿈과 염원을 담은 말인 것은 분명하다. 고천원이 백제라는 사실을 간접적으로 암시하여 주는 장치들이다.

(5) 고천원은 하늘이 아닌 지상의 장소

고천원(高天原)의 원래 의미는 '높은 하늘 벌판'이다. 그렇다면 혹시 기독교에서 말하는 '천국(天國)'처럼, 높은 하늘에 있는 이상향을 말하는 것은 아닐까라는 의문이 생길 수도 있다. 『일본서기』나 『고사기』의 천손강림 설화는 분명히 천손이 하늘에서 구름을 헤치고 내려 오는 것으로 되어 있다.

그러나 이 두 책을 분석하여 보면, 이렇듯 고천원이 지상이 아닌 하늘에 있는 것으로 묘사된 대목도 있으나, 그보다는 지상의 어떤 장소인 것으로 되어 있는 장면이 훨씬 더 많다. 그 대표적인 사례가 동생 수사노(素戔嗚)의 악행과 그에 분노한 천조대신이 하늘의 바위굴에 숨었다는 설화이다. 여기에 나오는 고천원에 관한 이모저모를 살펴보자.

「① 천조대신은 고천원에서 천협전天狹田과 장전長田이라는 논을 소유하고 있었다. 거기에다 수사노가 봄에는 씨를 뿌린 위에 다시 씨를 뿌렸다. 논둑을 무너뜨리고는, 물을 대는 도랑도 메워버렸다. 가을에는 얼룩진 말을 풀어 놓아, 논에다 드러눕게 하였다.

② 천조대신이 신상新嘗 즉 햇곡으로 제사를 올릴 때, 수사노가 몰래 똥을 누었다. 천조대신은 베틀로 신의 옷神衣을 짜기도 하였다.

③ 천안하天安河라는 강이 흐르고, 그 상류에는 단단한 돌이 있다.

④ 천금산天金山이라는 산이 있는데, 철鐵이 생산된다.

⑤ 대장장이인 천진마라天津麻羅와 거울, 구슬 만드는 장인이 살고 있다.

⑥ 카구야마香山라는 산도 있고, 거기에는 사카기賢木라는 나무가 난다」

이러한 고천원의 여러 모습은 당시 왜국의 귀족 혹은 일반 농민의 사는 모습과 별로 다를 바가 없어 보인다. 백제 사람들의 사는 모습도 마찬가지였을 것이다. 논이 있어 봄에는 씨를 뿌리며, 도랑으로 물을 대어 벼농사를 짓는다. 강과 산이 있으며, 더구나 산에는 철광산까지 있다. 고천원은 하늘에 있는 천국이나 이상향이 아니었다는 사실을 알기에 부족함이 없다. 지상에서 사람들이 살아가는 모습 그대로의 일들이 벌어지는 장소였던 것이다.

그렇지만 이는 왜국과는 다르다. 왜국보다는 한 차원 위의 장소, 바로 백제였던 것이다.

(6) 고천원을 한국으로 본 일본 연구자들의 견해

『일본서기』와 『고사기』를 편견이나 사심없이 읽어 보기만 하면, 고천원이 한국이라는 결론에 쉽게 도달할 수 있다. 황패강 선생의 『일본신화의 연구. 1996. 지식산업사』에는, 고천원을 어디로 보느냐에 관한 기존 일본 연구자들의 여러 견해가 일목요연하게 정리되어 있다(179쪽).

먼저 고천원을 일본 국내의 어느 장소라고 보는 설이 있는데, 거기에는 대화설(大和說), 일향설(日向說), 이세설(伊勢說) 등 여러 설이 있다 한다. 국외설에는 한국설이 있고, 그 외에 히브리설, 바빌론설, 남양설 등 온갖 견해가 백출한 모양이다. 그중 고천원이 한국이라고 본 견해를 살펴보자(180쪽).

「국외설 가운데 한국설은 비교적 오랜 근거를 가지고 논의되어 왔다. 신정백석新井白石, 1657~1725은 다른 사람의 설임을 전제하면서, 일본의 전신을 마한馬韓으로 추정하는 논의를 비교적 논리정연하게 전개하고 있다. 그의 논의는 '고천원=한국'설의 가장 오랜 것이라 하겠다『古史通或問』.

등정간藤井幹, 1732~1797도 고천원의 한국설을 주장하였는데, 일본의 신명神名이 대개 한국의 옛 관명으로 해석할 수 있다고 하고, "사물, 언어, 모두 한속韓俗이라"고 그 근거를 내세우고 있다『衝口發』.

횡산유청横山有淸, 1826~1879도 천손의 조국으로서 한국을 시사한 바 있고, 백류수호白柳秀湖도 『新版 日本民族歷史. 1942. 千倉書房』의 <建國編>에서 고천원을 광의, 협의 두 가지로 설명하면서, 전자를 북, 서아시아의 광범한 고원, 후자를 한반도 북부로부터 이와 접경하는 종국 동북부의 지역으로 비정하였다.

중전훈中田薰도 '천天'이라는 말이 일본의 천손민족의 고향을 가리키고 있는바, 사실은 '한향도韓鄕島', 특히 신라를 가리켰다고 논단하고 있다. 김석형金錫亨, 강상파부江上波夫 등도 한반도설을 지지하고 있다」

고천원을 한국이라고 본 것은 필자만의 독단적인 견해가 아닌 것을 알 수 있다. 일본에서도 오래전부터 여러 연구자가 같은 생각을 하고 있었던 모양이다. 그러나 황국사관 혹은 한국무시사관에 찌든 연구자들은 애써 이를 부정하고, 한국이 아닌 엉뚱한 곳으로 비정하였던 것이다.

5) 천손강림 설화와 백제, 고구려의 건국설화

(1) 천조대신天照大神과 소서노召西奴와 유화부인柳花夫人

천손강림 설화는 일본 천황가의 기원에 관한 공식적인 견해를 대외적으로 밝히며, 홍보하는 의미를 가진 중요한 설화이다. 하지만 이는 고대 일본의 민중들이 입에서 입으로 전해 내려온 신화가 아니라, 8세기에 『고사기』를 편찬한 태안만려(太安萬呂)가 꾸며낸 창작설화이다.

그런데 태안만려는 순전히 자신의 상상력과 영감으로 이 설화를 창작하였을까? 그렇지 않다. 핵심적인 모티브는 백제와 고구려의 건국신화에서 차용하여, 이를 변형하고 가공하여 꾸며낸 것이다. 이제부터 천손강림 설화에 보이는 백제, 고구려의 건국신화의 여러 가지 요소를 살펴보기로 하자.

① 천손강림 설화에서 손자인 니니기를 왜국으로 내려가라고 지시한 사람은 최고의 여신인 천조대신이다. 이 여신의 모델은 누구일까? 첫 번째 모델은 백제 건국신화에 보이는 온조와 비류의 모친인 소서노召西奴이고, 두 번째는 고구려의 시조 주몽의 모친인 유화부인柳花夫人이라고 필자는 생각한다. 『삼국사기』를 보면, 백제의 건국에 관한 이전異傳인 소서노의 설화가 아주 간략하게 나오고 있다.

이 설화의 개요는 다음과 같다. 소서노가 우태優台, '태'를 '이'로 읽어야 한다는 견해도 있으나 근거가 박약하다와 혼인하여, 비류와 온조를 낳았다. 우태가 죽은 후에는 과부로 지내다, 주몽과 재혼하였다. 주몽이 건국 과정에서 어려웠을 때, 소서노가 많은 재산을 기울여 도와주어, 내조의 공이 매우 컸다.

그런데 고구려의 시조 주몽은, 과거 부여에 있을 때 혼인한 예씨부인의 소생인 유류孺留가 망명하여 오자, 그를 태자로 책봉한다. 이에 절망한 비류와 온조가 모친 소서노를 모시고 남하하여 온조가 백제를 건국하게 된다. 삼국사기에는 비류의 입을 빌려, 남하하게 된 것은 두 형제의 아이디어인 것으로 되어 있으나, 실제는 소서노가 지시하고 기획한 것으로 보인다.

『삼국사기』를 보면, 부여에서 여러 이복 왕자들로부터 핍박받던 주몽에게, 모친 유화부인은 다음과 같이 말한다. "나라 사람들이 너를 해치려 하니, 너의 재주와 지략으로 어디 간들 아니 되랴, 지체하다 욕을 보느니, 멀리 가서 뜻있는 일을 하는 것이 좋다"라 하였다. 모친의 이 지시에 따라 주몽은 부여를 탈출하고 남하하였다. 주몽의 남하를 기획하고 지시한 사람은 유화부인이었던 것이다.

최소영 교수의 논문 「창조와 섭리를 주관하는 자연 여신과 국가의 시조모신, 그리고 그들의 왜곡」에 의하면, 유화부인은 이규보의 『동명왕편』에서 신모神母로 표현되는 곡모신穀母神 곧 대지모신이자 시조모신이라 한다. 『한국민간신앙에 나타난 여신상에 대한 여성신학적 조명. 1992. 한국여성신학자협의회 한국여신상연구반 편. 여성신학사』 29쪽

고지를 떠나 남하하여 나라를 세운 것은 주몽과 온조이지만, 이를 지시한 것은 유화부인과 소서노였다.

니니기가 고천원에서 강림하여 왜국의 기틀을 마련하였지만, 이는 천조대신의 지시에 의한 것이었다. 유화부인과 소서노는 각각 아들에게 고지를 떠나 다른 곳으로 가서 나라를 개척하라고 지시하였다. 이와 마찬가지로 천조대신은 손자인 니니기에게 고천원을 떠나 왜국으로 내려가라고 지시하였던 것이다.

② '천조대신天照大神'의 '천天'은 늘 보았듯이 백제를 의미한다. '대신大神'은 한자의 의미 그대로 큰 신이라는 뜻이다. 이 신의 고유명사는 '조照' 한 글자로 볼 수 있다. 그런데 이 '조照'는 소서노의 성인 '소召'와 같은 발음이다. 즉 당시의 일본 한자음인 오음으로는 두 한자 모두

siyo라는 동일한 음이었다. 이것이 과연 우연의 일치일까?

③ 소서노는 과부로 지내다, 주몽과 재혼하였다 한다. 주몽이 건국 과정
에서 어려웠을 때, 소서노가 많은 재산을 기울여 적극 지원하는 등,
내조의 공이 매우 컸다 하였다. 아주 간략한 기록이지만, 소서노가 대
단한 여걸의 풍모를 지녔던 것을 짐작하기에 부족함이 없다.

천조대신 또한 여걸이었다. 동생인 수사노素戔嗚가 영역을 침범하여 올
때 이에 맞서는 장면을 보면졸저 『일본 천황과 귀족의 백제어』72쪽, 위풍당당한
여걸의 풍모가 선명하게 묘사되어 있다.

④ 주몽의 모친 유화부인은 원래 하백河伯의 딸로서, 천제天帝의 아들인
해모수解慕漱와 정을 통하였다. 고려말의 대문호 이규보 선생의 『동명
왕편』에 의하면, 해모수는 다섯 마리 용이 끄는 수레를 타고 하늘에서
내려왔는데, 따오기를 탄 백명의 신하가 호위하였다 한다. 『동명왕의 노래.
김상훈, 류희정 옮김. 2004. 보리』26쪽

해모수가 하늘로 돌아간 후, 유화부인은 금와金蛙왕에 의하여 갇히게
되었다. 그런데 햇빛이 그녀를 비추었다. 몸을 피하면 따라와 비추었
다. 그러다 태기가 있어 알을 낳았더니 사람이 나왔는데, 바로 주몽이
었다. 유화부인은 해의 신日神과 감응하여 주몽을 낳았던 것이다.

고구려의 모두루 묘지명牟頭婁 墓誌銘에는 시조 주몽을 「하백의 손자이
고, 일월의 아들인 추모성왕河伯之孫 日月之子 鄒牟聖王」이라 하였다.

천조대신은 '하늘에서 비추는 큰 신'이라는 이름이다. 그녀는 해의 신
이었다. 그녀가 동생 수사노素戔嗚의 악행에 분노하여 바위굴에 숨자
천지가 암흑으로 변하였다는 설화를 보더라도 이는 명백하다.

⑤ 백제를 건국한 것은 온조이지만, 고구려에서부터 남하를 지시, 기획하
고, 백제를 건국하는 숨은 주역은 소서노였을 것이다. 『삼국사기』온
조 13년의 기사를 보자.

「……왕모王母가 돌아가니 나이 61세였다. 5월에 왕이 신하에게 이르기
를 "나라의 동쪽에는 낙랑이 있고, 북쪽에는 말갈이 있어, 영토를 침
범하여 오므로, 평안한 날이 적다. 하물며 이제 불길한 징조가 자주 나
타나고, 국모國母가 돌아가시니 스스로 평안할 수 없는 형세라……"」

『삼국사기』로서는 극히 이례적으로 왕모의 죽음을 기사로 다루었다.
온조 또한 모친의 서거로 인하여 큰 충격을 받고, 나라의 장래를 근심
하고 있다.

『일본서기』와 『고사기』에서 천조대신은 최고의 신으로 묘사되어 있
고, 지금도 일본의 여러 신사에서 천조대신을 모시고 있는 것과 동일
하다.

⑥ 그런데 온조를 낳은 소서노는 전남편 우태가 죽은 후 과부로 있다, 주
몽에게 재가하였다. 유화부인도 해모수의 아들 주몽을 낳았으나, 해모
수가 하늘로 올라가고 돌아오지 않았으므로, 남편이 없는 것과 마찬가
지였다.

천조대신은 어떤가? 그녀에게는 아들과 손자가 있는 것으로 되어 있
지만, 남편이 누구인지는 보이지 않는다. 또 다른 최고의 신으로서,
『일본서기』의 고황산영존高皇産靈尊, 『고사기』의 고목신高木神이 있으나,
이는 사돈으로 되어 있다. 이 사돈도 천손강림에 있어서 실질적인 어
떤 역할을 한 것은 전혀 없다.

비류와 온조라는 두 아들을 낳은 후 남편이 죽어 과부로 지내던 소서
노, 수태만 시켜놓고 하늘로 올라가 돌아오지 않는 남편 해모수를 둔
유화부인, 그리고 남편이 누구인지 알 수 없고 자식과 손자만 보이는
천조대신, 흡사한 캐릭터이다.

(2) 백제, 고구려의 건국신화와 신무神武의 동정설화東征說話

백제와 고구려의 건국신화는 신무(神武)의 동정(東征) 설화에도 상당부분 반영되어 있다.

① 『삼국사기』를 보면, 주몽이 부여를 탈출하여 오이烏伊, 마리摩離, 협보 陝父 세 신하와 함께 남하하다 엄호수淹㺚水에 이르렀는데, 뒤에는 추격 병이 따라오고 있었다. 그러자 주몽이 「나는 천제天帝의 아들이요, 하 백河伯의 외손이다. 오늘 도주하는데, 추격병이 따라오니 어찌하랴」라 고 하였더니, 물속에서 고기와 자라들이 떠올라 다리를 만들었다. 주 몽 일행이 건너자, 자라들은 흩어져 추격병이 따라올 수 없었다.

『일본서기』에는, 신무가 동쪽으로 정벌할 때에, 그의 형인 도반명稻飯 命이 이끄는 수군이 갑자기 폭풍을 만나 배가 표류하였다. 그러자 도 반명이 「아아, 내 선조는 천신天神, 모친은 해신海神이다. 그런데 어찌 하여 육지에서 고생하고, 바다에서 고생하는가?」라고 하면서, 칼을 뽑 아들고 바다로 뛰어들어 신이 되었다. 도반명은 물론 가공인물이지만, 그의 말은 주몽의 위와 같은 말과 흡사하다. 『일본서기』의 저자는 주 몽의 이 일화를 알고 있었던 것이 분명하다. 백제의 역사를 전한 사서 의 첫머리에는 주몽의 건국설화가 기록되어 있었던게 아닐까? 그것이 왜국으로 건너가 『일본서기』와 『고사기』에 깊은 영향을 미친 것은 의 문의 여지가 없다.

『일본서기』를 보면, 시조 신무神武는 일신日神인 천조대신의 후손으로 서, 모친은 해신海神의 딸인 옥의희玉依姬이다. 하백 즉 강 신의 딸인 유화부인이, 천제天帝의 아들인 해모수와 정을 통하고, 햇빛이 감응하 여 낳은 아들이 고구려의 시조 주몽인 점과 흡사한 구도이다.

② 주몽은 위의 세 신하와 함께 남하하였다. 『일본서기』에는 니니기가 고

천원에서 왜국으로 강림할 때, '5부五部의 신神' 즉 다섯 신하가 호위하였다 한다. 같은 구도이다.

③ 비류와 온조 형제가 남하한 후, 형인 비류는 미추골에, 동생 온조는 하남 위례성에 각각 도읍을 정하였다. 그러나 미추골은 땅이 습하고 물이 짜 살기 어려운 반면, 위례 쪽은 잘살고 있었다. 비류는 후회하다가 죽고, 그 백성들은 위례로 귀부하였다.

『일본서기』의 신무는 넷째 아들이었다. 그의 맏형 오뢰명五瀬命은 동쪽으로 정벌하던 중 적군의 화살에 죽고, 둘째형 도반명稲飯命과 셋째형 삼모입야명三毛入野命은 모두 바다에 빠져 죽었다. 넷째인 신무가 왜국을 건국하고는 왕위에 올라 시조가 되었다.

형은 실패하고, 동생이 성공하여 나라를 건국하였다는 모티브가 공통된다.

6) 천손강림 설화의 백제적 요소

(1) 하늘의 바위자리天磐座와 자온대自溫臺

천조대신의 명령을 받들어 손자인 니니기가 고천원에서 위원중국 즉 왜국으로 하강하였다. 그런데 니니기가 고천원에서 출발한 장소를 『고사기』에서는 '천지석위(天之石位)', 『일본서기』에서는 '천반좌(天磐座)'라 하였다. 둘 다 음독하지 않고, 고유어인 a—ma(天)—no—i—pa(岩)—ku—ra(座)라 읽었다. '하늘의 바위자리'라는 뜻이 된다.

무슨 의미일까? 이 천손강림 설화는 실제 있었던 실화가 아니라 창작설화이다. 따라서 '하늘의 바위자리'도 그저 창작된 가공의 장소에 불과한 것인가?

그렇게 볼 수도 있다. 그런데 '바위자리'라고 한 점을 좀 더 생각해 보

자. 바위는 고귀하거나 값비싼 물건이 아니다. 따라서 이 바위는 자리를 수식하는 미칭이 아닌 것이 분명하다. 그렇게 본다면 『고사기』나 『일본서기』의 저자는 실제 어떤 장소를 염두에 두고는 이 말을 만들어낸 것이 아닐까?

하늘은 바로 백제이고, 백제에서 왜국으로 출발하는 장소는 수도 부여에 있는 나루터일 것이다. 부여에는 '구드래'라는 이름의 나루터가 있다. 나루터의 이름인 이 '구드래'가 일본에서 백제를 일컫는 국명 ku-da-ra(百濟 백제)가 되었다는 사실은 졸저 『일본 천황과 귀족의 백제어』에서 본 바 있다(314쪽). 부여에서 왜국으로 가는 출발장소는 바로 이 구드래 나루터이다. 왜국의 백제인들이 꿈에도 그리워하던 구드래 나루터, 그래서 백제라는 국호 대신 나루터 이름을 일상적으로 사용한 것이 나중에는 국호로 굳어졌다. 그런데 『삼국유사』를 보면, 다음과 같은 설화가 있다.

「사비 강변泗沘涯에는 바위 하나가 있는데, 10여명이 앉을 만하다. 백제 왕이 왕흥사王興寺에 가서 예불하고자 할 때에는, 먼저 그 바위에서 부처를 바라보며 절을 한다. 바위가 저절로 따뜻해졌다. 그래서 그 바위를 돌석燒石이라 한다」

『삼국유사』에는 백제에 관한 설화가 아주 드물다. 이 바위에 관한 설화가 『삼국유사』에 채록될 정도였으니, 백제 사람들은 모르는 이가 없을 정도로 유명하였을 것이다. 이 바위는 지금도 보존되고 있어 **'자온대(自溫臺)'**라 불리고 있다. 또한 백마강 강변에는 조선조 중기 송시열(宋時烈) 선생이 쓴 '자온대' 현판이 남아 있다. 폭 약 20여미터인 평평한 바위이다.

『고사기』와 『일본서기』에서 천손이 출발하였다는 '하늘의 바위자리'는 바로 이 자온대가 모델일 것이다. 백제에서 왜국으로 가는 출발점인 구드래 나루터의 유명한 너럭바위, 그것이 '하늘의 바위자리'이다.

(2) 천안하天安河 회의와 정사암政事巖

『고사기』에 나오는 '하늘의 바위자리'를 보면서 생각나는 것은, 고천원의 **'천안하(天安河, a—ma—no—ya—su—ka—pa)'**라는 강변에 여러 신이 모여, 중대사를 논의하는 회의를 하는 장면이다. 고천원을 흐른다는 이 강은 물론 실재한 강이 아니라, 상상 속의 강이다. 『고사기』와 『일본서기』에 나오는 '천안하 회의'를 살펴보자.

① 천조대신과 동생 수사노素戔嗚가 일종의 점인 '우캐피宇氣比'를 하였는데, '각자 천안하를 가운데 두고' 하였다 한다.

② 동생의 악행에 분노한 천조대신이 하늘의 바위굴에 숨자, 하늘이 어두워졌다. 놀란 8백만 신이 '천안하'에 모여 천조대신을 나오게 할 대책회의를 하였다.

③ 천손강림에 앞서 왜국에 천약일자天若日子라는 신을 파견하였는데, 그때 천조대신과 고목신高木神은 천안하원天安河原에 있었다.

④ 천손강림 설화를 보면, 니니기 이전에 그의 부친이 왜국을 통치하러 내려가려다, 왜국이 소란하다며 도로 하늘로 올라갔다. 그래서 왜국을 평정할 대책을 논의하기 위하여, 천조대신의 명으로 여러 신이 '천안하'에 모였다.

『고사기』는 '천안하원(天安河原)'이라 하였으나, 『일본서기』는 '천안하변(天安河邊)'이라 하였다. '하원(河原, ka—pa—ra)'은 강을 벌판에 비유한 말이다. 신들이 모여 앉아 회의를 한다는 점에서 보면, 하변(河邊)이 정확한 표현이다.

이러한 '천안하 회의'에서 떠오르는 이미지는, 강이 내려다보이는 경치 좋은 평평한 어떤 장소에서 여러 귀족이 모여서 중요한 회의를 하는 장면이다. 앞서 하늘의 바위자리 실제 모델이 자온대(自溫臺)였다는 것을 보았는데, 이 강가의 회의 또한 모델이 있는게 아닐까?

우선 '천안하'라는 강을 생각해 보자. 『고사기』와 『일본서기』의 '천(天)'은 늘상 그렇듯이 백제를 뜻한다. 강 이름에서 백제가 연상된다. 그렇다면 이 강은 백제의 어느 강을 모델로 하였을 것이다. 백제의 어떤 강일까? 백제의 수도 부여에는 도심을 반월형으로 휘감아 흐르는 유서 깊은 백마강이 있다. 천안하의 모델은 백마강일 것이다. 이렇게 생각하는 것은 막연한 추측만이 아니다. 『삼국유사』의 다음과 같은 기록을 보자.

「호암사虎嵒寺에는 **정사암**政事巖이라는 바위가 있다. 나라에서 장래의 재상감을 의논할 때에, 뽑힐 사람 서너명의 이름을 쓰고 상자에 넣고 봉하여 바위에 둔다. 얼마 후 열어보아, 이름 위에 도장이 찍힌 사람이 있는데, 그 사람을 재상으로 하였다」

백제에서는 궁궐이나 저택이 아닌 야외의 바위 위에서, 여러 중신이 모여서 장래의 재상감을 논의하기도 하였던 모양이다. 종이에 서너 사람의 이름을 쓰고 상자에 넣어 봉하여 두면, 얼마 후 이름 위에 도장이 찍힌다 하였는데, 이는 신(神)의 지명인 것이 분명하다.

이렇듯 중신들이 야외의 바위 위에서 국사에 관한 중요한 회의를 한다는 것은 보기 드문 일이 아닐 수 없다. 그러면 정사암이라는 바위는 어디에 있을까? '정사암'은 백제 당대의 호칭이고, 후세에는 '천정대(天政臺)'라는 이름으로 바뀐 모양이다. 『두산백과사전』을 보자.

「……충청남도 부여군 규암면 호암리에 있다. 백마강을 1.5㎞ 거슬러 올라가면 범바위라는 바위가 있다. 이곳에서 동북쪽에 임금바위 또는 신하바위라 부르는 곳이 있는데, 이곳이 바로 천정대이다……'정사암' 이 현재의 천정대이다……또한 『동국여지승람』에는 "천정대는 현북 10리에 있다. 강의 북쪽 절벽에 바위가 있는데, 마치 대臺와 같으며, 아래로 강물을 내려다 본다江北絶壁 有岩如臺 河臨江水"라고 그 경관을 설명 하였는데……」

천정대 즉 정사암은 부여에 인접한 백마강변, 강물이 내려다보이는 수려 한 풍광을 자랑하는 높고 평평한 바위였던 것을 알 수 있다. 조정의 중신들 이 가끔씩 이곳에 모여 국가의 중대사를 논의하였던 모양이다.

『고사기』와 『일본서기』의 '천안하 회의' 또한 중요한 일이 있을 때, 고천 원의 수많은 신이 모여서 강변에서 열었다는 회의이다. 정사암 회의와 모든 면에서 일맥상통하고 있다. '천안하'의 모델은 다름 아닌 백마강이고, 여러 신이 모여 중대사를 논의하였다는 '천안하 회의'의 모델은 바로 이 '정사암 회의'일 것이다.

『고사기』와 『일본서기』에서는 천안하가 아주 친근한 지명이다. 부여 사 람들에게 백마강이 친근한 장소였던 것과 마찬가지 이미지인 것이 분명 하다.

(3) 천강天降 장소인 한국악韓國岳

『고사기』를 보면, 니니기는 '하늘의 바위자리(天之石位 천지석위)를 떠나, 여덟겹(八重 팔중)의 '다나(多那, ta-na)' 구름을 헤치고 내려 왔다 하였다. 이 '다나'는 일본어가 아니라 빽빽하다는 의미의 형용사 '달다'의 활용형 '단'이다(후술 참조).

내려온 곳은 규슈(九州) 피무카(日向)의 타카티포(高千穂)의 쿠지푸루타캐 (久土布流多氣)였다. 이곳에서 니니기는 「이곳은 한국(韓國)을 바라보고 있고…… 아침해가 바로 비치는 나라, 저녁해가 비치는 나라다. 그래서 여기는 아주 좋은 곳이다」라고 말하며 궁전을 짓고 살았다 한다. 『고사기』의 저자 태안만려가 천손강림의 무대를 이곳으로 선택한 이유는 위의 졸저에서 상세하게 본 바 있다(305쪽). 다소 길지만 여기에 인용하여 본다.

「니니기가 천강하였다는 '타카티포'라는 산은 규슈 남부의 미야자키宮崎 현에 실재하는 산으로서, 가고시마鹿兒島 현과 경계를 이루고 있는 높이 1,574미터의 고산이다. 그런데 이 산에서는 한국이 전혀 보이지 않는다. 규슈에서도 남쪽에 치우쳐 있음으로, 한국은 커녕 후쿠오카福岡의 앞 바다조차도 보이지 않는다. 그런데 『고사기』에서는 왜 한국이 보인다고 하였을까? 저자 태안만려太安萬呂가 이 일대의 지리를 전혀 모르고 대충 적었기 때문일까?

전혀 그렇지 않다. 타카티포 산을 마주 보고 있는 큰 산이 바로 **ka-ra-ku-ni**-ta-ke韓國岳 한국악이기 때문이다.

태안만려는 이곳의 지리를 정확하게 파악하고 있었고, 천손강림의 무대로 타카티포 산을 선택한 것도 바로 이 한국악 즉 카라쿠니타케 때문이다. 이 산은 표고 1,700미터로서 키리시마霧島 무도 화산군의 최고봉인 명산이고, 이 일대는 일본에서 최초로 지정된 국립공원인 '키리시마 국립공원'이기도 하다.

니니기가 한국이 보인다고 한 것은 실은 한국악이 보인다는 의미인 것이 분명하다. 타카티포에서는 바로 맞은 편에 있는 한국악이 아주 잘 보이고 있다. 따라서 『고사기』에서 니니기가 한국韓國이 잘 보인다고 한 것은 가야가 잘 보인다는 의미가 아니라, 바로 이 한국악이라는 산이 잘 보인다는 의미인 것이다」

태안만려는 니니기의 입을 빌려 「이곳은 한국을 바라보고 있고……아침해가 바로 비치는 나라……그래서 여기는 아주 좋은 곳이다」라고 말하고 있다. 여기서의 한국은 백제, 가야 등 전체 한국을 의미하기 보다는 백제를 뜻하는 호칭일 것이다.

태안만려는 천손강림이란 실은 백제인이 도왜한 것이라는 사실을 알려주면서, 또한 자신의 모국 백제에 대한 애정을 이렇게 직설적으로 토로한 것을 알 수 있다.

(4) 쿠지푸루타캐久土布流多氣와 구지봉龜旨峰

『고사기』는 니니기가 내려온 곳이 '타카티포'의 '쿠지푸루타캐'라 하였다. '쿠지푸루타캐'의 '타캐(岳 악)'는 높은 산이라는 뜻을 가진 일본어이다. '쿠지푸루'가 고유명사인데, 타카티포와는 달리 실재한 산이 아니라 상상 속의 산 이름이다. 그런데 진작부터 일본에서는 이 '쿠지푸루'라는 산 이름이 가야의 시조 수로왕(首露王)의 전설에 나오는 '구지봉(龜旨峰)'과 관련이 있다는 견해가 있었다.

먼저 '쿠지푸루'의 '푸루'가 일본어가 아니라는 사실은 위의 졸저에서 본 바 있다(91쪽). 여기서는 간략하게 살펴보자.

ku-zi-**pu—ru**-ta-ke　[고사기]　산 이름

pu—ru-ya-ma　布留山 포류산　[만엽집]　〃

보롱이　[경남방언]　〃

산봉우리를 뜻하는 경남방언 **보롱**이'는 고대에 '보로'였을 것이다. '보로'

에 주격조사 '이'가 붙어 '보로이'가 되었다가, '보롱이'가 된 것으로 추정된다. '보로'보다 더 앞선 형은 '부루'였을 가능성이 크다. '묏부리'의 '부리'와도 같은 계통이 아닐까? ku—zi—pu—ru의 pu—ru는 바로 '보롱이'의 고형일 것이다.

그러면 ku—zi는 가야 김수로왕의 건국설화에 나오는 '구지봉(龜旨峰)'의 '구지'일까?

음상으로 본다면 ku—zi와 '구지'는 완벽하게 일치하고 있다. 그렇다면 ku—zi는 바로 '구지'에서 유래한 것일까? 그러나 『고사기』를 지은 태안만려는 백제 출신이고, 그가 전하려 한 사실은 왜국의 시조가 백제에서 건너갔다는 점이다. 과연 가야의 시조 김수로왕의 탄생지인 '구지봉'을 백제에서 건너간 왜국 시조의 탄생지로 각색한 것인지는 선뜻 납득이 가지 않는 면이 있다.

한편 생각하면, 김수로왕이 하늘에서 내려 온 장소가 구지봉이며, 천손인 니니기도 하늘에서 내려 온 것으로 되어 있다. 시조가 천강(天降)한 장소라는 공통점이 있다. 반면 백제의 시조 온조왕의 건국설화에는 하늘에서 내려 온 것으로는 되어 있지 않다. 그렇게 본다면 태안만려가 '시조가 하늘에서 내려와 처음 도착한 봉우리'라는 이미지에서 수로왕의 건국설화를 차용한 것으로 해석할 여지도 있다.

7) 천손天孫 니니기

(1) '니니기'의 의미

천손강림 설화의 주역인 '니니기'라는 이름은 졸저 『일본 천황과 귀족의 백제어』에서 상세하게 본 바 있다(109쪽). 간략하게 소개하여 보자.

『고사기』에는 「아마니기시쿠니니기시아마투피코피코**퍼너니니기**노미코토

(天邇岐志國邇岐志天津日高日子**番能邇邇藝**命)」라는 기나긴 이름으로 되어 있다. 주렁주렁 달린 미칭을 제외하면, 핵심적인 부분은 「**퍼너니니기**(番能邇邇藝, pə–nə–ni–ni–gi)」인데, 그 의미를 살펴보자.

pə는 '벼', nə는 '~의'라는 의미의 조사, **ni–ni–gi**는 ni–gi–ni–gi의 축약형이다. ni–gi는 '익다'의 중세어 '닉다'의 명사형 '닉이'이다. 고대 한국어에서는 동사를 명사로 만들 때 동사의 어근을 그대로 명사화하는 방법과 어근에 접미사 '이'를 붙이는 두 가지 방법이 있었는데, 여기서는 어근 '닉'에다 '이'를 붙여 '닉이'라 하였다. 위의 졸저에는 '닉기'라 하였으나, 오류이므로 여기서 바로잡는다. 그렇지만 '닉이'도 발음 그대로 표기하면 '니기'가 된다. 결국 이 신의 이름을 현대어로 풀이하면 「벼의 익기 익기」이다.

그리고 이 신의 부친은 「마사카투아카투카투**파야피**아매노어시**포**노미미노미코토(正勝吾勝勝**速日**天忍**穗**耳命)」이다. 이 신 이름에서 미칭을 빼면, 핵심적인 부분은 「파야피(速日, pa–ya–pi)」이다. 「빠른 해」라는 의미가 된다. 아버지의 이름은 「빠른 해」이고, 아들의 이름은 「벼의 익기 익기」이다. 해가 빨리 비추면, 벼가 잘 익게 된다. 부자의 이름이 멋진 조화를 이룬 것을 알 수 있다. 이 신의 이름 뒷부분에 나오는 '**포**(穗 수, pə)' 또한 한국어 '벼'인 것은 물론이다.

(2) 고목신高木神

니니기의 모친은 천조대신(天照大神)과 동격인 **고목**(高木, ta–ka–gi)이라는 신의 딸이다. 이 신의 이름을 살펴보자.

ta–ka 高 고 [일본어] 높다

키 [경북방언] 사람

ta—ka—gi라는 이름을 가진 신이 왜 최고의 신인 천조대신과 동급이 될까? 그 이름에 비밀이 숨어 있다. ta—ka는 높다는 뜻의 일본어이다.

gi는 경북방언에서 '한 사람, 두 사람'을 '한 키, 두 키'라 하는 것과 같은 말이다(졸저 『일본열도의 백제어』 31쪽 참조). 사람을 의미한다. 따라서 이 신은 '높은 키' 즉 '높은 사람'이 원래의 의미가 된다. 백제어를 이용한 언어의 유희이다. 『일본서기』는 '고황산영존(高皇産靈尊, ta—ka—mi—mu—su—bi)'라 하였다.

천황을 의미하는 고대 일본어 su—me—ra—ki(天皇 천황)와 황후를 뜻하는 ki—sa—ki(后 후) 등의 ki 또한 '키' 즉 사람이라는 사실은 졸저 『일본 천황과 귀족의 백제어』에서 보았다(277쪽).

su—me—ra—**ki** 天皇 천황 [고대 일본어]

su—me—ro—**ki** 〃 [〃]

su—be—ra—**ki** 〃 [〃]

ki—sa—**ki** 后 후 [〃] 천황의 비

키 [경북방언] 사람을 세는 단위

(3) 니니기의 모친 '바다'

니니기의 모친은 「만번풍추진사비매(萬幡豊秋津師比賣, yo—ro—du—pa—ta—to—yo—a—ki—tu—si—pi—me)」라는 기나긴 이름이다. 물론 창작된 가공의 인물이지만, 그 이름의 의미를 생각해 보자. '풍추진(豊秋津, to—yo—a—ki—tu)'은 왜국의 미칭이다. 항을 바꾸어 살펴보자.

이 이름은 핵심은 앞의 「만번(萬幡, yo—ro—du—pa—ta)」에 있다. 즉 만(萬, y—ro—du)'은 많다는 뜻이고, '번(幡, **pa—ta**)'는 백제어 '**바다**'이다. '여러 바다'라는 의미가 된다. 니니기의 모친 이름은 '왜국의 여러 바다'를 상

징하고 있다. 왜국은 섬나라이니 무수하게 많은 바다가 있다는 의미일까? 그렇게 볼 수도 있으나, 천손인 니니기의 모친 이름에 나오는 '바다'라는 말은, 니니기가 하늘이 아닌 '바다'를 건너 왜국으로 갔다는 것을 알려주는 의도가 아닌가 싶다.

원래 pa—ta(幡 번)라는 고대 일본어는 베를 짜는 직기를 뜻하는 말이다. 그래서 일본에서는 이 이름을 풍요로운 베를 짜는 여성이라는 의미로 해석하는 견해가 있다.

그리고 pa—ta를 깃발(旗 기)을 뜻하는 고대 일본어로 보아, 깃발이 나부끼는 모습을 상징한다고 추측하는 의견도 있다. 그러나 고천원에서 천손강림하는 니니기의 모친 이름으로서는 전혀 어울리지 않는다. 『고사기』의 저자 태안만려가 생각한 것은 '여러 바다'인 것이 분명하다.

(4) 사루타피코猿田毗古

니니기가 고천원에서 왜국으로 내려갈 때, 갈림길에서 길을 안내하였다는 국신(國神) 즉 토착신의 이름은 「**사루타**피코(猿田毗古, **sa—ru—ta—pi—ko**)」이다. 이 신의 이름도 니니기와 그 부친의 이름으로 보면, 쉽게 이해할 수 있다. pi—ko(彥 언)는 존칭, 핵심은 sa—ru—ta이다.

sa—ru는 '쌀'의 고어 '**살**'이다. 쌀이 일본으로 건너간 것은 졸저 『일본열도의 백제어』에서 상세하게 본 바 있다(187쪽). **ta**(田 전)는 논을 뜻하는 일본어이니, 따라서 이 신 이름의 의미는 '**쌀 논**'이다.

이 토착신의 이름은 고천원 즉 백제신인 '빠른 해'와 '벼 익기 익기'라는 신명과도 훌륭한 조화를 이루고 있다. 토착 왜인을 상징하는 국신의 이름이 '쌀 논'인 것은 의미심장하다. 왜국은 기후도 온화하고 강우량도 많아, 백제의 그것보다 좋은 양질의 논이 방방곡곡에 넓게 펼쳐져 있다. 두 백제신의 이름과 아울러 생각하여 보면, 천손강림 즉 백제인이 왜국으로 진출한 가장 큰 목적은 바로 왜국의 '논'과 '쌀'이라는 사실을 암시하여 준다. 즉 백제 사람들은 벼농사를 지어 쌀을 확보하기 위하여 왜국으로 건너갔던 것이다.

백제 이전에 가야 사람들도 집단을 이루어 왜국으로 건너간 바 있었는데, 가야 사람들 역시 같은 목적이었을 것이다.

8) 왜국의 미칭

『고사기』를 보면, 천조대신이 손자인 니니기에게 왜국으로 내려가 통치할 것을 명하는 대목은 이렇게 시작하고 있다.

> 「"이 풍위원수수국豊葦原水穗國은 네가 다스릴 나라이다. 명을 받아 내려 가거라"라고 명하였다」

왜국을 「풍위원수수국(to-yo-a-si-pa-ra-no-mi-du-po-no-ku-ni)」이라 표현하였다. 이는 왜국을 일컫는 미칭이다. 고대의 왜국에서는 이를 왜어로 읽었는데, 보다시피 길고도 긴 이름이다.

to-yo(豊 풍)는 풍요롭다는 의미, a-si-pa-ra(葦原 위원)는 '아시벌' 즉 첫 번째 개간한 벌판(졸저 『일본 천황과 귀족의 백제어』 28쪽), mi-du(水 수)는 식물의 생명력이 충만하다(瑞 서)는 뜻, po는 (穗 수)는 벼이다. 따라서 이 미칭을 의역하여 보면, 「풍요로운 아시벌에 싱싱한 벼가 넘치는 고장」이라는 의미가 된다.

『일본서기』에는 「풍위원중국(豊葦原中國)」이라는 미칭도 보이는데, 「풍요로운 아시벌의 일본」이라는 의미가 된다. 이 두 미칭은 「풍요로운 아시벌」이 핵심이다. 즉 백제인들이 왜국을 개척하여 풍요로운 고장으로 만들었다는 것을 강조한 것이다.

『일본서기』에는 「대일본풍추진주(大日本豊秋津州)」라는 미칭이 보인다. 지면 관계상 자세한 설명을 생략하지만, 의역하면 「풍요로운 가을의 섬인 대일본」이라는 의미가 된다. '대일본(大日本)'은 물론 8세기의 표현이다.

「위원천오백추서수국(葦原千五百秋瑞穗國)」이라는 미칭도 있는데, 「아시벌에 수많은 싱싱한 벼가 달리는 가을(수확)의 나라」라는 의미이다.

이 두 미칭은 '가을 섬' 혹은 '가을 나라'의 **'가을'**이 그 핵심이다. 이 가을은 수확의 의미이다. 한국어 '가을'에는 절기의 하나라는 뜻에서 전성하여, '수확'이라는 의미도 가지고 있다. 이 미칭에서 알 수 있는 것은 백제인들이 왜국을 '풍요로운 가을(수확)의 섬'으로 생각하였다는 점이다.

가을 수확은 벼농사를 지어 쌀을 얻는 것이다. 앞서 본 신의 이름인 '빠른 해', '벼의 익기 익기', '쌀 논'과 동일한 맥락이다. 백제 사람들의 왜국에 대한 관념이 이 미칭과 신의 이름에 잘 나타나 있다. 백제인들에게 있어서 왜국이란 「벼농사가 잘 되는 곳」이 첫 번째 이미지였던 것이다.

배를 타고 험한 바다를 건너 이역만리 왜국으로 진출하여, 그곳을 속국으로 만든 기쁜 마음이 위와 같은 미칭들에 잘 나타나 있다. 본국 백제보다 훨씬 농사가 잘될 뿐만 아니라, 훨씬 더 넓은 땅인 왜국을 점유하여 지배하게 된 흐뭇한 마음을 읽을 수 있다. 그리고 왜국을 '풍요로운 가을 섬'이라는 것은 비교 대상이 있어야 성립하는 말이다. 백제와 비교하여 기후나 토양이 벼농사에 훨씬 유리하다는 의미를 전제로 하고 있는 것을 알 수 있다.

이외에도 「대팔도국(大八島國)」이나 「대팔주국(大八洲國)」이라는 미칭도 있는데, 이는 여덟 개의 **섬**으로 이루어진 큰 나라라는 뜻이다.

이와같이 고대의 왜국에 자신의 나라를 아름답게 일컫는 미칭이 여럿 존재하였다는 것은 아주 특기할만한 일이다. 고대의 한국이나 중국에는 자국에 대한 미칭이 존재한 바가 없었기 때문이다. 백제나 고구려, 신라에는 국호 이외에 어떠한 미칭도 사용된 바 없었다. 전체 한국에 대한 미칭 청구(靑丘)나 근역(槿域)이 있지만, 이는 중국의 산해경(山海經)에 나오는 것이고, 한국인들이 스스로 이런 미칭을 만든 것이 아니다. 일본에 대한 미칭인 부상(扶桑) 역시 중국인이 지은 것이다. 고려나 조선의 문사들도 일본이라는 직설적인 표현 대신 부상이라는 말을 즐겨 사용하였다.

대일본풍추진주나 대팔도국 등 '섬나라'를 강조하는 미칭을 살펴보자. 이러한 미칭을 대대로 왜국에 살던 토착왜인들이 창조하였을 가능성은 전혀 없다. 외국인이 만든 것이 분명하다. 청구나 부상과 같은 미칭을 당사자인 한국인이나 왜인이 아닌 중국인이 만든 것과 같은 맥락이다. 이러한 미칭은 섬이 아닌 대륙에 사는 외국인의 관점에서 본 것이다. 그 외국인은 중국인이 아니다. 백제인들이 이런 이름을 창조해 낸 것이다.

일본은 섬나라이지만 국토 면적은 약 37만㎢로서, 남북한을 합한 면적 22만㎢보다 거의 두배에 가깝다. 본섬(本洲)은 세계에서 7번째 큰 섬으로서, 이 섬만 하여도 남북한을 합한 것보다 조금 더 넓다.

일본에서는 국토의 핵심을 이루는 네 개의 섬, 즉 본섬(本洲)과 규슈(九州), 시고쿠(四國), 홋카이도(北海道)는 '섬'이라 부르지 않는다. 일본에서 섬이라 함은 그보다 작은 도서를 일컫는 말이다. 현대의 일본 사람들은 자신들이 '섬나라'에 살고 있다는 생각이 별로 없다. 대륙의 붙은 한반도에 살던 백제 사람들이 일본을 '섬나라'라고 부르면서, 이를 강조하는 미칭을 만들어 내었던 것이다.

9) 천손강림 설화의 백제어

『고사기』와 『일본서기』에 수많은 백제어가 포함되어 있는 것을 졸저 『일본 천황과 귀족의 백제어』에서 본 바 있다. 그런데 가장 밀도가 높게 집중되어 있는 대목을 단 한 군데만 꼽으라고 한다면 단연 천손강림 설화일 것이다. 천손강림이란 백제에서 왕자가 도왜한 것이라는 사실을 강조하려는 의도가 아닐까?

(1) 단 구름

『고사기』에 의하면, 니니기는 앞서 본 '하늘의 바위자리(天之石位 천지석위)'를 박차고, '여덟겹 **단** 구름'을 헤치면서, 길을 가르고 갈라 내려갔다고되어 있다. 이 '여덟겹의 단 구름'은 졸저『일본 천황과 귀족의 백제어』에서본 바 있으나(93쪽), 좀 더 부연하여 살펴보자. 원문은 다음과 같다.

「押分八重**多那**雲   압분팔중다나운

　여덟겹八重 **다나**多那, ta—na 구름을 헤치면서」

'押分(압분)'은 밀어헤치다는 의미의 일본어 o—si—wa—ke—ru(押分 압분)이다.

문제는 '다나(多那)'인데,『고사기』는 이 두 글자를 뜻으로 풀이하지 말고음으로 읽어라고 주석을 붙였다. 그렇다면 이는 ta—na라는 발음이다. 그런데 일본어에는 고대에도 이런 단어가 없는 것이 문제이다.

야마구치(山口佳紀) 교수 등이 주해한『고사기. 2009. 小學館』를 보면, 이말을 '일면(一面)의' 혹은 '충분한'이라는 의미라 하였다(117쪽). 그렇지만 번역문에는 구름이나 안개 따위가 가로로 길게 뻗치다는 의미의 일본어 ta—na—bi—ku라고 번역하였다.

그런데 만일 그런 의미라면,『고사기』를 지은 태안만려가 '多那比久(다나비구)' 등 네 음절로 정확하게 이 말을 표기하지 않고, '다나(多那)'라고 만 표기하여 뒤의 두 음절이나 생략한 이유를 알 수 없다. 『고사기』에는 여러 곳의 훈주에서 음차자를 표시하고 있는데, 이렇듯 두 음절이나 생략한 사례는 보이지 않는다.

그리고 야마구치(山口佳紀) 교수 등의 설명에 따라 ta—na—bi—ku로 본다면 '팔중 가로로 길게 뻗은 구름'이 되는데, 구름이 팔중으로 가로로 길게 뻗었다는 것은 무슨 의미인지 이해할 수가 없다. ta—na는 앞의 '팔중'과 연결되는 말인 것이 분명하지만, ta—na—bi—ku와는 전혀 어울리지 않는다.

그런 의미가 아니다. 빽빽하다는 의미의 '달다'의 활용형 '단'인 것이 분명하다. 앞에 나오는 '팔중(八重)'이라는 말과도 훌륭하게 대응되어 연결되고 있다. '팔중 단 구름'이다. 팔중 즉 여덟겹이나 되니 이것을 '**단**'이라 표현하였던 것이다.

(2) **치**헤치고

『고사기』는 니니기가 여덟겹의 단 구름을 밀어헤치며, 길을 갔다 하였는데, 여기에도 백제어가 숨어있다. '단 구름을 밀어 헤치며'에 이어지는 원문은 다음과 같다. 번역문은 일본 통설의 그것에 의하였다.

「伊都能知　和岐**知**和岐크

i—tu—no—ti　wa—ki—**ti**—wa—ki—te

장엄한 길, 헤치고 **길헤쳐**」

하나하나 살펴보자. i—tu(伊都)는 원래 신의 위력이라는 의미이지만 여기서는 장엄하다는 뜻을 나타낸다. no(能)는 '~의'라는 의미의 조사, ti(知)는 길이다. wa—ki(和岐)는 헤치다는 의미이다. 여기까지는 아무런 문제가 없다. 따라서 이 대목은 '장엄한 길 헤치고'라고 번역된다.

　그런데 다음에 나오는 ti(知)는 무슨 의미일까? 앞의 ti와 마찬가지로 길을 뜻하는 말일까? 만일 그렇다면 이 대목은 「장엄한 길, 헤치고 **길** 헤쳐」라고 번역되는데, 이 문장은 한국어로도 아주 어색하지만 고대 일본어의 감각으로도 마찬가지이다. '장엄한 길'이라는 대목에서 '길'이 나왔는데, 이어서 '길 헤쳐'라는 말이 나오기 때문이다. 그런 의미가 아니다.

　'**치**달리다' 혹은 '**치**밀다'의 '**치**'는 동사인 '달리다'와 '밀다'를 강조하는 의미를 가진 접두사이다. 중세에는 '티'였는데, 고대에는 '디'였을 것이다. 이 '디'가 일본으로 건너간 것은 졸저 『일본열도의 백제어』에서 상세하게 본 바 있다(325쪽). 동사인 wa−ki의 앞에 붙은 ti는 바로 이 '디'이다. 그래서 **ti**−wa−ki는 '**치**헤쳐'라고 번역된다. 길을 '헤치고 헤쳐'가 일반적인 표현이지만, 좀 더 강조한 표현이 '헤치고 치헤쳐'이다. 따라서 이 대목의 정확한 해석은 「장엄한 길, 헤치고 **치**헤쳐」이다. 한국어로나 고대 일본어, 어느모로 보아도 전혀 문제가 없는 훌륭한 문장이다.

(3) 5부의 신五部神

　『일본서기』 천손강림단의 일서운(一書云)의 첫 번째 대목을 보면, 니니기가 하늘에서 내려갈 때, 천조대신은 삼종(三種)의 신기 즉 칼과 거울 및 옥을 하사하였다 한다. 또한 중신(中臣)의 선조인 천아옥명(天兒玉命) 등 다섯 신의 성명을 나열하면서, '5부의 신(五部神)'을 부하로 딸려 보냈다고 되어 있다.

　「中臣上祖天兒玉命……凡**五部神**　使配侍焉

　　중신中臣의 상조上祖인 천아옥명天兒玉命……등 모두 합쳐 **5부의 신**을

　　딸려 보내 모시도록 하였다」

'5부'란 주로 지방의 행정제도를 일컫는 명칭이지만, 고대 왜국의 지방제도에는 보이지 않는다. 주지하다시피 백제에서는 사비 시기에 전국을 '5방(五方)', 수도를 '5부(五部)'로 각각 나누어 통치한 바 있다. 고구려에서도 초기에 '5부'의 연맹체가 있다가, 나중에는 수도의 행정구역으로 변모하였다. 『일본서기』천신강림조에 나오는 이 '5부'라는 말에서 벌써 백제의 냄새가 물씬 풍기고 있다.

(4) 다섯 부족장의 '키'

　그런데 5부의 신을 『일본서기』는 간명하게 '오부신(五部神)'이라 표기한 것에 비하여, 『고사기』에서는 「오반서의지(五伴緒矣支)」라 표현한 것이 흥미를 끈다. 무슨 말인가? 이 표현은 일본어가 아닌 고대의 한국어가 두 단어나 포함되어 있음으로, 일본어만으로는 절대 해독할 수가 없다. 그러나 일본의 학자들은 이 대목을 전혀 엉뚱하게 해석하여 놓고서도, 그것이 오류라는 사실조차도 알지 못하고 있다. 우선 원문을 살펴보자.

「爾　天兒玉命……幷五伴緒矣支加而天降也
　그래서 천아옥명 등……모두 다섯명 부족장의 키사람를 더하여 하늘에
　서 내려갔다」

　원문에 나오는 '반(伴)'은 고대 일본어로서 to—mo라 하는데, 같은 직업을 가진 사람들이 사는 고을인 부곡(部曲)을 뜻한다. '서(緒 wo)'는 실 혹은 섬유를 뜻하는 고대 일본어로서, 여기서는 남성을 뜻하는 wo(雄 웅) 즉 무리의 우두머리를 나타낸다. 따라서 '오반서(五伴緒)'는 다섯 부곡 즉 다섯 부족의 장(長)이라는 의미가 된다. 이는 일본의 통설로서 여기까지는 해석상 아무런 문제가 없다.

문제는 '의(矣)'와 '지(支)'이다. 야마구치(山口佳紀) 교수 등은 '의(矣)'는 '~을, 를'에 해당하는 조사 wo라 하였다. 그리고 '지(支)'는 음차자가 아닌 정격의 한문으로 읽었는데, 가르다는 의미라 한다. 그리하여 이 대목을 「……다섯 부족의 장을 갈라 더하여 하늘에서 내려갔다」라고 해석하였다. 그러나 이는 전혀 엉뚱한 풀이이다.

우선 의미상으로 다섯 부족장을 '갈라 더한다'는 것이 어떤 뜻인지 알 수 없다. 『고사기』의 이 대목 앞뒤를 훑어보아도, 다섯 부족장을 '갈라 더한다'는 내용은 전혀 보이지 않는다. 다섯 명 혹은 다섯 부족이 이곳저곳으로 갈라져 어떻게 하였다는 내용은 어디에도 없다. 그리고 앞서 『일본서기』에서도 5부의 신을 딸려 보내 모시도록 하였다고만 되었을 뿐, 그들이 갈라지거나 분산하여 어떤 활약을 하였다는 내용은 전혀 보이지 않는다. 이 다섯 '키'의 임무는 니니기를 호위하는 것이다. '갈라 더한다'는 해석은 전혀 엉뚱하다.

여기서 먼저 '**矣**(의)'를 보자. 고대의 일본에서는 '을, 를'에 해당하는 조사 wo를 '矣'라는 한자로 표기하였던 것은 주지의 사실이다. 그러나 여기서는 그 말이 아니다.

결론부터 말하면, 이 '의(矣)'는 한국어의 조사 '~**의**'이다. 고대에는 아마도 '~애'였을 것이다(졸저 『일본열도의 백제어』 583쪽). 고대 한국어의 조사 '~의'가 일본으로 건너간 것은 별도의 항으로 상세하게 알아보자.

'矣'에 이어지는 '지(**支**)'는 **ki**로서, 바로 사람을 의미한다. 경북방언에서 '한 사람, 두 사람'을 '한 **키**, 두 **키**'라 하는 바로 그 '**키**'이다.

그리하여 『고사기』의 이 대목은 「……다섯 부족장**의 ki**(사람)를 더하여 하늘에서 내려갔다」가 된다. 해석상으로도 전혀 무리가 없고, 고대의 일본에서 일상적으로 사용되던 '지(支)'라는 한자의 음운이나 용법과 배치되는 바도 없다. 즉 『고사기』 등 고대 일본의 문헌에서 '지(支)'라는 한자를 가르다는 의미로 훈독한 사례는 단 한 건도 보이지 않는다. 거의 대부분 ki라는 일본어의 음가를 표시하기 위한 용도로 사용된 바 있다. 여기서도 마찬가지이다. 이 '지(支)'만 예외적인 용법으로 사용된 것이 아니다.

그런데 '다섯 부족장'만으로도 의미상 충분하고, ki는 불필요한 사족인 느낌이 짙다. 『고사기』의 저자 태안만려는 이 대목에서 한국어를 이용한 언어의 유희를 시도하고 있다.

(5) 일본 목간에 보이는 조사 '의'

여기서 고대 일본의 몇 가지 기록에 남아있는 한국어의 조사 '의'에 관하여 살펴보자. 다음은 나라(奈良) 평성경(平城京), 장옥왕가(長屋王家)의 유적에서 발굴된 목간에 나오는 글이다. 장옥왕은 왜왕 천무(天武)의 손자이다.

「朱沙矣價計而進出   주사의가계이진출

 주사의 가격을 세어서 바쳐라」

원문과 번역은 『목간이 들려주는 일본의 고대(2008). 東野治之 저. 이용현 역. 주류성』에 의하였다(142쪽).

「朱沙矣價(주사의가)」라는 대목의 해석이 문제이다. 주사(朱沙)는 붉은 비단이고, '價(가)'는 가격이다. '計而進出(계의진출)'은 세어서 바쳐라는 뜻이다. 전혀 의문의 여지가 없다.

'矣(의)'는 무엇인가? '~을, 를'에 해당하는 일본의 조사 wo인가? 그렇다면 이 대목은 '주사를 가격을 세어서 바쳐라'라고 번역하여야 하지만, 이래서는 의미가 통하지 않는다. 그래서 토오노(東野) 선생은 이 '矣(의)'는 한문의 독법이 없는 어조사라 하였다. 그러나 종이도 아니고, 지면이 지극히 한정된 목간에다 독법이 없는 즉 아무런 의미가 없는 글자를 썼을까? 이는 상식에도 어긋난다.

이 말은 백제어 '**의**'이다. 따라서 이 대목은 '주사**의** 가격······'인 것이 분명하다. 이렇게 해석하면 앞뒤의 문장을 전혀 무리 없이 해석할 수 있다. 그것을 '세어서 바쳐라'라고 한 것이다. 또 다른 목간을 보자(위 책 143쪽).

「符 김醫許母矣進出急急　부 소의허모의진출급급
　분부한다. 의사 허모의 불러올리기를 급급히 하라」

'許母(허모)'는 당시 유명한 의사의 이름이다. 이 허모와 올리기라는 의미의 '進出(진출)' 사이의 '**矣**(의)'는 '~을, 를'이라는 뜻의 일본어 wo인가? 그러면 이 문장은 '의사 허모**를** 불러올리기를······'이라고 해석되는데, 이렇게 해도 의미는 통한다.

그러나 이어지는 '進出(진출)'이라는 동사구가 '올리기'라는 의미의 명사적 용법으로 사용된 것을 생각하면, '矣'는 '~**의**'라는 의미의 조사를 표기한 것으로 해석하는 것이 옳을 것이다. 다음은 『만엽집』 249번 가요의 한 구절이다.

浪**矣**恐　낭**의**공　[만엽집 249]　파도의 두려움

유명한 가인 시본인마려(柿本人麻呂)의 작품이다. 이 노래에 나오는 「浪**矣**恐(낭의공)」이라는 구절을, 일본의 학자들은 na—mi(浪 낭)—**wo**(~을, 를)—ka—si—ko—mi(恐 공)라 읽고 있다. 즉 중간의 '**矣**(의)'를 '~을, 를'이라는 의미의 조사 wo로 보고 있는 것이다.

그런데 뒤의 ka—si—ko—mi(恐 공)는 두렵다는 의미의 형용사 ka—si—ko—si를 명사화한 mi 어법(語法)으로 사용되었으므로, '두려움'이라는 의미

가 된다. '따라서 중간의 '矣(의)'를 조사 wo로 보아서는 이 구절을 해독할 수 없다. 「파도를 두려움」이라고 하여서는 말이 성립되지 않는다. 상식적으로 보아도 「파도의 두려움」이라는 의미인 것이 분명하다. 따라서 이 '矣(의)'는 백제어 '의'이다. 그렇게 되면 이 구절을 아무런 무리없이 쉽게 해석할 수 있다.

백제 사람들도 '~의'라는 조사를 사용하였다는 사실을 알 수 있다. 졸저 『일본열도의 백제어』에서 이 '~의'를 본 바 있는데, 고대에는 '애'였을 것으로 추정하였다(583쪽).

주법고(周法高) 선생의 『漢字古今音彙(한자고금음휘)』에 의하면, '의(矣)'라는 한자의 중고음은 ji/yi였다 한다. 그런데 어떻게 하여 이 한자가 고대 일본의 조사 wo를 나타내는 표기로 이용되었는지는 쉽게 이해하기 어렵다. 마찬가지로 고대 한국어의 조사 '애'에 대한 표기로도 의문이 남는다.

(6) 사나이

『고사기』에는 니니기가 하늘에서 내려갈 때에 5부족의 장 이외에도 '수력남신(手力男神)' 등 몇몇 신을 대동하였다 한다. 이 '수력남신'은 '**사나**나현(**佐那**那縣, **sa**—**na**—na—a—ga—ta)'에 산다 하였다.

지명인 sa—na가 '사나이'의 '**사나**'임은 졸저 『일본 천황과 귀족의 백제어』에서 본 바 있다(92쪽). 두번째 na는 '~의'라는 의미의 조사이고, '현(縣, a—ga—ta)'은 고대의 지방행정단위이다. 남자신임을 밝히고 있는 '수력남신'이 '사나'라는 현에 산다 한 것은 '사나'라는 백제어를 이용한 언어의 유희이다. 앞서 본 '팔중 단 구름'도 마찬가지이다.

『고사기』에는 백제어를 이용한 언어의 유희가 전편에 산재되어 있다. 신대기(神代記)에 가장 많으며, 그중에서도 천손강림 설화에 집중적으로 분포되어 있다. 천손의 본고향을 이러한 언어의 유희를 통하여도 드러내고자 하는 의도가 아닐까?

(7) 들이

니니기가 쿠시푸루타캐라는 봉우리에 강림하였을 때, 천인일명(天忍日命)과 천진구미명(天津久米命), 두 신이 호위하였다 한다. 『고사기』는 두 신의 위풍당당한 모습을 다음과 같이 묘사하였다.

> 「하늘의 바위화살통天之石靫 천지석차을 **들이**메고, 두추의 대도頭椎之大刀를 **들이**차고, 하늘의 pa—zi 활天之波士弓을 손에 **들이**잡고, 하늘의 빛나는 화살을 끼고, 천손인 니니기의 앞에 서서 받들어 모셨다」

여기의 하늘은 언제나 그렇듯 백제이다. 이 대목은 화살통과 대도(大刀), 활, 화살이 모두 백제에서 만든 것이라는 의미를 암시하고 있다. 바위화살통은 화살통이 바위처럼 견고하다는 뜻이다. 두추대도는 손잡이 끝이 사람의 머리 모양으로 불룩하게 된 칼이다. pa—zi는 나무의 이름이다. 모든 무기가 백제에서 백제의 장인이 만든 최고의 것이라는 사실을 암시하고 있다.

> 「**들이**메고取負 취부, to—ri—o—pi, **들이**차고取佩, 취패 to—ri—pa—ki,
> **들이**잡고取持 취지, to—ri—mo—ti」

동사의 앞에 접두사로 사용된 이 세 '**들이**'를 주목하여 보자. 일본어가 아니다. 강조의 의미를 가진 접두사 '들이'이다. '들이치다' 혹은 '들이받다'의 '들이'인 것이다. 이 말이 일본으로 건너간 것은 졸저 『일본열도의 백제어』에서 상세하게 보았다(261쪽).

to—ri(取 취)는 정상적인 일본어라면, '잡다'라는 의미가 되지만 여기서는 그런 의미가 아닌 것이 자명하다. '잡아메고', '잡아차고', '잡아잡고'라는 말은 한국어는 물론 일본어에도 존재하지 않는다. 강조의 의미를 나타내는 '들이'이다. 이 말이 원산지인 한국보다 고대의 일본에서 더욱 애용되었던 사실을 알 수 있다.

(8) ~시리

니니기는 고천원에서 쿠시푸루타캐(久土布流多氣)로 내려간 다음, 그곳이 한국을 바로보고 있어 아주 길지(吉地)라고 말하였다 한다. 그리고는 그곳에 진좌하여 살았다는데, 사는 모습을 묘사한 다음과 같은 표현이 흥미롭다.

「底津石根　宮柱布刀**斯利**

　そこついはね　みやはしらふと**しり**

　so—ko—tu—i—pa—ne　mi—ya—pa—si—ra—pu—to—**si—ri**

　바닥의 바위뿌리에 궁전기둥 굵게**시리**

　高天原　氷椽多迦**斯利**

　たかまがはら　ひぎたか**しり**

　ta—ka—ma—ga—pa—ra　pi—gi—ta—ka—**si—ri**

　높은 하늘 벌판에 X자 기둥 높게**시리**」

이 문구는 8~9세기의 일본에서 훌륭한 건물을 짓는 것을 표현할 때 널리 사용되던 관용구였다. 『延喜式(연희식)』에 나오는 '축사(祝詞)' 등의 여러 기록에 이 표현이 보이고 있다.

아오키(靑木和夫) 교수 등의 『고사기. 1985. 岩波書店』를 보면, 지하의 암반에 궁전 기둥을 굵게 세우고, 하늘에 X자 기둥을 높게 세운다는 것이 원래의 의미라 한다(69쪽). 이 해석은 결론에 있어 틀린 점은 없으나, 여기에 나오는 si—ri라는 말의 의미에 관하여는 전혀 언급이 없는 것이 아쉽다.

하나하나 살펴보자. '底津石根(저진석근, so—ko—tu—i—pa—ne)'는 '바닥의 바위뿌리'라는 뜻이다. '津(진, tu)'은 '~의'라는 의미의 조사로서 훈차자이다. '궁주(宮柱)'는 한자의 의미 그대로 궁전의 기둥이다. pu—to—si—ri(布刀斯利)의 pu—to는 굵다는 의미의 고대 일본어로서 현대어로는 hu—to(太 태)이다.

si—ri(斯利)는 뒤에서 살펴보자.

다음에 나오는 'pi—gi(氷椽)'는 지붕 위에다 X자 모양으로 세우는 기둥을 뜻하는 고대 일본어이다. 고대 건축양식의 하나로서 궁전 등의 건물에 세웠던 것인데, 지금도 신사(神社)의 지붕에서 이 장엄한 기둥을 볼 수 있다.

고천원(高天原)은 여기서는 백제라는 의미보다는 그냥 높은 하늘이라는 의미로 해석하는 것이 좋을 것이다. 당시의 일본인들에게 있어 고천원은 아주 친근한 개념으로 사용되었다는 사실을 여기서도 확인할 수 있다.

ta—ka—si—ri(多迦斯利)의 ta—ka는 높다는 의미이다. si—ri(斯利)는 무엇인가? 원래 si—ri는 si—ru(領 영)라는 동사의 연용형이다. 현대 일본어 si—ru(知 지)는 알다는 의미이지만, 고대에는 이외에도 영유(領有)하다 혹은 토지 따위를 점유하다라는 뜻도 있었다. 그러면 앞의 pu—to(太 태)—si—ri는 '굵게 점유하다'라는 의미가 된다. 궁전의 기둥을 굵게 만드는 것은 몰라도 '굵게 점유한다'라는 표현은 있을 수 없다.

그리고 ta—ka(高 고)—si—ri는 높게 점유한다는 의미인가? 기둥을 높게 점유한다는 것이 무슨 말인가? 더구나 이 기둥은 땅속이 아니라 지붕 위에 세우는 것이다. 이런 의미일 리가 없다. 『고사기』에 관한 주석서를 모두 살펴보아도, 이 si—ri에 관하여는 어떤 해설도 찾을 수 없고, 아예 언급조차 없다. 일본어가 아니다.

‘~시리’라는 말이 있다. ‘별시리’는 별스럽게, ‘쪼잔시리’는 쪼잔스럽게, ‘엄청시리’는 엄청스레라는 의미이다. 졸저 『일본열도의 백제어』에서는 무단히라는 뜻을 가진 ‘무산시리’를 본 바 있다(428쪽). 국어사전에는 실려 있지 않지만, 일상생활에서 흔하게 들을 수 있는 속어이다. 이 ‘~시리’는 ‘~스럽게’라는 의미로서 접미사이다.

여기서의 **si-ri**는 바로 이 ‘~**시리**’이다. 그리하여 pu-to-si-ri는 ‘pu-to(太 태) 시리’ 즉 ‘pu-to스럽게’로서, ‘굵게’라는 의미가 된다.

ta-ka-si-ri는 ‘ta-ka(高 고)시리’ 즉 높게 라는 뜻이다. 한국어로 직역하면, ‘굵시리’와 ‘높시리’가 된다. 현대 한국어에는 물론 이와 같은 말이 없다. 왜국으로 건너간 백제인들이 백제어와 왜어를 결합하여 이러한 언어의 유희를 만들어내었던 것이다.

그리고 한국어 ‘시리’의 앞에는 주로 명사가 오지만 ‘쪼잔시리’에서 보듯이 형용사의 어근이 붙을 수도 있다. pu-to와 ta-ka는 형용사의 어근으로서, 일본어에서는 형용사의 어근이 그대로 명사로도 활용되므로, ‘시리’와 결합하는 데에 아무런 문제도 없다. 백제 시대에도 ‘~시리’라는 말이 사용되었던 것을 알 수 있다. 『고사기』를 지은 태안만려는 여기서도 백제어를 이용한 언어의 유희를 하였던 것이다.

(9) 광인光仁천황의 모후 고야신립高野新笠 시호의 ‘시리’

앞서 환무(桓武)천황이 직접 작성하였다고 전하는 그의 모후 고야신립(高野新笠)의 일대기를 본 바 있다(322쪽). 그녀의 사후 신하들이 시호를 바쳤다. 『속일본기』에 나오는 시호와 그 유래를 살펴보자.

> 「…… 황후는 백제 무령왕의 아들 순타淳陀태자에게서 나왔다. 나중에 성을 고쳐 ‘고야高野, ta-ka-no’라 하였다……

백제의 먼 조상遠祖인 도모왕都慕王은 하백河伯의 딸이 태양의 정기에 감
응하여 낳은 아들이다. 황태후는 그 후예이다. 그런 이유로 시호를 '천
고지일지자희존天高知日之子姬尊'이라 하였다」

황후의 시호를 검토하여 보자.

「천고지일지자희존 天高知日之子姬尊,

　　　　a-ma-ta-ka-si-ri-pi-no-ko-pi-me-no-mi-ko-to」

'천(天, a-ma)'은 하늘이다. 황후가 백제 계통임을 이렇게 표시하였는데,
여기서는 실제 하늘을 의미하기도 한다. 복합적인 의미를 나타낸다.

「고지(高知, ta-ka-si-ri)」는 무엇인가? 'ta-ka(高)'는 높다는 뜻이고,
si-ri(知)는 알다 혹은 점유하다는 의미이므로, 이는 '높게 알다' 혹은 '높게
점유하다'라는 의미인가? 이런 말은 있을 수 없다. 이 si-ri는 앞서 본 '~시
리'인 것이 분명하다. 따라서 ta-ka-si-ri는 여기서도 '높(게)시리' 즉 '높
게'이다.

'일(日, pi)'은 해, '자(子, ko)'는 자식이지만 여기서는 후손을 뜻한다. '희
(姬, pi-me)'는 여성에 대한 존칭, '존(尊, mi-ko-to)' 또한 존칭이다. 따
라서 이 시호의 의미는 「하늘 높시리 해의 후손인 고귀한 여성」이 된다. 도
모왕(都慕王) 즉 주몽은 하백(河伯)의 딸이 태양의 정기에 감응하여 낳은 아들
이고, 황후는 그 후손이라는 사실을 이렇게 '높시리 해의 후손'이라고 표현
하고 있다.

그런데 앞서 본 'X자 기둥 높시리'는 한국어의 감각으로도 전혀 문제가
없지만, 시호의 '높시리 해'라는 말은 한국어의 어법과는 부합하지 않는다
는 의문이 생긴다. 이 시호가 작성된 것은 790년으로서, 벌써 백제어가 잊

혀져 갈 무렵이다. 어법에 맞지않는 생경한 백제어가 된 것은 그런 이유일 것이다.

10) 하늘의 피 잇기天津日繼, a—ma—tu—pi—tu—gi

(1) pi—tu—gi日繼 일계

『고사기』의 천손강림 설화 바로 앞에 대국주신(大國主神)이 왜국을 천신(天神)에게 양도하는 설화가 있다. 여기에 등장하는 「천진일계(天津日繼, a—ma—tu—pi—tu—gi)」라는 말을 주목하여 보자. 이 말은 8세기의 일본 지배층에서 자주 사용되던 단어로서, 천황가의 뿌리를 알려주고 있다.

이 말의 '천(天, a—ma)'는 하늘을 뜻하며, '진(津, tu)'은 '~의'라는 의미를 나타내는 고대의 조사 tu이다. 따라서 '천진(天津, a—ma—tu)'은 '하늘의'라는 뜻이다.

pi—tu—gi(日繼)는 무슨 의미인가? 한자표기를 '일사(日嗣)'라고도 하였는데, '사(嗣)'라는 한자는 '이을 사'이다.

pi—tu—gi　日繼 일계, 日嗣 일사　[고대 일본어]　왕위를 잇는 것
pi　日 일　[〃]　해
tu—gi　繼 계　[〃]　잇기

이 말의 원래 의미는 왕위를 계승하는 것이라는 뜻이다. 『일본서기』 지통(持統) 2년(688년) 11월조를 보자. 이때는 지통의 부군인 왜왕 천무(天武)가 별세하여 장례식을 할 때이다. 여러 신하가 애도한 이후, 지덕(智德)이라는 신하가 나서서 특이한 절차를 진행하였다.

「奉誅皇祖等之登極次第 禮也 古云日嗣也

황조(皇祖)들의 등극순서를 말씀올렸다. 이는 예의이다. 고어로 '日嗣(일
사, pi-tu-gi)'라 한다」

이에 의하면, 왕위의 등극순서 즉 왕위를 순차적으로 이어가는 것을 '일
사'라 하였는데, 의미가 발전하여 왕위 그 자체를 의미하기도 하였다.

이 기사는 사실일까? 앞서 본 바와 같이 초대 왜왕 신무 이후 37대 제명
에 이르기까지 전부 날조된 가공의 인물들이다. 이 신하가 천무의 장례식에
서 역대 왜왕들의 등극순서를 말씀 올렸을 리가 만무하다. 그리고 왕의 장
례식에서 앞선 왕들의 등극순서를 말씀 올린다는 것은, 창작사서인 『일본
서기』의 세계가 아닌 다른 정상적인 국가라면 상상할 수도 없는 특이한 일
일 것이다. 이런 기사가 『일본서기』에 보인다는 것은, 이 창작사서를 어떻
든 진실한 것으로 꾸미고자 하는 노력의 일환으로 생각된다.

이 말의 원래 의미를 분석하여 보자. pi(日 일)는 해를 뜻하고, tu-gi(繼
계)는 잇기라는 의미이니, 이 말은 '해 잇기'가 원래의 의미일까? 그렇다면
왕위를 계승하는 것을 어째서 '해 잇기'라 하였을까? 여기에 관하여는 확립
된 통설이 없다.

나카타(中田祝夫) 선생의 『古語大辭典(고어대사전)』을 보면, 「천조대신(天照
大神)의 명에 의하여, 그 대업을 이어나가 대를 이어 통치하는 것」이라고 풀
이하였다.

신무라(新村出) 선생의 『廣辭苑(광사원)』에는, 「일신(日神, pi-no-ka-mi)
의 대명(大命)으로 대업을 계속하여 다스리신다는 뜻」이라 하였으며,

마루야마(丸山林平) 선생의 『上代語辭典(상대어사전)』은, 「해의 신(日神 일신)
인 천조대신의 혈통을 잇는 것, 일설에 pi는 '日' 즉 해가 아니고 '火(화, pi)'
즉 '불'로서, 태고적부터 인류의 생활에서 가장 중요한 불씨를 끊임없이 보

지(保持)하는 수장(首長)의 의미라 한다」라 하였다.

오오노(大野晋) 선생은 『암파고어사전』에서, pi를 불(火 화)이라 보는 견해를 음운론상의 이유로 비판하면서, 「pi(靈 영) 즉 신성한 것 혹은 pi(日 일) 즉 해를 잇는 사람이라는 의미」라 하였다.

해는 하늘에 밝게 빛나는 천체로서 지구상 모든 생명과 에너지의 근원이다. 그런데 대를 이어 왕위를 이어나가는 것을 '해 잇기'라 한다는 것은 뭔가 이상하다. 사람이 어떻게 해를 잇는다는 말인가? '해와 같이 밝게 빛나는 대왕의 예지와 위엄'과 같은 표현에서 은유법으로 '태양'이라는 표현을 사용하였다. 또한 해와 달을 그린 '일월도(日月圖)'가 조선시대에 임금의 상징이었다. 그러나 왕위를 잇는 것을 '해 잇기'라 한 것은 이해하기 어렵다. 해란 밝고 빛나는 것의 상징이기는 하지만, 사람이 그것을 이을 수는 없는 노릇이다.

그러면 여기서의 해는 『고사기』와 『일본서기』의 최고신 '천조대신'일까? 문제는 천조대신이 시조가 아니라는 점이다. 신무(神武)가 시조이고, 천조대신은 그보다 훨씬 윗대의 나타났을 뿐만 아니라 그는 사람이 아니고 신이다. 『古語大辭典(고어대사전)』의 나카타(中田) 선생조차도, 천조대신을 직접적으로 잇는다는 것이 아니라, 해의 신인 그의 명령에 의하여 대업을 이어나가는 의미라 풀이하였다.

왕위를 영적인 것으로 본 설도 이해할 수 없다. 왕위는 무당이 아니다. 위에서 본 모든 설은 억지인 느낌이고 자연스럽지 못하다.

(2) **피** 잇기

pi−tu−gi의 **pi**는 일본어가 아니라 한국어로서, 다름 아닌 '**피**'이다. tu−gi(繼 계)는 물론 잇기라는 의미의 고대일본어이다. 따라서 이 말의 원래 의미는 '피 잇기'이다. 한일합성어이다. 대를 이어 왕위를 이어 나가는 것을

'피 잇기'라 한 것인데, '피'의 표기를 같은 발음을 나타내는 '日(일, pi)'로
한 것이 위와 같은 구구한 억측을 불러일으킨 원인이 되었다.

따라서 『고사기』의 「천진일계(天津日繼, a－ma－tu－pi－tu－gi)」는 「하늘
의 피 잇기」라는 의미가 된다. 그런데 『고사기』와 『일본서기』의 하늘은 항
상 그렇듯이 백제를 뜻한다. 여기서도 예외가 아니다. 따라서 이 말은 「백
제의 피 잇기」라는 의미로 귀착된다. 일본에서 천황의 자리를 이어나가는
것을 「백제의 피 잇기」라 한 것이다.

8세기 일본 최고의 가인(歌人)으로서, 『만엽집』의 편자로 추정되는 대반가
지(大伴家持)가 지은 『만엽집』 4098번 노래의 첫 구절을 보자. 천황의 요시노
(吉野) 행차를 찬양한 노래인데, 첫 구절에 「하늘의 피 잇기」가 등장한다.

「高御座　安麻乃日繼登……

ta－ka－mi－ku－ra　a－ma－no－pi－tu－gi－to

천황의 의자, 하늘의 pi－tu－gi 日繼 일계와……」

8세기 일본에서는 천황이 앉는 팔각 의자를 「고어좌(高御座, ta－ka－mi－
ku－ra)」라 하였으며, 천황의 지위를 상징하기도 하였다. 이어지는 「하늘의
pi－tu－gi(日繼 일계)」는 「백제의 피 잇기」이다.

일본의 천황이라는 자리는 「백제의 피 잇기」라고 8세기 일본의 지배층에
서 생각하였던 것이 분명하다. 천황의 자리가 어째서 「백제의 피 잇기」인
가? 일본 천황가의 뿌리가 백제에 있고, 8세기 천황의 선조는 백제에서 건
너갔다는 의미이다. 노래에서는 천황의 의자라는 말이 「하늘의 pi－tu－
gi(日繼 일계)」를 상징하거나 수식하는 침사(枕詞)로 사용되었다.

8세기의 일본 지배층 사람들은 천조대신이란 『고사기』의 저자 태안만려
가 창작한 신에 불과하다는 것을 익히 알고 있었다. 천조대신의 명에 따른

다거나 그를 잇는다는 것은 전혀 상상도 할 수 없는 일이었을 것이다.

'피'가 고대에 일본으로 건너간 것은 졸저 『일본 천황과 귀족의 백제어』에서 본 바 있음으로(77쪽), 여기서는 간략하게 살펴보자.

pi 肥 비 [고사기] 피로 물든 강의 이름
피 [한국어]

『고사기』를 보면, 수사노(須佐之男)가 칼을 뽑아 머리가 여덟 개 달린 괴물 뱀의 머리를 모두 잘랐더니, 강이 피로 물들었다고 한다. 그 강의 이름 **pi**(肥 비)강이었다. 한국어 '피'와 일본의 강 이름이 동일한 것을 이용한 언어의 유희이다.

pi-do-ma-ri 經水止 경수지 [고대 일본어] 월경이 멈추는 것
hi 月經 월경 [도쿠시마, 가가와, 히로시마, 시마네, 효고, 니이가타,
야마가타 방언] 여성의 월경
hi-do-ki [미에 방언] 〃
hi-ma [에히메 방언] 〃

세 방언의 hi는 고대에는 **pi**였다. 위에서 보듯이 pi라는 말은 고대의 일본에서 여성의 월경(月經)이라는 말로 널리 사용되었다. 월경은 바로 '피'이다. 현대에는 중앙어에서는 사라졌으나, 방언에서는 hi로 변하여 아직도 여러 지방에 남아 있다. 방언에는 훨씬 많은 변형이 있으나, 지면 관계상 생략한다.

'피'는 중세에도 같은 발음이었으나, 격음이 없던 고대에는 '비'였을 것이다.

(3) 제황일계帝皇日繼

『고사기』 서문을 보면, 태안만려(太安萬呂)가 편찬 경위를 서술한 다음과
같은 구절이 있다(번역은 노성환 선생의 『일본 『고사기』. 1991. 예전사』 22쪽).

> 「……그때 마침 토네리舍人가 있었는데, 그의 성姓은 히에다稗田이었고,
> 이름은 아래阿禮이었는데, 나이는 28세이었습니다. 사람이 총명하여,
> 눈으로 본 것은 입으로 외웠고, 귀로 들은 것은 잘 기억했습니다. 그리
> 하여 곧 아래阿禮에게 명하시어, **제황일계帝皇日繼 및 선대구사先代舊辭**를
> 외우게 하셨습니다. 그러나 운運이 변하고 세상이 달라져, 지금껏 그
> 일을 마칠 수 없었습니다」

히에타아래(稗田阿禮)라는 암기의 천재가 외웠다는 「제황일계」와 「선대구
사」는 모두 책의 이름이다.

「제황일계」의 제황(帝皇, su—me—ro—ki)은 물론 천황을 뜻하고, 일계(日
繼, pi—tu—gi)가 '피 잇기'이다. 그러므로 이 책의 제목은 「천황의 피잇기」
이다. 이 책의 제목이 pi—tu—gi라는 말의 의미를 잘 나타내 준다. 「천황의
해잇기」가 아니다.

이 서문의 앞부분에는 '제기(帝紀)'라고도 되어 있는데, 동일한 내용일 것
이다.

이 '제황일계'라는 책은 실존하지 아니한 허구의 기록이다. 태안만려가
꾸며낸 가공의 서적인 것이다. 왜냐하면 '제황(帝皇)'이나 '천황'은 7세기 말
엽에 비로소 성립된 왕호이고, 「일계(日繼, pi—tu—gi)」라는 용어는 8세기에
비로소 생겨났기 때문이다.

그런데 이런 「천황의 피잇기」라는 책이 있었다면, 거기에는 역대 천황의
계보와 치적 따위가 망라되어 있을 것인데, 왜 암송의 천재에게 그것을 외

우게 하였느냐 하는 의문이 생긴다.

책에 모든 것이 적혀 있음에도, 그것을 사람에게 외우게 한다는 것은 전혀 상상조차 되지 않는다. 책이 없고 기록이 없을 때, 혹은 문자 자체가 없을 때, 그럴 때에 암송이 필요한 것이다. 아직도 남북미 대륙의 문자가 없는 토박이 사람들이, 순전히 암송으로서 부족의 역사를 전해 내려오고 있다는 사례는 간혹 접할 수 있다. 책이 있음에도 그 내용을 암송하게 하여 후세에 전하였다는 이야기는 들어본 적이 없다.

태안만려가 이 엉뚱한 스토리를 꾸며낸 이유는 무엇일까? 창작사서인 『고사기』에는 앞서 본 바와 같이 창작상의 수많은 실수가 존재하고, 또 설화라는 것도 한눈에 보더라도 실화가 아닌 꾸며낸 스토리라는 인상을 주는 것들이 대부분이다. 창작소설집인 『고사기』에 불가피하다 할 수 있는 여러 불비한 점에 대한 변명으로서, 이런 '암송의 천재' 운운의 설화를 서문에 내세운게 아닌가 싶다.

즉 「제가 지은 『고사기』는 문자기록에 기초한 것이 아니라, 사람의 암송에 의거하였습니다. 그런데 사람의 기억력은 불분명하고 한계가 있을 수밖에 없고, 그것을 토대로 서술하다 보니, 여러 가지 미비점이 많습니다. 독자 여러분들은 너그러이 양해하시라」는 취지일 것이다.

11) 『고사기』의 서문에서 공표한 역사 창조의 방침

『고사기』의 서문, 앞에서 본 암송의 천재 운운의 바로 앞에는, 왜왕 천무(天武)의 말이라 하면서 『고사기』를 편찬하는 목적을 밝힌 대목이 있다. 여기에는 진실된 있는 그대로의 역사가 아니라, 창조된 허구의 역사를 기록하겠다는 방침을 밝히고 있어, 주목을 요한다(번역은 필자).

「天皇詔之, 朕聞 諸家之所齎帝紀及本辭 **既違正實** 多加虛僞.

當今之時 不改其失, 未經幾年其旨欲滅.

斯乃 邦家之經緯 王化之鴻基焉. 故惟 撰錄帝紀 討覈舊辭 **削僞**

定實 欲流後葉.

천무천황은 말씀하였다. "내가 듣기를, 여러 가문에서 가지고 있는 제

기帝紀와 본사本辭는 **이미** 진실에서 어긋났고, 많은 허위가 들어있다고

하였다. 지금 그 잘못을 바로잡지 않으면, 몇 년이 지나지 않아 본래의

뜻은 없어질 것이다.

이는 국가의 근본經緯 경위이며, 왕화王化의 큰 기틀이다. 그러므로 제기

를 가려서 기록하고, 구사를 자세히 검토하며, **허위를 삭제하고, 진실**

을 정定하여, 후세에 전하려 한다"라고 명하였습니다」

왜왕 천무의 입을 빌어 『고사기』 저술의 근본방침을 밝히고 있다. 『고사기』 이전에는 왜국의 역사를 기록한 '왜국사' 따위의 관찬사서가 없었다 한다. 그래서 각 씨족의 가문에서 보관하고 있는 '제기(帝紀)'와 '본사'라는 기록을 수집하여 기초자료로 삼았다는 것이다.

그런데 '천황'이라는 왕호가 생기기 이전에 '제기'라는 제목의 책이 있었을 가능성은 없다. 허구의 기록이다. 그러나 여기서는 왜국 역사를 전한 각 가문의 기록이라는 의미로 선해하여 두자.

그런데 그것이 「**이미** 진실에서 어긋났다 한다(**既違正實** 기위정실)」라고 한 대목을 주목하여 보자. 어찌 여러 가문에서 진실되지 아니하고 오류가 많은 기록을 보관하고 있었으랴. 이 문장은 가문의 여러 기록이 원래는 진실하였는데, 이미 즉 세월이 바뀌어 진실하지 않게 되었다는 의미를 나타내고 있다. 다시 말하면, 새로이 『고사기』를 편찬하면서, 창조된 허구의 역사를 기록하는 방침에서 보니, 여러 가문의 기록은 이미 진실에서 어긋났

다는 뜻이다.

그래서 이러한 기록 중에서, 「허위를 삭제하고 진실을 정한다(削僞定實 삭위정실)」는 방침을 피력하고 있다. 여기서의 허위는 무엇인가? 원래는 진실하였지만, 허구의 새로운 역사를 창조한다는 방침에서 볼 때에, 이와 맞지 않아 허위가 된 것을 의미한다. 따라서 '허위를 삭제한다'는 것은, 있었던 그대로의 진실된 역사는 삭제하여 전하지 않겠다는 의미이다.

「진실을 정한다는(定實)」는 것은 무슨 의미인가? 역사를 서술한다는 것은 있는 그대로의 역사를 기록하는 것이지, 기록자가 역사의 진실을 어떻게 인위적으로 정(定)한단 말인가? 역사의 진실을 정한다는 것은 허구의 역사를 창조하는 것이 된다. 『고사기』는 서문에서 날조한 가공의 역사를 창조하겠다는 방침을 선포하였던 것이다.

『고사기』와 『일본서기』가 진실된 왜국의 역사는 전하지 않고, 8세기의 시점에서 창작된 허구의 소설과 같은 역사를 기록하였다는 것을, 서문의 이 대목에서 확인할 수 있다. 이는 『고사기』 편찬의 확고한 방침이었던 것이다. 왜 이러한 역사 날조라는 엉뚱하기 그지없는 발상을 하게 되었을까?

이는 철저한 왜인화를 추진하던 구백제계 귀족들의 총의에서 우러나온 것으로 추정된다. 모국은 이미 멸망하여 돌아갈 수 없게되었으며, 소수의 인원으로서 압도적으로 다수인 토착왜인을 지속적으로 통치해 나가기 위한, 그들의 불가피한 생존전략으로 이해할 수 있다. 즉 자신들이 백제인이라는 정체성을 철저하게 숨기고, 아득한 옛날부터 하늘에서 내려와 왜국 백성들을 통치한 것으로 역사를 위조하였던 것이다.

이 전략은 완벽하게 성공한 것이 분명하다. 압도적으로 다수인 토착왜인들과 마찰을 빚지 않으면서, 영속적으로 그들을 통치하여 나갈 수 있는 확고한 기틀을 마련한, 현명한 전략이었다고 평가할 수 있다.

그런데 『일본서기』에는 서문조차 없다. 천황의 명령에 의하여 편찬된 관찬사서에 서문이 없다니? 상상조차 되지 않는 일이다. 처음부터 서문이 없었을 리는 없다. 원본에는 있었는데, 후세의 변작자가 삭제하였던 것이 분명하다. 왜 삭제하였을까? 여러 번에 걸쳐 개변된 『일본서기』 본문의 내용과 원래의 서문에 큰 차이가 있었을 것이다. 아마 서문에는, 후세의 가필인 '임나일본부' 혹은 '백제의 조공' 따위와는 전혀 양립할 수 없는 내용이 포함되어 있었을 가능성이 크다. 후세의 변작자는 개변된 내용과 다른 서문은 삭제할 수밖에 없다고 생각하였을 것이다.

그리고 『일본서기』가 편찬된 이후 일본의 조정에서 여러 차례에 걸쳐 '강독회(講讀會)'가 열렸던 것은 주지의 사실이다. 과문한 필자는 고대의 한국이나 중국에서 자국의 역사서에 관한 이러한 강독회가 열린 사실을 알지 못한다. 그런데 8세기의 일본에서는 무슨 이유로 공무에도 바빴을 중신들을 모아놓고 역사서에 관한 강독회를 하였을까?

『일본서기』가 실제 있었던 역사를 전한 것이 아니고, 허구의 창작된 역사를 기록한 것이므로, 이에 대한 홍보와 교육이 필수적이었을 것이다. 언어와 풍속이 다른 토착왜인들을 영속적으로 지배하기 위하여는, 이렇듯 창작된 역사를 기록할 수밖에 없다는 당위성을 강조하였을 것이다. 생소하고 낯선 창작된 역사에 관하여, 귀족층 전체의 이해를 구하기 위하여는, 이러한 강독회가 반드시 필요하였다고 생각된다.

3장 ─────

고대 왜국의
원풍경

일본의 고대사를 알려주는 가장 기본적인 자료는 물론 『일본서기』와 『고사기』이다. 그러나 『고사기』의 서문에서 본 바와 같이, 이 두 책은 실제 역사를 기록한 것이 아니다. 인위적으로 만들어낸 역사, 창작된 역사를 담은 책이므로, 이를 아무리 열심히 읽어본들, 실제 6~7세기 고대 왜국의 원풍경을 알 수는 없다.

8세기 일본의 원풍경은 『만엽집』에 잘 묘사되어 있다. 이 책에는 도합 4,516 수라는 실로 엄청난 분량의 노래가 실려 있는데, 이 노래들을 음미하여 보면, 당대에 살던 사람들의 진솔한 감정과 일상생활을 잘 들여다볼 수 있다.

8세기의 천황과 귀족 등 지배층은 전부 고대에 한국에서 건너간 사람들의 후손이었다. 『만엽집』에 나오는 노래들이 만들어지던 8세기에는 아직 백제인 1세 혹은 그 후예들이 백제어에 능통하였으며, 백제인이라는 정체성을 분명하게 가지고 있었다. 아직 왜인화가 완성되기 이전의 단계였다.

따라서 이 노래들을 통하여 우리는 왜지에 살던 우리 선조들의 사랑과 웃음, 눈물과 탄식을 살펴볼 수 있는 것이다. 우리 선조들이 통치하던 왜국의 원풍경을 충분히 알 수 있다.

『만엽집』의 노래가 백제인 후예들의 작품이라는 것은 필자 혼자만의 생각이 아니다. 다음은 경북대학교 인문대학 일어일문과 교수로 재임하다 2018년 정년퇴임한 이종환 선생이 필자에게 들려준 일화이다.

1983. 12. 25. 성탄절.

당시 젊은 이종환 학생은 일본의 츠쿠바(筑波)대학으로 유학간지 얼마되지 않았다. 『만엽집』을 강의하던 나카니시(中西進) 교수가, 강의를 듣던 학생 10여명, 그리고 동료교수 몇 명을 자택에 초대한 자리에서, 이종환에게 맥주를 권하면서 다음과 같은 이야기를 하였다 한다.

「이군李君은 지금부터 『만엽집』을 연구하세요. 한국어와 일본어를 다 잘하는 이군이 이 연구를 하면 좋겠어요. 왜냐하면 『만엽집』은 바로 이군의 선조들이 만든 가요집이기 때문입니다. 백제인, 신라인, 고구려인, 이군 선조들의 말로 만든 노래집입니다……」

나카니시 선생은 일본에서도 저명한 『만엽집』의 대가이다. 필자도 그의 저서를 몇 권 읽은 바 있다. 그는 『만엽집』이 고대 한국인이 고대 한국어로 기록한 가요집이라고 생각하였던 것이 분명하다. 진실을 직시하여 알고 있는 일본의 연구자들 가운데에는, 이런 생각을 가진 사람들이 드물기는 하지만 존재하고 있다.

나카니시 선생으로부터 이런 이야기를 듣고서는, 상당히 당황하였다고 이종환 선생은 술회하였다. 왜냐하면 한국의 학부시절부터 일본문학을 전공한 그로서는 이런 이야기는 전혀 들어 본 적이 없었기 때문이다. 그는 일본어를 영어나 독일어와 같은 단순한 외국어로만 공부하여 왔던 것이다.

당시 그의 전공은 일본 명치(明治)시대 문학이었다. 10여년의 세월이 지나 이 분야의 연구로 문학박사 학위를 취득하였다. 따라서 나카니시 선생의 간곡한 권유에 제대로 화답하지 못한 셈이 되었다. 그러나 이종환 선생의 마음속에는 나카니시 선생의 말씀이 큰 화두로 자리매김하여 왔던 것이다. 그래서 그는 나이 쉰을 넘은 2000년 무렵부터 비로소 한국어와 일본어의 뿌리를 찾는 연구를 시작하였다 한다. 이런 연유로 같은 길을 걷는 필자와 만나게 되었다.

1. 금석문에서 나타난 고대 왜국의 원풍경

『만엽집』에 나오는 여러 가지 풍속을, 일본의 전통 민속과 한국의 민속에 대비하여 깊이 연구하면, 고대 한국의 여러 가지 풍속을 복원하는 것도 충분히 가능하리라 생각한다.

그런데 시대를 많이 거슬러 올라간 것도 아닌, 7세기 왜국의 원풍경은 암흑의 장막으로 닫혀져 있어 알 수가 없다. 그 시대 일본열도에 살던 사람들의 모습이 어떠하였는지는 『고사기』나 『일본서기』, 『만엽집』, 『풍토기』 어디에도 나오지 않는다. 8세기의 백제인들이 의도적으로 왜인화정책을 썼고, 그에 따라 창작된 역사를 만들어내면서, 7세기의 역사마저도 문헌으로 전하지 않았기 때문이다.

그런데 다행스럽게도 일본에는 여러 곳에 불상 조성기나 묘지명 등의 금석문이 일부 남아 있어, 아닌 진실된 고대사의 원풍경을 단편적으로나마 엿볼 수가 있다. 7세기 혹은 그 이전, 왜국 수도 아스카(飛鳥) 일원의 맑은 공기를 호흡하면서, 왜국 통치의 일선에서 활약하던 백제인들의 흔적을 조금은 알아낼 수가 있는 것이다. 이 원풍경은 『일본서기』에 나오는 것과는 전혀 다르다.

금석문 가운데에는 『일본서기』의 내용을 뒷받침하는 것도 여럿 보이고 있다. 창작된 역사를 기록한 『일본서기』의 기사내용이 진실한 것인 양, 금석문으로서 그 진실성을 보충하려는 의도인 것이 분명하다. 마치 『일본서기』의 내용을 뒷받침하기 위하여 『풍토기(風土記)』를 편찬한 것과 같은 맥락이다.

조상의 내력을 기록한 묘지명은 앞에서 본 바 있다. 여기서는 묘지명 이외의 금석문을 살펴보자. 저본으로 삼은 것은 고대 문헌을 읽는 모임(上代文獻を讀む會)에서 편찬한 『古京遺文注釋(고경유문주석). 1989. 櫻楓社』이며, 야마타(山田孝雄) 선생의 『古京遺文(고경유문). 1946. 勉誠社』과 『大日本金石文(대일본금석문). 木崎愛吉. 1921. 好尙會出版部』을 참고하였다.

1) 왕연손王延孫

나라(奈良)의 법륭사(法隆寺)에 있던 금동불의 광배(높이 약 7㎝) 뒷면에 새겨진 기록이다. 석가상과 대좌는 없어지고, 광배만 남아 있다.

「甲寅年　三月二十六日　弟子**王延孫**　奉位現在父母　敬造　金銅釋迦

像一軀……

갑인년 3월 26일, 제자 **왕연손**이 현재 부모를 위하여 금동석가상 일구

를 삼가 만드니……」

부처님의 제자인 **왕연손(王延孫)**이 현재 부모를 위하여 석가불을 만들었다

한다. 갑인년이 594년인지 혹은 654년인지는 분명치 않다. 만일 594년으로 본다면, 『일본서기』의 기년으로는 추고(推古) 2년이 된다. 654년이라면 효덕 (孝德)의 백치(白雉) 4년이 된다.

그런데 『일본서기』의 어디를 보더라도 '왕연손'이라는 인명은 보이지 않는다. 부모를 위하여 이 정도의 금동불을 만들 정도이면, 상당한 고위직에 있었던 인물이었던 것이 분명하지만 『일본서기』에 나오지 않는다. 실제 살아 숨 쉬면서 왜국의 중요한 직위에 있었던 사람이지만, 『일본서기』에는 그 이름이 보이지 않는 것이다.

『일본서기』는 창작한 역사를 기록하였다. 따라서 왜인으로 등장하는 인물은 불과 몇몇을 제외하고는 거의 대부분이 붓끝에서 창작된 가공인물이다. 그렇지만 여기에 나오는 '왕연손'은 실존하였던 인물인 것이 분명하다. 이 왕연손은 누구인가? 성과 이름으로 보아 백제인이다. 일본에서는 중국인으로 보는 견해도 있으나, 이는 사실을 호도하려는 의도일 것이다.

王辯那 **왕변나** [삼국사기 위덕왕조] 백제인

王辰爾 **왕진이** [일본서기 흠명欽明 14년 7월조] 〃

위 두 인물의 사례에서 백제에도 '왕'이라는 성이 있었던 사실을 확인할 수 있다. 『일본서기』에 나오는 왕진이라는 인물은 앞에서 본 바 있다(302쪽). 이 금석문을 통하여, 고대 왜국 통치의 일익을 담당하였던 인물 한 사람의 이름을 알 수 있게 된 것은 큰 수확이다.

이 금동불은 백제에서 만들어졌을 가능성도 있다. 만일 그렇다면 왕연손이 백제에서 금동불을 만든 다음, 이를 지니고 도왜하였을 것이다. 왜 도왜하였을까? 왜국을 통치하기 위한 지배층의 일원으로 파견되었을 것이다.

2) 대고신大古臣

법륭사(法隆寺)에 있는 금동관음보살입상의 대좌(台坐)에 새겨진 조상기(造像記)이다. 번역은『古京遺文注釋(고경유문주석)』에 의거하였다(360쪽).

「辛亥年七月十日記 笠評君名大古臣 辛丑日崩去 辰時 故兒在布奈太利古臣 又伯在建古臣 二人志願.

신해년 7월 10일 기록한다. 입평군笠評君, 이름은 대고大古인 신하는 신축일에 붕거하였다. 오늘이 바로 그 간지에 해당하는 날이다. 그래서 아들인 포나태리고布奈太利古 신하와 형인 건고建古 신하, 두 사람이 고인의 극락왕생을 기원한다」

(1) 신해년辛亥年

'대고(大古)'라는 이름을 가진 신하가 별세한 후, 그의 아들인 '포나태리고, 布奈太利古'와 형인 '건고(建古)', 두 사람이 고인의 극락왕생을 기원하기 위하여 불상을 만들었다는 내력을 기록하였다. 그런데 신해년은 언제일까?

『고경유문주석』에는, 지방행정단위인 '평(評)'이라는 한자로 볼 때, 이 신해년은 651년이라는 것이 정설이라 한다. 타당한 견해이다. 그렇다면 이때는『일본서기』상으로 왜왕 효덕(孝德)의 백치(白雉) 2년에 해당한다. 그러나 대고(大古)라는 신하의 이름은 물론, 그가 죽었다는 기사는 전혀 보이지 않는다.『일본서기』를 전체를 살펴보아도, 이 기록에 나오는 세 신하의 이름은 단 한 사람도 보이지 않는다.

그리고『일본서기』에 나오는 백치라는 연호가 실제 사용된 바 있었다면, 이 글에서도 응당 첫머리에 '백치 2년'이라는 연호로 시작되었을 것이다. 그러나 연호는 보이지 않고, 통상적인 간지인 신해년으로 시작하고 있는 것은 실제 이 연호가 존재하지 않았다는 명백한 증거가 된다. 『일본서기』의 허구성을 여기서도 엿볼 수 있다.

(2) 붕거朋去

'붕(崩)'이란 단어는 대왕의 죽음을 표현하는 말이다. 신하는 주로 '졸(卒)'이라 하지만, 최고위급의 유력한 신하는 '훙(薨)'이라고도 한다. 『일본서기』에도 이런 원칙은 철저하게 지켜지고 있다. 심지어 대성인이자 섭정으로서, 국정을 총섭하였다는 성덕태자의 죽음마저도, '붕'이 아닌 '훙'이라는 표현을 사용하였다. 왜왕과 아주 가까운 왕족의 죽음에 대하여는 '훙'을 사용하였으나, 신하들의 죽음은 대부분 '졸(卒)'로 표현하였던 것이다.

그런데 감히 대왕의 죽음을 의미하는 '붕'이라는 표현이 사용된 '대고'라는 사람은 도대체 누구인가? 현대의 총리대신급에 해당하는 최고위직을 역임한 인물이 아니었을까? 『일본서기』에는 전혀 나오지 않고 있다. 왜 이런 고위급의 인물이 『일본서기』에는 기록되어 있지 않을까? 『일본서기』는 진실된 역사를 기록한 사서가 아니고, 창작된 역사를 기록하였기 때문이다.

(3) 평評

'입평군'의 **평(評)**은 고대 일본의 지방행정단위로서, 일본어로 ko—po—ri라 한다. 바로 한국의 '고을'이 건너간 말이다. 이에 관하여는 졸저 『일본천황과 귀족의 백제어』에서 본 바 있는데(265쪽), 뒤에서 항을 바꾸어 좀 더 상세하게 살펴보자.

지방행정의 핵심적인 단위가 일본어가 아닌 한국어라는 것은, 고대 왜국을 백제인이 통치하였다는 중요한 증거 중의 하나가 된다. ko—po—ri의 한자표기를 702년의 대보율령(大寶律令)에서 '군(郡)'으로 변경한 바 있다. 따라서 이 '평(評)'이라는 표기에서 702년 이전의 기록이라는 사실을 알 수 있다.

그런데 여기에 나오는 '입평'은 과연 어느 곳일까? '입(笠)'은 삿갓을 뜻하고, 일본어로 ka—sa이다.『일본서기』천무(天武) 5년 9월조를 보면, 단파국(丹波國)의 가사군(訶沙郡)이라는 지명이 보인다. '가사군'은 ka—sa—no—ko—po—ri라 하였으므로, '입평(笠評)'과 일응 일치하고 있다. 그러나 백제 멸망 이전인 651년에 이러한 한자의 훈독이 있었는지는 의문이므로, 필자의 위와 같은 추정은 하나의 가설에 불과하다.

그리고 '입평군'은 '입평'을 근거로 한 귀족이라는 의미일 것이다. 그런데 수도 아스카에서 멀리 떨어진 단파국 가사군의 귀족이 신하로서는 최고의 지위에 올라갔다고는 선뜻 납득이 가지 않는 면이 있다.

(4) 포나태리고신布奈太利古臣과 건고신建古臣

붕거한 대고의 아들인 '포나태리고', 형인 '건고' 두 사람 또한『일본서기』에는 전혀 기록되어 있지 않다. 그래서 어떤 인물인지 알 수가 없다. 세 사람 모두 왜국을 통치하는 고위직에 있었던 것이 분명하지만,『일본서기』에는 전혀 보이지 않는다.

'포나태리고(布奈太利古)'는 일본어 pu—na—ta—ri—ko의 표기일 것이다. 이 이름의 ta—ri 또한 백제풍이다. '늙다리' 혹은 '구닥다리'의 '다리'로서, 한국어에서 사람을 뜻하는 인칭접미사로 사용되기 때문이다

그런데 이 세 사람 이름의 말음은 모두 '고(古)'라는 한자로 되어 있다. 이는 백제풍이다. 이 점에 관하여는 졸저『일본 천황과 귀족의 백제어』에서 본 바 있으나(443쪽), 보다 자세히 살펴보자.

肖古王 초고왕 [삼국사기] 백제의 왕

今沽 금고 [좌관대식기佐官貸食記 목간] 백제의 관리

餘古 여고 [남제서南齊書] 〃

餘固 〃 [〃] 〃

莫古 막고 [일본서기 신공 46년 3월조] 백제의 장군

過古 과고 [〃] 가야인

鼻利莫古 비리막고 [일본서기 흠명 2년 7월조] 백제의 관리

東城子莫古 동성자막고 [〃 〃 15년 정월조] 〃

階古 계고 [삼국사기 잡지 1] 신라인

與古 여고 [창녕 진흥왕 순수비] 신라의 상대등

音乃古 음내고 [남산 신성 제1비] 신라인

于古 우고 [신라 화엄경 사경 조성기 〃

위에서 본 사람들의 이름 말음은 모두 '**고**'라는 발음이다. 이름의 말음에 '고'를 붙이는 것은 고대 한국의 전통적인 풍습이었던 사실을 알 수 있다. 신라나 가야인도 이런 이름을 간혹 사용하였으나, 백제인들이 보다 애호하였던 모양이다.

이 풍습은 사라지지 않고 현대에도 이어져 내려오고 있다. '병호', '정호', '윤호' 등의 이름에서 볼 수 있는 말음 '~**호**(鎬, 浩, 好, 虎, 湖……)'가 그것이다.

또한 왜국으로 건너간 백제인들이 가장 선호한 이름 중의 하나가 바로 이 '~고'일 것이다. 세상을 떠난 '대고', 그의 아들과 형인 '포나태리고', '건고', 세 이름의 말음은 모두 백제풍인 것이 분명하다. '포나태리고'라는 이름은 백제풍의 '~다리'와 '~고'를 이중으로 붙이고 있는 것이 특이하다.

(5) 고을

고대의 일본에서는 지방행정단위인 '평(評)'이나 '군(郡)을 ko—po—ri라 일컬었다는 것을 보았는데, 이 말에 대하여 좀 더 논의하여보자.

현대의 '시(市)'라는 지방행정단위는 일제강점기, 일본 사람들이 자신들의 그것을 한국에 이식한 것이다. 그 아래의 단위인 '통(通)'이나 '정(町)'도 마찬가지이다. 가령 '중앙통(中央通)'과 같은 일제강점기의 용어가 지금도 일부 지역에는 남아 있다.

그러나 삼국시대부터 조선조 말에 이르기까지 한국에는 이러한 지방행정단위가 사용된 바 없었다. 따라서 과거에 사용되던 '시'나 '통', '정'과 같은 용어는 근세 한국이 일본의 식민지배를 받았다는 증거 중의 하나가 된다.

ko—po—ri 郡 군 [고대 일본어] 군
フ블 [중세 한국어] 고을

'고을'의 중세어가 'フ블'인데, 고형은 '거벌'이었을 것이다. 백제 사람들이 이 말을 왜국으로 가져가 ko—po—ri라 하였는데, 고대에는 kə—pə—ri였다.

한국에서는 이 말이 지방행정단위일 뿐만 아니라 일상적으로도 널리 사용되었다. 그런데 고대의 일본에서는 이 말이 일상생활에서는 사용된 바 없고, 오로지 지방행정단위를 의미하는 공식적인 용어로만 사용되었던 것이다. 이 말이 왜국의 고유어가 아니라는 명백한 증거이다. 그러다 현대에 들어서는 사어가 되어 사라지고, '郡(군)'이라는 한자는 음독하여 kun으로 읽고 있다.

왜국을 통치하던 백제인들이 자신들의 용어를 왜국에 도입한 것이다. 마치 '시(市)'라는 용어가 일본인들에 의해 한국에 이식된 것을 연상케 한다.

『일본서기』에 의하면 백제는 왜의 식민지 혹은 속국이었다. 왜가 속국의 지방행정제도를 도입한 것일까? 그러나 일제강점기에 일본이 식민지인 한국의 제도를 일본에 이식한 것은 단 하나도 없었다. 백제가 왜국을 통치하면서 지방행정단위에 백제식 용어를 도입한 것을 알 수 있다.

이 ko—po—ri는 중세 이후 ko—o—ri 혹은 ko—ri로 발음이 바뀌었는데, 현대에도 곳곳의 지명으로 많이 남아 있다.『地名の語源(지명의 어원). 鏡味完二 外. 1977. 角川書店』을 보면, 이 지명이 붙은 곳은 대부분 고대의 군가(郡家) 즉 군청 소재지라 한다(111쪽).

그런데 앞서 보았듯이 원래는 이 ko—po—ri에 대한 한자표기가 '평(評)'이었다가, 702년 이후에 비로소 '군(郡)'으로 바뀌었다.『일본서기』의 마지막 왜왕 지통이 서거한 것이 697년이니, 여기에는 '군'이라는 표현이 나올 수가 없다.

그러나『일본서기』에는 '평'이라는 한자는 보이지 않고, 오로지 '군'만 존재하고 있다. 군의 장관 즉 군수인 '군사(郡司)', 군청을 뜻하는 '군가(郡家)'도 마찬가지이다. 가령『일본서기』효덕(孝德) 2년(646년)조에 나오는 이른바 '대화개신(大化改新)'의 조칙에도 '군사(郡司)'가 여러 번 등장하는데, 바로 이러한 점 때문에 이 조칙의 실재성을 의심하는 학자들이 늘어나고 있다.『일본서기』의 허구성이 다시금 실증되는 대목이라 하겠다.

3) 고옥대부高屋大夫와 한부부인韓婦夫人

법륭사에 있던 높이 약 41.5㎝의 금동미륵보살반가사유상의 대좌에 새겨진 명문이다.

「歲次丙寅年正月生十八日記　**高屋大夫**爲分**韓婦**夫人名阿麻古願　南无頂禮作奏也.
병인년 1월 18일에 기록합니다. 고옥대부高屋大夫는 세상을 떠난 한국 출신 부인, 이름은 아마고阿麻古가 원하는 바를 위하여, 머리를 땅에 대고 배례拜禮하면서 만들었습니다」

(1) 고옥대부高屋大夫와 병인년

'고옥대부'의 대부(大夫)는 존칭이다. '고옥(高屋)'은 훈독하여 ta–ka(高)–ya(屋)로 읽었을 것이다. 구체적으로 어느 곳인지는 알 수 없으나, 지명인 것이 분명하다. 이는 또한 당시 실재하였던 어느 귀족의 성일 것이다.

병인년에 관하여 일본에서는 606년설과 666년설이 대립되어 있다. 그러나 이와 같은 훈독표기가 606년에 있었다고는 믿기 어렵다. 666년설이 타당하다. 이 해는 『일본서기』의 기년으로 천지(天智) 5년에 해당한다. 그런데 『일본서기』에는 전체를 훑어보아도, 고옥대부라는 인명이 보이지 않는다. 이런 정도의 금동불을 조성할 정도라면, 상당한 고위직에 있던 인물인 것이 분명하지만, 어떤 사람인지 전혀 알 수 없다.

(2) 한부韓婦 부인夫人

고옥대부의 부인은 '**한부(韓婦)** 부인(夫人)'이라 하였다. 우선 '부인'은 여성에 대한 존칭으로서, 『삼국사기』에도 자주 등장하고 있다.

八須**夫人** 팔수부인　[삼국사기]　백제 전지왕腆支王비
延帝**夫人** 연제부인　[〃]　신라 지증마립간의 모친
思刀**夫人** 사도부인　[〃]　진지왕의 모친
摩耶**夫人** 마야부인　[〃]　선덕여왕의 모친

『삼국사기』에는 여성의 이름이나 존칭이 아주 드물게 등장한다. 위에서 보는 사례를 통하여 여성에 대한 '부인(夫人)'이라는 존칭이 신라와 백제에서 사용된 것을 확인할 수 있다.

'**한부(韓婦)**'는 '한국 출신의 여성 혹은 아내'라는 의미라는 것을 파악하기에는 어려움이 없다. 그러나 '한(韓)'은 고대의 일본에서 가야를 의미하기도 하였고, 백제나 신라 혹은 한국 전체를 뜻하기도 하였다. 따라서 이 부인이 구체적으로 한국의 어디 출신인지는 반드시 명확한 것이 아니다.

그런데 불상에 새긴 글에 굳이 '한부'라는 것을 밝힌 이유는, 아무래도 한국 출신이라는 사실을 자랑하고 과시하는 마음이 있었던 것이 아닌가 싶다. 그렇게 본다면 이 '한'은 백제가 분명하다고 생각된다. 신라는 백제를 멸망시킨 장본인으로서 숙적이고, 가야는 이전에 멸망하였으므로, 그곳 출신이라는 것이 자랑이 되기는 어렵다.

고대의 왜국에서는 사람이나 물건이 백제에서 건너왔다는 것이 자랑거리였다. 백제산이 아닌 것을 ku–da–ra–na–i라 하여, 시시하다는 의미의 숙어로 사용되어 현대에도 전해지고 있는 것이 그러한 사실을 뒷받침하여 준다. 아마도 이 부인은 백제가 멸망한 이후 도왜한 것으로 짐작된다. 따라서 금방 백제에서 건너왔다는 것을 은연중 과시하기 위하여, '한부'라고 명기한 것이 아닌가 싶다.

(3) 아마고阿麻古

백제 출신인 이 부인의 이름은 '아마고', 당시의 발음은 a–ma–**ko**였다. 이 이름의 말음 ko는 앞서 본 '~고', 바로 그것이다. 그러나 여성의 이름에도 사용되었을까? 다음을 보자.

恩**古** 은고 [일본서기 제명齊明 6년 9월조] 의자왕비

萬**呼**夫人 만호부인 [삼국사기] 진평왕의 모친

阿今牟**呼** 夫人 아혜모호 부인 [울주 천전리 서석] 신라인

『일본서기』를 보면, 백제 의자왕의 왕비 이름이 '은**고**'였다. 『일본서기』는 창작된 역사를 다룬 사서이지만, 거기에 나오는 백제인의 인명이나 지명은 대체로 믿을 만하다. 실존하였던 인물이고, 실제 존재하였던 지명들이다. 백제의 사서에 나오는 이름과 지명을 이용하여 창작된 왜국 역사에 이용하였던 것이다. '은고'는 어감이 참 아름다운 이름이다.

『삼국사기』에는 진평왕의 모친을 '만**호**(萬呼)부인'이라 하였다. '만호'는 아무래도 이름으로 보인다. 주법고(周法高) 선생의 『漢字古今音彙(한자고금음휘). 1982. 香港中文大學出版社』에 의하면, '호(呼)'라는 한자의 중고음은 χo/χuo였다. 'ㅎ'자음이 없던 당시의 신라 사람들은 '고'라 하였을 것이다. 이 부인의 이름은 당대에 '만고'였다고 추정된다.

울주 천전리에 있는 바위에 새겨진 글에는 신라 귀족들의 이름이 여럿 나오고 있다(원문은 김창호 선생의 『고신라 금석문의 연구. 2007. 서경문화사 160쪽』에 의하였음).

'阿兮牟**呼**(아혜모호)'부인의 이름을 보자. 말음 '호(呼)'는 앞서 본 바와 같이 '고'이다. 주법고 선생에 의하면, '혜(兮)'의 중고음은 γiei/hi였다 한다. 이 무렵의 신라 한자음으로는 '개'였다고 추정된다. 당대인들은 이 부인의 이름을 '아개모고'라 발음하였을 것으로 보인다.

여성의 이름 말음에 '고'를 붙이는 것은 고대 한국의 전통이었던 모양이다. 그러나 언제인가 사라지고 현대 한국 여성의 이름 뒤에는 붙지 않는다. 오히려 일본에 남아 있다. 일본 여성의 a-i-ko(愛子 애자) 혹은 a-ki-ko(明子 명자) 등의 이름에서 보는 바와 같다.

4) 이지사고伊之沙古와 처 우마미고汗麻尾古

오사카(大阪)의 관심사(觀心寺)에 있는 아미타불의 광배에 새겨진 조상기로서, 높이는 약 16㎝이다.

「戊午年十二月　爲命過名伊之沙古　而其妻汗麻尾古　敬造彌陀佛像……

무오년 십이월 돌아가신 이지사고伊之沙古를 위하여, 그의 처 우마미고
汗麻尾古가 삼가 아미타불상을 만듭니다……」

『고경유문주석』에 의하면, 무오년은 658년이라 한다(369쪽). 『일본서기』
상으로 제명(齊明) 4년이 된다. 세상을 떠난 '이지사고(伊之沙古)'를 위하여 그
의 처 '우마미고(汗麻尾古)'가 불상을 만들었다 하였다. '이지사고'는 당시 발
음으로 i-si-sa-ko, '우마미고'는 u-ma-mi-ko였을 것이다.

앞서 본 금석문의 인명과 마찬가지로 『일본서기』에는 어디에도 '이지사
고'라는 이름이 보이지 않는다. 이 정도의 불상을 조성할 정도의 인물이라
면, 『일본서기』에 한 줄이라도 그 이름이 나올 법도 하지만 그렇지 않다. 이
름에 사용된 말음 '고(古)'에서 이 부부가 백제 계통이라는 것을 짐작할 수
있다.

그런데 '고' 앞부분의 i-si-sa나 u-ma-mi는 백제풍이 아닌 왜풍으로
보인다. 특히 처 이름의 u-ma는 좋다는 의미의 일본어 u-ma-si(美 미)
의 어근이며, mi(御 어)는 높임의 의미를 나타내는 접두사이다. 따라서 이
이름은 왜어를 기반으로 하여 작명한 것을 알 수 있다. 아마도 부모 세대 혹
은 그 이전에 도왜하여, 왜지에서 출생하였을 것으로 짐작된다.

여기서 이름 중 i-si를 '伊之'라는 한자로, u-ma를 한자 '汗麻'로 표기
한 것을 주목하여 보자. 일본어 i-si는 돌이므로, 이를 '石(석)'이라는 한자
로 표기하는 것이 간편하다. u-ma는 일본어에서 말이니, 이 또한 '馬(마)'
로 적는 편이 수월하다. 그렇지만 백제 멸망 직전인 658년만 하더라도 이런
표기는 아직 일반화되지 못하였던 사정을 알려 주고 있다. 한자의 훈을 이

용한 일본어의 표기는, 백제가 멸망한 이후 집단으로 도왜한 백제 유민들에 의하여 시작되었다는 사실을 이 기록에서도 확인할 수 있다.

5) 둘째 아들 무투코六子

금동불의 대좌에 새겨진 명문의 탁본이 남아 있다. 불상은 태평양전쟁 이전에는 개인이 소장하고 있었으나, 현재는 소재를 알 수 없다 한다. 원문과 띄어쓰기는 도오노(東野治之) 선생의 『書の古代史(글의 고대사) 1994. 岩波書店』에 의하였고(42쪽), 번역은 필자가 하였다.

「大部寸主兒 **中知**, 名六子, 母**分**誓願敬造像.

대부촌주大部寸主의 **둘째 아들**, 이름은 무투코六子, 모친**분**의 서원誓願을

위하여 삼가 불상을 만듭니다」

도오노(東野) 선생은 서풍(書風)과 용어로 보아 7세기 후반의 시대를 느낄 수 있다 한다. '모(母)'의 앞에 '위(爲)'라는 한자가 생략된 것으로 짐작된다.

대부촌주가 누구인지는 기록에 나오지 않아 알 수가 없다.

대부(大部)는 지명으로 짐작된다. 훈독하여 o—po(大 대)—bu(部 부)라 읽는 것으로 보이지만, 분명치는 않다. 촌주(村主, su—gu—ri)는 존칭이다.

(1) 중지中知

여기서 주목할 것은 '중**지**(中**知**)'라는 표현이다. 이는 삼형제 중의 가운데, 즉 둘째 아들을 가리키는 말이다. 이 말은 가운데를 뜻하는 일본어 na—ka(中 중)와 고대 한국어에서 사용되던 남자에 대한 존칭 '**디**'의 합성어이다. 일본어로 na—ka—ti라 읽었으며, '중간 디' 혹은 '가운데 디'가 원래의

의미이다.

고대의 존칭 '디'에 관하여는 졸저 『일본열도의 백제어』에서 상세하게 본 바 있음으로(22쪽) 여기서는 간략하게 살펴보자.

두지 豆知 [삼국사기] 백제의 은솔

아비지 阿非知 [삼국유사] 백제의 장인

kui-ti 貴智 귀지 [일본서기 제명 6년 10월조] 백제인

ma-ti 萬智 만지 [〃 천지 원년 6월조] 〃

디 [고대 한국어] 남성에 대한 존칭

백제인의 인명에 붙은 '디'의 실례이다.

na-ka-ti 仲郎 중랑 [고대 일본어] 귀족의 둘째 아들

디 [고대 한국어]

이는 『만엽집』 3438번 노래에 나오는 na-ka-ti로서, 바로 이 조상명의 '중지(中知)'와 같은 말이다. 한자 표기만 달리하였을 뿐이다.

na-ka-ti-ko 仲子 중자 [일본서기] 둘째 아들

디 [고대 한국어]

『일본서기』 현종(顯宗) 즉위전기를 보면, 좌백부중자(佐伯部仲子)라는 인물의 이름 '중자(仲子)'를 na-ka-ti-ko로 훈독하고 있다. 여기서는 둘째 아들인 na-ka-ti에 ko(子 자)라는 말을 덧붙였다.

na-ka-ti는 바로 이 불상의 '중지(中知)'와 한자표기만 달리하였을 뿐

같은 말이다. 불상의 '중지(中知)'는 당시의 일본어로 na—ka—ti라 읽으며, 삼형제의 가운데 즉 차남이라는 의미이다.

(2) 무투코六子

중지 다음의 '육자(六子)'가 이름이다. 여섯(六 육)을 고대 일본어에서 mu—tu라 하였다. 자식(子 자)은 ko이다. 그래서 mu—tu—ko라는 발음을 표기한 것이다. 완벽한 한자의 훈독이다. 이 훈독으로 된 이름으로 보아, 이 불상은 7세기 중반이 아니라, 백제가 멸망하고 백제인들이 대거 도왜한 이후로도 약간의 세월이 흐른 8세기를 전후한 무렵에 조성된 것으로 추정된다.

도오노(東野) 선생은 앞서 본 '중지'가 본명이라 하였으나(46쪽), 그렇게 되면 육자(六子) 즉 mu—tu—ko라는 이름을 설명할 수 없게 된다. na—ka—ti가 둘째 아들을 뜻한다고 보면, 이 문제를 자연스럽게 이해할 수 있다.

(3) 분分

'모분(母分)'의 '분'은 무엇인가? 도오노(東野) 선생은 '아무개 분(分)에게'라는 표현은 7세기의 금석문에 보이는 표현이라 하였으나, 그것이 무슨 의미인지는 전혀 언급하지 않았다. 필자는 7세기 일본의 금석문은 거의 다 살펴보았으나, 과문한 탓에 이『조상기』외에는 '아무개 분(分)'이라는 표현은 본 적이 없다.

이 '분'은 한국어에서 '손님 한 분'이라 할 때의 '분'이다. '분'이 고대에 일본으로 건너간 것은 졸저『일본열도의 백제어』에서 본 바 있다(41쪽). 여기서는 간단하게 살펴보자.

zi—bun　自分 자분　[일본어]　자기자신

o-ya-**bun** 親分 친분 [〃] 부모

ko-**bun** 子分 자분 [〃] 자식

bun-bun 銘銘 명명 [니이가타 방언] 제각기

분 [한국어] 사람의 높임말

'**분**'이 고대에 일본으로 건너간 것을 위의 사례에서 알 수 있다. '모분(母分)'의 '분'은 바로 이 '분'이다. '어머니분'이라는 의미가 된다. 현대 한국어의 감각으로도 '어머니분'이라는 표현은 별로 어색하지 않다.

조상기의 지은이는 세상을 떠난 어머니를 아무런 존칭도 없이 '母(모)'라는 하나의 한자만으로 표현하는 것은 좀 불경스럽다고 생각하였던 모양이다. 그래서 정격한문은 아니지만, 평소에 사용하던 한국어 '분'을 모의 뒤에 붙인 것으로 추정할 수 있다.

mu-tu-ko라는 사람은 백제 계통인 것이 분명하다. 이름의 말음 ko만 보더라도 명백하다. 그러나 mu-tu는 왜풍으로 보인다. 이 인물은 『일본서기』 혹은 다른 기록에 전혀 보이지 않아, 상세하게 알 수가 없다. 이름으로 보면 백제에서 도왜한지 오래된 이른바 '푸루키(舊來 구래, pu-ru-ki)'로 보인다. 그러나 이 조상기의 내용으로 보면, 백제어를 잊지 않고 능통하게 구사하였던 것이 분명하다.

6) 서림사의 한국인들

서림사(西琳寺)라는 절을 창건하게 된 경위를 적은 연기(緣起)에 나오는 고대 일본의 원풍경을 살펴보자. 서림사에 관하여는 재일동포 사학자 전호천(全浩天) 선생의 『朝鮮からみた古代日本(조선에서 본 고대일본). 1991. 未來事』에 잘 나와 있다(126쪽). 이 절은 오사카(大阪)시 남부 카와치아스카(河內飛鳥)에

있으며, 백제계 왕인(王仁)의 후예 씨족의 하나인 서문(西文)씨 즉 카와치(河內)의 문씨(文氏, pu–mi–u–di)가 창건하였다 한다. 서문씨라는 씨족의 본거지가 바로 이 서림사 부근이다. 오층탑의 초석이 지금도 남아 있는데, 일본에서 가장 큰 규모라 한다.

원래 이 기록은 금동아미타불의 조상기로서, 광배에 적혀 있었다 하나, 현재 불상은 망실되고, 기록만 연기에 옮겨져 남아있다. 원문과 띄어쓰기는 『寧樂遺文(나라유문)』에 의하였으며(963쪽), 번역은 필자가 하였다.

이 기록은 일본 고대사에 관한 지식과 정보를 『일본서기』와 『고사기』에만 의지하던 시각으로는 해석이 거의 불가능할 정도로 난해하다. 그렇지만 창작된 역사를 기록한 위의 두 책에는 전혀 나오지 아니하는 일본 고대사의 원풍경을 감상할 수 있다.

「……書直大阿斯高君子支彌高首　修行佛法　草創西林寺　復以　栴檀
　　高首　土師長兄　高連羊古首　韓會古首　敢奉塔寺,
　　寶元五年己未正月　二種智識　敬造彌陀佛像幷二菩薩……
　　……서직 대아시고군書直大阿斯高君의 아들 지미고수支彌高首는 불법을 수
　　행하여 서림사를 창건하였다. 거기에다 전단고수栴檀高首와 토사장형土
　　師長兄, 고연양고수高連羊古首, 한회고수韓會古首는 삼가 탑과 절을 만들어
　　바쳤다.
　　보원寶元 5년인 기미년 정월, 이종지식二種智識은 삼가 미타불상과 두
　　보살상을 만들었다……」

(1) 보원寶元 5년 기미년

이 기록에 나오는 시기를 알기 위하여 먼저 '보원(寶元) 5년 기미년'을 살펴보자. 5년 기미년의 앞에 나오는 '보원'이 연호라는 점은 의문의 여지가

없다. 그런데 『일본서기』에는 이러한 연호가 나오지 않는다. 신숙주의 『해동제국기』에도 보이지 않는다.

하지만 '5년 기미년'이라 하였으므로, 재위 5년이 기미년으로 된 왕을 『일본서기』에서 찾아보면, 제명(齊明)이 이에 해당된다. 『일본서기』의 기년으로는 제명 5년은 기미년으로서, 659년이다. 그래서인지 『寧樂遺文(나라유문)』도 보원 5년을 제명 5년이라 보았다(963쪽).

그러나 『일본서기』는 제명이 연호를 전혀 사용하지 아니한 것으로 되어 있다. 한편 『해동제국기』에 의하면, 제명은 즉위 초기에는 직전의 왜왕 효덕(孝德)이 사용하던 '백치(白雉)'라는 연호를 그대로 사용하다가, 재위 7년 신유년에 연호를 '백봉(白鳳)'으로 바꾸었다 한다. 그리하여 재위 5년은 백치 8년이 된다.

그리고 등원겸족(藤原鎌足)의 전기인 『가전(家傳)』을 보면, 왜왕 효덕(孝德) 원년에 백봉 연호를 제정하여, 그 후 제명(齊明), 천지(天智)의 시대에도 계속하여 사용한 것으로 되어 있다(249쪽). 이에 의하면 제명 5년은 백봉 10년이 된다. 그런데 이 보원은 또 무엇인가? 제명 5년의 연호가 『일본서기』와 『해동제국기』, 『가전』, 이 기록이 전부 다르다. 정리하여 보자.

	『일본서기』	『해동제국기』	『가전』	『서림사 연기』
제명 5년	연호 없음	백치 8년	백봉 10년	보원 5년

일국의 연호에 관한 기록이 어떻게 이토록 구구각각인가? 제명 5년은 659년으로서, 『일본서기』가 나온 720년으로부터 불과 61년 전이다. 61년 전의 연호에 관하여 이토록 심한 혼란이 있다는 것은 있을 수 없는 일이다. 실제 존재하지 않고 후세에 창작한 연호이기에 이런 난맥상이 드러나고 말았다.

제명은 실존하지 아니한 허구의 왜왕이다. 따라서 그의 재위 5년이라는 것은 창작의 산물이다. 그렇지만 '기미년'에 '이종지식(二種智識)'이라는 스님이 미타불상 등을 만든 것은 사실일 것이다. 연기의 저자는 허구의 왜왕이기는 하지만, 『일본서기』에 기록된 왜왕 제명의 재위 5년인 기미년에 이런 일이 있었다고 기록한 것이 분명하다. 따라서 이는 659년의 일이 된다. 이 해는 백제가 멸망하기 바로 한해 전의 일이다. 그리고 절을 창건한 것과 탑과 절을 바친 것은 그보다 조금 연대가 앞설 것으로 보이지만, 분명치 않다.

그런데 여기서 주의해야 할 것은, 이 조상기를 작성한 시기는 보원 5년인 기미년이 아니라는 점이다. 보원이라는 연호는 실제 있었던 연호가 아니다. 제명이라는 가공의 왜왕 5년이므로, 이는 『일본서기』가 간행된 720년 이후 여러 사람이 이를 숙지한 연후에야 가능한 일이다. 따라서 이 연기는 『일본서기』가 나온 720년 이후, 아마도 이때로부터 그렇게 많은 시일이 흐르지는 아니한 시기에 작성된 것이 분명하다.

(2) 서직 대아사고군書直 大阿斯高君

서림사를 처음으로 창건한 것은 서직 대아사고군(書直 大阿斯高君)의 아들 지미고수(支彌高首)라 하였다. 순서대로 '서직 대아시고군'을 먼저 살펴보자.

서직(書直, pu-mi-no-a-ta-pi)은 성(姓)이다. 『일본서기』를 보면, 서명(舒明) 10년(638년), '서직현(書直縣, pu-mi-no-a-ta-pi-a-ga-ta)'이라는 사람을 백제대궁과 백제대사를 만드는 공사의 대장(大匠)으로 임명하였다는 기사가 보인다. '서직'이 성이고, 이름이 현이다.

천무 원년 6월조에는 '서직지덕(書直智德)'과 '서직약(書直藥)'이라는 두 사람의 인명이 있다. 두 사람의 '서직'은 물론 성이다. 사헤키(佐伯有淸) 선생의 『日本古代氏族事典(일본고대씨족사전). 1994. 雄山閣』에 의하면, '문(文, pu-mi)'씨의 옛날 성이 '서직'씨라 한다(401쪽).

'대아사고(大阿斯高)'가 이름이며, '군(君, ki-mi)'은 존칭이다. '대(大)'는 훈인 o-po로 읽었을 가능성이 크다. '아사(阿斯)'는 a-si의 표기이다. 이 사람의 이름은 o-po-a-si-ko였을 것이다.

'고(高)'는 ko 라는 일본어를 표기한 차자표기일 것이다. '고(高)'라는 한자를 음차자로 표기한 것은 극히 드물지만, 원흥사(元興寺)의 『노반기(露盤記)』에 대비직(大費直)이라는 직위의 '마고구귀(麻高垢鬼)'라는 인명이 보인다. 이 인명의 '고(高)' 역시 ko라는 발음의 표기일 것이다. 따라서 '대아사고군(大阿斯高君)'은 o-po-a-si-ko-(no)-ki-mi로 읽었을 가능성이 크다.

나주의 복암리에서 출토된 백제의 목간에도, 인명의 말음에 '高(고)'를 사용한 사례가 보인다.

「半那比**高**薔人等若□□

半那比**高**로 대표되는 薔人 약 몇사람이……」

원문과 번역은 김성범 선생의 논문 「나주 복암리 출토 목간의 판독과 의미」에 의거하였다(『6~7세기 영산강 유역과 백제. 2010. 국립나주문화재연구소. 동신대학교박물관』 42쪽). 김성범 선생은, 여기서의 '반나(半那)'는 지명이며, '비고(比高)'는 인명이라 한다. '장인(薔人)'은 한자의 의미 그대로, 담장 고치는 사람으로 추정하였다.

'비고(比高)'라는 백제의 인명을 주목하여 보자. '비고'라는 당시의 발음을 한자로 표기하였을 것이다. 즉 '비고(比高)'는 백제 시대에도 현대의 발음과 아무런 차이가 없었을 것이다. 말음 '고(高)'는 이 '대아사고(大阿斯高)'와 뒤에서 보는 '지미고(支彌高)', '전단고(栴檀高)', 세 이름의 말음 '고(高)'와 완벽하게 일치하고 있다. 백제풍의 이름과 표기인 것이 분명하다.

(3) 서림사를 창건한 지미고수支彌高首

대아사고군의 아들로서 서림사를 창건하였다는 '지미고수(支彌高首)'를 보자. '지미(支彌)'는 ki—mi의 음차자일 것이다. '고(高)'는 역시 ko의 음차자이다. '수(首)'는 고대 일본의 존칭인 o—bi—to(首 수)로 보인다. 따라서 이 사람은 당시에 ki—mi—ko—(no)—o—bi—to라 불리웠을 것이다.

서림사를 창건한 '지미고수(支彌高首)'나 그의 부친인 '대아사고군', 이 둘의 이름은 『일본서기』에 전혀 나오지 않는다. 절을 창건할 정도이면 최고위급의 직위에 있었던 사람인 것이 분명하지만, 『일본서기』나 어느 기록에도 나오지 아니하므로, 구체적으로 누구인지 알 수가 없다.

그리고 실제 절을 창건한 것은 '지미고수'이고 '대아사고군'은 관련이 없다. 그렇지만 '지미고수'를 기록하면서, '대아사고군'의 아들이라 한 것은, 부친인 '대아사고군'이 더욱 대단한 지위의 인물이라는 의미일 것이다. 당시의 왜국 사회에서는 '대아사고군'이라는 이름을 모르는 사람은 아무도 없었을 것이다. 현대의 직위로 말하자면 최소한 장관급 이상의 고위직을 역임한 유명인사였던 것이 분명하다.

'서직 대아사고군(pu—mi—no—a—ta—pi—no—o—po—a—si—ko—no—ki—mi)'이라는 이름으로 보면, 이 사람은 왜인일까? 이 씨족의 명칭 '서직(書直)'은 문필을 다루는 직업에서 유래한 것이다. 그런데 고대의 왜국에서 문필 관련 업무는 백제에서 도래한 사람들이 전담하다시피 하였으므로, 이 사람 또한 백제 출신일 것이다. 이 씨족이 원래 백제에서 건너간 왕인(王仁)의 후예라는 전승에 비추어 보아도 이는 명백하다.

다만 이름에서 말해주듯이 백제에서 금방 건너간 '금래(今來, i—ma—ki)'가 아니라, 도래한지 오래된 '푸루키(舊來 구래)'인 것으로 추정된다.

(4) 전단고수栴檀高首와 토사장형土師長兄

기록에는 탑을 만들어 바친 4사람의 이름을 열거하고 있다. 순서대로 전단고수(栴檀高首)를 먼저 보자.

'전단고(栴檀高)'가 고유명사이고, '수(首, o−bi−to)'는 존칭이다. '전단(栴檀)'은 향나무로서, 불상을 만드는 용도로 사용된다. 따라서 '전단고'라는 이름은 불교풍이다. 당시의 발음도 현대 한국어와 별 차이가 없는 '전단고(zən−dan−ko)'였을 것이다. 성이 '전'이고 이름이 '단고'일까? 그렇지는 않다. 이름이 '전단고'로 보이고, 성의 기재는 생략되었을 것이다.

다음에 나오는 '토사장형(土師長兄)'이라는 인명은 아주 특이하다. 고유명사가 '토사(土師)'인데, 당시의 발음은 to−si였을 것이다. 말음 si는 백제인들이 인명에 자주 사용하던 '시'이다(졸저 『일본 천황과 귀족의 백제어』 359쪽). 이름은 백제풍이다. 이 사람도 역시 성은 생략되었다.

'장형(長兄)'은 무엇인가? 『일본서기』 효덕(孝德) 대화 2년 3월조에, '백설조장형(百舌鳥長兄)'이라는 이름이 보인다. '장형(長兄)'은 존칭으로 보이지만, 확실치는 않다. 고구려의 관등명인 '대형(大兄)'이나 '소형(小兄)'을 연상케 하지만, 백제에서 통용되던 경칭일 가능성도 있다. 이에 관하여는 추후의 자료 발굴과 연구를 기다리는 수밖에는 없을 것이다.

(5) 고연양고수高連羊古首와 한회고수韓會古首

이어서 '고연양고수(高連羊古首)'와 '한회고수(韓會古首)'를 살펴보자. 뒤의 '수(首, o−bi−to)'는 역시 존칭이다. 고유명사는 '고연양고'와 '한회고'이다.

'고연양고'는 성이 '고(高)'씨이고, 이름이 '연양고'이다. 백제의 성인 것이 분명하다. 이 사람은 아직 백제에서 쓰던 성을 그대로 유지하고 있는 것으로 보아, 백제에서 건너간지 얼마 되지 아니한 이른바 '이마키(今來 금래)'인 모양이다. 이름인 '연양고'는 흔히 볼 수 없는 특이한 형태이다.

'한회고'는 성이 '한(韓)'씨이며, 이름이 '회고'이다. 그런데 백제에 과연 한씨가 있었는지가 문제이다. 『삼국사기』나 『일본서기』에도 백제의 한씨는 보이지 않는다.

그러나 백제의 수도 부여의 구아리(舊衙里)에서 발견된 목간에 「하부(下部) 한모례(韓牟礼)」라 적힌 것이 있어, 백제에도 한씨가 있었다는 사실을 증명 하여 주고 있다(『한국고대 문자자료연구 백제(상)—지역별—. (2015). 권인한, 김경 호, 윤선태. 주류성』 124쪽). 이 사람은 성이 한씨이고, 이름이 '모례'였을 것이 다. 이 목간의 '하부 한모례' 옆에는 '중부(中部) 나솔(奈率) 득진(得進)'이라는 인명이 있어 앞의 '한모례'가 사람의 성명이라는 사실을 더욱 분명하게 하 여준다.

'한회고'는 '한'이라는 백제의 성을 간직하고 있는 점으로 보아, 이 사람 역시 '이마키'일 것이다. '고연양고'나 '한회고'라는 이름 역시 『일본서기』 에 전혀 보이지 않는다. 그렇지만 백제에서 건너가 왜국 통치의 일익을 담 당하였던 인물이었던 것은 분명하다. 탑과 절의 건물을 시주하였던 것으로 보아, 역시 상당한 고위직에 재직하였을 것이다.

이 기록에 나오는 6명 중에서 다섯명의 이름 말음은 '고(高, 古)'로 되어 있 다. 이 '고'는 여러 차례 보았듯이 백제풍이다. '토사장형(土士長兄)'이라는 인명의 '토사(土師, to—si)'는 '시'라는 말음인데, 이 또한 백제풍이다. 6명의 이름은 단 한 사람의 예외도 없이 백제풍인 것이다. 당시의 왜국 지배층은 거의 대부분 백제인이었다는 사실을 확인할 수 있다.

7) 나니파연공那尓波連公

왜국 고대사의 원풍경을 말하여주는 여러 유물을 보았는데, 모두 일본 에서 나온 것들이다. 그런데 부여의 쌍북리에서 출토된 목간에도 그런 것이 있다.

「那尒波連公
　나니파연공」

'나니파(那尒波)'는 현대의 오사카(大阪)를 일컫는 고지명이다. 백제인들이
도왜할 때 기나긴 항해 끝에 이 항구에 우선 도착하게 된다. 여기서 대화천
(大和川)이라는 강을 거슬러 올라가면, 아스카(飛鳥)에 닿는다. 백제인들에게
아주 중요한 항구였다. 이 항구도시에는 많은 백제인이 살았으므로, 지금까
지도 이곳저곳에 '백제(百濟)'라는 지명이 남아있다. 중세 혹은 근세에 수많
은 '백제' 지명이 사라졌음에도 아직까지 살아 남은 것이 여럿이다.

'연공(連公)'의 '연(連)'이 고대 왜국의 존칭 mu-ra-zi(連 연)를 의미한다
는 것은 졸저 『일본 천황과 귀족의 백제어』에서 보았다(268쪽). 졸저에서는
이 목간의 글자를 일부 미해독한 상태인 '那□內連公'로 보는 견해에 따랐
으나, 일본의 학자들은 진작부터 이를 '那尒波連公'으로 판독하였던 모양이
다(『직설 무령왕릉. 2016. 김태식. 메디치』 350쪽). 이 판독이 보다 정확하다고 생
각되므로, 이에 따르기로 한다.

일본에서는 이 목간이 '나니파' 즉 오사카와 백제의 깊은 관계를 말하여
주는 중요한 유물이라 하여, 언론에 크게 보도되었다 한다. 일본의 학자들
이나 언론에서는, 『일본서기』에 자주 등장하는 이른바 '왜계백제관료(倭係百
濟官僚)'의 존재를 증명하는 주는 것으로 보았을 것이다. 『일본서기』의 진실
성이 다시금 입증되었다고 내심 흐뭇하게 생각하였던 것이 분명하다.

그러나 '왜계백제관료'란 일본 학자들이 만들어낸 상상 속의 관직이다.
왜가 백제보다 우위에 있다는 『일본서기』식 발상에서 나온 아이디어이다.
그러나 고대에 왜가 백제보다 우위에 있었던 적은 한번도 없었고, 정반대

로 백제인들이 왜국을 통치하였던 것이다. 일본에서 말하는 '왜계백제관료'의 실체는 백제에서 건너가 왜국 통치의 실무를 담당하던 '재왜백제관료'였다.

목간에 나오는 '연공(連公)'의 '공(公)'은 무엇인가? 고대 왜국의 존칭 ki-mi(公 공)일 것이다. 따라서 이 둘을 중복한 '연공'은 mu-ra-zi-ki-mi의 표기로 추정된다. 그런데 이 '연공'이라는 표기는 『일본서기』나 『고사기』에는 보이지 않고, 법륭사(法隆寺)에 보관된 깃발에서 이런 존칭을 볼 수 있다(『發掘文字が語る 古代王權と日本列島(발굴문자가 말하는 고대왕권과 일본열도). 狩野久. 2010. 吉川弘文館』242쪽).

「山部名嶋弖古連公　　過命時幡

　성은 산부山部, 이름은 '시마태코인 연공連公'이 임종시에 만든 깃발」

고대의 왜국에서는 사람의 임종시에 깃발을 공양하여 극락왕생을 기원하는 풍습이 있었다. 법륭사에는 7세기 말 혹은 8세기 초에 만든 이런 깃발이 여러 점 전해 내려오고 있다. 위의 것은 성은 '산부'이고 이름은 '시마태코(si-ma-te-ko)'인 사람의 깃발로서, 이름 뒤에 '연공'이라는 존칭을 붙였다. 이 '연공(連公)'은 목간의 그것과 일치한다.

이 사람 이름의 말음 ko(古)는 백제풍이다.

「山部連公奴加致兒惠仙命過往□

　산부연공山部連公 노가치奴加致의 자식 혜선惠仙의 명이 다하였을 □」

라 기재된 깃발도 있다. '산부(山部)'는 성이고, '노가치(奴加致)'가 이름으로서, nu-ka-ti의 표기였을 것이다. 여기서는 성인 '산부'의 뒤에 존칭 '연공'을 붙이고 있다. 목간의 기재와 완벽하게 일치한다.

이 사람 이름의 말음은 ti(致) 또한 백제풍이다. 성은 '산부'로 개성하여 왜풍의 그것이 되었으나, 이름의 말음은 백제의 전통을 따랐던 것을 알 수 있다.

목간으로 돌아가보자. '나니파연공'의 '나니파'는 지명이지만, 이 재왜백제관료의 성으로 추정된다. 도왜하여 정착한 곳인 '나니파'라는 지명을 성으로 삼아 개성하였을 것이다. 따라서 이 사람은 도왜한지 오래된 백제인의 자손인 모양이다.

이름의 기재는 생략하였다. 왜국에서 화물을 보내는 사람은, 「현재 부여에 '나니파'라는 성에다 '연공'이라는 존칭을 가진 사람은 이 사람밖에 없을 것이다. 따라서 이름을 생략하고, 성과 존칭만 적은 이 정도 표기로도 충분하게 수신인을 판별할 수 있다」라고 생각하였을 것이다. 화물 꼬리표의 이 기재방식으로 미루어 볼 때, 재왜백제관료가 모국에 귀환하여 체재하는 것은 그다지 흔한 일은 아니었던 모양이다.

'연공'이라는 존칭으로 보아 평민이 아니라 귀족으로서, 왜국 통치의 일익을 담당하였을 것이다. 부여에서는 이런 재왜백제관료의 이름이 적힌 꼬리표 목간이 앞으로도 더 발견될 가능성이 높다.

8) 백제 대왕이 하사한 파적검破敵劍과 호신검護身劍

백제의 대왕이 왜왕에게 하사한 두 자루의 칼이 있었다. 이름하여 파적검(破敵劍)과 호신검(護身劍)이라 하였다. 미즈노(水野正好) 선생의 논고「古代刀劍にみる道教世界(고대 도검에 보이는 도교세계)」라는 논고를 보면, 이 칼의 이모저모가 잘 나와 있다(『別冊歷史讀本 古代天皇家の謎(별책역사독본 고대천황가의 수수께끼. 1993. 新人物往來社』 345쪽).

「가마쿠라鎌倉시대의 책 『塵袋진대』에는 흥미진진한 기사가 보인다. 천황의 주변에 지극히 중요한 두 자루의 칼이 존재한 것을 상세히 말해준다. 파적破敵, 호신護身의 두 검劍이다. 파적검은 일명 삼공전투검三公戰鬪劍, 장군검將軍劍이라고도 하며, 적을 쳐부수는 기능을 가진 검이다. 한편 호신검은 질병, 사악한 기운을 없애는 기능을 가졌다 한다……

이 두 검은 백제에서 신공神功황후에게 봉헌한 것이라고 전해지며, 천황의 파적破敵, 호신護身의 신령한 검靈劍으로서, 오랜 세월 전해 내려오고 있다 한다」

이 두 칼이 백제에서 신공왕후에게 '봉헌(奉獻)'한 것이라 하였으나, 백제의 대왕이 왜왕에게 하사한 것이 분명하다. 신공은 가공인물이니, 실존하였던 백제 계통의 어느 왜왕에게 백제의 대왕이 하사하였을 것이다. 그러한 사실은 칼의 이름만 보아도 명백하다.

'파적'은 적을 쳐부순다는 뜻이다. 이 칼의 다른 이름인 '삼공전투검(三公戰鬪劍)'은 삼공(三公)이 전투하는 검이라는 의미이다. '삼공(三公)'은 세 명의 정승이라는 뜻으로서, 고대의 중국이나 한국에서 최고위 세 관직을 일컫는 말이었다. '장군검'은 물론 장군이 전투에 사용하는 검이라는 의미이다.

'파적검'이나 '삼공전투검' 혹은 '장군검'이라는 칼의 명칭은, 왕이 전쟁터로 나가는 장수에게 이 칼로서 적을 격파하라고 당부하면서 하사하는 취지로 붙인 것이다. 여기서 왜왕이라는 존재는 백제의 대왕에게 있어서 '삼공'이나 '장군'이었던 것을 알 수 있다. 그러한 왜왕에게 '파적' 즉 적을 격파하라는 당부를 하였던 것이다. 칼의 이름으로 볼 때, 백제의 대왕이 임지인 왜국으로 부임하여 가는 왜왕, 혹은 고향을 떠나 머나먼 왜지에서 장기간 고생하는 왜왕에게 격려의 취지로 하사하였을 것이다.

칼의 이러한 이름에서 간파할 수 있는 것은 당시 왜국이 아직 통일을 이루기 이전이었다는 점이다. 만일 왜국통일이 완성되어 모든 것이 안정된 상태였다면, 왜왕에게 이러한 이름의 칼을 하사하지는 아니하였다고 추정할 수 있다. 신하들의 충성스런 보필을 받으면서 무사태평의 나날을 보내는 왜왕이었다면, 적을 쳐부수라는 이름의 칼을 백제의 대왕이 하사하지는 아니하였을 것이다.

호신검에는 다음과 같은 명문이 새겨져 있다. 원문과 띄어쓰기는 위 논고에 의하였고, 번역은 필자가 하였다.

「歲在庚申正月 **百濟**所造 三七鍊刀 南斗北斗 左靑龍右白虎 前朱雀後玄武 避深不祥 百福會就 年齡延長 萬世無極.

경신년 정월, **백제**에서 만들었다. 서른일곱번 단련한 칼이다. 남두육성과 북두칠성, 좌청룡우백호, 앞은 주작 뒤는 현무, 상서롭지 않은 것은 깊이 피하며, 백복은 많이 모인다. 연령을 연장하니 만세에 무궁하다」

명문은 백제에서 만들었다고만 하였을 뿐, 백제의 어느 왕이 만들었다는 것은 나오지 않는다. 경신년이 언제인지 알 수가 없다. 명문의 내용을 보아도, 연대를 알 수 있을 만한 문구는 전혀 보이지 않는다.

이 칼은 백제에서 신공왕후에게 '봉헌'한 것이라 하였으니, 여기서 단서를 찾아보자. 『일본서기』의 신공(神功)왕후는 201년부터 269년까지 재위한 것으로 되어 있으나, 46년(246년) 3월조를 보면 백제의 초고왕(肖古王) 즉 근초고왕 운운의 기사가 보인다. 그렇다면 근초고왕 15년의 경신년 즉 360년이 아닌가 싶기도 하다. 『삼국사기』에는 이 해에 아무런 기사가 없다.

명문의 내용을 보자. '삼칠련도(三七鍊刀)'는 서른일곱번 단련한 칼이라는 의미이다. 이는 칠지도(七支刀)에 나오는 '조백련철칠지도(造百鍊鐵七支刀)' 즉 백번 단련하여 만든 칠지도라는 구절을 연상케 한다. 칠지도와 마찬가지로 이 문구에서 이 칼이 상위자가 하위자에게 하사한 것이라는 사실을 간파할 수 있다. 이렇게 여러번 단련한 좋은 칼인 것을 자랑하는 취지이니, 하위자가 상위자에게 이런 건방진 문구를 사용할 수는 없을 것이다.

'성서롭지 않은 것은 깊이 피하고, 백복은 많이 모인다. 연령을 연장하니 만세에 무궁하다'라는 문구는 물론 길상구(吉祥句)이지만, 역시 상위자가 하위자에게 하사하는 경우에만 사용할 수 있는 문구이다.

이 두 칼은 오랫동안 천황가에서 보물로서 중시하여 왔던 모양이다. 그러나 현재는 그 행방을 알 수 없다 한다. 명문의 기록만 남아 있다. 고대 왜국의 원상이 여기에도 드러나 있다.

9) 물부순勿部珣의 백제식 이름

최근 중국 산서성(山西省) 태원시(太原市) 부근에서 물부순(勿部珣)이라는 고위 장군의 공덕기가 발견되었다(『勿部珣功德記』『한국고대문자자료연구 下. 오택현. 2015. 주류성』617쪽). 원문과 번역은 위 논고에 의하였다.

「大唐　天兵中軍副使　右金吾衛將軍　上柱國　遵化郡開國公　勿部珣
本枝東海　世食舊德……于神龍二年三月　與內子樂浪郡夫人黑齒氏
卽大將軍燕公之中女也……
대당의　천병중군부사　우금오위장군　상주국　준화군개국공　물부순은
본래　일본東海의　한　가문으로서, 선조의　공덕으로　대대로　벼슬하였지
만……신룡 2년706년 3월　아내인　낙랑군부인　흑치씨黑齒氏　즉　대장군　연
국공의　둘째　따님과　함께……」

여기에 나오는 우금오위장군의 '장군'은 종3품, '개국공'은 정2품에 해당

하는 고위직이라 한다. 이 장군은 흑치씨 대장군 연국공의 사위라 하였는데, 연국공은 다름 아닌 백제의 유장 흑치상지이다. 이 장군의 '물부(勿部)'라는 성은 왜국의 '물부(物部)' 성과 흡사하다. 발음도 동일하다. '물(物)'이라는 한자를 약간 달리하여 놓았다.

기록에는 이 장군이 「본래 동해의 가지(本枝東海 본지동해)」로서, 선조의 공덕으로 대대로 벼슬하였다(世食舊德 세식구덕)고 되어 있다.

'본지동해' 즉 본래 동해의 가지라 함은 그 출신 지역을 나타낸 표현이다. 동해는 어디일까? 중국에서 동해라 하는 것은 한국의 서해이다. 그런데 여기서 동해는 바다가 아니라 나라를 의미하므로, 이는 백제라고 보아야 할 것이다. 물론 중국에서 동해를 건너면 고구려도 있으나, 고구려는 육지로도 중국과 연결되므로, 이러한 나라를 '동해'라 표기하기는 어려울 것이다.

그런데 동해의 '가지'라 한 것은 또 무슨 의미인가? 동해가 백제이므로, 그 가지는 왜국일 것이다. 백제가 뿌리이고, 왜국은 가지라는 의미로 해석된다. 아주 정확한 표현이다. 백제가 뿌리이고, 왜국은 거기에서 자라난 가지였던 것이다. 이 글을 지은 사람은 백제와 왜국의 관계를 잘 알고 있었던 모양이다. 주인공인 물부순이나 그의 자식들로부터 그러한 사정을 익히 들어서, 두 나라의 관계를 정확하게 파악하였기에 이러한 표현을 사용하였을 것이다.

오택현 선생도 이 동해의 가지는 일본으로 보았다. 위의 번역문도 오택현 선생의 그것을 그대로 옮긴 것이다.

그리고 「선조의 공덕으로 대대로 벼슬하였다」한 것은 벼슬을 세습하였다는 의미로 짐작된다. 벼슬을 세습한 것은 고대 일본의 경우도 마찬가지인데, 이 또한 백제의 풍습이다.

비문의 마지막에는 네 아들과 사위의 관직과 이름이 나온다. 장남의 이름은 '흔(昕)', 차남은 '간(暕)', 사남은 '중용(仲容)'이다. 삼남의 이름은 마모되어 알 수 없으나, 두 형들처럼 외자인 것은 명확하게 판독된다. 물부순 본인과 아들 도합 다섯 명 중에서 사남을 제외한 네 사람의 이름은 모두 외자의 한자이다. 이는 백제풍이다. 외자의 한자로 된 이름을 백제의 귀족들이 특히 선호하였다는 것은 졸저 『일본 천황과 귀족의 백제어』에서 본 바 있다 (339쪽). '중용'이라는 이름은 한자의 의미로 된 이름이다. 5부자의 어느 이름도 왜풍이 아니다.

『일본서기』나 『고사기』에는 수없이 많은 인명이 등장하지만, 이처럼 왜풍의 성에다 외자의 한자로 된 이름을 가진 사람은 단 한 사람도 보이지 않는다. 그러나 이 '물부순'이라는 인명을 통하여 고대의 왜국에는 왜풍의 성에다 백제풍의 이름을 가진 사람들도 많았으리라고 추측할 수 있다. 앞으로도 이런 이름을 가진 인물에 관한 자료가 더 발굴될 것이라고 생각된다.

물부순의 가문은 아마도 백제 멸망 훨씬 이전에 일본으로 건너가, 대대로 어떤 관직을 세습하였던 것으로 추정할 수 있다. 주인공의 이름 '순'에서 알수 있는 것은, 그의 이름을 지은 조상이 왜지에서 살면서도 후손의 이름은 백제풍으로 지었다는 점이다. 물부순 또한 자식들의 이름을 순수한 백제풍으로 일관한 것을 알 수 있다. 성은 왜풍으로 바꾸었으나, 이름은 완벽한 백제풍이다. 성을 백제풍으로 개성하였으니, 백제인으로서의 정체성을 유지하기 위하여, 이름은 더욱 백제풍을 고수하였던게 아닐까?

만일 물부순이 왜국에 그대로 머물러 있었다면, 이역만리 당나라로 건너가는 일은 발생하지 않았을 것이다. 어떤 용무로 인하여 백제로 귀환하였다가 마침 본국이 멸망하는 비운을 맞았던 모양이다. 아니면 왜국에서 백제로 보낸 구원군의 일원으로 참전하였을까?

어쨌든 이 사람은 왜국에서 백제로 건너왔다, 백제 멸망 이후 당으로 건너가 무인으로 입신하여 정2품 정도의 고위 훈작을 받았으니, 파란만장한

인생을 살았다 하겠다. 장인 흑치상지에 비견되는 걸출한 인물임을 알 수 있다.

10) 백제 왕세자가 왜왕 지늩에게 하사한 칠지도

(1) 칠지도의 명문

이 칠지도에 관하여는 졸저 『일본 천황과 귀족의 백제어』에서 자세하게 본 바 있다(377쪽). 여기서는 졸저를 보충하는 정도로 간략하게 살펴보자.

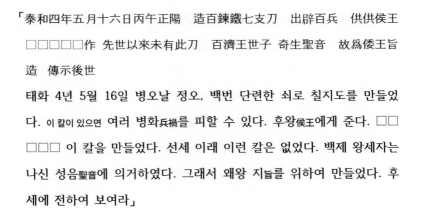

「泰和四年五月十六日丙午正陽　造百錬鐵七支刀　出辟百兵　供供侯王
　□□□□□作 先世以來未有此刀　百濟王世子 奇生聖音　故爲倭王旨
　造　傳示後世

태화 4년 5월 16일 병오날 정오, 백번 단련한 쇠로 칠지도를 만들었다. 이 칼이 있으면 여러 병화兵禍를 피할 수 있다. 후왕侯王에게 준다. □□□□□ 이 칼을 만들었다. 선세 이래 이런 칼은 없었다. 백제 왕세자는 나신 성음聖音에 의거하였다. 그래서 왜왕 지늩를 위하여 만들었다. 후세에 전하여 보여라」

백제의 대왕도 아닌 왕세자가 왜왕 지(旨)에게 '백번 단련한 좋은 철로 종전에 없던 훌륭한 칼을 만들어 하사하니, 길이 후세에 전하여 보여라'고 명령하는 것이 명문의 취지이다. 그러면서 왜왕을 후왕(侯王) 즉 속국의 왕이라 지칭하였다.

일본의 학계에서는 아직도 이 명문의 내용이 헌상(獻上)인지 하사(下賜)인지의 여부를 알 수 없다는 것이 대세이다. 통탄할 노릇이다. 한일고대사에 대한 연구가 전혀 없는 사람이라 하더라도, 한문을 해독할 능력만 있으면

이 명문이 명령문임을 금방 알 수 있을 것인데도 말이다. 마치 태양을 가리키며 저것은 해인지 달인지 알 수 없다고 우기는 것과 마찬가지일 것이다.

(2) 칠지도는 상위자가 하위자에게 하사下賜한 것이다

여기서 이 명문이 상위자가 하위자에게 보내는 이른바 하행문(下行文)으로 볼 수밖에 없는 이유를 한번 정리하여 보자.

① 「공공후왕供供侯王」

즉 후왕에게 준다는 문구의 존재이다. 후왕은 종주국의 왕에게 예속된 하위국의 왕이다. 왜왕은 백제의 후왕이었던 것을 이 칼의 명문에서 명백하게 알리고 있다. 일본에서는 이 '후왕'을 이른바 길상구吉祥句라 하여 별 의미가 없는 것으로 보고 있으나, 전혀 이해가 되지 않는다. 후왕이 어째서 길상구인가? 이 칼에서 길상구는 '出辟百兵출피백병' 즉 여러 병화兵禍를 피할 수 있다라는 문구이다. 후왕은 백제 왕세자가 칼을 받는 사람인 왜왕의 신분을 지칭하는 말인 것이 분명하다.

② 「고위왜왕지조故爲倭王旨造」는 「그래서 왜왕인 '지旨'를 위하여 만들었다」는 뜻이다.

칼을 만든 백제 왕세자는 왜왕의 이름인 '지'를 아무런 거리낌 없이 적어 넣었다. 원래 왕의 이름은 기휘忌諱의 대상이다. 함부로 왕의 이름을 적거나 부를 수가 없다. 만일 당시 백제와 왜가 대등한 입장에서 교류하는 사이였다면, 백제의 대왕이라 하더라도 왜왕에게 보내는 칼에 함부로 왜왕의 이름을 적을 수는 없었을 것이다.

그렇지만 여기서는 백제의 왕세자가 당당하게 왜왕의 이름을 적고 있는데, 이는 왜왕이 왕세자의 하위자이기에 가능한 일이다.

이 왜왕의 이름 '지'는 『고사기』나 『일본서기』에 전혀 나오지 않는다.

외자의 한자로 된 이름은 백제 왕족들이 선호하던 그것인 것이 분명하다. 백제 왕세자가 '지'라는 이름을 가진 왜왕에게 당당하게 그 실명을 부르면서 칼을 하사하였던 것이다. 여기서도 일본 고대사 원풍경의 하나를 감상할 수 있다.

③ '왜왕倭王'이라는 표현도 그렇다. 격식을 갖추자면 최소한 '왜국왕倭國王'이라 하여야 옳다. 대등한 관계라 한다면, '왜국왕'도 오히려 부족하다. '왜국 대왕大王' 정도로 상대방을 높여야 마땅하다. 이것이 대등국 간의 외교문서에 사용되는 정상적인 표현일 것이다.

그러나 칠지도에는 그런 외교상 최소한도의 예의나 관례 같은 것조차 전혀 무시되었다.

④ 「오월십육일병오정양五月十六日丙午正陽……조백련백련철칠지도造百鍊鐵七支刀」는 「오월 십육일인 병오일 정오에……백번이나 단련하여 칠지도를 만들었다」라는 뜻이다.

아주 좋은 칼이라는 것을 자랑하고 있다. 오월 십육일 병오는 무슨 의미일까? 조경철 선생의 논문 「백제 칠지도의 제작연대 재론 -丙午正陽을 중심으로-」를 보면, 고대의 중국에서는 '오월 병오五月 丙午'를 칼이나 거울을 만들기에 좋은 날로 여겨서, 이날 많이 만들었고, 실제의 날과 일치하지 않아도 길상의 의미로 자주 썼다 한다『백제문화 42집. 공주대학부설 백제문화연구소. 2010』10쪽. 여기서도 마찬가지 의미이다.

이런 좋은 날을 선택하여, 그것도 양기가 가장 왕성한 정오에, 백번이나 단련하여 만들었으니 이 칼은 기가 막히게 좋은 칼이라는 의미이다. 백제 왕세자는 왜왕에게 칼을 보내면서, 이 칼이 보통의 칼이 아니라 온갖 정성을 기울여 만든 대단한 칼이라는 것을 강조하고 과시하며, 자랑하는 것을 알 수 있다. 이렇게 좋은 칼을 보내니 감사하게 받아라는 취지인 것은 물론이다. 왜왕이 상위자라면 도저히 이렇게 적지는 못할 것이다.

⑤「선세이래미유차도先世以來未有此刀……전시후세傳示後世」는 「역사 이래로
이런 칼이 없었다……후세에 전하여 보여라」는 의미이다.

앞서 이 칼이 대단한 칼이라고 자랑한 것을 보았다. 거기에다 이 칼은
본체에다 6개의 가지가 붙어 있음으로, 역사 이래 이런 칼은 없었다고
하였을 것이다. 이렇듯 희귀한 칼이니 후세에 전하여 보여라고 명령하
고 있다. 바로 이 문구에 칼을 주는 사람과 받는 사람의 상하관계가 극
명하게 나타나 있다.

「역사 이래 이런 칼이 없었다……후세에 전하여 보여라」

후세에 전하고 말고는 받는 사람의 결정에 달린 것이다. 그러나 이 문구
는 받는 상대방의 기분이나 의중은 전혀 고려하지 않고, 일방적으로 후세에
전하여 보여라고 지시하고 있다. 받는 사람이 상위자라면 감히 상상도 못할
표현이다. 상위자가 아니라 대등한 친구 사이라 하더라도, 받는 사람의 기
분을 생각한다면 이런 직설적인 명령문은 곤란하다. 지극히 친밀한 사이의
하위자에게나 가능한 표현인 것이다.

필자는 칠지도의 명문에 관한 일본과 한국 여러 학자의 저서나 논문을 여
러편 읽어 보았으나, 이 문구에 주목하는 글은 본 적이 없다. 대부분 이 문
구는 없는 듯이 아예 언급을 회피하고 묵살하였다. 이 문구 하나 만으로도
이 칼이 하사한 것이 헌상한 것인지 알고도 남음이 있지만, 왠일인지 피하
기만 하였던 것은 불가사의한 일이 아닐 수 없다.

칼의 명문에는 두 국가 정상 사이의 외교에 관한 격식, 혹은 의례적인 존
경과 경의를 표시하는 문구는 전혀 포함되어 있지 않다. 백제 왕세자는 왜
왕을 마치 친동생처럼 지극히 사적으로 친밀하게 대하면서 명령하고 있는
것을 알 수 있다. 뒤에서 보는 무령왕이 왜왕에게 보낸 거울의 '남제왕(男弟

王' 즉 남동생왕이라는 표현과 아울러 생각해 보면, 이 '지(旨)'라는 왜왕 역시 백제 왕세자의 남동생이었던 것이 명백하다.

11) 무령왕의 남동생인 왜왕男弟王

와카야마(和歌山) 현의 스다하치만 신사(隅田八幡 神社)에 있는 인물화상경(人物畵像鏡)이라는 거울에 나오는 일본 고대사의 원풍경을 살펴보자(졸저 『일본 천황과 귀족의 백제어』388쪽).

> 「癸未年八月　日十大王年　**男弟王**　在意紫沙加宮時　**斯麻**念長泰　遣
> 開中費直　穢人　今州利二人等　所白上同二百旱　所此竟
> 계미년 팔월 일십대왕년日十大王年, 남동생왕男弟王 남제왕이 어시사카궁意紫沙加宮에 있을 때, 사마斯麻가 길이 태평하기를 생각하여, 개중비직開中費直과 예인穢人인 금주리今州利 두 사람을 보내어, 좋은 구리上同 이백 한루으로 이 거울을 만들었다」

사마(斯麻, si-ma)는 무령왕의 휘이다. 남제왕(男弟王)은 한자의 의미 그대로 남동생왕이다. 이 남동생왕의 이름이 무엇인지 나타나 있지 않은 점이 아쉽다. 형인 무령왕은 백제를 다스렸고, 그 동생은 왜왕으로서 왜국을 통치하였던 사실이 이 거울에 잘 드러나 있다.

이 대목에서 생각나는 것은 『고사기』에서 이자나키(伊耶那岐)가 천조대신(天照大神), 월독명(月讀命), 수사노(須佐之男), 삼남매를 낳고는 크게 만족하여, 천조대신에게는 고천원(高天原), 월독존에게는 야지식국(夜之食國), 수사노에게는 해원(海原)을 각각 다스리라고 명하였다는 기사이다. 삼남매를 각각 여러 나라의 왕으로 임명하였다는 이야기인데, 그 모티브는 형제가 각각 백제와 왜국을 통치하였던 역사적 사실에서 가져온 것이리라.

　그런데 무령왕이 거울에 글을 새겨 왜왕인 동생에게 보내면서, 아무런 존칭도 없이 자신의 이름인 '사마'로만 적은 점이 좀 의아스럽기도 하다. 그렇지만 왕흥사지에서 발견된 사리기 명문에도 '백제왕 창(百濟王 昌)'으로 되어 있는 것을 보면, 이런 식으로 왕의 이름을 적는 표기방법은 백제 고유의 전통이 아닌가 싶다. 앞에 '백제왕'이라는 표기를 생략한 것으로 추정할 수 있다. 왜왕이 친동생이므로, 이렇게 공식적인 직위를 생략하여도 전혀 문제가 없었을 것이다.

　앞서 본 칠지도에서는 칼을 만들어 보낸 사람 스스로를 '백제 왕세자', 받는 사람을 '왜왕 지(倭王 旨)'라 하였던 것을 보았다. 지극히 친밀한 사이이므로, 번거로운 정식 예법을 생략한 형태이다. 당시의 백제와 왜의 왕실 간에는 정규적인 공식 외교관계가 필요없는 친밀한 사이였다는 사실을, 이 거울에서도 확인할 수 있다.

　명문에는 남동생왕이 어시사카(意紫沙加, ə-si-sa-ka)라는 궁에 있을 때(在 재), 무령왕이 이 거울을 만들었다 하였다. 일본의 고대 금석문에서 종종 보이는 '치천하(治天下)'라는 말이 나오지 않는다. 뒤에 나오는 이나리야마(稻荷山) 고분의 철검에 새겨진 명문에도 이 문구가 보인다. 만일 왜왕의 하위자가 이 칼을 만들었다면, 왜왕을 찬양하는 상투적인 문구 '치천하'를 넣지 않았을 리가 없다. 이 표현이 보이지 않는다는 것은, 칼을 만들어 보낸 무령왕이 왜왕의 하위자가 아니라는 사실을 증언해 준다.

　'어시사카'는 지명인 것이 분명하지만, 어디인지 알 수가 없다. 『일본서기』에는 어시사카에 있었다는 왜왕의 궁은 보이지 않는다.

　일본의 사학계에서는 이 남제왕을 26대 왜왕 계체(繼體)에 비정하는 것이 통설이다. 그러나 『일본서기』에는 계체의 궁이 즉위 초기에는 장엽궁(樟葉宮, ku-su-pa-no-mi-ya)이라 하였고, 말년에는 반여옥수궁(磐餘玉穗宮,

i–pa–re–no–ta–ma–po–no–mi–ya)에서 죽었다 하였다. 궁이 다를 뿐만 아니라, 계체는 실존하지 아니한 가공의 왜왕임을 앞서 보았다. 남동생왕이 계체일 가능성은 전혀 없다.

「좋은 구리를 무려 200한(旱)이나 넣었다」라고 과시한 것으로 보아도, 이 거울은 상위자가 하위자에게 하사한 물건이라는 사실을 알 수 있다. 칠지도에서 백번 단련한 철로 칠지도를 만들었다고 자랑한 것과 같은 맥락이다.

개중비직(開中費直)의 '개중(開中)'은 지명으로 보인다. '비직(費直)'은 관직명일 것이다. 『일본서기』 신대기에 '직(直 a–ta–pi)'라는 표기는 보이지만, '비직(費直)'은 나오지 않는다. 이 거울에만 보이는 관직명이다. 이 사람은 성명을 알 수 없다.

예인(穢人)의 의미는 불명이지만, 금주리(今州利)는 인명이다. '리(利)'라는 말음으로 보아 백제인인 것이 분명하다.

이 거울에서 무령왕의 남동생왕이 '어시사카(意紫沙加, ə–si–sa–ka)'라는 곳에서 왜국을 통치하였으며, 무령왕이 동생에게 거울을 보내어 신임의 의미를 나타낸 것을 알 수 있다. 고대 왜국사 원풍경의 하나이다.

12) 왁가다기로獲加多支鹵대왕과 장도인杖刀人의 수首

사이타마(埼玉) 현에 있는 이나리야마(稻荷山)고분에서 발견된 칼에 새겨진 명문에 관하여는 역시 위의 졸저에서 상세하게 검토한 바 있다(350쪽). 간략하게 살펴보자.

「辛亥年七月中記　乎獲居臣　上祖名　意富比垝　其兒　多加利足尼　其

　兒名　弖已加利獲居　其兒名　多加披次獲居　其兒名　多沙鬼獲居　其

　兒名　半弖比　其兒名　加差披余　其兒名　乎獲居　世世爲杖刀人首

奉事來至今　獲加多支鹵大王寺　在斯鬼宮時　吾佐治天下　令作此百
練利刀　記吾奉事根原也

신해년 7월중 기록한다. 호와캐乎獲居라는 신하, 상조上祖 이름은 의부
비궤意富比垝,

그 아들 다가리 숙내多加利足尼, 그 아들 저이가리 와캐弖已加利獲居, 그
아들 다가피차 와캐多加披次獲居, 그 아들 다사귀 와캐多沙鬼獲居, 그 아들
반저비半弖比, 그 아들 가차피여加差披余, 그 아들 호 와캐乎獲居,

대대로 장도인杖刀人의 우두머리로서, 대왕을 섬겨 지금에 이르렀다. 왁
가다기로獲加多支鹵 대왕의 절이 사귀궁斯鬼宮에 있을 때, 내가 천하를
다스리는 것을 보좌하였다. 백번 단련하여 예리한 이 칼을 만들 것을
지시하여, 내가 섬긴 뿌리를 기록한다」

　일본 사학계의 통설은 이 칼에 새겨진 '왁가다기로(獲加多支鹵)' 대왕을 『일
본서기』의 왜왕 웅략(雄略)이라 한다. 대부분의 학자는 이것을 마치 불변의
진리인 양 여기고 있다. 그러나 웅략이라는 왜왕이 붓끝에서 창작된 가공인
물임은 앞서 보았다. 웅략이 실존 인물일 가능성은 전혀 없다. 따라서 칼에
새겨진 대왕은 웅략이 아니다.

(1) '왁가다기로'가 웅략이 아닌 이유

　웅략은 실존하지 아니한 인물이고, 책상머리에서 창작된 허구의 왜왕이
다. 따라서 칼에 새겨진 '왁가다기로'라는 왕이 웅략이 아닌 것은 물론이다.
그렇지만 여기서는 웅략이 실존 인물이라 가정하고, 그와 왁가다기로가 다
른 인물이라는 점을 입증하여 보자.

① 위의 졸저에서 상세하게 본 바와 같이 '획가다지로獲加多支鹵'라는 왕의

이름은 당시의 발음으로는 '왁가다기로wa-ka-ta-ki-ro'이다. 반면 『일본서기』에 나오는 왜왕 웅략의 이름은 '유무幼武, wa-ka-ta-ke-ru'이므로, 발음이 다르다. 동일인물이 아니다.

② 와가다기로의 궁은 '시귀斯鬼'라는 이름이지만, 웅략의 궁은 '박뢰조창궁泊瀨朝倉宮'이니 전혀 다르다. 이 점에 관하여는 다음 항에서 자세히 알아보자.

③ 이 칼을 만든 사람은 호와캐乎獲居이다. 현대의 경호실장 격인 장도인杖刀人의 우두머리首로서 대대로 왜왕을 섬겨왔다 하였다. 그러나 『일본서기』나 『고사기』에는 '호와캐'라는 이름도 보이지 않고, '장도인'이라는 관직도 전혀 나오지 않는다.

칼에 새겨진 8명의 인명 중에서 이 두 책에 나오는 인물은 단 한명도 없다. 이들의 하찮은 직위에 있었기 때문이 아니다. 이 두 책은 실제 역사를 기록한 것이 아니기 때문에 실존 인물은 거의 나오지 않는다. 소아蘇我씨 등 몇몇 사례를 제외하면, 이 두 책에 나오는 귀족들은 거의 대부분 창작된 가공인물이다.

④ 칼을 만든 호와캐가 상조上祖라 한 의부비궤意富比垝가 처음으로 도왜한 입왜조일 것이다.

위의 졸저에서 이 이름은 백제풍인 것을 보았다. 의부비궤를 일본의 사학계에서는 『일본서기』 숭신崇神 10년 9월조에 보이는 이른바 사도장군四道將軍의 한 사람인 '대언大彦, o-po-pi-ko'으로 보는 것이 통설이다.

그런데 일본 사학에서는 이 신해년을 471년으로 보는 것이 통설이므로, 이에 따르면 호와캐의 7대조 의부비궤는 대략 4세기 중반 정도에 실존하였던 인물일 것이다. 그런데 사도장군인 대언이 출동한 시기는 『일본서기』에 의하면, 기원전 88년이다. 시기가 전혀 다르다.

일본 사학의 궤변인 이른바 이주갑인상설二周甲引上說에 의하여 숭신의 시기를 120년 내려보아도 전혀 맞지 않는 것은 변함이 없다. 왜왕 숭신이 나 대언이 가공인물인 것은 앞서 보았다. 이런 얼토당토아니한 추정이 일본 사학계의 통설이라는 것은 일본 사학을 위하여 부끄러운 일이라 하겠다.

⑤ 글의 맨 앞머리, '신해년辛亥年 7월중七月中'의 '중中'이라는 표기가 한국풍 이라는 사실은 한국과 일본의 연구자들이 지적한 바 있다.

중원 고구려비에 '오월중五月中', 신라 서봉총 은합간銀盒杅에서 '삼월중三 月中'이라는 표기가 보인다. 상세한 논의는 생략한다.

그리고 기록에 보이는 여러 인명 중 의부비궤의 아들 '다가리多加利'와 손자 '저이가리저已加利' 또한 백제풍인 것은 졸저 『일본열도의 백제어』에 서 본 바 있다40쪽. 이름의 '~가리'라는 발음은 한국인이라면 누구나 친 근감을 느낄 것이다.

'장도인杖刀人'이라는 관직명의 '인人'이 한국풍임은 졸저 『천황과 귀족의 백제어』에서 보았다353쪽. 고대의 한국에는 '서인書人', '점인占人', '집가인 執駕人' 등 수많은 '~인人' 계통의 관직명이 존재하였던 것이다.

(2) 웅략의 궁宮과 사귀궁斯鬼宮

웅략의 궁을 『일본서기』는 '박뢰조창궁(泊瀨朝倉宮)', 『고사기』는 '장곡조 창궁(長谷朝倉宮)'이라 하였다. '박뢰'나 '장곡'은 아스카(飛鳥)를 흐르는 '대화 천(大和川)'의 본류인 '박뢰천(泊瀨川, pa-tu-se-ka-pa)'이라는 강 이름에 서 따온 것이다. '조창(朝倉, a-sa-ku-ra)'은 지명이지만, 어느 곳인지 확 실하지 않다. 『일본서기』나 『고사기』에는 아스카의 무수한 지명이 등장하 지만, 이 지명은 웅략의 궁호 이외에는 전혀 보이지 않는다. 그렇지만 박뢰 (泊瀨, pa-tu-se)라는 강 유역에 있는 조창(朝倉, a-sa-ku-ra)라는 곳에 있다는 의미인 것은 명백하다.

일본 사학의 통설은 웅략이 이나리야마(稲荷山) 고분에서 출토된 철검에 새겨진 '획가다지로 대왕(獲加多支鹵 대왕)'이라 한다. 그런데 웅략의 이 궁호가 철검에 새겨진 '사귀(斯鬼, si-kui)'궁과는 전혀 다르다. 그렇지만 어떻게든 이 웅략을 철검의 대왕과 일치시키려는 일본 학자들은 억지같은 주장도 서슴치 않는다.

박뢰천(泊瀬川) 유역에는 '기성(磯城, si-ki)'이라는 지명이 있다. 『일본서기』 신무(神武) 즉위전기에 '기성읍(磯城邑)', 신무 2년 2월조에 '기성현주(磯城縣主)' 등이 보인다. 일본의 통설은 철검의 '사귀(斯鬼, si-kui)'는 바로 이 '기성(磯城, si-ki)'을 가리킨다고 한다. 일견 그럴듯하다. si-kui나 si-ki는 음상이 비슷하기 때문이다. 그러나 이 통설은 전혀 부당하다.

첫째 '사귀(斯鬼)'는 si-kui의 표기이다. 이 kui는 일본 언어학계에서 말하는 이른바 을류의 ki로서, 후일 ki로 변하였다. 이에 반해 '기성(磯城)' si-ki의 ki는 갑류의 ki이다. 발음이 다르다. 『일본서기』의 지명표기에서는, 이러한 갑류와 을류의 구분이 거의 절대적이라 할 정도로 엄격하게 지켜지고 있었으므로, si-kui라는 지명을 si-ki로 표기하였을 가능성은 거의 없다.

물론 10세기에 편찬된 『연희식(延憙式)』이라는 책에는 지명 si-ki를 '지귀(志貴)'라 표기한 것이 보이지만, 이때는 벌써 모음의 갑류와 을류의 표기 구분이 거의 사라진 무렵이다. 따라서 '사귀'와 '기성'은 전혀 다른 지명인 것이 분명하다. '사귀'는 『일본서기』나 『고사기』에도 전혀 나오지 않아 어느 곳인지 알 수가 없다.

둘째 '기성(磯城)'이라는 지명은 '기성읍(磯城邑)'이나 '기성현주(磯城縣主)'에서 보듯이, 좁은 어느 한 곳을 일컫는 지명이 아니라, '읍'이나 '현' 정도의 넓은 행정단위를 말한다. 후일에는 '기상군(磯上郡)'과 '기하군(磯下郡)'이라는 두 개의 군으로 갈라지게 된다. 이렇게 넓은 행정단위를 궁호로 하였다는 것은 전혀 상식 밖의 일이다. 『일본서기』에 나오는 고대 왜국의 궁호가 예외 없이 아주 좁은 지명, 예를 들면 '다리 거리의 집' 혹은 '백제대정(百濟大井) 우물가의 집' 정도의 구체적이고 특정된 지극히 좁은 지명에서 유래하였다는 것은 뒤에서 자세히 살펴보자(504쪽).

『일본서기』에는 10대 왜왕 숭신(崇神)의 '기성 서리궁(磯城 瑞籬宮)'이 보인다. '기성'에 있는 '서리궁'이라는 의미인데, '서리'는 상서로운 울타리를 의미한다. 여기에는 '기성'이라는 넓은 지명을 좀 더 특정하기 위하여, '서리'라는 말을 덧붙였다.

29대 왜왕 흠명(欽明)의 '기성도 금자궁(磯城島 金刺宮)'도 있다. '금자(金刺, ka-na-sa-si)의 의미는 불명인데, 좁은 곳의 지명이 아닌가 생각한다. 물론 이 두 왜왕도 창작된 가공의 인물이므로, 그들의 궁이라는 것도 가공의 그것이다. 어느모로 보나 철검의 '사귀궁'이 웅략의 '박뢰조창궁'일 가능성은 전혀 없다.

이 칼의 기록에서도 『일본서기』와 『고사기』에는 전혀 등장하지 않는 왕과 귀족의 이름, 관직명, 궁호가 나오므로, 일본 고대사 원풍경의 하나를 감상할 수 있게 되었다.

13) 무리저无利크와 이태화伊太和, 장안張安

구마모토(熊本) 현의 에타후나야마(江田船山) 고분에서 나온 칼에도 명문이 새겨져 있고, 졸저 『일본 천황과 귀족의 백제어』에서 본 바 있다(374쪽). 간략하게 살펴보자.

「治天下　獲加多支鹵大王世　奉事典曹人　名无利크　八月中　用大鐵
　釜幷四尺刀

八十練九十振　三寸上好刀　服此刀者　長壽子孫洋洋　得三恩也　不失

其所統　作刀者　名伊太和　書者　張安也

천하를 다스리던 획가다지로獲加多支鹵 대왕의 시절에 전조인典曹人으로

봉사하던 무리저无利㫈가 팔월중 큰 쇠솥으로 네척 길이의 칼을 아울렀

다. 팔십번 단련하고 구십번 불린 석자 길이의 좋은 칼이다. 이 칼을

차는 자는 장수하고, 자손이 양양하며, 세 가지 은혜를 얻을 것이다.

그 통할하는 곳을 잃지 말기를. 칼 만든 사람은 이태화伊太和이고, 글

지은 이는 장안張安이다」

일본 학자들은 대왕의 이름을 '획가다지로(獲加多支鹵)'라 판독하고는, wa−ka−ta−ke−ru라 읽어, 『일본서기』의 왜왕 웅략(雄略)에 비정하고 있다. 왜왕 웅략은 누누이 본 바와 같이 창작된 허구의 왜왕이다.

일본의 도쿄(東京)국립박물관에는 이 칼의 복제품이 전시되어 있고, 또한 새겨진 글자를 선명하게 확대하여 쉽게 읽을 수 있도록 마련하여 놓았다. 필자는 이 박물관을 여러 번 방문하여 칼에 새겨진 글씨를 본 바 있다. 그런데 '가(加)'와 '지(支)'로 판독한 두 글자는 완벽하게 사라져 전혀 보이지 않았다. 글자의 흔적조차 전혀 보이지 않았던 것이다. 그런데 어떻게 하여 이렇듯 완벽하게 판독해내었는지, 일본 학자들의 귀신같은 재주에 감탄할 뿐이다. 아무리 보아도 대왕의 이름은 미해결의 영역으로 남겨두는 것이 옳을 것이다.

칼을 만든 주인공은 무리저(无利㫈)인데, 그는 '전조인(典曹人)'으로 봉사하였다 한다. 그런데 그가 역임한 관직명인 '전조인'은 『일본서기』에 보이지 않는다. 그렇지만 앞서 본 '장도인(杖刀人)'과 마찬가지로 '~인(人)'이라는 관직명은 다분히 한국풍이다.

칼을 만든 이태화(伊太和), 글을 지은 장안(張安), 두 사람 모두 백제인인 것

은 명백하다. 의문의 여지도 없다. 이 두 사람을 '중국계 도래인' 운운하는 일본 학자도 있으나, 전혀 엉뚱한 발상이다. 앞의 '무리저'는 왜풍이 물씬한 이름으로 보아 도왜한지 오래된 '푸루키(舊來 구래)'이고, 이태화와 장안 두 사람은 백제의 성명을 그대로 유지하고 있으니, 도왜한지 얼마되지 아니한 '이마키(今來 금래)'일 것이다.

이렇듯 여러 자료에서 보이는 고대 왜국사의 원풍경은 『일본서기』나 『고사기』에 나오는 왜국의 모습과는 전혀 다르다. 이 두 책은 기원전 660년부터 서기 697년까지의 왜국 역사를 기록하고 있지만, 거기에는 나오는 인명과 지명, 천황, 관직명, 중앙과 지방의 행정제도 등 거의 모든 것은 8세기 일본의 그것으로 일관하고 있다. 실제 역사가 아니라 창작된 역사를 만들어 내었던 것이다.

따라서 금석문 등 당대의 자료에서 보이는 고대 왜국의 원풍경과는 전혀 다를 수밖에 없다. 그 원풍경에서 드러난 정황은 토착왜인이 왜국을 통치한 것이 아니라, 백제인들이 집단으로 도왜하여 장기간 왜국을 지배하고 통치하였다는 사실이다.

2. 무령왕릉으로 보는 백제와 왜국의 원풍경

『일본서기』는 백제의 무령왕이 왜국의 각라도(各羅島)에서 탄생하였다고 하였고, 그에 관한 설화를 꽤나 상세하게 전하여 준다. 그 진위에 관하여 졸저 『일본 천황과 귀족의 백제어』에서 상세하게 검토한 바 있다(396쪽). 여기서는 간략하게 살펴보자.

『일본서기』에 의하면, 개로왕이 아우 곤지(昆支)에게 왜국으로 건너가 왜왕을 섬기라고 하자, 곤지는 형수인 개로왕비를 달라고 하였다. 그래서 곤지와 만삭의 개로왕비가 도왜하던 중 각라도에서 무령을 낳았으므로, 이름을 '도군(島君)' 즉 섬의 왕이라 하였다는 것이다.

필자는 이 설화가 역사의 날조로 본 바 있다. 개로왕이 아우인 곤지에게 왜왕을 섬기라고 하였다거나, 만삭의 왕비를 아우에게 주어, 그녀가 시동생을 따라 험한 바다를 건너 왜국으로 간다는 것은 전혀 상상하기 어렵기 때문이다. 또한 왕비가 항해 도중 절해고도에서 왕자를 낳았다는 것도 '전설따라 삼천리' 식의 전혀 현실감이 없는 엉뚱한 구성이다. 이 설화는 아마도 처음 『일본서기』가 간행되었을 때에는 존재하지 않았을 것이다. 중세의 변작자가 창작하여 집어넣은 것이 분명하다.

그런데 일본의 각라도라는 섬은 실재하는 섬이고, 그곳의 민간전승에는 무령왕의 탄생에 관한 전설이 지금도 전해 내려오고 있다 한다. 이런 전설은 믿을 만하지 않을까라는 의문이 생길 수도 있다.

그러나 고대사의 왜곡, 조작과 관련된 일본의 민간 전설이라는 것은, 『일본서기』의 내용에 맞추어 후세에 성립된 것이 많으므로, 참고할 자료가 되지 못한다. 가공의 인물인 것이 분명한 시조왕 신무(神武)의 무덤이 있다고 하여 '신무전(神武田, zin–mu–ta)'이라는 지명이 생긴 것이 그 좋은 사례일 것이다. 그 일대의 주민들은 신무릉의 존재를 확신하였던 모양이다. 그러나 가공의 인물인 신무의 무덤이 존재할 가능성은 전혀 없음에도, '신무전'이라는 지명은 지금도 남아있다. 이 지명이 근세 신무릉 치정 과정에서 결정적인 역할을 하였던 것은 앞에서 보았다(50쪽).

그렇지만 무령왕이 왜국에서 출생하였다는 것과, 그가 '도군' 즉 섬의 임금으로 불리운 것은 사실일 것이다. '도군'의 '도(島)'는 각라도라는 작은 섬이 아니라 섬나라인 왜국 전체를 일컫는 말로써, 당시의 백제인들은 왜국을 흔히 섬나라로 표현하였던 것이다.

1) 무령왕은 곤지昆支의 아들일까?

(1) 『삼국사기』와 『일본서기』의 기록

『삼국사기』는 무령왕이 동성왕(東城王)의 둘째 아들이며, 동성왕은 문주왕 (文周王)의 아우인 곤지(昆支)의 아들이라 하였다. 학계에는 『삼국사기』의 기록을 믿지 않고, 『일본서기』를 중시하여 무령왕을 곤지의 아들로 보는 견해가 우세한 형국이다. 그러나 『삼국사기』의 이 기록이 특별하게 신빙성이 없다고 보이지는 않는다. 조작된 사서인 『일본서기』보다는 『삼국사기』를 믿는 편이 안전할 것이다.

지금도 대부분의 일본 학자들은 『삼국사기』는 불신하면서, 『일본서기』를 중시하고 있다. 『일본서기』는 720년에 나왔지만, 『삼국사기』는 그보다 훨씬 늦은 1145년 간행되었으므로, 『삼국사기』보다는 『일본서기』가 신뢰성이 높다는 이유이다. 필자는 일본 사학자들의 저서나 논문에서 이런 구절을 수도 없이 본 바 있다. 그러나 김부식은 『삼국사기』를 지으면서 여러 사서의 기록을 취사선택하였을 뿐, 자신이 창작한 내용은 단 한 줄도 없다.

반면에 『일본서기』는 신들의 역사라는 신대기는 물론이고, 시조 신무(神武)부터 37대 제명(齊明)에 이르기까지 허구의 왜왕들 역사를 소설처럼 창작한 것이다. 거기에다 후세인의 혹심한 가필과 변작이 더해진 것이므로, 이는 전혀 믿을 수 없는 사서이다. 일본의 사학자들은 엄밀한 '사료비판(史料批判)'을 하면 된다는 식이지만, 창작된 역사소설을 아무리 '비판'하여 보아도 고대사의 진실을 알 도리는 없다. 다만 군데군데 진실된 기사가 삼년 가뭄에 콩 나듯이 보이기는 하고 있다.

무령왕의 부왕인 동성왕의 즉위에 관한 『일본서기』 웅략(雄略) 23년 4월조의 기사가 바로 삼년 가뭄 뒤에 남은 몇 줄기 콩에 해당할 것이다.

「백제 문근왕文斤王이 훙薨하였다. 천황이 곤지왕昆支王의 다섯 아들 중

둘째 말다왕末多王이 어리지만 총명하므로, 궁중으로 불렀다. 친히 머리를 쓰다듬으며 은근하게 타일러, 그 나라의 왕으로 하였다. 무기와 아울러 축자국筑紫國의 **군사 5백인**을 보내어 나라에 호송하였다. 이를 **동성왕**이라 한다」

문근왕은 『삼국사기』의 삼근왕(三斤王)이다. 『일본서기』의 이 기사가 사실이라면, 왜왕 웅략이 속국인 백제의 동성왕을 임명한 것이 된다. 사실일까? 그럴 가능성은 전혀 없다. 『일본서기』의 전편을 살펴보아도, 어떤 연유로 인하여 왜왕이 백제왕을 임명하는 정도의 위치로 올라섰는지, 그 이유나 전후사정을 전혀 알 수 없다. 웅략이 실존 인물이 아님은 앞서 본 바 있다.

그러나 동성왕이 왜국에 체재하고 있다가 **500명의 호위대**를 거느리고 귀국한 것은 사실일 것이다. 동성왕이 바로 왜왕이었고, 귀국하여 백제의 왕에 올랐을 것이다. 『일본서기』의 이 기사는 창작소설이지만, 그 속에는 일말의 진실도 숨어있었던 것이다.

(2) 군사 5백명의 대규모 호위대

『일본서기』를 아무리 살펴보아도 백제의 왕자 '말다(末多)'가 어떤 목적으로 도왜하였는지는 나오지 않는다. 『일본서기』는 왜국의 간 백제의 왕자는 주로 '인질'이라 하였으므로, 동성왕도 인질이었을까?

그러나 인질이 귀국하는 데에 500명이나 되는 엄청난 규모의 호위대를 붙일 리는 만무하다. 500명이나 되는 대군이 장거리 항해를 거쳐 백제까지 가려면, 그 비용도 엄청나기 때문이다. 동서고금을 막론하고 적대국의 인질이 귀환하는 데에 이 정도의 대군으로 호송한 예는 없을 것이다.

『삼국사기』는 무령왕이 동성왕의 둘째 아들이라 하였다. 무령왕은 동성왕이 왜왕으로 재임하던 중 왜국에서 탄생하였고, 장성하여서는 왜왕을 역임하였기에, '도군(島君)'으로 불리웠을 것이다. 무령왕릉에서 출토된 지석에 보이는 왕의 휘 '사마(斯麻)'의 고대 한국음은 '시마'였을 것이고, 이것은 섬을 뜻하는 일본어 si—ma와 그대로 일치한다.

『일본서기』의 기록대로라면, 무령왕은 속국인 백제의 왕자로서 백제의 왕이 모시는 상국인 왜국에서 출생한 것이 된다. 그런데 다행스럽게도 무령왕릉은 도굴되지 아니한 채로 발굴되어 그 전모를 드러내었다. 만일 『일본서기』의 기록이 사실이라면, 무령왕릉에는 상국인 왜국제 혹은 왜풍의 여러 가지 물건들로 가득 차 있어야 마땅하다. 과연 무령왕릉에 왜풍의 문물이 존재하고 있을까? 필자는 그러한 의문을 풀기 위하여 무령왕릉에 관한 서적을 구할 수 있는 대로 모두 구하여 읽어 보았다. 이 글은 그 성과물이다.

2) 무령왕릉에 왜풍의 유물이 있을까?

국립공주박물관에서 2007년 발행한 도록에 의하면, 무령왕릉에서는 금으로 만든 관장식과 용봉환두대도 등 모두 108종, 2906점이라는 많은 수의 유물이 발굴되었으며, 그중 17점이 국보로 지정되었다 한다(10쪽). 도록의 다음과 같은 설명을 경청하여 보자.

「귀걸이를 비롯한 금속공예품들은 정교한 제작기술을 자랑하고 있는데 이는 신라, 고구려와는 또 다른 백제미술의 진면모를 보여준다. 무령 왕릉에서는 중국도자기들도 많이 출토되었다. 이 도자기들은 중국 남조계통의 무덤구조와 함께 무령왕이 중국과 활발한 교류를 통해 선진 문물을 수용했음을 말해주는 것으로 백제사회의 국제성을 엿볼 수 있 게 한다」

무령왕의 무덤구조는 중국 양(梁)나라의 형식인 벽돌을 쌓아 만든 전축분(塼築墳)이다. 무덤에서 나온 도자기는 중국산이 여럿 출토되었고, 무덤을 지키는 동물인 진묘수(鎭墓獸)도 뿌리는 중국에 있다. 무령왕릉과 유물에는 중국 남조의 영향이 뚜렷하다. 도록은 무덤의 유물들에서 '백제사회의 **국제성**'을 엿볼 수 있다 하였는데, 그 국제성 속에는 왜도 포함되어 있을까? 즉 **왜풍**의 유물도 있을까? 왜풍이란 왜국에서 만들었거나, 백제에서 만들었다 하더라도 왜국 고유의 양식으로 된 물건을 의미한다.

왜풍의 물건은 가야의 왕릉에서는 드물지만 가끔씩 발견되기도 한다. 바람개비 모양의 방패장식인 파형동기(巴形銅器), 왜국 토기인 하지키(土師器) 등이 대표적인 사례이다.

결론부터 말한다면, 엄청나게 출토된 무령왕릉의 수많은 유물 중에서 왜풍의 그것은 단 한 점도 보이지 않는다. 왜국의 물건이라고는 관을 만든 나무 등 목재가 여럿 발견된 것 밖에는 없다. 목재는 왜국산이기는 하지만 자연에서 난 것이므로, 왜풍의 물건이라 할 수는 없을 것이다. 목재에 관하여는 별도로 살펴보자.

가야의 왕릉에서도 가끔씩 왜국산 혹은 왜풍의 유물들이 발굴되는데, 왜국과의 인연이 아주 깊은 무령왕의 릉에서 왜풍의 그것이 단 한 점도 나오지 않았다는 것은, 특히 『일본서기』의 관점으로는 전혀 뜻밖이다.

한국은 근세에 일본의 식민지배를 경험한 바 있다. 일제강점기에 지어진 관공서나 학교 등 대부분의 건물은 일본풍이었다. 당시의 한국에는 일본풍의 온갖 문물이 대유행하였던 것은 물론이다. 『일본서기』에는 왜왕이 백제왕을 임명할 정도였다 하니 백제는 왜국의 식민지였다는 의미가 된다. 식민지 왕의 무덤에 지배국의 문물이 단 한 점도 나오지 않을 수가 있는가? 일제강점기 한국의 실정을 생각한다면 전혀 상식에 맞지 않는다.

필자는 무령왕이 왕위에 오르기 전 왜왕으로 재임한 적이 있다고 보고 있다. 무령왕은 왜국의 문물이 어떠하다는 것을 잘 알고 있었던 것이 분명하다.

倭文 왜문 [고대 일본어] 왜국에서 만든 조잡한 직물

여기서 생각나는 것은 si-tu(倭文 왜문)라는 고대 일본어이다. 이 말은 원래 왜국에서 만든 조잡한 직물을 뜻하는데, 나중에는 천하다는 의미의 침사(枕詞)로 사용되었던 것이다(졸저 『일본 천황과 귀족의 백제어』 19쪽 참조).

이는 도왜한 백제인들이 왜국의 문물은 수준낮고 천한 것으로 인식하였다는 점을 극명하게 드러낸 말이라 하겠다.

반대로 ku-da-ra-na-i라는 말은 원래 「백제산이 아니다」라는 의미인데, 이 말은 시시하다는 뜻으로 변화되었다. 즉 백제산이 아닌 것은 시시하다는 의미가 된다. 무령왕과 당시 백제의 조정에서는 왜국의 문물은 수준낮고 천하다는 사실을 익히 알고 있었던 것이 분명하다. 무령왕릉에서 왜풍의 유물이 단 한 점도 나오지 않은 것은 그러한 이유일 것이다. 이는 『일본서기』가 백제를 왜국의 속국 혹은 식민지로 묘사한 것은 역사적 진실과는 전혀 거리가 멀고, 오히려 정반대였다는 사실을 증명하여 주는 좋은 증거라 하겠다.

(1) 왜국산 금송으로 만든 무령왕의 관

주지하다시피 무령왕의 관은 한국에는 자생하지 않고, 일본 특산인 '금송(金松)'이라는 나무로 만든 것이다. 금송은 일본에서도 아주 귀한 나무이다. 국립공주박물관의 발간한 도록 『百濟 斯麻王(백제 사마왕). 2001. 통천문화사』에 게재된 요시이(吉井秀夫) 선생의 논고 「무령왕릉의 목관」에는 금송에 관한 상세한 설명이 있다(167쪽).

「……고대에는 등원궁藤原宮이나 평성궁平城宮의 건물기둥으로 많이 이
용되었다. 이러한 사용예보다 일본 고고학자가 주목해 온 것은 미생
彌生시대와 고분시대에 금송이 목관재로서 많이 사용되었다는 사실이
다……다른 수종이나 일부만 금송을 사용하는 목관의 피장자에 비해,
금송만으로 만들어진 목관의 피장자는 더 높은 계층에 속하며, 아마
각 지역의 수장이었을 것으로 추정되고 있다.

금송은 고분시대에도 근기近畿지방을 중심으로 한 전방후원분 등의 매
장시설에 안치된 장대한 목관의 관재로 많이 사용되었음이 지적되고
있다. 이상과 같은 상황으로 보아 금송은 미생시대 및 고분시대의 근
기지방에는 가장 좋은 목관 재료였으며, 그것을 사용할 수 있는 사람
은 한정되어 있었다고 추정된다……」

　고대의 일본에서도 목관의 관재로서는 금송이 최고라는 평가가 있었던
것이 분명하다. 백제의 왕실에서는 왜국의 모든 사정을 손바닥 들여다보
듯이 파악하고 있었던 모양이다. 왜국산의 다른 물건은 열등하여 쓸모없
고, 다만 목재만큼은 백제의 그것보다 낫다고 생각하였을 것이다. 그 결과
가 무령왕릉에서 왜풍의 유물은 단 한점도 발견되지 않고, 오직 목재만 왜
국산의 그것이 발견된 이유일 것이다. 그러면 백제의 왕릉 중에서 무령왕
릉에만 금송이 발견되었을까? 요시이 선생의 다음과 같은 지적은 아주 흥
미롭다.

「실은 백제고분에서 나온 목관재의 수종감정은 일제시대 때 매원말치梅
原末治의 부탁에 따라 미중문언尾中文彦이 시도한 적이 있다……1936년
에 부여 능산리 동고분군을 조사한 매원은 석실에서 나온 관재의 감정
을 미중에게 부탁하고, 그 후 그전에 조사된 능산리고분군 및 익산 대

왕묘에서 나온 목관재의 수종 감정도 추가로 부탁했다. 이들 관재에
대해서 미중은 모두 금송이라는 감정 결과를 내렸다……만약 미중의
감정에 문제가 없다고 하면 무령왕 이후의 백제왕 및 왕족들은 계속해
서 금송을 목관의 재료로 사용했다고 할 수 있겠다」

능산리고분군은 부여의 외곽에 위치한 7기의 고분이 모여있는 곳인데,
사비시기 백제의 왕릉으로 알려져 있다. 무령왕의 아들인 성왕이 수도를 공
주에서 부여로 옮겼던 관계로 성왕 이후의 왕릉이 소재한 곳이 바로 능산리
고분군이다. 이 고분군의 여러 무덤에서 사용된 관재 역시 금송이었다 한
다. 무령왕 이후에도 수도의 이전 여부와는 상관없이 백제의 왕실에서는 관
재로서 금송을 사용하였던 것이다. 무령왕 이전의 상당수의 왕들도 역시 관
재로서 금송을 사용하지 않았을까?
요시이 선생은 백제와 대화(大和)정권이 밀접한 교섭관계에 있었고, 백제
에서 여러 가지 문물과 오경박사(五經博士)나, 기술자, 그리고 종교까지를 왜
국에 제공하였으므로, 그 반대급부로 왜국에서 보낸 것이 금송일 것이라고
추측하였다. 그러나 그러한 반대급부로 금송이라면, 그것은 지나치게 약소
한 것이 된다. 전혀 터무니없는 추측이다. 백제와 왜는 대등한 관계에서 교
섭한 것이 아니다.

(2) 목관 이외의 왜국산 목재

시신을 담은 관만 왜국산인 것이 아니다. 무령왕릉에는 수많은 왜국산 목
재가 사용되었다. 국립공주박물관에서 발간한 도록 『무령왕릉을 格物(격물)
하다. 2011』에 실린 김수철 선생의 「무령왕릉 출토 목재의 수종」이라는 논
문에는 목재의 종류에 관한 자세한 분석이 나와 있다(187쪽).

「이미 보고되었던 무령왕릉의 관재에서 금송이 식별되었으며 함께 보관 되었던 소목편에서도 일본 특산 수종인 삼나무가 식별되었다. 이는 무 령왕릉 관재가 일본에서 가져왔다는 것을 확인할 수 있다. 또한 이번 수종분석에서 불명목기는 편백속으로 식별되었고, 목문 추정목재와 칠 기 원형막대의 수종은 삼나무로 식별되었다.

편백과 삼나무 역시 일본 대표 수종이므로 일본에서 유입된 것으로 판 단된다. 따라서 현재 수종이 밝혀진 무령왕릉 목제유물 총 45점 중 41 점이 일본특산 수종이 차지하고 있는 것으로, 당시 백제와 일본이 밀 접한 관계를 보여주고 있다. 또한 부여 능산리유적에서 출토된 목제유 물에서 일본 고유수종인 삼나무가 차지하는 비율이 높아 백제와 일본 과의 교류가 활발했던 것으로 보여 진다」

무령왕릉에서 나온 목기, 막대 등 여러 목재의 수종을 분석한 결과, 한국 에서는 자생하지 않는 일본 특산인 편백과 삼(杉)나무였다 한다. 그리하여 분석한 45점 중에서 41점이 일본산이라는 것이다. 목재 이외의 유물에는 왜 풍의 그것이 단 한 점도 존재하지 않는다는 점을 생각한다면, 이는 놀랄만 큼 높은 비율이 아닐 수 없다.

목재 관은 나무를 건조하고 가공하여, 제작하는 데에 많은 시일이 필요 하다. 왕이 서거하고 나서야 왜국에 사람을 보내어 재목을 가져오게 한다 면, 도저히 관을 만들 수가 없을 것이다. 따라서 백제의 왕실에서는 필요 한 만큼의 왜국산 목재를 가져와 비축하여 놓았다가 필요할 때에 사용한 것으로 추정할 수 있다. 이 점에 관하여 요시이(吉井) 선생은 다음과 같이 추측하였다.

「미중尾中의 감정결과를 믿을 수 있다고 하면, 왕족의 목관을 만들기 위

하여 금송을 항상 입수관리하는 체제가 사비시대에 존재했다고 보아
도 될 것이다」

타당한 분석이 아닐 수 없다. 당시 왜국을 통치한 것은 백제에서 파견한
왕이었으므로, 이러한 체제가 있었다 하더라도 전혀 이상한 것이 아니다.
왜풍의 문물은 전혀 관심이 없었지만, 왜국산 목재가 우수하다는 것은 익히
알았기에 목재를 입수관리하는 관부를 별도로 두었을 가능성이 크다.

앞서 고천원의 천손강림 설화에서 신의 이름을 분석한 결과, 백제인들
은 왜국의 논과 쌀에 관심이 많았던 사실을 보았다. 백제에서 수많은 관리
와 학자, 기술자들을 왜국에 파견한 것은 왜국을 보다 효과적으로 통치하
기 위한 목적이었을 것이다. 금송이나 목재는 통치의 부산물 정도로 보아
야 하겠다.

삼나무 또한 한국에서 나지 않고 일본에서만 자생한다. 백제의 수도 부여
의 궁남지(宮南池)에서 삼나무로 만든 꼬리표 목간이 발견되었는데, 글씨의
묵흔이 지워져 판독할 수는 없다 한다(『직설 무령왕릉』. 김태식. 2016. (주)메디
치미디어』 346쪽).

왕릉에 보이는 금송 등 일본 특산의 목재와 아울러 생각해보면, 백제와
왜국 사이에는 화물을 가득 실은 배들이 분주하게 왕래하였던 것으로 추
정할 수 있다. 백제에서 왜국으로 보낸 것은 서적, 금관이나 귀걸이, 금동
신발과 환두대도 등의 위세품, 불상, 도자기 등 선진적인 백제산 문물이었
을 것이고, 반대로 왜국에서 백제로 건너간 것은 쌀 등의 곡식과 목재였을
것이다.

(3) 무령왕릉의 유물이 왜국에 미친 영향

무령왕릉에 왜풍의 유물이 단 한 점도 존재하지 않는다는 점을 보았다.

그렇지만 반대로 무령왕릉 출토 유물을 닮거나, 그 영향이 농후한 물건들은 일본열도의 곳곳에서 출토된 바 있다. 『일본서기』는 백제를 왜국의 식민지인 양 묘사하였으나, 유물로 볼 때에는 그와 정반대의 현상이 일어난 것을 알 수 있다. 유물은 말이 없지만, 조작되고 변개된 『일본서기』의 문자화된 기록보다는 훨씬 더 고대사의 진실을 웅변하여 준다.

고고학자인 권오영 선생의 『고대 동아시아 문명교류사의 빛 무령왕릉. 2005. 돌베개』를 보면, 그러한 사실이 일목요연하게 정리되어 있다(247쪽 이하).

관장식

무령왕릉에서는 왕과 왕비의 관을 장식하였던 관식(冠飾)이 출토되었다. 불꽃 모양의 멋진 디자인으로 된 금동 장식이다.

「무령왕 부부의 관식과 가장 유사한 형태의 관은 무령왕릉보다 좀 늦은 시기에 만들어진 후지노키藤/木고분의 출토품이다……후지노키 고분의 금동관은 일본식 용어로 광대이산식廣帶二山式에 해당되는데, 정면 두군데가 솟아오른 넓은 띠에 2개의 솟을 장식을 세운 형태이다……고구려, 신라의 관과는 이질적이어서, 서로 계보가 다르고, 백제, 가야의 관과 연결된다. 특히 좌우대칭을 이루는 2개의 솟을장식은 무령왕 부부의 관식을 연상시킨다」

후지노키 고분은 1985년에 발굴되었는데, 6세기 후반에 조성된 무덤이다. 한국 계통의 호화찬란한 수많은 유물이 출토되어, 당시 일본과 한국의 언론에서 대서특필한 바 있는 유명한 고분이다. 피장자가 누구인지는 아직 밝혀지지 않았지만, 한국에서 도래한 귀족이라는 견해가 유력하다. 이곳에서 나온 금동관은 얼핏 보기에는 한국의 그것과는 좀 달라 보이는데, 권오영 선생은 2개의 솟을장식에서 무령왕릉 출토 관식이 연상된다 하였다.

금동신발

무령왕릉에서는 호화스러운 금동신발이 출토되었다. 권오영 선생에 의하면, 이 계보를 이은 대표적인 예가 에타후나야마(江田船山) 고분 출토품이라 한다. 이 고분에서 출토된 칼에 적힌 명문에 나오는 대왕을 일본에서는 '획가다지로(劃加多支鹵)'라 판독하고는, wa—ka—ta—ke—ru라 읽어, 『일본서기』의 왜왕 웅략(雄略)에 비정하였다는 사실은 앞서 본 바 있다.

후지노키 고분에서 출토된 신발도 전체적인 외형이나, 제작기법, 육각형 무늬 등이 백제계임을 분명히 보여준다 한다.

구슬

권오영 선생에 의하면, 후지노키 고분에서 출토된 은에 도금한 공 모양과 치자 열매 모양의 구슬은 무령왕릉에서도 금제와 은제의 형태로 다량 출토되었다 한다.

무령왕릉에서는 금박을 입힌 구슬도 발견되었는데, 오사카(大坂)의 다카이타야마(高井田山) 고분에서도 이와 유사한 형태의 것이 출토되었다.

무령왕릉에서는 유리띠를 돌려서 만든 대롱 모양의 옥도 출토되었다. 이와 비슷한 것이 일본의 신택천총(新澤千塚) 126호분을 필두로 일본열도 곳곳에서 출토되었다. 한다

환두대도

환두대도(環頭大刀)는 손잡이 끝부분에 둥근 고리 모양의 장식이 붙은 칼을 의미한다. 이 칼은 4~7세기에 한국과 일본에서 대유행한 바 있다. 문양

이나 재질에 따라 신분의 차이를 나타내었다. 무령왕릉에서 출토된 환두대도는 고리 안에 한 마리 용이 조각되어 있어 학자들은 이를 '단룡문(單龍文) 환두대도'라 부른다. 이와 유사한 형태의 칼이 경주의 호우총, 천마총 등에서도 출토되었다 한다.

국립공주박물관에서 2001. 발간한 도록 『百濟 斯麻王(백제 사마왕)』을 보면, 일본에서는 나라(奈良)와 오사카 등 도합 15곳의 고분에서 비슷한 형태의 환두대도가 출토되었다 한다(46쪽). 당시의 왜국은 당시 아직 통일되지 못하였거나, 혹은 통일된 직후 안정되지 못한 상태였을 때였을 것이다. 백제의 대왕이 왜국 지방세력의 유력자에게 위세품으로 하사한 칼도 여럿 포함되어 있으리라 생각된다.

동경(銅鏡)

위의 도록에 의하면, 무령왕릉에서는 도합 3점의 동경 즉 구리거울이 출토되었는데, 왕 쪽에서 2점, 왕비 쪽에서 1점이라 한다(107쪽). 왕쪽에서 나온 것 중의 하나는 의자손수대경(宜子孫獸大鏡)이다.

이와 같은 틀에서 만들어진 거울이 일본의 시가(慈賀)와 군마(群馬)에 있는 2기의 고분에서 발견되었다. 어째서 무령왕릉에서 나온 거울과 같은 틀로 만든 거울이 일본에서 두 개나 출토되었을까? 생각해보면 참으로 놀라운 일이 아닐 수 없다. 무령왕이 왜왕을 경유하여 왜국의 지방세력 수장에게 위세품 혹은 신임의 증표로 하사하였을 것으로 추정할 수 있다. 이때는 왜국의 통일 직전이거나 아니면 통일 직후 아직 안정이 되지 아니한 시기였다고 생각된다. 지방세력에게 위세품을 하사하여 그들을 위무할 의도였을 것이다.

무령왕릉에서 나온 유물들로 보아도, 백제와 왜국이 어떤 관계였는지를 알 수 있다. 무령왕릉에는 왜풍의 유물이 단 한 점도 나오지 않았음에 비해,

일본의 여러 무덤에서는 무령왕릉의 유물과 유사한 형태의 그것이 곳곳에서 출토되고 있다.

이것은 무엇을 말하는가? 『일본서기』가 묘사한 것처럼 백제가 왜국의 속국 혹은 식민지가 아니었다는 사실이다. 실제로는 정반대로 왜국이 백제의 속국이었다는 것을 이러한 유물들이 웅변하여 주고 있다. 즉 왜국이 백제의 속국이었으므로, 왜국에서는 백제풍의 온갖 양식이 대유행하였던 것이다. 마치 일제강점기의 한국에서 일본풍의 온갖 문물이 유행하였던 것처럼.

3. 왜왕의 왕호와 궁호(宮號)에 드러난 왜국사의 원풍경

고대의 한국에서는 나라의 통치자를 '왕(王)'이라 하였고, 높여서 '대왕(大王)'이라 하기도 하였다. 『삼국사기』에는 고신라 초기에서 중기까지의 '거서간이나 차차웅' 등의 고유어로 된 몇 개의 왕호를 제외하면, 전부 '왕'으로만 되어 있다. 백제나 고구려의 경우는 단 한 사람의 예외도 없이 전부 '왕'이다. 아마도 이 '왕'은 한자음 그대로 읽었을 것이고, 고유어로 훈독하지는 아니하였을 것이다. 따라서 이 '왕'이라는 평범한 호칭에 역사의 숨은 진실같은 것은 담겨 있지 않다. 그러나 고대 왜국의 왕호는 그렇지 않다. 왜국 고대사의 진실이 여기에 농축되어 있다.

(1) 대군大君

고대의 왜국에서는 왕을 고유어로 어떻게 호칭하였을까? 천황이라는 왕호가 성립한 8세기 이후에는 공식적으로 su—me—ra—mi—ko—to라 하였다. 그 이전인 7세기에는 왜왕을 한자로 '大君(대군)'이라 적고, o—po—ki—

mi라는 고유어로 읽었다. 천황이라는 말이 통용된 이후에도 『만엽집』의 노래에서는 친근한 용어인 o—po—ki—mi가 관습적으로 널리 사용되었다.

o—po 大 대 [고대 일본어] 크다
ki—mi 君 군 [〃] 존칭

o—po(大 대)는 크다는 뜻이다. ki—mi(君 군)는 존칭으로서, 고대의 왜지에는 '무라지(連 연)', '키시(吉士 길사)', '수쿠내(宿禰 숙니)' 등 수 많은 존칭이 있었는데, 그중의 하나다. 그렇다면 '큰 ki—mi'라는 의미인가? 그런 의미가 아니다. 한자어인 '대군'을 일본의 고유어로 표기하는 과정에서, '군'에 해당하는 고유어 ki—mi가 채택된 것으로 보인다.

어쨌든 한자표기 '대군(大君)'은 마치 조선 시대의 '안평대군'이나 '수양대군'의 '대군'을 연상케 한다. '大王(대왕)'으로 표기하지 아니하였다는 점을 유의하여 보자. '대군'의 '君(군)'이라는 한자는 원래 임금을 뜻하는 말이었다. '군주(君主)'나 '군왕(郡王)' 등에서 보는 바와 같다. 그러나 조선이나 고려시대에는 왕의 아들을 '~군(君)'이라 하였는데, 백제 시대에는 어떠하였을까? 『삼국사기』에는 전혀 보이지 않지만, 백제에서도 마찬가지였을 것이다.

앞서 왕지인(王智仁)이라는 인물의 내력에 관하여, 『속일본기』가 백제 귀수왕(貴須王)의 후예라는 '해양군(亥陽君)', '오정군(午定君)' 등의 이름을 열거한 것을 보았다(299쪽). 이 인물들이 실재하였는지의 여부는 의문이 있지만, 백제에서 왕자를 '군(君)'으로 호칭하였다는 것은 믿어도 좋을 것이다.

『일본서기』인덕(仁德) 41년 3월조의 백제왕족 '주군(酒君)', 무열(武烈) 6년 10월조의 '마나군(麻那君)', 7년 4월조의 '사아군(斯我君)' 등의 존재에서 볼때 이는 더욱 명백하다.

그러면 백제에서는 왕자에 대한 칭호 '군(君)'을 높인 '대군(大君)'이라는 칭호도 사용하였을까? 『삼국사기』에는 백제의 왕자호가 전혀 보이지 않음으로 정확하게는 알 수 없다. 그러나 『만엽집』의 노래에서 왕자를 '대군(大君)'이라 호칭한 것이 보인다. 『만엽집』 239번 노래는 왜왕 천무(天武)의 「아들인 장(長)왕자가 사냥할 때에 시본인마려(柿本人麻呂)가 지었다.

「‥‥吾大王‥‥吾日乃皇子乃‥‥

a-ga-o-po-ki-mi ‥‥ a-ga-pi-no-mi-ko-no

나의 대군大君‥‥ 나의 어자御子의」

표기는 '대왕(大王)'이지만, 「대군(大君, o-po-ki-mi)」으로 훈독하였다. 이 대왕은 물론 장왕자를 부르는 호칭이다.

『만엽집』 241번 역시 장왕자에 대한 노래인데, 여기서는 '황(皇)'이라 적어 놓고는 「대군(大君, o-po-ki-mi)」으로 훈독하였다. 『만엽집』 243번은 천무의 아들인 궁삭(弓削)왕자에 대한 노래로서, '왕(王)'으로 적고, 마찬가지로 훈독하고 있다.

당시의 왜국에서 왕자를 대군(大君)이라 호칭하기도 하였다는 것을 확인할 수 있다. 이는 백제의 관습으로 보아도 무방할 것이다. 즉 백제 사람들이 왕자를 일반적으로 '군'이라 호칭하였으며, 높여서는 '대군'이라 하였던 것이 분명하다.

왜국의 왕호인 '대군'은 백제의 왕자호 '대군'에서 유래한 것으로 추정된다. 백제에서 '대군'으로 불리던 왕자가 도왜하여 왜왕이 되었으므로, 왜국의 백제인들은 이 '대군'이라는 호칭을 왕호로 그대로 사용하였던 모양이다. 다만 이를 본국의 백제인들과는 다르게, 왜어의 훈 o-po-ki-mi라 관습적으로 호칭하였던 것이 왜왕의 왕호로 굳어진 것으로 추정된다.

왜국의 백제인들이 한자로 '百濟(백제)'로 적어놓고는, 관습적으로 부여의 나루터인 ku—da—ra라 하였던 것이, 국명으로 굳어진 것과 같은 맥락이다.

백제의 조정에서는 공식적으로 왜왕을 '왜왕'이라 하였을 것이다. 칠지도의 명문에서 '왜왕(倭王)'인 지(旨)를 위하여 만들었다고 한 표현에 잘 나타나 있다. '대군(大君)'이라 적고, o—po—ki—mi라 부르는 것은 공식적인 왕호가 아니라, 관습적인 호칭으로 보아야 할 것이다.

그리고 천황(天皇, su—me—ra—mi—ko—to)이라는 새로운 왕호가 생긴 8세기 이후에도, 왜국의 백제인들은 왜왕에 대하여 종전의 '대군'이라는 표현을 계속하여 사용하여 왔으나, 이 또한 공식적인 것이 아니었다. 공식 왕호는 '천황'이고, '대군'은 만엽가의 작자들이 관습적으로 사용한 친근한 표현이었다.

그런데 위의 만엽가에서 알 수 있듯이 '천황' 왕호가 성립한 이후, 이번에는 천황의 아들을 '대군'이라 하였다. 천황의 아들 '대군'은 백제풍이다. 천황도 '대군', 그의 아들도 '대군', 이런 혼란이야말로 이 호칭이 어디까지나 관습적이고 비공식적인 호칭이라는 사실을 여실히 증명하여 준다 하겠다.

(2) 미코御子 어자

고대의 왜국에서는 왕의 아들, 딸을 고유어로 **mi—ko**(御子 어자)라 하였다.

mi—ko   御子 어자 [고대 일본어] 왜왕의 아들과 딸
mi   御 어 [〃] 높임의 의미를 더하는 접두사
ko   子 자 [일본어] 자식

mi(御 어)는 높임의 의미를 더하는 접두사이고, ko(子 자)는 자식이라는 뜻이다. '귀한 자식'이라고 번역할 수 있다. 이 말에도 '왕'이라는 표현은 포함되어 있지 않다. 그리고 왕의 딸 즉 공주에 해당하는 고유어는 따로 존재하지 않았다.

고대의 한국에서는 '왕자(王子)'나 '공주(公主)'라는 말을 사용하였지만, 왜국에는 이런 말이 사용되지 않았다. '왕자'는 왕의 자식이지만, mi-ko(御子)는 왕의 자식이 아니라 그냥 귀한 자식일 뿐이다. 왜 왕의 자식을 지칭하는 말에 '왕'이라는 말이 포함되어 있지 않을까? 높임의 정도에서도 mi-ko는 '왕자'보다 격이 낮은 느낌이다.

그러다 7세기 말, 천황이라는 왕호가 성립된 이후에는 그 자녀에 대한 한자표기를 '황자(皇子)'로 바꾸었으나, 고유어로는 여전히 mi-ko라 하였다.

『일본서기』 황극(皇極) 3년(644년) 11월조를 보면, 소아하이(蘇我蝦夷)와 입록(入鹿) 일족이 여러 가지로 권세를 휘두르는 것을 묘사한 대목이 있다.

「呼大臣家曰上宮門 入鹿家曰谷宮門, 呼男女曰王子
　대신大臣의 집을 상궁문上宮門이라 하였고, 입록의 집을 곡궁문谷宮門
　이라 하였다. 남녀 아이들을 '왕자王子'라 하였다」

대신은 소아하이를 말한다. 소아 일족은 자신들의 집을 '궁(宮)'이라 하였으며, 남녀 아이들을 '왕자(王子)'라 불렀다는 것이다. 이 당시는 아직 천황이라는 왕호가 성립되기 이전이었으므로, 왜왕의 아들과 딸을 '어자(御子)'라 호칭할 때였다. 따라서 이 기사는 왜왕의 신하이면서, 왜왕가에서도 감히 사용하지 않는 '왕자'라는 용어를 사용한 것은, 왜왕을 무시하는 횡포라고 규탄하는 취지이다.

이 기사를 보면, 고대의 일본에도 '어자(御子)'와는 다른 '왕자'라는 말이 통용되고 있었고, 그것이 '어자'보다는 격이 높은 호칭이라는 인식이 있었다는 사실을 확인할 수 있다. 그런데 『일본서기』는 이 '왕자' 또한 mi—ko라고 훈독하였다. 누가 이 훈독을 붙인지는 알 수 없으나, 고유어에 '왕자'에 대한 말이 없으니, 할 수 없이 의미상 가장 가까운 mi—ko라고 읽을 수밖에 없었을 것이다.

(3) 태자太子

왕의 사후 왕위를 계승할 태자(太子)에 대한 일본의 고유어는 존재하지 않았다. 앞서 '피 잇기'를 의미하는 pi—tu—gi(日嗣 일사, 日繼 일계)라는 말을 보았으나, 이는 천황이라는 왕호가 성립한 8세기 이후의 용어이다. 『일본서기』에는 시조 신무(神武)의 시대부터 '황태자(皇太子, pi—tu—gi—no—mi—ko)'를 책봉하였다고 되어 있으나, 이는 8세기의 용어로 꾸며낸 창작 소설이다.

왕자를 의미하는 mi—ko라는 고유어가 있었던 것은 분명하므로, 태자에 대한 고유어도 존재하여야 마땅하다. 그렇지만 그런 용어는 없었다. 무슨 이유인가? 고대의 왜국에는 '태자'라는 제도가 없었기 때문이다. 왜왕은 백제의 대왕이 임명하는 것이므로, 왜국에 태자가 있을 수 없다. 『송서(宋書)』 왜국전에 '왜국 왕세자 흥(興)'이 보이지만, 이는 예외적인 사례이다.

만일 왜국에 대대로 태자라는 제도가 있었다면, 그에 대한 고유어가 없었을 리가 없고, 『일본서기』나 『만엽집』같은 데에 여러번 등장하여야 마땅하다. 그러나 그런 말이 없다는 것은 태자라는 제도가 존재하지 않았다는 확고한 증거이다. 물론 예외적으로 몇 명 정도 존재하였을 가능성은 있지만, 고유어를 새로 만들 정도로 태자라는 제도가 장기간 지속되지는 아니하였을 것이다.

(4) 미매妃 비

왜왕의 왕비에 대한 고유어가 있었을까? ki―sa―ki(后 후)가 있지만, 이
는 천황인 su―me―ra―mi―ko―to에 대응되는 말로서, 천황이라는 용어
가 성립한 8세기 이후에 사용된 말이다. 그 이전에 사용되던 고유어로서,
『일본서기』 신대기와 신무 즉위전기에 보이는 **mi―me**(妃 비)가 있다.

mi―me　妃 비　[고대 일본어]　왕비
mi　御 어　[〃]　높임의 의미를 더하는 접두사
me　女 여　[일본어]　여성

mi(御 어)는 역시 높임의 접두사이고, me(女 여)는 여성이라는 뜻이니,
이 말은 '귀한 여성'이라는 의미가 된다. 여기에도 '왕의 아내'라는 의미는
포함되어 있지 않다. 그런데 이 말이 8세기 이전의 일본에서 일상적으로
사용되었는지는 좀 의문이다. 『만엽집』 등의 문헌에 전혀 보이지 않기 때
문이다.

『만엽집』 149번은 왜왕 천지(天智)가 서거한 직후, 그의 비가 애통한 마음
을 읊은 노래이다. 『만엽집』에는 「천황붕후지시 **왜대후**작가 일수(天皇崩後
之時 **倭大后**作歌 一首)」라 하였다. 천황이 붕어한 이후 '왜대후(倭大后)'가 지은
노래 한 수라는 의미가 된다.

그런데 이 무렵(672년)에는 아직 천황이라는 왕호가 성립되기 이전이었으
므로, 여기에 나오는 '천황'이나 '붕'이라는 표현은 8세기 사람들의 윤색인
것이 분명하다. 그렇지만 '왜대후'는 8세기의 윤색이 아니고, 당시에 공식
적으로 통용되던 왕비호였던 것으로 추정된다. 아마도 백제의 본국 사람들
이 왜왕의 왕비를 '왜후(倭后)'라 하였을 것이고, 왜국의 백제인들도 이 말을
사용하였겠지만, 이를 높이는 경우에는 '왜대후'라 하였을 것이다.

『만엽집』에서는 '왜대후'를 ya–ma–to–no–da–i–go–u라고 읽었다. '왜(倭)'라고 적고 ya–ma–to로 훈독한 것은 역시 8세기의 독법이다. 그런데 '대후(大后)'는 da–i–go–u로 음독하였다. 당시의 왜국에서 왕비에 대한 고유어는 없었던 것을 확인할 수 있다.

(5) 미야宮 궁와 미야코都 도

그러면 왜왕이 살던 왕궁의 고유어는 어떨까? 고대의 왜국에서는 왕궁을 **mi–ya**(宮 궁)라 하였다.

mi–ya　宮 궁　[고대 일본어]　궁
mi　御 어　[〃]　높임의 의미를 더하는 접두사
ya　屋 옥　[〃]　집

왜왕의 왕궁을 뜻하는 mi–ya라는 고유어에도 역시 '왕(王)'이라는 표현은 보이지 않는다. '귀한 집' 정도의 의미이다. 그런데 집을 뜻하는 고대 일본어 ya(屋 옥) 또한 고대에 한국에서 건너간 말이다.

오히양, 오희양, 오양　[중세 한국어]　외양간
ya　屋 옥　[고대 일본어]　집

마소를 기르는 장소인 외양간은 중세 문헌에 '오히양', '오희양', '오양' 등으로 표기되었다. '오히'나 '오희' 등은 **'오이'**가 변한 말이다. '오이'라는 고대어는 바로 소를 의미하는 말이었다(졸저 『일본열도의 백제어』 126쪽). '외양간'의 '외'는 '오이'가 축약된 형태이다.

'양'이 집을 뜻하는 말이 될 수밖에 없다. 집을 의미하는 고대 일본어 ya

와 대조하여 보면, '양'은 고대에 '야'였고 바로 집이었다는 사실을 알 수 있다. '외양간'의 '간(間)'은 장소를 뜻하는 말이다. '양'의 고형 '야'가 집을 의미하는 말이라는 사실이 잊혀진 이후에 이 한자어가 첨가되었을 것이다. 불필요한 사족이다.

그리고 일본에서는 왕궁이 있는 지역 즉 수도를 mi—ya—ko(都 도)라 하였다.

mi—ya—ko 宮 궁 [고대 일본어] 궁
ko   處 처   [〃]   장소

mi—ya—ko는 '귀한 집'을 뜻하는 mi—ya와 장소를 의미하는 ko의 합성어이다. 따라서 이 말은 '귀한 집이 있는 장소'라는 의미가 된다. 그런데 이 ko는 일본어가 아니라 백제어이다. 고대의 원래 발음은 kə였다.

kə   處 처 [고대 일본어]   장소
여긔, 뎌긔 [중세 한국어]   여기, 저기
여그, 저그 [전라방언]   여기, 저기
庫 고 [이두] 장소

여기, 저기를 중세 한국어에서는 '여긔', '뎌긔'라 하였다. 전라방언에서는 '여그', '저그'라 한다. '긔'나 '그'는 장소를 뜻하는 말이다. 전라방언의 '그'가 중세의 '긔'보다 고형이다. 고대에는 '거'였을 것이다. 이두에서는 '庫(고)'가 장소를 의미한다. 장소를 의미하는 고대 한국어 '거'가 왜국으로 건너가 kə(處)가 되었고, 이 말이 수도를 의미하는 말에까지 사용되었던 것이다.

kə는 이후 ko로 발음이 바뀌었는데, 여기를 뜻하는 현대어 ko—ko(此處 차처), 거기를 의미하는 so—ko(其處 기처)에 남아 있다. 이 ko는 단독으로는 사용되지 않고, 다른 말의 뒤에 붙어 접미사로만 사용된다. 그 용법마저도 '긔' 혹은 '그'와 완벽하게 일치하고 있다.

이렇듯 왕이나 왕자, 왕비, 왕궁, 수도에 대한 칭호 어디에도 '왕'이라는 표현은 보이지 않는다. 근본적으로 왜왕은 '왕'이 아니라 '군(君)'으로 호칭되었기에 이런 현상이 생겼을 것이다. '군'의 아들이 '왕자'로 될 수 없고, '군'의 아내가 '왕비'가 될 수는 없었던 것으로 이해할 수 있다.

이러한 여러 고유어의 용어로 미루어 볼 때, 왜국의 귀족들(물론 이들도 원래의 뿌리는 백제이지만)은 백제에서 파견된 왜왕에 대하여, 별다른 존경심 같은 것은 가지고 있지 않았던 것으로 추정된다. 백제에서 파견된 '백제왕의 아들' 정도로 생각하였던 모양이다. 그들이 일상 대화에서 사용하던 왜왕이나 그 자녀에 대한 호칭에 그러한 사실이 잘 드러나 있다.

(6) 왜군倭君의 선조가 된 법사군法斯君

『일본서기』에 백제의 왕자들이 여러 차례에 걸쳐 도왜한 사실이 기록되어 있는 것을, 졸저 『일본 천황과 귀족의 백제어』에서 본 바 있다(432쪽). 이 백제 왕자들은 대부분 왜왕으로 재임하였던 것으로 추정된다. 그중에서도 『일본서기』 무열(武烈) 6년과 7년조에 아주 중요한 내용이 있음으로, 여기서 상세하게 고찰하여 보자.

「6년 10월, 백제국에서 마나군麻那君을 보내어 조공하였다. 천황은 백제
　가 오랫동안 공물을 보내지 않았다고 하여, 마나군을 억류하여 돌려보
　내지 않았다……
　7년 4월, 백제왕이 사아군斯我君을 보내어 조공하였다. 별도로 표문을

올려 말하기를 "전에 조공할 때 보낸 사절 마나군은 백제국주百濟國主의 골족骨族이 아닙니다. 그래서 삼가 사아군을 보내어 왜국의 조정을 받들어 모시도록 하겠습니다". 그러다 아들을 낳았는데, 법사군法斯君이라 하였다. 그가 왜군倭君의 선조가 되었다遂有子曰法斯君 是倭君之祖也.」

『일본서기』의 무열 6년은 504년으로서, 백제의 무령왕 4년에 해당한다. 무령왕이 왜국에 조공하였다는 것은 전혀 상식에 맞지 않는 일이고, 이 점에 관하여 상세하게 논한다는 것은 지면 낭비일 뿐이다. 조공 운운은 붓끝의 창작이다.

그러나 여기에 나오는 백제 왕자들의 이름마저도 창작으로 볼 수는 없다. 어느 때인지는 알 수 없으나, 실존 인물일 것이다. 백제의 사서에 나오는 실존하였던 왕자들의 명호를 이용하여 이런 허구의 소설을 창작한 것이다.

6년 10월조에, 천황이 마나군을 억류하여 돌려보내지 않았다고 한 것은, 그가 왜국에 장기간 체류하였다는 의미로 해석된다. 이 왕자는 어느 시대엔가 왜국을 통치하였던 왜왕이었을 가능성이 크다.

7년 4월조에는 사아군이 왜국으로 건너간 뒤에, 그곳에서 아들 법사군을 낳았다 하였다. 여기서도 사아군이 가족을 대동하고 도왜한 것을 알 수 있다. 그런데 사아군의 아들 법사군은 '왜군(倭君)'의 선조라 하였다. 왜군은 『일본서기』나 다른 문헌에 전혀 보이지 않는다. 어떤 의미인지 알 수가 없다. 코지마(小島) 교수 등의 『일본서기』②를 보면, 『신찬성씨록』의 좌경제번(左京諸蕃)편에 나오는 '화사(和史)'라는 씨족을 의미하는 것이 아닐까라는 주석을 붙이고 있으나(281쪽), 이는 억측이다. '왜'와 '화(和)'가 같은 의미라는 점에서 이러한 상상을 한 것 같지만, 전혀 근거가 없다. '군(君)'과 '사(史)'의 차이를 설명할 도리가 없다.

이 왜군은 한자의 의미 그대로 '왜국의 군주' 즉 왜왕이라는 의미로 해석하는 것이 타당할 것이다. 왜국의 백제인들이 왜왕을 한자로 '대군(大君)'으로 표기하였던 것과 일맥상통하고 있다. 아마도 왜국의 백제인들이 왜왕을 낮추어 '왜군'이라 하였고, 그 용어가 관습적으로 사용되었을 가능성이 있다. 법사군이라는 인물이 초대 왜왕이라는 사실을 『일본서기』가 이렇게 행간 외에서 전하고 있는 것이 아닐까?

『고사기』와 『일본서기』에 의하면, 왜국 성립의 기초가 된 것은 '천손강림 (天孫降臨)' 설화 즉 천조대신(天照大神)의 손자인 니니기가 하늘에서 내려 온데에 있다. 니니기의 모델이 바로 이 법사군이 아닐까? 천조대신은 처음 아들을 위원중국 즉 왜국에 보내려 하다가, 계획을 변경하여 그 무렵 태어난 손자 니니기를 보냈다 한다.

법사군이 왜군의 선조가 되었다는데, 상식적으로 생각하면 그 부친인 사아군이 왜군의 선조가 되어야 마땅하다. 그렇지만 『일본서기』는 무슨 이유인지는 밝히지 않은 채, 사아군이 아닌 아들 법사군이 왜군의 선조가 되었다 한다. 어떤 갑작스러운 사정이 발생하여 부친 사아군은 왜왕이 되지 못하고, 아들인 법사군이 왜왕으로 등극하였던 사실을 전한 것은 아닐까? 위의 기사 내용을 다시 한번 살펴보자.

「백제왕이 사아군을 보내어 조공하였다. 별도로 표문을 올려 말하기를
······ 그러다 아들을 낳았는데, 법사군이라 하였다. 그가 왜군의 선조가
되었다」

천손강림의 설화에서, 천조대신이 처음에는 아들을 왜지로 보내려 계획하였다가, 그 무렵 손자가 태어났기에 손자인 니니기로 바꾸어 보냈다는 설화와 흡사한 구조이다.

한편 무령왕이 백제의 왕으로 등극하기 이전 왜왕으로 재임하였다는 사

실은 졸저 『일본 천황과 귀족의 백제어』에서 본 바 있다. 그렇다면 법사군이 초대 왜왕이었다는 것은 연대가 맞지 않다는 의문이 생긴다. 그러나 『일본서기』의 기년을 그대로 신뢰할 수는 없다. 훨씬 이전의 일을 이렇듯 무열단에 배치하였을 것으로 추정된다.

(7) 백제의 골족骨族

『일본서기』에 나오는 이른바 표문에 의하면, 「전에 조공한 사절 마나군은 백제국주(百濟國主)의 골족(骨族)이 아닙니다」라는 표현이 있다. 이 대목도 좀 생각할 면이 있다. 여기에 나오는 국주(國主)라는 표현은 국왕보다 낮은 의미를 담고 있다. 당시의 왜국에서 백제의 대왕을 이렇듯 '국주'라고 표현하였을 리는 없다. 이 또한 허구의 창작이다.

그런데 '골족(骨族)'은 무슨 말인가? 『삼국사기』에도 나오지 않고, 한국이나 중국의 문헌에도 보이지 않는다. 백제에서 통용되던 용어가 아닌가 싶다. 『일본서기』는 이 말을 ya-ka-ra라고 훈독하였다.

코지마(小島) 교수 등의 풀이를 보자(『일본서기 ②』 280쪽).

> 「ya-ka-ra는 고훈古訓. ya는 집, ka-ra는 족族이다. 골骨은 한국어 '골', '겨레'의 가자假字로서, 친親, 척戚, 족族, 종족宗族, 족당族黨 등과 전부 동일하다. 신라의 왕위는 왕족의 골족성골,진골 사이에 계승되었으며, 골품제骨品制라는 신분제가 있었다. 골은 일본어 ka-ba-ne로서, 일본의 성姓,ka-ba-ne 제도와 관계가 있다」

이 주석은 골족에 대한 궁금점을 상당 부분 해소하여 주고 있다. 고대 왜국의 귀족들은 한국의 김씨나 이씨에 해당하는 '씨(氏, u-di)'가 있었고, 그와는 별도로 신분의 고하를 나타내는 세습적 칭호인 '성(姓, ka-ba-ne)'이 있었다. 성은 수쿠내(宿禰), 무라지(連 연), 오미(臣 신) 등 수십 개나 되었다. 이 둘을 합하여 일본에서는 '씨성제(氏姓制)'라 통칭한다.

'성'을 의미하는 ka-ba-ne는 원래 뼈, 해골, 유골 등을 뜻하는 말이었다. 코지마(小島) 교수 등은 주석에서 성을 뜻하는 ka-ba-ne라는 말의 기원이 백제와 신라에 있다고 보고 있다.

골족을 『일본서기』에서 ya-ka-ra라고 훈독하였고, 코지마 교수 등은 이 말이 고훈(古訓)이라 하였으나, 8세기의 훈인 것이 분명하다. ya-ka-ra의 ka-ra라는 말이 한국어 '겨레'에서 유래하였다고 하였는데, 사실일까? ka-ra와 겨레는 음상이 좀 다른 것 같다. 『일본서기』 신대기에 친족(親族)을 '우가라(宇我羅, u-ga-ra)', 형제를 '파라가라(波羅我羅, pa-ra-ga-ra)'라 하였으니, 이 ka-ra는 고대의 일본에서 널리 통용된 말이었다.

ka-ra　族 족　[고대 일본어]　혈족

친갈　[전남방언]　친척

hala　[만주어]　성姓, 일족一族

『표준국어대사전』에 의하면, 전남방언 '친갈(親-)'은 친척(親戚)을 뜻한다한다. '친(親)'은 친척의 '친'이지만, '갈'은 무엇인가? 이 '갈'은 친척의 '척(戚)'과 대응되어 같은 말인 것을 알 수 있다. 바로 고대 일본어 ka-ra의 기원이다. 이 '갈'이 '겨레'보다 훨씬 고형으로 보이고, '겨레'는 이 '갈'에서 파생된 말이 아닌가 싶다.

성(姓)이나 일족(一族)을 뜻하는 만주어 hala와도 같은 뿌리이다. 이 만주어는 고대에는 kala였을 것이다. 또한 '갈'도 고대에는 '가라'였을 가능성이 크다.

ya-ka-ra의 ya(屋 옥, 家 가)는 집을 뜻하는데, 이 또한 원래는 고대의 한국어라는 사실은 앞서 보았다. 따라서 이 ya-ka-ra는 백제 사람들의 용어로 보이고, 그것을 그대로 왜국으로 가져갔을 것이다.

김씨나 이씨의 '씨'에 해당하는 고대 일본어 u-di(氏 씨) 또한 고대에 한국에서 건너간 말이다(졸저 『일본 천황과 귀족의 백제어』 279쪽). 일가친척을 뜻하는 한국어 '울'이 u-di의 뿌리이다. 사람의 무리를 의미하는 중세한국어 '우데'와 비교하여 보면, '울'도 고대에는 '운'이었을 것이다. '우디'였을 가능성도 있다.

(8) 수매라미코토 천황天皇

천황이라는 왕호가 일본에서 언제 생겼는지는 분명치 않다. 이르면 7세기 말인데, 늦어도 8세기 초에는 사용된 것이 확실하다. 천황을 고유어로 su-me-ra-mi-ko-to 혹은 su-me-ra-ki 혹은 su-be-ra-ki라 하였다. 그 어원에 관하여는 졸저 『일본 천황과 귀족의 백제어』에서 상세하게 고찰한 바 있다(277쪽). 여기서 간략하게 요점을 소개하여 본다.

sumeru [산스크리트어]　최고의 산

summa [라틴어]　가장 높은 곳

super [　〃　]　최고의

su-me-ra는 일본어가 아니다. 백제에서 건너간 것이 분명하지만 한국어에는 전혀 남아 있지 않다. 그러나 위에서 본 바와 같이 이는 아시아 북방 계통의 언어인 것이 분명하고, 백제 사람들이 일본으로 가져간 것이다.

su-me-ra-ki 天皇 천황 [고대 일본어]

su-be-ra-ki 〃 [〃]

su-me-ro-**ki** 〃 [〃]

ki-sa-**ki** 后 후 [〃] 황후

키 [경북방언] 사람을 세는 단위

막리지莫離支 [고구려어] 관직명

건길지鞬吉支 [백제어] 왕

천황을 su-me-ra-ki, su-be-ra-ki, su-me-ro-ki라고도 하였다. 천황비는 ki-sa-ki라 하였다. 이 ki는 사람을 의미하는 말이다. 경북방언 '한 키', '두 키'가 한 사람, 두 사람을 의미하는데, 이 '**키**'와 같은 말이다.

고구려의 연개소문이 받은 관직인 '막리지'는 국정을 총괄하는 최고위직이다. '막리(莫離)'는 '머리'의 음차자로 보인다. '지(支)'의 당시 한자음은 '기'이고 바로 사람이다. 당시의 발음은 '마리기'였다고 추정되며, '머리 사람' 즉 '우두머리 사람'이라는 의미가 된다.

『주서(周書)』에 나오는 백제의 왕호 '건길지'의 '건길(鞬吉)'이 무슨 의미인지는 정확하게 알기 어려우나, '지(支)'는 다름 아닌 사람을 뜻하는 '기'이다.

고구려와 백제에서 최고위 관직명과 왕호에 '기'를 접미사로 사용한 것을 알 수 있다. 이것을 백제 왜국으로 사람들이 가져가 천황호의 고유어에 접미사로 사용하였던 것이다.

천황을 공식적인 용어로 '수매라미코토'라 하였다. '미코토(命 명, 尊 존)'는 존칭이다. 이 말에 관하여도 역시 위의 졸저에서 본 바 있다(272쪽). 『암파고어사전』에는 이 말을 다음과 같이 풀이하고 있다.

「mi는 접두사, ko-to는 말이나 행위, 귀한 말이나 귀한 행위라는 의미에서 나아가, 발언이나 행위를 하는 신神, 천황, 황자皇子를 가리키게 되었다」

이 풀이는 일본의 통설적 견해로서, 필자도 졸저 『일본 천황과 귀족의 백제어』에서 이 견해에 따랐으나(272쪽), 원래 ko—to라는 말은 사람을 의미하였던 것으로 정정하고자 한다.

mi—ko—to 命 명, 尊 존 [고대 일본어] 사람에 대한 존칭
항것 [중세 한국어] 주인

중세 한국어 '항것'은 주인을 의미하였다. '항'이 무엇인지는 분명치 않다. 크다는 의미의 '한'일 가능성이 있다. 사람에 대한 존칭인 고대 한국어 '간(干)'이 변한 말일 수도 있다.

'것'은 사람을 뜻하는 것이 분명하다. 원래는 사람을 낮잡아 부르는 것이 아니라, 높여 부르는 말이었을 것이다. 그러나 현대 한국어에서 '야 이것아'는 '야 이놈아'라는 의미가 되므로, '것'은 사람에 대한 비칭으로 의미가 전락되었다. 고대에는 '걷'이었을 것이다.

한국어 '것'은 원래 일 혹은 사물을 뜻하는 말이다. 이 '것'과 사람을 의미하는 '것'은 뿌리가 다른 말로서, 동음이의어로 보인다.

mi—ko—to의 ko—to는 사람을 의미하는 고대 한국어 '걷'으로서, 역시 백제 사람들이 가져가 사람에 대한 존칭으로 사용한 것이다. 따라서 천황에 대한 고유어 su—me—ra—mi—ko—to 혹은 su—me—ra—ki는 백제인들의 말인 것이 분명하다.

필자가 이렇게 생각을 바꾼 것은 흉노어 kuto의 존재 때문이다(『北アジア史研究 匈奴編(북아시아사 연구 흉노편). 內田吟風. 1975. 同期舍』 87쪽).

tengri **kuto**　撐犁 孤塗 탱려 고도　[흉노어]　선우 單于

tengri　[〃]　하늘 天

kuto　[〃]　아들 子

흉노 사람들은 왕을 선우(單于)라 하였으나, tengri **kuto**(撐犁 孤塗)라고도 하였다. 이는 하늘의 아들이라는 의미이다. **kuto**는 아들인데, 사람에 대한 존칭인 고대 한국어 '걷'과 발음이 흡사하고, 의미도 통하고 있다. '항것'의 '것'은 일을 뜻하는 '것'과 뿌리가 다른 말로 생각된다. 사람을 의미하며, 흉노의 kuto와 맥을 같이 하는 말일 것이다. 따라서 고대 일본어 mi—ko—to 의 ko—to 또한 사람을 뜻하는 말로 보아야 하겠다. '귀한 사람'이 원래의 의미가 된다.

한편 흉노에는 선우의 바로 아래인 최고위 관직에 우현왕(右賢王)과 좌현왕(左賢王)이 있었다. 『송서(宋書)』 이만전(夷蠻傳)에 나오는 백제 개로왕의 표문에 의하면, 백제에도 마찬가지로 우현왕과 좌현왕이 있었던 것을 알 수 있다. 흉노의 관직명과 동일한 백제의 그것을 보면, 다시 한번 백제의 뿌리를 생각하게 된다.

(9) 금석문의 대왕大王

고대의 왜국에서는 왜왕을 '대군'이라 하였으나, 금석문에는 '대왕(大王)'이라는 표기도 보이고 있다. 즉 사이타마(埼玉)현의 이나리야마(稻荷山) 고분과 구마모토(熊本)현의 에타후나야마(江田船山) 발견된 칼의 명문에, 각각 '왁가다기로 대왕 (獲加多支鹵 大王)'이라고 새겨져 있으니, 당시에 '대왕'이라는 호칭이 통용된 것이 아닌가 하는 의문이 생길 수 있다.

이 두 칼은 모두 왜왕의 신하가 만든 것이다. 즉 첫번째 칼은 장도인(杖刀人)의 우두머리, 즉 현대의 경호실장에 해당하는 관직의 호와캐(乎獲居)라는 인물이 만들었다. 두 번째 칼은 전조인(典曹人)으로 근무하던 무리저(无利亏)가 만든 것이다. 그리고 둘 다 공식적인 용도로 제작된 것이 아니고, 개인적인 기념품 정도로 만든 것이다.

즉 호와캐는 후손들에게 자신이 왜왕에게 봉사한 내력을 알려주기 위하여 칼을 만들고는, 문자기록을 새겨두었다. 무리저도 칼의 문맥에서 구체적으로 드러난 것은 아니지만, 대체로 호와캐와 비슷한 용도로 사용하기 위하여 만든 것으로 보인다. 「…… 이 칼을 차는 자는, 장수하고 자손이 양양하며, 세 가지 은혜를 얻을 것이다……」라는 축원의 의미가 담긴 문구를 보면, 자손에게 물려주는 용도로 만든 것으로 해석된다.

칼을 만든 두 사람은 자신이 모시던 주군을 위하여, 통상적인 왕호인 '대군'보다 훨씬 더 높임의 의미가 강한 '대왕'이라는 표현을 사용한 것으로 이해할 수 있다. 즉 이 '대왕'은 공식적인 호칭이 아니라, 직속 신하들이 사적으로 사용한 왕호인 것이다.

백제의 왕세자가 왜왕 지(旨)에게 하사한 칠지도(七支刀)에는 '왜왕(倭王)'으로, 스다하치만 신사(隅田八幡 神社)에서 발견된 거울에는 '남제왕(男弟王)' 즉 '남동생 왕'으로 각각 표기된 것을 보라. 여기에는 '대왕'이 아니라 '왜왕' 혹은 '남동생 왕'이다. 이 두 표기로 미루어 보아, 백제에서는 왜국의 왕을 공식적으로 '왜왕'이라 호칭하였던 것이 분명하다.

한자로 '대군(大君)'이라 표기하고, 이를 o—po—ki—mi라고 왜어로 훈독한 것은 왜국에 거주하던 백제인들이 관습적인 호칭일 뿐, 백제 조정의 공식적인 용어는 아닌 것으로 추정된다. 약간 비하하여 '왜군(倭君)'이라고도 하였던 모양이다.

(10) 일대일궁—代—宮은 사실인가?

『고사기』와 『일본서기』를 읽다보면, 참으로 궁금한 것이 있다. 역대 왜왕들은 단 한 번의 예외도 없이 새로운 왕이 즉위하면, 그때마다 새로이 궁을 옮겼다고 되어 있는데, 그것이 과연 사실이었을까 하는 점이다. 한 사람의 왕이 궁을 옮겨 둘 이상의 궁을 사용한 경우는 있지만, 전후의 두 왕이 같은 궁을 사용한 적은 단 한 번도 없는 것으로 되어 있다. 실존하였던 왜왕들이 실제 이처럼 예외없이 궁을 옮겼을까?

이와 같은 현상을 일본에서는 「일대일궁(一代一宮)의 원칙」이라 부른다. 믿기 어려운 이런 현상이 과연 실제 있었다면, 그 이유는 무엇인가? 앞서도 보았지만, 왜국에서도 왕위계승에 있어서 형제상속보다는 부자상속이 훨씬 많았던 것으로 되어 있다. 아버지 왕이 사용하던 궁전을 아들 왕이 사용하는 것이 자연스럽다. 아버지가 살던 집을 사후 아들이 물려받아 그대로 산다고 하는 것은, 동서고금을 막론하고 자연스런 현상이다.

그리고 왕의 궁전이라는 것은, 건축하는 데에 천문학적인 비용이 소요된다는 것이 상식이다. 그런 이유도 있고 하여, 한국이나 중국에서는 시조 왕이 새 수도에 궁을 짓거나 혹은 천도 등의 이유로 새로운 궁을 짓게 되면, 후대의 왕들이 대를 이어가며 계속하여 사용하여 왔던 것이다. 백제나 신라, 고구려 모두 마찬가지였다. 궁을 당대에만 사용한다는 것은 상식에 반하는 일이 아닐 수 없다.

일본의 학자들이 아무리 양보하더라도 이 왜왕부터는 실존한 것이 분명하다고 굳게 믿고 있는 26대 계체(繼體)부터 살펴보자.

26대 계체 : 장엽궁樟葉宮

27대 안한安閑 : 구금교궁勾金橋宮

28대 선화宣化 : 회외여입야궁檜隈廬入野宮

29대 흠명欽明 : 기성도금자궁磯城島金刺宮

30대 민달敏達 : 백제대정궁百濟大井宮

31대 용명用明 : 지변쌍규궁池邊雙槻宮

32대 숭준崇峻 : 창제궁倉梯宮

33대 추고推古 : 풍포궁豊浦宮 → 소간전궁小墾田弓

34대 서명舒明 : 강본궁岡本宮 → 백제대궁百濟大宮

      ‥‥‥

　필자는 이렇듯 왜왕마다 새로이 궁전을 건축한 것은 사실이라고 생각한다. 왜냐하면 백제에서 파견된 왜왕이기 때문이다. 전후의 왜왕은 간혹 부자간일 경우도 있었겠지만, 대부분의 경우는 그렇지 않았을 것이다. 삼촌과 조카, 형제나 사촌형제, 오촌, 육촌 등 여러 경우가 있었을 것으로 추측할 수 있다. 크게 보아서는 같은 백제 왕가 출신이기는 하지만, 아버지가 살던 집을 사후 아들이 물려받는 것과는 경우가 달랐을 것이다. 굳이 전임 왕이 살던 궁을 새로운 왜왕이 물려받을 이유가 없었다고 추정된다.

　그리고 궁호에서 알 수 있는 것은, 왜왕의 궁은 규모가 아주 작았을 것이라는 점이다. 위의 궁호를 구체적으로 살펴보자. 그중 구금교궁(勾金橋宮)과 창제궁(倉梯宮)은 내를 가로지르는 다리 부근의 궁이라는 의미이다. 백제대정궁(百濟大井宮)은 백제대정이라는 우물 부근의 궁이라는 뜻이다. 지변쌍규궁(池邊雙槻宮)은 못가 두 느티나무 부근의 궁이라는 의미가 된다.

　그중에서도 백제대궁은 다른 궁보다 규모가 좀 컸던 모양이다. 그래서 '대궁'이라 하였을 것이다. 이러한 궁호에서 연상되는 것은 아주 작은 규모의 '다리 거리의 조그마한 집', '우물가의 작은 집', '못가 느티나무 부근의 작은 집', 등의 이미지이다. 경복궁이나 창덕궁과 같은 거대한 규모의 궁전과는 전혀 거리가 멀다.

　『일본서기』서명(舒明) 10년(638년) 7월조를 보면,

「서명이 명령하기를 "금년에 대궁大宮과 대사大寺를 짓겠다今年 造作大宮及
大寺"라 하였다. 백제천百濟川 곁을 궁터로 하였다. 서쪽 백성은 궁을 짓
고, 동쪽 백성은 절을 지었다」

대궁은 역사상 유명한 백제대궁이고, 대사는 백제대사이다. 과연 서명이
7월에 궁과 절을 짓는 공사를 시작하여 그해에 완공하였는지는 『일본서기』
에 보이지 않고, 12년 10월에 백제궁으로 옮겼다는 기사가 보일 뿐이다. 그
러나 서명이 7월에 궁과 절을 동시에 짓는 공사를 시작하여 그해에 완공하
겠다고 언명하였다는 점을 주목하여 보면, 궁이나 절 공히 소규모의 그것이
었다는 점을 짐작하기에 부족함이 없다.

백제천은 아스카를 흐르는 조그마한 시내이다. 그곳 서쪽 백성은 궁을 짓
고, 동쪽 백성이 절을 지었다는 표현에서도 그 규모가 크지 않았다는 점을
알 수 있다. 그렇지만 이 궁은 역대 왜왕들이 사용하던 다른 궁보다는 규모
가 월등 컸던 모양이다. 그래서 '대궁'이라 하였을 것이다.

(11) 제명齊明의 비조판개궁飛鳥板蓋宮과 궁전 이전의 실태

『일본서기』를 보면, 37대 제명(齊明) 원년과 2년조에 당시 궁전의 실태를
알려주는 흥미로운 기사가 있다. 제명은 가공의 왜왕이지만, 궁전의 실태와
그 이전에 관한 기사는 진실에서 그다지 벗어난 것은 아닐 것이다.

「1원년655년 정월 3일, 제명이 비조판개궁飛鳥板蓋宮에서 천황에 즉위하였
다……
10월 소간전小懇田에 궁궐을 짓기 시작하고는 기와로 덮으려 하였다.
그러나 깊은 산에 궁궐을 지을 재목이 썩은 것이 많아, 그만 두었다.
그해 겨울 비조판개궁飛鳥板蓋宮에 불이 나 비조천원궁飛鳥川原宮으로 옮

졌다……

2년 9월, 비조飛鳥의 강본岡本에 새로이 궁지宮地를 정하였다. 그때 고구려, 백제, 신라가 나란히 사신을 보내어 조공을 바쳤다. 그래서 이 궁지에 감색 천막을 치고 향응하였다. 드디어 궁실宮室을 세웠다. 천황이 곧 옮겼다. 이름 지어 후비조강본궁後飛鳥岡本宮이라 하였다」

제명의 '판개궁(板蓋宮)'은 판자로 지붕을 이은 궁이라는 뜻이다. 이 궁호로 미루어 보면, 아마도 그 이전 왜왕들의 궁은 판자보다도 더 못한 자재로 지붕을 이었을 것이다. 굳이 지붕의 재료인 '판자 지붕'으로 궁호를 삼은 것은, 이 궁의 지붕 재료가 종전의 그것과 훨씬 나은 것으로서, 차별된다는 의미를 나타낸 것이 분명하다. 판자보다도 열등한 재료는 무엇일까? 잘 상상이 되지 않는다. 설마 초가지붕이었을까? 그럴 가능성도 있다고 생각된다.

10월에는 기와로 된 궁을 지으려 하다가, 깊은 산의 재목이 썩었다는 이유로 중단하였다 한다. 왜국에는 이때까지도 기와로 된 왕궁이 없었기에, 기와로 된 궁이라고 강조하는 것을 알 수 있다. 앞의 판개궁 즉 판자 지붕으로 된 궁과 같은 맥락이다. 기와지붕 궁전의 건축을 중단한 이유는, 깊은 산의 재목이 썩었기 때문이 아니라, 막대한 건축비에 대한 부담 때문이었으리라.

그런데 10월에 불이 나서, 그 달에 새로운 땅에다 비조천원궁(飛鳥川原宮)을 짓고, 그리로 옮겼다 한다. 며칠 만에 궁을 완성하였으니, '궁전'이라 부르기도 민망한 정도의 작은 집이었던 것이 분명하다. 이 궁은 무엇으로 지붕을 이었을까? 해답이 『일본영이기(日本靈異記)』에 있다. 이 책의 상권(上卷) 제 9연(緣)을 보면, '비조천원판즙궁(飛鳥川原板葺宮)에서 천하를 다스린 천황'이라는 표현이 보이기 때문이다(『日本靈異記. 出雲路三 교주. 2007. 岩波書店』 21쪽).

'판즙궁'은 판개궁과 마찬가지로 판자로 지붕을 이었다는 의미이다. 그렇다면 『일본서기』의 비조천원궁(飛鳥川原宮) 또한 판자로 지붕을 이었던 모양이다.

　다음 해 9월에 고구려, 백제, 신라가 나란히 사신을 보내어 조공하였다는 것은 소설과 같은 창작이다. 그러나 천막 운운의 이 기사는, 어떤 행사를 하기 위하여 천막을 둘렀다가, 그 자리에 새로운 궁을 지은 것으로 이해할 수 있다. 당시 왜국 귀족들 사이에 유행하던 축국(蹴鞠) 시합을 위하여 천막을 쳤던 것일까? 어떤 용도의 천막이든, 그것을 두른 자리라 하였으니, 궁전의 터로서는 아주 협소한 면적이었던 것이 분명하다. 그리고 기사의 내용에서 알 수 있는 것은 이 새로운 궁을 짓는 데에 한 달도 걸리지 않았다는 점이다.

　이러한 사정을 종합하여 보면, 실존하였던 역대 왜왕들이 살던 궁이라는 것은, 좁은 부지 위에 판자보다도 못한 재료로 지붕을 이은 작고 초라한 건물이었다는 사실을 알 수 있다. 따라서 건축에 별 비용이 들지 않았던 것이 분명하다.

　『일본서기』에 의하면 왜왕 안한(安閑)은 재위기간이 불과 2년, 선화(宣化)는 4년, 숭준(崇峻)은 5년이었다 한다. 이런 왕들이 즉위 초기 지은 궁은 내구연한이 아직 많이 남아 있는 새 건물이었을 것이다. 그럼에도 불구하고 후임의 왕들은 미련없이 이를 버리고 새로운 궁을 지은 것으로 되어 있다.

　이런 왜왕들은 실존하지 아니한 가공의 왜왕이지만, 실제 고대의 왜국에서는 이런 사례가 흔하게 발생하였다고 추정할 수 있다. 백제에서 파견된 왜왕이 불과 몇 년 만에 교체된 경우, 아직 새로운 궁이 멀쩡하게 남아있다고 하여도, 후임 왜왕은 아무런 부담없이 불과 며칠만에 새로운 궁을 지어서 그리로 이전하였던 모양이다. 그것을 『일본서기』에서 새 왜왕이 등극할 때마다 새로운 궁을 지었다고 표현하였을 것이다.

이렇듯 자주 궁을 신축하여도, 그로 인하여 국가재정이 허약하여 졌다거나, 혹은 노역으로 인하여 백성들의 원한이 컸다는 등의 기사는『일본서기』나 어느 기록에도 보이지 않는다. 고대의 한국이나 중국과는 사정이 전혀 달랐던 것을 알 수 있다. 소수의 인원이, 별로 큰 돈 들이지 않고, 단기간에 뚝딱 완성하였기에 가능한 일이리라. 기와로 지붕을 이은 넓고 호화스러운 웅장한 궁전이었다면, 새로운 왜왕이 즉위할 때마다 새로운 궁을 지을 수는 없었을 것이다.

(12) 천무의 아스카飛鳥 키요미파라淨御原궁

일본 고대사 최대의 내란인 임신(壬申)의 난에서 승리한 왜왕 천무(天武)는 동국(東國)지방에서 당당하게 아스카로 귀환하였다.『일본서기』를 보면, 그 경로가 잘 나와 있다. 672년 9월 8일 왜경(倭京) 즉 아스카에 도착하여 도궁(島宮)에 묵었고, 15일 강본궁(岡本宮)으로 옮겼다 한다. 강본궁은『일본서기』상 천무의 부모로 되어 있는 왜왕 서명(舒明)과 제명(齊明)의 궁이다.

그런데 이 해에 강본궁의 남쪽에 새로운 궁을 짓고는 그해 겨울에 옮겼다 한다. 이것이 일본 고대사에서 유명한 키요미파라(淨御原)궁이다. 천무의 뒤를 이은 지통(持統)이 694년 나라(奈良)의 등원(藤原)궁으로 이전할 때까지 사용되었던 궁이다. 일본 고대사에서 중요한 위치를 차지하는 궁이지만, 아직 그 정확한 위치가 밝혀지지는 않고 있다.

이 궁의 조영공사에 소요된 기간을 주목하여 보자. 공사를 언제 시작하였는지 정확하게는 나오지 않지만,『일본서기』의 기사 내용으로 보면, 이르면 9월 말 쯤 시작하여 그해 12월에 완공되어 이전까지 마쳤던 것을 알 수 있다. 그런데 궁의 위치를 확정하고 기본적인 계획을 세우며, 대략적인 설계를 하는 데에도 상당한 시일이 소요되었을 것이다. 그렇다면 실제 공사에 소요된 기간은 두달 조금 넘은 정도로 추정된다. 웬만한 부잣집의 사저 신축공사라 하더라도 이보다는 더 긴 공사기간이 필요하지 않을까?

웅장하고 으리으리한 호화로운 궁전과는 전혀 거리가 멀다. 아마도 기와 지붕은 아니었을 것이다. 작고 초라한 궁전이었던 것이 분명하다. 실존하였던 것이 확실한 천무의 궁도 이 정도 규모였는데, 이는 특별한 일이 아니다. 천무는 앞서 백제에서 건너간 실존 왜왕들이 사용하던 작은 궁의 전통을 충실하게 따랐을 뿐이다. 이 전통을 벗어나 '왜국'이 아닌 '일본'의 제대로 건축된 첫 번째 궁전이 바로 지통의 등원궁(藤原宮)이었던 것이다.

(13) 지명에 기인한 궁호의 유래는 고대 한국

앞서 보았듯이 왜왕궁의 이름은 전부 지명에서 따온 것이다. 이러한 왜왕궁 이름을 보면 생각나는 것은, 실존하였던 다음 두 왜왕의 궁이다. 즉 이나리야마(稻荷山) 고분의 철검에 새겨진 '와가다기로(獲加多支鹵)' 대왕의 '사귀(斯鬼, si–kui)'궁과, 인물화상경(人物畵像鏡)이라는 거울에 새겨진 남제왕(男弟王) 즉 남동생왕의 '어시사카(於紫沙加, ə–si–sa–ka)'궁이다. 둘 다 『일본서기』에는 전혀 나오지 않는 궁호이다. '시귀'와 '어시사카', 모두 지명이다.실존하였던 역대 왜왕들이 지명을 궁의 이름으로 삼았던 사실은 이 두 사례로도 확인할 수 있다.

그런데 이렇듯 지명을 궁호로 삼은 것은 왜국의 독특한 풍습이었을까? 『삼국사기』나 『삼국유사』에는 백제의 궁호가 나오지 않는다. 따라서 우리는 백제의 왕실에서 어떠한 궁호를 사용하였는지 알 수 있는 자료가 없다. 그러나 『삼국사기』에 신라의 궁호는 여럿 나오고 있다. 신라의 궁호에 관하여, 일제강점기 고대 한국사의 석학 아유카이(鮎貝房之進) 선생은 『雜攷 新羅王號攷朝鮮國名攷(잡고 신라왕호고조선국명고). 1972. 國書刊行會』에서

「……신라에 있어서 궁호라는 것은, 십중팔구는 모두 지명궁의 소재지에서

따온 것이다. 더구나 일본에서도 옛날 궁호가 지명에서 따온 것이 많다는 것은 같은 습속일 것이다. 『삼국사기』 직관職官에 나오는 신라의 궁호를 보면,

양궁梁宮, 사량궁沙梁宮, 본피궁本彼宮, 수궁전藪宮典, 청연궁전靑淵宮典, 부천궁전夫泉宮典, 차열음궁전且熱音宮典, 병촌궁전屛村宮典, 북토지궁전北吐只宮典, 홍현궁전弘峴宮典, 고나궁古奈宮, 갈천궁전葛川宮典, 이동궁전伊同宮典, 평립궁전平立宮典, 회궁전會宮典.

이상의 궁호를 보니, 진한 육촌의 이름 양梁, 사량沙良을 시작으로 하여, 모두 지명에서 따와 궁의 이름으로 하였다는 것은 따질 필요도 없다……」

라 하였다(119쪽). 아유카이 선생은, 신라의 궁호는 거의 대부분 지명에서 따온 것임을 명백하게 밝히고 있다. 그리고 이러한 전통은 장구한 세월을 거쳐 조선조까지 이어져 내려왔다 한다. 즉 조선 시대의 명례궁(明禮宮), 어의궁(於義宮), 수진궁(壽進宮), 용동궁(龍洞宮), 운현궁(雲峴宮), 죽동궁(竹洞宮), 누동궁(樓洞宮) 등은 모두 지명에 유래한 것이고, 이는 신라의 유속(遺俗)이라 하였다(125쪽).

백제의 궁호는 어떠하였을까? 전혀 자료가 없어 속단하기는 어려우나, 신라의 그것과 마찬가지였던 것이 아닐까? 왜국 왕궁의 이름이 전부 지명에 근거한 것이 신라에서 건너간 관습이라고 보기는 어렵다. 백제 사람들이 왜국으로 건너가, 자신들의 풍습 그대로 왕궁의 이름을 소재지 지명으로 붙였을 것이다. 이 풍습 또한 백제 사람들이 자신들의 관행을 왜국에다 그대로 옮겨간 것이 분명하다.

4장 ─────
천황가의 제사

현대 일본 사학의 통설은 시조 신무(神武)는 물론이고, 그 이후 9대 왜왕 개화(開化)까지는 모두 실재하지 아니한 가공의 왜왕이라고 보고 있다. 필자는 이를 훨씬 넘어 37대 제명(齊明)까지 허구의 왜왕이라 보았다.

8세기의 일본 천황들은, 시조인 신무를 비롯한 『일본서기』에 나오는 여러 왜왕이 실재하지 아니한 가공의 인물들이라는 사실을 충분히 알고 있었을 것이다. 그러면 신무를 비롯한 가공의 왜왕들에게는 아예 제사를 올리지 않았을까? 아니면 『일본서기』의 역사 창조에 일조한다는 취지에서 형식적인 제사를 올렸을까? 이 의문은 아주 흥미로운 테마이다.

8세기 이후 일본 천황가에서 조상에게 올렸던 제사의 실태를 보면, 당시의 천황가에서는 『일본서기』에 나오는 어느 단계의 왜왕까지를 가공의 왜왕으로 보았던가 하는 '선조관(先祖觀)'이 잘 나타나 있다. 자세히 살펴보자.

1. 고대 왜왕가의 조상에 대한 관념과 제사

1) 왜왕가의 조상에 대한 관념

(1) 근릉近陵과 원릉遠陵

백제를 세운 온조왕은 즉위 원년에 동명왕묘(東明王廟) 즉 고구려의 시조 주몽을 모신 사당을 만들어 제사를 지냈다. 백제에서는 역대 왕이 즉위하면 이듬해 정월에 이 사당에 나아가 제사를 올리는 것이 관례였다. 백제에서는 시조를 주몽으로 여기고, 그 영혼을 모신 사당을 신성시하였다.

신라에서는 소지(炤知) 마립간 9년, 시조가 탄생한 나을(奈乙)에 신궁(神宮)을 세워 제사지냈다 한다. 시조묘를 성역화한 것을 알 수 있다.

일본이라는 나라는 시조인 신무(神武)가 기원전 667년에 나라를 세운 이후 현재의 영화(令和)천황에 이르기까지 만세일계로 황통이 이어져 왔다고 되어 있다. 그렇다면 왜왕실 혹은 천황가에서는 고대, 중세를 거쳐 현재에 이르기까지 선대 왕릉에 대한 제사를 끊임없이 봉행하여야 마땅하다.

특히 시조인 신무릉은 다른 왕릉보다 특별하게 관리하여 성역시할 뿐만 아니라, 제사도 또한 더욱 융숭하게 받드는 것이 상식에 부합한다. 그러나 실제는 그렇지 아니하였다. 앞에서도 누차 보았지만, 시조인 신무릉에 대한 관리나 제사조차도 전혀 관심이 없었다. 시조라는 신무에서부터 제명까지의 허구의 창작된 왜왕들의 무덤이 철저하게 방치되어 왔으므로, 당연한 결과로 왕릉에 대한 제사도 올리지 않았던 것이다.

일본에서 율령국가가 확립된 8세기의 나라(奈良) 시대 이후, 왜왕가에서는 선대왕의 무덤을 '근릉(近陵)'과 '원릉(遠陵)'의 두 가지로 구분하여 제사와 릉 관리를 다르게 취급한 사실을 알아보자. 일본사연구회(日本史硏究會) 등에서 편찬한 『陵墓からみた日本史(능묘에서 본 일본사). 1995. 靑木書店』에 그 개요가 잘 나타나 있다(236쪽).

「신무神武 이하의 대부분의 천황릉은 '원릉遠陵'이고, '근릉近陵'은 천지
天智, 광인光仁과 환무桓武 이후平城은 제외의 릉이었다. 양자의 차이는 12
월에 거행하는 하전荷前의 공물供物 차이였다. 질과 양, 모두 근릉 쪽이
훨씬 융숭하였다. 원릉에 바치는 폐물은 일반 황족의 묘와 같았다.
이와같이 능묘 제사에 있어서 신무천황이 시조로서 특별하게 취급되
었다고는 생각되지 않는다. 오히려 천지천황이 다른 천황보다 한 단계
높게 평가되었다. 이 사실은 뒤에서 보는 '어흑호御黑戶의 위패' 문제와
도 관련되는 것으로서 주목할 만하다」

왕가에서 조상의 무덤을 이렇듯 두 종류로 나누어 그 제사에 큰 차이를
둔 것은 중국이나 한국에서는 전혀 그 유례를 찾아볼 수 없다. 당시의 천황
가에서는 신무에서 제명(齊明)까지의 왕과 그 이후인 천지(天智)부터의 왕들
로 두 그룹으로 나누어, 전자를 '원릉(遠陵)', 후자를 '근릉(近陵)'으로 불렀으
며, 원릉은 정식 조상으로 취급하지 아니하였던 것을 알 수 있다.
근릉 즉 천지부터의 왕들을 진정한 조상으로 모셨던 것이다. 근릉은 가까
운 무덤, 원릉은 먼 무덤이 원래의 의미이지만, 근릉은 '진짜 조상', 원릉은
'창작된 허구의 조상'이라는 취지의 분류로 파악할 수 있다. 당시의 일본 황
실에서는 진짜 조상과 가짜 조상을 명확하게 인식하여, 이를 두 부류로 갈
라놓고 있었던 것이다.
그런데 어쨌든 『일본서기』에는 시조가 신무이고, 그 이후 제명에 이르기
까지 계속하여 왕통이 이어져 온 것으로 기재되어 있음으로, 이러한 가공의
선조를 마냥 무시할 수는 없었기에 형식적으로 폐물을 보냈을 것이다. '눈
가리고 아웅'이라는 속담이 생각나는 대목이다.
시조인 신무릉에 바치는 폐물이 왕자나 공주 등 일반 황족(왕족)의 무덤에
바치는 그것과 동일하다는 사실은 참으로 기가 막힐 일이 아닐 수 없다. 당

시의 왜왕실에서 신무가 가공의 시조이며, 그 이후 『일본서기』에 나오는 제명까지의 왜왕은 모두 허구의 선조라는 사실을 정확하게 간파하고 있었기에 이러한 구별이 가능하였을 것이다.

(2) 천황가에서는 어떤 조상을 위패로 모셨을까?

중세 이후 일본 천황가의 조상에 대한 관념이 잘 드러나 있는 것은 어흑호(御黑戸, go−ku−ro−do)에 모신 위패와 제사이다. 어흑호란 천황의 침전 안쪽에 있는 작은 불당을 뜻한다. 거기에다 역대 천황의 위패와 염지불(念持佛, 몸에 항상 지니고 다니는 작은 불상)을 모셔 놓았던 것이다. 그러다 명치유신 이후, 신불분리(神佛分離) 정책에 따라 궁중에서 퇴출되어, 현재는 위패와 염지불을 천용사(泉湧寺)라는 절에 옮겨놓았다 한다.

위의 책에 나오는 다음과 같은 설명은 주목할 만하다(238쪽).

「어흑호의 제사에 관하여 가장 주목되는 것은, 거기에 누구를 제사지내고 있느냐, 즉 천황들 '위패位牌'의 실태가 어떤가 하는 점이다.

현재 천용사의 영명전靈明殿에서 제사를 모시는 위패는 천지天智천황과 그 자손인 광인光仁, 환무桓武 이후의 천황들에 한정되어 있다. 신무神武천황 이하 초기의 천황들은 물론, 추고推古도 천무天武도, 대불大佛을 건조한 성무聖武의 이름도 거기에는 없다……

이와 같이 중세 이래, 천황가에서는 천지계의 천황이나 황후만을 선조로서, 불교형식으로 공양하여 왔던 것이다……

그렇다면 『延喜式연희식』 단계에 있어서, 능묘의 제사는 벌써 천지계를 대상으로 한 '근릉近陵' 중심의 체계가 완성되어 있고, **천지천황을 시조始祖로 하였다고 생각할 수 있을 것이다**」

중세 이후 천황가에서는 시조를 신무로 보지 않았음은 물론, 이하 제명에 이르기까지의 왜왕들은 조상으로 여기지 않았던 사실을 알 수 있다. 신무가 아닌 **천지를 시조**로 생각하였다는 것은 지극히 중요한 대목이다. 여기에 나오는 『延喜式(연희식)』은 927년 왕명으로 편찬된 책으로서, 능묘의 위치와 제사 등 여러 가지 사항을 망라하고 있다.

『일본서기』를 보면, 천지는 38대 왜왕이다. 부친은 34대 서명(舒明)이고, 모친은 37대 제명(齊明)이다. 제명은 백제 구원군을 진두지휘하여 머나먼 후쿠오카(福岡)까지 갔다가 거기서 급사하자, 천지가 모친을 운구하여 아스카로 귀환하면서 모친을 그리워하는 노래까지 지었다고 되어 있다. 그 후 왕위에 오르지 않고 무려 7년이나 소복을 입었다 한다. 천지는 모친 제명을 각별하게 받든 효자였던 것으로 묘사되어 있다. 만일 제명이 실존 인물이었다면, 중세의 천황가에서는 최소한 천지의 모친인 제명이나 부친인 서명에게는 위패를 모시고 제사를 받드는 것이 도리에 합당할 것이다.

그러나 중세의 천황들은 이러한 『일본서기』의 기록을 전혀 믿지 않았던 사실을 알 수 있다. 서명이나 제명마저도 가공의 왜왕이라는 사실을 정확하게 알고 있었으며, 제사의 대상에서 제외하였던 것이다.

2) 『속일본기』에 보이는 왕릉에 대한 제사의 실태

(1) 왕릉 제사의 구체적인 실례

모기(茂木雅博) 선생의 『日本史の中の古代天皇陵(일본사 중의 고대천황릉). 2002. 慶友社』을 보면, 관찬사서인 『속일본기(續日本記)』에 나오는 고대 일본의 왕릉에 대한 제사 봉행의 실태가 잘 정리되어 있다(36쪽 이하).

① 698년, 천황 문무文武가 신하를 보내어 천무天武와 지통持統의 합장릉

에 신라에서 보낸 공물貢物을 바쳤다.공물이란 조공한 물품이라는 뜻인데, 당시 신

라가 외국에 조공한 적은 전혀 없었다. 신라가 대등한 관계에서 외교상 보낸 의례적인 선물을

이렇게 과장한 것이다.

② 729년, 여러 대릉大陵에 신하를 보내어 폐백을 바쳤다……여러 대릉이라

하였으나 전체 왕릉일 가능성은 전혀 없고, 아마도 대여섯 곳의 왕릉으로 보인다.

③ 730년, 사신을 보내어 발해渤海의 신물信物을 산릉山陵 6개소에 바쳤
다. 아울러 등원불비등藤原不比等의 묘를 살폈다.

④ 742년, 월지산릉越智山陵이 붕괴하였다. 신하 10인과 공인들을 보내어
수리하게 하였다……그리고 신하를 보내어 여러 가지 물건을 산릉에
바쳤다.

⑤ 745년, 여러 릉에 폐백을 바쳤다.

⑥ 748년, 신하를 보내어 좌보산佐保山의 릉에 제사를 올렸다. 승려와 비
구니가 천명을 넘었다. 좌보산의 릉이란, 43대 원명과 44대 원정천황의 릉이다.

⑦ 755년, 효겸孝謙천황이 칙하기를 "요즘 태상천황즉 부왕인 聖武 성무의 잠
자리가 편치 못하다. 잠자리와 음식이 좋지 않다"라 하였다……신하
를 천지天智릉, 천무와 지통의 합장릉, 문무文武릉, 초벽草壁왕자의 묘,
좌보산佐保山릉 등의 산릉과 등원불비등의 묘에 보내어, 폐백을 올리
고 소원을 빌었다.

좀 부연 설명이 필요한 것은 ④항의 월지산릉이 어느 왜왕의 무덤이냐
하는 점이다. 일본의 학자들은 이것이 37대인 제명(齊明)의 릉이라고 보고
있다.

그러나 앞서 본 바와 같이, 제명은 실존하지 아니한 가공의 왜왕이다. 따
라서 『속일본기』의 월지산릉이 제명의 무덤일 가능성은 전혀 없다. 백제에
서 건너간 실재하였던 어느 유력한 왜왕의 무덤이라고 보는 것이 옳을 것

이다. 아마도 천지의 부친인 부여풍의 바로 앞에 재위하였던 왜왕의 무덤
이 아닐까?

제사의 대상이었던 왜왕릉을 살펴보자.

①항의 천무와 지통 합장릉, ③항 산릉 6개소, ⑥항 원명과 원정천황, ⑦
항 천지 이후의 몇몇 왜왕릉.

누구인지 구체적으로 알 수 없는 ②항의 여러 대릉과 ④항의 월지산릉을
제외하면, 실존하였던 첫 번째 왜왕인 38대 천지와 그 이후의 왜왕들뿐이
다. 시조인 초대 왜왕 신무(神武)의 무덤에 대한 제사가 한번도 없었던 점을
주목하여 보자. 만일 왜왕가의 왕통이 진실로 신무로부터 시작되었다면, 신
무의 무덤을 이렇듯 본체만체하지는 않았을 것이다.

그리고 최근 일본의 사학자들이 실존한 것이 분명한 최초의 왜왕이라고
생각하는 26대 왜왕 계체(繼體)의 무덤조차도 거들떠보지 않았다. 『일본서
기』에 나오는 신무 이하 37대 제명에 이르기까지의 모든 왜왕은 실재하지
아니한 가공의 왕이라는 것을 8세기의 왜왕실에서는 익히 알고 있었기 때
문이다. 이러한 현상은 이들 37대의 왜왕은 모두 창작되었다는 필자의 결론
과 완벽하게 일치하는 현상인 것이 분명하다.

(2) 10릉4묘十陵四墓와 시조 천지天智

세월이 흐른 858년, 당시의 순화(淳和)천황은 이른바 10릉4묘라 하여 도합
14기의 무덤에만 제사를 지내는 제도를 시행하기에 이른다. 이를 「10릉4묘
제」라 한다. 이 새로운 제도에서도 가장 선대의 왜왕은 천지(天智)이고, 그
이외에는 전부 천지 이후의 왕이나 왕후, 왕자의 무덤이다(『日本史の中の古代
天皇陵(일본사 가운데의 고대천황릉). 2002. 慶友社』 44쪽).

이 순화천황 또한 천황가의 실질적인 시조를 천지라고 인식하고 있었
던 것을 알 수 있다. 신무에서 제명에 이르는 37명의 왜왕은 허구의 역사서

『일본서기』와 『고사기』에만 존재하는 가공인물이라는 사실을 순화는 꿰뚫어 보고 있었던 것이다.

위에서 본 바와 같이 8세기 이후 일본의 천황가에서는 시조를 왜왕 천지라고 생각하였던 것이 분명하다. 그 원인에 관하여 잠시 생각하여 보자. 천지의 부친은 누구인가? 백제 의자왕의 아들 부여풍(夫餘豊)이다. 천지에 앞서 왜왕으로 재위하였던 인물이다.

그런데 이분은 왜국의 백제 구원군을 총지휘하다가 백강전투에서 대패하고는 고구려로 망명하였다가, 다시 고구려가 당군에게 멸망당하자 당군에게 잡혀 당나라로 압송되어, 그곳에서 별세하였다. 무덤도 왜국에는 존재하지 아니한다. 처참한 패전과 망명, 그 후 당군의 포로가 된 내력은 결코 자랑스런 일이 아니다. 천지의 부친이라고 전면에 내세우기에는 민망스럽다. 그리고 그의 부친은 백제 의자왕이다.

백제 멸망 이후 왜국을 지배하던 백제인들은 자신들의 정체성을 감추고 철저한 왜인화 정책을 추진하였던 것을 앞에서 본 바 있다. 그 결과 부여풍과 의자왕은 완벽하게 배제되고, 『일본서기』는 천지의 앞에 신무에서 제명에 이르는 37대의 가공의 왜왕이 재위하였던 것으로 꾸며 내었다.

그러나 8세기 이후의 천황가에서는 그러한 사실을 익히 알고 있었으므로, 가공의 왜왕들에게는 실질적인 제사를 올리지 않았던 것이다. 그 결과 본의 아니게 천지가 시조로 될 수밖에 없었던 사정을 이해할 수 있다.

3) 왕릉급 고분에 대한 파괴

(1) 부서지고 평탄화된 왜왕릉

7세기 말경에 일본은 수도를 아스카에서 나라(奈良)의 등원경(藤原京)으로 천도하였다가, 다시 8세기 초에는 평성경(平城京)으로 옮겼다. 이렇게 새로운 수도를 건설하는 과정에서 여러 기의 고분이 파괴된 바 있다. 그중에서도 평성경 조영 과정에서 파괴된 '이치니와(市庭)고분'의 경우가 대표적이다.

최근의 발굴조사에 의하여, 이 고분은 길이가 무려 253m나 되는 거대한 전방후원분으로서, 일본에서 14번째에 해당하는 규모이며, 5세기 중반에 축조되었다는 사실이 밝혀졌다. 이 정도의 규모이면 구체적으로 누구인지는 알 수 없으나, 당시 왜국을 통치하던 왜왕, 혹은 황비 등 최고위급 왕족의 무덤일 가능성이 크다.

그런데 8세기 초, 평성경을 건설하는 과정에서 이 고분이 무참하게 파괴되었던 것이다. 고분의 전방부가 있던 자리는 평성경을 건설하면서 궁전터로 바뀌었다. 이 무덤의 전방부는 잘라지고 평탄화되었으며, 그 자리에는 대극전(大極殿) 등의 핵심적인 건물이 들어섰던 것이다. 최근의 발굴조사 이전에는 그곳이 원래 전방후원분의 전방부였다는 사실을 누구도 알지 못하였다. 궁전터로만 알았던 것이다(『日本史中の古代天皇陵(일본사중의 고대 천황릉). 茂木雅博. 2002. 慶友社』 27쪽).

그리고 무덤의 후원부 즉 둥근 부분은 근세에 평성천황(平城天皇, 재위 806~809년)의 릉으로 치정되어 있다. 그래서 이 무덤은 '평성천황릉'이라는 이름으로도 불리워진다.

왜왕의 무덤일 가능성이 충분한 이 무덤이, 8세기 이후에 이토록 처참한 수난을 당하였던 것이다. 평성경으로 천도를 단행한 것은 여성인 원명(元明, 재위 707~715년)천황이었다. 원명은 이 거대한 이치니와고분의 주인공이 자신의 조상이라고는 전혀 생각하지 않았던 것이 분명하다. 만일 직계 조상의 왕릉으로 여겼다면, 그 위에다 자신의 궁을 짓는 무도한 패륜행위를 자행하지는 아니하였을 것이다. 원명은 이 무덤을 조상의 그것이 아니라, 전혀 계통이 다른 왕조의 무덤이라고 간주하였던 것이다.

원명천황은 누구인가? 바로 부여풍의 아들인 왜왕 천지(天智)의 딸이며, 『일본서기』에 나오는 마지막 왜왕 지통(持統)의 이복동생이다. 백제 계통이다. 원명은 이치니와고분을 백제 계통의 왜왕릉이라고는 전혀 생각하지 않았던 것을 알 수 있다. 백제와는 전혀 관계없는 고분으로 간주하였던 것이다. 그렇다면 이 왜왕릉은 토착왜인 출신 왕의 무덤일까? 그렇지 않다.

5세기 중반이라면, 토착왜인이 왕이던 시절은 지나간 이후가 된다. 일본의 고고학계에서는 전방후원분을 비롯한 거대 고분이 조영되던 3세기 말에서 7세기까지를 고분시대라 부르고 있다. 고분시대는 다시 전기, 중기, 후기로 나뉜다. 「위지 왜인전」에 나오는 사마대국(邪麻台國)을 비롯한 토착 왜인들의 왕국은 고분시대의 전기까지 존속하였으나, 4세기 말 가야인들이 집단으로 도왜한 중기 이후에는 왜국의 방방곡곡은 가야인의 세상이 되었다. 고고학에서는 4세기 말부터 5세기 말까지를 중기고분시대라 한다.

문제의 이치니와고분은 5세기의 중반에 축조된 것으로서, 이 거대한 전방후원분은 백제와는 계통이 다른 왕조의 무덤이었을 것이다. 그러기에 원명은 이 고분이 자리잡고 있음에도 불구하고 그곳에다 천도를 결정하였고, 더구나 무덤의 전방부를 잘라내어 평탄화하고는 그 위에다 궁전까지 축조할 수 있었던 것이다. 백제 계통인 원명으로서는 다른 왕조의 이 무덤을 파괴하는 데에 전혀 거리낌이나 주저함이 없었던 사실을 알 수 있다.

그 외에도 등원경 조영 때에 파괴된 사조(四條)고분은 5세기 말에서 6세기 초에 축조되었다 한다. 평성경 조영 당시 파괴된 길이 100m인 신명야(神明野)고분과 평총(平塚) 1, 2호분이 유명하다. 그렇지만 이런 고분들은 규모로 보아 왕릉급은 아닐 것이다.

(2) 고분 파괴에 대한 왜 조정의 조치

새로운 수도를 건설하면서, 장애가 되었던 이러한 고분들을 파괴하면서 왜국 조정에서는 어떠한 조치를 취하였을까? 선대왕의 무덤으로 대우하여 융숭한 제사를 지내는 것과 같은 일은 전혀 없었다. 다만 사체에 대한 인도적인 예우 차원에서 최소한의 조치를 취하였을 뿐이다.

『일본서기』 지통(持統) 7년(693년) 2월조를 보면, 등원경(藤原京)을 조영하면서 왜왕 지통은 다음과 같은 짧막한 명령을 건설책임자에게 내린 바 있다.

「收所堀尸　파낸 시체는 수습하여라」

『속일본기』 화동 2년(709년) 10월조는, 평성경 조영 당시 원명元明천황의 다음과 같은 지시를 전하고 있다.

「若彼墳隴　見發掘者 隨卽埋斂 勿使露棄 普加祭酹 而慰幽魂

　만약 분묘가 발굴되면 곧바로 묻어주고, 드러내어서 방치하지 말라.

　두루두루 제뢰祭酹, 술을 땅에 붓고 제사 지내는 것를 더하여, 그로써 유혼을 위로

　하라」　　번역은 이근우 선생의 『속일본기 1. 2009. 지식을 만드는 지식』 151쪽에 의함

분묘 파괴에 관한 이 두 지시문을 보면, 한마디로 지극히 냉정하고 사무적이다. 파괴된 분묘가 왜 왕실의 선조 묘였다면 있을 수 없는 일이다.

동서고금을 막론하고 사람의 시신을 함부로 대하지는 않는다. 시신 앞에서는 최소한의 예의를 갖추고, 부득이 유골을 파내게 될 경우에는 예의를 갖추어 다시 묻어 주는게 인지상정이다. 요즘 무연고의 행려병자가 사망하였을 경우에도 당국에서는 간략하나마 제례를 지낸 다음, 매장하는 것이 관례이다. 위의 두 명령은 현대의 무연고 행려병자 사망시에 취하는 조치와 별로 다를 바 없어 보인다.

모기(茂木雅博) 선생은 위의 책에서, 원명의 명령은 앞서 본 이치니와(市庭)

고분과 신명야(神明野) 고분을 파괴할 당시의 그것으로 추정된다 하였다(33 쪽). 이치니와고분은 규모로 보아 왜국을 통치하던 왜왕의 그것임이 분명하다. 원명의 위와 같은 지시는 이치니와고분의 주인공이 당시의 왜왕실과는 전혀 관계가 없다는 사실을 선언한 것이나 다름없다 하겠다. 원명에게 있어서 백제와 관련이 없는 가야 계통 왜왕 무덤의 유골은 전혀 중요한 존재가 아니었던 모양이다. 그저 술을 땅에 몇 잔 붓는 정도의 최소한의 예의만 갖추고는 다른 장소에 묻어주면 그만이라고 생각하였던 것이 분명하다.

이 두 지시문은, 5세기를 전후하여 각지에 조영되어 거대한 규모로서 위세를 과시하던 전방후원분을, 이 무렵의 왜왕가에서 어떤 관점에서 보고 있었나 하는 점을 알려 주는 귀중한 자료라 하겠다. 그 시선은 차갑기만 하다. 선대 조상의 무덤으로는 전혀 생각하지 않았던 것이 분명하다.

만일 당시에 가와치(河內) 지역으로 수도를 옮겼다면, 현대의 많은 고고학자들이 인덕릉(仁德陵)이라 믿어 의심치 않는 대산(大山)고분, 응신릉이 분명하다고 생각하는 예전(譽田)고분도 조금의 주저도 없이 파괴하였을 것이다. 이런 무덤들 또한 가야 계통이고, 백제 왕실과는 아무런 인연이 없기 때문이다.

선행 분묘를 파괴하는 현상은 금관가야의 대성동고분군에서도 발견된 바 있다. 고고학자인 신경철 선생은 이러한 현상을, 북방의 기마민족인 부여의 세력이 한반도의 중부지방을 건너뛰어, 금관가야의 지배세력으로 등장한 증거의 하나로 제시하였다(「금관가야의 성립과 연맹의 형성」『가야각국사의 재구성. 2000. 혜안』 59쪽).

선행무덤을 파괴하고는 그 위에 새로운 무덤을 조영한다는 것은, 지배층이 교체되었다는 사실을 증명하여 주는 명확한 증거인 것이 분명하다. 천황가의 황통이 만세일계로 내려온 것이 아니라는 사실은 이 점으로도 명백하다.

2. 신상제(新嘗祭)와 대상제(大嘗祭)

일본의 천황은 매년 11월, 그해의 신곡으로서 신에게 제사를 올리면서 스스로도 신곡으로 빚은 음식을 맛보는 행사를 거행하는데, 이를 **신상제(新嘗祭, ni-pi-na-me-ma-tu-ri)**라 한다. '신상제'의 '신(新, ni-pi)'은 신곡(新穀) 즉 햇벼를 뜻한다. '상(嘗, na-me)'은 원래 맛보다는 의미이다. 그리하여 '신상(新嘗)'은 신곡을 맛보다는 뜻이 된다.

고대의 중국에서는 가을의 제사를 '상(嘗)'이라 하였다. 그러므로 이 제사는 올해도 어김없이 곡식을 여물게 하여준 신에게 감사의 의미로 받들어 올리는 것이라 할 수 있다. 고대 일본에서 이 행사는 굳이 천황이 아니라도 귀족이나 일반인도 행할 수 있었다.

그런데 새로운 천황이 즉위한 후 처음 맞이하는 신상제는 특별하게 취급하여 대규모로 행하였다. 이를 **대상제(大嘗祭, da-i-ziya-u-sa-i)**라 하였고, 재위기간 중 단 한 번만 거행하였다. 천황의 가장 중요한 제사가 바로 이 두 제사였으며, 고대에 시작되어 중세에 끊어지기도 하였으나, 부활하여 현대에도 어김없이 시행되고 있다. 고대 이래 일본 천황의 가장 중요한 공식 행사가 바로 이 제사일 것이다.

대상제는 음력 11월 하순 묘일(卯日)에 행하여지는데, 벌써 수개월 이전부터 여러 가지 복잡한 절차와 의식을 거치게 된다. 당일에는 4천명이 넘는 군중이 대행렬을 이루어 대상궁으로 들어가게 된다.

이 대상제는 언제부터 시작되었을까? 일본에서는 대략 천무(天武) 혹은 지통(持統)조부터 시작되었다고 보는 것이 통설이다. 그렇다면 백제가 멸망한 후 얼마 지나지 않아서 시작된 셈이다. 대상제에 보이는 백제적 요소를 살펴보기로 하자. 이 제사의 진행과정에 관한 상세한 설명은 본고의 목적이 아니므로 최소한도로 언급하고, 백제적인 요소에 초점을 맞추어 고찰하기로 한다.

1) 진혼제鎭魂祭 – 혼을 부르는 제사

대상제의 하루 전에는 진혼제라는 중요한 행사를 거행한다. 이 행사의 핵심은 신악가(神樂歌, mi–ka–gu–ra)에 있다. 궁중의 앞마당에서 장작불을 피워놓고는, 밤을 새워 악기를 연주하고 여러 노래를 부르는 행사이다. 이 노래에 많은 백제적인 요소가 포함되어 있다.

이 진혼제의 '진혼(鎭魂)'은 우리가 일상적으로 알고 있는 그것과는 좀 다른 의미이다. 『표준국어대사전』을 찾아보면, '진혼'이란 '죽은 사람의 넋을 달래어 고이 잠들게 함'이라고 되어 있다. 이 뜻풀이 그대로 진혼의 상식적인 의미는 이미 숨진 망인이 다른 고통에 시달리지 않고 편히 쉬도록 하는 것이다. 그런데 대상제에서의 진혼은 죽은 사람을 위한 것이 아니라, 살아있는 천황의 영혼을 위하여 거행한다는 점에서 큰 차이가 있다.

『일본서기』 천무(天武) 14년 11월조를 보면 법장법사(法藏法師)라는 승려가 천황을 위하여 '초혼(招魂, mi–ta–ma–pu–ri)'을 하였다는 기록이 있다. 기록에 보이는 최초의 진혼제가 바로 이 대목이다. 일본의 학자들은 「혼이 떠나가지 않도록 사람의 신체 중에 진정시키기 위하여 행하는 제사」라고 해석하고 있다. 이는 산 사람을 대상으로 하는 것으로서, 죽은 사람의 넋을 위한 것인 한국의 '진혼'과는 의미가 상당히 다르다.

이 초혼을 『일본서기』에서는 mi–ta–ma–**pu–ri**라 하였다. mi는 높임의 접두사, ta–ma(魂 혼)는 혼이다. **pu–ri**는 무슨 말인가?

나중에는 한자표기가 '진혼(鎭魂)'으로 바뀌었는데, 고유어로 mi–ta–ma–si–du–me라 하였다. si–du–me(鎭 진)는 가라앉히다 혹은 진정시키다는 의미의 동사 si–du–mu의 명사형이다. 따라서 이 말은 '혼 진정시키기' 정도로 번역할 수 있을 것이다.

고형인 mi—ta—ma—pu—ri의 pu—ri라는 말을 살펴보자. 일본어가 아니라 백제어이다.

pu—ri 招 초 [일본서기] 부르기
부리다 [전남, 경상방언] 부르다

'초혼(招魂)'을 『일본서기』에서 mi—ta—ma—**pu**—**ri**로 훈독하였다. '초(招)'는 '부를 초'로서, 부르다는 뜻이다. 신체에서 떠나가지 않도록 혼을 '불러' 안정되게 한다는 의미이다.

'부르다'를 전남방언 등에서는 '**부리**다'라 한다. pu—ri는 바로 이 '부리다'의 어근 '**부리**'이다. '혼 부르기'라는 의미가 된다. 동사의 어근 '부리'가 그대로 명사가 되었다.

일본에서는 이 pu—ri가 무슨 의미인지 아는 사람이 아무도 없는 모양이다. 『암파고어사전』에는 혼이 떠나가지 않도록 신이 깃드는 물건을 흔들어 활력을 불어넣는 의미라 풀이하였고, 『대언해(大言海)』에도 비슷한 해설이 있다. 이들 사전은 pu—ri를 흔들다는 의미의 고대 일본어 pu—ru(振 진)의 명사형으로 보았다. 만일 그렇다면 초혼제 즉 mi—ta—ma—pu—ri는 '혼 흔들기'라 번역하여야 된다. 또한 한자표기도 '진혼(振魂)'으로 되어야 마땅하다. 이러한 풀이가 전혀 부당한 것은 물론이다. '혼 부리' 즉 '혼 부르기'이므로, 한자표기를 '초혼(招魂)'이라 하였던 것이다.

'부리다'가 고대의 일본에서 사용되었을까?

hi—hu—ri 雨乞 우걸 [나라 방언] 기우제
부리다 [전라, 경상방언] 부르다

나라(奈良) 방언에서는 가뭄이 들었을 때 하늘에 올리는 기우제를 hi-hu-ri라 하는데, 고대에는 pi-**pu**-ri였다. pi는 한국어 '비'이고(졸저 『일본 천황과 귀족의 백제어』 104쪽), pu-ri는 '부리다'의 어근 '부리'이다. '비 부르기'라는 의미가 된다.

yo-**bo**-ru 呼 호 [미에 등지의 방언] 부르다
부리다 [전라, 경상방언] 〃

미에(三重) 등지에서는 '부르다'를 yo-bo-ru라 하는데, 부르다는 의미의 일본어 yo-bu(呼 호)와 '부르다'의 고형 **부리다**를 연결한 말이다. 여기서는 '부리'가 bo-ru로 변하였다. 이는 동사의 기본형이고, 연용형은 bo-ri일 것이다(졸저 『일본열도의 백제어』 279쪽). 졸저에서는 '부르다'의 고형을 '부루다'로 추정하였으나, 이는 착오이므로 여기서 바로잡는다.

pi-na-**pu**-ri 夷曲 이곡 [일본서기] 시골 노래
ya-ma-da-**bu**-ri 山田振 산전진 [고사기] 곡명

『일본서기』와 『고사기』에서 노래를 **pu**-ri라 표현하였는데, 이 역시 노래 '부르다'의 방언 '부리다'의 어근 **부리**인 것은 위의 졸저에서 보았다(졸저 『일본 천황과 귀족의 백제어』 89쪽). 이 '부리다' 역시 같은 뿌리에서 나온 말일 것이다. '부리다'가 고대의 일본에서 여러 경우에 널리 사용된 것을 알 수 있다. 어근 '부리'는 그대로 명사로 활용되었다.

원래 고대에는 한자로 '초혼(招魂)'이라 적고는 고유어로 mi-ta-ma-pu-ri라 하였던 것을, 나중에 한자표기가 '진혼(鎭魂)'으로 바뀌면서 고유어도 mi-ta-ma-si-du-me로 변하였던 모양이다. 그런데 mi-ta-ma—pu—ri의 pu—ri라는 백제어의 의미가 잊혀진 이후였으므로, 바뀐 한 자표기 '진혼(鎭魂)'도 때로는 습관적으로 mi—ta—ma—pu—ri라고도 하였을 것이다.

2) 신악神樂

진혼제의 핵심은 신악(神樂, mi—ka—gu—ra)으로서, 노래, 연주, 춤 의식이 거행된다. 남성호 선생의 『일본민속예능 춤추는 神 연구. 2010. 도서출판 어문학사』에 따라 행사의 개요를 살펴보자(111쪽).

① 선창, 후창에 악사가 각각 12명씩, 도합 24명이 백색옷을 입고 앉는다.
② 인장人長, 가구라의 좌장이 등장하여 자기소개를 한다.
③ 인장이 담당관리를 불러 모닥불을 피우게 한다.
④ 악사들이 등장하여 악기를 조율한다.
⑤ 담당관리가 제사용 방석을 들고 나와 제장의 중앙에 놓는다.
⑥ 악사젓대, 피리, 금들이 교대로 불려 나와 모닥불의 곡을 연주한다.
⑦ 가인歌人, 노래꾼이 나와 모닥불을 찬양하는 노래를 부른다.
⑧ 아티매阿知女라는 방식의 선창, 후창 노래를 부른다.
⑨ 손에 드는 물건採物, 신목 등 9가지을 찬양하는 노래를 부른다.
⑩ 한신韓神의 노래를 부르면서 인장이 춤을 춘다.
⑪ 담당관리가 술을 가져와 인장에게 술을 따라 준다.
⑫ 인장이 기예를 가진 사람들을 한 사람씩 불러 기예를 보인다.
⑬ 사이바리前張 즉 일종의 여흥 노래를 부른다.
⑭ 송신送神 노래를 부르고 인장이 나와 춤을 춘다.

(1) 불

신악(神樂) 행사에는 수많은 노래가 나오는데, 가장 먼저 등장하는 노래가 마당에 피워둔 모닥불을 찬양하는 노래이다. 『고대가요집』에 의하면, 모닥불은 단지 주위를 밝히는 조명의 의미뿐만 아니라, 제장(祭場)을 정화하는 기능도 있다 한다(296쪽). 이 노래에 이어 '아티매(阿知女)' 방식의 선창, 후창 노래, 다음에 손에 드는 물건(採物 채물)을 찬양하는 노래의 순으로 여러 노래가 계속 이어진다.

그런데 손에 드는 물건을 찬양하는 노래의 가사에는 예외없이 첫머리에 그 물건의 이름이 나온다. 신목(榊木, sa-ka-gi), 미테쿠라(幣 폐, mi-te-ku-ra 신에게 올리는 폐백) 등 모든 물건이 동일하다. 예를 들면 미테쿠라 노래는

「'미테쿠라'는 내가 만든 것이 아니라……」

라는 구절로 시작한다. 이렇게 첫머리에 그 물건의 이름을 불러줌으로써, 그것을 찬양하는 의미를 나타내는 형식이다. 그렇지만 마당의 모닥불(庭燎 정료) 찬양노래에는 첫머리는 물론, 가사의 전체를 훑어보아도 모닥불 혹은 불이라는 말이 나오지 않는다. 그러면 모닥불 노래만 예외일까? 만일 그렇다면 이 노래가 어떻게 하여 모닥불을 찬양할 수 있단 말인가?

여기서 노래의 전문을 보자. 이하 모든 노래의 원문은 『日本古典文學大系 古代歌謠集(일본고전문학대계 고대가요집, 이하 고대가요집이라 약칭함). 土橋寬, 小西甚一. 1979. 岩波書店』에 의거하였고, 번역은 필자가 하였다.

「美也末耳波　安良禮不留良之　止也末奈留　末佐支乃加津良
　以呂津幾耳計里　色津支尒計里

깊은 산에는, 진눈깨비 **뿌리**겠지, 가까운 산에 있는, 사철나무 덩굴풀,
색이 물들었구나, 색이 물들었구나」

보다시피 아무리 살펴보아도, '불'을 뜻하는 일본어는 나오지 않는다. 『고
대가요집』에 의하면,

「모닥불과 가사의 관계는, 불과 어떻게 일치하는지 명확하지 아니한 것
을 '색이 물들었구나'라고 말하였을 것이다」

라고 풀이하고 있으나(296쪽), 도대체 무슨 의미인지 이해할 수 없는 설명이
다. '색이 물들었구나'라는 가사과 불과 어떤 관계가 있는 것인지 납득할 수
가 없다. 그러나 이 노래를 곰곰 살펴보면, '**불**'이라는 백제어가 나오고 있
다. 그래서 이 노래가 모닥불을 찬양할 수 있었던 것이다. 첫 구절을 보자.

「美也末耳波　安良禮**不留**良之……
mi-ya-ma-ni-pa　a-ra-re-**pu-ru**-ra-si
깊은 산에는, 진눈깨비 **뿌리**겠지……」

진눈깨비를 뜻하는 a-ra-re 다음에 나오는 **pu-ru**(不留)라는 말이 비나
눈이 뿌리다(降 강, 현대 일본어 hu-ru)는 일본어 원래의 의미를 나타내면서,
동시에 백제어 '**불**'을 뜻하기도 하는 이중의 용도를 가지고 있다. 백제어를
이렇게 숨겨놓았던 것이다. 언어의 유희이다. 일본어 pu-ru로 가장한 백
제어 '불', 이 '불'이라는 백제어가 숨어있기 때문에 모닥불을 찬양할 수 있
게 된다.

pu-ru(降 강)라는 고대 일본어는 비가 뿌리다는 의미의 동사인데, 한국

어로는 '뿌리다'이다. 중세에는 '쁘리다'였으나, 고대에는 '부리다'였을 것이다. 어근 '부리'는 '불'과 발음이 흡사하다. 고대 일본어나 백제어, 어느쪽으로 보아도 이는 '불'이다.

'불'이 고대에 일본으로 건너간 것은 졸저 『일본열도의 백제어』에서 본바 있다(100쪽). 간략하게 살펴보자.

yo-bu-ri [구마모토 등의 방언] 밤에 횃불을 켜 물고기 잡기

hi-bu-ri [도치키 방언] 〃

hu-ri 稻光 도광 [오키나와 방언] 번개

불 [한국어]

앞의 두 방언에 나오는 bu-ri는 '불'이다. 세 번째 hu-ri의 고어는 pu-ri였고, 이 또한 '불'이다.

이 노래의 가사에 나오는 '색(色)'은 물론 단풍색을 뜻한다. 『만엽집』 초기 작품에서 볼 수 있는 멋진 가요를 연상케 한다. 이름이 전하지는 않지만, 9세기 초엽의 일류 가인이 지은 수작이다. 신악가의 여러 노래들이 대부분 수준이 높지만, 가장 뛰어난 작품 하나만 꼽는다면 바로 이 노래가 아닌가 싶다.

『만엽집』 노래들의 작자 대부분이 백제어에 능통하였던 것과 마찬가지로, 이 노래의 지은이 또한 백제어를 자유롭게 구사하는 인물이었던 것이 분명하다. 그리고 이 노래를 듣는 천황과 귀족, 모두 '불'이라는 백제어를 잘 알고 있었을 것이다.

(2) 아지매阿知女

마당 모닥불 찬양노래에 이어지는 것은 '아지매' 노래이다. 선창(本方 본

방)과 후창(末方 말방)으로 나누어 소리를 주고받는 형식이다.

　　선창: a-ti-me-o-o-o-o　후창: o-ke

　　후창: a-ti-me-o-o-o-o　선창: o-ke

　　대략 이와 같은 방식으로 a-ti-me(阿知女)와 o(於)-o(〃)-o(〃)-o(〃),
그리고 o-ke(於介)라는 말을 여러 번 반복하여 부른다. 이를 a-ti-me-
wa-za(阿知女作法)라 한다. wa-za(作法 작법)는 방식이라는 뜻이다.
　　그러면 여기에 나오는 a-ti-me나 o-o-o-o 혹은 o-ke라는 말은 무
슨 의미인가? 이 말들의 의미 역시 일본에서는 아무도 모르는 것이 분명하
다. 먼저 『고대가요집』에 나오는 주석을 보자(269쪽).

　「a-ti-me, o-o-o-o, o-ke 등의 말을 발성함으로서 신의 강림을
　　즐거워하고, 마당 모닥불 부근에 신성한 기운을 넓히려는 의도인 것
　　같다. a-ti-me는 의미불명」

　　이라고 설명하고 있다. 핵심인 a-ti-me가 무슨 의미인지 모르니, 나머
지 말들은 더욱 알 수 없을 것이다. 그렇지만 '신의 강림을 즐거워하는 말'
이라는 해석은 상당히 그럴듯하다. 이 소리에 이어지는 잡는 물건(採物 채물)
9가지에 대한 노래가 신의 강림을 축원하는 것이므로, 같은 맥락으로 파악
한 모양이다. 결론부터 말하면, 이 a-ti-me는 전남, 경상방언 **'아지매'**이
다. 아주머니를 뜻한다. 졸저 『일본열도의 백제어』에서 **'아주미'**가 일본으로
건너가 교토(京都) 방언으로 남은 것을 본 바 있다(68쪽).

a-ti-me 阿知女 아지녀 [신악가神樂歌]

a—zu—mi 妻 처 [교토 방언] 집의 박공벽

아지매, 아주미 [전남, 경상방언]

'아지매'와 '아주미'는 같은 뿌리에서 나왔지만, 서로 다른 어형으로서 병존하였던 것으로 추정된다.

그런데 교토 방언에서는 a—zu—mi였는데, 여기서는 a—zi—me가 아닌 a—ti—me이니, 발음이 좀 다르다는 의문이 생긴다. 한국어 '아주미'의 '**주**'와 일본의 a—zu—mi의 zu는 모두 동일한 발음이다. 따라서 '아지매'는 고대에도 마찬가지 발음이었을 것이고, 일본에서는 a—zi—me였을 것이다. 그런데 신악가 a—ti—me의 **ti**(知)는 표기상의 혼선에 기인한 것으로 추정된다. 지은이가 나타내려 한 음가는 a—di—me였다고 생각되는데, di에 대한 한자표기를 '**知(ti)**'로 선택한 것에서 의문의 소지가 생겼다.

신악가에서 사용된 일본어의 한자표기를 살펴보면, 청음(清音)과 탁음(濁音) 표기의 구별이 거의 완벽하게 사라진 것을 볼 수 있다. 거의 대부분의 탁음이 신악가에서는 청음으로 표기되어 있다.

가령 탁음 ga를 신악가에서는 '加(가)'라는 한자로 표기하였는데, 이 한자는 『만엽집』이나 『고사기』에서는 ka라는 청음을 나타내는 표기이다. 탁음 **di**도 '지(知)'로 표기하였는데, 원래는 청음 **ti**에 대한 표기이다.

이러한 표기상의 혼동은 『고사기』나 『만엽집』에서는 거의 보기 어려운 현상이다.

따라서 a—ti—me(阿**知**女)도 실은 a—di—me라는 발음을 이렇게 표기한 것으로 추정된다. 그리고 고대의 일본에는 **si**와 **ti** 발음이 서로 넘나드는 현상이 있었던 것을 졸저 『일본열도의 백제어』에서 본 바 있다(197쪽). a—**di**—me와 '아**지**매'의 di와 zi는 훨씬 더 수월하게 넘나들 수 있다. 중세 이후 일본어에서는 di는 사라지고, zi 음에 통합되고 말았다.

(3) 오게

o—o—o—o와 o—ke는 무슨 말인가? o는 '오다'의 어근 '오'이다. o—ke 는 '오게'이다. 그러므로 a—ti—me 즉 '아지매'를 오라고 권유하는 의미가 된다. o—ke의 앞에 o를 네 번이나 반복하는 것은 강조의 의미이다. 간절하 게 '아지매'를 오라고 권하는 것을 알 수 있다.

그런데 o를 '於(어)'라는 한자로 표기하였으니, 이것은 혹시 '어(ə)'라는 말 이 아닌가라는 의문이 있을 수 있다. 그렇지만 신악가에 나오는 여러 노래 들을 보면, 이른바 상대특수가나(上代特殊假名)의 엄격한 표기법 구분이 모음 에서도 상당히 느슨해진 상태인 것을 알 수 있다. 가령 깊다는 의미인 o— ku(奥 오)의 o는 ə가 아닌 o이지만, 이 또한 '於久(ə—ku)'로 표기하였다.

앞서 자음에 있어서 청음과 탁음의 구분이 거의 없었다는 점을 보았는데, 같은 맥락이다. 따라서 o—ke의 '어(於)'는 모음 ə가 아닌 o의 표기인 것이 분명하다.

그런데 9세기 초에 편찬된 『고어습유(古語拾遺)』에도 o—ke라는 말이 나오 므로, 살펴보자. 『일본서기』에서 천조대신(天照大神)이 동생 수사노(素戔嗚) 의 악행에 분노한 나머지 하늘의 바위굴에 숨어들자, 하늘이 어두워지고 암 흑이 계속되어, 여러 신이 모여서 천조대신을 나오게 할 방법을 의논하였다 한다. 그러다 바위굴 입구에서 여럿이 입을 모아,

「"좋아, 아 유쾌해, 아 만족스러워, 아 시원해, o—ke飫憩어게"」

라 소리쳤다 한다(번역은 『「古語拾遺」を讀む(고어습유를 읽다). 中村幸弘 外. 2004. 右文書院』 50쪽).

『고어습유』에 나오는 o—ke 역시 '오게'이다. 바위굴 속에 숨은 천조대신 으로 하여금 나오도록 권유하는 말이다. 여럿이 '좋아, 아 유쾌해, 아 즐거

워, 아 시원해'라고 합창하여, 굴속보다 바깥이 좋다는 점을 반복하여 알린
다음에 발하였다는 o—ke는 바로 '오게'이다. 굴속보다 바깥이 모든 점에서
나으니 '오게' 즉 나오라는 취지이다.

『고대가요집』에서는 이 '오게'가 신의 강림을 즐거워하는 말로 추측하였
으나, 좀 빗나갔다. 신의 강림을 권유, 축원하는 말인 것이다.

동사 '오다'가 고대에 일본으로 건너가 곳곳에서 방언으로 널리 사용된
것은 졸저 『일본열도의 백제어』에서 보았다(241쪽).

'오게'의 '게'는 무엇을 시키는 의미의 어미이다. '빨리 가게', '그것 좀 주
게'에서 보는 바와 같다. 이 말은 일본의 방언에 흔적이 남아 있다.

ke [와카야마 방언] ~해 주세요
~게 [한국어]

와카야마(和歌山) 방언에서는 **ke**가 동사의 뒤에 붙는 보조동사로서, 일본
어 '쿠다사이' 즉 '~해 주세요'라는 의미를 나타낸다. 이 방언의 ki(來)—te—
ke는 '와 주세요'라는 뜻이다. 이 노래에 나오는 o—ke와 의미가 흡사한데,
용법은 조금 다른 것 같다.

현대 한국어의 '오게'는 오라고 시키는 내용이지만 높임의 의미는 없다.
이 노래의 o—ke도 높임의 의미는 없는 것으로 보인다. a—ti—me 즉 '아지
매'라는 말 자체에 높임의 의미가 별로 없다. 따라서 이 주어를 받는 동사인
o—ke에 높임의 의미가 없는 것은 당연한 일이라 할 수 있다.

(4) 하늘 궁전에 진좌하신 풍강희豊岡姬

손에 잡는 물건(採物 채물) 9가지 중의 하나는 지팡이이다. 이를 찬양하는
노래에 등장하는 백제적 요소를 보자. 다음은 그 전문이다.

「이 지팡이는 어디 지팡이지? **하늘**에 진좌하신 **풍강희**豊岡姫의, 궁전의
지팡이, 궁전의 지팡이」

이 지팡이는 보통 지팡이가 아니라 하늘에 진좌하신 '풍강희(豊岡姫, to-
yo-wo-ka-pi-me)'의 궁전에 있던 지팡이라 노래하였다. 지팡이를 찬양
하는 의미로서, 신이 강림하기를 기원하는 마음이 담겨 있다.

그런데 하늘의 궁전에 진좌하신 '풍강희'는 누구인가? 한자의 의미를 풀
이하면, '풍요로운 언덕의 존귀한 여성'이라는 의미가 된다. 실존 인물이 아
니라 상상 속의 여신(女神) 이름인 것은 분명하지만, 『고사기』나 『일본서기』
에는 전혀 보이지 않는다.

다만 『육오국풍토기(陸奧國風土記)』 일문(逸文)에, 「반풍산(飯豊山)은 풍강희
(豊岡姫)를 제사지내는 신성한 장소이다」라는 구절이 있다. 그러나 앞뒤에
연결되는 내용이 없어 더 이상 자세히 알 수는 없다.

노래에는 이 여신이 '**하늘**'에 진좌하고 있다 하였다. 『고사기』나 『일본서
기』의 나오는 하늘은 **백제**를 의미하였던 것을 보았다. 이 하늘 역시 백제라
고 단정할 수 있다. 그래서 하늘의 궁전은 백제의 궁전이다. 제장의 지팡이
를 백제 궁전의 지팡이라 한 것은, 지팡이를 최고로 찬양하는 표현이 아닐
수 없다.

여기서 신의 이름인 '풍강희'는 별로 중요한 요소가 아니라는 점을 알 수
있다. 어떤 이름이든 상관이 없다. 중요한 것은 '하늘'에 진좌하고 있다는
점이다. 노래의 지은이는 『고사기』나 『일본서기』에 얽매이지 않고, 신의 이
름을 임의로 창작하였던 것이다.

그리고 「하늘에 진좌하신 풍강희」라는 발상은 앞서 본 「**아지매** 오게」라
한 대목과도 그대로 일맥상통하고 있다. 즉 풍강희라는 이름이 중요하지 아
니한 것과 마찬가지로, '아지매'도 특정한 어느 인물을 의미하는 것은 아니

라고 추측된다. 백제어로 된 '아지매'라는 말, 그리고 그분의 혼령이 백제 땅에 진좌하고 있다는 것이 핵심인 것이다.

신에게 바치는 직물인 미테쿠라(幣 폐), 대나무(篠 조), 창(鉾 모)을 찬양하는 노래에도 '하늘에 진좌하신 풍강희'가 등장하고 있다. 아마도 진혼제를 지내던 초기에는 신이 내린다는 이런 물건들이 거의 백제산이었을 것이다. 그래서 이런 상투적인 표현이 나왔을 것으로 추정할 수 있다.

(5) 한신韓神

손에 드는 물건을 찬양하는 노래가 끝나면, '**한신(韓神, ka—ra—ka—mi)**' 노래가 이어진다. 이때 좌장인 인장(人長)이 춤을 춘다. 그런데 '한신'이란 도대체 누구인가? '한신'은 글자 그대로 '한국 신'이라는 의미인데, 왜 일본 왕실 궁중의 제사 노래에서 한국의 신이 등장할까? 참으로 이상한 일이 아닐 수 없다.

한신은 어떤 신인가? 『고사기』에 한신(韓神)이라는 이름이 보인다. 대년신(大年神)이 신활수비(神活須毗)의 딸인 이노비매(伊怒比賣)와 결혼하여 낳은 다섯 자식 중, 둘째가 **한신**이고, 셋째가 **소포리(曾富理, so—po—ri)**신이라 하였다. 그렇지만 이름만 보일 뿐, 그 활약상은 전혀 나오지 않는다.

한신의 동생인 소포리신은 고대에 sə—pə—ri였는데, 졸저 『천황과 귀족의 백제어』에서 본 바 있다(94쪽). 수도 서울의 중세어가 '셔블'인데, 그 고형이 '서벌' 혹은 '서불'로 추정된다. sə—pə—ri는 바로 그 왜풍 발음이다. 『고사기』의 저자 태안만려가 창작한 백제 계통의 신들이다.

그런데 8세기의 일본 황궁 안에는 '한신사(韓神社)'라는 이름의 신사가 존재하고 있었다. 한신사는 물론 '한신'을 모시는 신사이다. 그러다 8세기 말 지금의 교토(京都)로 천도할 무렵, 담당 관리가 이를 다른 곳으로 옮기려 하였더니, 한신이 "나를 옮기지 말고 그대로 두면, 왕궁을 호위하겠다"는 신탁(神託)을 내렸다 한다. 그래서 천도 이후에도 그대로 두었다는데, 중세에 이를 철거하여 지금은 흔적을 찾을 수 없다.

신탁 운운은 후세인의 견강부회일 것이다. 백제 계통의 한신을 모시는 신사가 오래전부터 왜국의 왕궁에 존재하였던 사실을 알 수 있다. 왜국의 왕궁에 백제신을 모시는 신사가 있었던 이유가 무엇인가? 이 대목에서도 천황가의 뿌리를 짐작할 수 있다. 후일 이 신사가 결국 철거된 것은, 일본에서 한동안 유행하였던 '백제색 지우기' 정책의 일환일 것이다.

한신 노래는 본가(本歌) 즉 선창과, 말가(末歌) 즉 후창의 두 수로 이루어져 있는데, 같이 번역하여 본다.

「見志萬由不　加太仁止利加介　和禮加良加見乃　加良乎支世武也

加良乎支　加良乎支世武也

미시마三島 목면木棉 어깨에 들이걸치고, 나 **한신韓神**은 **한韓, ka−ra**을 불러 모시노라, **한**을 불러, **한**을 불러 모시노라.

也比良天乎　天耳止利毛知天　和禮加良加見乃　加良乎支世武也

加良乎支　加良乎支世武也

여덟나뭇잎그릇八葉盤을 손에 들이잡고, 나 **한신**은 **한**을 불러 모시노라, **한**을 불러, **한**을 불러 모시노라」

미시마(三島)는 지명이다. 그곳의 목면을 어깨에 걸친다는 것은 무슨 의미가 숨어있는 것 같으나, 구체적으로 알 수가 없다. 여덟나뭇잎그릇(八葉盤)은 여러 장의 떡갈나무 잎을 바늘로 꿰어 만든 그릇을 말한다.

이 노래의 핵심은 「나 한신은 **한(韓, ka−ra)을 불러 모시노라**」라는 구절을 반복하는 데에 있다. '한(韓, ka−ra)'은 가야, 백제 등 고대의 한국에 있던 하나하나의 나라 혹은 전체 한국을 뜻하는 말이다. 그렇지만 여기서 한

신이 불러 모시는 대상이 한국이라는 나라일 리는 없다.

그럼 무엇일까? 이 노래는 신을 부르는(迎神 영신) 노래이다. 따라서 여기서의 '한'이란 '한국의 신'을 의미하는 것이 분명하다. 더 좁히면 '한국의 조상신' 즉 '백제의 조상신'이 될 것이다. 백제에 계신 조상신의 강림을 호소하는 의미로 이해된다.

노래의 가사에 '들이 걸치고(to—ri—ka—ke)'와 '들이잡고(to—ri—mo—ti)'에 보이는 '들이(to—ri)'는 백제어이다(졸저 『일본열도의 백제어』 261쪽). 백제에서 건너간 강조의 접두사 '들이'가 본국보다 일본에서 훨씬 더 빈번하게 사용되었던 것이다.

(6) 티

한신(韓神) 노래가 끝나면 sa—i—ba—ri(前張 전장)라 불리는 수십곡의 노래를 부르는 순서가 된다. 신을 즐겁게 하는 내용이다. 그중에서 「목면(木棉) 드리우고」라는 제목의 노래가 있다. 전문을 보자.

「목면 드리운, 신神의 은총 논에는, 벼 이삭의
　벼 이삭의, 많은 이삭 드리웠네, 여기 ti 이삭도 없이」

여기서의 목면은 신에게 바치는 천을 뜻한다. 신에게 바치는 목면을 논에 드리워 두었더니, 신의 은총으로 많은 벼 이삭이 탐스럽게 여물었다는 의미이다. 신을 찬양하는 노래이다.

그런데 마지막 구절의 'ti 이삭(千保, ti—po)'이 문제이다. po(穗 수)는 이삭을 뜻하는 일본어인데, ti는 무슨 말인가? 일본어 ti(千 천)은 일천이라는 뜻이지만, 여기서는 그런 의미가 아니다.

『고대가요집』을 보면, 「ti—po는 ti—pu의 와전(訛傳)으로 인정된다. 그래서 시원찮은 이삭이라는 의미」라 하였다(313쪽). 그러나 ti-pu가 무슨 의미인지, 왜 ti라는 말이 시원찮다는 뜻이 되는지에 대하여는 전혀 언급이 없다.

이 ti는 백제어로서, 현대어로는 '티'이다. 『표준국어대사전』을 보면, '조그만 흠'이라는 뜻이라 하였다. 그리하여 '티없이 맑은 목소리'는 조그만 결점도 없이 맑은 목소리라는 의미가 된다. 고대에도 이 말은 흠이나 결점이라는 의미로 사용되었을 것이다. 중세에는 '틔'라 하였으나, 백제시대에는 오히려 현대어와 비슷한 '디'였을 것이다. 따라서 이 노래에 나오는 'ti 이삭'은 '티 이삭' 즉 '흠있는 이삭'이라는 의미가 된다.

(7) 때때

전장(前張) 노래 중에는 '대궁(大宮, o-po-mi-ya)'이라는 제목의 노래가 있다. 선창과 후창을 아울러 번역하여 보자.

「대궁大宮의 조그만 어린 '사인舍人', 야, te-te-ni-ya-pa, te-te-ni-ya-pa, 옥玉이라면, te-te-ni-ya
옥玉이라면, 낮에는 손에 들고, 야, 밤에는 잠자자, te-te-ni-ya, 밤에는 잠자자, te-te-ni-ya-pa
……
옥이라면, 낮에는 손에 붙박아놓고, 밤에는 나의 te-te-ni-ya-pa, te-te-ni-ya-pa, te-te-ni-ya-pa」

사인(舍人, to-ne-ri)이란 궁궐 혹은 귀족의 저택에서 잡일을 하는 사람을 뜻한다. 『고대가요집』에서는 이 노래를 사랑스러운 어린 사인에 대한 소녀의 연심(戀心)을 노래하였다고 보았다. 수긍이 가는 해석이다.

문제는 **te—te—ni—ya—pa**(天天仁也波)라는 말이다. 일본어로는 해석이 어렵다. 『고대가요집』에서는 te—te를 손을 뜻하는 일본어 te(手 수)를 중복한 말로서, 아동어 혹은 손의 애칭인 고대어로 보았다(327쪽).

그러나 이 노래의 '낮에는 손에 들고'라는 구절에 이미 '손'이라는 말이 등장하고 있다. 그럼에도 손을 중복하는 말을 후렴처럼 붙일 이유가 있을까? 이 노래의 핵심인 '조그만 어린 사인'과 손이 무슨 관계인지도 전혀 알 수가 없다. te—te는 손을 뜻하는 일본어가 아니라 한국어 '**때때**'이다.

때때옷 [한국어] 어린아이가 입는 알록달록한 옷

때때중 [〃] 나이 어린 중

위에서 보듯이 '때때'는 나이 어린 사람이라는 뜻이다. **te—te**는 바로 이 '**때때**'이다. 고대에는 '대대'였을 것이다. '밤에는 나의 te—te—ni—ya—pa'라는 구절을 보더라도 te—te가 손이 아니라는 것을 알 수 있다. 사랑스러운 '때때'인 것이 분명하다.

그런데 '때때'의 뒤에 붙은 ni—ya—pa는 무슨 의미일까? ni—ya—pa의 ya는 부르는 말 즉 호격조사일 것이다. ni는 좀 더 사랑스럽게 붙인 접미사 비슷한 말이 아닐까? 즉 '때때야'보다는 '때때니야'라 부르는 것이 좀 더 사랑스런 의미가 있다. pa는 주격조사이다. 그렇다면 te—te—ni—ya—pa는 '때때니야는'이라는 의미가 된다. 주격조사 pa를 제외하고 '때때니야'로 종결한 구절도 있다.

혹은 ni—ya—pa라는 세 음절 전체를 의미가 없는 조음구(調音句)로 보아도 무방하리라 생각된다.

(8) ~디

전장(前張) 노래 중 '강어귀 논(湊田 주전)'이라는 제목의 노래가 있다. 선창과 후창을 아울러 본다.

「강어귀 논에, 백조白鳥, 야, 여덟 마리 있네, 야, to-ro-ti-na-ya,
to-ro-ti-na-ya, 여덟이면서, to-ro-ti-na-ya
여덟이면서, 생각없이 있네, 야, to-ro-ti-na-ya, to-ro-ti-na-
ya, 여덟이면서, to-ra-si-na-ya」

다른 구절의 해석에는 전혀 의문이 없지만, to-ro-ti-na-ya(止呂知名也)라는 구절의 **ti**라는 말의 성분을 일본어로는 해독할 수 없다. 『고대가요집』은 이 ti의 의미를 잘 모르겠다고 실토하고 있다(329쪽).

to-ro는 잡다 혹은 포획하다는 뜻의 일본어 to-ru(捕 포)의 활용형이고, na는 금지의 의미를 나타내는 조사이다. 따라서 to-ro-ti-na-ya는 '잡지 마'라는 뜻인 것은 분명하다. 그러면 ti는 무엇인가? 이 말은 없다 하여도 의미상 아무런 문제가 없어 보인다.

ti는 '잡지 마' 혹은 '쉽지 않다'라 할 때의 '**지**'이다. 『표준국어대사전』을 보면, '지'는 부정하거나 금지할 때 쓰이는 연결어미로서, '않다', '아니다', '말다' 따위가 뒤따른다고 한다. 이 '지'를 중세에는 '**디**'라 하였다. 백제시대에도 마찬가지였을 것이다. 이 노래에서도 금지의 의미를 나타내므로, 문법적으로도 모든 것이 완벽하게 일치하고 있다.

후창에서는 to-ro가 아닌 to-ra로 되어 있다. 정격 일본어가 아니므로, 어근 tor이 중요한 것이고, 그 뒤의 모음은 별 상관이 없다. 이 구절은 'to-ro디 na' 즉 '잡지 마'라는 의미가 된다. 한일합성어로서, 언어의 유희이다.

말음 ya는 영탄의 의미를 나타내는 간투조사이다.

후창에 나오는 to—ra—si의 **si**를 주목하여 보자. 고대 한국어 '디'를 여기서는 si라 하고 있다. 왜 앞에서는 ti였는데, 뒤에는 si일까? 아마도 '디'는 고대 일본어 ti(ち)로 표기하는게 기본이지만, 그렇지 않고 si(し)로 표기하여도 별 문제가 없다는 사실을 암시하는 것으로 보인다. 졸저 『일본열도의 백제어』에서 고대 일본에서는 ti와 si가 서로 넘나들었다는 사실을 보았다(197쪽). 그러한 현상이 이 노래에서도 확인되고 있다.

(9) 길이길이

신을 즐겁게 하는 전장(前張) 노래가 끝나면, 이제 새벽이 되어 신을 보내드리는 취지인 송신(送神)의 여러 노래가 이어지게 된다. 그 첫 번째 노래의 제목이 '명성(明星)' 즉 밝은 별이다. 이 노래의 첫 구절을 보자.

「吉利吉利　千歲榮……
ki—ri—ki—ri　sen—za—i—ya—u
길이길이 천년세월 번영하라……」

'천세영(千歲榮)'은 한자의 의미 그대로이다. 천년의 세월 동안 번영하다는 뜻이다. 한자를 훈독하지 않고, 음독하였다. 앞의 **ki—ri—ki—ri**(吉利吉利)가 문제이다. 이 말이 무슨 의미인지 아는 사람은 아무도 없는 것으로 보인다.

『고대가요집』을 보면, 「의미불명, 어딘가 축문(祝文) 같은 느낌이 드는 말」이라 하면서, 여러 견해를 소개하였는데, 그중에는 서역(西域)의 말이라는 설도 있다 하였다(340쪽). 그러나 이 말은 머나먼 서역에서 간 것이 아니다. 그보다는 훨씬 가까운 백제에서 건너간 말이다. '길이길이'이다.

필자는 박전열 선생의 『「神樂(가구라) 研究」 일본연구 9. 1994. 중앙대학교 일본연구소』라는 논문의 다음 대목(177쪽)을 읽다가, 불현듯 이 '吉利吉利'라는 말의 의미를 파악할 수가 있었다.

「……明星에서 きりきり 등의 구절이 아직 의미불명으로 남아, 단순한
祝文으로 처리되고 있지만, 이를 고대 한국어로 보며, '千歲榮'을 수식
해주는 말로 볼 수도 있지 않을까 하는 가능성을 제시하고 싶다」

'천세영(千歲榮)'을 수식하는 **ki−ri−ki−ri**', 바로 '**길이길이**'이다. 박전열
선생의 이 지적은 정곡을 찌르고 있다. '길다'가 고대에 일본으로 건너간
것은 졸저 『일본열도의 백제어』에서 보았다(356쪽). 여기서는 간략하게 살
펴보자.

ki−ri−i−mo　長竿 장우　[니이가타 방언]　참마
ki−ri−si−a−me　梅雨 매우　[니이가타 방언]　장마
ki−ri−ku−tsi　岩魚 암어　[나라 방언]　곤들매기
길다 [한국어]

위의 세 방언에 나오는 **ki−ri**는 '**길다**'의 어근 '**길**'이다. '길다'는 백제시
대에도 같은 발음이었을 것이다. 위의 노래에서는 '길이'를 반복하여 '길
이길이'라 하였다. 현대 한국어 '길이길이'와 발음과 의미, 아무런 차이가
없다.

3) 중신수사中神壽詞와 고천원高天原

천황 재위기간중 단 한 번 열리는 대상제의 마지막 하이라이트는 중신씨
(中臣氏)가 천황의 앞에서 『중신수사』라는 축문을 낭독하고, 이어서 기부씨

(忌部氏)가 삼종신기인 거울과 칼을 천황에게 바치는 의식이다.

중신수사는 『천신수사(天神壽詞, a-ma-tu-ga-mi-no-yo-go-to)』라고도 하는데, 이것이 원래의 명칭이다. 그렇지만 '중신씨'가 낭독하기 때문에 통상적으로 『중신수사』로 불리운다. '수사(壽詞)'는 축사(祝詞) 즉 축문과 같은 말이다. 천신(天神)의 행적을 회고하면서, 이를 찬양하는 내용이다.

천신은 물론 하늘의 신이지만, 늘 그렇듯이 여기서도 하늘은 백제를 의미하고 있다. 상당히 긴 내용이라 전문을 소개하기는 어렵고, 핵심적인 내용이 담겨 있는 첫부분을 살펴보자. 원문과 띄어쓰기, 해석은 황학관대학(皇學館大學)의 신도연구소(神道研究所)에서 편찬한 『大嘗祭の研究(대상제의 연구). 1978. 皇學館大學出版部』에 의하였다(53쪽). 한자의 훈과 음으로 읽는 만엽가나로 되어 있어, 고풍스러운 모습이다.

「高天原仁神留座須 皇親神漏岐 神漏美乃命遠持天 八百萬神等遠神集

倍賜天 皇孫尊波 高天原仁事始天 豊葦原乃瑞穂之國遠 安國止平介久

所知食天……

고천원高天原에 신神으로 계신 황친皇親 카미루기神漏岐와 카미루미神漏美

의 명을 받들어, 팔백만 신을 모이게 하신 황손존皇孫尊은, 고천원에서

일을 시작하였고, 풍요로운 아시벌에 싱싱한 벼의 나라豊葦原乃瑞穂之國,

일본를 안전한 나라安國로 평안하게 다스리며……」

이 내용을 보면서 문제되는 여러 가지를 논의하여 보자.

(1) 황친皇親과 황손존皇孫尊

'황친(皇親, su-me-mu-tu)'은 자애로운 최고의 신으로 번역할 수 있을 것이다. 그의 이름은 카미루기(神漏岐, ka-mi-ru-gi)와 카미루미(神漏美,

ka—mi—ru—mi)라 하였다. 마치 『고사기』와 『일본서기』의 '이자나키'와 '이자나미'를 연상케 한다. 물론 실존 인물이 아니며, 위의 두 책에서는 전혀 보이지 않는 이름이다. 그런데 『상륙국풍토기(常陸國風土記)』에 이 이름이 나오고 있다.

「天地草昧已前 諸祖天神俗云 賀美留美, 賀美留岐 會集於八百萬神於高天原
之時 諸祖天神告云 "今我御孫命 光宅豊葦原水穗之國"……
천지가 생기기 이전, 여러 조상의 천신속칭 카미루미, 카미루키라 한다이 팔백
만명의 신을 고천원高天原에 모아놓고 말하기를, "이제 내 손자가 다스
릴 풍요로운 아시벌에 싱싱한 벼의 나라일본"……」

『상륙국풍토기』의 카미루키와 카미루미, 두 신의 성격은 중신수사의 그것과 완벽하게 일치하고 있다. 두 카미루키와 카미루미, 모두 최고의 신으로서, 고천원에 팔백만명의 신을 모이게 하여, 손자로 하여금 풍요로운 아시벌의 싱싱한 벼의 나라(일본)를 다스리게 하였다는 점에서 완벽하게 일치하고 있다. 『고사기』와 『일본서기』에 나오는 천조대신(天照大神)과 동일하다.

『상륙국풍토기』의 지은이도 굳이 『고사기』나 『일본서기』에 얽매이지 않고, 자유로운 발상으로 신의 이름을 창작하고 있다. 즉 위의 책들에 의하면, 신의 이름은 당연히 '천조대신'이 되어야 마땅하다. 그러나 천조대신이라는 신 이름 대신 '제조천신(諸祖天神)'이라 하면서 속칭으로 '카미루키'와 '카미루미'라 한다고 하였다. 천조대신이라는 이름은 중요한 것이 아니다. 중요한 사항은 그가 고천원(高天原)에 사는 최고의 신이라는 점이다. 고천원은 물론 백제이다.

지은이가 굳이 천조대신이라는 이름 대신 '카미루키'와 '카미루미'를 내

세운 이유는 무엇일까? 천조대신 역시 태안만려가 창작한 상상 속의 신이지, 실존 인물이 아니다. 그렇지만 『고사기』나 『일본서기』에는 그가 최고의 신으로서, 손자를 왜국에 내려보내는 '천손강림'을 지휘하는 등의 대활약을 한 것으로 되어 있다.

이런 이미지의 천조대신을 찬양한다면, 혹시 후세인들이 이를 진실된 것으로 오해할 우려도 있다. 그래서 후세인들이 천조대신이라는 이름에 집착하거나 현혹되지 않도록, 엉뚱한 신의 이름을 내세운 것이 아닌가 싶다.

황손존(皇孫尊)은 카미루키와 카미루미의 손자를 의미한다. 『고사기』와 『일본서기』에 천조대신의 손자 니니기가 고천원에서 천손강림하였다고 되어 있는 것과 대비된다.

중신수사에 의하면, 황손은 카미루키와 카미루미의 명을 받아, 팔백만명의 신을 모아놓고는 고천원의 일을 시작하였다 한다. 『고사기』와 『일본서기』에 나오는 천손강림 설화를 연상케 하지만, 이름인 '니니기'는 나오지 않는다. 지은이는 여기서도 태안만려가 창작한 '니니기'라는 이름은 중요한 것이 아니라는 사실을 암시하고 있는게 아닐까?

10세기 무렵의 일본에는 황실뿐만 아니라 여러 주요 신사에서도 온갖 중요한 제사를 지낸 바 있다. 이러한 여러 제사에서 읽혀지던 수많은 축문이 『연희식(延喜式)』이라는 책자에 실려 있다. 그런데 어느 축사에도 천조대신이나 그 손자인 니니기라는 이름은 보이지 않고, 그 대신 '카무로기'와 '카무로미'만 등장하고 있다. 이 두 신의 이름조차도 나오지 않고, 오직 '황손'만 보이는 축사도 있다. 천조대신이나 '니니기'라는 이름은 별로 중요하지 않다는 점을 말해주고 있는 듯하다.

(2) 대상제의 제신祭神은 누구인가?

이 중신수사는 천손강림의 주역인 천손(天孫)과 고천원을 찬양하였다. 대상제는 신상제(新嘗祭)와 본질에서 같은 것으로서, 신상제는 가을의 수확에 대하여 감사의 예를 올리는 제사이다.

그렇다면 대상제에서도 풍요로운 대지와 때맞추어 비를 내리고 햇빛으로 곡식을 익게하여 준 고마운 벼의 신, 토지의 신, 혹은 천지신명 등에 제사를 올리는 것이 상식이라 하겠다. 그런데 『중신수사』에서는 그러한 대상이 아니라 뜻밖에도 천손과 고천원을 기리고 있다. 여기서 대상제라는 제사의 제신은 누구인가를 생각하여 보자. 즉 천황은 과연 누구에게 제사를 올리는 것일까?

대상제의 제신(祭神)에 관하여 미시나(三品彰英) 선생은 『古代祭政と穀靈信仰(고대제정과 곡령신앙). 1973. 平凡社』에서, 원래 천손인 '니니기(瓊瓊杵)'와, 천조대신과 동격인 '무수비(高皇産靈尊)'라는 두 신에 의하여 수확제의(收穫祭儀)가 행하여진 것이라 하였다(411쪽).

즉 니니기는 곡령적(穀靈的) 존재이고, '무수비'는 만물을 생성하는 영력(靈力)을 관념하므로, 불가분적 존재인 이 두 신이 주신이었다는 것이다. 그후 세월이 발달하면서 천조대신이 주되는 제신이 되었다고 설명한다.

일본 학계의 통설적 견해를 대표하는 이 해석은 '니니기'와 '무수비'라는 두 신의 이름에 초점을 맞추고 있다.

니니기의 이름은 아주 길지만, 그 핵심을 『고사기』에서는 'pə—nə—ni—ni—gi(番能邇邇藝)'이라 하였는데, '벼의 익기익기'라는 의미라는 것을 보았다(졸저 일본 천황과 귀족의 백제어 113쪽). 이는 필자의 풀이이지만, 일본 학계의 해석도 과정은 다르나, 결론은 흡사하다.

그리고 일본어 '무수비(mu—su—bi, 結 결)'에는 열매를 맺다는 의미가 있다. 그래서 '벼의 익기'인 니니기는 곡령적 존재이고, '열매 맺기'인 무수비는 생성하는 영력이라 본 것이다.

그러나 일본 학자들의 이러한 해석은 견강부회이고 아전인수이다. 천손강림 설화는 고래로 왜국의 민중들 사이에서 구전되던 신화가 아니고, 태안만려가 창작한 설화이다. 천조대신이나 니니기, '무수비(高皇産靈尊)' 모두 창작된 허구의 신이다.

'니니기'는 이름의 의미만 '벼의 익기'로 되어 있을 뿐, 그가 벼농사에 관하여 어떤 도움을 주었다거나, 그와 관련된 활약을 하였던 행적은 『고사기』나 『일본서기』 어디에도 보이지 않는다. 이름 외에는 벼농사와의 연관성은 전혀 없다. 천조대신이나 무수비도 다를 바 없다. 이런 가공의 신들의 이름은 전혀 중요한 것이 아니다. '무수비'라는 신은 『고사기』에는 '고목(高木, ta–ka–gi)'라는 이름이었던 된 것을 본 바 있다(395쪽). 이 이름은 농경과는 전혀 무관하며, 단지 그의 지위가 높다는 의미일 뿐이다.

만일 니니기라는 이름에 나오는 벼의 익기라는 의미가 중요하다면, 『중신수사』에서도 의당 '니니기'라는 이름을 한번은 불러 주는 것이 마땅하다. 그러나 '천손'으로만 되어 있고, 니니기는 보이지 않는다. 『중신수사』에는 천조대신도 '무수비'도 나오지 않고, '카미루기'와 '카미루미'만 등장하는 것을 보아도 이름은 전혀 중요하지 않다는 사실을 분명하게 알 수 있다.

그러면 대상제의 제신은 과연 누구인가?

앞서 본 진혼제에는 '아지매'인 a–ti–me(阿知女)에게 '오게'라고 호소하는 것과, '한신(韓神)'의 입을 빌어 '한국의 조상을 불러 모시노라'라고 한 것을 보았다. 중신수사에서는 천손강림의 주역인 천손(天孫)과 고천원을 찬양하였다. 그런데 천손과 천조대신, 고천원을 포함한 천손강림 설화는 태안만려가 창작한 가공의 설화이다. 수확에 대한 감사의 표시를 가공의 신에게 하였을까? 누누이 보아왔듯이 고천원은 백제이며, 천손강림이라는 것은 백제의 왕자가 왜국을 정복한 사실을 설화의 형태로 나타낸 것이다.

따라서 고천원과 천손을 찬양한다는 것은, 백제에 있는 천황가의 조상신에게 예배를 올리는 의미로 추정된다. '아지매'와 '한신'은 서론 혹은 도입부에 해당하는 장치일 것이다. 따라서 『중신수사』, 나아가 대상제의 제신(祭神)은 백제에 있는 조상신이며, 이 신을 찬양하는 내용으로 이해하는 것이 옳을 것이다.

여기에는 『고사기』와 『일본서기』에 나오는 시조왕인 신무(神武)는 전혀 언급조차 없다. 그리고 중요하게 다루어진 응신(應神)이나 인덕(仁德) 같은 왜왕들은 물론, 최근 일본의 학자들이 최소한 이때부터는 실존 왜왕이라고 보고 있는 계체(繼體)도 마찬가지이다. 8세기 이래, 천황가에서는 『일본서기』의 이러한 왜왕들은 가공인물들이고, 실제 천황가의 조상이 아니라는 사실을 분명하게 인식하고 있었던 것이다.

여기서 또 하나 생각해 볼 것은, 『고사기』나 『일본서기』, 『중신수사』 등이 나온 8~9세기의 일본에도 토착왜인들이 신봉하던 신이 존재하고 있었을 것이라는 점이다. 21세기를 살아가는 현대의 한국에서도, 예전부터 전해내려 오는 여러 전통적인 신과 신앙이 존재하고 있고, 지금도 이를 신봉하는 사람들이 적지 않다. 하물며 당시의 왜국에서랴. 그런데 왜국으로 건너간 백제인들은 토착왜인들의 신과 신앙을 전혀 믿지 않았다는 것을 알 수 있다.

그대신 『고사기』와 『일본서기』의 신대기에 나오는 이자나키와 이자나미, 천조대신, 대국주신, 황손 니니기 등의 여러 신을 창작하여, 이를 신앙의 대상으로 삼았다는 점을 주목하여 보자. 일본 최고의 신궁인 이세신궁(伊勢神宮)이 천조대신을 모시고 있다는 사실이 이와 같은 사실을 극명하게 보여준다. 차마 토착왜인들의 신을 믿을 수는 없다는 백제인들의 결기 같은 것을 느낄 수 있다.

왜국의 백제인들은 백제에서 신앙하던 신을 믿고 싶었겠지만, 만일 그렇게 되면 천황과 귀족들이 백제에서 건너갔다는 사실이 탄로나게 되므로, 그것은 불가능하다. 교토(京都)로 천도한 이후 9세기의 일본 황궁에 '한신사(韓

神社)'가 존재하였던 것은, 황실과 귀족들이 본심으로는 어떤 신을 믿고 있었던가, 혹은 믿고 싶었던가 하는 점을 알려주는 단적인 증거라 하겠다.

(3) 백제의 신성한 벼를 왜국으로

『일본서기』의 천손강림 설화에는 정문(正文)이 있고, 조금씩 다른 설화를 '일서운(一書云)'이라 하여 여럿 보이고 있다. 그중 둘째 설화에 주목할만한 대목이 있다. 다음은 천조대신이 호위하는 신에게 하는 말이다.

「吾高天原所御**齊庭之穗**　亦當御於吾兒

나의 고천원에 있는 신성한 논의 벼를 또한 나의 아이에게 주어라」

'제정(齊庭, yu-ni-pa)'은 원래는 신성한 장소라는 뜻이지만, 여기서는 신에게 제사 올리는 벼를 가꾸는 신성한 논이라는 의미이다. '수(穗)'라는 한자는 널리 식물의 이삭을 말하지만, 여기서는 벼를 뜻한다. 이삭은 고대 일본어에서 po(穗 수)인데, 한국어 '벼'라는 음가를 나타내는 차자표기로 널리 사용되었다(졸저 『일본 천황과 귀족의 백제어』 109쪽).

천조대신이 호위하는 신하에게 "고천원의 신성한 논에 있는 벼를 나의 아이에게 주어라"라고 말한 것은 무슨 의미인가? 고천원은 여기서도 백제이다. 그렇다면 이 대목은, 왜국을 통치하러 가는 백제의 왕자에게 백제의 좋은 논에서 나는 벼를 주면서, 이를 씨나락으로 삼아 왜국에 심어 농사를 지어라는 뜻일까?

그런 의미가 아니다. 여기서 말하는 신성한 논에서 나는 벼라는 의미는 한국의 전통 민간신앙에서 말하는 신성한 벼이다. 즉 예전 한국의 가정에서는 가을철 신곡을 수확하면, 가장 좋은 것을 골라 단지에 넣어 마루에 모셔 놓고는 치성을 올렸다. 이를 조상단지 등 지방에 따라 다양한 이름으로 불렀다.

마을 전체의 제사인 동제(洞祭)에서 사용하는 쌀도 부정을 타지 않은 깨끗한 것이어야 한다. 흉사가 있는 집의 쌀은 사용하지 않는다. 아무런 부정이 없는 정결한 쌀로 밥을 짓고, 정결한 쌀로 신주(神酒)를 빚어 바쳤던 것이다.

따라서 『일본서기』의 이 대목은, 도왜하는 백제의 왕자가 신성한 논에서 고른 정결한 벼를, 조상단지(물론 이런 형태의 신앙이 당시에도 있었는지의 여부는 알 수 없지만)에 고이 간직하여 왜지로 가져가는 장면을 연상케 한다. 모국 백제에서 가져간 신성한 벼는 왜지에서도 특별한 취급을 받았을 것이다. 이렇게 본다면, 일본의 대상제나 신상제도 근본적으로는 한국의 고래 민간신앙에 뿌리를 두고 있는 것으로 추측된다. 이에 관한 자세한 논의는 후고로 미룬다.

그리고 이 설화는 고려말 이규보(李奎報)가 지은 동명왕편(東明王篇)에 나오는 고사를 연상케 한다(『동명왕의 노래. 김상훈, 류희정 옮김. 2004. 보리』 37쪽). 그 요지는 다음과 같다.

「고구려의 시조 주몽이 부여를 떠나면서, 모친 유화부인柳花夫人과 이별하기를 못내 안타까와하니, 모친이 "내 걱정은 조금도 말라"하며 오곡 씨앗을 싸서 주었다. 주몽은 이별을 괴로워하다 보리씨를 깜빡 잊어버리고 왔다. 그 뒤 주몽이 남쪽으로 가다, 나무 밑에 앉아 쉬는데, 모친이 비둘기를 보내 보리씨를 전해 주었다. 주몽이 활로 비둘기를 쏘아 떨어뜨려, 목구멍에서 보리씨를 꺼내고는 물을 뿜으니, 비둘기가 날아갔다」

고천원에서 왜국으로 강림하는 손자에게 신성한 볍씨를 준 천조대신의 이미지는, 바로 부여를 떠나 남하하는 주몽에게 오곡의 씨를 건네주는 유화부인의 그것과 흡사하다. 『일본서기』의 저자는 유화부인의 이 설화에서 힌트를 얻어, 천조대신의 설화를 만들어 낸 것을 알 수 있다.

4) 삼종신기인 칼과 거울을 바치는 의식

(1) 삼종신기三種神器

『중산수사』의 낭독이 끝나면, 기부씨(忌部氏)가 칼과 거울을 천황에게 바치는 의식이 이어진다. 칼과 거울, 그리고 옥(玉)은 고래로 일본 천황가의 상징인 삼종신기(三種神器) 즉 세가지 신의 보물이다. 그 유래는 『고사기』와 『일본서기』에 있다. 『고사기』를 보면,

> 「……幷五伴緖矣支加而天降也 於是副賜其遠其斯八尺勾璁, 鏡及草那
> 藝劍……詔者 此之鏡者 專爲我御魂而 如拜吾前伊都岐奉……
> ……다섯 부족 장長의 사람을 더하여 하늘에서 내려갔다. 그리고 천조
> 대신天照大神을 바위굴에서 나오게 한 팔척의 굽은 옥八尺勾璁 팔척구총과
> 거울鏡 경, 쿠사나기草那藝 검을 더해 주어……
> 조詔하기를 "이 거울은 오로지 나의 혼魂이니, 내 앞에서 배례하는 것
> 과 마찬가지로 제사를 받들어 올려라"……」

일본 천황가에서 신성시하는 세가지 보물인 칼과 거울, 그리고 옥에 대한 유래가 여기에 잘 나타나 있다. 『일본서기』에서는 옥을 팔판경곡옥(八坂瓊曲玉), 거울을 팔지경(八咫鏡), 칼을 천운총검(天雲叢劍)이라 하였다.

천조대신이 손자인 니니기가 천손강림할 때 주었다는 것이고, 또한 천조대신의 간곡한 조칙까지 있었다 한다. 그래서 현대에 이르기까지 대상제뿐만 아니라 즉위식에도 신하가 칼과 거울을 천황에게 바치는 의식을 빠짐없

이 거행하고 있다. 그런데 『고사기』와 『일본서기』에도, 왜 이렇듯 삼종신기가 중요한 것인지에 관한 설명은 전혀 찾을 수가 없다. 천조대신은 거울이 자신의 혼이라 하였다는데, 거울이 어찌하여 그의 혼이 되는지에 관하여는 그 이유를 밝히지 않았다.

그렇지만 천손강림은 백제의 왕자가 왜국을 정복한 사실을 설화화한 것이 분명하다. 그렇다면 삼종의 신기란 백제의 왕이 멀리 왜국의 왕으로 파견 나간 왕자에게 신임의 증표로 하사한 물건일 것이다. 그것을 천조대신이 손자 니니기에게 하사하였다고 윤색한 것이다.

'삼종신기'를 일본 고유어로는 mi—si—ru—si(御璽 어새)라 한다. mi(御어)는 높임의 의미를 더하는 접두사이며, si—ru—si(印 인, 表 표, 證 증)는 증표 혹은 증거라는 뜻이다. 그 사람이 왜국의 왕이라는 것을 입증하는 증거라는 의미가 된다.

그런데 백제나 신라, 고구려, 고려, 조선의 왕가에서 그러한 증거가 있었다는 사실은 본 적이 없다. 중국이나 혹은 유럽의 여러 왕조에서도 마찬가지였다. 세 가지 보물로서 자신이 왕이라는 사실을 입증하는 증거로 삼는 것은 왜국의 독특한 풍습이었다. 이것은 무엇을 말하는가? 원래 왜왕 권력은 자체적으로 발생한 것이 아니라 외부(그것도 멀리 떨어진 곳에 있는)에서 수여한 권위에 의존하여 성립되었다는 사실이다.

가령 고대의 왜국에 어느 훌륭한 지도자가 있어, 만난을 무릅쓰고 왜왕의 자리에 올라갔다면, 그 인물 자체로서 그가 왕이라는 사실을 증명하여 주는 증거가 된다. 그의 사후 왕좌를 물려받은 아들이거나, 아니면 그 왕조를 뒤엎고 새로운 왕조를 창업한 인물이라 하더라도 마찬가지이다. 다른 물적인 증거는 전혀 필요하지 않다.

그렇지만 역대의 왜왕들에는 그가 왕이라는 사실을 입증하는 물적 증거가 필요하였다는 것은, 왜왕보다 월등 강력한 외부의 권위가 왜왕으로 임명하고, 증거를 수여함으로서, 비로소 왜왕권이 성립하였기 때문일 것이다.

『삼국사기』를 보면, 이와 비슷한 '증거' 설화가 있다. 고구려의 시조 주몽과 그의 아들 유리(類利)의 설화인데, 요지를 보자.

「주몽이 남하하기 이전 부여에 있을 때, 예씨禮氏 부인을 아내로 맞았다. 그녀가 임신하였으나, 출산을 보지 못하고 부여를 탈출하였다. 주몽이 신표로 칼을 부러뜨려 일곱 모난 바위 위 소나무 밑에 묻어 두었다. 아들 유리가 장성하여 우여곡절 끝에 그 부러진 칼을 찾아, 아버지 주몽에게로 나아가 바쳤다. 주몽이 보관하던 부러진 칼과 맞추어보니 완전한 한 자루의 칼이 되었다. 주몽이 기뻐하여 유리를 태자로 삼았다」

주몽으로서는 출생도 보지 못하고 헤어진 아들의 얼굴을 알 수가 없었다. 아들이 장성하여 자신을 찾아온다 하더라도 얼굴을 모르리라고 예상하였다. 그래서 증거로 칼을 부러뜨려 묻어 둔 것이다. 만일 장성하여 헤어진 아들이라면 굳이 이러한 증거를 묻어 둘 이유는 없을 것이다.

삼종신기도 이와 구조는 전혀 동일하다. 왜국의 조정에는 많은 신하가 있지만, 새로 부임하여 오는 왜왕의 얼굴을 아는 사람은 아무도 없다. 백제의 대왕이 하사한 신표를 가지고 온 사람, 그 사람을 왜왕으로 인정할 수밖에 없다. 오직 신표를 지니고 있는지의 여부에 의하여, 그 사람이 왜왕인지 아닌지를 판별하였던 것이다.

삼종의 신기란 왜왕을 임명하여 보내는 백제의 대왕과, 그 왜왕을 받아들이는 왜국 조정 사이의 약속된 증거에 다름아니다. 왜국의 신하들이 새로이 파견되어 오는 왜왕의 얼굴을 모르기에 부득이 이러한 증거가 필요하였던 것이다. 만일 왜왕의 왕자가 대대로 왕위를 이어받아 세습하였고, 신하들이 익숙하게 알고 있었다면, 삼종신기가 존재할 이유가 없었을 것이다.

물론 새로 부임하는 왜왕에게는 수많은 신하와 호위하는 군사들이 추종하였을 것이므로, 굳이 삼종신기가 아니더라도 왜왕인지 아닌지 판별하기에는 큰 어려움이 없었겠지만, 삼종신기는 멀리서 온 전혀 낯을 모르는 새로운 왜왕이 가짜가 아니라는 것을 상징적으로 보여주는 의기(儀器)였을 것이다.

조선시대의 마패(馬牌)도 역시 역마 징발에 관한 약속된 증거로서, 원리상 삼종신기와 아무런 차이가 없다 하겠다.

(2) 외부의 권위에 의지하여 성립한 왜왕권

『일본서기』의 천손강림 설화를 보면, 천조대신이 손자인 니니기가 천손강림할 바로 그때, 삼종의 신기를 하사하면서 하였다는 유명한 신칙(神勅)이 있다.

「葦原千五百瑞穗國　是吾子孫可王之地也　宜爾皇孫就而治焉　行矣
寶祚之隆　當與天壤無窮者矣
아시벌에 천오백 가을 싱싱한 벼의 나라일본는, 내 자손이 왕이 될 땅이다. 너 황손, 가서 다스려라. 가라. 보조寶祚의 융성함이 마땅히 하늘과 땅天壤 천양과 더불어 무궁하리라」

보조(寶祚)란 왕위를 뜻한다. 이 대목은 이른바 「천양무궁(天壤無窮)의 신칙(神勅)」이라 하여 아주 유명한 문장이다. 천조대신이 손자 니니기를 처음으로 왜국의 왕으로 임명하면서, 대대손손 왕위가 끊어지지 않고 이어지며, 융성하기를 축원한 말이다.

니니기는 자신의 노력이나 공훈에 의해서가 아니라, 오로지 천조대신의 임명과 명령에 의하여 왜왕의 자리에 오른 것으로 되어 있다. 왜왕가의 시조가 자력으로 왕위에 오른 것이 아니라, 외부의 강력한 권위에 의하여 시작되었다는 사실을 이렇게 멋진 문장으로 은유적으로 표현하였다. 「내가 왜국의 왕이다」라는 사실을 증명하는 용도인 삼종의 신기는 그래서 필요하였던 것이다. 「내가 바로 외부의 권위에 의하여 선택받은 사람이다」라는 것을 입증하여 주는 물건이 바로 삼종 신기의 정체이고, 효능이라 하겠다.

여기서 '외부의 권위'는 물론 백제의 대왕이다. 천조대신이 손자인 니니기를 왜왕으로 임명하듯, 백제의 대왕이 왕자를 왜왕으로 임명하여 '가서 다스려라'고 명령하였던 것이다.

이 대목에서 생각나는 것은 칠지도(七支刀)와 인물화상경(人物畵像鏡)이다. 물론 칠지도는 백제의 대왕이 아니라 왕세자가 왜왕에게 보낸 것이다. 동생으로 보이는 왜왕을 '후왕(侯王)'이라 지칭하면서, 백번 단련한 좋은 쇠로 칼을 만들었으니 후세에 길이 전하여 보이라고 명령하고 있다.

그리고 인물화상경에는 무령왕이 왜왕을 '남제왕(男弟王)' 즉 남동생왕으로 부르며, 길이 태평하기를 바라는 마음에서 거울을 만들어 보낸다 하였다. 물론 이 두 경우는 왜왕의 즉위식이 아니라 평상시에 보낸 것이다. 즉위식이 아닐 때에도 수시로 칼과 거울을 만들어, 신임의 증표로 보내준 사실을 이 두 사례가 증명하여 주고 있다. 삼종 신기와 흡사한 목적에서 칼과 거울을 하사하였던 것이 분명하다.

고대 왜왕은 백제에서 건너갔다. 대부분 백제의 왕자들이었다. 백제의 대왕은 왕자인 왜왕에게, 「그대를 왜왕으로 임명하노라」라는 증거로서 칼과 거울과 옥을 하사하였던 모양이다. 왜왕이 왜국에 도착하여 즉위식을 거행할 때에는, 백제에서 이 증거를 휴대하고 수행한 신하가, 도열한 신하들이 보는 앞에서 이를 왜왕에게 바치는 의식을 거행하였을 것이다. 「이분이 백제의 대왕이 하사하신 삼종신기를 가지고 도왜하신 왜왕이 분명합니다. 그 삼종신기를 여기에 바칩니다」라고 선포하여 확실하게 '증명'하는 의미일 것이다. 이것이 대상제와 즉위식에서 삼종신기를 천황에게 바치는 의식의 뿌리가 된 것이 분명하다.

왜왕권이 자체적으로 발생하여 권위를 가진 것이 아니라, 험한 바다 건너 머나먼 곳에 있는 백제 대왕의 권위에 의존하였으므로, 그 당연한 귀결로서 왜왕의 권력이 약할 수밖에 없었다. 『일본서기』를 보면, 왜왕 숭준(崇峻)은 신하인 소아마자(蘇我馬子)에 의하여 살해당하는 것으로 되어 있다. 숭준은 물론 창작된 가공인물이다. 그러나 실제로 6세기 후반, 백제에서 건너간 어느 왜왕이 이처럼 신하에 의하여 처참하게 살해당한 것은 역사적 사실이리라.

필자가 앞서 구백제계라 칭한 신하들은 백제에서 건너갔으나 누대에 걸쳐 왜지에 살면서 토호화하였다. 이들의 세력은 백제에서 파견 나간지 얼마 되지 아니하였던 왜왕의 세력보다 훨씬 막강하였을 것이다. 신하들이 오히려 넓은 토지를 소유하면서 엄청난 경제력을 보유하였고, 이를 바탕으로 양성한 사병(私兵)의 군사력으로 왜왕의 권력을 압도하였던 것으로 추정된다.

그 반작용으로 나온 것이 『일본서기』에서 보는 '을사(乙巳)의 변(變)'과 '대화개신(大化改新)'이다. 『일본서기』에 의하면, 태자이던 중대형(中大兄)이 최고 권력자이던 소아입록(蘇我入鹿)을 죽이고, 소아씨 일족을 제거한 사건이다. 실제로는 중대형이 아니라 백제의 대왕이 보낸 사신이 그 주역임은 졸저 『일본 천황과 귀족의 백제어』에서 본 바 있다(438쪽).

'대화개신'은 토호화한 신하들의 세력을 억제하기 위하여, 그들의 토지소유를 제한하는 등의 혁신조치이다. 그러나 이러한 조치들이 어느 정도의 성과는 있었겠지만, 권신들의 강대한 세력이 그렇게 간단하게 제압되지는 아니하였던 모양이다.

태자 시절 중대형이었다가 후일 왜왕에 등극한 왜왕 천지(天智)는 이런 구백제계 귀족들의 세력을 억제하고, 강력한 왕권의 중앙집권적인 국가를 건설하는 것이 목적이었을 것이다. 천지가 구백제계의 터전인 아스카(飛鳥)를 떠나 변방인 아푸미(近江)로 천도하였던 것이 그러한 사정을 잘 말하여 주고 있다.

(3) 왜왕 즉위식의 천신수사와 삼종신기

천신수사(天神壽詞) 즉 중신수사를 낭독하고, 이어서 삼종신기를 왕에게 바치는 의식은 대상제뿐만 아니라, 왜왕의 즉위식에도 마찬가지로 거행되었다. 『일본서기』에 나오는 마지막 왜왕 지통(持統)의 즉위식 장면을 보자. 지통은 부군인 천무의 서거 후 즉시 왕위에 오르지 않고, 3년간 왕후의 자격으로 왜국을 통치하는 이른바 칭제(秤制)를 하다가, 4년(690년)에 즉위하였다.

「① 4년 정월, 물부마려조신物部麻呂朝臣이 큰 방패를 세웠다.
② 신지백神祗伯인 중신대도조신中臣大島朝臣이 **천신수사**를 낭독하였다.
③ 기부숙내색부지忌部宿禰色夫知가 신의 증거神璽 신새인 **칼과 거울**을
　황후지통에게 바쳤다.
④ 황후가 천황에 즉위하였다.
⑤ 공경백료가 도열하여 절하고, 박수를 쳤다」

이 기사는 왜곡이나 윤색이 전혀 없는 사실 그대로일 것이다. 보다시피 아주 간략한 절차로 즉위식이 거행되었다. 아직 백제가 멸망한 지 그리 오래되지 않았던 시점이라, 원래의 모습을 상당부분 유지하고 있었던 것이 아닌가 싶다. 즉 왜왕은 백제에서 파견한 존재이므로, 그 즉위식이 화려하거나 거창하지는 않았을 것인데, 그것이 이때까지도 큰 틀이 유지되고 있었던 것으로 보인다.

이러한 즉위식 절차는 후일 세월이 흐르면서, 복잡하고 화려하게 변화하지만, 천신수사의 낭독과 삼종신기를 천황에게 바치는 의식은 변함없이 현대에까지도 이어져 내려오고 있다. 대상제와 즉위식의 핵심적인 의식이 바로 이 두 의식이라 하겠다. 특히 삼종신기를 신임 천황에게 바치는 절차는 천황가의 뿌리와 직결되는 것으로서, 그 의미를 잊지 않고 되살려 음미하는 것으로 볼 수 있다.

지통에게 칼과 거울을 바쳤다는 신하의 이름 '색부지(色夫知)'는 완벽한 백제인의 이름이다. 졸저 『일본열도의 백제어』에서 보았다(23쪽). 『일본서기』는 si-ko-pu-ti라 읽었지만, 당시 왜국에 살던 백제인들의 발음은 '식부디'였을 것이다. 이름의 '부'와 '디'가 전형적인 고대 한국인의 그것이다. 백제 멸망 이전에 건너간 구백제계 귀족의 이름으로 추정된다.

(4) 성무聖武천황 시호의 삼종신기

왜왕 지통은 생전에 손자인 문무(文武)에게 왕위를 물려주었다. 문무가 요절한 이후에는 지통의 이복동생인 원명(元明)이 즉위하였다. 원명이 딸인 원정(元正)에게 양위하였고, 원정은 그 후 문무의 아들인 성무에게 양위하였다. 성무의 왜풍시호는 아주 특이한데, 그 진정한 의미를 아는 사람은 아무도 없는 것으로 보인다.

「**天璽國押**開豊櫻彦 天皇　천새국압개풍앵언 천황

a-ma-si-ru-si-ku-ni-o-si-pa-ra-ki-to-yo-sa-ku-
ra-pi-ko-no-su-me-ra-mi-ko-to」

이 시호는 크게 나누어 세 부분으로 구성되어 있다. 즉 「천새(天璽, a-ma-si-ru-si)」+「국압개(國押開, ku-ni-o-si-pi-ra-ki)」+「풍앵언(豊

櫻彦, to–yo–sa–ku–ra–pi–ko)」의 구조이다.

첫째 「천새(天璽, a–ma–si–ru–si)」는 무엇인가? '천(天, a–ma)'은 원래 하늘이지만, 늘 그렇듯 백제를 뜻한다. '새(璽, si–ru–si)'는 앞서 본 바와 같이 원래는 증거라는 뜻이지만, 여기서는 삼종신기를 의미한다. '하늘의 삼종신기'라는 뜻인데, 하늘은 백제이므로 이 말은 백제의 대왕이 하사한 삼종신기라는 의미가 된다.

둘째 「국압개(國押開, ku–ni–o–si–pa–ra–ki)」의 '국(國, ku–ni)'은 여기서도 나라가 아니고, 왜국을 의미한다. 백제를 뜻하는 '천(天)' 즉 하늘과 대비되는 개념이다. '압개(押開, o–si–pa–ra–ki)'는 현대 일본어 o–si–hi–ra–ki(押開 압개)로서, 밀어열다 즉 열다의 힘줌말이다.

셋째 「풍앵언(豊櫻彦, to–yo–sa–ku–ra–pi–ko)」의 '풍(豊, to–yo)'은 풍성하다는 뜻이고, '앵(櫻, sa–ku–ra)'는 벚꽃, '언(彦, pi–ko)'는 존칭이다. 풍요로운 벚꽃같은 귀인이라는 의미이다. 이를 연결하여 성무천황 시호의 의미를 해석하여 보면,

「백제의 삼종신기로서, 왜국을 열어젖힌, 풍요로운 벚꽃같은 귀인」

이 된다.

왜국을 열어젖혔다는 것은 고대에 일본을 무력으로 정복하여 백제의 선진문물을 전수하였다는 의미일 것이다. 백제와 일본의 관계를 '압개(押開)'라는 두 글자로 함축하였다. '개(開 개)' 즉 열다는 한 글자로도 의미가 충분히 통하지만, 굳이 누르다 혹은 밀다는 의미의 '압(押 압)'을 넣은 것을 주목하여 보자. 열다를 강조하는 의미인 것이 분명한데, 이는 처음 백제가 일본의 문을 연 것은 무력에 의하였다는 사실을 암시한 것이리라.

삼종신기로서 왜국을 열어젖혔다 한 것은, 백제 대왕이 하사한 삼종신기

를 가진 왜왕, 즉 백제에서 파견한 왜왕이 왜국을 정복하고는 문물을 전수
하였다는 의미가 된다. 수긍이 가는 표현이라 하겠다. 이 시호를 만든 귀족
이 누구인지는 알 수 없다. 이 사람은 시호로서 왜국의 진정한 역사, 진정한
뿌리를 후세에 전하려는 의도였을 것이다.

(5) 흠명欽明 시호의 백제와 왜국

성무의 위 시호는 29대 왜왕 흠명의 다음과 같은 이름과 흡사하다.

「天國排開廣庭 天皇   천국배계광정 천황
a-me-ku-ni-o-si-pa-ra-ki-pi-ro-ni-pa-no-su-
me-ra-mi-ko-to」

이를 성무의 시호

「天璽國押開豊櫻彦 天皇   천새국압개풍앵언 천황
a-ma-si-ru-si-ku-ni-o-si-pa-ra-ki-to-yo-sa-ku-
ra-pi-ko-no-su-me-ra-mi-ko-to」

와 비교하여 보면, 흠명의 「천국배계(天國排開)」는 성무의 「천새국압개(天璽
國押開)」와 흡사하다. '새(璽)' 즉 삼종신기 한 글자만 차이가 있다. 여기서 흠
명의 이름을 풀이하여 보자.

'천(天)'은 하늘이지만 여기서도 백제이다. '국(國)'은 나라가 아닌 왜국이
다. '배계(排開, o-si-pa-ra-ki)'는 앞서 본 성무 시호의 '압개(押開, o-si-
pa-ra-ki)와 한자 표기만 다를 뿐, 같은 말이다. 밀어 열다 즉 열어젖히다
는 뜻이다.

'광(廣, pi-ro)'은 넓다는 뜻이고, '정(庭, ni-pa)'은 현대어로는 마당이지만, 고대에는 장소 혹은 터라는 뜻이었다. 따라서 이 이름을 직역하면 「하늘이 왜국을 열어젖힌 넓은 터」라는 의미가 된다. 그런데 하늘은 백제이므로, 의역하여 풀이하면, 「백제가 열어젖힌 왜국의 넓은 터」가 그 본래의 의미이다. 왜왕의 이름에서 왜국의 역사를 암시하여 주고 있다.

「왜국의 넓은 터」란 무슨 의미일까? 백제 본국의 영토는 한반도의 서남쪽에 위치하여 그다지 넓지 않다. 그에 비한다면 새로이 개척한 왜지의 영토는 그보다 훨씬 넓다. 백제인들이 도왜하여 왜지의 넓은 터를 영토로 만들었다는 의미일 것이다.

『일본서기』에는 초대 신무(神武)로부터 40대 지통(持統)까지 여러 왜왕의 역사를 기록하였다. 그중에서 37대인 제명(齊明)까지는 모두 실존하지 아니한 가공의 왜왕이고, 38대 천지(天智)부터는 실재하였던 왜왕들이다. 그런데 37대 제명까지 가공의 왜왕의 이름 중에서, 왜국의 역사를 암시한 그런 왜왕은 이 흠명뿐이다. 그 이외에는 단 한 사람도 없다. 왜국의 역사를 암시한 이름을 어찌하여 29대 흠명의 이름에 넣었는지 그 이유를 알 수는 없다.

그런데 흠명의 이름 중에서 특이한 점은 '개(開)'라는 한자를 『일본서기』에서 **pa-ra-ki**로 읽으라고 훈주한 점이다. 『고사기』에서는 **pa-ru-ki**라 하였다. 성무의 시호도 **pa-ra-ki**로 되어 있다.

'개(開)'라는 한자는 열다는 뜻으로서, 고대 일본어로는 pi-ra-ku, 명사형은 pi-ra-ki였다. 현대어로는 hi-ra-ki이다.

pa-ra-ki　波羅企 파라기　[일본서기]

pa-ru-ki　波流岐 파류기　[고사기]

발기다 [한국어]　헤쳐 벌리다

벌기다 [〃]　〃

pa—ra—ki나 pa—ru—ki는 무슨 말인가? 일본의 어느 주해서에도 이에 대한 해설은 찾을 수가 없다.

『표준국어대사전』에서 '발기다'를 찾아보면, 속에 있는 것이 드러나도록 헤쳐벌리다는 의미라 한다. '벌기다'도 같은 의미이다. '발기다'나 '벌기다' 라는 말의 원래 의미는 '벌리다'일 것이다. 즉 닫혀 있는 것을 열게 하다는 의미가 된다. '벌리다'의 힘줌말이 '벌기다' 혹은 '발기다'로 보아도 무방하리라.

흠명의 이름에서 '개(開)'라는 한자를 pa—ra—ki나 pa—ru—ki로 읽은 것은 바로 이 '발기다'의 어근 '발기'를 일본어식으로 표기한 것이다. '발기'의 '발'은 어차피 정확한 일본어로 표기가 되지 않음으로, pa—ra—ki나 pa—ru—ki, 어느 쪽도 무방하였을 것이다. '발기다'나 '벌기다'는 중세에도 같은 발음이었으니, 백제 시대에도 차이가 없었던 모양이다.

따라서 이름의 「배개(排開, o—si—pa—ra—ki)」는 '밀어 발기다' 즉 '밀어 벌리다'가 그 정확한 의미가 된다. '밀어 벌리다'는 무슨 의미인가? 백제 세력이 왜국으로 진입한 것이 평화적인 수단이 아니었다는 점을 이렇게 강한 의미의 동사로 표현한 것이다. 무력으로 왜국을 정복하였다는 의미를 강조한 표현이다.

(6) 천지와 천무 왜풍시호의 하늘

『일본서기』에 등장하는 40명의 왜왕중 37대인 제명(齊明)까지는 전부 허구의 가공인물이고, 실존 왜왕으로서의 최초의 인물이 38대인 천지(天智)이다. 이 왜왕의 왜풍시호는 다음과 같다. 그 의미를 분석하여 보자.

「**天命開別 天皇　천명개별 천황**

　a—me—mi—ko—to—pi—ra—ka—su—wa—ke—no—su—me—ra—

mi-ko-to」

코지마(小島憲之) 교수 등은 이 시호의 의미를 '천명(天命)을 받아 황운(皇運)을 연 남성'이라는 의미로 풀이하였다(『일본서기 ③』 248쪽). 이는 일본의 통설적 견해이지만, 그런 의미가 아니다.

여기에 나오는 '천(天)' 즉 하늘 또한 백제인 것은 물론이다. '명(命)'은 명령이다. 이 점은 코지마 교수 등의 해석과 차이가 없다.

'개(開)'는 앞서 본 성무의 시호나 흠명의 이름에 나오는 '開(개, pa-ra-ki)'와 전혀 동일하다. '밀어 벌리다'라는 의미가 된다. 다만 『일본서기』가 여기서는 백제어 pa-ra-ki 즉 '발기다'로 읽지 않고, 고대 일본어 pi-ra-ku의 경어 pi-ra-ka-su로 읽은 점이 다를 뿐이다. '벌리신'이라는 뜻이 된다. 따라서 이 시호는,

「하늘백제의 명령으로 왜국을 벌리신 천황」

이라는 의미이다. 흠명이나 성무와는 달리 왜국을 뜻하는 '국(國, ku-ni)'이라는 글자가 생략되었다.

천지의 동생으로서, 뒤를 이어 즉위한 천무(天武)의 왜풍시호를 보자.

「天淳中原瀛眞人 天皇　천순중원영진인 천황

a-me-no-nu-na-pa-ra-o-ki-no-ma-pi-to-no-su-me-ra-mi-ko-to」

「순중원(淳中原, nu-na-pa-ra)」은 아스카(飛鳥)에 있는 한 곳의 지명이다. 천무의 궁(宮) 이름인 정어원(淨御原, ki-yo-mi-pa-ra)에서 유래하였

다. '영(瀛. o-ki)'은 먼바다라는 의미이다. 천무의 왕자 시절 이름인 '대해인(大海人)'과 관련된 말이다. '진인(眞人)'은 존칭이다.

이 시호는 지명과 왕자 시절의 이름을 결합한 것으로서, 왜국의 역사를 말하여 주지는 않는다. 그러나 맨 앞의 '천(天)'은 역시 백제이다. 이는 그가 백제 출신임을 명백하게 하고 있다. 일본의 학자들은 이 '천'이나 천지 시호의 '천' 모두 단순한 미칭 혹은 존칭으로만 보고 있다. 그러나 존칭은 '천황'만으로도 충분할 것으로 생각된다. 이보다 더한 존칭이 있을까? 거기에다 천지의 경우는 '별(別, wa-ke)', 천무는 '진인(眞人, ma-pi-to)'이 덧붙여져 있다. 그것도 부족하여 '천(天)'을 접두사로 넣은 것이 아니다. 백제 출신이라는 것을 명확하게 하려는 의도인 것이다.

(7) 문무文武천황 즉위사의 고천원高天原

『일본서기』의 마지막 왜왕인 조모 지통(持統)으로부터 왕위를 물려받은 문무(文武)가 즉위하면서 내린 조칙을 보자. 필자가 이를 '즉위사(卽位詞)'라 이름붙인 것으로서, 첫머리에서 천황가의 내력을 서술하고 있다. 이 즉위사는 참으로 의미심장한데, 여기에는 고천원(高天原)이 보인다.

「살아 있는 신現人神 현인신이자, 여덟 개의 섬으로 이루어진 큰 나라大八嶋國를 다스리는 천황이 명령을 내린다……모두 명령을 들어라.
고천원高天原에서 시작하여, 먼 조상 천황遠天皇祖 원천황조 시대부터 지금에 이르기까지, 천황의 자손들이 연이어 태어나서 계속하여 대팔도국을 다스려온 차례로서, 그리고 '하늘天의 신神'의 아들御子 어자이면서, 하늘에 계시는 신의 **위임**을 받들어 거행하여 온, '하늘의 피 잇기天津日嗣 천진일사'인 천황 자리高御座 고어좌의 과업으로서……」

번역은 대체로 이근우 선생의 『속일본기 1. 2009. 지식을 만드는 지식』에 의하였으나(38쪽), 필자가 수정한 부분이 있다. 천황은 스스로를 '살아 있는 신'으로 자칭하고 있는데, 이는 이 무렵 공식문서에서 사용하던 상투적인 문구였다.

그리고 일본을 「여덟 개의 섬으로 이루어진 큰 나라(大八嶋國)」라 하였다. 이는 일본의 미칭이다. 일본을 섬나라라 지칭하는 것은, 토착왜인들의 감각이 아니라, 대륙에 살던 백제인들의 관념이다. 앞에서 보았다(399쪽).

「고천원(高天原)에서 시작하여」라 하였는데, 그 앞에는 '(일본의 천황가는)'이라는 말을 생략한 것이 분명하다. 천황가는 고천원 즉 백제에서 시작되었다고 천명하고 있다.

이어서 「먼 조상 천황(遠天皇祖 원천황조) 시대부터 지금에 이르기까지, 천황의 자손들이 연이어」 태어났다고 하였다. 「먼 조상 천황」은 무슨 의미인가?

8세기 이후 천황가에서는 왕릉을 '원릉(遠陵)'과 '근릉(近陵)'으로 나누어, 제사에 있어서 그 대우를 현격하게 구별한 바 있었다. 원릉은 시조 신무(神武)에서부터 37대 제명(齊明)까지 실재하지 아니한 가공의 왜왕이고, 근릉은 실재한 첫 번째 왜왕 천지(天智) 이후의 왜왕과 천황을 뜻한다. 앞서 보았다(513쪽). 「먼 조상 천황」은 마치 가공의 천황 무덤인 '원릉(遠陵)'을 연상케 한다.

필자가 '하늘의 피 잇기'라고 번역한 부분의 원문은 '천진일사(天津日嗣)'이다. 이 또한 앞서 본 바 있다(413쪽). 그리고 천황의 의자를 뜻하는 '고어좌(高御座)'라는 말이 천황위 즉 천황의 자리를 상징적으로 나타내고 있다.

여기서 천황의 자리를 뜻하는 '하늘의 피 잇기'는 「하늘의 신의 **위임**을 받들어(天坐神之依之奉之隨)」 거행하여 왔다고 하였다. 이 대목에는 참으로 깊은 의미가 숨어 있다.

'하늘'은 여기서도 백제이다. 하늘의 '신'은 무엇인가? 『고사기』와 『일본서기』에서 토착왜인을 의미하는 '국신(國神)'과 대비되는 개념의 '천신(天神)'은 백제인을 의미한다는 것을 본 바 있다. 이 즉위사의 하늘도 이와 마찬가지로 하늘을 통치하는 사람, 즉 백제의 대왕인 것이 분명하다. 그리하여 '하늘의 피 잇기' 즉 일본 천황의 자리를 잇는 것은 '백제 대왕'의 **위임**을 받들어 거행하여 왔다 하였다. 백제의 대왕이 왜왕을 임명하였고, 왜왕은 백제 대왕의 위임을 받아 왜국을 통치한 사실을 이렇게 표현한 것이다.

앞서 본 원정천황의 시호에서는 이 천황을 하늘 즉 백제 대왕의 '대리'라 하였는데(369쪽), 여기서는 천황 자리 잇는 것을 '백제 대왕의 위임'을 받들어 거행한다고 하였다. 같은 맥락인 것을 알 수 있다.

5장 ——————

실존 왜왕,
천황 노래의 백제어

천황가는 백제의 부여씨에 그 뿌리가 있고, 『일본서기』에 나오는 최초의
실존 왜왕인 천지(天智)가 의자왕의 아들인 부여풍의 아들이라는 사실을 보
았다. 고대 일본의 가요를 모은 『만엽집』에는 왜왕 천지를 비롯한 실재하였
던 왜왕, 천황의 노래가 여러 수 기록되어 있다. 이 왜왕과 천황들의 노래에
백제어가 숨어 있어, 그들의 뿌리가 백제에 있다는 사실을 증명하여 준다.

백제가 멸망하기 이전에는 백제에서 건너간 왜왕들은 대체로 왜어를 잘
알지 못하였던 모양이다. 그래서 통역관이 필요하였는데, 이를 wo—sa(譯語
역어)라 하였다.

고대의 왜국에 통역관에 대한 고유어가 존재하였다는 사실은 이 말이 많
이 사용되었다는 의미이다. 그리고 통역관은 중세의 한국에서 고위직이 아
닌 중인 계급이었음에 비하여, 고대의 왜국에서는 상당한 고위직이었다.

30대 왜왕 민달(敏達)을 「역어전천황(譯語田天皇), wo—sa—ta—no—su—
me—ra—mi—ko—to」라 하는데, '역어전(譯語田)'은 그의 두 번째 궁이 있

던 곳의 지명이다. 통역관인 누군가가 살았거나 소유하던 땅이기에 이런 지명이 생겼을 것이다. 아마도 위세가 대단한 통역관이 있었던 모양이다.

그러다 백제가 멸망한 이후의 왜왕들은 더 이상 통역관이 필요하지 않았던 것으로 보인다. 왜어를 사용하였던 것이다. 그러나 백제어 또한 능숙하였던 것이 분명하다. 왜어로 만엽가를 지으면서도, 틈틈이 백제어를 집어넣어 언어의 유희를 시도한 사실에서, 짐작하고도 남음이 있다.

1) 왜왕 천지天智

(1) 바다

『일본서기』에 나오는 수많은 왜왕 중 실존하였던 첫 번째 왜왕 천지(天智)의 노래에 나오는 백제어를 감상하여 보자. 『만엽집』에는 그의 작품 4수가 수록되어 있는데, 15번 노래에 백제어가 보인다. 그가 중대형(中大兄)이라는 이름의 태자 시절의 작품이라 한다. 다음은 전문이다.

> 「渡津海乃 豊旗雲尓 伊理比彌之 今夜乃月夜 淸明己曾
>
> wa-ta-tu-mi-no to-yo-**pa-ta**-ku-mo-ni i-ri-pi-mi-si
>
> ko-yo-pi-no-tu-ku-yo sa-ya-ke-ka-ri-ko-so
>
> 해신海神의, 풍성한 **깃발** 구름에, 지는 해 **본다**, 오늘 밤의 달밤, 청명
>
> 淸明하고저」

이는 일본의 통설적인 해석에 의거한 것이다. 이 해석에 의문을 제기하는 사람은 아무도 없다. 그러나 한 단어의 해석을 잘못하였기 때문에 작자인 천지의 시상을 오해하고 말았다.

노래 서두의 '**海神(해신)**'은 바다의 신이다. 고대 일본어에서 **wa-ta**-tu-

mi라 훈독하였다는 것은 졸저 『천황과 귀족의 백제어』에서 본 바 있다(120
쪽). wa-ta(海 해)가 바로 바다이다. tu는 '~의'라는 의미를 가진 고대의 조
사이며, mi(靈 영)는 신령스러운 존재라는 의미이다.

그런데 이어지는 **pa-ta**-ku-mo는 무엇인가? 원문에 '**旗雲(기운)**'으로
되어 있다. '旗(기)'라는 한자는 깃발을 뜻하고, 고대 일본어에서 pa-ta라
하였다. 현대어 ha-ta이다. '雲(운)'은 구름이다. 따라서 pa-ta-ku-mo
는 '깃발 구름'인가?

pa-ta 旗 기 [고대 일본어] 깃발
ba-ta 海 해 [오키나와 방언] 바다
바다 [한국어]

코지마(小島) 교수 등이 주해한 『만엽집 ①』을 보면, 이 구절을 깃발(旗 기)
모양으로 길게 늘어진 구름이라 해석하고 있다(33쪽). 일본의 통설이기도 하
다. 그러나 깃발 모양의 구름이라는 것은 전혀 상상이 되지 않는다. 구름이
어떻게 깃발 모양을 할 수 있는가? 이런 표현은 있을 수 없다.

이 pa-ta는 한국어 '**바다**'이다. 이 표기는 훈(訓)의 발음을 이용한 것으
로서, 그 의미인 깃발과는 아무런 상관이 없다. 바로 앞 구절에 '해신(海神)'
이라는 표현이 나오고 있는 것으로 보아도, 이것이 바다라는 것은 의심의
여지가 없다. 「해신의 바다 구름」은 훌륭한 시구(詩句)가 된다. '해신의 깃발
구름'이 아닌 것이 명백하다.

바다를 일본어에서는 u-mi(海 해)라 하지만, 고대에는 wa-ta(海 해)라
고도 하였다. 진작부터 사어가 되어 현대에는 사용되지 않는다. 이 wa-ta
는 한국어 '바다'가 변한 말인 것이 분명하다. 백제인들이 가져간 것으로 보
이는데, 7세기 말 쯤의 일본에는 벌써 pa-ta 즉 '바다'라는 말은 전혀 사용

되지 않고, 그것이 변한 형태인 wa-ta만 통용되었던 모양이다. 그렇지만 왜왕 천지는 wa-ta 이전의 고어로서 백제어인 '바다'를 정확하게 알았으며, 이를 노래에 적절하게 사용하였던 것이다.

오키나와(沖繩)의 죽부도(竹富島)와 구간도(鳩間島)에서는 한국어 '바다'가 아직도 사용되고 있다. 두 섬의 방언 **ba-ta**는 바로 '바다'를 의미한다. 백제인들이 가져간 '바다'라는 말이 일본 대부분의 지역에서는 wa-ta로 바뀌었으나, 오직 오키나와의 두 섬에만 원형을 유지하여 남아 있다.

'바다'는 중세에 '바다ㅎ'로서 'ㅎ' 곡용을 하였으나, 고대에는 이런 곡용이 있었을 리가 없다. 현대어 '바다'와 동일한 형태였던 것이다.

왜왕 천지의 이 노래를 정확한 번역으로 다시 한번 음미하여 보자.

「해신海神의, 풍성한 **바다** 구름에, 지는 해 본다, 오늘 밤의 달밤, 청명
    淸明하고저」

천지는 '풍성한 바다 구름'을 해신 즉 용왕이 조화를 부려, 만들어 낸 것이라고 보았던 모양이다. 해신이 만든 풍성한 바다 구름 사이에 해는 저물어 가는데, 오늘 밤에는 달이 돋아 청명한 달밤이 되었으면 좋겠다는 것이 노래의 본지일 것이다.

이 노래에는 또 하나의 백제어가 보인다. 필자가 '본다'라고 번역한 '彌之(미지, mi-si)'의 '之(si)'라는 종결어미이다. 이에 관하여는 다음 항에 나오는 왜왕 천무(天武)의 노래에서 같이 살펴보기로 하자. 이 짧은 노래에 두 단어나 되는 백제어가 등장하고 있다.

(2) 천지 왕후 노래의 '바다'

이어서 천지의 왕후가 지은 『만엽집』 148번 노래에 나오는 '바다'를 살펴

보자. 『만엽집』에는 천지가 중병이 들어 위독할 때 지었다고 되어 있다. 그러나 코지마(小島) 교수 등은 노래의 내용으로 보아 왕이 세상을 떠난 후에 무덤을 조성할 때에 지은 것으로 추정된다 한다(①권 109쪽). 노래의 내용으로 보면, 이렇게 해석하는 것이 타당하다. 번역은 통설의 그것에 따랐다.

「青旗乃　木旗能上乎　賀欲布跡羽　目尓者雖視　直尓不相香裳

a—wo—pa—ta—no　ko—pa—ta—no—u—pe—wo　ka—yo—pu—to—pa

me—ni—pa—mi—re—to—mo　ta—ta—ni—a—pa—nu—ka—mo

푸른 **깃발**의, **코파타** 위를, 왔다 가는 것이, 눈에는 보여도, 직접 만나지는 못하는구나」

노래의 **ko—pa—ta**(木旗, 목기)는 천지의 무덤이 자리한 곳의 지명이다. 「왔다 가는 것이 눈에는 보여도」라는 구절은 왕의 영혼이 왔다 가는 것이 눈에 보인다는 의미라고 코지마(小島) 교수는 풀이하고 있다. 그렇다면 왕비는 영혼을 보았을까? 영혼은 눈에 보이는 존재가 아니다. 그렇지만 한국에는 사람이 죽은 후 장례기간 동안에 혼불이 날아간다는 믿음이 있다. 실제로 이 혼불을 목격하였다는 사람도 많다. 왕비는 아마도 한국의 민간신앙인 왕의 혼불을 목격한 모양이다. 혼불을 보기는 하였으나 대화를 나누지 못한 아쉬움을 노래하고 있다. 혼불은 그 움직이는 모습이 대낮에도 분명하게 보이지만, 사람과 대화를 나누는 존재가 아니다.

그런데 노래의 서두에 나오는 **a—wo—pa—ta**(青旗, 청기)는 '푸른 깃발'이라는 의미인가? 이는 지명 ko—pa—ta를 수식 혹은 상징하는 침사(枕詞)로 보는 것이 일본의 통설이다. 그런데 '푸른 깃발'이 어떻게 이 지명을 상징할 수가 있는가?

먼저 지명 ko—pa—ta를 분석하여 보자.

ko　木 목　[고대 일본어]　나무
pa—ta　旗 기　[한국어]　바다

ko는 나무를 뜻하는 고대 일본어이다. **pa—ta**(旗, 기)는 앞서 천지의 노래
에서도 보았듯이, 깃발을 뜻하는 고대 일본어가 아니라, 한국어 '바다'의 차
자표기이다. 따라서 이는 '나무 바다'라는 의미가 된다.
'靑旗(청기, a—wo—**pa—ta**)'는 무엇인가?

a—wo　靑 청　[고대 일본어]　푸르다
pa—ta　旗 기　[한국어]　바다

a—wo는 푸르다는 의미의 고대 일본어이다. **pa—ta**는 깃발이 아니라 '**바
다**'이다. 따라서 이 또한 '푸른 바다'라는 의미가 된다. 그래서 이 구절이 뒤
에 나오는 지명 ko—pa—ta를 수식 혹은 상징하는 침사(枕詞)가 될 수 있었
던 것이다. 이에 따라 노래를 번역하여 보면,

「푸른 **바다**의, 코**파타**나무 바다 위를, 왔다 가는 것이, 눈에는 보여도,
　직접 만나지는 못하는구나」

천지의 왕후는 지명의 pa—ta를 이렇게 한국어 '바다'라고 해석하고는,
이 지명을 '나무 바다'로 이해하고 있다. 산의 나무가 우거져 푸르게 빛나
는 모습은 푸른 바다를 연상케 한다. 그리하여 '푸른 바다'라는 의미를 담은
'靑旗(청기, a—wo—**pa—ta**)'라는 침사를 만들어 낸 것이다. 지명 ko—pa—

ta와 백제어 '바다'를 이용한 언어의 유희이다.

a—wo—pa—ta(靑旗)라는 침사가 『만엽집』 509번 노래에서는 갈성산(葛城山)을, 3331번에서는 인판산(忍坂山)을 각각 수식하고 있다. 이 또한 산의 푸르름을 푸른 바다에 비유한 것이다. 푸른 깃발이 아니다.

코지마(小島) 교수 등은 산의 나무가 무성한 것을 깃발의 무리에 비유한 것이라 하면서, 「의장대(儀仗隊)의 깃발 같은 것을 연상한 것일까?」라는 해석을 붙이고 있다(①권 109쪽). 그러나 무성한 나무를 깃발에 비유한다는 것은 전혀 이해할 수 없다.

코지마 교수 등의 견해에 따른다면, 구름도 깃발 모양이고, 산의 푸르름도 깃발이 되지만, 이렇듯 모양과 질감이 전혀 다른 존재인 구름과 산을 모두 깃발에 비유하였다는 것은 납득할 수가 없다. 왜 하필 깃발인가? 그렇지만 이를 훈독하여, 한국어 '바다'로 해석한다면 두 경우 모두 전혀 문제없이 노래의 의미를 쉽게 알 수 있다. 왜왕 천지 부부는 wa—ta라는 고대 일본어가 아닌, 백제어 '바다'를 알고 있었던 것이다.

(3) 운내비雲根火—'ㄴ' 첨가현상

고대 장기간 일본의 수도였던 아스카(飛鳥)에는 유명한 명산이 셋 있는데, 우내비(畝傍山), 카구야마(香久山), 미미나시(耳成山)의 세 산이다. 통칭 '대화삼산(大和三山)'이라 한다. 『만엽집』 13번 노래는 왜왕 천지(天智)가 즉위 이전, 중대형(中大兄)이라는 이름의 태자이던 시절에 지은 것으로서, 이 세 산을 읊었다. '삼산가(三山歌)'라는 이름으로 불리우는 유명한 노래이다.

이 세 산과 위의 노래에 관하여는 졸저 『일본 천황과 귀족의 백제어』에서 본 바 있다(319쪽). 위 노래에는 또 다른 백제어가 숨어 있다. 노래의 해석에 관하여 일본의 통설과 다른 점은 없고, 다만 그 발음의 백제적 요소를 논급하고자 하므로, 전문의 소개는 생략하기로 한다.

un−ne−bi   雲根火 운근화   [만엽집 13]   산의 이름

이 노래에서 산의 이름인 **u−ne−bi**(畝傍)를 천지(天智)가 '雲根火(운근화)'라 표기한 것을 음미하여 보자. '雲(운)'의 고대 일본 한자음인 오음(吳音)은 **un**이다. 한국어 '운'과 전혀 차이가 없다. 현대 일본어도 동일하다.

'根(근)'은 뿌리를 뜻하는 일본어 ne이고, '火(화)'는 불을 의미하는 일본어 pi이다. 연결하면 **un**−ne−pi가 된다. 그런데 산의 이름은 un−ne−bi가 아니고, **u**−ne−bi」다.

여기서 주목할 것은 '雲(운)'이라는 한자표기이다. u−ne−bi의 u라는 음가를 나타내기 위하여 『만엽집』 등에서 통상적으로 사용된 한자는 '宇(우)'이다. 그런데 '雲'은 un 발음이니, 이것은 적절하지 않다. 운미(韻尾) n 즉 'ㄴ' 받침이 붙어있기 때문이다.

그러나 왜왕 천지가 굳이 이 한자를 선택한 것은, 그가 u−ne−bi를 일상적으로 **un**−ne−bi라고 발음하였기 때문일 것이다. 정식 일본어로는 '우내비'이지만, 왜왕 천지는 '**운**내비'로 발음하였던 것이 분명하고, 그러한 발음을 정확하게 '雲(운)'이라는 한자로 표기하였던 것이다.

현대 일본어에는 n 받침(정확하게는 ŋ)이 존재하고 있지만, 고대의 일본 고유어에는 이러한 받침이 없었다. 한자어에만 존재하였던 것이다.

그런데 왜 천지는 고유 일본어에는 없는 'ㄴ' 받침을 덧붙여 발음하였을까? 바로 모국 백제의 언어습관이 몸에 배어 있었기 때문이다. 이러한 현상을 한국의 국어학자들은 'ㄴ' 첨가현상이라 부르고 있다. 어머님을 '어먼님'이라 발음하는 사람이 많은 것은 주지의 사실이다. 다음을 보자.

인자, 인제 [전남, 경상방언] 이제
한나 [전남방언] 하나

인네 [경북방언] 이내

단님 [전남, 경북방언] 대님

난중 [전남방언] 나중

빈달 [충북, 경상, 강원방언] 비탈

'ㄴ'이 첨가된 어형은 이보다 훨씬 많으나 지면 관계상 이 정도로 줄인다. 주로 전남과 경상방언에서 'ㄴ' 받침을 첨가하는 현상이 현저한 것을 알 수 있다. 아마도 이 지방 사람들은 단어의 두세 음절이 받침 없이 연결되면, 뭔가 좀 어색하였던 모양이다. 그래서 여러 말에다 적극 'ㄴ' 받침을 첨가하는 것이 아닌가 싶다. 백제인들도 전혀 다를 바 없었던 모양이다.

이러한 현상은 천지의 위의 노래에서만 볼 수 있는 것이 아니다. 『만엽집』의 수많은 노래에 이러한 표기가 나타나 있다.

un-zu 雲聚 운주 [만엽집 3229] u-zu 머리 장식품

un-de 雲梯 운제 [만엽집 1344] u-de 지명

u-zu(䯶華) 는 고대 일본어로서, 머리를 장식하는 꽃이나 보석 등을 의미한다. 이를 『만엽집』 3229번 가요에서는 '雲聚(운주)'라 표기하였는데, 이는 un-zu라는 발음을 나타내려는 의도이다.

『만엽집』 1344번 가요에서는 지명 u-de를 '雲梯(운제)'라 표기하였다. 역시 un-de라는 발음인 것을 알 수 있다.

pu-**kun**-si 夫君志 부군지 [만엽집 1] 땅 파는 꼬챙이

ka-**man**-me 加萬目 가만목 [만엽집 2] 갈매기

『만엽집』 1번 노래는 21대 왜왕 웅략(雄略, 재위 457~479년)의 작품이라 한다. 졸저 『일본 천황과 귀족의 백제어』에서 본 바 있다(180쪽). 그런데 이 웅략은 실존하지 아니한 가공의 왕일 뿐만 아니라, 이른바 만엽가나(萬葉假名)가 생기기 수백 년 이전에 재위한 것으로 되니, 이 노래는 8세기의 후세인이 위작한 것이 분명하다.

이 노래에서 땅 파는 용도의 꼬챙이 pu-ku-si를 '夫君志(부군지)'로 표기하였는데, 일본어 ku를 나타낸 '君(군)'이라는 표기를 주목하여 보자.

오음(吳音)으로 '군(君)'은 kun이었다. 따라서 '夫君志(부군지)'는 pu-ku-si가 아니라 pu-kun-si라는 발음을 표기한 것이다. kun에는 'ㄴ' 받침이 첨가되어 있다. 그럴 가능성은 없지만, 웅략이 실존 인물로서 이 노래를 지은 것이 사실이라면, 그는 한국인인 것이 분명하다.

『만엽집』 2번 노래는 34대 왜왕 서명(舒明)이 지었다 한다. 서명 역시 가공의 왜왕이므로, 이 또한 8세기 인물의 위작이다.

갈매기를 의미하는 일본어 ka-mo-me(鷗 구)의 고형인 ka-ma-me를 여기서는 '加萬目(가만목)'으로 표기하였다. '目(목)'은 그 훈인 눈을 뜻하는 일본어 me(目 목)의 표기이다.

중간의 ma라는 일본어를 '萬(만)'으로 표기하였는데, 오음(吳音)은 man이다. 그래서 '加萬目(가만목)'은 ka-man-me의 표기이다. man에도 'ㄴ'이 첨가된 것을 알 수 있다.

man-de　萬代 만대　[만엽집 17, 89]　~까지

mon　聞 문　[　〃　]　~도

『만엽집』 17번 노래는 왜왕 천무(天武)의 왕자 시절 연인이었다가, 나중에 왜왕 천지(天智)에게로 옮겨간 액전(額田)이라는 왕실 여성이 지었다. 89번 노래는 왜왕 인덕(仁德, 313~399년)의 왕후인 반희(磐姫)의 작품으로 되어 있다. 그녀는 가공인물인 것이 분명하고, 8세기의 가인이 지은 위작이다.

이 두 노래에는 ~까지라는 의미의 조사 ma—de를 '萬代(만대)'라는 한자로 표기하였는데, 이는 man—de라는 음을 나타낸 것이다. man에는 'ㄴ'이 첨가되었다.

그리고 de라는 일본어를 '代(대)'라는 한자로 나타낸 것을 주목하여 보자. 이 한자는 백제계 한자음인 오음(吳音)이나 수당(隨唐) 시대의 북방계 한자음인 한음(漢音) 모두 da—i라는 발음이다. 그러면 당시의 일본에서 ma—de를 ma—da—i라 발음하였을까? 그래서는 의사소통이 되지 않을 것이다. '代'의 한자음이 de인 다른 한자음 체계가 있었던 것으로 생각된다. 이는 백제 말기의 한자음이 아닐까?

이 '代'의 중세음은 '디'였다. 백제 중기에는 '다이'였던 것이 그대로 왜국으로 건너가 da—i라는 한자음으로 되었지만, 백제 말기에는 '대'로 바뀐 것이 아닌가 싶다. 이 '대' 역시 왜국으로 건너가 de로 되었으나, 아직 일반화되지 않고 백제의 최신 한자음에 밝은 귀족들만 사용하던 단계에서 백제가 멸망한 것이 아닐까? 이 de라는 한자음은 7세기 말, 8세기 초에 일부 귀족들이 사용하다가, 전승되지 못하고 사라진 것으로 추정할 수 있다.

sa—san—nan—mi　佐散難美 좌산난미　[만엽집 31]　지명
san—wa—gu　散和久 산화구　[〃 50]　시끄럽다

『만엽집』 31번 가요는 시본인마려(柿本人麻呂)가 지었다. 지명 sa—sa—na—mi(樂浪, 낙랑)를 '佐散難美(좌산난미)'로 표기하였다.

당시의 한자음인 오음(吳音)으로, '散(산)'은 san, '難(난)'은 nan이니, 이는 sa—san—nan—mi의 표기이다. san과 nan, 두 음절에다 'ㄴ' 받침을

붙이고 있는데, 이러한 경우는 아주 드물다. 인마려는 이렇듯 두 군데에 ㄴ 받침을 첨가하는 것이 발음에 편하였던 모양이다.

일본어 sa는 통상적으로 '佐(좌)', 일본어 na는 '奈(나)' 혹은 '那(나)'로 표기하였으나, 시본인마려는 아주 특이한 한자를 선택하였는데, 그의 평소 발음이었을 것이다. 그런데 인마려 혼자 이런 특별한 발음을 하였다고 볼 수는 없다. 당시 일본 지배층 대부분의 사람들이 이런 식으로 발음하였을 것이다.

『만엽집』 50번은 이름없는 백성의 노래이다. 여기서는 시끄럽다는 의미를 가진 일본어 **sa**-wa-gu(騷 소)를 '**散**和久(산화구)'라 하였다. **san**-wa-gu의 표기인 것이 분명하다.

이외에도 『만엽집』이나 『고사기』에 보이는 'ㄴ' 첨가 표기는 무수하게 많으나, 지면 관계상 이 정도로 줄인다. 이와 같은 표기를 보면, 당시 일본으로 건너간 백제인들은 일본어를 구사하긴 했으나, 백제식 일본어 발음을 하였다는 사실을 짐작할 수 있다.

개음절어인 일본어에는 받침이 없다. 모든 음절이 받침이 전혀 없이 자음과 모음의 결합으로만 일관하는 언어인 것이다. 그런데 한국어에는 다양한 받침이 존재하고 있고, 현대 한국어보다는 덜 하였을 것으로 보이지만, 백제어에도 많은 받침이 있었던 것이 분명하다. 백제인들은 받침이 전혀 없는 일본어 발음을 오히려 불편하게 느꼈던 모양이다. 받침이 없으면 발음이 훨씬 편할 것 같지만, 받침이 있는 언어에 익숙한 사람들에게는 받침이 조금 있는 편이 더 부드럽다고 생각하였을 것이다. 그래서 의사소통에 별 지장이 없는 'ㄴ' 받침을 즐겨 사용하였던 것으로 보인다.

개음절어인 일본어를 한자로 표기할 때에 음에 받침(韻尾 운미)이 있는 한자는 적절하지 않다. 이러한 한자는 일본어와 정확하게 대응되지 않기 때문에 사용하여서는 안 되는 것이 원칙이다.

그렇지만 『만엽집』이나 『일본서기』 등에는 받침이 있는 한자가 부지기수로 많이 나오고 있다. 이것은 받침에 익숙한 백제인들의 백제식 일본어 발음을 표기한 것이다. 그저 그때그때 기분에 따라 이 한자 저 한자 대충 선택하여 사용한 것이 아니다. 현대 일본의 학자들은 이러한 점에 관하여는 전혀 생각이 미치지 못하고 있다. 상상조차 하지 못하는 것으로 보인다.

(4) 닫다

왜왕 천지(天智)의 『만엽집』 14번 노래는 앞서 본 13번 노래에 대한 반가(反歌)이다. 반가는 주되는 노래에 연결된 짧은 노래로서, 앞의 노래를 요약하거나, 주제를 강조하는 등의 역할을 하였다. 우선 코지마(小島) 교수 등이 번역한 전문을 보자(①권 33쪽). 일본의 통설이기도 하다

「高山與 耳梨山與 相之時　立見尒來之　伊奈美國波良

ka-gu-ya-ma-to　mi-mi-na-si-to　a-pi-si-to-ki

ta-ti-te-mi-ni-ko-si　i-na-mi-ku-ni-pa-ra

카구야마香久山와 미미나시耳成山가 싸울 때, 아보대신이 일부러 서서 보러 온다, 이나미印南벌판이다여기는」

카구야마와 미미나시 두 산, 그리고 이나미라는 이름의 벌판을 모두 의인화하였다. 그런데 '서서(立, ta-ti)' 보러 온다는 대목을 주목하여 보자. 원문의 '立(입)'은 만엽가에서는 통상적으로 서다는 의미의 동사 ta-tu(立)의 표기이므로, 코지마(小島) 교수를 비롯한 일본의 통설은 이 구절도 그렇게 해석하고 있다(①권 33쪽). 이 점에 관하여 어느 누구도 의문을 제기하지 않았다.

그런데 '서서' 보러 온다는 것은 무슨 의미인가? '보러 온다'고 하였으면,

그 앞의 동사는 움직임의 의미를 나타내어야 마땅하다. '걸어서' 혹은 '달려서' 등의 뜻을 가진 말이어야, '보러 온다'와 이어져 문맥이 통할 수 있다. 그런데 '서서'는 '보러 온다'와는 전혀 어울리지 않는다. 가만히 서 있다면, 보러 올 수 없기 때문이다. 따라서 여기서의 '立(ta-ti)'은 '서다'라는 의미의 고대 일본어가 아니다.

돋다 [중세 한국어] 달리다

'달리다'는 중세에 '돋다'라 하였다. 고대에는 오히려 '닫다'였던 모양이다. 이 노래에 나오는 '立(ta-ti)'은 바로 이 '닫다'의 어근 '닫'을 일본어로 표기한 형태이다. 따라서 이 구절은 '달려서 보러 온다'라는 의미가 된다. 왜왕 천지가 의도한 표현은 바로 이 '닫다'이다. '서서 보러 온다'는 전혀 의미가 통하지 않는다. '달려서 보러 온다'인 것이 분명하다. 필자의 번역을 보자.

「카구야마와 미미나시가 만날 때, 달려서 보러 온다, 이나미 벌판」

왜왕 천지의 노래는 원래 이런 뜻이었던 것이 분명하다.

그리고 일본의 통설은 보러 오는 주체를 '아보대신(阿菩大神)'이라는 신으로 보았다. 노래에는 전혀 나오지 않는 신으로서, 『파마국풍토기(播麻國風土記)』에 나오는 설화에 근거한 것이다. 이 책에는 출운국(出雲國)의 아보대신이, 대화(大和)의 우내비, 카구야마, 미미나시, 세 산이 서로 싸운다는 소식을 듣고, 말리러 갔다 운운의 설화가 있다. 이에 근거하여 노래의 내용과는 전혀 다르게 해석하고 있는 것이다.

그러나 이 책은 천지가 서거한 이후 수십 년 지나서 편찬되었으므로, 천지가 이 창작설화를 알았을 리가 없다. 노래에 전혀 등장하지도 않는 아보 대신을 주어로 보는 해석은 지나친 오버액션이다. 달려서 보러 오는 것은, 노래에 적힌 그대로 이나미(印南) 벌판으로 보는 것이 옳을 것이다.

달리다는 의미의 고대 한국어 '닫다'는 『만엽집』의 여러 노래에 사용된 바 있다. 이제 그 몇 용례를 살펴보자.

『만엽집』 49번과 239번과 926번 노래는, 여러 사람이 말을 타고 들판을 누비며 사냥하는 장면을 박진감 있게 묘사하였다. 세 노래에 공통적으로 등장하는 「……말머리 나란히 하여, '사냥 **ta-tu**(立 입)'……」라는 대목을 주목하여 보자.

49번　　「……馬副而　御獵立師斯……

　　　　　u-ma-na-me-te　mi-ka-ri-**ta**-**ta**-si-si

　　　　　말머리 나란히 하여 사냥 달리셨다」

239번　　「……馬並而　三獵立流……

　　　　　u-ma-na-me-te　mi-ka-ri-**ta**-**ta**-se-ru

　　　　　말머리 나란히 하여 사냥 달리셨다」

926번　　「……馬並而　御獵曾立位……

　　　　　u-ma-na-me-te　mi-ka-ri-so-**ta**-**ta**-su

　　　　　말머리 나란히 하여 사냥 달리셨다」

mi-ka-ri(御獵 어갈)의 mi는 높임의 접두사이고, ka-ri는 사냥이다. 그런데 '사냥(狩, mi-ka-ri)' 뒤에 붙는 동사 '立(입, **ta-tu**)'는 무엇인가?

일본어인 '서다'라는 뜻인가? 그러면 '사냥 서다'가 되는데, 이런 말은 있을 수 없다. 더구나 앞의 '말머리 나란히 하여'라는 구절과도 전혀 어울리지 않는다.

그래서 코지마(小島) 교수를 비롯한 일본의 통설은 이를 개최하다는 의미의 동사로 보았다. 그런데 239번 노래에는 사슴과 메추리, 926번 노래에는 몰이꾼, 사수(射手), 사슴, 새가 나오며, 피끓고 박진감 넘치는 사냥터의 사냥 장면을 그리고 있다. 고구려의 수렵총 벽화를 보는 느낌이다. 따라서 '사냥 개최하다'는 뭔가 이상하다.

앞에 나오는 '말머리 나란히 하여'와 어울리는 동사는 '개최하다'와 같은 추상적인 의미를 가진 말이 아니다. 구체적으로 박진감 있게 움직이는 느낌을 주는 동사라야 마땅하다. 역시 달리다는 의미의 고대 한국어 '닫다'이다. '사냥 달리다'라는 의미인 것이 분명하다. 넓은 들판에 여러 사람이 말머리를 나란히 달리면서 짐승을 쫓는, 박진감 넘치는 사냥 장면을 묘사한 것이다.

『만엽집』의 3번 노래는 중황명(中皇命)이라는 황족이 지었다는데, 구체적으로 누구인지는 불명이라 한다. 다음 구절을 보자.

「……朝獦尒　今立須良思　暮獦尒　今他田渚良之……

a-sa-ka-ri-ni　i-ma-**ta-ta**-su-ra-si

yu-pu-ka-ri-ni　i-ma-**ta-ta**-su-ra-si

아침 사냥에 지금 달리시겠지, 저녁 사냥에 지금 달리시겠지……」

여기서도 '立(입, ta-ta)'가 문제이다. 이 노래도 앞의 세 노래와 마찬가지로 사냥 장면을 노래하였으므로, 이는 '개최하다'라는 의미인가?

그런데 코지마(小島) 교수 등은 이 ta-ta는 개최하다가 아니라 출발하다는 의미로 해석하였다(①권 25쪽). 같은 사냥 장면에 나오는 동사 '立'인데, 어찌하여 앞의 세 노래에서는 '개최하다'이고, 여기서는 '출발하다'인가? 왜 이런 차이가 생긴 것인지 전혀 알 수가 없다.

그러나 역시 고대 한국어 '닫다'이다. 이 노래는 왕의 사냥 장면을 상상하면서 묘사하였지만, 현재형으로 박진감 있게 읊고 있다. 앞에 나오는 '지금(今)'이라는 말과 연결하여 보면, 이는 역시 '달리다'이다.

『만엽집』1001번과 4257번 가요의 ta—tu(入 입)라는 동사, 역시 '닫다' 즉 '달리다'이다.

2) 왜왕 천무天武

왜왕 천무는 부여풍의 아들로서, 왜왕 천지의 동생이다. 천지의 사후, 임신(壬申)의 난이라는 일본 고대사 최대의 내란에서 승리하여 등극하였다. 『만엽집』에 작품 4수를 남겼다. 그의 27번 노래에 나오는 백제어를 살펴보자. 이 노래는 지명인 '요시노(吉野)'가 '좋은 들'이라는 의미이므로, 이를 이용한 언어의 유희를 노래하였다.

「淑人乃　良跡吉見而　好常言師　芳野吉見與　良人四來三
yo-ki-pi-to-no　yo-si-to-yo-ku-mi-te　yo-si-to-i-pi-**si**
yo-si-no-yo-ku-mi-yo　yo-ki-pi-to-yo-ku-mi
좋은 사람이, 좋은 곳 좋게 보고, 좋다고 말했**다**.
요시노 좋게 보게, 좋은 사람 좋게 봐」

'좋은 곳'은 물론 요시노(吉野)이다. 당시의 일본에는 한국어와 일본어를 이용한 언어의 유희가 유행하였음은 물론, 일본어와 일본어를 이용한 언어의 유희도 또한 성행하였던 사실을 이 노래에서도 확인 수 있다.

『고사기』나 『일본서기』 그리고 『만엽집』에는 문장을 끝내는 종결사로서, '**지(之)**'라는 말이 흔하게 사용된 것을 볼 수 있다. 이 '지(之)'는 **si**라고 읽는데, 백제에서 건너간 고대의 일본 사람들은 문장을 종결하는 si라는 말을 일상적으로 사용하였다.

천무의 이 노래에 나오는 '言師(언사, i-pi-si)'는 '말했다'라는 뜻으로서, '之(지)' 대신 '사(師, si)'라는 한자를 사용하였으나, 의미와 용법은 완벽하게 동일하다. 『일본서기』와 『고사기』를 보자.

「天之瓊矛指下以探之　옥으로 만든 하늘의 창을 내려서 찾았다」

「便載葦船以流之　바로 갈대배에 실어 떠내려보냈다」　　　　『일본서기』

「伊耶那岐命詔之　이자나키伊耶那岐는 말씀하셨다」

「高木神告之　타카키高木 신은 말하였다」　　　　　『고사기』

「以癸亥年七月六日卒之　계해년 7월 6일에 별세하였다」

『태안만려太安萬呂 묘지명』

위에서 본 여러 '지(之)'는 모두 동사의 뒤에 사용되어 문장을 종결하는 역할을 하고 있다. '~다'에 해당되는 기능인 것이다. 고대의 일본에서 이 말이 아주 흔하게 사용되었다. 이 말은 정격의 한문이 아니고, 고대의 일본에서 사용되던 한국어를 나타내는 말이다. 『만엽집』의 노래에도 역시 이 '지(之)'가 빈번하게 사용되었다.

「伊理比彌之　i-ri-pi-mi-si　지는 해 본다」

앞서 왜왕 천지(天智)의 15번 노래에 나오는 '해신의 풍성한 바다 구름'을 본 바 있다. 천지는 '바다 구름을 본다'의 '본다를 mi-si라고 표현하고 있다. mi(見 견)는 보다는 의미의 동사이고, si는 앞서 본 si이다. 마지막의 '지(之)'는 『일본서기』나 『고사기』에서 본 '지(之)'와 동일하다. 문장을 종결하는 역할을 하고 있다.

「立見尓來之 ta-ti-te-mi-ni-ko-si 달려서 보러 온다」

이는 앞서 본 왜왕 천지의 14번 노래에 나오는 종결어미 '之(지, si)'이다.
『일본서기』와 『고사기』 그리고 『만엽집』에 나오는 종결사 '지(之)'는 족히
수백 사례에 달한다.

이러한 용법의 '지(之)'라는 한자는 고대의 한국에서 널리 사용되던 말이
다. 남풍현 선생의 「한국의 고대 이두문의 문말어조사 '之'에 대하여」라는
논문을 보면, '지(之)'의 이러한 용법은 고구려에서 시작되었다 한다(『고대 한
국어 연구. 2002. 시간과 물레』 198쪽).

「……賣者刑之 買人制令守墓之 ……파는 자는 형을 받는다. 사는 자는
수묘한다」   광개토대왕비문
「建立處 用者 賜之 건립처는 사용자에게 하사한다」   중원 고구려비문
「自此 西北行 涉之 여기서부터 서북으로 가서 건넜다」 고구려 성벽 기록

세 문장에 나오는 '지(之)'의 용법은 일본의 그것과 완벽하게 동일하다. 문
장을 종결하는 역할을 하고 있다.

남풍현 선생에 의하면 신라의 금석문 등 이두문에는 이러한 '지'의 용법
이 54 사례가 있다고 하니, 아주 활발하게 사용되었던 사실을 알 수 있다.
백제 사람들도 역시 이 '지(之)'를 동일한 용법으로 사용하였다.

다음은 부여의 능산리와 나주 복암리에서 발견된 목간에 나온 글들이다.

「則熹拜而受之…… 기꺼이 절하며 받다……」

「書亦從此法爲之…… 글씨는 역시 이 법을 따라 한다……」

「貢之…… 바쳤다」

「목간을 통해 본 한국의 문자와 언어」『죽간, 목간에 담긴 고대 동아시아.

이용현. 2011. 성균관대학교 출판부』180쪽

백제 목간에 나오는 '지(之)'의 용법은 고구려의 그것과 동일하다.

고구려와 백제 신라 삼국에서 널리 사용되던 이 '지(之)'를 어떻게 읽었는지에 관한 자료는 존재하지 않는다. 그러나 일본의 『만엽집』에서 si로 읽고 있으니, 이것은 백제의 발음 그대로였다고 보아야 할 것이다.

원래 토착 왜인들이 사용하던 왜어에는 이러한 si라는 종결사가 없었던 것으로 보인다. 그래서 백제 멸망 이후 도왜하였던 유민 1세대와 그 아들, 손자 등 백제어를 알던 사람들이 점차 세상을 떠나고 일본열도에서 백제어의 명맥이 사라지게 되자, 이 말도 사용되지 않게 되어 사어가 되고 말았다.

한국에서도 어떻게 된 사정인지는 명확하지 않으나, 이 말이 점차 사라지게 되었다. 남풍현 선생에 의하면, 이두문에 보이는 이 '지(之)'는 941년에 조성된 경북 예천 봉명사(鳳鳴寺) 자적선사(慈寂禪師) 탑비문에 나오는 것이 마지막이라 한다. 고려 초에 벌써 이 말이 쓰이지 않게 되었던 모양이다.

3) 왜왕 지통持統

『일본서기』의 마지막 왜왕인 지통은 천지(天智)의 따님으로서, 숙부인 왜왕 천무(天武)의 아내였다. 천무의 사후 등극하여 11년간 재위하다가, 스스로 양위하여 손자인 문무(文武)에게 왕위를 물려주었다. 그 뒤로는 '태상천황(太上天皇)'이라 불리웠다. 『만엽집』에는 그녀의 노래 5수가 수록되어 있다.

(1) 지다

문무가 불과 25세의 아까운 나이에 요절하자, 조모인 지통이 두 수의 노래(『만엽집』160~161번)를 지었다. 해석상 아무런 문제가 없는 161번 노래를 먼저 감상하여 보자.

「向南山 陣雲之 靑雲之 星離去 月矣離而

　북산北山에, 나붓끼는 **구름**은, 푸른 **구름**은, 별에서 멀어져 가네,

　달을 떠 나네」

이 노래의 **구름**은 안타깝게도 젊디 젊은 나이에 요절한 손자 문무(文武)인 것이 분명하다. 세상을 떠난 손자를, 별을 떠나고 달을 떠나 멀어져 가는 구름에 비유하였다. '북산(北山)'은 사람이 죽어서 가는 '북망산(北邙山)'과 같은 이미지이다. 다음 160번 노래에 백제어가 보인다.

「燃火物 取而褁而 福路庭 入燈不言八面 **智南雲**

　mo—yu—ru—pi—mo　to—ri—te—tu—tu—mi—te　pu—ku—ro—

　ni—pa　i—ru—to—i—pa—zu—ya—mo　智南雲

　타는 불이라도, 잡아 감싸서, 주머니에 넣는다고, 말할 수는 없을까,

　智南雲지남운」

문제는 마지막 구절 '**智南雲**(지남운)'이다. 그 앞의 구절까지는 해석에 전혀 어려움이 없다. 이에 관하여 코지마(小島) 교수 등은 해석은 고사하고, 읽는 방법도 알 수 없다고 실토하고 있다(①권 115쪽). 일본의 학자들이 말하는 이른바 난훈가(難訓歌) 중의 하나이다. 결론부터 말한다면, 이 구절은 ti(智)—na—mu(南)—ku—mo(雲)으로 읽고, '지는 구름'이라는 의미이다. 한

단어씩 살펴보자.

智 지   [고대 일본의 한자음]   ti
디다   [중세 한국어]   지다

‘지(智)’는 음으로 읽는데 오음(吳音)은 **ti**였다. 무슨 말인가? 일본어가 아니라 ‘**디다**’라는 백제어를 나타내는 말이다. 떨어지다는 의미의 ‘지다’는 중세에 ‘디다’였다. 백제 시대에도 마찬가지 발음이었을 것이다. 이 ti는 ‘디다’의 어근 ‘디’를 나타낸다.

이 말은 고대의 일본어로는 o–ti(落 낙), 현대 일본어로는 o–tsi–ru(落 낙)에 해당된다. 지통은 일본어가 아닌 백제어 ‘디’를 사용하고 있다. 코지마 교수 등이 전혀 알 수가 없었던 사정을 이해할 수 있다.

‘남(南)’의 오음(吳音)은 **na–mu**이다. 『만엽집』 155번 노래에서도 ‘南(남)’이라는 한자로서 일본어 na–mu를 표기하였다.

南 남   **na–mu**   [고대 일본어]   ~할 것이다

na–mu는 ‘~할 것이다’ 혹은 ‘~해 버릴 것이다’라는 의미를 가진 고대 일본어의 조동사이다.

雲 운   ku–mo   [일본어]   구름

‘운(雲)’은 구름을 뜻하는 일본어 **ku–mo**로서, 훈으로 읽는다.

따라서 ‘**智南雲**(지남운)’은 **ti–na–mu–ku–mo**의 표기인 것이 분명하다. 이렇게 읽으면 만엽가의 정형적인 음수율과도 정확하게 맞아떨어진

다. 의미를 직역하면 '**질 구름**' 혹은 '**져 버릴 구름**'이 되지만, '지는 구름'으로 의역하는 것이 원만할 것이다. 필자의 해석에 따라 이 노래를 음미하여 보자.

「**타는 불이라도 잡아 감싸서, 주머니에 넣는다고 말할 수는 없을까,**

　　지는 구름」

이 노래에서도 요절한 손자 문무를 구름에 비유하였다. 앞의 노래에서는 '떠나는 구름', '멀어져 가는 구름'이라 하였고, 이 노래에서는 '지는 구름'으로 묘사하였다.

그런데 '**지**다'라는 표현은 해나 달과 같은 천체에 대하여 사용하는 말이고, '구름이 지다'라는 말을 잘 사용하지는 않지만, 지통은 굳이 '구름이 지다'는 표현을 사용하고 있다. '지다'라는 말은 '목숨이 **지**다'에서 보는 바와 같이, 사람의 생명이 끝날 때에도 사용되는 말이므로, 그런 관점에서 이해할 수 있다. 무엇보다도 이 표현은 산문의 일부분이 아니라, 만엽가 즉 시의 한 구절이다. 「지는 구름」은 훌륭한 시구(詩句)라고 평가할 수 있을 것이다.

그리고 이 노래는 타는 불을 감싸서 주머니에 집어넣는다는 상식적으로 이해하기 어려운 이상한 현상을 읊고 있다. 손자의 너무나 안타까운 요절에 대하여, 비밀스럽고 불가사의한 방술(方術)이라도 동원하여 살려내고 싶은 할머니의 마음을 이렇게 표현한 것이 아닐까?

(2) 시부리다

『만엽집』 236번 노래는 작자가 '천황'이라고만 되어 있고, 구체적으로 어느 천황인지 나와있지 않다. 하지만 일본의 통설은 왜왕 지통(持統)의 작품이라 보고 있다. 졸저 『일본 천황과 귀족의 백제어』에서 이 노래를 본

바 있다(191쪽). 지통이 si-pi(志斐)라는 이름을 가진 노파에게 주는 노래
로서, 이름 si-pi와 동일한 혹은 비슷한 발음을 가진 말을 이용하여 언어
의 유희를 하였다. 중요한 노래이므로 중복되는 감이 있으나, 다시 한번
전문을 살펴보자. 첫 번째 번역문은 일본 통설의 그것이고, 두 번째는 필
자의 번역이다.

「不聽跡雖云　**强流**志斐**能我**　**强**語　此者不聞而　朕戀而家里

i-na-to-i-pe-to　**si-pu-ru**-si-pi-**no-ga**　**si-pi**-ka-ta-ri

ko-no-ko-ro-ki-ka-zu-te　a-re-ko-pi-ni-ke-ri

듣기 싫다고 말해도, 우기는 시비의, 우기는 말

요즘 듣지 못해서, 나는 그립구나.

듣기 싫다고 말해도, **시부리**는 시비의, **세우**는우기는 말,

요즘 듣지 못해서, 나는 그립구나」

si-pi라는 노파(嫗 구)는 지통과 아주 친한 사이였던 모양이다. 이 노파
는 평소에 주책없이 **시부리**거리거나, 자기 주장을 **세우**곤(우기곤) 하였던 모
양이다. 노파의 그러한 말조차 요사이 듣지 못하였더니 그립다는 것이 이
노래의 취지이다.

si-pu-ru [만엽집 236]
시부렁거리다 [한국어] 쓸데없는 말을 함부로 지껄이다
시부리다 [경상방언] 〃

문제는 필자가 '**시부리다**'라고 번역한 **si-pu-ru**라는 말이다. 일본에는
이러한 단어가 존재하지 않는다. 고대에도 마찬가지였다.

코지마(小島) 교수 등은 이 말을 '우기다'는 의미를 가진 고대의 동사 si-pu(强 강)로 해석하였다(①권 168쪽). 현대어로는 si-i-ru(强 강)이다. 그런데 이 노래에는 si-pu의 뒤에 ru가 붙어 있다. 이 ru는 무엇인가? si-pu와 si-pu-ru는 같은 말인가? 일본의 통설은 이 ru에 대하여는 전혀 주목하지 않고, 없는 듯이 처리하고 있다.

'시부렁거리다'라는 말이 있다. 『표준국어대사전』은 주책없이 쓸데없는 말을 함부로 지껄이다는 의미라 하였다. 경상방언에서는 '**시부리**다'이다.

si-pu-ru는 바로 이 '시부리다'인 것이 분명하다. si-pu-ru는 동사의 원형이고, 기본적인 활용형인 연용형은 si-pu-ri일 것이다. '시부리다'와 발음과 의미가 완벽하게 일치하고 있다. 백제 사람들도 '시부리다'라는 말을 사용하였던 것이다. 지통은 노래에서 si-pi가 '시부리다'라고 하였던 것이다.

(3) 세우다

si-pu-ru에 이어지는 si-pi(强 강)라는 동사를 보자. 필자가 '세우는' 즉 '우기는'이라고 번역하였는데, 이 동사의 원형은 si-pu이다. si-pu-ru 즉 '시부리다'와는 전혀 다른 말이다. 일본의 통설은 두 동사가 같은 말이라고 보고 있으나, 이 짧은 노래에서 같은 동사를 반복하여 사용한다는 것도 상식에 반한다. 만일 이것이 사실이라면, 이 노래는 시(詩)로서는 낙제점을 면할 수 없을 것이다.

그런데 이 si-pu 역시 백제에서 건너간 말이다. 앞의 si-pu-ru는 완벽하게 사라져 사용되지 않고 있고, 이 si-pu는 si-i-ru(强 강)로 변신하여 지금도 중앙어로 살아남은 차이가 있다.

si-pu 强 강 [고대 일본어] 우기다

시우다 [경북방언]　〃

    억지를 부리거나 자신의 주장을 고집스럽게 내세우는 것을 '세우다'라 하는데, 경북방언에서는 '시우다'라 한다. 어근 '시우'는 고대에는 '시부'였을 것이다. 어근 '시부'의 둘째 음절 '부'의 'ㅂ'자음이 탈락한 형태인데, 한국어에서는 흔히 일어나는 변화이다. '이붓'→'이웃'은 그 한 예이다.

    어근 '시부'의 '시'는 강하다는 의미를 가진 형용사 '세다'의 방언 '시다'의 '시'와 일치하고 있다. 같은 어원일 것이다. '시다'라는 형용사의 동사형이 '시우다'가 아닌가 싶다. '시다'는 현대에 와서는 '세다'로 변하였는데, 동사형도 이에 발맞추어 '세우다'로 변하였을 것이다. '시다'가 일본의 건너가 방언으로 남은 것은 졸저 『일본열도의 백제어』에서 보았다(372쪽).

    형용사 '시다'와 그의 동사형 '시부다'가 고대에 일본으로 건너가, '시부다'는 중앙어로, '시다'는 방언으로 각각 살아남았다.

(4) ~이

    si–pi 노파가 지통의 위 노래에 대한 답가를 지었는데, 237번 노래이다. 이 또한 졸저 『일본 천황과 귀족의 백제어』에서 본 바 있다(192쪽). 지통의 노래에 대한 반격이다. 싫다고 말해도 오히려 지통이 세우는 말을 한다고 하였다. 왕과 신하의 사이이지만 아주 친밀한 관계이므로, 이렇듯 농담을 주고받고 있다.

「不聽雖謂　話禮話禮常　話許曾　志斐伊波奏　强話登言

i–na–to–i–pe–to　ka–ta–re–ka–ta–re–to　no–ra–se–ko

–so　si–pi–**i–pa**–ma–u–su　si–pi–ka–ta–ri–to–i–pu

싫다고 하여도, 말하고 말해도, 왕께서는 말씀하시기를 'si–pi는 말하네'라고, 세우는 말씀하시네」

이 si-pi 노파의 노래에 나오는 백제어는 주격조사 '~이'이다. 고대 일본어는 pa(현대어 wa)였다.

따라서 'si-pi는'은 si-pi-**pa**라 하여야 마땅하다. 그런데 이 노래에서는 si-pi-i-pa라고 하여 조사 pa의 앞에 i라는 말이 붙어 있다. 이 i는 무엇인가? 바로 한국의 주격조사 '~이'인 것이 분명하다. 한국의 '~이'가 백제 시대에 일본으로 건너간 것이다. 같은 의미를 가진 한국어 '이'와 일본의 pa가 중복되어 있다. 이에 관하여는 졸저 『일본열도의 백제어』에서도 본 바 있음으로(593쪽), 상세한 논의는 생략한다. 같은 의미의 한국어와 일본어를 중복한 언어의 유희이다.

그런데 이 노래는 노파가 왜왕 지통에게 보낸 답가(答歌)이므로, 지통이 모르는 한국어를 적을 수는 없었다고 보아야 한다. 그렇게 본다면 지통도 이 '~이'라는 고대 한국어의 주격조사를 익히 알고 있었던 것이 분명하다. 여기서 지통의 236번 노래로 돌아가 보자.

이 노래의 '志斐能我(si-pi-no-ga)'는 '시비**의**'라는 의미인데, 이에 해당하는 일본어의 조사 no(能)이므로, 여기서도 si-pi-no라고 하면 충분하다. 그런데 no의 뒤에 붙은 ga(我)는 무엇인가? no와 같은 의미를 가진 고대 일본어의 조사이다. 이 조사는 경상방언에서 '너거 집'이라 할 때의 '거'이다. 졸저 『일본 천황과 귀족의 백제어』에서 상세하게 본 바 있다(249쪽).

지통은 노래에서 일본어의 조사 no와, 같은 의미를 가진 고대 한국어의 조사 ga를 중복하여 사용하였다. si-pi 노파는 이에 대한 대(對)로서, 같은 의미를 가진 한국어 '~이'와 일본어 ga를 중복하여 사용하였던 것이다.

(5) 'ㄴ' 첨가

『만엽집』159번 노래 역시 지통의 작품으로서, 부군 천무(天武)가 서거한 직후, 애통한 마음을 읊었다. 상당히 긴 노래이므로, 마지막 구절을 보자.

「……荒妙乃　衣乃袖者　乾時**文**無.
a-ra-ta-pe-no　ko-ro-mo-no-so-de-pa　pu-ru-to-ki-
mo-na-si
거친 베로 만든, 상복의 소매는, 마를 때도 없네」

마지막의 '**文**無(문무)'는 '~도 없네'라는 의미의 일본어 mo-na-si의 표기이다. 그런데 '~도'라는 의미인 조사 mo의 표기로서 '文(문)'이라는 한자를 선택한 것을 주목하여 보자. 이 한자의 오음(吳音)은 mon이다. 따라서 이는 mon-na-si라는 발음을 나타내려는 의도인 것이 분명하다.

왜왕 지통은 평소에 mo-na-si가 아니라 mon-na-si로 발음하였던 것을 알 수 있고, 이를 그대로 한자로 표기한 것이다. mon은 mo와는 다르다. 'ㄴ' 받침이 첨가되었다. 『만엽집』1335번과 1879번 노래에도 mo라는 일본어를 '文'으로 표기한 것을 볼 수 있다. 지통의 이 노래에는 'ㄴ' 첨가현상이 한 군데 더 보이고 있다.

萬旨　만지 **ma**-si　[만엽집 159]　~일 것이다

지통은 이 노래에서 '~일 것이다'라는 의미를 가진 고대 일본어 ma-si를 '**萬**旨(만지)'라는 한자로 표기하였다. '**萬**(만)'의 오음은 man이므로, 이는 **man**-si의 표기이다. 그런데 지통은 같은 노래에서, ma-si를 '麻思(마사, ma-si)'라고도 표기하였는데, 이는 일본어를 정확하게 표기한 것이다.

'ㄴ'이 첨가되어 있지 않다.

4) 문무文武천황

　지통의 뒤를 이은 것은 그녀의 손자인 문무천황이다. 이때부터는 천황이라는 용어가 사용된 것이 분명하므로, 문무천황이라 칭한다. 지통의 태자는 원래 초벽(草壁)이었으나 그가 일찍 죽었으므로, 그의 아들인 문무가 장성하기를 기다렸다가, 15세가 되자 양위하였다. 문무가 사용한 연호 '대보(大寶)'는 일본 최초(701년)의 연호이다. 『일본서기』에는 그 앞의 여러 왕 시절부터 연호를 사용하였다고 되어있으나, 실재한 바 없었다.

　그런데 문무 역시 너무도 젊은 나이에 요절하였으니, 이때 지통이 비통한 마음으로 읊은 것이 바로 앞서 본 '지는 구름' 노래이다.

　문무의 『만엽집』 74번 노래에 나오는 백제어는 졸저 『일본 천황과 귀족의 백제어』에서 본 바 있다(188쪽). 여기서는 원문과 함께 상세히 살펴보자.

「見吉野乃　山下風之　寒久介　爲當也今夜毛　我獨宿牟

mi-yo-si-no　ya-ma-no-**a-ra-si**-no　sa-mu-ke-ku-ni

pa-ta-ya-ko-yo-pi-mo　a-ga-pi-to-ri-ne-mu

요시노吉野의, 산 **아래 바람**이, 차기도 한데, 어쩌면 오늘 밤도, 나 혼자 자야 할까?」

　요시노(吉野)는 지명이고, 그 앞의 mi는 높임의 의미를 가진 접두사이다. 고대 일본어 a-ra-si는 위에서 아래로 부는 바람, 즉 '아래 바람'이라는 의미였다. 이를 문무는 '下風(하풍)'으로 표기하였다.

a-ra-si 下風 하풍 [만엽집 74] 아래 바람

a-ra [고대 한국어] 아래

si 風 풍 [〃] 바람

『암파고어사전』에 의하면, 고대 일본어 si는 바람이라는 의미로서, 단독으로는 사용되지 않고 복합어에만 보인다 하였다. 따라서 a-ra-si의 si는 바람이고, a-ra가 아래를 의미한다. 한국어 '아래'와 흡사한 발음이다.

'아래'는 용비어천가에서부터 '아래'였으나, '아라' 혹은 '아리'라고 표기된 문헌도 있다. 고대에는 '아라'였던 것이 분명하다. 관습적으로 주격조사 '이'가 뒤에 붙다보니, '아래'로 변하였을 것이다. 문무천황은 '아라'라는 고대 한국어를 정확하게 알고 있었던 것이다.

발음이 같은 일본어 a-ra-si(嵐 남)가 있다. 이는 폭풍 혹은 광풍이라는 뜻으로서, 아래 바람이라는 의미의 a-ra-si와는 전혀 다른 말이다. 여기서의 a-ra(荒 황)는 거칠다는 뜻의 일본어이므로, 이는 '거친 바람'이 원래의 의미가 된다.

『만엽집』의 2350번과 2677번 노래에도 '아래 바람'을 뜻하는 '下風(하풍)'이 보이고 있다.

5) 성무聖武천황

문무가 요절한 이후 천황위에 오른 사람은 그의 모친인 원명(元明)이었다. 왜왕 천지(天智)의 딸이자, 지통의 이복동생으로서, 앞서 요절한 태자 초벽(草璧)의 아내였다. 그녀는 재위 7년만에 천황위를 딸인 원정(元正)에게 양위하였다. 문무의 누나였다. 원정의 뒤를 이어 천황에 오른 사람이 바로 문무의 아들인 성무(재위 724~749년)이다. 『만엽집』에 10수의 작품을 남겼다.

(1) 벼 들

『만엽집』1539번 노래는 성무의 작품으로서, 이 또한 졸저 『일본 천황과 귀족의 백제어』에서 본 바 있으나(188쪽), 원문을 포함하여 좀 더 상세하게 살펴보자.

「秋日乃　**穂田乎鴈之明**　闇介 夜之**穂杼呂**介毛　鳴渡可聞

a–ki–no–pi–no　**po**–ta–wo–ka–ri–ga–ne　ku–ra–ke–ku–

ni　yo–no–po–to–ro–ni–mo　na–ki–wa–ta–ru–ka–mo

가을 낮, 벼 논의 기러기 소리, 어두워졌지만, 밤의 벼 들에도, 울며

건너 오는구나」

이 노래에는 '穂(수)'라는 한자가 두 군데에 나온다. 이삭을 의미하는 고대 일본어 po(穂 수)를 표기한 것인데, 이 po라는 음가로서 한국어 '벼'를 나타내고 있다. 앞의 '穂田(수전)'은 po–ta의 표기로서, '벼 논'이다.

뒤의 '穂杼呂(수저려)'는 po–**to–ro**, 정확하게는 po–tə–rə의 표기이다. po는 벼이지만, tə–rə는 무슨 의미인가? 일본어가 아니다.

드르 [중세 한국어] 들
tsu–ru 耕地 경지 [후쿠오카 방언] 논밭

바로 한국어 '들'이다. 중세에는 '드르'였다. 따라서 po–tə–rə는 '벼 들' 즉 벼를 재배하는 들판이라는 의미가 된다. '들'은 이 노래와 아울러 생각하여 보면, 고대에는 '더러'였을 것이다. 더러→드르→들의 순으로 변화한 것이 분명하다.

후쿠오카(福岡) 방언 tsu–ru는 논밭을 뜻하는데, 고대에는 **tu–ru**였다.

고대한국어 '더러'가 일본으로 건너가 변한 형태이다.

코지마(小島) 교수 등에 의하면, 이 노래에서 낮을 뜻하는 '日(일, pi)'과, 밤을 의미하는 '夜(야, yo)'가 서로 대(對)를 이룬다 한다(②권 335쪽).

이와 아울러, '벼 논'인 '穗田(수전, po–ta)'과 '벼 들'인 '穗杼呂(수저려, po–to–ro)', 또한 서로 대를 이루는 것을 볼 수 있다. 이렇게 짧은 노래에서 두 가지의 대를 넣어 노래를 지은 것을 보면, 성무는 비범한 문학적 재능을 지닌 인물이 아닌가 싶다.

聞　문 mo　[일본어]

이 노래는 '~인가?' 혹은 '~구나'라는 의미를 가진 고대 일본어의 조사 ka–mo로 종결된다. 그런데 mo라는 일본어를 표기한 한자 '聞(문)'을 주목하여 보자. 이 한자의 오음(吳音)은 mon이다. 따라서 여기서도 'ㄴ' 첨가 현상을 볼 수 있다.

『만엽집』 1638번 노래 역시 성무의 작품이다. 여기서도 성무는 ka–mo라는 일본어의 조사를 '可聞(가문, ka–mon)'으로 표기하였으니, 그는 'ㄴ' 받침을 넣는 발음을 좋아하였던 모양이다.

(2) 치쓰다듬다

『만엽집』 973번 역시 성무의 작품이다. 동산(東山), 산음(山陰), 서해(西海), 세 지방의 절도사(節度使)를 임명하면서, 그들에게 술과 함께 하사한 격려의 노래이다. 꽤 긴 노래이므로, 후반부의 일부를 보도록 하자.

「……天皇朕　宇頭乃御手以　掻撫曾　祢宜賜　打撫曾　祢宜賜……
su–me–ra–wa–re　u–du–no–mi–te–mo–ti　ka–ki–na–

de-so ne-gi-ta-ma-pu **u-ti**-na-de-so ne-gi-ta-
ma-pu

……천황인 나는, 고귀한 손으로, 그대들의 머리를 긁어 쓰다듬으며 위로하
여 줄 것이다. **치**쓰다듬으며, 위로하여 줄 것이다……」

　필자가 '**치**쓰다듬으며'라고 번역한 부분의 원문은 '打撫曾(타무증)'으로서,
당시의 일본어로는 **u-ti**-na-de-so이다.

　na-de(撫 무)는 쓰다듬다는 뜻이지만, 그 앞의 u-ti(打 타)는 무슨 의미
인가? 원래 이 말은 때리다는 뜻을 가진 일본어이다. 그렇다면 이 구절은
천황이 절도사의 머리를 '때려 쓰다듬으며'라는 의미가 되는데, 전혀 앞뒤
가 맞지 않는다. 이 노래가 새로이 임명되어 임지로 출발하는 세 절도사에
게 격려의 취지로 하사한 것을 생각하면, 여기에 '때리다'라는 말이 나올 수
는 없다.

티다　[중세 한국어]　때리다
티　[〃]　'위로'라는 의미를 더하는 접두사

　때리다는 의미의 '치다'를 중세에 '**티**다'라 하였다. 고대에는 '**디**다'였을
것이다. 이 노래의 u-ti(打 타)는 때리다는 뜻의 일본어가 아니라, 같은 의
미를 가진 고대 한국어 '**디**다'의 어근 '**디**'를 표기한 것이다.

　'**치**오르다'의 '치'는 '위로'라는 뜻을 더하는 접두사인데, 중세에는 '**티**'였
다. 고대에는 '**디**'였을 것이다. 이 '**디**'가 고대에 일본으로 건너가, 이를 일
본어로 번역한 u-ti(打 타)라는 접두사가 되어, 방언과 중앙어에 숱하게 등
장한 것을 졸저 『일본열도의 백제어』에서 상세하게 본 바 있다(323쪽).

　성무 노래의 이 u-ti도 바로 '위로'라는 의미의 고대 한국어 '**디**'를 표기

한 것이다. 따라서 이 구절은 '때려 쓰다듬으며'가 아니라 '치쓰다듬으며' 즉 '위로 쓰다듬으며'라는 의미이다. 앞에 나오는 '긁어 쓰다듬으며'와 대를 이루고 있다. 성무는 노래를 지으면서 대를 즐겨하였던 것을 알 수 있다. 중국의 한시와는 달리 『만엽집』의 노래에 대가 사용된 것은 흔하지 않다.

성무는 고대 한국어의 접두사 '디'를 잘 알고 있었고, 이를 같은 뜻을 가진 일본어 '打(타, u-ti)'로 표기 한 것이다. 코지마(小島) 교수 등은 이 '打'의 의미를 알지 못하였던 모양이다. 이 글자는 아예 없는 듯이, 번역이나 해설을 생략하였다(②권 136쪽).

6) 고시高市왕자

왜왕 천무(天武)의 여러 아들 중에서, 장남이 바로 이 고시왕자이다. 천무는 일본 고대사 최대의 내란인 임신(壬申)의 난에서 승리하여 집권할 수 있었다. 당시 19세이던 고시는 아버지를 도와 군사 지휘관으로서 많은 활약을 하여, 큰 공훈을 세운 바 있다. 모친이 한미한 집안 출신이라 태자로 책봉되지는 못하였으나, 태정대신(太政大臣)이라는 최고위직까지 역임하였다.

이 왕자의 『만엽집』 158번 노래에 나오는 백제어를 졸저 『일본 천황과 귀족의 백제어』에서 본 바 있으나(195쪽), 좀 더 상세하게 살펴보자.

「山振之　立儀足　山淸水　酌而雖行　道之白鳴
ya-ma-**bu-ki**-no　ta-ti-yo-so-pi-ta-ru　ya-ma-si-
mi-du　ku-mi-yu-ka-me-do　mi-ti-no-si-ra-na-ku
황매화가, 곱게 피어있는, 산의 샘물을, 뜨러 가려도, 길을 모르겠네」

황매화를 일본어에서 ya-ma-bu-ki라 한다. 그런데 고시는 이를 '山

振(산진)'이라는 한자로 표기하였다. '振(진)'은 흔들다 혹은 휘두르다는 뜻으로서, 고대 일본어 pu–ru(현대어 hu–ru)이며, 명사형은 **pu–ri**이다. 따라서 이는 ya–ma–pu–ri라고 훈독되므로, 황매화를 뜻하는 일본어 ya–ma–**bu**–ki와는 전혀 다른 발음이다.

pu–ku   吹 취   [고대 일본어]   바람이 불다
pu–ru   振 진   [〃]   휘두르다
불다   [한국어]

ya–ma–pu–ri는 무엇인가? **pu–ri**(振 진)는 휘두르다는 의미인 pu–ru의 명사형이지만, 백제어 '(바람이) 불다'의 어근 '불'과 발음이 흡사하다.

반면 백제어 '(바람이)불다'는 고대 일본어로는 pu–ku(吹 취)이므로, 의미상 '불(puru)'＝puku가 되고, 그 연용형은 puri＝puki가 된다. 따라서 황매화나무를 뜻하는 yamabuki＝yamapuri가 되는 것이다.

결국 고시왕자는 고대 일본어 pu–ku와 pu–ru, 그리고 백제어 '불다'를 이용하여, 교묘한 언어의 유희를 시도한 것을 알 수 있다.

이 언어의 유희는 『일본서기』에도 등장하는데, 졸저 『일본 천황과 귀족의 백제어』에서 본 바 있다(54쪽). 고대의 왜국에서 널리 유행하던 언어의 유희인 것이 분명하다.

6장 ──────

천황가의 기원

　역대 일본의 천황들은 성(姓)이 없고, 이름만 가지고 있었다. 천황가는 고대 이래로 성이 없는 특이한 가문으로서, 이 전통은 현대에도 이어지고 있다. 아마도 세계의 문명국 국민 가운데 성이 없는 사람은 단 한명도 없을 것으로 보인다. 오직 일본의 천황가 뿐일 것이다.

　고대의 한국과 중국, 일본의 경우, 평민은 성이 없고 이름만 있었으나, 귀족은 단 한 사람의 예외도 없이 성이 있었다. 특이하게도 일본의 천황가만 성이 없는 것으로 되어 있다.

　그러면 이 가문은 고대에도 애초부터 성이 없었을까? 그럴 리는 없다. 원래는 성이 있었겠지만, 『고사기』와 『일본서기』에서 신무(神武) 이래 만세일계로 이어지는 천황가의 계보를 창작하였으므로, 그에 맞추다보니, 원래의 성을 사용할 수가 없었을 것이다. 역사 창작을 위하여 성을 숨긴 것이 분명하다. 이제 천황가의 원래 성이 무엇이었던가를 추적하여 보자. 고대의 불상에 새겨진 글에 단서가 있다.

1) 백제의 왕이었던 대원박사大原博士

법륭사에 있던 금동제 관세음보살을 조성한 경위를 밝힌 명문에 일본 천황가의 출자를 알려주는 아주 중요한 내용이 적혀 있다. 일본의 국보로 지정되었다. 전문은 다음과 같다.

「甲午年三月十八日 鵤大寺 德聰法師 片岡王寺 令辯法師 飛鳥寺 辯聰
法師 三僧所生父母報恩 敬奉觀世音菩薩像 依此小善根 令得無生法忍
乃至 六道四生衆生俱成正覺   앞면

族大原博士 百濟在王 此土王姓   뒷면

갑오년 3월 18일, 각대사의 덕총德聰법사, 편강왕사의 영변令辯법사, 비조사의 변총辯聰법사, 세 중은 부모님의 은혜를 갚기 위하여 삼가 관세음보살상을 만들어 바칩니다. 이 작은 선근善根으로 인하여 무상의 진리를 깨달아 평온함을 얻고, 아울러 육도에서 헤매는 모든 중생이 바른 깨달음을 얻기를 기원합니다.

일족인 대원박사大原博士는 백제에서는 왕족이었고, 이 땅에서는 왕성王姓이다」

원문과 번역은 『고경유문주석(古京遺文注釋)』 411쪽에 의함. 띄어쓰기는 필자

이 명문의 앞부분은 앞서도 수차 본 바 있는 불상 조상기의 일반적인 형식과 별 차이가 없다. 그러나 불상을 만든 세 스님의 뿌리를 밝힌 마지막 대목을 주목하여 보자. 다른 조상기에는 찾아볼 수 없는 특이한 경우이다.

명문에 나오는 각대사(鵤大寺)는 후일의 법륭사(法隆寺)이다. 편강왕사(片岡王寺)의 편강(片岡)은 아스카 일원의 지명이지만, 편강왕사라는 절은 현재 남아있지 않고, 내력을 알 수 없다. 비조사(飛鳥寺)는 아스카에 있는 왜국 최초의 사원으로서, 원흥사(元興寺)의 원래 이름이다.

이 세 스님은 다른 기록에는 전혀 보이지 않기에, 어떤 사람인지 알 수 없다 한다. 문맥으로는 같은 부모를 둔 형제간으로 보인다. 『大日本金石文(대일본금석문). 木岐愛吉. 1921. 好尙會出版部』도 그렇게 보고 있다. 세 스님의 출가 이전 속성은 '대원(大原)'이었던 것을 알 수 있다.

그런데 자신들의 일족인 대원씨가 백제에서는 왕족(百濟在王)이었다는 것은, 도왜하여 대원씨로 성을 바꾸기 이전에는 백제의 왕성 부여씨였다는 의미인 것이 분명하다. 세 스님은 백제의 왕족 출신으로서, 원래 부여씨였으나 왜지로 건너간 이후 대원씨로 개성하였던 것이다.

이어지는 「이 땅 즉 일본에서는 왕성(王姓)이다」라는 문장은 무슨 의미인가?

왕성은 무엇을 의미하는가? 여기에 일본 천황가의 기원에 관한 비밀이 숨어 있다. 이 왕성을 해결하기에 앞서, 세 스님의 속성인 대원씨에 관하여 알아 보자.

2) 대원大原이라는 성

대원박사의 '박사'는 고대 일본의 귀족자제 교육기관인 대학료(大學僚)에서 학생들을 가르치던 직책을 뜻한다. 박사 아래에는 조교(助教)가 있었다. 스님들의 형제나 가까운 일족 중에는 귀족의 자제를 교육하는 대학료에서 박사 직위에 있던 사람이 있었던 모양이다.

대원(大原, o‐po‐pa‐ra)이라는 성은 『신찬성씨록(新撰姓氏錄)』 좌경황별(左京皇別)편에 나와 있다. 좌경(左京)은 수도인 교토(京都)의 좌측 구역이라는 뜻이다. 황별(皇別)은 『신찬성씨록』의 정의에 따르면, 천황과 황자(皇子)에서 갈라져 나온 후손(天皇皇子之波 謂之皇別 천황황자지파 위지황별)이라 하였다. 즉 천황가의 일족이라는 의미가 된다. 좌경황별은 교토의 좌측 구역에 사는 천황가의 동족이다.

대원진인의 '대원'은 아스카(飛鳥)에 있는 지명이다. 진인(眞人)은 천무(天武) 13년(684년)에 정한 8가지 성(姓, ka-ba-ne) 중에서 최고위이다. '대원진인'이라는 성의 출자에 관하여는 신찬성씨록의 다음 기사를 보자.

「大原眞人 出自 諱敏達孫 百濟王也 續日本記合也

대원진인은 **민달敏達의 손자인 백제왕**에서 나왔다. 속일본기와 부합한다」

'대원진인'이라는 성은 30대 왜왕인 민달(敏達)의 손자인 '백제왕'에서 나왔다고 하였다. 그런데 『일본서기』를 아무리 읽어보아도, 민달이라는 왜왕의 손자에는 '백제왕'이 없다. 또한 『삼국사기』에도 백제의 왕 중에서 왜왕의 후손인 왕은 아무도 없다. 민달의 손자 백제왕은 도대체 누구인가? 대원진인이라는 성은 민달의 손자인 백제왕에서 나왔다고 한 신찬성씨록의 이 기사는 미스테리이고, 수수께끼이다.

『신찬성씨록』에서 이 기사가 『속일본기』와 부합한다 하였는데, 우선 그 의미를 살펴보자. 사헤키(佐伯有淸) 선생의 『新撰姓氏錄の硏究. 考證編 1(신찬성씨록의 연구 고증편 1). 1988. 吉川弘文館』에 의하면, 이는 『속일본기』의 다음 기사 때문이라 한다(201쪽).

「739년 여름 4월 갑자, 천황이 조詔하기를 "종4위상 고안왕高安王 등이 지난 해 10월 29일에 제출한 표문을 살펴보고 자세히 의향을 알았다. 왕 등은 겸손하고 자기를 낮추는 마음으로 깊이 황족을 사양할 뜻을 품으니, 충성의 지극함이 참으로 은근하다. 왕 등이 결심한 바를 생각하니 뜻을 져버릴 수 없다.

지금 청한 바에 따라 대원진인大原眞人이라는 성을 내린다. 대대로 서로 이어져 만대를 거쳐서 끊어짐이 없도록 하라. 또한 자손들이 영원히 이어져 천추에 벼슬을 지내는 것이 다함이 없도록 하라"고 했다」

이근우 선생이 번역한 『속일본기 2. 2011. 지식을 만드는 지식』 117쪽

고안왕은 누구인가? 바로 39대 왜왕 천무(天武)의 증손자이다. 고안왕 등이 황족을 사퇴하고 신하가 될 것을 청원하는 표문을 올리자, 천황이 이를 허락하면서 '대원진인'이라는 성을 하사하였다 한다. 천황가는 성이 없으므로, 황족을 사퇴하고 일반 귀족으로 돌아가려면 성이 필요하다. 그래서 천황이 성을 하사한 것이다. 당시 천황가의 관례였다.

이때 앵정왕(櫻井王), 문부왕(門部王), 금성왕(今城王) 등도 같이 이 성을 하사받았다. 따라서 대원진인은 이른바 '황족씨족'의 일원이라 한다.

그런데 『신찬성씨록(新撰姓氏錄)』을 보면, 좌경제번(左京諸蕃)과 우경제번(右京諸蕃), 그리고 섭진국제번(攝津國諸蕃) 편에 각각 '대원사(大原史)'라는 성이 있다. 그래서 혹시 세 스님의 성인 '대원(大原)'이 이 '대원사' 성이 아닌가라고 생각할 수도 있다.

그러나 『신찬성씨록』에 세 '대원사' 성은 공히 「한인(漢人)인 서성(西姓) 영귀(令貴)의 후손이다(漢人西姓令貴之後也)」라고 되어 있어, 이 성의 뿌리는 백제가 아닌 것을 알 수 있다. 즉 고대의 일본에서 '한(漢, a–ya)'은 아라가야를 가리키는 호칭이므로, '대원사'라는 씨족은 아라가야에 그 뿌리가 있다. 따라서 백제 출신인 세 스님의 '대원'이라는 성은 '대원진인'일 수밖에 없다.

3) 대원씨는 일본 땅에서 왕성王姓

(1) 세 스님과 동족인 대원씨는 천황의 일족

신찬성씨록과 『속일본기』의 기록을 보면, 이 조상기에서 대원박사를 「이 땅에서 왕성(此土王姓 차토왕성)」이라 한 이유를 분명하게 알 수 있다. 왜왕 천무의 증손자들이 하사받은 성이 대원진인이라는 성이므로, 이는 천황의 일족이고, 한편으로는 세 스님과도 동족이라 하였다. 또한 세 스님은 백제에서는 왕족이었다는 것이다. 따라서

「천황의 동족＝대원大原씨＝세 스님의 성＝부여씨」

라는 등식이 성립된다. 바로 **천황가는 부여씨**라고 이 기록이 분명하게 밝히고 있다.

그리하여 여기서의 왕은 당시 일본을 통치하던 왕 즉 천황을 뜻하고, 왕성은 천황의 성이라는 의미가 된다. 그런데 이때는 벌써 일본에서 천황이라는 호칭이 성립한 이후이다. 따라서 '왕성'이 아니라 '황성(皇姓)'이라고 기재하였으면 논란의 여지가 없었을 것인데, 고풍스럽게 왕성이라 한 바람에 조금의 혼선이 야기될 소지가 생겼다.

그러므로 이 조상기에 나오는 갑오년은, '대원진인'이라는 성씨가 일본 땅에 처음으로 나타난 739년 이후의 첫 번째 갑오년인 754년으로 볼 수밖에 없다. 『고경유문주석』에 의하면, 일본의 학계에서는 일반적으로는 이 갑오년을 지통(持統) 8년인 694년으로 보는데, 일설은 서명(舒明) 3년인 634년으로 본다고 하였다.

그러나 '대원진인'이라는 성이 생기기 이전에 이 조상기가 만들어졌다고 볼 여지는 전혀 없음으로, 이는 전혀 성립할 수 없는 견해라 하겠다. 그리고 세 스님의 일족이 '대원박사(大原博士)'라 하였는데, '박사'는 최고의 국립 교

육기관인 '대학료(大學療)'에 근무하는 교수 직위의 명칭이다. 이 대학료 제도는 문무(文武)천황 원년인 701년에 설립되었다. '대원박사'라는 표기는 대학료가 설립된 701년 이후에 나온 것으로 볼 수밖에 없다.

일본 학계의 이러한 견해들은 천황가의 출자를 밝히기를 꺼려하여, 이 조상기가 가진 중요성을 희석하려는 의도가 아닌가 싶다.

(2) 절 이름과 관련된 의문에 관하여

여기에 나오는 '비조사(飛鳥寺)'는 6세기에 창건된 왜국 최초의 절이다. 704년 수도를 나라(奈良)의 평성경(平城京)으로 이전하면서, 가람 또한 새로운 수도로 이전하게 되는데, 사명을 '원흥사(元興寺)'로 바꾸었다.

'각대사(鵤大寺)'는 '각사(鵤寺)' 혹은 '반구사(斑鳩寺)'라고도 하였다. '법륭사(法隆寺)'의 고명이다. 『일본서기』를 보면, 추고(推古) 14년(606년)조에는 '반구사'로 나오지만, 천지(天智) 9년(670년)조에는 '법륭사'로 바뀐 것으로 되어 있다. 그 사이의 어느 시점에 사명이 바뀌었던 모양이다. 따라서 필자와 같이 이 조상기를 754년의 갑오년으로 보는 것은, 위와같이 바뀐 절 이름이 전혀 반영되지 않았다는 반론에 직면할 수도 있을 것이다.

그렇지만 조상기를 작성한 시기를 일본의 통설과 같이 왜왕 지통 8년인 694년의 갑오년으로 본다 하더라도, 이미 그 훨씬 이전에 '각대사'는 '법륭사'로 사명을 바꾼 바 있다. 통설 역시 이러한 의문을 해소하지는 못한다.

이 기록의 핵심은 절 이름이 아니다. 세 스님이 소속된 절 이름을 굳이 적지 않아도 전혀 문제가 없어 보인다. 따라서 이 기록의 사명 표기는 기록 작성 당시의 그것이 아니라, 고풍스럽게 가람 창건시의 사명을 적은 것으로 추정할 수 있다. 이런 방식은 멋스러우면서 운치를 더하여준다.

그리고 갑오년을 754년으로 본다면, 이때 일본에서는 천평승보(天平勝寶)라는 연호를 사용할 때이며, 그 6년이 된다. 왜 연호를 사용하지 아니하고,

일반 간지를 적었을까? 그것은 사명을 당시 사용하던 그것이 아닌, 창건 당시의 것을 기재한 것과 같은 맥락일 것이다. 즉 보다 고풍스럽게 기록하고자 하는 의도인 것으로 추정된다.

이때는 벌써 '천황'이라는 왕호가 성립된지 수십 년 지난 이후이지만, '황성(皇姓)'이 아닌 '왕성(王姓)'으로 표기한 것도 동일한 맥락으로 이해할 수 있다.

'대원(大原)이라는 성이 이 땅 즉 일본에서 '왕성(王姓)'이라 하였다. 이는 '대원진인(大原眞人)'이라는 성씨를 의미하는 것이 분명하므로, 694년이나 634년으로 볼 여지는 전혀 없다. 작성자가 백여년 이후에 나타난 성씨를 미리 예견하여 적었다고 볼 수는 없다.

4) 대원진인은 민달의 손자 백제왕에서 나왔다

위에서 보았듯이 대원진인이라는 성을 하사받은 황족 '고안왕(高安王)'은 왜왕 천무(天武)의 증손자이다. 이는 명백한 역사적 진실이다. 그런데『신찬성씨록』은 어찌하여 이 성이 '천무에서 나왔다'라고 하지 않고, 엉뚱하게「민달(敏達)의 손자인 백제왕에서 나왔다」하였을까?

『일본서기』를 보면, 30대 왜왕 민달의 손자는 34대 왜왕 서명(舒明)이다. 민달의 아들이 언인대형(彦人大兄)왕자이고, 서명은 언인대형의 아들이라 하였기 때문이다. 그러나 민달이나 언인대형이 모두 실재하지 아니한 가공인물임은 앞서 본 바 있다.

그리하여『신찬성씨록』에서 대원진인이 민달의 손자인 백제왕에서 나왔다 한 대목을 액면 그대로 해석한다면, 바로 왜왕 서명에서 나왔다는 의미가 된다. 서명은 백제대사와 백제대궁을 지은 바 있고, 사후의 빈소를 백제대빈이라 하였다는 그 왜왕이다.

그러나 이 서명 또한 실존하지 아니한 가공의 왜왕이다. 백제대사와 백제대궁, 백제대빈의 주인공이 바로 서명이니, 『신찬성씨록』의 저자는 서명을 '백제왕'이라 하였을까? 사헤키(佐伯有淸) 선생은 위의 책에서 그럴 가능성이 있다고 하였다(204쪽). 그렇다면 왜 『신찬성씨록』은 「민달의 손자 백제왕」이라 하였을까? 그것보다는 막바로 '서명'이라고 기록하는 편이 훨씬 자연스러울 것이다.

『일본서기』에 의하면, 서명의 아들이 바로 38대 왜왕 천지(天智)와 39대 천무이다. 『신찬성씨록』의 고안왕 등은 『일본서기』 상으로는 서명의 고손자가 된다.

『신찬성씨록』에 나오는 「대원진인은 민달의 손자인 백제왕에서 나왔다」라는 대목은 이 책의 저자가 일본 천황가의 출자를 아주 조심스럽게 밝힌 것으로 해석된다. 즉 이 기록의 핵심은 '백제왕'이다. 『신찬성씨록』의 저자는 대원진인의 뿌리가 '백제'에 있다는 것을 후세에 전하고 싶었던 것이다. 그것을 교묘하게도 「민달의 손자 백제왕」이라고 하여, 『일본서기』와 어긋나지 않으면서 백제의 후예라는 것을 암시하였던 것이다.

'서명'이라는 간명한 표현 대신, 「민달의 손자인 백제왕」이라는 표현을 사용한 것을 보면, 대원진인이라는 황족 출신의 성을 통하여, 천황가의 뿌리를 조심스럽게 밝히려는 의도를 감지할 수 있다.

『신찬성씨록』에 의하면, 민달의 손자인 백제왕에서 나왔다는 대원진인과 같은 조상(同祖 동조)을 가진 성씨가 더 있다. 도근(嶋根)진인, 산어(山於)진인, 상전(桑田)진인, 해상(海上)진인, 풍국(豊國)진인, 길야(吉野)진인, 지상(池上)진인 등이다.

5) 이 왕성王姓은 백제왕百濟王이라는 성을 의미할까?

앞서 의자왕의 아들인 선광(禪光)이 형인 풍(豐)과 함께 도왜하였다가, 백제 멸망 이후 왜 조정으로부터 '백제왕(百濟王)'이라는 성을 하사받은 것을 본 바 있다(236쪽). 그 후 '백제왕'은 일본에서 수많은 성씨 중의 하나가 되었고, 여러 대에 걸쳐 '백제왕~'라는 많은 인물을 배출한 바 있다.

따라서 관세음보살 조상기의 '차토왕성(此土王姓)' 즉 일본 땅에서 왕의 성이란 바로 이 '백제왕'이라는 성씨를 뜻한다고 보는 견해도 있다. 『고경유문주석』도 그렇게 보고 있는 듯하다(415쪽). 이 '백제왕'이라는 성을 알아보자.

『신찬성씨록』의 우경제번하(右京諸藩下)편을 보면,

「百濟王　百濟國　義慈王之後也.
  '백제왕'이라는 성은 백제국 의자왕의 후예이다」

라고 되어 있다. 즉 '백제왕'이라는 성은 의자왕의 후손이라 하였다. 백제왕성이 의자왕의 후손이라는 것은 역사적 진실에 부합한다. 그러나 백제왕의 직계 후손을 해외 오랑캐라는 의미의 '제번'편에 수록한 것은 『신찬성씨록』 편자의 지극히 국수주의적인 한국무시사관을 잘 알려주는 대목이다. 역사를 왜곡하고 조작하려는 의도를 노골적으로 나타내고 있다.

『신찬성씨록』은 『일본서기』의 기사를 기준으로 작성되었다. 즉 『일본서기』에 백제 출신으로 기록된 모든 귀족은 일괄적으로 '제번(諸蕃)' 즉 오랑캐편에 넣었으며, 오래전부터 왜국에 살아 온 것으로 된 성씨는 '황별(皇別)'과 '신별(神別)'에 갈라 넣었다. 그리하여 대부분의 신백제계 귀족은 '제번', 대부분의 구백제계는 '황별'과 '신별'이 된 것이다.

어쨌든 이 책에 의하면 백제왕은 '대원(大原)'씨와는 전혀 별개의 성인 것처럼 보인다. 즉 대원씨는 황별(皇別)편에 등재되어 천황가와 동족이지만, 백제왕이라는 성은 한국이나 중국에서 건너간 오랑캐의 후예인 '제번(諸藩)'편에 분류되어, 뿌리가 전혀 다른 것으로 되었기 때문이다. 그리고 『신찬성씨록』에는 백제왕이라는 성과 대원씨를 연결하는 고리가 보이지 않는다.

그렇다면 이 조상기의 '차토왕성(此土王姓)'의 왕성은 백제왕이라는 성과는 전혀 무관한 것인가? 그렇지는 않을 것이다. 『신찬성씨록』이라는 책은 815년 발간되었다. 따라서 조상기를 작성한 세 스님은 이 책의 존재를 알지 못하였다. 『신찬성씨록』에는 대원진인이라는 성과 백제왕이라는 성이 전혀 뿌리가 다른 것으로 되어 있으나, 이 책이 나오기 훨씬 이전인 754년 무렵의 세 스님이 이 책을 보았을 리가 만무하다.

따라서 세 스님은 천무의 증손자들을 시조로 하는 대원진인이라는 성과, 의자왕의 왕자 선광을 시조로 하는 백제왕이라는 성이 동족이라고 생각하였을 수도 있다. 그리고 그것은 역사적 진실이므로 전혀 이상한 것이 아니다. 실제로 천무는 의자왕의 아들인 부여풍의 아들이므로, 의자왕의 손자이기 때문이다. 따라서 '차토왕성'의 '왕성'은 '백제왕' 성이라는 의미로 적었을 가능성도 부정하기 어렵다. 그렇게 되면 「대원씨=백제왕씨」이다. 따라서 「천황의 동족=대원씨=세 스님의 성=백제왕씨」라는 등식이 성립된다.

6) 결론

앞서 본 「천황의 동족=대원(大原)씨=세 스님의 성=부여씨」와 비교하여 보면, 백제왕 자리에 부여씨가 있는 점이 다른 것을 알 수 있다. 백제왕이라는 성은 본래 부여씨였으므로, 이 두 등식은 서로 아무런 모순없이 성립된

다. 따라서 이 두 등식을 합하면,

「천황의 동족＝대원씨＝세 스님의 성＝부여씨＝백제왕씨」

라는 결론에 이르게 된다. 앞서 '차토왕성'의 왕성이 '천황의 성'을 의미한다고 보았는데, 그렇지 않고 '백제왕'이라는 성으로 본다 하더라도 결론은 완벽하게 동일한 것으로 귀착된다. 어떤 관점에서 보더라도 일본 천황가는 백제의 부여씨에서 갈라져 나간 것이 명백하다.

덧붙이는 글 1. 백제는 왜와 교류하였을까?

1. 고대에 백제와 왜국은 실제 어떤 관계였을까? 그 진상은 무엇일까?

『일본서기』를 보면, 왜는 종주국이고 백제는 완벽한 속국이었다. 임나 즉 대가야가 멸망하자, 백제의 성왕이 임나를 재건하라는 왜왕의 명령을 이행하기 위하여 온갖 애를 쓰는 장면이나, 수시로 사신을 보내어 조공하였다는 대목에서 알 수 있다. 마치 1910년부터 1945년 사이의 일제강점기 시절을 연상케한다. 이때는 35년에 불과하였으나, 고대에는 그러한 시절이 수백 년이나 계속된 것으로 『일본서기』에 그려져 있다.

그런데 현대의 일본 사학자들은 『일본서기』의 이러한 기록을 믿지 않고 있다. 백제와 왜국은 대등한 관계에서 서로 '교류'하였다고 보는 것이 확고부동한 통설이다. 백제에서 불교를 전파하였거나, 학자를 보내어 문화를 전수하고, 기술자를 보내어 절을 짓는 등, 양국 사이에 일어난 여러 일은 이러한 교류의 일환이라는 것이다. 그 댓가로 왜는 백제에 군대를 파병하여 군사적으로 원조하였다 한다.

「대등한 관계에서의 교류」, 여기에는 한국의 학자들도 전혀 불만이 없는 듯하다. 이는 한국에서도 확고한 통설이다. 여기에 이의를 제기하여, 필자처럼 백제가 왜국을 지배하였다는 주장을 제기하기라도 하면, 아무것도 모르면서 민족주의 사상에만 사로잡힌 국수주의적인 아마추어라는 비난에 직면하게 된다.

한국의 연구자들은 일본의 학자들이 이른바 '임나일본부'라는 궤변을 더 이상 주장하지 않고, '교류'라고 보아주는 것만 하여도 황송하게 생각하는 것으로 짐작된다.

그런데 일본과 한국의 학자들이 이구동성으로 주장하는 '교류'는 과연 어떤 관계일까? 이 시점의 한국과 일본의 관계와 크게 다르지 아니한 관계가 아닐까? 양국이 친밀한 관계를 유지하면서, 사람과 물자가 서로 왕래하고, 서로의 부족한 부분을 보완하여 주는 그러한 관계라면, 현대의 한일관계와 별로 다르지 아니한 것으로 생각된다.

2. 필자는 백제와 왜국의 관계가 가장 극명하게 드러난 기록이 칠지도(七支刀)의 명문이라고 생각한다. 왜왕은 백제의 '후왕(侯王)'이라고 명명백백하게 기록되어 있다.

또한 '지(旨)'라는 왜왕의 이름을 거리낌 없이 부르고는, 이 칼이 백번 단련하여 좋은 칼이라고 자랑하면서, 예로부터 이런 좋은 칼이 없었으니, 후세에 길이 전하여 보여라고 지시하고 있다.

'후왕'은 제후국의 왕이라는 의미로서, 대국의 왕에 예속된 소국의 왕을 뜻한다. 이 '후왕'이라는 두 글자에 백제와 왜국의 관계가 너무도 선명하고 명백하게 드러나 있다. 백제가 왜왕을 후왕이라고 호칭하고 있는 것만 보아도, 양국관계는 더 이상의 설명이 필요없다. 백제가 종주국이고 왜는 그 예속하의 속국이었던 것이다.

그러나 '교류'라는 선입관에 사로잡힌 일본의 연구자들은 물론이고, 한국의 학자들마저도 애써 이를 부인하고 있다. 백제가 왜국보다 우위에 선 적이 없었으니, 이런 '후왕'이라는 표현의 의미는 단순한 길상구(吉祥句) 즉 복을 빌어주는 의미의 문구에 불과하다고 보고 있다. 아니면 정확한 의도를 알 수 없다는 식이다.

검은 색안경을 끼면 온 세상이 검은색으로 보이고, 갈색의 색안경을 끼면 모든 것이 갈색으로 보인다. 한국의 사학자들마저도 '교류'라는 괴물같은 색안경을 끼고 고대를 바라보고 있다. 그리하여 이 명명백백한 증거마저도 애써 외면하고 있다. 통탄할 노릇이 아닐 수 없다.

백제보다 앞서 왜국으로 진출하였던 가야와 왜국의 관계도 전혀 다를 바 없다. '교류'가 아니었던 것이다.

3. 660년 나당연합군의 공격으로 백제의 수도 사비가 함락당하고, 백제는 멸
   망하였다. 663년 왜국은 대군을 보내어 백제를 구원하려 하였으나, 백강(白
   江)전투에서 참패하였던 탓에 목적을 이루지는 못하였다.

『일본서기』는 당시 왜군의 병력이 2만7천이라 하였는데, 이 엄청난 규모
의 병력에 주목하여 보자. 앞서 662년 부여풍이 귀국하면서 5천여명의 호위
병을 데려갔다고 하였으니, 당시 백제 구원을 위하여 왜에서 보낸 병력은
도합 3만2천여명인 셈이다. 당시 왜국의 인구를 알 수 있는 자료가 없으나,
인구비례로 보아 지금의 100만명도 넘는 어마어마한 인원이 아닐까?

그리고 이 대병력을 육로가 아닌 전함으로 수송하여, 수개월간의 장거리
항해를 거쳐 백제까지 보내기 위하여는, 식량을 비롯한 보급물자의 양도 엄
청난 규모였을 것이다.

백제의 구원을 위하여, 필사적으로 온 국력을 기울여 동원 가능한 최대
한의 병력과 물자를 보낸 것이 분명하다. 그 이전까지 왜국에서 이런 병력
을 동원한 적은 단 한 번도 없을 정도로, 왜국 유사 이래 미증유의 대군이
었던 것이다. 이 상상을 초월하는 엄청난 규모의 왜군을 어떻게 해석하여
야 할까?

양국이 단순히 '교류'하는 사이였다면, 전혀 가능한 일이 아니다. 현대의
한국이 중국이나 북한의 공격으로 멸망하였다면, 일본에서 이런 규모의 병
력을 동원하여 구원하여 줄까? 반대로 일본이 가령 러시아의 공격으로 멸
망하였다고 할 때, 한국에서 대규모 병력을 파병하여 구원할까?

전혀 있을 수 없는 일이다. 그야말로 '교류'하는 사이이므로, 어느 한쪽이
적국의 공격으로 위기에 처하였다 하더라도, 온 나라의 힘을 기울여 대병력
을 파병한다는 그런 일은 있을 수 없다.

그러나 당시의 왜국에서는 전혀 망설임 없이 이런 상상할 수 없는 대규모의 구원군을 보냈는데, 이는 당시 백제가 종주국이고 왜가 속국이었기 때문이다. 즉 왜왕은 백제에서 파견한 왕이었고, 지배층은 일부 가야 계통을 제외하고는 대부분 백제에서 도왜한 사람들이었다. 왜국 지배층에서 볼 때 백제는 본국이고, 부모와 형제가 사는 나라였기에, 이렇듯 온 나라의 힘을 기울인 엄청난 규모의 대병력을 보냈던 것이다.

『일본서기』에 나오는 저 유명한 비통한 탄식 — 「"주유성(州柔城)이 항복하였다. 어떻게 할 방도가 없다. 백제라는 이름은 오늘로써 끊겼다. 조상의 묘소가 있는 곳을 어떻게 갔다 올 수 있겠는가?"」 — 은 왜국에 체류하던 일부 백제인들의 그것에 국한된 것이 아니다. 왜왕을 비롯한 지배층 대부분이 공유하던 비통한 감정을 이렇듯 절절하게 기록한 것이다.

그리고 이 엄청난 대군을 지휘한 것은 부여풍과 백제의 왕자 부여충승(夫餘忠勝), 부여충지(夫餘忠志)였다. 『일본서기』에는 부여풍과 왜군의 장수들이 지휘한 것으로 되어 있고, 충승과 충지는 나오지 않는다.

일본은 물론 한국의 연구자들도, 부여풍이 왜국의 인질이라는 점에 대하여 별다른 이의가 없는 듯하다. 그러나 '대등하게 교류'하는 사이인 백제가 왜국에 인질을 보낸다는 것은 상상도 할 수 없는 일이다. 인질은 적대국 사이에 보내고 받는 존재이다. 인질이 오가는 적대국 사이인 백제가 멸망하였다고 하여 대군을 보낸다는 것은, 더더욱 상상할 수도 없는 일이다.

인질이든 아니든 백제인인 부여풍과 부여충승, 부여충지가 왜군을 지휘하였다고 하는 사실은 또 어떻게 설명하여야 할까? 대등하게 교류하는 사이라 하더라도 왜인의 입장에서 볼 때, 백제는 어디까지나 외국이다. 외국인이 어찌하여 왜군을 지휘한단 말인가?

백제가 종주국이고 왜가 속국이었다고 본다면, 모든 의문은 눈 녹듯 사라지게 된다. 백제가 왜의 속국도 아니고, 대등하게 교류하는 사이도 아니었다. 백제는 왜의 종주국 혹은 본국이었던 것이다.

『일본서기』에 의하면, 백제 멸망의 소식이 왜국에 전해진 것은 660년 9월이었다. 그러자 왜의 조정에서는 막바로 구원군을 보내기로 결의하고는, 그해 12월 왜왕 제명(실제로는 왜왕 부여풍인 것이 분명하다)이 지금의 오사카(大阪) 항구로 출동하였다. 다음 해인 661년 1월에는 벌써 왜왕의 배가 해로에 들어섰고, 그해 5월 현재의 후쿠오카(福岡)에 도착하였다 한다.

왜왕이 진두지휘하여 모든 일을 최대한 빠르게, 초스피드로 진행한 것을 알 수 있다.

승산이 희박한 강적인 나당연합군을 상대로 구원군을 보내야 할지 말아야 할지, 이에 대한 갑론을박이나 고민 같은 것은 전혀 없었다. 본국인 백제를 어떻든 구원하여야 한다는 것을 절체절명의 대전제로 하여, 왜왕과 전체 지배층이 최대한 신속하게 움직였던 것이다.

이듬해인 662년 9월 부여풍이 5천여 호위대를 이끌고 먼저 백제로 출발하였고, 전함의 건조와 보급물자의 비축 등 모든 준비가 완료되자, 663년 3월 드디어 본진 2만7천 대군이 출발하였다.

이러한 여러 정황으로 보아, 왜왕으로 재임하던 부여풍은 아주 적극적이고 과감한 성격이었던 사정을 알 수 있다. 조금의 지체도 없이 최대한 신속하게, 동원 가능한 최대의 병력과 물자를 백제로 보냈던 것이다.

그 자신도 일신의 안위를 돌보지 아니하고, 선발대를 이끌고 백제로 귀환하였다가, 왜국의 구원군 본진이 도착하자, 이번에는 왜국의 전함에 올라타고 진두지휘하였던 것이다. 결과적으로는 실패하였으나, 그의 행적은 실로 나라를 위한 분골쇄신이요, 몸을 돌보지 아니한 위국헌신의 표상이라 하겠다.

4. 삼국통일의 대업을 완수한 이는 신라의 문무대왕이다. 그런데 그의 무덤인 문무대왕릉은 특이하게도 바닷물 속의 수중릉이다. 경주시 감포읍의 바닷가, 육지에서 200여미터 거리의 바위가 바로 그의 왕릉이다. 대왕암(大王岩)이라 부르기도 한다. 이는 대왕의 유언에 의한 것인데, 왜 그는 이렇듯 전무후무한 수중릉을 원하였단 말인가? 그리고 왜 하필 감포 앞바다인가?

『삼국유사』의 「문무왕 법민(法民)」편을 보면, 그는 평소에 「나는 죽은 뒤에 나라를 지키는 큰 용이 되어, 불법을 숭상하여 나라를 수호하려 하오」라 하였다 한다(번역은 이민수 선생의 『삼국유사. 1987. 을유문화사』 113쪽).

「만파식적(萬波息笛)」편에는 문무대왕의 서거 후 지은 감은사 창건 유래가 보인다. 「절 안에 있는 기록에는 이렇게 말하였다. 문무왕이 왜병을 진압하고자 이 절을 처음 창건하였는데, 끝내지 못하고 바다의 용이 되었다……」라 하였다(위의 책 118쪽).

위의 두 기록을 종합하면, 그는 사후 왜병의 침입을 막기 위한 의도에서, 수중릉을 생각한 것을 알 수 있다.

신라가 왜군의 침입으로 인하여 여러 차례 곤경에 처한 것은 주지의 사실이다. 심지어는 수도 경주의 명활성이나 금성이 포위당하여, 누란의 위기에 처한 적도 있었다. 그러나 이는 신라가 아직 약소국일 무렵의 일이다.

『삼국사기』를 보면, 소지마립간 22년(서기 500년)의 왜병 침입 기사를 마지막으로, 왜병의 신라 침입은 더 이상 보이지 않는다. 『삼국사기』의 기사가 전반적으로 지나치게 소략한 것은 사실이지만, 왜병의 신라 침입에 관하여는 사소한 사실도 조목조목 기재하여 놓은 것을 볼 때, 이때 이후 침입은 더 이상 없었던 것으로 믿어도 좋을 것이다.

문무대왕이 붕어한 것은 681년, 왜병의 마지막 침공으로부터 무려 181년 이후가 된다. 그가 왜병의 침입을 염려하여, 유언으로 수중릉까지 만들게 한 것은 상식적으로 이해하기 어렵다. 과연 그는 무엇을 두려워하였을까?

문무대왕은 백제와 고구려를 무너뜨리고, 나중에는 엄청난 당군과의 대결도 두려워하지 않고 이겨낸 인물이다. 그가 동해안을 노략질하는 수준의 왜병 침입을 걱정하여, 수중릉에 묻히겠다고 하였을 리는 없다. 그가 진정으로 두려워한 것은, 663년에 왜에서 보낸 것과 같은 대규모의 구원군이 다시 공격하여 오는 것이었으리라.

문무대왕이 수중릉을 유언하였던 것은 대규모 왜병의 두 번째 침공을 걱정하는 절박한 심정의 발로였던 것이 분명한데, 그의 속내를 알아보자. 그는 왜국의 두 번째 공격이 혹시 있을지도 모른다고 생각하였던 것이 아니라, 필연적으로 일어날 수밖에 없는 일이라고 생각하였을 것이다.

「아비를 죽이면, 아들이 복수하는 것은 자연의 섭리이다. 아비인 백제를 죽였는데, 아들인 왜가 어찌 복수하지 않겠는가? 왜는 반드시 국력을 기울여 엄청난 규모의 병력으로 두 번째 공격을 하여 올 것이다.

저번 왜병은 당 수군이 활약하여 왜군이 상륙하기 이전 주력을 수장시킨 덕분에, 큰 전투 없이 넘어갈 수 있었다. 그런데 이제는 당과도 원수가 되었다. 어디에도 구원을 청할 곳은 없다.

수만의 왜군이 동해안에 상륙하여 경주로 진격하여 온다면, 우리 군의 주력을 동원하여 이를 막을 수밖에 없고, 장기전이 될 공산이 크다.

그런데 그 틈을 타서 백제 유민, 고구려의 유민들이 세력을 모아, 나라를 되찾겠다고 봉기하여 나선다면 어떻게 할 것인가? 그렇게 되면 삼면의 적을 상대하여야 하는데, 이는 전혀 승산이 없는 전쟁이다. 우리와 원한을 가진 당이 공격하여 올 가능성도 있다. 그렇게 되면 오히려 우리 신라가 무너지게 될 것이다. 그런 사태는 막아야 한다.

왜군은 경주에서 가장 가까운 항구인 감포 앞바다에 상륙을 기도할 것이다. 적이 상륙하기 이전, 우리의 수군이 적선을 감포 앞바다에 수장시키는 것이 최선의 전략이다.

내가 죽더라도 감포 앞바다의 용이 되어, 우리 수군을 도와 왜군을 격
멸할 것이다」

문무대왕은 왜군의 두 번째 침공이 필연적으로 일어날 것이라고 보았고,
이는 신라의 존망과 직결되는 중대한 도전이라고 생각하였을 것이다. 그는
죽어서라도 나라를 지키고자 하였던 것이다.

문무대왕이 백제와 왜국이 서로 교류를 하는 대등한 관계라고 생각하였
다면, 신라의 다른 왕릉과 마찬가지로 문무대왕릉도 경주 시내의 어느 곳에
존재하고 있을 것이다.

**5. 백제가 멸망하고 왜국에서 보낸 대규모 구원군이 백강전투에서 참패하였
다. 그 후 왜국에서는 신라의 침공을 극도로 두려워하였다.**

그래서 신라의 침공로로 예상되는 북규슈(北九州)와 대마도의 요소요소에
백제식 산성을 축조하는 한편, 규슈 섬 전체의 군사권과 행정권을 통합하는
태재부(太宰府)를 후쿠오카(福岡)에 설치하였다. 수백 년이나 된 수도 아스카
(飛鳥)에서, 변방이라 할 수 있는 아푸미(近江)로 천도한 것도, 신라의 침공에
대한 대비책의 일환이었다.

당시 왜국에서는 신라가 반드시 침공하여 올 것이라고 판단하였던 모양
이다. 여기서 당시 왜국 지배층의 속내를 추리하여 보자.

「아비를 죽였으면 아들마저도 죽여 후환을 제거하는 것이, 자연의 섭리
이다. 신라는 아비인 백제를 죽였으니, 어찌 아들인 우리 왜국을 그냥
두겠는가? 반드시 침공하여 올 것이다.

백제와 고구려를 무너뜨리고, 막강한 당나라 군대마저 물리친 신라군

이다. 여러 차례의 전투에서 단련된 정예의 강군이라, 그 기세가 엄청
날 것이다. 최대한으로 엄중하게 방비하지 않으면 막아내기 어려울 것
이다」

신라의 공격은 없었으나 엄중한 전쟁 대비태세는 지속되었는데, 그러다
세월이 한참 흐른 8세기 중반, 신라가 공격하여 올 것이라는 잘못된 정보가
있었다. 놀란 일본 조정에서는 동국(東國) 즉 지금의 관동지방에서 수많은
병력을 징발하여, 규슈(九州)로 보냈다. 이때 동국의 병사나 가족들이 지은
노래가 여러 수 『만엽집』에 실려 있는데, 이를 동가(東歌)라 칭한다.

그런데 당시 신라로서는 왜국까지 공격할 여력이 없었던 모양이다. 계속
된 전쟁에 나라 전체가 피로한 상태였을 것이다. 신라와 왜국은 서로 상대
의 실정을 알지 못한 상태에서, 공히 서로의 공격을 극도로 두려워하였던
것을 알 수 있다.

그런데 『삼국사기』를 보아도, 신라가 왜국의 침공에 대한 대비책으로 전
쟁준비를 하였다는 기록은 보이지 않는다. 어느 정도의 대비는 하였으나,
기록에서 누락되었을 수도 있다. 그리고 문무대왕이 계속된 전쟁으로 지쳐
있는 백성들에게 다시 고통을 안겨주지 않기 위하여, 백성을 동원하는 대비
는 하지 않고, 혼자서만 감당하는 방법으로 수중릉을 선택하였을 가능성도
있다.

663년 왜국에서 보낸 2만7천여명이라는 백제구원군의 엄청난 병력규모
에 당시 백제와 왜국의 관계가 그대로 드러나 있다. 그 후 신라와 왜국, 서
로가 상대방의 공격을 극도로 두려워하였던 점을 보더라도 이는 명백하다
하겠다.

덧붙이는 글 2. 일본의 새 연호 '영화(令和 레이와)'와 한국의 인연

금년 4월 일본의 평성(平成)천황이 퇴임하고, 새로운 천황이 등극하였는데, 새 연호는 '영화(令和)'이다. 이 연호의 내력을 살펴보면, 좋은 의미든 나쁜 의미든, 우리 한국과의 깊은 인연을 생각하게 된다. 이 연호의 유래, 그리고 우리와의 인연을 살펴보자.

이 연호는 『만엽집』의 한 구절에서 따온 것이다. 종래 일본의 모든 연호는 중국의 고전에서 취한 것이지만, 일본 고전의 문장에서 따온 것은 이번이 처음이라 한다.

만엽집 815번부터의 32수는 매화를 읊은 노래들이다. 때는 730년 음력 정월 13일, 장소는 현재의 후쿠오카(福岡)시 태재부(太宰府, 다자이후). 장관은 대반여인(大伴旅人)으로서, 만엽가(萬葉歌)의 명수였다. 그는 휘하의 여러 고위 관료들을 자신의 저택으로 초대하여 성대한 연회를 열었는데, 마침 정원에 활짝 핀 매화를 완상하면서, 이에 관한 노래를 한 수씩 짓도록 하였다.

그리하여 32수의 매화 노래가 완성되었고, 누군가가 노래를 짓게 된 경위를 기록한 서문을 썼다. 만엽집은 이 서문도 수록하여 놓았다. 만엽집 전체의 서문이 아니고, 32수 매화 노래의 서문이다. 서문의 첫 부분을 감상하여 보자.

> 「天平二年正月十三日. 萃于帥老之宅 申宴會也. 于時 初春令月 氣淑
> 風和.
> 天梅披鏡前之粉 蘭薫珮後之香……
> 천평 2년730년 정월 13일. 태재부 장관의 댁에 모여서 연회를 열었다.
> 때는, 이른 봄 좋은 달, 자연의 기운은 맑고 바람은 화평하다.
> 매화는 미인이 거울 앞에서 분을 바르듯 하얗게 피었고, 난초는 향주머

니 뒤에 선 듯 향기를 풍겨온다⋯⋯」

(번역은 필자)

새 연호 '영화(令和)'는 이 서문에 나오는 「초춘**영**월(初春**令**月) 기숙풍**화**(氣淑風**和**)」라는 구절에서 '영(令)'과 '화(和)', 한 글자씩 따온 것이다.

이른 봄날 연회의 밤, 달은 밝게 빛나고 바람은 잔잔하며, 흰 매화가 만개한 데에 난초 향이 그윽하게 풍겨오는 풍경을 멋지게 묘사한 명문(名文)이라 하겠다. 새 연호 '영화'는 이 멋진 서문에서 유래한 것이다.

그런데 이 서문은 한국과 깊은 인연이 있다. 우선 태재부라는 관서가 신라의 침공을 방비하기 위한 것이라는 사실은 앞서 보았다. 백제가 멸망한 지도 벌써 70년이 지났건만, 아직도 신라의 침공을 두려워하여 엄중하게 방비하고 있었던 것이다.

이 매화 노래들은 바로 태재부의 장관 이하 고위 관료들이 지은 것이고, 서문 또한 마찬가지이다. 그리고 각각 노래의 말미에는 지은이의 관직과 성명을 기록하여 두었는데, 성을 기록한 방식이 아주 특이하다. 몇 가지 예를 들면 다음과 같다.

① 大監 伴氏百代　대감 반씨백대
② 少監 阿氏奧島　소감 아씨오도
③ 小典 山氏若麻呂　소전 산씨약마려
⋯⋯⋯

대감(大監), 소감(少監), 소전(小典)은 모두 관직명이다. 그런데
① '반씨(伴氏)'는 '대반(大伴, o–po–to–mo)씨'에서 '대(大)'를 생략한 형태이다. 주인공 '대반백대(大伴百代)'는 이름있는 가인(歌人)이었다.

② '아씨(阿氏)'는 분명치는 않지만, 아마도 '아배(阿倍)씨'에서 뒤의 '배(倍)'
　　를 생략한 것으로 보인다. 이 인물은 기록이 없어 자세하게 알 수가
　　없다.

③ '산씨(山氏)'도 아마 '산전(山田)씨' 등의 성에서 글자 하나를 생략한 형
　　태이다. 이 인물도 자세히 알 수 없다.

지금도 그렇지만 당시에도 일본인들의 성은 대부분 두 글자로 된 복성이
다. 그런데 여기서는 두 글자의 성 중에서 한 글자만 적어 놓았던 것이다.

이 특이한 현상에 관하여는 졸저 『일본 천황과 귀족의 백제어』에서 본 바
있다(451쪽). 아주 흥미로운 현상이므로 다시 한 번 살펴보자. 32명 중 도합
22명의 성이 한 글자로 되어 있다. 그 중에서 '장씨(張氏)' 한 명과 '고씨(高
氏)' 두 명이 보이는데, 이 사람들은 원래 한 글자로 된 성으로 추정된다.

① 약사(藥師) 장씨복자(張氏福子)
② 약사(藥師) 고씨의통(高氏義通)
③ 대마목(對馬目) 고씨로(高氏老)

약사(藥師)와 목(目)은 관직명이다. 대마(對馬)는 쓰시마 섬이고, 살마(薩麻)
는 현재의 가고시마(鹿兒島)현이다. 세 사람의 성명을 보자.

① 장복자(張福子)
② 고의통(高義通)
③ 고로(高老)

이 성과 이름들은 확실하게 백제풍이다. 성은 '장(張)'씨와 '고(高)'씨인 것
이 분명하다. 두 글자로 된 성을 하나로 줄인 것이 아니다. 이름도 '복자(福

子)'와 '의통(義通)', '로(老)'였던 것이다.

그런데 '장복자'의 '복자(福子)'라는 이름이 과연 백제풍인지 의문이 생길 수 있다. 『일본서기』에 나오는 다음 세 백제인의 인명을 보자.

① 문가고자(文賈古子). 숭준(崇峻) 원년조
② 목소귀자(木素貴子). 천지(天智) 2년 9월조
③ 백제순무미자(百濟淳武微子). 지통(持統) 5년 2월조

세 백제인의 이름 뒤에 '자(子)'라는 글자가 사용된 것을 볼 수 있다. 따라서 '복자(福子)'는 순수하게 백제풍의 이름인 것이 분명하다. 이 '자(子)'는 고대에는 '시'라는 발음이었고, 백제인의 인명에서 드물지 않게 사용되었다(졸저 『일본 천황과 귀족의 백제어』 359쪽).

그리고 삼국사기를 보면, 고구려 봉상왕 때의 장군 '고노자(高奴子)', 신라의 '물계자(勿稽子)'와 '비령자(丕寧子)'라는 인명에서도 확인할 수 있다.

백제가 멸망한 지 70년이 지난 이 시점까지도, 백제풍의 성과 이름을 고수하던 사람들이 적지않게 존재하고 있었다는 사실이 놀랍기만 하다.

그 이외 19명은 일본풍의 두 글자로 된 성을 한 글자로 줄여 기록하였는데, 앞서 본 '반씨백대(伴氏百代)' 등의 경우이다. 왜 이렇게 적었을까? 그 의도를 아는 사람은 아무도 없지만, 일종의 장난이나 유희로 볼 수밖에 없다. 그러나 한 글자의 성은 명백하게 백제풍이다. 두 글자의 성을 줄여 한 글자의 성, 즉 백제풍으로 바꾸어 기록한 것이다.

이렇듯 성을 줄여 백제풍으로 적은 것은 기록자 혼자만의 결정으로 볼 수는 없다. 전체 참석자가 동의하지 않으면 불가능한 일이다. 거나하고 흥겨운 술자리, 호쾌하고 화기 넘치는 분위기에서, "오늘은 성을 백제풍으로 한번 적어보자"라는 공감대가 형성되었던 게 아닐까? 그 자리 대부분의 사람

들이 백제(일부는 가야)에 원뿌리가 있었기에 가능한 일일 것이다.

일본 정부에서는 평성천황 이후 새로이 등극할 천황을 위하여, 연호 후보를 여럿 준비하여 두었다가, 그중의 하나를 이번에 선택하였다 한다. '영화(令和)'라는 새 연호를 제안한 사람은 만엽집의 대가인 나카니시(中西進) 선생이다. 1983년, 일본 츠쿠바(筑波) 대학으로 유학 간지 얼마 되지 않던 이종환 학생(전 경북대학교 문리과대학 일어일문학과 교수)에게, 『만엽집』은 바로 이군의 선조들이 만든 가요집이라 하면서 그 연구를 권하였던 분이다(424쪽).

요즘 후쿠오카의 태재부에는 한국인 관광객들로 넘쳐나고, 초봄이면 어김없이 흰 매화가 눈부시게 피어나고 있다. 그러나 이 고대 관서의 유래나, 백제 후예들의 매화 노래에 관하여 아는 사람은 거의 없는 것 같다. 다시 한번 세월의 무상함을 절감하게 된다.

참고 문헌

고전 및 연구서

山口佳紀, 神野志隆光 校注(2009)『古事記』小學館

荻原淺男, 鴻巢隼雄 校注(1975)『古事記 上代歌謠』〃

青木和夫, 石母田正, 小林芳規, 佐伯有淸 校注(1985)『古事記』岩波書店

권오엽, 권정 옮김(2007)『일본 『고사기』(상.중.하)』고주원

小島憲之, 直木孝次郎, 西宮一民, 藏中進, 毛利正守 校注(2006)『日本書紀 (1.2.3)』小
學館

坂本太郎, 家永三郎, 井上光貞, 大野 晋 校注(1975)『日本書紀(上.下)』岩波書店

田溶新(2005)『完譯 日本書紀』一志社

小島憲之, 木下正俊, 東野治之 校注(2006)『萬葉集(1.2.3.4)』小學館

高木市之助, 五味智英, 大野 晋 校注(1976)『萬葉集(1.2.3.4)』岩波書店

阿蘇瑞枝(2007)『萬葉集 全歌講義(1.2)』笠間書院

植垣節也 校注(2006)『風土記』小學館

秋本吉郎 校注(1979)『風土記』岩波書店

荻原千鶴(2010)『出雲國風土記』講談社

小澤正夫, 松田成穗 校注(2010)『古今和歌集』小學館

直木孝次郎 他 譯注(2001)『續日本記(1.2.3.4)』岩波書店

이근우(2009) 역『속일본기(1.2.3.4)』지식을 만드는 지식

井上光貞, 關 晃, 土田直鎭, 青木和夫(1976) 校注『律令』岩波書店

山口昭男 校注(2007)『日本靈異記』岩波書店

기타바타케 지카후사 지음 남기학 옮김(2008)『신황정통기』소명출판

中村幸弘, 遠藤和夫 共著(2014)『「古語拾遺」を讀む』右文書院

西宮一民 校注(2017)『古語拾遺』岩波書店

栗田 寬(1965)『新撰姓氏錄考證(上.下)』臨川書店

佐伯有淸(1971)『新撰姓氏錄の研究(研究編)』吉川弘文館

佐伯有淸(2007)『新撰姓氏錄の研究(本文編.考證編 第一)』〃

李丙燾 譯註(1987)『三國史記(上.下)』을유문화사

李民樹 譯(〃)『三國遺事』〃

藤堂明保. 竹田晃. 影山輝國 譯(1993)『倭國傳』學習研究社

森 浩一(1989)『倭人傳の世界』小學館

鳥越憲三郎(2007)『中國正史 倭人 倭國傳 全釋』中央公論新社

山尾幸久(1981)『魏志 倭人傳』講談社

金在松. 彭久松(2000)『原文 東夷傳』서문문화사

김재선. 엄애경. 이경 역편(1999)『한글 동이전』〃

李乙浩 譯(1979)『海東諸國記. 看羊錄』大洋書籍

신용호. 임정기. 이승창. 이재수, 양홍열. 성백효. 신승운 주해(2004)
『해동제국기』범우사

천황릉

水野正好ほか 編(1994)『「天皇陵」總攬』新人物往來社

茂木雅博(2002)『日本史中の天皇陵』慶友社

茂木雅博(1996)『天皇陵の研究』同成社

堀田啓一(2001)『日本古代の陵墓』吉川弘文館

外池 昇(2007)『天皇陵論—聖域か文化財か—』新人物往來社

外池 昇(2016)『檢證 天皇陵』山川出版社

外池 昇(2012)『天皇陵の誕生』祥伝社

陵墓限定公開20回記念シンポジウム實行委員會 編(2000)『日本の古墳と天皇 陵』同
　　成社

今井 堯(2009)『天皇陵の解明』新泉社

日本史研究會. 京都民科歷史部會 編『陵墓からみた日本史』靑木書店

高木博志. 山田邦和 編(2011)『歷史のなかの天皇凌』思文閣出版

森 浩一(2001)『天皇陵古墳』大巧社

森 浩一(2016)『天皇陵への疑惑』新泉社

白石太一郎 編(2012)『天皇陵古墳を考へる』學生社

大塚初重(2015)『古代天皇陵の謎を追う』新日本出版社

矢澤高太郎(2016)『天皇陵の謎』文藝春秋

石部正志. 藤田友治. 古田武彦 編(1993)『天皇陵を發掘せよ』三一新書

洋泉社編輯部 編(2016)『天皇陵』洋泉社

고대 일본의 씨족, 호족

志田淳一(1990)『古代氏族の性格と傳承』雄山閣出版

阿部武彦(1984)『日本古代と氏族と祭祀』吉川弘文館

横田健一(1982)『日本古代の神話と氏族傳承』塙書房

平林章仁(2005)『蘇我氏の實像と葛城氏』白水社

前田晴人(2011)『蘇我氏と何か』同城社

前田晴人(2017)『物部氏の傳承と史實』〃

寺西貞弘(2013)『紀氏の研究』雄山閣

田村圓澄(2008)『藤原鎌足』はなわ新書

京都文化博物館 編(1991)『古代豪族と朝鮮』新人物往來社

加藤謙吉(2007)『大和の豪族と渡來人』吉川弘文館

加藤謙吉(2017)『渡來氏族の謎』祥伝社

沖浦和光. 川上隆志(2011)『渡來の民と日本文化』現代書館

금석문과 목간

山田孝雄. 香取秀眞 編(1968)『古京遺文』勉誠社

上代文獻を讀む會 編(1989)『古京遺文注釋』櫻楓社

竹内理三(1965)編『寧樂遺文(上.中.下)』東京堂出版

濟藤 忠(1983)編『古代朝鮮日本金石文資料集成』吉川弘文館

木崎愛吉(1921)編『大日本金石文』好尙會出版部

東野治之(1994)『書の古代史』岩波書店

東野治之(1987)『古代日本木簡の研究』塙書房

東野治之(2005)『日本古代史料學』岩波書店

荊木美行(2014)『金石文と古代史料の研究』燃燒社

國立歷史民俗博物館, 平川南 編(2014)『古代日本と古代朝鮮の文字文化交流』大修館
　　　書店

吉田 晶(2001)『七支刀の謎を解く』新日本出版社

藤井 稔(2000)『石上神宮の七支刀と菅政友』吉川弘文館

宮岐市定(1983)『謎の七支刀』中央公論社

井上光貞. 大野 晋. 岸 俊男. 齊藤 忠. 直木孝次郎. 西嶋定生(1994)『鐵劍の謎と古代日
　　　本』新潮社

高橋一夫(2009)『鐵劍銘二十五文字の謎に迫る』新泉社

小泉良祐. 狩野 久. 吉村武彦 編(2003)『ワカタケル大王とその時代』山川出版社

金田良一郎 編(2001)『稻荷山古墳の鐵劍を見直す』學生社

玉名歷史研究會 編(2002)『東アジアと江田船山古墳』雄山閣

犬飼 隆(2005)『木簡による日本語書記史』笠間書院

狩野 久(2010)『發掘文字が語る 古代王權と列島社會』吉川弘文館』

奈良國立文化財研究所 編(1990)『長屋王邸宅と木簡』奈良縣敎育委員會

沖森卓也. 佐藤 信(1994)『上代木簡資料集成』おうふう

許興植 편(1984)『韓國金石全文(상.중.하)』아세아문화사

蘇鎭轍(2004)『金石文으로 본 百濟 武寧王의 세상』원광대학교 출판국

권인한. 김경호. 윤선태 공편(2015)『한국고대 문자자료연구(백제 상. 하)』주류성

토노 하루유키 著. 이용현 譯(2008)『목간이 들려주는 일본의 고대』〃

윤선태(2007)『목간이 들려주는 백제 이야기』〃

三上喜孝(2008)「일본 고대 목간의 계보」『목간과 문자 연구 1』〃

朴泰祐. 鄭海濬. 尹智熙(2009)「夫餘 雙北里 280—5番地 出土 木簡 報告」『목간과 문자
　　　연구 2』〃

홍승우(2013)「夫餘 지역 출토 백제 목간의 연구 현황과 전망」『목간과 문자 연구 9』〃

김성범(2010)「나주 복암리 목간 연구 현황과 전망」『6~7세기 영산강유역과 백제』국
　　립나주문화재연구소. 동신대학교문화박물관

이용현(2013)「나주 복암리 목간 연구 현황과 전망」『목간과 문자 연구 9』 〃

김창호(2007)『고신라 금석문의 연구』서경문화사

김창호(2009)『삼국시대 금석문 연구』 〃

주보돈(2002)『금석문과 신라사』지식산업사

윤선태(2012)「포항 중성리 신라비가 보여주는 소리」『신라 최고의 금석문 포항 중성리
　　비와 냉수리비』주류성

한국역사연구회 고대사분과 편(2004)『고대로부터의 통신』푸른역사

이경섭(2013)『신라 목간의 세계』景仁文化社

권인한. 김경호. 이승률 편(2010)『죽간. 목간에 담긴 고대 동아시아』성균관대학교 출
　　판부

국립부여박물관. 국립가야문화재연구소 편(2009)『나무 속 암호 목간』예맥

고대 일본의 불교전래와 성덕태자

末木文美士 編(2010)『日本佛教の礎』佼成出版社

速水 侑(1986)『日本佛教史 古代』吉川弘文館

田村圓澄(1987)『古代朝鮮と日本佛教』講談社

川岐庸之. 笠原一男 지음 계환스님 옮김(2009)『일본불교사』우리출판사

櫻井德太郎. 萩原龍夫. 宮田登(1975)『寺社緣起』岩波書店

大山誠一(2008)『〈聖德太子〉の誕生』吉川弘文館

大山誠一(2011)『日本書紀の謎と聖德太子』 〃

東野治之(2017)『聖德太子』岩波書店

東野治之(2015)『上宮聖德法王帝說』 〃

대화개신과 임신의 난

北村文治(1990)『大化改新の基礎的研究』吉川弘文館

井上光貞. 靑木和夫. 門脇禎二. 武田幸男. 西嶋定生. 横山浩一(1981)『大化改新と東ア
　　ジア』山川出版社

遠山美都男(2005)『古代王權と大化改新』雄山閣

直木孝次郎(2000)『壬申の亂』塙書房

森 浩一. 門脇禎二(1996)『壬申の亂』大巧社

榊原康彦(2009)『異論 壬申の亂』彩流社

龜田隆之(1993)『壬申の亂』至文堂

星野良作(1993)『研究史 壬申の亂』吉川弘文館

星野良作(1998)『壬申の亂研究の展開』〃

한국, 일본의 신화와 大嘗祭

松前 健(1970)『日本神話の形成』塙書房

松前 健(2001)『古代王權の神話學』雄山閣

松前 健(2016)『神神の系譜』吉川弘文館

大林太郎(1986)『神話の系譜』青土社

三品彰英(1980)『日鮮神話傳說の研究』平凡社

肥後和男(1971)『日本神話傳承』雪華社

大山誠一(2007)『神話と天皇』平凡社

田中治平吾(1973)『天照大神の研究』霞ケ關書房

黑田洋太郎(1991)『日本誕生と天照大神の謎』六興出版

新谷尙紀(2013)『伊勢神宮と三種の神器』講談社

櫻井德太郎(1979)『日本のシャマニズム(上)』吉川弘文館

櫻井德太郎(2002)『民間信仰』塙書房

伊藤唯眞(2001)『日本人と民俗信仰』法藏館

福田アジオ. 宮田登 編(1983)『日本民俗學概論』吉川弘文館

福田アジオ. 新谷尙紀. 湯川洋司. 神田より子. 中込睦子. 渡邊欣雄(2000)
『日本民俗大辭典(上. 下)』吉川弘文館

西野儀一郎(1976)『古代日本と伊勢神宮』新人物往來社

伊藤淸司. 大林太郎(1977)『日本神話研究 2. 國生み神話. 高天原神話』學生社

皇學館大學神道研究所 編(1978)『大嘗祭の研究』皇學館大學出版部

にひなめ研究會 編(1978)『新嘗の研究 1. 2』學生社

三品彰英(1973)『古代祭政と穀靈信仰』平凡社

阪橋隆司(1983)『踐祚大嘗祭と古事記』大塚書店

松前 健(1990)『古代傳承と宮廷祭祀』塙書房

平野孝國(1986)『大嘗祭の構造』ペリカン社

井上光貞(2009)『日本古代の王權と祭祀』東京大學出版會

黛 弘道(1990)『古代王權と祭儀』吉川弘文館

中澤伸弘(2012)『宮中祭祀 連綿と續く天皇の祈り』展轉社

工藤 隆(2017)『大嘗祭』中央公論社

井上 亘(1998)『日本古代の天皇と祭儀』吉川弘文館

藤森健太郎(2000)『古代天皇の卽位儀禮』 〃

木澤雅史(2006)『祝詞の研究』弘文堂

土橋 寬. 小西甚一 校注(1979)『古代歌謠集』岩波書店

小田富士雄 編(1988)『古代を考える 沖ノ島と古代祭祀』吉川弘文館

福永光司(1987)『道敎と古代日本』人文書院

이규보 씀 김상훈. 류희정 옮김(2004)『동명왕의 노래』보리

金烈圭(1977)『韓國神話와 巫俗硏究』一潮閣

金烈圭(1985)『韓國의 神話』一潮閣

최광식(2006)『백제의 신화와 제의』주류성

한국여신학자협의회 한국여신상연구반 편(1992)『한국 민간신앙에 나타난 여신상에
　　　대한 여성신학적 조명』여성신학사

김화경(2005)『한국 신화의 원류』지식산업사

金戊祚(1988)『韓國神話의 原型』正音文化社

황패강(1996)『日本神話의 硏究』지식산업사

朴時仁(1989)『日本神話』探究堂

노성환(1995)『한일왕권신화』울산대학교 출판부

강종식(2001)『다시 보는 일본신화』부산대학교 출판부

남성호(2010)『일본 민속예능 춤추는 神 연구』어문학사

윤광봉(2009)『일본 신도 神道와 가구라 神樂』태학사

袁珂 著 鄭錫元 譯(1997)『中國의 古代神話』文藝出版社

무라야마 지쥰(村山智順) 지음 박호원 옮김(2016)『부락제(部落祭)』민속원

朴桂弘(1984)『比較民俗學』螢雪出版社

朴桂弘(1993)『韓國民俗研究』 〃

최길성(1989)『한국민간신앙의 연구』계명대학교 출판부

金東旭. 崔仁鶴. 崔吉城. 金光彦. 崔來玉(2005)『韓國民俗學』새문社

무령왕릉과 후지노키(藤ノ木)고분

권오영(2005)『고대 동아시아문명교류사의 빛 무령왕릉』돌베개

김태식(2016)『직설 무령왕릉』메디치

국립문화재연구소. 국립공주박물관(2001)『武寧王陵과 東亞細亞文化』예맥출판사

국립공주박물관(2001)『百濟 斯麻王』통천문화사

국립공주박물관(2006)『무령왕릉 학술대회』

국립공주박물관(2006)『武寧王陵』

森 浩一. 石野博信 編(1989)『藤ノ木古墳とその文化』山川出版社

朝日新聞社. 古代馬文化研究會 編(1989)『藤ノ木古墳の謎』朝日新聞社

末永雅雄. 井上光貞 編(1972)『高松塚古墳壁畵』 〃

來村多加史(2008)『高松塚とキトラ古墳壁畵の謎』講談社

일본 지명

池 邊彌(1972)『和名類聚抄鄕名考證』吉川弘文館

加藤謙吉. 關 和彦. 遠山美都男. 仁藤敦史. 前之園亮一(2007)『日本古代史地名事典』雄

　　　山閣

吉田茂樹(1993)『日本歷史地名事典』新人物往來社

鏡味完二. 鏡味明克(1987)『地名の語源』角川書店

李鍾徹(2015)『日本地名에 反映된 韓系語源 再考』국학자료원

백제와 왜

江上波夫. 上田正昭 編(1973)『日本古代文化の成立』每日新聞社

西谷 正 編(1978)『考古學からみた古代日本と朝鮮』學生社

旗田 巍. 森 浩一 他(1975)『日本文化と朝鮮(第2集)』新人物往來社

齊藤 忠(1981)『古代朝鮮文化と日本』東京大學出版會

全浩天(1991)『朝鮮からみた古代日本』未來社

森 浩一 他(2003)『古代日本と百濟』大巧社

辻 秀人 編(2008)『百濟と倭國』高志書院

齊藤 忠. 江坂輝彌(1988)『先史. 古代の韓國と日本』築地書館

森 公章(1998)『白村江以後』講談社

上田正昭(2018)『渡來の古代史』角川書店

大坪秀敏(2008)『百濟王氏と古代日本』雄山閣

石原進. 丸山龍平(1984)『古代近江の朝鮮』新人物往來社

金宇大(2017)『金工品から讀む古代朝鮮と倭』京都大學學術出版會

高田貫太(2014)『古墳時代の日朝關係』吉川弘文館

酒井淸治(2013)『土器からみた古墳時代の日韓關係』同成社

大阪市文化財協會 編(2008)『大阪遺蹟』創元社

노중국(2012)『백제의 대외교섭과 교류』지식산업사

양기석(2013)『백제의 국제관계』서경문화사

한일관계사연구논집 편찬위원회 편(2007)『고대 동아시아 재편과 한일관계』景仁文
　　　化社

한일관계사연구논집 편찬위원회 편(2010)『고대왕권과 한일관계』〞

한일관계사학회 편(2007)『동아시아 속에서의 高句麗와 倭』 〃

연민수(2003)『古代韓日交流史』혜안

김현구. 박현숙. 우재병. 이재석(2004)『일본서기 한국관계기사 연구(ⅠⅡⅢ)』일지사

이한상(2016)『삼국시대 장식대도 문화연구』서경문화사

土田純子(2014)『百濟土器 東아시아 交叉編年 연구』 〃

김석형(1988)『고대한일관계사』한마당

조희승(1995)『일본에서 조선 소국의 형성과 발전』도서출판 민족문화

文定昌(1989)『한국사의 연장 일본고대사』인간사

金聖昊(1986)『沸流百濟와 日本의 國家起源』知文社

충남대학교 백제연구소 편(2003)『古代 東亞細亞와 百濟』서경

중앙문화재연구원 편(2012)『마한. 백제인들의 일본열도 이주와 교류』서경문화사

한성백제박물관 편(2015)『한국사 속의 백제와 왜』한성백제박물관

서울특별시사편찬위원회 편(2008)『漢城百濟史 4대외관계와 문물교류』서울특별시사
      편찬위원회

한신대학교 학술원 편(2004)『漢城期 百濟의 물류시스템과 對外交涉』학연문화사

한신대학교 학술원 편(2006)『백제 생산기술과 유통의 정치사회적 함의』전남문화재
      연구소. (재)전남문화예술재단 편『전남서해안 지역의 해상교류와 고대문화』

충남대학교 백제연구소 편(2010)『고대 동아시아 궁성의 후원』

충청남도역사문화연구원 편(2008)『대백제국의 국제교류사』

국립공주박물관(2002)『日本所在 百濟文化財 調査報告書 ⅠⅡⅢ ―近畿地方―』

일본에 남은 백제

段熙麟(1976)『日本に殘る古代朝鮮〈近畿編〉』創元社

金正柱 編(1962)『韓來文化の後榮(上.中.下)』韓國資料研究所

金正柱(1968)『九州と韓人 古代編』 〃

李沇東(1964)『韓來文化と其の事蹟』 〃

權又根(1988)『古代日本と朝鮮渡來人』雄山閣

網于善教. 井上秀雄. 金正柱. 齊藤 忠. 芳賀 登(1982)『日本にきた韓國文化』學生社

司馬遼太郎. 上田正昭. 金達壽 編(1975)『日本の渡來文化』中央公論社

井上秀雄 編(1979)『日本古代文化の故鄉』大和出版

李夕湖(1984)『百濟は語る 古代日本文化のふるさと』講談社

金達壽(1993)『일본열도에 흐르는 한국혼』東亞日報社

김달수 著, 배석주 譯(2002)『일본 속의 한국문화 유적을 찾아서(1.2.3)』대원사

홍윤기(2008)『일본 속의 백제 구다라(百濟)』한누리미디어

홍윤기(2009)『일본 속의 백제 나라(奈良)』〃

홍윤기(2010)『백제는 큰나라』〃

홍윤기(2000)『일본 천황은 한국인이다』효형출판

송형섭(1995)『일본 속의 백제문화』도서출판 흐겨레

임동권(2005)『日本 안의 百濟文化』민속원

임동권(2004)『일본에 살아 있는 백제문화』주류성

이경재(2000)『일본 속의 한국 문화재』미래 M&B

역사에 관한 기타

內田吟風(1970)『北アジア史硏究 匈奴編』同期舍

內田吟風. 田村實造(1971)『騎馬民族史 1 —正史 北狄傳』平凡社

江上波夫編(1973)『北アジア史』山川出版社

일본동아연구소 편 서병국 옮김(2010)『북방민족의 중국통치사』한국학술정보(주)

小野正敏. 佐藤 信. 舘野和己. 田邊征夫(2007)『歷史考古學大辭典』吉川弘文館

坂本太郎. 平野邦雄 監修(1990)『日本古代氏族人名辭典』〃

佐伯有淸 編(1994)『日本古代氏族事典』雄山閣

河內春人(2015)『日本古代君主號の硏究』八木書店

鮎貝房之進(1972)『新羅王號攷朝鮮國名攷』國書刊行會

孫禎睦(1988)「日帝下 扶餘神宮 造營과 소위 扶餘神都建設」『한국학보. 1988. 일지사』

박균섭(2017)「식민교육독법 : 백제—부여 내러티브의 조립과 주입」『한국 일본교육학

연구. Vol.22. 한국일본교육학회』

고대 일본어

이원희(2015)『일본 천황과 귀족의 백제어』주류성

이원희(2018)『일본열도의 백제어』 〃

橋本進吉(1986)『國語音韻の研究』岩波書店

馬淵和夫(1999)『古代日本語の姿』武藏野書院

白藤禮幸(1987)『奈良時代の國語』東京堂出版

森山 隆(1986)『上代國語の研究』櫻楓社

福田良輔(1980)『奈良時代 東國方言の研究』風間書房

岩井良雄(1971)『日本語法史 奈良. 平安時代編』笠間書院

권경애(2014)『고대일본어의 음 탈락 연구』제이엔씨

고대, 중세한국어

李崇寧(1961)『中世國語文法』乙酉文化社

李崇寧(1978)『國語學研究』螢雪出版社

許雄(1963)『中世國語研究』正音社

허웅(2001)『국어음운학』샘문화사

李基文. 金鎭宇. 李相億(1987)『國語音韻論』學研社

李基文(1985)『訓蒙字會研究』서울大學校 出版部

金鎭奎(1993)『訓蒙字會 語彙研究』螢雪出版社

申景澈(1993)『國語 字釋 研究』太學社

안병호(1984)『계림류사와 고려시기조선어』민족문화사

姜信沆(1995)『朝鮮館譯語研究』成均館大學校出版部

金亨柱(1991)『國語史研究』東亞大學校出版部

千素英(1990)『古代國語의 語彙研究』高麗大學校 民族文化研究所

천소영(2000)『우리말의 속살』창해

兪昌均(1996)『鄕歌批解』螢雪出版社

류렬(2004)『향가연구』박이정

金完鎭(2008)『鄕歌解讀法硏究』서울대학교출판부

李鍾徹(1983)『鄕歌와 萬葉集歌의 表記法 比較硏究』集文堂

한자음

周法高. 張日昇. 徐芷儀. 林潔明(1982)『漢字古今音彙』香港中文大學出版社藤堂明保

　　　(1967)『漢字語源辭典』學燈社

藤堂明保(1987)『中國語學論集』汲古書院

Bernhard Karlgren(1975)『漢字古音辭典(Analytic Dictionary of Chinese and Sino—

　　　Japanese)』亞細亞文化社

兪昌均(1991)『삼국시대의 漢字音』民音社

南光祐(1973)『朝鮮(李朝)漢字音硏究』一潮閣

김무림(2015)『고대국어 한자음』한국문화사

이승재(2013)『漢字音으로 본 백제어 자음체계』태학사

이경철(2004)『한일 한자음 체계의 비교연구』보고사

이경철(2013)『日本漢字音의 理解』책사랑

沼本克明 著 金正彬 譯(2008)『한국인을 위한 일본 한자음의 역사』한국학술원

어학사전류

德川宗賢. 佐藤亮一(1989)『日本方言大辭典』小學館

中田祝夫. 和田利政. 北原保雄(1983)『古語大辭典』〃

丸山林平(1967)『上代語辭典』明治書院

大槻文彦(1935)『大言海』富山房

大野 晋. 佐竹昭光. 前田金五郎(2002)『岩波古語辭典』岩波書店

佐藤亮一(2004)『標準語引き 日本方言辭典』小學館

佐藤亮一(2009)『都道府縣別 全國方言辭典』三省堂

東條 操(2010)『全國方言辭典』東京堂出版

中井幸比古(2003)『京都府方言辭典』和泉書院

남광우(2005)『古語辭典』교학사

劉昌惇(2000)『李朝語辭典』연세대학교 출판부

배대온(2003)『歷代 이두사전』형설출판사

김병제(1995)『방언사전』한국문화사

崔鶴根(1978)『韓國方言辭典』현문사

오쿠라 신페이(2009)『조선어방언사전』한국문화사